AÇÃO PENAL

As fases administrativa e judicial da persecução penal

095

B742a   Boschi, José Antonio Paganella
        Ação penal: as fases administrativa e judicial da persecução penal / José
        Antonio Paganella Boschi. – Porto Alegre: Livraria do Advogado Editora,
        2010.
        435 p.; 25 cm.
        ISBN 978-85-7348-698-8

        1. Ação penal. 2. Persecução penal. I. Título.

                            CDU – 343.12

        Índices para catálogo sistemático:
        Ação penal   343.12
        Persecução penal   343.123

        (Bibliotecária responsável: Marta Roberto, CRB-10/652)

José Antonio Paganella Boschi

Foi Promotor e Procurador de Justiça e Presidente da Associação do Ministério Público. Indicado e nomeado na vaga do Quinto Constitucional, integrou como Desembargador a 7ª Câmara do Tribunal de Justiça do RS. Foi Diretor da Escola Superior da Magistratura e Diretor da Revista da AJURIS (Associação dos Juízes do RS). É Mestre em Ciências Criminais e leciona processo penal na Faculdade de Direito da PUCRS há quase 30 anos. Coautor da obra "Comentários à Lei de Execução Penal" (esgotada) e autor das obras "Ação Penal" (esgotada), "Persecução Penal" (esgotada) e "Das Penas Penas e seus Critérios de Aplicação" (4ª edição). Atualmente exerce a advocacia criminal em Porto Alegre.

AÇÃO PENAL

As fases administrativa e judicial da persecução penal

Porto Alegre, 2010

© José Antonio Paganella Boschi, 2010

Capa, projeto gráfico e diagramação
Livraria do Advogado Editora

Revisão
Rosane Marques Borba

Direitos desta edição reservados por
Livraria do Advogado Editora Ltda.
Rua Riachuelo, 1338
90010-273 Porto Alegre RS
Fone/fax: 0800-51-7522
editora@livrariadoadvogado.com.br
www.doadvogado.com.br

Impresso no Brasil / Printed in Brazil

Prefácio

Desde quando o discípulo pode prefaciar a obra do mestre?

Se considerarmos que o prefácio é a apresentação da obra e do autor à comunidade acadêmica, feita por alguém que goze de maior reconhecimento, a resposta é uma só: nunca.

Mas o ilustre professor e mestre de todos nós, José Antônio PAGANELLA BOSCHI, novamente rompe com as "regras do jogo" e chama o eterno aluno para fazer o prefácio... E isso muito me orgulha, principalmente por participar, minimamente, é verdade, de tão relevante obra jurídica.

O livro começa, acertadamente, tratando "do crime e os fundamentos do poder punitivo" e isso constitui um importante diferencial que demonstra a necessidade de repensarmos o medo primevo – que nasce com o rompimento estabelecido por BÜLOW entre as relações jurídicas de direito material e processual – de o direito processual voltar a ser absorvido pelo direito material. Compreendida a definitiva ruptura entitativa, é passado o momento de uma (re)aproximação, tal a íntima e inafastável interação entre o direito penal e o processo penal. Daí por que, para além de Rangel Dinamarco, é necessário assumir e compreender o caráter instrumental do processo penal, principalmente através do princípio da necessidade (GOMEZ ORBANEJA).

Depois, inicia pela fase pré-processual (tratando inclusive das CPIs e da tão discutida investigação a cargo do Ministério Público), ação penal (com coragem de enfrentar a fundamental arqueologia processual em torno das teorias da ação), princípios e condições (genéricas e específicas) e então ingressa no procedimento. É muito interessante a estrutura adotada por BOSCHI para essa obra, algo realmente inédito na doutrina nacional, pois vai do inquérito à sentença desde uma impecável perspectiva procedimental – atos de iniciação, desenvolvimento e conclusão – muito similar àquela adotada por Jaime GUASP e *mi maestro* Pedro ARAGONESES (para ficarmos apenas nos mais clássicos autores espanhóis).

Gostei muito desta estrutura, pois bem evidencia que o processo penal é um caminho necessário e inafastável para alcançar-se a pena. Mais do que isso, a estrita observância das regras do jogo (Il giuoco – CALAMANDREI) ou as regras do devido processo, se preferirem, são fundamentais, na medida em que se constituem em condições de legitimação do poder exercido no processo e na pena. Significa dizer que somente a máxima efetividade dos direitos e garantias fundamentais ao longo de todo o curso do processo legitima a pena. Com isso, a aproximação que o autor faz, logo no início da obra, entre crime e persecução penal, é de extrema relevância.

E essa aproximação também evidencia outro grave problema: a expansão do *direito penal do inimigo* está conduzindo a construção de um *processo penal do inimigo*.

Claro que ao longo da obra existem pontos em que divirjo do autor, especialmente no tocante às condições da ação, pois as categorias "possibilidade jurídica do pedido" e "interesse", além de sofrerem de um grave *entulhamento conceitual*, revelam-se uma triste herança da famigerada Teoria Geral do Processo. Mas isso em nada diminui o profundo respeito e admiração que por ele nutro. Ademais, nada melhor do que uma boa e profunda divergência teórica para fazer brotar o conhecimento. E quem ganha é o leitor.

Outro diferencial da obra é a formação interdisciplinar do autor, egresso que é do programa de Pós-Graduação em Ciências Criminais da PUCRS, que lhe permite construir uma linguagem diferenciada, para além do dogmatismo rasteiro e reducionista. Basta folhar as primeiras páginas para ver a facilidade com que transita pelo direito penal e a criminologia (interdisciplinar por essência), para após chegar ao processo penal.

Mas é também uma obra madura, que brota após muita reflexão de quem já fez história na doutrina processual penal, tendo escrito "Persecução Penal" em 1987 e "Ação Penal" em 1993 (1ª edição). Apesar de já ser, na época, um jurista consagrado, teve a suprema humildade (inerente aos grandes pensadores, e, portanto, coisa cada vez mais rara na atualidade) de voltar aos bancos acadêmicos para fazer o Mestrado em Ciências Criminais em 1998, que culminou com a excepcional obra "Das Penas e seus Critérios de Aplicação", lançada em 2000. Não se trata, portanto, de uma aventura literária, senão uma obra que já nasce clássica, escrita por quem tem o que dizer.

Por fim, não se pode desconsiderar que, para além da obra do autor, é fundamental conhecer o autor da obra. BOSCHI levou a sério a afirmação de BULGARO, de que processo é *actus trium personarum*, pois passou pelos três lugares, acumulando experiência e conhecimento ímpares do direito processual penal. Foi Promotor e Procurador de Justiça, Desembargador do TJRS e agora é um militante Advogado Criminalista. E, como se não bastasse, sempre exerceu o magistério superior, honrando o título de Professor. Melhor visão do processo do que essa, impossível.

Desta arte, a leitura da obra é agradabilíssima, pois como professor de *toda la vida*, BOSCHI se preocupa de tratar de temas complexos, mas de forma clara e objetiva (o que jamais pode ser confundido com superficialidade)...

Portanto, tem o leitor um *capo lavoro* em mãos, que com certeza já nasce clássico.

Boa leitura!

Aury Lopes Jr.

Advogado Criminalista
Doutor em Direito Processual Penal pela Universidad Complutense de Madrid
Professor Titular de Direito Processual Penal da PUCRS
Professor no Programa de Pós-Graduação – Doutorado, Mestrado e Especialização –
em Ciências Criminais da Pontifícia Universidade Católica do Rio Grande do Sul – PUCRS
Coordenador do Curso de Especialização em Ciências Penais da PUCRS
Membro do Conselho Diretivo para Iberoamérica da *Revista de Derecho Procesal* – Madrid/Espanha
Pesquisador Produtividade em Pesquisa do CNPq
www.aurylopes.com.br

Sumário

Nota do Autor 9

Capítulo I – O crime e os fundamentos do poder punitivo 11

Capítulo II – A fase administrativa da persecução 19

Capítulo III – Do inquérito e do termo circunstanciado 47

Capítulo IV – A conclusão e exame do inquérito 73

Capítulo V – A fase judicial da persecução penal 87

Capítulo VI – Os princípios da ação penal 117

Capítulo VII – As condições genéricas da ação 145

Capítulo VIII – As condições específicas da ação 203

Capítulo IX – Os pressupostos processuais 225

Capítulo X – A denúncia 247

Capítulo XI – A queixa-crime 273

Capítulo XII – O aditamento 285

Capítulo XIII – O procedimento. Atos da fase inicial 321

Capítulo XIV – O procedimento. Atos da fase intermediária 361

Capítulo XV – O procedimento. Ato final: a sentença 389

Bibliografia 421

Índice geral 431

Nota do Autor

As modificações pontuais ao texto do Código de Processo Penal, ocorridas nos últimos anos, provocaram a necessidade da retomada dos estudos sobre as fases preparatória e judicial da persecução, a primeira de natureza inquisitiva e a última regida pelo devido processo legal e seus consectários lógicos. A ideia inicial era promover simplesmente a unificação e a revisão, mas, ao longo do projeto, acabamos escrevendo textos inteiramente novos, ditados pelas circunstâncias, em especial a da mini-reforma legislativa operada pelas Leis 11.689/08, 11.690/08 e 11.719/08.

Pretendendo oferecer uma visão ampla e de conjunto, especialmente aos que estão recém se iniciando nas lides do processo penal, concentramos o exame da fase inquisitiva nos quatro primeiros capítulos e distribuímos os temas pertinentes à fase judicial nos capítulos seguintes, em etapas do processo que, didaticamente, denominamos de inicial, intermediária e final.

Abrimos com os comentários sobre a ação, natureza, espécie, princípios e teorias, com destaques para a eclética e a do processo como relação jurídica. Discorremos exaustivamente sobre a denúncia, a queixa, o aditamento, e a justa causa, tudo para podermos determinar o sentido e o alcance do artigo 395 e incisos do CPP.

Vencida a fase da admissibilidade da acusação passamos aos comentários sobre a citação, suas espécies, a resposta preliminar e as hipóteses elencadas no art. 397 do CPP que autorizam a absolvição sumária. Em seguida, discorremos sobre a audiência una, a produção da prova, a *emendatio* e a *mutatio libelli*. Reservamos o último capítulo para o estudo da sentença, conceito, espécies, requisitos formais e estruturais, fundamentação e discurso fundamentador, diferenças e efeitos, inclusive no cível.

Perfilhando o tempo todo a ideia central de que o processo, no direito penal moderno, cumpre funções instrumentais, e, longe de parecer que se destina unicamente a viabilizar a satisfação dos interesses da acusação, mostramos que, na linha do pensamento exposto por Von Liszt, o processo atua como barreira de contenção de acusações abusivas. Como decorrência, dissertamos sobre a garantia do devido processo legal e os modelos inquisitivo e acusatório de processo, fazendo o indispensável cotejo crítico com as regras legais vigentes.

Registramos a resistência às tentativas do legislador brasileiro de subjugar ainda mais o processo penal à teoria geral do processo civil, sem considerar as respectivas especificidades e, no capítulo sobre a ação e suas teorias, criticamos a substituição do artigo 43, incisos e parágrafos pelo inciso II do artigo 395, que elege as condições da ação para a rejeição da denúncia ou queixa, vez que essas categorias jurídicas situadas na base da teoria eclética e importadas do artigo 267 do CPC, haviam há muito tempo sido relegadas a plano secundário pelos processualistas civis.

Não ocorreu diferentemente com os pressupostos processuais, igualmente referidos no inciso II do artigo 395, como causa para a rejeição da acusação.

Em que pese às objeções no campo teórico, dissemos que as condições da ação podem atuar como importantes ferramentas na busca da conciliação de interesses aparentemente opostos no processo: os do Estado e os do acusado. Aparentemente opostos, convém repetir, porque no moderno Estado Democrático de Direito, ao órgão da acusação, como nô-lo diz o art. 127 da CF., incumbe o dever de proteger ao mesmo tempo a sociedade contra o crime e o criminoso contra todos os abusos no exercício do *jus puniendi*.

Essa linha de compreensão, que permite equilibrar os interesses da acusação e do acusado, confere, ainda, condições de maior flexibilidade do Ministério Público na formação da *opinio delicti*, sem a necessidade de flexibilizar-se o princípio da obrigatoriedade da ação penal.

A demonstração prática dessa função utilitária das condições da ação na harmonização desses interesses nós a fizemos amparados em concepções teóricas pacificamente aceitas, dentre elas, a que propõe a atipicidade nas infrações insignificantes ou bagatelares, a que considera como permissiva a conduta realizada ao abrigo de causas excludentes de ilicitude, a que sustenta a ausência de dolo e de tipicidade quando presente o erro de tipo, bem ainda em todos os casos sugeridos pela teoria da tipicidade conglobante, desenvolvida por Zaffaroni, de que são exemplos o consentimento do ofendido e as práticas geradoras de ilicitude formal autorizadas ou fomentadas pelo poder público.

Passados quase dois anos, encerramos o projeto com a sensação de que a obra ficou incompleta, de que podíamos e devíamos ter aprofundado ainda mais os temas analisados. Por conseguinte, rogamos que este livro seja considerado apenas como uma despretensiosa contribuição ao debate em torno das recentes modificações legislativas, fundada menos em estudos ou conclusões acadêmicas e mais na experiência acumulada ao longo de quase quarenta anos no magistério superior e nas atividades do Ministério Público, da magistratura e, ultimamente, da advocacia criminal.

Eventual confrontação deste trabalho com os textos publicados há anos deixará, por certo, bem à mostra, as diferentes posições sobre os mesmos assuntos. Essa singularidade encontra justificação nas mudanças legislativas e nas quebras de paradigmas pelos Tribunais. Mas não é só. Encontra justificação, também, na nossa condição humana, que nos permite volver sobre os próprios passos, admitir os erros, retomar o caminho, mesmo porque, na vida, a incerteza é a regra.

Agradecemos a você, leitor, pela atenção que dispensar a este livro e pelas críticas construtivas que apresentar. Elas ajudarão a melhorar este trabalho se tivermos a ventura de reeditá-lo.

À Livraria do Advogado Editora, o especial agradecimento pelo estímulo e confiança.

Ao criminalista e professor de direito processual penal, Dr. Aury Lopes Jr., cujas obras são fontes de pesquisa obrigatória, o agradecimento especialíssimo pela gentileza de escrever o prefácio e pela corajosa decisão de permitir que seu festejado nome fosse associado a este trabalho.

Porto Alegre, março de 2010.

Capítulo I

O crime e os fundamentos do poder punitivo

Sumário: 1. A punição. Fundamentos; 2. O crime. Conceito; 3. O exercício do *jus puniendi*: fases.

1. A punição. Fundamentos

A punição pelas infrações cometidas data do aparecimento do homem sobre a face da Terra, como registram as Sagradas Escrituras. No passado mais remoto, era tão cruel e deproporcional que, no dizer de Ferrajoli,[1] a história das penas é mais infamante e horrenda que a própria história dos delitos.

A espécie mais antiga de pena, vale dizer, de manifestação humana carregada de reação explícita à falta sofrida, teria sido a vingança de sangue.

Como um ato de guerra, essa pena foi a regra geral entre as tribos, no dizer de Aníbal Bruno,[2] "(...) umas exercendo sobre as outras ato vingativo contra ação agressiva a qualquer de seus membros, ação agressiva real, de um membro de outra tribo (...) Foi consequência da solidariedade entre membros do mesmo clã, que é uma das forças de coesão e, portanto, de continuidade do grupo".

Ultrapassando a extensão e gravidade da falta, a citada pena, ante a mobilização coletiva, podia carretar a eliminação de inocentes, desde que indicados pela vítima ou, ainda, do próprio grupo a que pertencia o ofensor, não se estruturando sob noção, sequer mínima, de equidade ou de justiça. Foi a época da "responsabilidade flutuante, em busca de um responsável para a pena" na esperança de libertar o "clã da impureza que o crime contaminou".[3]

Tendo em vista, precisamente, que a desproporcional reação da vítima, de seus parentes ou da própria tribo ou clã, dava azo a lutas grupais de consequências irreparáveis para ambas as partes, aos poucos foi surgindo a compreensão, como anota

---

[1] FERRAJOLI, Luigi. *Derecho y Razón*: Teoría del Garantismo Penal. Prólogo de Norberto Bobbio. Editorial Trotta, 1997, p. 385.

[2] BRUNO, Aníbal. *Direito Penal*. 2.ed., Rio de Janeiro: Forense, 1959, p. 56 e 57.

[3] Idem, p. 55.

Pierangelli, de que precisava se limitar "a extensão da pena, para que viesse a atingir tão só ao autor imediato e direto do delito".[4]

Como corolário disso, a vingança de sangue acabou sendo substituída por duas outras penas de menor espectro: a de expulsão do ofensor e a de seu banimento do próprio território.

Elas eram visivelmente superiores à vingança de sangue porque preveniam a eclosão de movimentos grupais de vingança e, ainda, porque ao direcionarem seus efeitos só sobre a pessoa do autor da falta, funcionavam, direta ou indiretamente, como instrumentos de proteção dos inocentes.

Consagrada no Livro dos Livros (Êxodo) e também no Código de Hamurabi,[5] a pena de talião (isto é a pena *tal e qual* a gravidade da ação cometida) e apontada como a primeira manifestação explícita de punição endereçada só ao autor da falta.

Como dizia Tobias Barreto, embora sem aludir esse princípio, "é assim que se vê o filho órfão guardar a bala, de que pereceu seu pai, para devolvê-la em ocasião oportuna, ao peito do assassino. É assim que o homem do povo, a quem a calúnia feriu no mais fundo de sua dignidade, não tem outra ideia senão a de cortar a língua de seu caluniador. É ainda assim que, nos atentados contra a honra feminina, não raras vezes a desafronta só se dá por justa e completa, castrando-se o delinquente".[6]

Crítica aguda ao *olho por olho, dente por dente* é articulada por Ferrajoli, dizendo que o modelo padecia do defeito de impossibilitar o processo de formação da tipicidade. Se as penas deviam ter a mesma qualidade que os delitos, seria imprescindível que existissem tantos tipos quantos fossem aqueles. Como isso não é possível, disse ele, a multiplicidade de penas consiste em uma multiplicidade de aflições não taxativamente predeterminadas em lei, desiguais, dependentes da sensibilidade de quem as padece e da ferocidade de quem as inflige.[7]

Conquanto exata a crítica, o modelo talional, ao menos em nível teórico, preservava, como foi dito antes, a ideia de proporcionalidade e não desprezava as exigências do princípio da pessoalidade da pena também visível nas penas de expulsão da comunidade e de banimento do território, o qual seria agasalhado nas Constituições modernas, como a nossa, conforme se extrai do inc. XLV do art. 5º.

Ao talião seguiu-se a pena de composição. Com essa pena, optou-se por redirecionar a reação ao patrimônio e não mais ao corpo do autor da falta (a pena de talião era uma pena tipicamente *corporal,* sendo impróprio aludir com essa denominação a reclusão e a detenção, cujo objeto é a liberdade).

A composição consistia no pagamento de indenização, em dinheiro ou com outros bens, à vítima ou aos seus familiares, a qual era estabelecida conforme as regras legais ou consuetudinárias vigentes.[8]

---

[4] PIERANGELLI, José Henrique. *Das Penas*: Tempos Primitivos e Legislações Antigas, Fascículos de Ciências Penais, MPRS, vol. 5, 1992, p. cit., p. 6.

[5] A pena de talião permeia o Código de Hamurabi. O artigo 1º, por exemplo, enuncia: "Se um homem livre acusou outro homem livre e lançou sobre ele suspeita de morte, mas, não pode comprovar, seu acusador será morto".

[6] BARRETO, Tobias. Fundamentos do Direito de Punir. *Revista dos Tribunais*, n. 727, p. 648.

[7] FERRAJOLI, Luigi. *Derecho y Razón*, Teoría del Garantismo Pena*l*. Prólogo de Norberto Bobbio. Editorial Trotta, 1997, Tradução livre do autor, p. 389.

[8] A composição como pena é distinta da composição prevista na Lei 9.099/99, porque esta é causa extintiva da punibilidade, embora ambas tenham natureza indenizatória. Mais próximas da composição são a

Não obstante, a sociedade humana evoluiria, postando-se, conforme ensina Rogério Lauria Tucci,[9] "como principal interessada na repressão das condutas tidas como inconvenientes, no âmbito da vivência comunitária. Desse modo, aquilo que, a critério do grupo social, era tido como ofensivo à coletividade, ainda que com relação a ato praticado contra um de seus membros, passou a ser reprimido oficialmente pelo Estado, como se fora ele o próprio ofendido – por isso que, precipuamente, no seu interesse (interesse grupal) – e objetivando, outrossim, uma perfeita adequação entre a ofensa e o castigo".

A maior mudança estimulada pelas ideias iluministas propaladas por Beccaria, Pietro Verri e muitos outros, ocorreria com a Revolução Francesa e o advento da Modernidade, do individualismo, do liberalismo e do Estado Moderno.

As penas privativas de liberdade e, mais recentemente, as penas restritivas de direito integrariam, portanto, essa última fase da cadeia evolutiva das penas, permitindo que ficassem no passado as penas cruéis e de morte, muito presentes ao longo da Idade Média e, no Brasil, até pouco antes do advento da República.

Com elas convivem as sanções pecuniárias. Elas povoam a legislação atual, conquanto a crítica, aqui antecipada, de inocuidade e injustiça. De inocuidade, porque os condenados de elevado poder econômico-financeiro, via de regra, não sentem os seus efeitos; de injustiça, porque as pessoas pobres, que constituem a grande clientela do sistema penal, nem sempre conseguem pagá-la, sem considerarmos que muitas vezes a responsabilidade pelo pagamento é suportada por terceiros, inocentes, como o pai, a mãe, parentes ou amigos do condenado.

Dessa brevíssima história sobre a evolução das penas pode-se perceber a extraordinária e significativa variação sobre o que os povos consideravam como sendo as finalidades das penas, sejam elas repressivas, preventivas ou ressocializadoras.

É hoje pacífica a compreensão de que a punição não mais se expressa como um ato de vingança oficial, mas, isto sim, como dever de Estado de proteger o interesse de todos contra o crime porque o crime é danoso à vida em sociedade.

Conforme ensina Frederico Marques,[10] bem acima do *poder* tem o Estado o *dever* de punir, para evitar que os particulares voltem a exercer atos de vingança privada, em detrimento dos avanços da civilização sobre a barbárie.

Essa ideia de poder-dever de punir em cumprimento às cláusulas do Pacto Social nós a identificamos, também[11] em Ferrajoli, em discurso sobre a função retributiva da pena.

Consoante o emérito jurista italiano, o Estado tem o dever de investigar e de punir os criminosos para que, cumprindo os deveres pactuados, os não criminosos sintam-se desestimulados a agir com as próprias mãos, injusta e arbitrariamente. Por isso e como corolário dessa percepção, a pena, para Ferrajoli, há de ser imposta em qualidade ou quantidade necessária e não mais do que necessária – entendendo-se

---

pena de prestação pecuniária – prevista no CP – e a pena de multa reparatória – esta prevista no CTB –, porque ambas visam à reparação, compensatoriamente, dos prejuízos causados pelo crime.

[9] TUCCI, Rogério Lauria. *Princípio e regras Orientadoras do Novo Processo Penal Brasileiro*. Rio de Janeiro: Forense, 1986, p. 140.

[10] MARQUES, José Frederico. *Tratado de Direito Processual Penal*, 1º vol., Saraiva, 1980, p. 4.

[11] FERRAJOLI, Luigi. *Derecho y Razón*, Teoría del Garantismo Penal. Prólogo de Norberto Bobbio. Editorial Trotta, 1997.

AÇÃO PENAL – As fases administrativa e judicial da persecução penal

como tal aquela que pode satisfazer as expectativas dos não criminosos, causando o menor sofrimento possível ao criminoso.

Os indivíduos estão proibidos de fazer a justiça privada, não se incluindo nessa proibição o direito das pessoas de reagirem na defesa dos bens jurídicos relevantes quando o Estado não se fizer presente ou for deficiente. Os indivíduos estão *autorizados* a agir. Não têm o dever. As excludentes de ilitude, aliás, são reconhecidas, doutrinariamente, como tipos penais *permissivos,* porque conferem a cada um em particular, precisamente, a alternativa para reagir, e não o dever para contra-atacar.

O direito de autodefesa, nesse contexto, configura-se como típico direito natural. Ihering ensinou que a luta pelo direito é um dever que cada um tem para consigo mesmo e para com a própria sociedade, precisamente porque é por meio da luta e da resistência que o direito se realiza.[12]

Sem prejuízo de tudo quanto dissemos linhas acima, convém registrar que o momento atual é de incerteza no mundo todo.

Os ataques terroristas e a onda de violência e de criminalidade convencional estão indicando inversão da tendência mundial em favor das penas alternativas, agregada á tendência de certos países em investirem em uma nova economia jurídica, a do *direito penal do inimigo* (incompatível com o estado democrático de direito porque parte do pressuposto de que é possível separar as pessoas em grupos, as "amigas" e as "inimigas").

2. O crime. Conceito

Na doutrina, é bem conhecida a fórmula de que crime é a ação ou omissão típica, antijurídica e culpável. Crime é o que está definido como crime na lei. A realização da conduta em consonância com a definição legal é normativa e socialmente reprovada com a sanção.

A necessidade de prévia definição na lei – e apenas na lei – das *condutas penalmente puníveis* (art. 1º do CP e art. 5º, inciso XXXIX, da CF), visa a propiciar, de um lado, aos indivíduos, o conhecimento da linha de horizonte do permitido e do proibido e de oferecer-lhes proteção e *segurança* contra o risco de excessos no exercício do *jus persequendi in juditio, ainda que por meio do processo.*

Nessa ordem de ideias, é bem propriado lembrar a famosa frase de Von Lisz de que o Código Penal atua como Carta Magna do criminoso, porque se, de um lado, instrumentaliza a punição, de outro, protege-o – e também aos não criminosos – contra os abusos do poder punitivo.[13]

A evolução da compreensão humana quanto ao sentido das penas estatais não ocorreu separada da evolução da compreensão humana quanto aos limites do poder estatal de punir, alcançando momento culminante com o advento do Estado Moderno e a superação do regime absolutista e dos Tribunais da Inquisição que marcaram avassaladora presença no período medieval, acusando, torturando e executando centenas de pessoas nos espetáculos públicos das fogueiras, por terem violado leis ca-

---

[12] IHERING, Rudolf Von. *A Luta pelo Direito.* 12. ed., Rio de Janeiro: Forense, 1992, p. 19.

[13] LISZT, Franz Von. *A Idéia do Fim no Dirieto Penal.* São Paulo: Editora Rideel, 2005, p. 39.

nônicas e incorrido no erro de pensar diferentemente dos padrões estabelecidos pela Igreja consorciada com o Estado.

Em suma: graças a essa vitória, para ser alcançada por sanção *penal* é só aquela conduta que estiver definida e sancionada previamente na lei penal, revelando-se como extraordinária, no particular a previsão no Código Penal Frances promulgado poucos anos após a Revolução Francesa (1804), definindo as condutas criminosas e apontando as penas certas como resposta pública, oficial, de Estado, ao criminoso.

Só há crime, portanto, se a lei penal assim o declarar, mediante clara, certa, precisa tipificação da conduta e cominação da respectiva pena, atualmente em margens mínima e máxima e suscetível de substituições e suspensões, conforme o caso.

Mesmo antes do advento da Modernidade e do império das tipificações penais, era grande o esforço destinado a superar esse reducionismo normativo do crime, sob o argumento de que algumas condutas humanas poderiam ser consideradas como *naturalmente* criminosas mesmo não estando previamente definidas e sancionadas em lei penal. Essas tentativas foram lideradas pelos jusnaturalistas, propondo que o jurista tem por dever considerar em suas investigações também o aspecto ético do Direito.[14]

Essas inquietações as têm ainda hoje os penalistas, sociólogos e intelectuais em geral por saberem que "o direito positivo" deve ser objeto duma valoração com referência a um sistema superior de normas ou princípios naturais que o precede.

Na Grécia antiga, Sófocles centrou essa problemática na aventura de Antígona[15] contra Creonte, o tirano que, por decreto, a havia proibido de dar a sepultura[16] ao corpo do irmão Polinice, acusado de traição.[17]

A peça é ainda hoje apontada como paradigma da concepção que propõe a preexistência de *direitos naturais* insuscetíveis de alteração ou de revogação pelas leis dos homens.[18] Proibir o sepultamento do corpo agrediria ao direito natural antes de agredir a qualquer regra de direito positivo.

Rafael Garófalo, expoente da Escola Positiva, procurou demonstrar, em análogo esforço e partindo de conceitos como *piedade* e *probidade* que, *independentemente de estarem ou não cominadas em lei,* certas condutas humanas deveriam ser consideradas como *materialmente* criminosas, independentemente de qualquer previsão legal, sobressaindo-se as que redundassem em lesões corporais, em morte, em violações sexuais, ofensivas, físicas, roubos e falsidades.[19]

Com essas palavras, Garófalo reafirmaria o pensamento que Thomas Paine havia exposto em 1791 no livro *Os Direitos do Homem.* Consoante esse pensador, antes dos direitos da história, que os dividiu, os homens teriam direitos naturais precedentes. Tais direitos naturais seriam então aqueles relacionados com a liberdade

---

[14] LATORRE, Angel. *Introdução ao Direito*, Coimbra: Almedina, 1997, p. 166.

[15] SÓFOCLES. *Antígona*. Porto Alegre: L&Pm, 1999, p. 5, com tradução e apresentação de DONALDO SCHÜLLER.

[16] "(...) já determinei à cidade, não receba sepulcro nem lágrimas, que o corpo permaneça insepulto, pasto para aves e para cães, horrendo espetáculo para os olhos. Esta é minha decisão, jamais de mim obterão os maus a honra devida aos justos" (p. 20).

[17] Conforme a peça, Polinice teria retornado do exílio e, com tochas, teria tentado reduzir a pátria a cinzas e "levar cativo os cidadãos" (p. 20).

[18] MACIEL, Adhemar Ferreira. *De Antígona e de Direito Natural*. Correio Braziliense, 2 de jul.1997 – Caderno "Direito e Justiça".

[19] GARÓFALO, Rafael. *Criminologia*. Turin, 1885, p. 30.

de expressão e que "(...) cabem ao homem em virtude de sua existência", aí incluídos todos os "(...) direitos intelectuais, ou direitos da mente, e também todos os direitos de agir como indivíduo para o próprio bem-estar e para a própria felicidade que não sejam lesivos aos direitos naturais dos outros".[20]

O óbice localiza-se, entretanto, nas múltiplas condições sociais e nas diversidades regionais, culturais e ideológicas que dificultam a identificação de um paradigma universal de criminalidade natural...

Sem embargo disso, como afirmou Latorre,[21] as inúmeras tentativas realizadas pelos arautos do direito natural foram mais do que suficientes para a percepção da evolução e da queda de um dos mais generosos movimentos espirituais do homem ocidental e também a história dos seus maiores fracassos, "apesar da humanidade não renunciar a procura desse ideal de justiça que a defenda contra a arbitrariedade das leis humanas".[22]

No presente momento e numa direção oposta ao direito natural intensifica-se a tendência em diagnosticar-se a criminalidade a *partir do indivíduo,* como fez César Lombroso,[23] deslocando as especulações do *fato* e das determinantes sociais da criminalidade para a pessoa *do criminoso, exclusivamente.*

Essa tendência encontra explicação nos avanços da engenharia genética. Para os seus partidários, "determinados traços caracterológicos mais definidores da personalidade dos indivíduos teriam sua origem em certos componentes genéticos (p. ex., a homossexualidade) e determinadas patologias da conduta, de forma correlativa, em alguns genes anômalos (p. ex., agressividade, fragilidade, tendência ao alcoolismo, à dependência em drogas)", como acentuou Carlos María Romeo Casabona.[24]

No Rio Grande do Sul, dois professores – um da UFRGS e outro da PUCRS – divulgaram projeto de pesquisa tendo como alvos 50 jovens internados na FASE, destinado a descobrir "o que leva um jovem a se comportar de maneira violenta". O objetivo dos pesquisadores é abordar as condições psicológicas, sociais, psiquiátricas, neurológicas e genéticas que poderiam estimular a agressividade e, segundo a matéria veiculada pelo jornal Zero Hora,[25] a pesquisa acabou provocando a "reação inflamada de um grupo formado principalmente por psicólogos, educadores ligados a Universidades e representantes de ONGs de defesa dos direitos humanos de vários estados".

O assunto é explosivo porque não obstante os inequívocos avanços da biologia, da psicologia e da genética, a referida tendência de eleger os genes como responsáveis pela criminalidade acaba funcionando como tentativa de retorno ao positivismo Lombrosiano.

Então, presentes todas essas dificuldades, não sobra outra alternativa, senão aquela que situa a criminalidade unicamente dentro do espaço do *legislado,* não obstante o alerta de Figueiredo Dias de que essa alternativa nos distancia do *padrão crítico* tanto do direito vigente como do direito a constituir do *que pode ou deve*

---

[20] BOBBIO, Norberto. *A Era dos Direitos.* São Paulo: Editora Campus, 1992, p. 88.

[21] LATORRE, Angel. *Introdução ao Direito*, Coimbra: Almedina, 1997, p. 168 a 176.

[22] Idem, 1997, p. 167.

[23] LOMBROSO, *César. O Homem Delinquente.* Porto Alegre, Ricardo Lenz Editor. Tradução da 2. ed. francesa, por Maristela Bleggi e Oscar Antonio Corbo Garcia, 2001, p. 53.

[24] CASABONA, Carlos María Romeo. *Da Gene ao Direito*, São Paulo: IBCCrim, 1999, vol. 9, p. 112.

[25] Zero Hora, ed. de 28 de janeiro de 2008, p. 4-5.

o legislador criminalizar e daquilo que ele pode e deve deixar fora do âmbito do direito penal.[26]

Essa é, aliás, a atitude seguida pelos adeptos da teoria do *labelling approach*,[27] a corrente criminológica que nasceu nos Estados Unidos, cerca de uma década antes da *criminologia radical*[28] e que sustenta que "o desvio e a criminalidade não são uma qualidade intrínseca da conduta ou uma entidade ontológica pré-constituída à reação social e penal, mas uma qualidade (etiqueta) atribuída a determinados sujeitos através de complexos processos de interação social; isto é, de processos formais e informais de definição e seleção".[29]

Para o *labelling approach* é importante não saber o que é crime mas, acima de tudo, porque tal ou qual conduta foi qualificada na lei como criminosa.

Por último: sendo o crime e a criminalidade fenômenos situados no plano do ordenamento jurídico de direito positivo e considerando que as leis podem ser modificadas ou revogadas a qualquer momento isso conduziria à negação da cientificidade do direito?

Essa pergunta foi formulada, aliás, em 1847, por Julius Von Kirchmann, famoso Procurador do Rei no Estado da Prússia. Em célebre conferência, indagava ele: "O sol, a lua, as estrelas, brilham hoje como há miLenios; a rosa continua florescendo hoje como no paraíso; o direito, ao invés, tem variado com o tempo. O matrimônio, a família, o Estado, têm passado por formas as mais variadas. Se grandes esforços têm sido feitos para se descobrir as leis da natureza e de suas forças, essas leis valem tanto para o presente como para os tempos primitivos e seguirão sendo verdadeiras no porvir. Não sucede o mesmo, contudo, com a disciplina do Direito (...) Duas palavras retificadoras do legislador são suficientes para trazer abaixo bibliotecas inteiras (...)".[30]

Na mesma linha e com palavras igualmente poéticas, Pascal questionaria o caráter científico do direito dizendo que o que é direito aquém pode não ser direito para além dos Pirineus ...[31]

É correto. As contínuas mutações legislativas podem produzir as perplexidades apontadas pelos dois grandes pensadores. No mundo contemporâneo os especialistas em direito nem sempre conseguem responder de bate-pronto o que é permitido

---

[26] DIAS, Jorge de Figueiredo. Questões Fundamentais de Direito Penal Revisitadas, *Direito e Justiça*, v. 20, ano XXI, 1999, p. 220.

[27] O *labelling approach* é designado na literatura, alternativa e sinonimamente, por enfoque do interacionismo simbólico, etiquetamento, rotulação, ou, ainda, por paradigma da reação social. Surge nos Estados Unidos, no final da década de 60, com os trabalhos de H. GARFINKEL, E. GOFMANN, K. ERICSON, A. CICOUREL, H. BECKER, E. SCHUR, T. SCHEFF, LEMERT, KITSUSE, dentre outros, integrantes da Nova Escola de Chicago, questionando o paradigma funcional até o momento dominante na sociologia norte-americana (nota de Vera Regina Pereira de Andrade no artigo citado adiante).

[28] MARTEAU, Juan Félix. *A Condição Estratégica das Normas*. São Paulo, IBCCrim, 1997, p. 91.

[29] ANDRADE, Vera Regina Pereira de. Do Paradigma Etiológico ao Paradigma da Reação Social. *Revista Brasileira de Ciências Criminais*, IBCCrim, v. 14, p. 280.

[30] KIRCHMANN, Julius Herman Von. *Die Wertlosigkeit der Jurisprudenz als Wissenchaft*. Berlin, 1847, cit. e trad.. por AFATLION *et alii*, op. cit., p. 42.

[31] SOUZA, Alberto Rufinos Rodrigues de. Bases Axiológicas da Reforma Penal Brasileira. In GIACOMUZZI, Vladimir (Org.). *O Direito Penal e o Novo Código Penal Brasileiro*. Porto Alegre: Fabris, 1985, p. 19.

ou proibido (bastando lembrar as intensas modificações nas legislações comercial, fiscal e tributária).

Nem por isso parece-nos possível negar o caráter científico do direito. Quando enunciarem suas célebre frases, Kirchmann e Pascal por certo não perceberam que o problema é de método e menos de objeto, porque a lógica que preside o direito, como cultura, é a do dever-ser, e não a lógica aristotélica do ser, que rege as leis da física. A afirmação de que o calor dilata os corpos tem necessidade lógica e validez universal, independentemente de época. O direito vigente em certo lugar e época pode não ser útil em outro lugar ou momento histórico. Nem por isso deixa de ser ciência. Por exemplo, quando houve a alteração da Parte Geral do Código Penal Brasileiro por meio da Lei 7.209/84 e muitas bibliotecas foram abaixo, conceitos como dolo, imputabilidade, culpa, excludente de ilicitude, coautoria, dentre tantos outros temas da teoria geral do direito penal sobreviveram sem quaisquer arranhões em livros escritos há dezenas de anos.

Em suma: o conceito jurídico de crime, tal qual foi enunciado no início deste item, satisfaz plenamente aos juristas, porque descreve suas características mais fundamentais, quais sejam os juízos de desvalor sobre a conduta do autor (culpabilidade) e o resultado, isto é, sobre o fato propriamente dito (injusto e antijuridicidade), independentemente, como referido há pouco, das preocupações, reservadas à política criminal e à criminologia, dos porquês da incriminação e da punição.

3. O exercício do *jus puniendi*: fases

O *jus puniendi*, orientado à desejável implementação prática dos ideais de Justiça, não pode ser exercitado pelo Estado diretamente.

O Estado precisará ante a notícia da prática da infração recolher as provas e submeter sua pretensão de punir, amparado nelas, à apreciação do Estado-Juiz.

Segue-se, então, que ao ser cientificado da prática de crime, o Estado, por meio de agências credenciadas, terá que agir imediatamente, salvo naquelas infrações em que o proceder da autoridade policial e do órgão do MP estiver na dependência da prévia implementação de condições específicas para a ação, conforme examinaremos além.

À essa fase administrativa – por isso mesmo exercitada por agentes estatais inquisitorialmente, isto é, sem as garantias de defesa ou contraditório, já que o autor do fato *não é sujeito e sim objeto* das atividades investigativas – seguir-se-á a fase jurisdicional da persecução penal – impulsionada, em regra, por agente credenciado do Ministério Público – mediante ação e processo regido pelas garantias constitucionais inerentes ao devido processo legal (art. 5º, inc. LIV).

Nos capítulos seguintes discorreremos sobre as fases administrativa e judicial da *persecutio criminis*, oportunidade em que aprofundaremos os estudos, em capítulos independentes, sobre a investigação criminal, a ação penal, espécies, princípios, condições e modo de exercício, respectivamente, processo, pressupostos processuais, procedimentos e ritos procedimentais.

Capítulo II

A fase administrativa da persecução

Sumário: 1. As fases da persecução; 2. A Polícia Administrativa e a Polícia Judiciária; 3. A fase administrativa da persecução: o inquérito policial; 4. A fase administrativa da persecução: o termo circunstanciado (Lei 9.099/95); 5. Autoridade com atribuições para instaurar o Inquérito e o termo circunstanciado; 6. A instauração de termos circunstanciados pelas polícias militares; 7. A fase administrativa da persecução: investigações por órgãos ou autoridades não policiais; 7.1. Investigação pelas Casas Legislativas; 7.2. Investigação pelo Poder Judiciário; 7.3. Investigação pelo Ministério Público; 7.4. Investigação para apuração de falta funcional no serviço público constitutiva de infração criminal; 7.5. Investigação por órgãos integrantes do sistema financeiro e tributário nacional; 7.6. Investigação Militar; 7.7. Investigação ambiental – A Lei 4.771/65.

1. As fases da persecução penal

No capítulo anterior, anotamos que, para cumprir os deveres pactuados e bem defender os interesses da sociedade, o Estado desenvolve múltiplas atividades, vez que o *jus puniendi* não é autoaplicável nem é exercido por coação direta.

Essas atividades integram duas fases distintas, específicas, submetidas a disciplinas próprias: a administrativa e a jurisdicional.

Na fase administrativa, o Estado atua de dois modos: preventiva e repressivamente, por meio de funcionários policiais militares e civis, respectivamente.

No policiamento preventivo, a autoridade inibe o cometimento das infrações, podendo prender em flagrante quem tiver cometido ilícitos penais, e, ato contínuo, conduzir o infrator à Delegacia de Polícia mais próxima para a formalização da prisão.

No exercício da função repressiva, a autoridade administrativa colhe a prova por meio de inquérito ou termo circunstanciado[1] e, assim fornece a justa causa indispensável ao oferecimento da ação penal e ao nascimento do processo.

A formalização do inquérito e do termo circunstanciado é precedida de uma prévia avaliação pela autoridade policial sobre a idoneidade das informações previamente recolhidas ou recebidas sobre o fato em si e a sua autoria.

---

[1] TUCCI, Rogério Lauria. *Princípio e Regras Orientadoras do Novo Processo Penal Brasileiro*. Rio de Janeiro: Forense, 1986, p. 124.

Se essas informações permitirem a conclusão de que a conduta é suscetível de enquadramento em tipo penal, a autoridade promoverá o indiciamento. Como o termo sugere, com o indiciamento são *indicadas* as evidências sobre a existência material e a suspeita da autoria da infração pela pessoa *indicada*.

O indiciamento não pressupõe provas cabais, definitivas sobre a autoria e a materialidade do fato. Sem embargo disso, é apropriado o alerta de Alexandre Salim: O indiciamento não é ato arbitrário, "devendo ser levado a efeito em face da existência de fortes indícios que garantam a ligação do sujeito á conduta penal. A mera suspeita ou a simples opinião desfavorável a respeito de alguém não pode, por si só, levar ao indiciamento, sob pena de caracterização de constrangimento ilegal".[2]

Realizados os atos investigatórios (arts. 6º e seguintes do CPP), com ou sem o indiciamento, a autoridade policial lançará relatório explicativo nos autos do inquérito e os remeterá ao Poder Judiciário para o exame do MP ou do querelante, quando o fato for de ação penal de sua exclusiva iniciativa (art. 10, § 1º, do CPP).

Apreciando o expediente, o MP e o Querelante poderão intentar a denúncia e a queixa, respectivamente, a qualquer tempo, ressalvado, para o último, o prazo decadencial previsto no artigo 38 do CPP.

Oferecida a ação, o processo deverá desdobrar-se de acordo com os ritos procedimentais específicos e obedecer a todas as imposições inerentes ao devido processo legal.

Consoante a lembrança de Aury Lopes Jr.,[3] em discurso sobre a fase jurisdicional da persecução, o processo, nesse ponto, atua precisamente como nova referência no desenvolvimento da pena estatal, "que vem marcada pela limitação jurídica do poder de perseguir e punir", de modo que, rigorosamente, ela "somente poderá ser imposta mediante o processo judicial", o que bem explica o porquê da necessidade que o Estado tem de submeter a sua pretensão de punir ao direto confronto com a pretensão do acusado, que, em legítima reação, a ela se opõe para tentar preservar o seu *status libertatis*.

2. A Polícia Administrativa e a Polícia Judiciária

Como dito acima, as atividades estatais voltadas à prevenção e repressão das infrações são exercidas por integrantes das instituições policiais militares e civis, estaduais ou federais, respectivamente. As policiais municipais atuam no controle do sistema viário e na proteção dos prédios ou locais públicos municipais (próprios municipais).

Especulando sobre as atribuições, o Deputado Heráclito Graça dizia em discurso na Câmara dos Deputados na sessão de 25 de agosto de 1869 que "... o caráter (da polícia administrativa) é a vigilância, é a previdência; mantendo a ordem pública,

---

[2] SALIM, Alexandre Aranalde. O Inquérito Policial, in *Teria e Prática dos Procedimentos Criminais e Ações Autônomas de Impugnação*. MARTINS, Charles Emil Machado (org.). Porto Alegre: Livraria do Advogado, 2009, p. 32.

[3] LOPES JR., Aury. *Sistemas de Investigação Preliminar no Processo Penal*. Rio de Janeiro: Lumen Juris, 2006, p. 5.

ordinariamente manifesta-se por medidas gerais; ela remove as causas de perturbação, remove e zela o bem-estar da sociedade".[4]

Já as polícias civis, atuando como Polícia Judiciária, têm por encargo o de entrar em cena após a prática delituosa para *esclarecer os fatos*, conquanto nada impeça e tudo recomende que possam fazê-lo, também, para impedi-la, sempre que isso seja possível.[5]

Nas palavras de Ulmann,[6] o papel da Polícia Judiciária "consiste em ajudar a Justiça no cumprimento de seus fins e de desenvolver uma atividade que assegure a consecução dos fins do processo", investigando, recolhendo provas e fornecendo o lastro probatório necessário ao seguro início da persecução inicial em juízo.

Faustin Helie dizia que "a polícia judiciária é o olho da justiça; é preciso que seu olhar se estenda por toda parte, que seus meios de atividades, como uma vasta rede, cubram o território, a fim de que, como a sentinela, possa dar o alarma e advertir o juiz; é preciso que seus agentes, sempre prontos aos primeiros ruídos, recolham os primeiros indícios dos fatos puníveis, possam transportar-se, avistar os lugares, descobrir os vestígios, designar as testemunhas e transmitir á autoridade competente todos os esclarecimentos que possam servir de elementos para a instrução ou formação da culpa; ela edifica um processo preparatório do processo judiciário; e, por isso, muitas vezes, é preciso que, esperando a intervenção do juiz, ela possa tomar as medidas provisórias que exigem as circunstâncias; ao mesmo tempo, deve ela apresentar em seus atos algumas das garantias judiciárias, que a legitimidade, a competência, as habilitações e as atribuições de seus agentes sejam definidas; que os casos de sua intervenção sejam previstos; que seus atos sejam autorizados e praticados com as formalidades prescritas pela lei; que, enfim, os efeitos destes atos e sua influência sobre as decisões da justiça sejam medidos segundo a natureza dos fatos e a autoridade de que são investidos os agentes".[7]

Em suma: enquanto a polícia militar atua ostensivamente com o propósito de prevenir a prática criminosa, a polícia civil atua *a posteriori*, recolhendo evidências para eventual propositura da ação com vistas ao pronunciamento do Poder Judiciário sobre o caso.

A rígida delimitação de atribuições não impede que as polícias administrativa e Judiciária recebam ajuda de outros órgãos estatais não policiais conveniados ou autorizados pela lei (p. ex., Receita Federal, IBAMA, SEMA), formando equipes, ao estilo das conhecidas operações policiais, seja para o fim preventivo, seja para o fim repressivo.

Essa colaboração deve guiar-se pela transparência, de modo a evitar-se que em nome dos objetivos da investigação e da punição os órgãos estatais cometam abusos, em contraste com os princípios da legalidade, da moralidade e da impessoalidade, que presidem as atividades no serviço público em nosso país.

---

[4] ALMEIDA JR., J. M. *O processo Criminal Brasileiro*, vol. 1. Rio de Janeiro: Freitas Bastos, 1959, p. 270.

[5] Idem, p. 270-271.

[6] NORONHA, Magalhães. *Curso de Direito Processual Penal*. São Paulo: Saraiva, 1986, p. 17.

[7] ALMEIDA JR., J. M. Op. cit., p. 251.

As polícias administrativa e judiciária estão subordinadas ao Poder Executivo, mas esta última já esteve, no Império, sob a chefia do Poder Judiciário, com chancela do Código Criminal de 1832.

Pimenta Bueno questionava essa situação sob o argumento de que "o juiz não deve ser senão juiz, árbitro imparcial, e não parte. Ainda mesmo prescindindo dos abusos que essa acumulação facilita, uma tal confusão tende por si mesma a desvairar o espírito de julgador. Em verdade, quando ele é obrigado a criar em seu próprio espírito as primeiras suspeitas de quem seja o autor do crime, em vez de somente apreciar as que lhe são apresentadas, essas impressões influirão depois por modo perigoso. O amor próprio de sua previdência convidará a que não aprecie bem as contradições ou razões opostas , a que faça triunfar sua penetração: ele julgará antes de ser tempo de julgar".[8]

As críticas ganharam corpo, como se pode ver da manifestação no Parlamento brasileiro do Senador Alves Branco, na sessão de 9 de setembro de 1835, sustentando que as funções policiais deveriam ser entregues não aos juízes municipais e de paz e sim ao chefe de polícia ou aos seus delegados, os quais deveriam, "com exclusividade, proceder à formação da culpa", também sugerindo a necessidade de melhor recrutamento dos juízes e promotores, aos quais se devia remunerar condignamente para ser possível o recrutamento de pessoas capazes de contestarem-se, nos juízes e tribunais, "com advogados hábeis e experimentados".[9]

Em 1841, o Código Criminal do Império foi amplamente reformado pela Lei 261, cujo projeto, composto por 102 artigos, havia sido elaborado e defendido, no Senado, por Bernardo Pereira de Vasconcelos, formado em Coimbra e jurista dotado de sólida formação Iluminista.

Como resultado dessa reforma, os Delegados e Subdelegados de Polícia passaram a ser nomeados dentre quaisquer juízes e cidadãos, estes "amovíveis" e, curiosamente, "obrigados a aceitar" o encargo, embora a Chefia de Polícia nos Estados ainda continuasse sob o comando de Desembargadores e Juízes de Direito.

Frederico Marques[10] salientava, a propósito, que "Como o chefe de polícia era sempre um magistrado togado e os delegados podiam ser nomeados 'dentre os juízes municipais', o que existia, na realidade, era um autêntico juizado de instrução, instaurado com a polícia judiciária e administrativa. Chefes de polícia, delegados e subdelegados exerciam funções de instrução preliminar ministradas com aquelas de investigação. Procediam ao corpo de delito (função investigatória) e à formação da culpa (função instrutória), cabendo posteriormente ao juiz o julgamento da causa. Todavia, alguns casos passaram a ser da competência dos juízes singulares: os crimes de responsabilidade dos funcionários, bem como os crimes de contrabando (julgados pelos juízes municipais). Cabia aos juízes de Direito julgar definitivamente os crimes de moeda falsa, roubo e homicídio cometido nos Municípios das fronteiras do Império, os crimes de resistência, tirada de provas e bancarrota. Era uma organização judiciária e policial muito primária, mas que reforçou os poderes

---

[8] BUENO, José Antonio Pimenta. *Apontamentos sobre o Processo Criminal Brasileiro*. Rio de Janeiro: Empresa Nacional do Diário, 1857, p. 87 – *apud* José Henrique Pierangelli, ob. cit., p. 102.

[9] PIERANGELLI, José Henrique. *Processo Penal, Evolução Histórica e Fontes Legislativas*, São Paulo: Jalovi, 1983, p. 135.

[10] MARQUES, José Frederico. Sobre o Inquérito Policial, in *Justitia*, vol. 84, p. 273.

repressivos do Estado, em virtude da centralização fortemente policial que criou. E foi à sua sombra, como disse Euclides da Cunha, que cresceu o Império".

De qualquer sorte e como resultado da nova ordem legal, acabou sendo definitivamente proibido o inconveniente do simultâneo exercício da função policial e da função judicial. Caso assumisse o cargo de Chefe de Polícia, o Desembargador ou Juiz, assim, ficava salutarmente impedido de exercer a jurisdição no mesmo período.

Em 1871 surgiria uma nova reforma legislativa.

A Lei 2.033 separou em definitivo as atividades policiais das jurisdicionais, como propunha, aliás, Alencar Araripe, em discurso proferido a 27 de agosto de 1869, na Câmara dos Deputados. Para ele, obrar-se-ia "com mais acordo" se se estabelecesse a "incompatibilidade dos cargos e depois especializando quais as funções das autoridades policiais" e quais as das autoridades judiciais,[11] como acabaria acontecendo.

Rompendo o paradigma, a Lei 2.033, de 20 de setembro de 1981, veio a dispor que o cargo de Chefe de Polícia seria ocupado por outras pessoas (não integrantes da carreira da magistratura), com formação jurídica e prática no foro, por período de mandato de, no mínimo, quatro anos. O princípio seria posteriormente modificado, sendo o Chefe de Polícia nomeado e livremente demitido pelo Chefe do Poder Executivo – embora a escolha deva recair, salutarmente, sobre membro da carreira policial.

A Lei 2.033 também dispunha sobre os procedimentos que seriam adotados pela autoridade policial na atividade investigatória e estabelecia que o inquérito seria por ela enviado não ao Poder Judiciário, com ocorre hoje (art. 1º, § 1º) e sim ao órgão do Ministério Público. Essa regra deveria ser reinstituída entre nós, não só porque o MP é o destinatário da investigação como ainda porque ajudaria a desentravar o sistema judicial e a melhorar as condições para a maior celeridade da prestação jurisdicional.

As Polícias civis e militares não estão subordinadas ao Ministério Público ou ao Poder Judiciário, não devendo-se entender, em relação às primeiras, ainda, como manifestação de possível dependência, o poder de requisição do inquérito (artigo 5º, inciso II, do CPP).

Há países cuja Polícia Judiciária atua sob a orientação do Ministério Público. Bem próximo de nós, o Chile, em recente reforma legislativa, introduziu no artigo 77 de seu Código de Processo Penal regra nesse sentido, observada a "... estricta sujeción al princípio de objetividad consagrado en la Ley Orgânica Constitucional del Ministerio Público".[12]

O futuro parece reservar também para nós essa experiência, que aproximará mais as instituições, em favor da melhor qualidade e efetividade da investigação e da repressão dos delitos.

Ninguém ignora que na atualidade há um enorme fosso separando a Polícia do Ministério Público e do Poder Judiciário, tanto assim que seus agentes via de regra não compartilham dados recolhidos, nem constroem projetos em conjunto,

---

[11] ALMEIDA JR., J. M. *O processo Criminal Brasileiro*, vol. 1. Rio de Janeiro: Freitas Bastos, 1959, p. 272.

[12] Lei 9.696, de 12 de outubro de 2000.

seja para a formulação, seja para a execução das políticas públicas de prevenção e de repressão.

O Ministério Público, aliás, encontra muitas resistências para bem realizar a função de controle externo das atividades policiais determinada pela vigente Constituição.

A independência administrativa, financeira e orçamentária e a desvinculação da polícia judiciária do Poder Executivo, para transformar-se em instituição do Estado a serviço da sociedade, sem as ingerências do governo, nos moldes da reformatação da instituição do Ministério Público, é urgente em nosso meio, tanto na esfera federal, quanto na esfera estadual.

Essa é a condição para que as duas instituições possam organizar e discutir estratégias, no mesmo nível com equivalente *status* funcional, como condição para alcançar-se um máximo de eficiência na repressão da criminalidade moderna, que cresce continuamente em organização e perigo, especialmente em nosso país.

3. A fase administrativa da persecução: o inquérito policial

O inquérito é o instrumento por excelência utilizado pela autoridade judiciária em suas atividades investigatórias. Por meio dele serão recolhidas as provas que fornecerão a justa causa para o início da fase judicial da persecução.

O inquérito nasce com a investigação e se desenvolve com ela e todas as providências tomadas precisam ser registradas, documentadas, formalizadas, instantaneamente nos "autos" do inquérito, para que, ao seu exame, possa-se reconstruir todos os passos percorridos. Não é tecnicamente correto formalizar a investigação em inquérito após o encerramento das investigações, como não o seria formalizar em autos um processo judicial depois da produção da prova, da coleta do interrogatório e da apresentação das alegações finais pelas partes ...

A origem do inquérito é romana.

O inquérito estava associado ao modelo inquisitivo de direito vigente na Roma antiga (*inquisitio*). A matriz inquisitiva romana é a que preside as atividades no inquérito,[13] pois, nos moldes das atividades desenvolvidas nos Tribunais da Inquisição, embora devam ser guardadas as devidas proporções entre esses tribunais e os órgãos policiais atuais, o suspeito é o objeto da investigação.

Foi com a Lei 261 que o inquérito apareceu formalmente em nosso direito, embora a esse tempo ainda permanecesse certa confusão entre as funções policiais e judiciais, haja vista a possibilidade da migração de um para outro cargo e a "cultura" da magistratura a presidir a atuação da polícia.

Entretanto, a palavra *inquérito*, com o sentido que o conhecemos, todavia só seria visível em nossa legislação no texto do Decreto 4.824, de 22 de novembro de 1871, que regulamentou a Lei 261, para daí incorporar-se em definitivo à terminologia jurídico-penal do país.

---

[13] Conforme a Lei 261, os Chefes de Polícia em toda a província e na Corte, e os Delegados, nos respectivos distritos, tinham por dever remeter "... todos os dados, provas e esclarecimentos que houverem obtido sobre um delito, com uma exposição do caso e de suas circunstâncias, aos juízes competentes, a fim de formarem a culpa".

Consoante o referido decreto, o inquérito policial seria constituído por "... todas as diligências necessárias para o descobrimento dos fatos criminosos, de suas circunstâncias e dos seus autores e cúmplices; deve ser reduzido a instrumento escrito" e estruturar-se de acordo com as exigências que nós conhecemos até hoje.

Outrossim, o artigo 38 estabelecia, quanto à forma, que os chefes, delegados e sub-delegados de Polícia, tão logo ficassem sabendo da prática de crime, tinham por dever realizar todas as diligências que o caso exigisse para descobrirem as provas sobre a infração e a sua autoria, providenciando na realização de auto de corpo de delito direto, dos exames e buscas para apreensão de instrumentos e documentos; na inquirição de testemunhas que tivessem presenciado o episódio ou que tivessem razão em sabê-lo e, ainda, na formulação de perguntas "ao réu e ao ofendido" para que, tanto quanto possível, todos os aspectos ficassem bem elucidados.

Não obstante a importância conferida pela lei ao inquérito, ele vem sendo alvo de críticas e mais críticas. Registra muito bem Alexandre Salim, que a morosidade da tramitação "prejudica a prestação jurisdicional: é oneroso, já que muitas das provas que ali se realizam devem ser repetidas em juízo: não há defesa efetiva do investigado, em descompasso com a realidade constitucional vigente, de um sistema de direitos e garantias: comentam-se abusos ocorridos no interior dos mais diversos órgãos policiais, tais como corrupção e tortura: não é instrumento hábil para a apuração de infrações cometidas por administradores públicos, já que a autoridade policial, subordinada que é ao Poder Executivo, não teria a independência necessária para a sua atividade e nem estaria livre de eventuais pressões políticas",[14] aspecto que, segundo o mesmo autor, tem acentuado a tendência de entregar-se ao MP a direção da investigação.

Endossamos, por isso, a crítica de René Ariel Dotti[15] quanto à necessidade de dotar-se a Polícia Judiciária de condizente infraestrutura técnica e de bons quadros, mediante pagamento de salários condignos, fornecimento de veículos e equipamentos modernos, etc., para que menos com armamentos e mais com inteligência e estratégia, melhoremos nossa posição no ranking na luta contra a violência e o crime.

Independentemente da necessidade de maior aproximação e de elevação dos níveis de cooperação interna entre as agências estatais incumbidas de proteger a sociedade contra a violência e o crime, é urgente, se a opção for pela preservação do modelo atual, dotar-se a Polícia Judiciária de orçamento próprio e de maior autonomia administrativa, inclusive com prerrogativas para a escolha da Chefia, em nome da maior independência funcional, aproveitando-se, no particular, a fecunda experiência que produziu a modernização do Ministério Público, conforme registramos anteriormente.

---

[14] SALIM, Alexandre Aranalde, O Inquérito Policial, in Teria e Prática dos Procedimentos Criminais e Ações Autônomas de Impugnação, Livraria do Advogado, (Charles Emil Machado Martins, Org.), 2009, p. 32.

[15] DOTTI, René Ariel. O Ministério Público e a Polícia Judiciária – Relações Formais e Desencontros Materiais, in MP., Direito e Sociedade, publicação da Associação do Ministério Público do RS, Fabris Editor e Escola Superior do MP do RS p. 123.

4. A fase administrativa da persecução: o termo circunstanciado (Lei 9.099/95)

Como foi visto no item anterior, a investigação policial era realizada por meio de inquérito, independentemente da natureza (crime ou contravenção), da espécie da pena (multa, restritivas de direito ou privativas de liberdade) ou do procedimento (comum ou especial, ordinário ou sumário).

Em 1988, instalou-se em nosso País uma nova economia jurídico-penal, pois a Constituição Federal criou no inciso I de seu artigo 98 os Juizados Especiais Criminais com competência para julgar infrações de menor potencial ofensivo, entendidas como tais aquelas cujas penas máximas não ultrapassem a dois anos,[16] a serem objeto de termo circunstanciado.

A natureza jurídica desse expediente é idêntica à do inquérito mas, sob o ponto de vista formal, menos simplificado do que este, nele constando apenas o registro da ocorrência, a indicação dos nomes das testemunhas, da vítima e do autor do fato, mais a documentação comprobatória da materialidade do fato (laudos periciais, como regra), bem de acordo com os princípios da simplicidade e da informalidade que regem o Juizado Especial.

Eventualmente, certas infrações definidas como de menor potencial ofensivo poderão revestir-se de peculiaridades tais que a apuração da verdade deve ser realizada em procedimento mais amplo e formal (§ 3º do art. 77 da Lei 9.099/95), de que são exemplo as previstas na Lei da Propriedade Industrial (9.279/96) que exigem, via de regra, produção de complexa prova pericial.

5. Autoridade com atribuições para instaurar o inquérito e o termo circunstanciado

A investigação *policial*, por meio de inquérito e termo circunstanciado é da autoridade *policial*, haja vista o disposto no artigo 144, § 1º, inciso IV, e § 3º, da CF,[17] mas, a teor do parágrafo único do artigo 4º do CPP, outras autoridades admi-

---

[16] "Art. 61. Consideram-se infrações penais de menor potencial ofensivo, para os efeitos desta Lei, as contravenções penais e os crimes a que a lei comine pena máxima não superior a 2 (dois) anos, cumulada ou não com multa". (Redação dada pela Lei 11.313, de 2006)". A doutrina e a jurisprudência vêm entendendo que, no concurso material (art. 69 do CP), deverão ser somadas as penas máximas cominadas em abstrato às infrações em concurso, para poder-se aferir a competência do JEC. Se as penas somadas ultrapassarem a dois anos, o processo deverá ser instaurado perante o Juízo Comum. Tratando-se de concurso formal ou de crime continuado, esse controle será realizado mediante a máxima incidência das majorantes previstas nos arts. 70 e 71 do CP sobre o máximo de pena privativa de liberdade cominado em abstrato à infração mais grave, se diversas, ou à pena privativa de liberdade cominada para qualquer delas, se iguais. Da mesma forma, se o resultado final ultrapassar ao limite legal (2 anos), o caso será apreciado pelo Juizado Comum, e não pelo JEC. No crime tentado o controle da cometência do JEC ocorerá mediante a redução da pena máxima cominada em abstrato ao fato o quantum correspondente ao mínimo pervisto no art. 14 do CP. Se o resultado for interior a dois anos, a competência para o processo e o julgamento será do JEC. Se for superior, do Juizado Comum.

[17] Elucidativo o trecho do voto proferido pelo Min. Celso de Mello no julgamento do HC 89.837 / DF, *verbis*: "o exercício das funções inerentes à polícia judiciária compete, ordinariamente, à polícia Civil e à Polícia Federal (CF, art. 144,§ 1º, IV, e § 4º), com exceção das atividades concernentes à apuração

nistrativas poderão também, *desde que autorizadas pela lei,* abrir expedientes *não policiais,* dotados de igual natureza administrativa e aptos a cumprir finalidades idênticas às dos inquéritos policiais.

Em itens específicos deste capítulo analisaremos esses casos excepcionais de investigação por autoridades parlamentares, judiciárias, do Ministério Público e integrantes de outras agências estatais, para onde remetemos o leitor, por amor à brevidade.

É no lugar da infração que a autoridade deve instaurar o inquérito, algo semelhante ao que se verifica para a determinação da competência jurisdicional.

O descumprimento da regra não gera a nulidade do processo, em face da natureza administrativa do inquérito, sendo pacífica a jurisprudência nesse sentido.

6. A instauração de termos circunstanciados pelas polícias militares

Ainda na esfera das atribuições da polícia judiciária discute-se a possibilidade ou não de instauração de termos circunstanciados pelas polícias militares, em serviço de policiamento ostensivo/preventivo.

Amparada na doutrina de Nereu Giacomolli,[18] a Turma Recursal do Juizado Especial de Porto Alegre[19] respondeu afirmativamente à questão proposta, sob o fundamento de que nas infrações afetas à Justiça Consensual não há propriamente uma investigação policial, uma apuração pormenorizada, um inquérito policial, ou seja, atividade típica da polícia judiciária. Basta a lavratura de um termo circunstanciado, isto é, a materialização do fato e de suas circunstâncias, com a identificação dos envolvidos e das possíveis testemunhas, consignando-se uma sintética conclusão do que foi informado.

Convocado a emitir seu entendimento sobre o tema, o Superior Tribunal de Justiça, afirmou que "... a providência prevista no art. 69, da Lei 9.099/95, é da competência da autoridade policial" sem gerar ilegalidade a circunstância de utilizar

---

de delitos militares, consoante prescreve o próprio texto da Constituição da República (CF, art. 144, § 4º, *in fine*).Isso significa, portanto, que os inquéritos policiais – nos quais se consubstanciam, instrumentalmente, as investigações penais promovidas pela Polícia Judiciária – serão dirigidos e presididos por autoridade policial competente, e por esta, apenas (CPP, art. 4º, *caput*, na redação dada pela Lei 9.043/95). Sob tal aspecto, inexistem quaisquer disceptações a propósito da atribuição funcional, constitucionalmente outorgada à Polícia Judiciária, de presidir ao inquérito policial, de promover a apuração do evento delituoso e de proceder à identificação do respectivo autor, como resulta claro do próprio magistério da doutrina, cujas lições enfatizam – tal como assinala Julio Fabbrini Mirabete (*Código de Processo Penal Interpretado*, 7ª ed. São Paulo: Atlas, 2000, p. 86, item n. 4.3) – que "a atribuição para presidir o inquérito policial é deferida, agora em termos constitucionais, aos delegados de polícia de carreira, de acordo com as normas de organização policial dos Estados" (grifei). HC 89.837 / DF.

[18] GIACOMOLLI. Nereu José. *Juizados Especiais Criminais*: Lei 9.099/95. Porto Alegre: Livraria do Advogado, 2002, p. 88.

[19] "A Brigada Militar também possui competência para a lavratura do Termo Circunstanciado, especialmente tendo o autor do fato assinado o termo de comparecimento ao Juizado Especial Criminal. Havendo prova do fato, deve ser mantida a sentença condenatória. Negaram Provimento." (Recurso Crime nº 71000863100, Turma Recursal Criminal, Turmas Recursais, Relator: Alberto Delgado Neto, Julgado em 04.12.06.

o Estado o contingente da Polícia Militar, em face da deficiência dos quadros da Polícia Civil.[20]

Na mesma linha, embora em processo destinado à declaração de inconstitucionalidade de Portaria (n° 172, de 16.11.00, da Secretaria da Justiça do Estado), que havia atribuído competência à polícia militar para lavrar termos circunstanciados, o Pleno do Tribunal de Justiça rechaçou a alegação de ofensa à Constituição e às leis, sob o fundamento de que a expressão "autoridade policial", constante do art. 69 da Lei 9.099/95 compreende quem se encontra investido em função policial, ou seja, qualquer autoridade.[21]

Todavia, o Supremo Tribunal Federal, em recente decisão,[22] declarou a inconstitucionalidade de decreto (1.557/03) do Estado do Paraná, que atribuía a subtenentes ou sargentos combatentes o atendimento nas delegacias de polícia de municípios que não dispunham de servidor de carreira para o desempenho das funções de delegado de polícia baseado no entendimento de que a hipótese configurava desvio de função e ofendia, precisamente, ao art. 144, *caput*, incs. IV e V, e §§ 4° e 5°, da Constituição da República.

Em que pese a autoridade da doutrina e dos precedentes citados anteriormente, parece-nos que o pronunciamento do Supremo Tribunal Federal é efetivamente o que melhor reflete o sistema normativo vigente em nosso país, haja vista o disposto no § 4° do artigo 144 da CF.

Consoante decidiu o STF, o "§ 5° do art. 144 da Carta da República atribui às polícias militares a tarefa de realizar o policiamento ostensivo e a preservação da ordem pública", não podendo-se confundi-la "... com as funções de polícia judiciária e apuração de infrações penais, estas, sim, de competência das polícias civis".[23]

A divisão do trabalho e os controles administrativos justificam o cuidado com o risco de superposição de atribuições ou competências para alcançar-se efetividade na execução do orçamento público.

Por último: embora a ausência de regramento constitucional especificamente voltado à polícia judiciária dos estados, a norma do inciso IV do art. 144 da CF a eles aplica-se naturalmente, por força do princípio da simetria que rege o modelo federativo, de modo a podermos concluir que é das polícias civis, também com exclusividade, a titularidade da função de polícia judiciária estadual.

7. A fase administrativa da persecução: investigações por órgãos ou autoridades não policiais

Sendo da Polícia Federal e das Polícias Civis, conforme a matéria, a atribuição para instaurar e presidir o inquérito policial (inc. IV do art. 144 e § 4° do mesmo dispositivo constitucional), há exceções legais bem afinadas com os enunciados do

---

[20] HC 7199/PR,6ª T., rel. Min. Vicente Leal, j. em 1° de julho de 1998, in DJ 28.09.98, p. 115.

[21] Ação Civil Pública n° 70014426563, Tribunal Pleno, Tribunal de Justiça do RS, Relator: Maria Berenice Dias, Julgado em 12.03.07.

[22] ADI 3614/PR, Pleno, rel. Min. Gilmar Mendes, in DJU de 23.11.07.

[23] ADI 3.441, Rel. Min. Carlos Britto, julgamento em 05.10.06, DJ de 09.03.07.

parágrafo único do artigo 4º e do § 1º do artigo 46 do CPP que precisam ser comentadas neste momento.

7.1. Investigação pelas Casas Legislativas

As Casas Legislativas Federais (Câmara e Senado) detêm poderes para *investigar fatos suscetíveis de imposição de responsabilidades funcionais, administrativas* e também *penais*, mediante Comissões Parlamentares de Inquérito (art. 58, § 3º, da CF), inclusive por crimes identificados no curso das atividades da Comissão (art. 58, § 3º).

Guilherme Rodrigues Abrão, em trabalho sobre as CPIs,[24] anotou que "a função primordial do Poder Legislativo é a de legislar, dedicando-se, portanto, à elaboração de um conjunto de leis acerca dos mais variados temas, conforme o processo legislativo elencado no artigo 59 da Constituição Federal de 1988.[25] Ocorre que também aparece como função do Poder Legislativo o dever de fiscalizar, controlar e investigar (quando necessário) os atos emanados do Poder Executivo, sem que isso corresponda a qualquer violação ao princípio da separação dos poderes, pelo contrário, por ser ínsito ao sistema de freios e contrapesos".

Com sentido esclarecedor, José Afonso da Silva adverte que "(...) nem a divisão de funções entre os órgãos do poder nem sua independência são absolutas. Há interferências, que visam ao estabelecimento de um sistema de freios e contrapesos, à busca do equilíbrio necessário à realização do bem da coletividade e indispensável para evitar o arbítrio e o desmando de um em detrimento do outro e especialmente dos governados".[26]

As CPIs tiveram origem, no Brasil, na fase Imperial e, conforme José Celso de Mello Filho, para exercer a função de controle e fiscalização dos outros Poderes,[27] conquanto tenham formalmente sido reconhecidas só na Constituição de 1934.

Odacir Klein, discorrendo sobre o assunto, lembrou que Aliomar Baleeiro, constituinte que seria festejado também como Ministro do Supremo Tribunal Federal, apresentou uma Emenda (de n. 955) visando a suprimir do texto enviado à aprovação as disposições que autorizavam o Legislativo a criar CPIs, sob o argumento de que seriam supérfluas. Dizia ele: "É inteiramente supérflua a disposição porque, no desempenho de suas funções, ambas as Câmaras podem recorrer aos inquéritos sobre quaisquer fatos, determinados ou não assim como a todo e qualquer meio idôneo, que não lhe seja vedado por cláusula expressa, ou implícita, da Constituição... Tais Comissões de inquérito e sempre foram criadas pela Câmaras inglesas e norte-americanas com poderes tão grandes, que podem trazer compulsoriamente à sua pre-

---

[24] "As Comissões Parlamentares de Inquérito e as Garantias Constitucionais frente ao Estado Democrático e Constitucional de Direito", PUCRS, 2008.

[25] Art. 59. O processo legislativo compreende a elaboração de: I – emendas à Constituição; II – leis complementares; III – leis ordinárias; IV – leis delegadas; V – medidas provisórias; VI – decretos legislativos; VII – resoluções.

[26] SILVA, José Afonso da. *Curso de direito constitucional positivo.* 24. ed. São Paulo: Malheiros, 2005, p. 110.

[27] MELLO FILHO, José Celso. Investigação Parlamentar Estadual: as Comissões Especiais de Inquérito, in *Justitia*, v. 121, p. 155 e seguintes.

sença, prender e fazer punir 'por desacato' perante a Corte de Justiça de Colúmbia, os indivíduos recalcitrantes. Nenhum dispositivo constitucional, ou da Emenda á Constituição, entretanto, julgou-se necessário para esse fim".[28]

Embora a solidez da argumentação, a matéria foi incluída na Lei Maior.

Sendo mais frequentemente instauradas nas Casas legislativas federais, é legítima a instauração de CPI também em Assembleias Legislativas e Câmaras de Vereadores, com ensinam, aliás, Andrei Schmidt e Luciano Feldens,[29] fundados no princípio da simetria.

A CPI destinada a apurar possível infração político-administrativa dos Prefeitos instalar-se-á e funcionará conforme estabelecer a Lei Orgânica do Município, o Regimento Interno da Câmara de Vereadores e, subsidiariamente, a legislação federal.

As normas de regência das Comissões Parlamentares de Inquérito provêm da Lei 1.579, de 18 de março de 1952, do Código de Processo Penal e dos Regimentos Internos das Casas Legislativas, nessa ordem.

Consoante a inteligência da Lei 1.579/52 (art. 2°) e da Lei 4.595/64 (art. 38), as Comissões Parlamentares detêm competência para ordenar diligências, convocar ministros e deputados, tomar depoimentos de autoridades, ouvir suspeitos, indiciá--los, se for o caso, intimar testemunhas e colher os seus depoimentos, requisitar ou ordenar a busca de documentos, requisitar serviços de terceiros e locomover-se para onde for necessário e com vistas à implementação da finalidade da convocação.

Sem confundirem-se com as Comissões Permanentes das Casas Legislativas, as CPIs são órgãos investigativos não jurisdicionais transitórios com a finalidade de investigar para eventual responsabilização política, administrativa e eventualmente criminal de integrantes da administração pública ou de terceiros por fatos cometidos em coautoria ou participação.

O investigado tem o dever de atender as convocações da CPI e se não comparecer no dia e hora marcado para ser ouvido, poderá ser conduzido coercitivamente, por ordem do Presidente, titular de poderes equivalentes ao das autoridades judiciais (CF, art. 58, § 3°),[30] embora não seja titular de jurisdição.

Não significa, contudo, que esteja obrigado a responder às perguntas se tiver receio ou perceber que poderá ser incriminado em razão das respostas. O princípio *nemo se detegere* confere-lhe direito ao silêncio.[31] Esse direito tem sido reconhecido pacificamente pelo Supremo Tribunal Federal em *habeas corpus* expedidos em favor de depoentes nas mais diversas CPIs instaladas tanto em nível Federal quanto em nível Estadual. Embora para o público externo as cenas possam parecer ridículas, com os suspeitos, a todo tempo, dizendo em resposta às perguntas um lacônico "nada a declarar", o direito à não incriminação é secular e atua como mecanismo extraordinariamente importante contra os abusos e ainda vai ao encontro do modelo

---

[28] KLEIN, Odacir. *Comissões Parlamentares de Inquérito* – A sociedade e o Cidadão. Porto Alegre, Fabris, 1999, p. 23.

[29] FELDENS, Luciano; SCHMIDT, Andrei Zenkner. *Investigação Criminal e Ação Penal*. Porto Alegre: Verbo Jurídico, 2005, p. 91.

[30] HC 80.152-MC, Rel Min. Nelson Jobim.

[31] (HC 88.703-MC, Rel. Min. Cezar Peluso, decisão monocrática, julgamento em 08.05.06, DJ de 12.05.06). No mesmo sentido: HC 92.371-MC, Rel. Min. Eros Grau, decisão monocrática, julgamento em 03.09.07, DJ de 10.09.07.

acusatório que transfere para o Estado, representado pela polícia judiciária e demais instituições autorizadas a investigar e pelo órgão do MP, autorizado a processar, o ônus de demonstrar a culpabilidade como condição para a imposição de responsabilidades.

Embora as CPIs atuem inquisitorialmente, tem-se reconhecido aos suspeitos ou investigados o direito de serem acompanhados por advogados, ao estilo das investigações realizadas pela autoridade policial ou outras agências estatais autorizadas em lei.

José Alfredo de Oliveira Baracho lembra que esse assunto tem sido bastante discutido no âmbito interno das Comissões Parlamentares de Inquérito. Afinal, citando Giorgio Recchia, conclui no sentido da legitimidade da atuação destes, observadas as normas legais pertinentes, pois, no seu dizer, em todas as fases do trabalho das Comissões, "está presente a preocupação com a tutela das garantias fundamentais. A ausência de adequada segurança no cumprimento das garantias fundamentais dos cidadãos, convocados pelas Comissões, não passa despercebida no desenvolvimento da sistemática empregada na apuração dos fatos e circunstâncias que geraram a sua própria criação".[32] Alberto Zacharias Toron chegou à idêntica conclusão em texto-desagravo enviado à Comissão de Direitos e Prerrogativas da OAB de São Paulo, denunciando a tentativa de CPI de amordaçar a voz dos advogados presentes à sessão e no exercício da atividade profissional.[33]

O depoente, na qualidade de suspeito ou de investigado formalmente, tem, durante o depoimento, o direito de consultar seu advogado para avaliar se convém ou não responder à pergunta formulada por integrante da CPI. Decisões nesse sentido haviam sido proferidas, aliás, no STF, em *habeas corpus* impetrados por alguns interessados.

Não sendo técnico no assunto e não reunindo aptidão para avaliar se a eventual resposta poderá prejudicá-lo em sua defesa, o interrogando, durante a audiência, poderá dirigir-se, brevemente, ao seu defensor, para decidir se irá ou não responder ao questionamento formulado pelo membro da CPI. É claro que desse direito não advém direito ao advogado para responder ao interlocutor em nome do cliente ...

As testemunhas também têm o dever de comparecer às audiências e se faltarem ao ato sem justificativa séria, poderão ser conduzidas por ordem do Presidente da CPI,[34] eis que presente o interesse público na apuração dos fatos.

Como acentuou José Celso de Mello Filho, citando precedente do Tribunal de Justiça do RS, "no direito de investigar está ínsito o poder coercitivo de obter as informações necessárias ao esclarecimento da investigação, não sendo lícito, pois, à testemunha, recusar depor perante as comissões parlamentares de inquérito constituídas pelas Assembleias Legislativas".[35]

---

[32] BARACHO, José Alfredo de Oliveira. *Teoria Geral das Comissões Paralamentares*. Rio de Janeiro: Forense, 1988, p. 105

[33] TORON, Alberto Zacharias. As Comissões Parlamentares de Inquérito e as Prerrogativas dos Advogados, *IBCCRIM*, SP., ano 8, n. 97, p. 11.

[34] HC 88.189-MC, Rel. Min. Celso de Mello, decisão monocrática, julgamento em 07.03.06, DJ de 14.03.06.

[35] MELLO FILHO, José Celso. Investigação Parlamentar Estadual: As Comissões Especiais de Inquérito, in *Justitia*, vol. 121, p. 155 e seguintes.

A lei possibilita que algumas pessoas (mesmo tendo o dever de comparecer ao ato) possam invocar o direito a não depor. São elas o ascendente ou descendente, o afim em linha reta, o cônjuge, ainda que desquitado, o irmão e o pai, a mãe, ou o filho adotivo do acusado, salvo quando não for possível, por outro modo, obter-se ou integrar-se a prova do fato e de suas circunstâncias (art. 306). Outrossim, há pessoas que em razão da função, ministério, ofício ou profissão, devam guardar segredo, salvo se, desobrigadas pela parte interessada, quiserem dar o seu testemunho (art. 206).

O sigilo profissional tem alcance geral e se aplica a qualquer juízo cível, criminal, administrativo ou parlamentar. Não basta invocar sigilo profissional para que a pessoa fique isenta de prestar depoimento. É preciso haver um mínimo de credibilidade na alegação e só *a posteriori* pode ser apreciado caso a caso. A testemunha não pode prever todas as perguntas que lhe serão feitas. O Judiciário deve ser prudente nessa matéria, para evitar que a pessoa venha a obter HC para calar a verdade, o que é modalidade de falso testemunho.[36]

As audiências serão públicas por ser esse o princípio que rege a atividade persecutória em nosso país, independentemente da fase, administrativa ou jurisdicional, o que não impede decisão fundamentada da Comissão Parlamentar de Inquérito visando a realização de audiência para coleta das declarações do autor do fato ou das testemunhas em recinto fechado, conforme faculta, aliás, a Constituição Federal (inciso LX do art. 5º e inciso IX do art. 93).

As CPIs estão legitimadas, ainda, a requisitar informações junto às instituições financeiras e, também a decretar a quebra dos sigilos fiscal, bancário e telefônico dos investigados.[37] Por quebra do sigilo telefônico devemos entender a possibilidade de requisição perante as concessionárias dos registros existentes sobre os telefonemas realizados e recebidos pelo suspeito, ficando, como é óbvio, a CPI, responsável pela indevida publicação das informações recebidas.

Esse poder de requisição não abrange o acesso às conversas ao telefone realizadas pelo suspeito com outras pessoas (interceptação telefônica), haja vista a reserva de jurisdição insculpida no inciso XI do artigo 5º da CF, segundo a qual apenas o Poder Judiciário, fundamentadamente, está autorizado a quebrar o sigilo de correspondência, das comunicações telegráficas, de dados e telefônicas e isso nas hipóteses e na forma que a legislação específica estabelecer e para os fins da investigação ou da instrução processual penal.[38]

As CPIs estão sujeitas às mesmas limitações que a Constituição e as leis impõem aos órgãos do Poder Judiciário, dentre elas, a que diz com a necessidade de fundamentação das decisões proferidas (inciso IX do art. 93 da CF),[39] devendo constar nos autos da investigação, em articulado lógico e coerente, os motivos da providência

---

[36] HC 71.039, Rel. Min. Paulo Brossard, julgamento em 07.04.94, DJ de 06.12.96.

[37] A jurisprudência desta Corte é firme no sentido de admitir a quebra de sigilos fiscal, bancário e telefônico efetivada por comissões parlamentares de inquérito, desde que os requerimentos sejam fundamentados, apresentando fatos concretos que justifiquem causa provável para a efetivação da medida excepcional: ... (MS n. 25.668-MC, DJ de 24.11.05). No mesmo sentido o MS n. 25.631-MC, Relator o Ministro Sepúlveda Pertence, DJ de 10.11.05. (MS 26.909, Rel. Min.Eros Grau, decisão monocrática, julgamento em 04.10.07, DJ de 11.10.07).

[38] Leis 9.296, de 24.07.96 (lei da escuta telefônica e Lei 6.538, de 22.06.78 (lei dos serviços postais).

[39] STF, Mandado de Segurança n. 23.619, DF, rel. Min. Octávio Gallotti, julgado em 04.05.00.

ordenada. O desrespeito dessa exigência poderá levar o Poder Judiciário a tornar inócua a medida, via mandado de segurança ou *habeas corpus*, conforme o caso.

As CPIs *não detêm poderes para decretar a prisão preventiva*, haja vista os termos do inciso LXI do artigo 5º da Constituição Federal, de modo que uma providência nesse sentido dependerá de representação da CPI ao Poder Judiciário e de decisão fundamentada do magistrado competente com invocação de motivo concreto e real dentre os cabíveis nas figuras do artigo 312 do Código de Processo Penal.

Contudo, a CPI a teor do verbete n. 397 da Súmula do STF detém atribuições para prender em flagrante e abrir o inquérito qualquer pessoa que cometer crime em suas dependência, não importando a qualidade do autor.

Se o autor do fato for parlamentar, a prisão em flagrante só será possível se o crime for inafiançável, devendo os autos respectivos serem remetidos em 24 horas à respectiva Casa (Câmara ou Senado) para a deliberação pelo voto da maioria de seus membros sobre a sua manutenção ou revogação da prisão (art. 53, § 2º, da CF e Regimentos Internos da Câmara e do Senado).

As CPIs deverão ser constituídas para atuarem por *prazo certo*, conquanto possa haver, justificadamente, prorrogação do prazo. Entende-se facilmente que os trabalhos não podem eternizar-se no tempo, em detrimento de outras prioridades.

Ainda quanto às limitações constitucionais, anote-se que a convocação da CPI é para apurar fato *certo e bem determinado* e não qualquer fato,[40] entendendo-se como fatos certos aqueles que, para Pontes de Miranda, "digam com a vida constitucional do país, para que dele tenha conhecimento preciso e suficiente, a Câmara dos Deputados ou o Senado Federal", que se "encadeiem ou se seriem".[41] A exigência guarda paralelo com os requisito formal constante do artigo 41 do CPP de modo que nos moldes da denúncia ou queixa, o ato de instalação de CPI deve indicar o fato com todas as suas circunstâncias inclusive para que as pessoas convocadas a depor como suspeitas ou investigadas possam conhecer a extensão, a longitude e a profundidade da investigação e também proteger-se contra a autoincriminação (*nemo se detegere*).

As limitações quanto ao prazo e à certeza do fato visam a evitar que a CPI seja transformada em instrumento para perseguições políticas, devassas infundadas, em detrimento do bom andamento dos serviços públicos e da idoneidade dos titulares dos cargos ou funções públicas.

Não obstante, o Supremo Tribunal Federal reconheceu, oportunamente, "... que *fatos conexos* aos inicialmente apurados podem, também eles, passar a constituir alvo de investigação da Comissão Parlamentar em causa. Contudo, para que isso aconteça, torna-se necessária a aprovação de aditamento".[42] A decisão vai muito

---

[40] "Escusaria advertir que, se se perde CPI na investigação de fatos outros que não o determinado como seu objeto formal, configuram-se-lhe desvio e esvaziamento de finalidade, os quais inutilizam o trabalho desenvolvido, afrontando a destinação constitucional, que é a de servir de instrumento poderoso do Parlamento no exercício da alta função política de fiscalização. Nenhum parlamentar pode, sem descumprimento de dever de ofício, consentir no desvirtuamento do propósito que haja norteado a criação de CPI e na consequente ineficácia de suas atividades" (MS25.885-MC, Rel. Min. Cezar Peluso, decisão monocrática, julgamento em 16.03.06, DJde 24.03.06.

[41] MIRANDA, Pontes, in KLEIN, Odacir, *Comissões Parlamentares de Inquérito* – A sociedade e o Cidadão. Porto Alegre: Fabris, 1999, p. 34.

[42] (HC 86.431-MC, Rel. Min. Carlos Britto, decisão monocrática, julgamento em 8.8.05, DJ de 19.8.05).

bem ao encontro dos objetivos de celeridade e de economia por evitar o inconveniente da instauração de outra CPI, em benefício da economia interna em serviços, diligências, reuniões, envolvimento de funcionários, etc.

Aliás, sem qualquer intenção, mesmo subliminar, de negar a importância das CPIs na defesa do Estado de Direito Democrático, é preciso anotar que o apelo rotineiro às CPIs, traz no ventre o risco de graves prejuízos por desviar a atuação institucional do Parlamento na produção legislativa e de gerar o efeito perverso de maior hipertrofia do Poder Executivo e tendência de legislar abusivamente via medidas provisórias.

Encerradas as atividades da CPIs, os autos correspondentes, contendo o Relatório, deverão ser enviados à apreciação do Ministério Público para que o representante institucional promova a responsabilidade civil (mediante ação civil pública por improbidade administrativa) ou criminal (mediante denúncia) se as evidências o permitirem (§ 3º do artigo 58 da CF).

O legislador constituinte incluiu no parágrafo suprarreferido a expressão "se for o caso" porque a CPI pode encerrar as investigações sem apontar fato suscetível de responsabilização civil, administrativa ou criminal. Ainda assim, o ideal é o envio dos autos sempre e necessariamente ao MP para atender-se aos objetivos de maior controle e em favor da total transparência nas atividades dos órgãos públicos.

Para concluirmos: as CPIs cumprem relevantes funções nas democracias e por isso pensamos ser urgente a mais aprofundada e cuidadosa regulamentação das suas atividades. Ainda existem vazios legislativos gerando dúvidas sobre o procedimento, sem falarmos na necessidade de regulamentação das intervenções dos seus integrantes nas sessões, haja vista os longos e às vezes impertinentes discursos, que refletem mais as disputas dos partidos por espaços e menos o interesse no resultado da investigação em si.

É preciso limitar temporalmente as intervenções e conferir poderes de Polícia explícitos ao Presidente para que as CPIs alcancem maior produtividade.

A prerrogativa do Parlamento de investigar por meio da CPIs não alcança infração penal cometida por membro do parlamento federal (Deputado ou Senadores), vez que a abertura de investigação contra ele deve ser precedida de licença do Supremo Tribunal Federal.[43] A atribuição para a formulação do pedido de investiga-

---

[43] "DENÚNCIA CONTRA DEPUTADO FEDERAL RECEBIDA POR TRIBUNAL REGIONAL FEDERAL – INCOMPETÊNCIA ABSOLUTA DESSE ÓRGÃO JUDICIÁRIO – NULIDADE – INOCORRÊNCIA DE INTERRUPÇÃO DA PRESCRIÇÃO PENAL – CONSUMAÇÃO DO LAPSO PRESCRICIONAL – EXTINÇÃO DA PUNIBILIDADE. O RESPEITO AO PRINCÍPIO DO JUIZ NATURAL – QUE SE IMPÕE À OBSERVÂNCIA DOS ÓRGÃOS DO PODER JUDICIÁRIO – TRADUZ INDISPONÍVEL GARANTIA CONSTITUCIONAL OUTORGADA A QUALQUER ACUSADO, EM SEDE PENAL. – O Supremo Tribunal Federal qualifica-se como juiz natural dos membros do Congresso Nacional (RTJ 137/570 – RTJ 151/402), quaisquer que sejam as infrações penais a eles imputadas (RTJ 33/590), mesmo que se cuide de simples ilícitos contravencionais (RTJ 91/423) ou se trate de crimes sujeitos à competência dos ramos especializados da Justiça da União (RTJ 63/1 – RTJ 166/785-786). Precedentes. SOMENTE O SUPREMO TRIBUNAL FEDERAL, EM SUA CONDIÇÃO DE JUIZ NATURAL DOS MEMBROS DO CONGRESSO NACIONAL, PODE RECEBER DENÚNCIAS CONTRA ESTES FORMULADAS. – A decisão emanada de qualquer outro Tribunal judiciário, que implique recebimento de denúncia formulada contra membro do Congresso Nacional, reveste-se de nulidade, pois, no sistema jurídico brasileiro, somente o Supremo Tribunal Federal dispõe dessa especial competência, considerada a sua qualificação constitucional como juiz natural de Deputados Federais e Senadores da República, nas hipóteses de ilícitos penais comuns. Precedentes. O RECEBIMENTO DA DENÚNCIA, POR ÓRGÃO JUDICIÁRIO ABSOLUTAMENTE

ção é do Procurador-Geral da República, sendo sua também a atribuição de conduzi-la, sob a fiscalização de Relator sorteado no Supremo Tribunal.

Consoante decisão paradigmática, da qual foi relator o Ministro Sepúlveda Pertence, "Se a Constituição estabelece que os agentes políticos respondem, por crime comum, perante o STF (CF, art. 102, I, *b*), não há razão constitucional plausível para que as atividades diretamente relacionadas à supervisão judicial (abertura de procedimento investigatório) sejam retiradas do controle judicial do STF. A iniciativa do procedimento investigatório deve ser confiada ao MPF contando com a supervisão do Ministro-Relator do STF. 10. A Polícia Federal não está autorizada a abrir de ofício inquérito policial para apurar a conduta de parlamentares federais ou do próprio Presidente da República (no caso do STF). No exercício de competência penal originária do STF (CF, art. 102, I, *b* c/c Lei 8.038/90, art. 2º e RI/STF, arts. 230 a 234), a atividade de supervisão judicial deve ser constitucionalmente desempenhada durante toda a tramitação das investigações desde a abertura dos procedimentos investigatórios até o eventual oferecimento, ou não, de denúncia pelo *dominus litis*".[44]

Então, se apurar a prática de infração penal cometida por Deputado ou Senador, tanto a CPI quanto a autoridade policial, nos moldes do procedimento que deverá adotar quando a notícia de crime envolver membro do MP ou da magistratura, deverá *sustar a investigação e cientificar imediatamente* o Procurador-Geral da República para que essa autoridade tome conhecimento do caso e formalize, se for o caso, o pedido de abertura das investigações,[45] para posterior oferecimento da denúncia independentemente de licença da Casa Legislativa (Emenda Constitucional nº 35, de 21 de dezembro de 2001), que poderá, todavia, sustar o andamento do feito e da prescrição pelo período correspondente ao do mandato (art. 53, §§ 3º e 5º, da CF).

Embora ao Procurador-Geral incumba a condução da investigação, nada impede que com a concordância do relator do inquérito aberto no STF haja a delegação da prática de atos específicos à autoridade policial federal, que, nessa situação, notificará o suspeito e as testemunhas para recolher os depoimentos e produzirá as provas periciais eventualmente requisitadas.

A competência do Supremo Tribunal Federal atrai o processo e o julgamento do coautor ou partícipe não alcançado pela prerrogativa de foro. O STF, entretanto, em nome da celeridade, vem manifestando a tendência de reservar ao Tribunal competente o conhecimento e o julgamento do titular da prerrogativa e em mais de uma oportunidade aceitou a possibilidade de *cindir* as investigações e o próprio processo relativamente às pessoas desprovidas da prerrogativa,[46] não obstante a unidade de processo detetermina em linha de princípio pela conexão e continência.

INCOMPETENTE, NÃO INTERROMPE A PRESCRIÇÃO PENAL. – O recebimento da denúncia, quando efetuado por órgão judiciário absolutamente incompetente, não se reveste de eficácia interruptiva da prescrição penal, eis que decisão nula não pode gerar a consequência jurídica a que se refere o art. 117, I, do Código Penal. Precedentes. Doutrina" (Inq-QO 1544 / PI – PIAUÍ, Rel. MIn. Celso de Mello, DJ 14.12.01, p. 28).

[44] Pet-QO 3825 / MT – MATO GROSSO, Relator(a): Min. SEPÚLVEDA PERTENCE, Relator(a) p/ Acórdão: Min. GILMAR MENDES, Julgamento: 10.10.07, Tribunal Pleno.

[45] Nesse sentido: Rcl 511 / PB – PARAÍBA, Pleno, Rel. Min. Celso de Mello, julgado em fevereiro de 2005, in DJ 15.09.95, p. 29506.

[46] *Habeas corpus*. constitucional. Foro especial. Impetração contra decisão de desmembramento de inquérito que manteve o paciente sob a jurisdição do supremo tribunal por conexão. Inexistência de afron-

No julgamento do *Habeas Corpus* n. 91.224/RJ, em que se buscava concentrar no STF a investigação aberta contra Ministro do STF e outras pessoas com prerrogativa de foro em Tribunais inferiores, o Ministro Marco Aurélio, Relator, deixou em seu voto expressa essa intenção de adotar-se apenas o critério constitucional de competência por prerrogativa de foro, no STF, tendo em conta a "avalanche de processos, a inviabilizar a celeridade e a economia processuais, o julgamento em tempo minimamente razoável".

Manifestando-se de acordo com a tese, o Ministro Ricardo Lewandowski afirmou que a cisão (da investigação ou do processo) mostra-se apta a " descongestionar os trabalhos" do Tribunal e militaria no sentido da limitação do instituto do "foro privilegiado", atitude que expressa a opção por entendimento pragmático, utilitário, em detrimento das regras gerais sobre competência, já citadas, nomeadamente quando os fatos tiverem sido praticados em coautoria ou as provas de um fato puderem influir como prova na formação do convencimento do juiz sobre outro fato (arts. 78, 79 e 80).

A solução, de cunho eminentemente utilitário, não esconde a inconveniência dos riscos às defesas pela dificuldade ou impossibilidade de acompanhar eficientemente todas as atividades realizadas em diferentes instâncias e lugares – diversamente do que ocorreria se todos os réus fossem processados e julgados perante o mesmo e único juízo natural.

Em processos complexos, com muitos acusados, envolvendo coleta de prova à distância, em diversos Estados ou até mesmo em outros países, os coautores ou partícipes dificilmente terão condições de acompanhar todos os atos da instrução do processo aberto contra o titular da prerrogativa de foro, embora a prova recolhida possa afetar seriamente a sua defesa.

Nesse sentido, a regra do artigo 80 do CPP deveria ser modificada.

Por último, a prerrogativa dos parlamentares federais de só serem investigados após autorização do Supremo Tribunal Federal não se estende aos membros dos poderes legislativos estaduais e municipais. Por conseguinte, os deputados estaduais e os vereadores não são imunes às investigações em CPIs ou inquéritos policiais e podem ser denunciados perante o Tribunal de Justiça ou o juiz da comarca, respectivamente, mas, bem apreendido o sentido, a extensão e a profundade do princípio da simetria, que preside o modelo federativo, esses órgãos jurisdicionais também deveriam ser dotados de competência para autorizarem a licença prévia para a abertura do inquérito contra os citados agentes políticos.

Embora as reações da sociedade, refletidas pela mídia contra a classe política, por causa de acusações isoladas a pessoas com prerrogativa de foro, a prévia licença do STF e o controle jurisdicional de investigações abertas contra parlamentares federais são absolutamente indispensáveis para evitar-se acusações infundadas, abusivas, motivadas por interesses subalternos, em detrimento da ordem democrática.

O esforço há de ser no sentido da contínua valorização do parlamento, dos parlamentares e da classe política em geral, e não o contrário. Os políticos estão mais expostos que os cidadãos, individualmente considerados, e, não raro, as man-

---

ta ao princípio do juiz natural: súmula 704 do supremo tribunal federal. falta de interesse de agir: não ocorrência. ordem denegada" – HC 91224/RJ – Rio de Janeiro, Relator: Min. Marco Aurélio, Relator(a) p/ Acórdão: Min. Cármen Lúcia, Julgamento: 15.10.07, Tribunal Pleno.

chetes os submetem a julgamentos públicos antes de serem formalmente acusados e de terem as oportunidades de defesa asseguradas pelo devido processo legal. Há registros de pessoas com prerrogativa de foro que foram sumariamente condenadas pela opinião pública e posteriormente inocentadas pelo Poder Judiciário. Embora ninguém possa imaginar-se acima da lei, impondo-se a responsabilização *de todos* em processo regular pelos fatos ilícitos imputados, é importante o alerta, em nome do *fair trail*, isto é, do julgamento justo, fora do ambiente sereno, seguro, isento, do Poder Judiciário.

7.2. Investigação pelo Poder Judiciário

O artigo 33 da Lei Complementar n. 35, de 14 de março de 1979, dispõe, *in verbis*: "Quando, no curso de investigação, houver indício da prática de crime por parte do magistrado, a autoridade policial, civil ou militar, remeterá os respectivos autos ao Tribunal ou órgão especial competente para o julgamento, a fim de que prossiga na investigação".

Então, toda vez que as autoridades policiais ou não policiais apurarem a existência, em tese, de ilícito penal cometidos por magistrados, elas deverão *interromper as atividades investigatórias* e repassar as informações *e os elementos de prova recolhidos* para o Tribunal competente continuar as investigações e se for o caso ensejar posteriormente a instauração do processo criminal, nos termos da Lei 8.038/90.

O expediente será distribuído na Corte a um Relator que conduzirá as investigações e após a sua conclusão remeterá os autos à apreciação do Chefe do Ministério Público (federal ou estadual). Se necessário esclarecer ponto relevante, essa autoridade poderá requisitar diligências, inclusive diretamente (artss. 16 do CPP e 1º, § 1º, da Lei 8.038/90).

Se entender que o caso não é de denúncia, o Procurador-Geral ordenará o arquivamento dos autos na Procuradoria-Geral ou poderá requerê-lo ao Tribunal, que não terá outra alternativa senão a de acolher o requerimento, por não aplicar-se ao Procurador-Geral (nos Estados e na União) a disciplina jurídica do artigo 28 do CPP, ante a inexistência de autoridade hierarquicamente superior com atribuições para dirimir o dissenso.

Registre-se que o Procurador-Geral da República não detém atribuições para resolver possível divergência entre o Procurador-Geral do Estado e o Tribunal quanto ao resultado da investigação. O Chefe do MP Federal não tem ascendência sobre o Chefe do MP Estadual, de modo que o entendimento manifestado pelo Procurador--Geral da Justiça do Estado em favor do arquivamento da investigação não passará pelo crivo de nenhuma outra autoridade, administrativa ou jurisdicional.

O Tribunal dissidente, como pensamos ter deixado claro, não tem o poder de compelir o Procurador-Geral a denunciar o autor da infração submetido à sua jurisdição porque isso implicaria intromissão indevida no espaço constitucionalmente assegurado ao órgão do MP (artigo 129, inciso I).

Por isso, repetimos: o arquivamento da investigação pode ocorrer na Procuradoria-Geral ou no Tribunal, a requerimento do chefe do MP, embora o recomendável é que essa providência ocorra no Tribunal mediante requerimento fundamentado, para que a atividade do MP não perca em transparência.

7.3. Investigação pelo Ministério Público

Outra exceção à prerrogativa da polícia civil para investigar é a previsto no artigo art. 18, inc. II, letra *f*, da Lei Complementar 75/93.

A norma é similar à prevista na Lei Orgânica Nacional da Magistratura, antes comentada e estabelece que "Quando, no curso de investigação, houver indício da prática de infração penal" a ele atribuída, "a autoridade policial, civil ou militar, remeterá imediatamente os autos ao Procurador-Geral da República, que designará membro do Ministério Público para prosseguimento da apuração do fato".

A atribuição que é assegurada ao agente do MP da União, dos Estados e do DF foi reafirmada no inciso II e pelo parágrafo único do art. 41 da Lei Federal 8.625, de 12.02.93 (conhecida como a Lei Orgânica Nacional do Ministério Público).

Conforme o artigo 41 dessa Lei, constitui prerrogativa do agente ministerial, enquanto estiver no exercício das funções, não ser indiciado em inquérito policial (inciso I), de modo que, se vier a ser dado como suspeito ou identificado como autor de alguma infração penal, pelas mesmas razões que sustentam as prerrogativas asseguradas aos magistrados, "... a autoridade policial, civil ou militar remeterá, imediatamente, sob pena de responsabilidade, os respectivos autos ao Procurador-Geral de Justiça, a quem competirá dar prosseguimento à apuração" (parágrafo único do art. 41 e art. 59, § 2º, do Estatuto do MP do RS – Lei 6.536/73).[47]

Configuradas hipóteses de conexão ou continência, entendemos que deverá ser adotada a mesma solução apontada no número anterior: unidade de investigação e do processo e julgamento, com a possibilidade, sempre excepcional, de cisão quando razões relevantes se fizerem sentir, como a complexidade do caso, a dificuldade no recolhimento da prova, ou forem muitos os investigados ou denunciados, sem embargo das preocupações antes manifestadas no interesse da ampla defesa de co-autores ou participantes não alcançados pela prerrogativa.

Fora dessa hipótese, o Ministério Público, ao que nos parece, não poderá concorrer com a polícia judiciária no campo investigatório, embora devamos reconhecer que o tema é complexo e bastante polêmico, doutrinariamente e também nos Tribunais.[48]

---

[47] "§ 2º Quando, no curso de investigação, houver indício de prática de infração penal por parte de membro do Ministério Público, a autoridade policial estadual remeterá imediatamente os respectivos autos ao Procurador-Geral de Justiça, a fim de que este prossiga na investigação".

[48] A colenda 2ª Turma do STF, em HC de que foi relator o Min. Celso de Mello, afirmou que o Ministério Público dispõe de competência para promover, por autoridade própria, investigações de natureza penal, desde que respeitados os direitos e garantias que assistem a qualquer indiciado ou a qualquer pessoa sob investigação do Estado, observadas, sempre, pelos agentes de tal órgão, as prerrogativas profissionais de que se acham investidos os advogados, sem prejuízo da possibilidade – sempre presente no Estado Democrático de Direito – do permanente controle jurisdicional dos atos praticados pelos promotores de justiça e procuradores da república. Com base nesse entendimento, a Turma indeferiu *habeas corpus* em que se alegava a nulidade de ação penal promovida com fulcro em procedimento investigatório instaurado exclusivamente pelo Ministério Público e que culminara na condenação do

Luciano Feldens e Andrei Zenkner Schimidt,[49] por exemplo, amparados nos inciso VI ou VIII ou IX do art. 129 da CF, no artigo 8º, inciso I, da Lei Complementar 75/93 e no art. 26, inc. I, da Lei 8.625/93, sustentam que esses dispositivos autorizam ao Ministério Público a fazer *o mais*, isto é, a requisitar inquéritos e, por isso, concluem carecer de sentido proibi-lo de fazer *o menos*, que é a prática direta de ato da investigação.

Essa posição já foi sufragada pelo Superior Tribunal de Justiça por meio de suas 5ª e 6ª Turmas Criminais[50] e negada pelo STF,[51] em cuja Corte pende, aliás, o julgamento da ADIn 3.806 proposta pela Associação Nacional dos Delegados de Polícia contra a Resolução n. 13 do Conselho Nacional do MP, que, comportando-se como se a matéria fosse pacífica, editou a citada Resolução com a intenção de "oficializar" a atividade investigatória pelos promotores.[52]

Em estudo crítico, Cezar Roberto Bitencourt[53] asseverou que essa Resolução padece do vício da inconstitucionalidade por revelar-se não como um instrumento de regulação e sim como mero pretexto para criação de poderes investigatórios pela via indevida e ao arrepio da Constituição.

Seria possível afirmar outrossim que por deter atribuições constitucionais para requisitar a abertura de inquérito criminal e para instaurar, internamente, inquéritos civis públicos (inc. III do art. 129 da CF)[54] e mesmo oferecer denúncia com base em

---

paciente, delegado de polícia, pela prática do crime de tortura (HC 89837/DF, rel. Min. Celso de Mello, 20.10.09. (HC-89837) – in Boletim n. 564.

[49] FELDENS, Luciano; SCHMIDT, Andrei Zenkner. *Investigação Criminal e Ação Penal*. Porto Alegre: Verbo Jurídico, 2005, p. 83.

[50] RHC n. 10.111/DF, rel. Min. Edson Vidigal, julgado em 6.9.01; HC. 41.615, MG, min. Arnaldo Esteves Lima, 5ª Turma, julgado em 6.4.06; REsp 761.938/SP, rel. Min. Gilson Dipp, 5ª T., julgado em 4.4.06, HC n. 38.495/SC, rel. Min. Hélio Quaglia Barbosa, 6ª T. e HC. 35.654/RO, rel. Min. Carvalhido, 6ª T., julgado em 7.3.2006.

[51] A Constituição Federal dotou o Ministério Público do poder de requisitar diligências investigatórias e a instauração de inquérito policial (CF, art. 129, VIII). A norma constitucional não contemplou a possibilidade do parquet realizar e presidir inquérito policial. Não cabe, portanto, aos seus membros inquirir diretamente pessoas suspeitas de autoria de crime. Mas requisitar diligência nesse sentido à autoridade policial. Precedentes. O recorrente é delegado de polícia e, portanto, autoridade administrativa. Seus atos estão sujeitos aos órgãos hierárquicos próprios da Corporação, Chefia de Polícia, Corregedoria. Recurso conhecido e provido (RHC 81326 / DF; Relator: Min. NELSON JOBIM; Julgamento: 06.05.03; Órgão Julgador: Segunda Turma; DJ 01.08.03, p. 142)

[52] Até o presente momento, haviam votado três Ministros pela constitcionalidade da Resolução e outros dois pela inconstitucionalidade.

[53] BITENCOURT, Cezar Roberto, A inconstitucionalidade da resolução nº 13 do conselho nacional do Ministério Público. *IBCCRIM*, janeiro de 2008, n. 170, p. 11.

[54] É o caso do inquérito civil público (Lei 7347/85), para defesa do meio ambiente ou do patrimônio público. Ainda, o inquérito previsto no ECA (Lei 8.069/90).
"Abuso sexual contra menor. Lgitimidade do Ministério Público para instaurar sindicância. estatuto da criança e do adolescente (ECA). O Ministério Público tem legitimidade para instaurar sindicância para a apuração de crimes previstos no Estatuto da Criança e do Adolescente (art. 201, inciso VII, da Lei 8.069/90). Além da competência que lhe atribui o ECA, é pacífico o entendimento desta Corte de que o Ministério Público não necessita de inquérito policial para instaurar ação penal. Caso que não se confunde com o RHC 81.326 que tratava de falta de legitimidade do Parquet para presidir ou desenvolver diligências pertinentes ao inquérito policial. A questão relativa à infância e à juventude é regulada por lei especial que tem previsão específica (Lei 8.069/90). *Habeas corpus* indeferido" (HC N. 82.865-GO, rel. Min. Nelson Jobim).
Ainda no Estatuto do Idoso: Lei 10.741/00 – art. 74.

quaisquer outros elementos de prova[55], o poder do Ministério Público de investigar estaria ínsito, isto é, "faria parte", desse conjunto de atribuições?

Sem necessidade de discutirmos a amplitude do artigo 144 da CF, parece-nos, *data venia*, que, acaso tivesse sido intenção do legislador constituinte de conferir ao MP essa atribuição por certo ele a teria exteriorizado, quando podia, em inciso próprio no art. 129 da mesma Lei Maior.

Não se diga ainda que as atribuições investigatórias conferidas pela lei aos três Poderes, às CPIS, à Receita Federal, ao COAF ou ao Banco Central atestariam que a mesma atividade poderia ser também exercida pelo Ministério Público por ser uma instituição voltada, em essência e finalidade, à defesa do interesse público.

É que, conforme explicou Bitencourt, amparado em José Afonso da Silva[56] e em Ada Pellegrini Grinover,[57] todos os casos citados entram na órbita das exceções autorizadas pelo parágrafo único do artigo 4º do CPP, "o que não se verifica no caso de poderes investigatórios criminais atribuídos ao Ministério Público". O citado parágrafo declara, com efeito que "A competência definida neste artigo (das autoridades policiais no território de suas respectivas circunscrições para o exercício da atividade de polícia judiciária) não excluirá a de autoridades administrativas, a quem por lei seja cometida a mesma função".[58]

De qualquer sorte, se vier a prevalecer entendimento oposto ao que ora estamos expondo, parece-nos que a reclamada atividade investigatória não dispensará eficiente regulamentação, em resguardo das garantias constitucionais do investigado, dentre elas a que assegura acesso aos autos da investigação por advogado, só recentemente reconhecida em Súmula pelo STF (nº 14).

Enquanto isso não acontecer, entendemos possível sustentar (embora reconhecendo a existência de julgados em sentido oposto) que o processo criminal instaurado com base em provas unilateralmente recolhidas pelo Ministério Público (via de regra em Promotorias Especializadas Criminais) estará eivado do vício da nulidade absoluta, posição que não deve ser interpretada como menosprezo ou voltada à redução da importância da Instituição do Ministério Público e da relevância de suas funções.

Mesmo que outra devesse ser a conclusão, parece-nos certo que ainda assim não poderia ser validada a atividade investigatória se o Ministério Público a realizar

---

[55] *HABEAS CORPUS*. INVESTIGAÇÃO CRIMINAL. MINISTÉRIO PÚBLICO. Como titular da ação penal, nada impede o Ministério Público, recebendo diretamente notícia-crime, de proceder a diligências para os esclarecimentos que julgar pertinentes à formulação da sua opinião, não estando, assim, obrigado, para tal, a requisitar inquérito policial. Fatos noticiados que diriam com lavagem de dinheiro e estelionato, envolvendo entidade ligada a seguro e previdência privada. No exercício de suas funções investigatórias, que não se confundem com inquérito policial, este, sim, atribuição específica da autoridade policial, pode o Ministério Público expedir notificações, com advertência de possível condução. Participação de advogado negada em certa audiência por falta de procuração outorgada pelo inquirido. Ordem denegada. (*Habeas corpus* nº 70009567843, Sétima Câmara Criminal, Tribunal de Justiça do RS, Relator: Marcelo Bandeira Pereira, Julgado em 07.10.04)

[56] SILVA, José Afonso da. Controle Externo da Atividade Policial como uma das Funções Institucionais do MP. *Revista ADPESP*, ano 17, n. 22, dez. 98, p. 19.

[57] GRINOVER, Ada Pellegrini. Investigações pelo Ministério Público, *Boletim do IBCCrim*, São Paulo, v. 12, n. 145, p. 4.

[58] BITENCOURT, Cezar Roberto, A inconstitucionalidade da resolução nº 13 do conselho nacional do Ministério Público. *IBCCRIM*, janeiro de 2008, n. 170, p. 11

em "paralelo" ao processo judicial, desprezando os princípios da reserva de jurisdição, do *due process of law*, da ampla defesa e do contraditório.

Nenhum acusado pode ser surpreendido com provas "unilateralmente" recolhidas pelo acusador e *fora do processo*, porque isso fere o modelo acusatório, que é regido por direitos, deveres, prerrogativas e garantias entre os sujeitos que intervém na relação jurídico-processual.

Se os agentes do MP forem eventualmente destinatários de quaisquer provas – mesmo delações premiadas – relacionadas ao fato descrito em processo judicial *em andamento*, essas provas devem ser imediatamente acostadas aos autos respectivos, para ciência da defesa, pois o processo não é local para artimanhas, para surpresas, devendo ser as relações entre as partes marcadas o tempo todo pela transparência.

É inaceitável o entendimento de que a delação premiada não pode ser acostada aos autos do processo porque isso identificaria o delator e o exporia a constrangimentos ou perigos, sendo suficiente a juntada aos autos do *resultado* probatório produzido pela delação para que, sobre esse resultado, a defesa possa se manifestar e se quiser produzir contraprova. Máxima vênia, esse entendimento vai ao encontro do modelo medieval de processo e não considera que no Estado Democrático de Direito as atividades estatais, ao nível dos três Poderes, devem ser abertas, translúcidas, salvo em visível menoscabo aos direitos constitucionais de personalidade e às finalidades do Estado Moderno.

Sendo um dever de todos estimular e apoiar os agentes do Ministério Público de modo a bem cumprirem suas relevantes funções em defesa dos interesses superiores da sociedade contra o crime, convém lembrá-los que essa notável Instituição tem também por dever defender os interesses individuais indisponíveis (dos acusados) contra toda a sorte de abusos cometidos pela sociedade ou por qualquer agência formal incumbida de efetivar o *jus puniendi*.

Bem apropriadas, a propósito, as considerações de Roxin de que o Ministério Público "há de velar por que se cumplan en todas partes las dispociones legales en el proceso penal. Él no há de considerar simplemente que ningún culpable eluda la pena, sino también que ningún inocente sea perseguido".[59]

A proibição de investigar pessoalmente não compromete a prerrogativa assinalada ao MP de acompanhar a fase preparatória da ação, como um "assistente contingente", no dizer de Lopes Junior,[60] recolhendo informações junto ao Delegado e sugerindo a adoção de providências visando a efetividade do trabalho em curso.

Discute-se se o MP poderia utilizar como prova emprestada no crime as recolhidas por seus agentes em autos de inquérito civil público por eles instaurados (Lei 7.347, de 24 de julho de 1985 – artigo 8º, § 1º), a teor do artigo 46 e seu § 1º do CPP.[61]

Em texto anterior, havíamos admitido essa possibilidade.

---

[59] ROXIN, Claus. *La Posición Jurídica de La Fiscalía Ayer y Hoy*. Buenos Aires: Rubinzal-Culzoni Editores, 2004, p. 15.

[60] LOPES Jr, Aury. *Sistemas de Investigação Preliminar no Processo Penal*. Rio de Janeiro: Lumem Juris, 2006, p. 162.

[61] (RE 464.893, Rel. Min. Joaquim Barbosa, julgamento em 20.05.08, DJE de 1º.08.08).

No Supremo Tribunal Federal, a questão parece ter-se pacificado, haja vista os reiterados precedentes[62] admitindo o uso das provas civis nos processos criminais.

7.4. Investigação para apuração de falta funcional no serviço público constitutiva de infração criminal

É comum na Administração Pública, por força de regras estatutárias, a instauração de inquéritos administrativos (denominados também de sindicâncias) destinadas a recolher informações sobre a prática de falta funcional suscetível de sancionamento pelo direito administrativo.

Não obstante a natureza inquisitorial das sindicâncias e dos inquéritos,[63] vem-se entendendo que o servidor público sob investigação tem direito à ampla defesa e ao contraditório, haja vista o regramento constitucional (art. 5º, inc. LV), prevenindo-se arguição de nulidade do futuro processo administrativo.[64]

Ademais, em expedientes, que, no dizer de Gasparini, são "disciplinares" por serem grandemente utilizados pela administração pública para a "apuração de falta e punição dos agentes públicos, na sua necessária utilização para demissão de servidor estável e nas peculiaridades que encerra", nada tem de inquisitório, de modo que "a semelhança que se quer estabelecer (entre o processo administrativo disciplinar) com o inquérito policial, cuja essência é inquisitorial, é improcedente"[65] (inserção entre parêntesis não constante do original).

A Lei 8.112/90, que "Dispõe sobre o Regime Jurídico dos Servidores Públicos Civis da União, das Autarquias e das Fundações Públicas Federais", declara, no art. 149, que "O processo disciplinar será conduzido por comissão composta de três servidores estáveis designados pela autoridade competente, observado o disposto no § 3º do art. 143, que indicará, dentre eles, o seu presidente, que deverá ser ocupante de cargo efetivo superior ou de mesmo nível, classe e o padrão, ou ter nível de escolaridade igual ou superior ao do indiciado" e no artigo 171 enuncia que "Quando a infração estiver capitulada como crime, o processo disciplinar será remetido ao Ministério Público para instauração da ação penal", mantido traslado na repartição competente.

---

[62] "Ministério Público. Oferecimento de denúncia com base em inquérito civil público. Viabilidade. Recurso desprovido. Denúncia oferecida com base em elementos colhidos no bojo de Inquérito Civil Público destinado à apuração de danos ao meio ambiente. Viabilidade. O Ministério Público pode oferecer denúncia independentemente de investigação policial, desde que possua os elementos mínimos de convicção quanto à materialidade e aos indícios de autoria, como no caso (artigo 46, § 1º, do CPP)." (RE 464.893, Rel. Min. Joaquim Barbosa, julgamento em 20.05.08, DJE de 1º.08.08)

[63] GASPARINI, Diogenes. *Direito Administrativo*. 9. ed. São Paulo: Saraiva, 2004, p. 863.

[64] Apelação Cível nº 70002317139, Terceira Câmara Cível, Tribunal de Justiça do RS, Relator: Augusto Otávio Stern, Julgado em 31.05.01 e 2. Para o exercício desses dois princípios constitucionais,basilares do processo administrativo, o estatuto dos servidores públicos federais assegura aos acusados o direito de acompanhar o processo disciplinar, pessoalmente ou por intermédio de procurador. 3. Tendo a própria autoridade coatora reconhecido que o Impetrante só fora citado para acompanhar o processo, depois de encerrada a instrução, quando deveria ser indiciado e, posteriormente, apresentar defesa escrita, o processo é nulo, a partir da iniciação do inquérito, com todos os atos subsequentes" (MS 10788 / DF, 3ª Secção, rel. Paulo Medina, j. em 14.03.07, in DJ 02.04.07, p. 226), dentre outros julgados.

[65] GASPARINI, Diogenes. *Direito Administrativo*. 9. ed. São Paulo: Saraiva, 2004, p. 850-851.

A matéria é regulada nos Estados e Municípios em legislação específica, observadas, entretanto, as normas constantes da lei federal acima referida. No RS, a Lei Complementar n. 10.098/94, reiterando os termos da Lei 1.751, de 22 de fevereiro de 1952, do Estado do RS (Estatuto do Funcionário Público), dispõe sobre as sindicâncias preliminares, sobre o inquérito disciplinar e sobre o processo administrativo disciplinar propriamente dito, declarando, no art. 218, que se a autoridade processante imputar ao servidor a prática de crime cometido na esfera administrativa, ela determinará, além da instauração do processo administrativo disciplinar, providências para a instauração de inquérito policial, não havendo impedimento algum, ressalvamos nós, a que o Ministério Público desde logo dê início à ação e ao processo se visualizar nos autos as indispensáveis provas sobre autoria e materialidade da infração.

A mesma conduta do servidor público pode caracterizar, portanto, falta funcional e infração penal, gerando a perda do cargo e as penas previstas na legislação repressiva, tudo isso sem prejuízo de ação civil por improbidade administrativa voltada à reparação dos prejuízos causados ao erário.

Destarte, caso a autoridade reconheça, no processo administrativo, prova que sugira a existência da infração penal, cumprirá mencionar, fundamentadamente, esse aspecto, em seu relatório final e assim sugerir ao superior hierárquico a remessa de cópia dos autos ao Ministério Público da Comarca ou à Procuradoria-Geral, quando houver mais de um representante da Instituição com atribuições idênticas, para a formação da *opinio delicti* capaz de redundar o início da persecução penal mediante denúncia.

7.5. Investigação por órgãos integrantes do sistema financeiro e tributário nacional

Na esfera administrativa, o Banco Central, a Comissão de Valores Mobiliários, o COAF (Conselho de Controle das Atividades Financeiras) e a Receita Federal detêm atribuições legislativas para promoverem atos investigatórios por atividades definidas como infrações contra o sistema tributário, o sistema financeiro e como lavagem de dinheiro (Leis 8.137, 7.492 e 9.613, respectivamente)

Com efeito, o artigo 2º, §§ 6º e 9º da Lei Complementar n. 105/00, que assegura o sigilo nas operações de instituições financeiras, declaram, respectivamente, que "O Banco Central do Brasil, a Comissão de Valores Mobiliários e os demais órgãos de fiscalização, nas áreas de suas atribuições, deverão fornecer ao Conselho de Controle de Atividades Financeiras – COAF, órgão de que trata o art. 14 da Lei 9.613, de 3 de março de 1998, as informações cadastrais e de movimento de valores relativos às operações previstas no inciso I do art. 11 da referida Lei" e que, ao verificarem a ocorrência ou indícios de prática de crime de ação pública, disso darão ciência "... ao Ministério Público, juntando à comunicação os documentos necessários à apuração ou comprovação dos fatos".

Os crimes a que se reporta o artigo 9º são aqueles apontados nos incisos do § 4º do artigo 1º da mesma Lei Complementar n. 105, que ensejam declaração de quebra do sigilo fiscal, quais sejam, os de "I – de terrorismo; II – de tráfico ilícito de substâncias entorpecentes ou drogas afins; III – de contrabando ou tráfico de armas, munições ou material destinado a sua produção; IV – de extorsão mediante sequestro; V – contra o sistema financeiro nacional; VI – contra a Administração Pública; VII – contra a ordem tributária e a previdência social; VIII – lavagem de dinheiro ou ocultação de bens, direitos e valores; IX – praticado por organização criminosa", muitos dos quais aparecem descritos e qualificados no artigo 1º, incisos I a VIII, da Lei 9.613, de 3 de março de 1998 também como crimes antecedentes ao crime de lavagem de dinheiro.

Essas condutas definidas como lavagem de dinheiro e que são voltadas à transformação do dinheiro sujo em ativos lícitos mediante investimentos nos distintos setores da economia, antigas e só agora merecedoras de maior punição, integram o centro das preocupações e das atribuições do novel órgão de controle e repressão denominado COAF – Conselho de Controle de Atividades Financeiras – vinculado ao Ministério da Fazenda.

Conforme consta de Cartilha sobre Lavagem de Dinheiro expedida pelo Ministério da Fazenda, a função primordial do COAF é "promover o esforço conjunto por parte dos vários órgãos governamentais do Brasil que cuidam da implementação de políticas nacionais voltadas para o combate à lavagem de dinheiro, evitando que setores da economia continuem sendo utilizados nessas operações ilícitas".

Enfim, é do COAF, como órgão de inteligência do Ministério da Fazenda, a incumbência de investigar e de remeter às autoridades competentes com vistas aos procedimentos cabíveis os documentos recolhidos contendo notícia de crime em tese de lavagem de dinheiro, conforme consta do artigo 15 da Lei 9.613/98, *in verbis*: "O COAF comunicará às autoridades competentes paa a instauração dos procedimentos cabíveis, quando concluir pela existência de crimes previstos nesta lei, de fundados indícios de sua prática, ou de qualquer outro ilícito".

Nas áreas financeira e tributária, os órgãos de fiscalização financeira e de arrecadação tributária federais e estaduais detêm a ínsita atribuição de conferir operações de crédito, despesas, prestações de contas, lançamentos contábeis ou documentos relacionados às atividades financeiras na área do serviço público e fiscais envolvendo pessoas físicas e jurídicas do país, ante a tipificação penal promovida via Código Penal (arts. 359-A a 359-H) e Leis Federais nos 4.729, de 14 de julho de 1995, e 8.137, de 27 de dezembro de 1990.

O Supremo Tribunal Federal, por exemplo, reconheceu que a Receita Federal tem poderes para consultar livros contábeis e notas fiscais da empresa que as emitiu em diligência destinada a apurar a emissão de "notas frias", incumbindo ao juiz do caso, como é óbvio, "formar a sua convicção sobre se a hipótese comporta ou não conluio entre os titulares das empresas contratante e contratada, em detrimento do erário".[66]

Todos essas situações possibilitam-nos ver o quão numericamente extensos são os órgãos e as autoridades públicas do Poder Executivo, do Poder Judiciário e do próprio Ministério Público, que concorrem com as polícias judiciárias da União e dos Estados na relevante missão de reunir provas de prática de infração penal para a instrumentalização da ação penal.

---

[66] RHC 74807 / MT, rel. Min.Maurício Correa, j. em 22.04.97, in DJ 20.06.97, p. 28507.

7.6. Investigação militar

Os inquéritos policiais militares constituem os instrumentos de que se valem as autoridades policiais militares para a investigação dos crimes da competência da justiça militar.[67]

De acordo com o Dec.-Lei 1.002/69, a polícia judiciária é exercida pelos Ministros da Marinha, Exército e Aeronáutica; pelo chefe do Estado-Maior das Forças Armadas; Comandantes de Região Militar; pelo Chefe do Estado-Maior e Secretário-Geral da Marinha, pelos Comandantes de Regiões Militares; Distrito Naval e Zona Aérea, pelo Secretário do Ministério do Exército e Chefe de Gabinete do Ministério da Aeronáutica; pelos Diretores e Chefes de Órgãos, Repartições ou Estabelecimentos ou Serviços previstos nas leis de organização básica da Marinha, do Exército e da Aeronáutica e pelos Comandantes das Forças, Unidades ou Navios.

Esses inquéritos possuem natureza jurídica e finalidade idênticas às do inquérito policial elaborado pela polícia civil, já examinadas.

7.7. Investigação ambiental – A Lei 4.771/65

A Lei 4.771/65 (Código Florestal), que permanece em vigor, dispõe no artigo 33 que "São autoridades competentes para instaurar, presidir e proceder a inquéritos policiais, lavrar autos de prisão em flagrante e intentar a ação penal, nos casos de crimes ou contravenções, previstos nesta Lei, ou em outras leis e que tenham por objeto florestas e demais formas de vegetação, instrumentos de trabalho, documentos e produtos procedentes das mesmas" as "a) indicadas no Código de Processo Penal" e "b) os funcionários da repartição florestal e de autarquias, com atribuições correlatas, designados para a atividade de fiscalização".

Nos exatos termos desse Código, os funcionários da repartição florestal teriam atribuições *concorrentes* com as autoridades policiais para preparar os inquéritos e lavrar os autos de prisão em flagrante por infrações ambientais.

Impõe-se observar, contudo e primeiramente, que as condutas definidas no Código Florestal como contravenções (artigo 26, letras *a* a *q*) foram definidas como crimes e deslocadas para o âmbito da Lei 9.605/98 (art. 38 e seguintes).

A investigação sobre a existência e a autoria dessas infrações se desenvolverá, portanto, a cargo das autoridades policiais, e não dos servidores da repartição florestal, haja vista as novas disposições constitucionais já examinadas.

A reserva de atribuições assegurada constitucionalmente à polícia judiciária não impede, como é óbvio, que os funcionários florestais fiscalizem e autuem os

---

[67] "A jurisprudência desta Corte orienta-se no sentido de que, em se tratando de punição disciplinar por transgressão militar, só se pode admitir a análise da legalidade do ato, via *habeas corpus*, quando se encontrar em jogo a liberdade de ir e vir do cidadão, que é a hipótese dos autos. Verificada a presença de indícios de infração penal, a instauração de sindicância configura ofensa ao devido processo legal e, em consequência, está eivada de vício, pois a via adequada para tal apuração é o inquérito policial militar. Sobressai ilegalidade flagrante no procedimento atacado, no tocante à deficiência da defesa do paciente por ofensa ao devido processo legal.Deve ser cassado o acórdão recorrido para restabelecer a decisão do Julgador de 1º grau concessiva de *habeas corpus* ao recorrente. Recurso provido, nos termos do voto do Relator" (RHC 17422 / RN, ., rel. Min. Gilson Dipp, julgado em 29.09.06, in DJ 23.10.06, p. 325).

infratores da legislação ambiental, visando a aplicação das multas administrativas pertinentes, e, ato contínuo, remetam cópias da autuação à polícia judiciária para que o fato seja investigado mediante inquérito, desde que encontre definição típica como crime contra a fauna e a flora.

Essa atividade pode ser conveniada com instituições estatais que atuem na área preventiva ou repressiva. No Estado do RS a Brigada Militar possui setor de policiamento ostensivo (PATRAM) voltado à defesa do meio ambiente.

Embora não tenha atribuições para elaborar inquéritos, a Brigada Militar poderá nessa atividade fiscalizar atividades ambientais, deter infratores ao ambiente e apresentá-los à autoridade civil, para a formalização de flagrantes e a elaboração de inquérito policial.

Capítulo III

Do inquérito e do termo circunstanciado

Sumário: 1. A natureza jurídica do inquérito; 2. A finalidade; 3. O valor da prova do inquérito; 4. A forma do inquérito; 5. O destinatário do inquérito e do termo circunstanciado; 6. Os modos de instauração do inquérito; 7. O sigilo do inquérito; 8. A incomunicabilidade no inquérito; 9. O trancamento do inquérito.

1. A natureza jurídica do inquérito

Definir a natureza jurídica de um instituto jurídico é descrever a sua essência, apontar e bem compreender o seu papel no mundo do direito.

Em livro publicado nos idos de 1987, havíamos escrito no capítulo específico que o inquérito policial, conquanto se revele como procedimento, naquele sentido do *proceder,* da *atividade,* não se reveste de natureza jurisdicional.[1]

Esse entendimento continua sendo reafirmado pela doutrina e pela jurisprudência.

Para Aury Lopes Jr.,[2] Paulo Cláudio Tovo[3] e Tourinho Filho,[4] por exemplo, não há qualquer dúvida de que a natureza jurídica do inquérito policial vem determinada pelo sujeito e a natureza dos atos realizados, de modo que deve ser considerado como um procedimento administrativo pré-processual.

Nas palavras de Eberahrd Schimidt, o inquérito se apresenta como um mero "procedimento na corporificação dessa atividade – procedimento administrativo, reduzido a escrito, mediante o qual se inicia a perseguição do infrator da lei penal, visando a coleta de elementos informativos da materialidade do fato e da respectiva autoria, de modo inquisitivo e até sigiloso".[5]

---

[1] BOSCHI, José Antonio Paganella Boschi. *Persecução Penal.* Rio de Janeiro: Aide. 1987, p. 102.

[2] LOPES JR. Aury. *Sistemas de Investigação Preliminar no Processo Penal.* 4ª ed. Rio de Janeiro: Lumem Juris, 2006, p. 155.

[3] TOVO, Paulo Cláudio. Democratização do Inquérito Policial. In *Estudos de Direito Processual Penal.* Porto Alegre: Livraria do Advogado, 1999, p. 2000.

[4] TOURINHO FILHO, Fernando da Costa. *Prática de Processo Penal.* 18ª ed. São Paulo: Saraiva, 1996, p. 3. Do mesmo autor, ainda: *Processo Penal.* 25ª ed., São Paulo: Saraiva, 2003, v. 1, p. 199.

[5] SCHMIDT, Eberhard. *Los Fundamentos Teóricos y Constitucionales de el Derecho Procesal Penal,* cit. por TUCCI, Rogério L. *Princípios e Regras Orientadoras do Novo Processo Penal Brasileiro.* Rio de Janeiro: Forense, 1986, p. 140.

Frederico Marques explica ainda que "a instrução preparatória não pode ser plasmada rigidamente sob a forma bilateral do contraditório... A fase preparatória da ação penal tem de ser preponderantemente inquisitiva, a fim de que se consigam dados definitivos comprovando a prática de crime pelo acusado. Ao depois, no processo do Juízo Criminal, o réu se defenderá amplamente, com possibilidade de provar sua inocência, se inocente realmente ele o for ... Além disso, não se pode dar estruturação mais avançada ao inquérito policial, que, ante o mandamento da Lei Maior, tem de permanecer como instrução simplesmente provisória e informativa. É que constituiria erro clamoroso a debilitar a tutela penal transformá-lo em procedimento contraditório. A polícia, como vanguarda da sociedade na luta contra o crime, tem de atuar com desenvoltura sem as restrições formais com que funcionam os órgãos judiciários".[6]

A atividade investigativa é, portanto, uma atividade inquisitiva, de modo que o suspeito ou autor do crime não tem durante a fase do inquérito o direito de invocar as garantias inerentes ao devido processo legal, diferentemente do que sucede no processo, em que, por ser sujeito de direitos, acha-se em pé de igualdade na relação jurídica com o acusador e o juiz.

É óbvio que a natureza administrativa-inquisitiva do inquérito não autoriza à autoridade policial a reavivar práticas medievais destinadas à obtenção da confissão do autor do fato ou suspeito, como ocorria nos Tribunais do Santo Ofício. A pressão destinada a obter a confissão é coisa do passado, pois o princípio *nemo se detegere*, que encontra suporte na garantia do estado de inocência, protege a todos os cidadãos – inclusive os autores de delitos contra os excessos do poder punitivo. É o Estado que tem o dever de provar. Não o indivíduo, o de de acusar--se, invertendo-se radicalmente o paradigma edificado pelo Iluminismo e abraçado pela modernidade.

Lembre-se que a atividade policial está submetida a controle interno pelo órgão do MP (inc. VII do art. 129 da CF). Seus representantes responderão pelos excessos cometidos durante as investigações nos âmbitos administrativo e criminal. Esse é o ideal no contexto de um sistema processual garantista, isto é, orientado pelos princípios constitucionais de proteção aos direitos e às liberdades fundamentais ínsitas ao Estado contemporâneo.

Note-se que embora não haja defesa, contraditório ou recurso na fase do inquérito (salvo o recurso do ofendido ao Chefe de Polícia da decisão da autoridade que denegar o pedido de instauração do inquérito por crime de ação de iniciativa privada – § 2º do art. 5º do CPP), o suspeito, autor do fato ou indiciado tem o direito de ser acompanhado nas audiências por advogado de sua confiança.

Embora fortemente arraigado na doutrina e na jurisprudência o entendimento de que o inquérito policial tem natureza administrativo-inquisitiva não é errado dizer que empiricamente ele assemelha-se ao *processo* administrativo – se entendermos que a palavra processo indica o *ato de proceder, isto é,* o *do fazer coisas,* em cujo âmbito entram todas aquelas indicadas nos arts. 6º e seguintes do CPP.

---

[6] MARQUES, José Frederico. Aula Inaugurala prof. Na Academia de Polícia Militar em 18 de fevereiro de 1984, in *Justitia*, Órgão da Associação do M. Público de São Paulo, vol. 84, p. 273.

Fábio Motta Lopes[7] anota, amparado em boa doutrina, que "Existe no inquérito policial, efetivamente, instrução criminal, provisória ou definitiva. Do contrário, questiona Pitombo, não haveria como justificar o recebimento ou a rejeição da acusação, as buscas e apreensões, as perícias e os atos decisórios de arquivamento do procedimento. Sabidamente, as provas colhidas na etapa preliminar, se não confirmadas em juízo, sob o crivo do contraditório e da ampla defesa, não devem servir de base a uma condenação. A unilateralidade das investigações realizadas pela Polícia Judiciária não permite uma decisão condenatória amparada, unicamente, no inquérito policial. Na prática, contudo, os atos realizados nessa fase podem possuir relevância na futura relação processual, principalmente porque, em muitos casos, influenciam, subjetivamente, o magistrado que julgará".

Sendo o inquérito atividade administrativa, destinada a preparar e ao mesmo tempo a subsidiar a atividade do acusador, eis que forma a justa causa, os Tribunais consideram que os seus defeitos formais não atingem o processo judicial.[8]

Para o STF, a investigação "... não se efetiva sob o crivo do contraditório, eis que e somente em juízo que se torna plenamente exigível o dever estatal de observância do postulado da bilateralidade dos atos processuais e da instrução criminal...".[9] Reitera-se, por isso: eventais defeitos formais ou procedimentais do inquérito policial não geram a nulidade dos atos do processo judicial.[10]

2. A finalidade

A policia judiciária, como vimos antes, atua repressivamente, isto é, no cumprimento dos deveres pactuados pelo Estado de esclarecer os fatos delituosos. O artigo 4º do CPP, com a nova redação dada pela Lei 9.043, de 09.05.95), não deixa margem para dúvidas: "A polícia judiciária será exercida pelas autoridades policiais no território de suas respectivas circunscrições e terá por fim a apuração das infrações penais e da sua autoria".

Bem presente a finalidade da atuação da polícia judiciária, daí advém a razão de-ser do inquérito: a de transmitir ao órgão da acusação a *justa causa* indispensável ao exercício da ação penal (art. 395, III do CPP).

É por isso que o 12 do CPP declara que o inquérito (*rectius*: os "autos") acompanhará a denúncia ou queixa sempre que servir de base "a uma ou outra".

---

[7] LOPES, Fábio Motta. O Inquérito policial é mera peça informativa?, in *Boletim IBCCRIM*, São Paulo, ano 15, n. 181, p.10, dez. 2007.

[8] "2. O inquérito policial é peça meramente informativa, não suscetível de contraditório, e sua eventual irregularidade não é motivo para decretação da nulidade da ação penal. 3. No crime de desacato, o elemento subjetivo do tipo é a vontade livre e consciente de agir com a finalidade de desprestigiar a função pública do ofendido, o que não se observou no caso. *Habeas corpus* deferido" HC 83233 / RJ , rel. Min. NELSON JOBIM, 2ª T., julgado em 04.11.03., DJ de 19.03.04, p. 33.
Ainda: RH 14988, RJ, STJ, rel. Min. Laurita Vaz, 5ª T., 18.08.05, DJ 03.10.05, p. 284.

[9] HC 69372 / SP – 1ª T., rel. Min. Celso de Mello, j. em 22. 9. 2002, in DJ 07.05.93, p. 8328.

[10] A jurisprudência dos Tribunais Superiores já assentou o entendimento no sentido de que, enquanto peça meramente informativa, eventuais nulidades que estejam a gravar o inquérito policial em nada repercutem no processo do réu, momento no qual, afirme-se, será renovado todo o conjunto da prova" (RHC 11600 / RS, 6ª T., rel. Min. Hamilton Carvalhido, j. em 13.11.01, in DJ 01.09.03, p. 321).

A recente reforma do CPP produzida pela Lei 11.719/08 valorizou esse tema, pois o artigo 395 contempla no inciso III a hipótese de *rejeição da acusação* se a inicial não estiver apoiada em justa causa, ou seja, em elementos de prova, mesmo provisórios ou inquisitorialmente recolhidos. No capítulo 13 aprofundaremos a discussão sobre a justa causa e determinaremos a extensão e a profundidade do termo para distinguirmos a justa causa, em análise restritiva, das condições da ação, da inépcia e dos pressupostos processuais.

A proibição da submissão de alguém a ação e a processo criminal *sem provas mínimas* visa a resguardar a segurança jurídica e a dignidade individual contra acusações infundadas, cerebrinas, desprovidas de idoneidade.

Segue-se, então, que a polícia não investiga por investigar, nem o inquérito é um fim em si mesmo.

Todas as atividades exercidas pela polícia judiciária tem por natural endereço o Ministério Público e, excepcionalmente, o Ofendido, que, na qualidade de substituto processual, está autorizado a também exercer o *jus persequendi in juditio* na simultânea defesa dos seus próprios interesses e do o *jus puniendi* estatal.

A impossibilidade do Delegado promover o arquivamento do inquérito e mandar os autos para o arquivo da Delegacia é a maior evidência de que a sua atividade está submetida ao controle judicial e reforça a afirmação de que tanto a investigação quanto o inquérito tem por naturais destinatários o MP e o Judiciário.

O inquérito, pois, é o mais valioso instrumento de que dispõe o Estado-Administração para formar a justa causa e submeter a sua pretensão punitiva ao crivo judicial.

Em que pese essa característica, o inquérito não é instrumento administrativo imprescindível à ação penal, pois a denúncia ou queixa pode ser oferecida com base em outros "...dados de informação suficientes à caracterização da materialidade e autora da infração penal"[11] (arts. 28, 40, e 46, § 1º, do Código de Processo Penal).

Ressalte-se que a eventualidade de utilização de outros expedientes ou peças de informação pelo acusador não sugere tendência de substituição da polícia pelo MP.

Embora necessidade de maior aproximação entre as duas instituições, como ocorre em outros países em que a atividade investigatória é supervisionada pelo MP, em nosso sistema constitucional a investigação e a direção do inquérito competem às Polícias Federal e Civil dos Estados, conforme demonstramos no capítulo anterior, podendo do Ministério Público, no máximo, acompanhar as diligências como interessado.

A possibilidade de utilização de expedientes não policiais ou de peças de informações pelo órgão do MP evidencia que a polícia judiciária *não detém o monopólio* da investigação (pois se o detivesse bastaria não investigar ou concluir o inquérito para que a ação penal jamais pusse ser instaurada). No capítulo II pensamos ter deixado bem clara essa ideia quando listamos e comentamos as espécies de inquéritos não policiais de natureza jurídica e finalidades idênticas à do inquérito policial, para o qual remetemos o leitor, dispensando-nos de cansativas repetições.

---

[11] "Revista Trimestral do STF", vol. 76, p. 741.

3. O valor da prova do inquérito

O inquérito é fonte de importantíssimas informações probatórias sobre o fato e a autoria. Sendo exitosas as investigações com a identificação de testemunhas do fato, coleta de depoimentos, inquirições do suspeito, levantamentos periciais, etc., o inquérito oferecerá ao sujeito ativo da ação penal condições para poder visualizar a probabilidade cronológica dos acontecimentos, reconstruir os fatos e capacitar-se a promover as necessárias subsunções normativas relacionadas ao oferecimento da denúncia ou mesmo ao requerimento de arquivamento por quaisquer dos fundamentos que determinariam a rejeição da inicial ou a absolvição sumária do autor do fato (arts. 395, 397 e 415 do CPP).

Dissemos e repetimos: a probabilidade cronológica dos acontecimentos porque a autoridade policial no inquérito investiga o passado e isso explica o porquê as provas recolhidas, influenciadas pelas múltiplas variáveis que deformam o testemunho, jamais oferecerão, mesmo quando repetidas em juízo, condições para a certeza absoluta sobre os fatos e a própria autoria. No máximo, fornecerão as condições para que o juiz na sentença afirme a altíssima probabilidade de que a história narrada no processo é esta ou aquela para condenar ou absolver o acusado.

Muitas vezes as testemunhas não são encontradas para darem seus depoimentos e quando o fazem, meses depois do fato, nem sempre dão informações precisas. A capacidade de guardar os fatos na memória e de verbalizá-los nas audiências e também o preenchimento de vazios a partir de informações fornecidas por terceiros e não vivenciadas pessoalmente, afetam, mais ou menos intensamente, esse processo de reconstrução histórica dos fatos por meio do inquérito (e também do processo).

Some-se a isso o fato de que cada personagem do processo ainda procurará criar da melhor maneira possível atrativos à boa recepção do discurso pelo respectivo auditório (o juiz, as partes, os integrantes dos órgãos colegiados que apreciarão os recursos, o mundo acadêmico, etc.) e também sob essa perspectiva pode-se ver a enorme dificuldade, para não falarmos em impossibilidade prática, de proclamação da verdade real, pelo juiz, ao sentenciar a causa.

Disse a propósito e muito bem Aury Lopes Jr. que "as provas desempenham uma função ritual na medida em que inseridas e chamadas a desempenhar um papel de destaque na complexidade do ritual judiciário".[12] O dogma da verdade real há muito perdeu a sua majestade, embora ainda seja reiteradamente mencionado nos livros e em artigos doutrinários esparsos.

Colocada nesses termos a questão vê-se que as conclusões quanto ao valor *relativo* da prova do inquérito aparecem naturalmente.

Dizendo de outro modo: todos os elementos de prova constantes do inquérito ou mesmo do processo judicial se situam em idêntico plano de igualdade. Será só na situação específica que o juiz, ao valorá-las livremente, dirá quais as que no seu entender são preponderantes para, com base nelas, condenar ou absolver.

A outorga de maior valor a um segmento da prova testemunhal não significará, entretanto, que o juiz, *a contrario sensu*, está deduzindo que um outro segmento de

---

[12] LOPES JR., Aury. *Sistemas de Investigação Preliminar no Processo Penal.* 4 ed. Rio de Janeiro: Lumem Juris, 2006, p. 221.

prova testemunhal é falso ou que as pessoas que formam esse segmento deliberadamente mentiram com o propósito de ajudar ou o réu ou a vítima...

Como antecipamos antes, embora com outras palavras, as testemunhas via de regra não prestam depoimentos à polícia no mesmo dia do fato... O passar do tempo pode gerar o esquecimento de detalhes importantes ou mesmo ensejar a transmissão no dia da audiência de informações recebidas de terceiros úteis ao preenchimento de vazios de memória ou ao noticiamento mais *racional* da experiência vivida.

As testemunhas podem dar informações desencontradas sem nenhum propósito de faltar com a verdade e a experiência confirma que a veracidade da prova testemunhal não dispensa a existência de pequenas contradições sobre pontos secundários, advindas das particularidades antes referidas.

Então, não há hierarquia na prova, de modo que não é possível dizer-se, antecipadamente, qual o elemento probatório que preponderará na formação do convencimento do delegado, do MP ou do magistrado, se testemunhal, documental, telefônico, etc.

Inexistente hierarquia na prova segue-se, então, que a prova policial pode acabar preponderando sobre a prova judicialmente produzida?

Expliquemos melhor o assunto porque situa-se no cerne da discussão sobre o valor da prova policial.

Comecemos anotando a possibilidade plena de valoração da prova policial pelo juiz para absolver o réu da imputação deduzida se for indicativa de inocência.[13] É do órgão da acusação o dever de provar a autoria, a materialidade do fato e a culpabilidade do acusado. Se não o fizer, inviável a desconstituição do estado de inocência.

E quando essa prova policial for condenatória?

É inegável que o juiz está autorizado a apoiar-se nas provas policiais de conteúdo condenatório para impor o juízo de censura penal se essas provas, recolhidas inquisitorialmente, encontrarem conforto na prova produzida em juízo

Em livro escrito em 1987 lembrávamos que, a despeito da natureza inquisitiva do inquérito e as inúmeras variáveis de influência na produção da prova do inquérito (e também do processo), elas não podem ser *priori* destituídas de qualquer valor.

Essa ideia era defendida também por Arthur Cogan, ilustre membro do Ministério Público paulista, para quem as provas policiais irrepetíveis, "notadamente quando realizada por funcionários do Estado, devem ter valor idêntico ao das provas colhidas em juízo",[14] tal qual pensava e ensinava, também, o professor Frederico Marques.[15]

Recente reforma legislativa reafirmou esse entendimento, haja vista a nova redação conferida ao artigo 155 do CPP pela Lei 11.690, de 2008, *in verbis*: "O juiz formará sua convicção pela livre apreciação da prova produzida em contraditório judicial, não podendo fundamentar sua decisão exclusivamente nos elementos informativos colhidos na investigação, ressalvadas as provas cautelares, não repetíveis e antecipadas".

---

[13] Apelação Crime nº 70007835614, Sexta Câmara Criminal, Tribunal de Justiça do RS, Relator: Marco Antônio Bandeira Scapini, Julgado em 18.03.04.

[14] COGAN, Arthur. O Inquérito Policial na Formação da Culpa, in *Justitia*, vol. 81, p. 225 e seguintes.

[15] MARQUES, José Frederico. *Elementos de Direito Processual Penal*, vol. 1, p. 161.

Acabou sendo positivada, então a consolidada orientação doutrinária e jurisprudencial que preconizava a impossibilidade de condenação com base em prova exclusivamente policial, salvo a *irrepetetível*, v. g. a perícia do cadáver para a identificação da *causa mortis* necessária à afirmação de morte não natural, o levantamento nos escombros para a identificação das causas do incêndio do prédio, ou o exame no documento falsificado ... Do mesmo modo, uma prova realizada em regime de urgência, v. g. uma vistoria *ad perpetuam rei memoriam*, deferida para evitar o perecimento da memória da coisa, pode lastrear convencimento judicial condenatório.

Por todas as razões já enunciadas, o que não nos parece possível, *data venia,* é a condenação com base exclusivamente nas provas do inquérito. Se elas não forem judicializadas e nada de novo surgir durante o andamento do processo, a única solução possível é a absolutória.

Em relação ao júri, a jurisprudência nacional abria exceção e dizia que os Jurados, decidindo de "capa a capa" e por íntima convicção, poderiam, perfeitamente, conferir natureza preponderante à prova policial e, assim, baseados nela e só nela, condenar o réu.[16] De fato, os Jurados respondem de consciência, isto é, sigilosamente, aos quesitos, depositando uma cédula com a palavra SIM ou NÃO na urna conduzida por Oficial de Justiça, na sala de votações, ao contrário do juiz togado, que precisa realizar um discurso lógico, analítico, racional, convincente, seja para absolver, seja para condenar.

É da essência do júri não se ater a filigranas legais e quando os Jurados deliberam em realidade emitem autêntico juízo de valor (positivo, aceitação, ou negativo, de reprovação social) em torno dos comportamentos do réu e da vítima. Julgam ambos, e não apenas o réu, sem descurar inclusive as histórias de vida de cada personagem envolvido no fato ilícito. Por ser o Júri constituído de pessoas do povo – que se imaginam no lugar dos partícipes e estão identificados com seus valores, elas apreciam o fato de acordo com esses valores, frequentemente superando o impasse decorrente da dicotomia entre a justiça formal e a justiça real.

Dispondo então de um permitido arbítrio, bem maior do que o concedido ao juiz técnico, a opção dos Jurados em condenar com base em prova exclusivamente policial seria legal e constitucional no entender da jurisprudência, inclusive do TJ do RS, como se pode ver de acórdãos paradigmáticos lavrados na 2ª Câmara Criminal.[17]

Nesses julgados, a Câmara refutou as teses que sustentavam a impossibilidade da condenação com base em prova exclusivamente policial pela inexistência na polícia do contraditório, dentre outros argumentos, pela proibição de tarifar-se a prova em judicial e não judicial, proibindo-se-lhe que forme convicção com uma e não com outra, até porque a prova não judicializada está nos autos, como a judicializada, podendo, daí, neles ser juridicamente contrariada.

---

[16] Decisão dos jurados embasada na confissão policial e indicação certa da autoria pela vítima, não é contrária à prova dos autos. Provas em processo de júri não são hierarquizadas, avaliam os jurados o processo de capa a capa, tanto as policiais como judiciais, decidindo por íntima convicção. A redução de 1/3, pela tentativa, não é contrária à lei expressa, nem injusta, considerando as circunstâncias dos atos executórios. Finalizada a ação, ferida a vítima, só não conseguiu matá-la, por erro de pontaria e por ter esta saído do campo de visão do réu. Improvido. (Apelação Crime nº 70005053699, Terceira Câmara Criminal, Tribunal de Justiça do RS, Relator: Elba Aparecida Nicolli Bastos, Julgado em 14.11.02)

[17] *Revista de Jurisprudência do TJRGS*, vol. 89, p. 140, e vol. 78, p. 137.

Se esse respeitável entendimento se ajustava ao sistema processual, parece-nos que com a reforma legislativa operada pela Lei 11.690/08 serve apenas como referência histórica. O novo artigo 155 do CPP é extremamente claro nessa disciplina, ao dizer que "O juiz formará sua convicção pela livre apreciação da prova produzida em contraditório judicial, não podendo fundamentar sua decisão exclusivamente nos elementos informativos colhidos na investigação, ressalvadas as provas cautelares, não repetíveis e antecipadas".

A proibição da condenação com base exclusivamente em provas inquisitoriais (salvo as cautelares, não repetíveis e antecipadas), por alcançar a todos os processos, impede a pronúncia e o julgamento (por impossibilidade de condenação) pelo Júri Popular.

A regra proibitiva não comporta exceção, de modo que sem prejuízo do princípio da *intima convicção* que confere aos jurados o poder de valorar livremente a prova, também eles estão impedidos de apoiar-se, para condenar, na prova exclusivamente policial.

O novo texto do art. 155 do CPP impõe a revisão dos entendimentos pretorianos sobre o tema, de modo que a codenação no Júri com base em provas só policiais poderá ser revista pelo Tribunal em apelação fundada na letra "d" do inciso III do art. 593 do CPP.[18] É claro que a apelação não terá chance alguma de ser provada se, de algum modo, a prova policial receber o conforto de prova judicializada, porque, nessa situação, não há falar-se na proibição assinalada pelo novo artigo 155 do CPP.

Cumpre ao juiz togado, pois, no momento da pronúncia, não descuidar desses aspectos. Se nada de novo pode ser produzido no curso do processo, a despeito de prova policial incriminatória acostada aos autos do inquérito, a impronúncia será impositiva, para resguardo da vigência do novo artigo 155 do CPP e também para evitar-se que o acusado corra riscos em julgamentos pelo Tribunal do Júri atualmente revestidos de extrema severidade em razão dos altíssimos índices de violência e de criminalidade, debitáveis a causas que pouco ou nada tem a ver com a atuação em si do sistema judicial ou à suposta benigidade das leis penais e sim às deformações sociais e políticas visíveis em nosso páis.

4. A forma do inquérito

O inquérito (o termo circunstanciado e os inquéritos não policiais) tem a forma escrita para propiciar, de um lado, a perenização das informações recolhidas e, de outro lado, o controle dos atos da autoridade pelo suspeito, pelas autoridades do MP e do Poder Judiciário e pela própria sociedade.

Não há rigor formal, entretanto,[19] não obstante a imposição à autoridade policial, no artigo 6º do CPP, de uma ordem sequencial de atos a praticar, a saber:

---

[18] A opção dos Jurados pela vertente probatória colhida na polícia em detrimento daquela recolhida em juízo não é qualificável como "manifestamente contrária à prova dos autos" e, por isso, não viabiliza êxito a recurso de apelação intentado com fundamento na letra "d" do inciso III do artigo 593 do CP.

[19] Já o termo circunstancial é absolutamente informal, coerente com os princípios que orientam o Juizado Especial Criminal.

a) Dirigir-se ao local, providenciando para que não se alterem o estado e conservação das coisas, até a chegada dos peritos criminais (Redação dada pela Lei 8.862, de 28.03.94) (Vide Lei 5.970, de 1973) – (inciso I);

b) Apreender os objetos que tiverem relação com o fato, após liberados pelos peritos criminais (Redação dada pela Lei 8.862, de 28.03.94) – (inciso II).

c) Colher todas as provas que servirem para o esclarecimento do fato e suas circunstâncias (inciso III);

d) Ouvir o ofendido (inciso IV);

e) Ouvir o indiciado, com observância, no que for aplicável, do disposto no Capítulo III do Título Vll, deste Livro, devendo o respectivo termo ser assinado por duas testemunhas que lhe tenham ouvido a leitura (inciso V);

f) Proceder a reconhecimento de pessoas e coisas e a acareações (inciso VI);

g) Determinar, se for caso, que se proceda a exame de corpo de delito e a quaisquer outras perícias (inciso VII);

h) Ordenar ao identificação do indiciado pelo processo datiloscópico, se possível, e fazer juntar aos autos sua folha de antecedentes (inciso VIII) e

i) Averiguar a vida pregressa do indiciado, sob o ponto de vista individual, familiar e social, sua condição econômica, sua atitude e estado de ânimo antes e depois do crime e durante ele, e quaisquer outros elementos que contribuírem para a apreciação do seu temperamento e caráter (inciso IX).

O sentido da norma constante do inciso I é claríssimo.

Sabemos todos que os vestígios da infração precisam ser preservados. Frequentemente, é a partir deles que se obtém respostas para muitas das indagações inerentes ao caso. Um objeto no chão, uma mancha de sangue, um fio de cabelo, uma ponta de tecido, um projétil, enfim, constituem valiosos elementos de prova cujo acesso deve ser reservado a autoridade em benefício do sucesso da investigação e do interesse de todos – inclusive do suspeito – no esclarecimento dos fatos.

Identificados no local da infração vestígios com natureza e força probatória, devem ser cuidosamente recolhidos, catalogados e apresentados ao exame do perito oficial ou, na sua falta, das pessoas idôneas nomeadas para a função pericial (art. 159 e §§, com a redação dada pela Lei 11.690/08), para servirem como evidências durante a fase do processo e o próprio julgamento.

Frequentemente, objetos encontrados no lugar da infração (inciso II) quando em cotejo com outras evidências transformam-se em provas cabais ou de culpabilidade ou de inocência e por isso a o recolhimento e a análise dos vestígios pode interessar também ao autor do fato para a prova da inocência. Uma roupa contendo vestígios de sêmem poderá servir de prova cabal da inocência ou da autoria de crime sexual, por exemplo, se puder ser levada à perícia para análise comparativa do DNA. Em certo processo, por exemplo, uma acusada negava a autoria do assassinato de uma criança. O Delegado, examinando as dependências da casa onde ocorrera o crime, havia encontrado, atrás do guarda-roupas da suspeita, uma calça de brim, tamanho pequeno, manchada de sangue. A peça foi recolhida e examinada pelos peritos, que identificaram o sangue nela impregnado como sendo do mesmo grupo sanguíneo da vítima, uma criança. Como se já não bastasse, o *jeans* havia sido reconhecido por sua irmã – porque ela havia costurado manualmente o cós com o emprego de uma técnica que não deixava margem para qualquer dúvida. A vítima, portanto, podia-se deduzir, tinha estado na casa da indiciada, onde fora assassinada por ela.

A polícia judiciária deve ser cuidadosa, portanto, não descartando nenhuma prova (inciso III) sem prévia e cuidadosa avaliação, ainda que no momento da diligência possa considerá-la como impertinente ou desimportante.

Além de recolher as evidências, a autoridade policial, em atitude investigatória típica, promoverá diligências para identificar pessoas e coisas (inciso VI). Nomes e endereços de pessoas ligadas direta ou indiretamente aos personagens envolvidos (vítima e eventual suspeito), requisição de perícias (inciso VII), levantamento de dados fiscais, bancários, telegráficos, telefônicos, etc., com autorização judicial prévia, integram também o universo das providências tecnicamente recomendadas à boa investigação.

O ofendido – quando isso for possível – deverá ser ouvido no inquérito (inciso IV). Essa é a providência inicial que o delegado adota – ao formalizar a investigação – até mesmo porque a *notitia criminis* quase sempre provém da iniciativa daquele.

Também deverão ser intimadas para comparecimento em dia e hora marcados para prestarem depoimento as testemunhas relacionadas pela autoridade. Elas não têm direito de escusar-se do comparecimento ao inquérito (art. 206 do CPP), sob pena de responderem a processo por crime de desobediência,[20] mesmo aquelas proibidas pela lei em razão da titularidade de função, ministério, ofício ou profissão, e que por isso devam guardar segredo.

O dever de comparecimento dessas pessoas é obrigatório, assim mesmo porque embora, repita-se, possam recusar-se a depor, eventualmente *poderão* prestar o testemunho quando liberadas pela parte do dever de guardar o segredo (art. 207 do CPP). Em face dessas particularidades, repete-se, a presença das pessoas referidas (art. 206) é obrigatória, para todos esses aspectos devidamente registrados nos autos do inquérito, sem o risco de transparecer desídia de parte da autoridade policial.

Também tem o dever de comparecer à Delegacia o suspeito ou indiciado (inciso V), embora detendo o direito de permanecer em silêncio durante a audiência ou de não responder a todas as perguntas formuladas, haja vista o conhecidíssimo princípio que o protege contra a autoincriminação, reafirmado pelos Tribunais do País como inerente ao direito penal de garantias, tanto assim que haverá de ser considerada como inconstitucional toda e qualquer decisão que o ignorar, consoante decidiu, recentemente, o STJ.[21]

O direito penal moderno – diferentemente do direito medieval – não faz da confissão a *meta optata*. A prova da culpabilidade precisará ser feita pelo acusador, nada tendo o réu que provar. É por isso, aliás, que o artigo 197 do CPP declara que

---

[20] APELAÇÃO CRIME. DESOBEDIÊNCIA. ART. 330 DO CPB. SENTENÇA CONDENATÓRIA MANTIDA. Desobediência caracterizada na recusa consciente de não comparecer em juízo na condição de testemunha, depois de regularmente intimado. NEGADO PROVIMENTO À APELAÇÃO. UNÂNIME. (Recurso Crime nº 71000939413, Turma Recursal Criminal, Turmas Recursais, Relator: Nara Leonor Castro Garcia, Julgado em 12.02.07)

[21] "É inconstitucional qualquer decisão contrária ao princípio Nemo tenetur se detegere, o que decorre da inteligência do art. 5º, LXIII, da Constituição da pública e art. 8º, § 2º, *g*, do Pacto de São José da Costa Rica" RMS 18017/SP, RECURSO ORDINÁRIO EM MANDADO, DE SEGURANÇA, 2004/0037858-1, 6ª T., Rel.. Min. Paulo Medina, in DJ 02.05.06, p. 390.

o juiz aferirá o valor da confissão com base nos critérios que adotar para a valoração dos "outros elementos da prova", devendo inclusive promover o confronto com eles e verificar se entre ela e estes "existe compatibilidade ou concordância".

Como diz Damásio de Jesus,[22] a confissão, por si só, nada significa. Se o juiz a considerar, na sentença, por estar "corroborada por outras" provas, isso será graças às "outras provas", e não propria e diretamente à confissão em si.

Constatando a existência de divergências entre os depoimentos prestados pelas testemunhas ou entre os depoimentos destas e o do próprio suspeito, a autoridade policial poderá realizar acareação (inciso VI) entre uns e outros. Na audiência, os depoentes serão colocados um diante do outro, na mesma sala, para esclarecerem a respectiva posição relativamente aos pontos dissonantes ou contraditórios.

Convém acentuar que a dissonância ou contradição que justifica ou determina a acareação deve dizer respeito a aspectos relevantes do caso, e não a detalhes pouco importantes.

Aliás, estudos de psicologia judiciária mostram muito bem que algumas contradições nos depoimentos – mesmo aqueles prestados em juízo – relativamente ao horário, à cor da roupa, à distância, ao número de pessoas, etc. – são reveladores da idoneidade e fidedignidade da prova testemunhal, e não o contrário, haja vista os muitos fatores que influem na produção e verbalização do testemunho, dentre eles a diferente capacidade das pessoas de apreender e guardar os fatos na memória e depois de reproduzi-los com fidedignidade nas audiências, sem necessidade de falarmos na natural tendência que todos temos de preencher vazios informativos a partir das notícias a nós transmitidas depois do fato por terceiros, às vezes outras testemunhas, a vítima ou o próprio suspeito, indiciado ou acusado, consoante anotamos antes.

Luigi Battistelli, em livro escrito na década de 60, dizia que se não se pode por dúvida que a maior parte das coisas não verdadeiras ditas pelas testemunhas, sob juramento, no Tribunal, são mentiras conscientes e voluntárias, para atenderem fins utilitários, de solidariedade ou piedade, está fora de dúvida que "muitas coisas não verdadeiras ou, de certo modo, inexatas, afirmadas pelas testemunhas, em resposta a perguntas precisas e bem determinadas feitas pelo juiz durante a instrução ou na audiência de julgamento, não revestem o carácter de mentiras, de coisas ditas com a intenção de enganar a Autoridade Judiciária; mas são afirmações feitas de perfeita boa fé, sem que a pessoa se tenha, de maneira alguma, apercebido do engano em que pode ter caído no momento do facto sobre que é chamada a depor".[23]

Mais adiante, concluiu o emérito professor da Universidade de Roma: "A vista e o ouvido, principalmente, mas com muita frequência também os outros sentidos (olfacto, gosto, tacto), podem, por vezes, dar lugar ilusões e a erros a respeito do aspecto, da cor, das dimensões e dos contornos das coisas ou das pessoas observadas, da direção, qualidade, proveniência, ou distância da voz, dos sons, dos rumores: podem induzir em err quando se trate de apreciar a qualidade e a intensidade dos estímulos que actuam sobre a nossa pele, ou o sabor da substâncias que a nossa língua percepciona, ou o cheiro que emana do objeto que está perto das nossas narinas,

---

[22] JESUS, Damásio Evangelista, *Código de Processo Penal Anotado*, art. 197.

[23] BATTISTELLI, Luigi. *A Mentira nos Tribunais*. Tradução de Fernando de Miranda. Coimbra: Editora Coimbra, 1963, p. 64.

de modo a suscitar, no espírito do Magistrado, a dúvida sobre a veracidade do mais honesto e desinteressado testemunho".[24]

É esse o principal cuidado que o operador do direito criminal há de ter com a interpretação e a valoração da prova – para não incorrer em erros e cometer injustiças, pois, como alertava Emílio Mira y López, professor de Psiquiatria da Universidade de Barcelona, uma bela síntese, "o testemunho de uma pessoa sobre um acontecimento qualquer depende essencialmente de cinco fatores: a) do modo como *percebeu* esse acontecimento: b) do modo como sua memória o *conversou:* c) do modo como é capaz de *evocá-lo;* d) do modo como *quer expressá-lo* e e) do modo *como pode expressá-lo*".[25]

O inciso VII prevê a possibilidade de ser o autor do fato identificado datiloscopicamente para o estabelecimento da sua identidade, ou seja, daquele conjunto de dados e sinais que caracterizam o indivíduo e que permitem distingui-lo dos demais indivíduos.

Com essa providência, visa-se a evitar injustiças e também fraudes (pela deliberada intenção de alguém fazer-se passar por outrém, em troca de benefício ilícito), pois qualquer dúvida sobre a identidade do indivíduo apontado como suspeito ou indiciado pode ser espancada pela comparação de suas digitais com a folha datiloscópica anexa ao procedimento elaborado na polícia.

A identificação datiloscópica como forma de identificação das pessoas é bastante antiga. Isto porque a "polpa dos dedos e, também, a palma das mãos e a planta dos pés apresentam uns arabescos formados pelas saliências das cristas papilares", que "aparecem desde o 6º mês de vida intra-uterina e se conservam por toda a vida do indivíduo e até depois de sua morte, só desaparecendo pela putrefação que desintegra a pele".[26]

Esses sinais são características de cada indivíduo. Silva Barreto lembra-nos que até a Bíblia predicava sobre a identificação datiloscópica, no Livro XXXVII, 7, ao dizer que "... na mão de todos os homens colocou Deus um selo para que cada um conheça as suas obras".[27] O mesmo autor lembra-nos também que os chineses, no século VII depois de Cristo, costumavam pôr o dedo das mãos nos documentos do divórcio para identificá-los e autenticá-los, "tendo o hábito sido transmitido a outros documentos de igual valor. Tanto no Japão como na Coreia esse hábito passou a ser praticado. A lei que tratava do assunto era denominada de Lei de Tahio (ano 702. d.C), inspirada nas leis chinesas de 'Yung-Hwuy', votadas por volta dos anos 650 d.C.)".[28]

A identificação criminal está disciplinada no momento no artigo 5º, inciso LVIII, da CF, que proíbe ao indivíduo já civilmente identificado, isto é, ao portador de cédula de identidade expedida pela autoridade competente. Se houver dúvida, não sendo produzida essa prova pelo interessado, não haverá constrangimento ilegal

---

[24] BATTISTELLI, Luigi. *A Mentira nos Tribunais*. Tradução de Fernando de Miranda. Coimbra: Editora Coimbra, 1963, p. 64.

[25] LÓPEZ, Emilio Mira y. *Manual de Psicologia Jurídica*. São Paulo: Editora Mestre Jou, 1967, p. 159.

[26] FÁVERO, Flamínio. *Medicina Legal*. São Paulo: Martins Fontes, 1973, p. 139.

[27] SILVA BARRETO. Problemas Penais Oriundos da Identificação, in *Justitia*, vol. 111, p. 317.

[28] Idem, ibidem.

na ordem de identificação criminal pelo processo datiloscópico, conforme já decidiu, aliás, o STJ.[29]

Assim, um fato imputado a um desconhecido, indivíduo errante, que não tenha paradeiro fixo, emprego ou profissão, que jamais tenha sido visto na comunidade, que ao ser detido acusado de crime não exige documento algum, há de ser, isto sim, devidamente identificado, para poder ser posteriormente identificável, se for o caso, mediante o recolhimento das iniciais datiloscópicas.

Diferentemente da proibição da identificação datiloscópica é a permissão para a identificação social do autor do fato, realizada a partir da história de vida em família e na comunidade, das condições econômicas, atitude perante o fato cometido ou a ele imputado, a permitir a ciência, ainda que superficial, do temperamento e do caráter (inciso IX).

Aliás, perguntas sobre o local da residência, meios de vida ou profissão, oportunidades sociais, lugar onde exerce a sua atividade, vida pregressa, notadamente se foi preso ou processado alguma vez e, em caso afirmativo, qual o juízo do processo, se houve suspensão condicional ou condenação, qual a pena imposta, se a cumpriu e outros dados familiares e sociais, devam ser obrigatoriamente formuladas também pelo juiz, quando do interrogatório (art. 187, § 1º, com a redação dada pela Lei 10.792/03).

Essas informações serão de grande valia para a compreensão de todos os aspectos relacionados ao fato e também para os fins da reprovação social, haja vista a proposição de conhecida teoria (a da coculpabilidade)[30] que sugere o reconhecimento de atenuante inominada (art. 66 do CP) ou a redução do grau de censura quando da individualização da pena-base.

De todas as providências elencadas no art. 6º do CPP e no art. 69 da Lei dos Juizados Especiais, pode-se perceber que o inquérito policial e o termo circunstanciado exercem funções instrumentais, ou seja, veiculam informações gerais sobre o fato ilícito em si e o seu possível autor, para a utilização futura na fase judicial da persecução.

Dessas funções resulta que a autoridade policial, ao abrir a investigação, ignora se será ou não exitosa. Por isso os autos do inquérito policial (contendo a documentalização das atividades desenvolvidas) necessariamente propiciarão a quem for lê-los todas as condições para bem compreender a "lógica" empregada pela autoridade e o modo como desenvolveu o seu trabalho, do início ao fim.

Uma investigação bem conduzida e bem formalizada permitirá aos agentes públicos a fácil reconstrução dos passos percorridos pela autoridade policial e ajudará em muito ao esforço voltado à realização da Justiça.

---

[29] "Não havendo prova de que o réu seja civilmente identificado, não constitui constrangimento ilegal sanável pela via heróica, pois sequer atenta contra sua liberdade de locomoção, a determinação de identificação criminal pelo processo datiloscópico" (RHC 12126 / RJ, 5ª T., rel. Min. José Arnaldo da Fonseca, julgado em 18.12.01, in DJ 25.03.02, p. 298).

[30] "O principio da co-culpabilidade faz a sociedade tambem responder pelas possibilidades sonegadas ao cidadão – Reu. – Recurso improvido, com louvor a juíza sentenciante" (Apelação Crime nº 70002250371, Quinta Câmara Criminal, Tribunal de Justiça do RS, Relator: Amilton Bueno de Carvalho, Julgado em 21.03.01).

5. O destinatário do inquérito e do termo circunstanciado

Embora o MP seja o destinatário natural do inquérito – pois é com base nele que seu representante poderá desencadear a persecução penal por crime de ação pública – a lei processual penal, em seu art. 10, § 1º, estabelece que após a conclusão das investigações os autos do inquérito serão encaminhados não a ele e sim ao juiz da comarca ou vara competente para o futuro processo.

Houve discussão em torno da constitucionalidade do § 1º do art. 10 do CPP, que estaria em evidente confronto com o inciso I do art. 129 da CF, mas no RS a jurisprudência firmou-se no sentido de que o monopólio da ação pública ao MP não alterou a situação vigente.[31]

O Projeto 1.655 pretendia mudar essa sistemática, haja vista a redação original do artigo art. 220, § 1º, ordenando que a remessa do expediente fosse feita diretamente ao agente do MP. A pretendida mudança visava reavivar a experiência da Lei 2.033, que ordenava aos delegados o envio aos promotores das provas e esclarecimentos coligidos – notadamente auto de exame de corpo de delito e rol de testemunhas.

Ao nosso pensar, o inquérito policial deveria ser remetido ao MP, e não ao Poder Judiciário. Uma reforma processual poderia contemplar essa regra, seja porque é o MP o destinatário natural do inquérito, seja ainda porque o despacho judicial, abrindo-lhe vista dos autos, é meramente ordinatório.

O envio dos autos do inquérito diretamente ao MP, como previa a legislação anterior, aliviaria a pauta dos juízes e otimizaria o andamento da persecução penal, em benefício da maior efetividade da *persecutio criminis*.

6. Os modos de instauração do inquérito

O aparecimento do inquérito no mundo jurídico é precedido de informações sobre o fato e a autoria normalmente recolhidas pela própria autoridade policial ou a ela transmitidas pelo ofendido, por terceiros desinteressados, pelo juiz ou mesmo pelo órgão do Ministério Público.

No artigo 5º, parágrafos, incisos e letras, o legislador regulamentou o modo do surgimento do inquérito no mundo do direito bem atento às *espécies de ação* dentre as prevista para a apuração em juízo dos ilícitos penais, quais sejam, a pública (condicionada e incondicionada) e a de *iniciativa privada* (genuína, personalíssima e subsidiária da pública).[32]

Assim, por crimes de ação pública incondicionada (a regra geral no Código), o inquérito policial, por ser essa ação regida pelo princípio da obrigatoriedade, será

---

[31] "O entendimento de que é defeso ao juiz receber o inquérito policial, que deve ser remetido direto ao MP, é esdrúxulo e sem nenhum embasamento legal (...)" (*Rev. Julgados do Tribunal de Alçada*, vol. 70, p. 52).

[32] Dissemos de iniciativa privada porque a ação é sempre pública, pois o Estado não transfere ao particular o *jus puniendi*, apenas autoriza-o a agir em seu nome para a defesa de interesse diretamente pessoal, sendo a referência às ações pública e privada útil para a didática identificação dos sujeitos ativos que nelas intervém: o MP e o ofendido.

instaurado pela autoridade policial de ofício. É o que diz o inciso I do artigo 5º do CPP. Avaliando as informações e promovendo diligências esclarecedoras, a autoridade policial expedirá uma portaria e formalizará o início da atividade investigatória, excetuadas as hipóteses já examinadas no capítulo anterior.

Haveria insuperável contradição se o inquérito policial fosse facultativo para a autoridade policial quando sabemos todos que a ação correspondente ao fato ilícito é obrigatória para o Ministério Público. Por isso, já assinalava Eberhardt Schmidt que "la máxima de la oficialidade domina el actual proceso penal en un doble aspecto: El Ministerio Público y la autoridad policial no tienen necesidad de esperar a que los particulares denuncien los hechos delictivos, sino que deben intervenir de oficio frente a las posibles sospechas y la investigación necesaria para su aclaracion...".[33]

Todavia, como a imensa maioria dos atos delituosos não chega ao conhecimento da autoridade policial (fenômeno conhecido na criminologia como *cifra oculta da criminalidade*), o legislador, precavidamente, legitimou qualquer do povo para também provocar *por crime de ação pública* a iniciativa da autoridade policial.

É o texto do § 3º do artigo 5º do CPP: "Qualquer pessoa do povo que tiver conhecimento da existência de infração penal em que caiba ação pública poderá, verbalmente ou por escrito, comunicá-la à autoridade policial, e esta, verificada a procedência das informações, mandará instaurar inquérito".

A comunicação do fato por qualquer do povo (podendo ser escrita ou verbal) é conhecida como *notitia criminis*. Nas palavras de Frederico Marques, "a *notitia criminis* provocada é o ato jurídico com que alguém dá conhecimento a um dos órgãos da *persecutio criminis*, ou à autoridade com funções investigatórias, da prática de fato delituoso".[34]

Diferentemente, dela é a *delatio criminis* que provém de ato espontâneo da própria vítima interessada na apuração do fato. Frederico Marques classifica a delação em *simples* e *postulatória* e as distingue do seguinte modo: "na primeira, dá-se aviso do crime, pura e simplesmente, enquanto que, na segunda, é pedida a instauração da persecução penal". O caso mais evidente da delação postulatória é a representação de que trata o artigo 102, § 1º do Código *Penal (substituído pelo artigo 100 e parágrafos),* embora revestida de natureza distinta, pois sem ela a ação penal não pode ser intentada, em certos casos, pelo órgão do MP.[35]

Convém não confundir a *delatio criminis* com a conhecida e criticada *delação premiada*.[36]

---

[33] SCHMIDT, Eberhard. *Los Fundamentos Teóricos y Constitucionales del Derecho Procesal Penal*, versão castelhana de José Manuel Nuñes, Ed. Bibliogr. Arg. Buenos Aires, 1957, p. 199-200.

[34] MARQUES, José Frederico. *Elementos de Direito Processual Penal*. Millennium Editora, 2000, vol. I, p. 143.

[35] Idem, p. 147 e 148.

[36] "A delação premiada é criticada no plano ético, porque estimula a delação. Conforme Jacinto Nelson de Miranda Coutinho, O pior é que o resultado da delação premiada – e talvez a questão mais relevante – não tem sido questionado, o que significa ter a palavra do delator tomado o lugar da "verdade absoluta" (como se ela pudesse existir), inquestionável. Aqui reside o perigo maior. Por elementar, a palavra assim disposta não só cobra confirmação precisa e indiscutível como, por outro lado, deve ser sempre tomada, na partida, como falsa, até porque, em tais hipóteses, vem do "grande bandido". Trata-se, portanto, de meia verdade e, assim, de uma não verdade, ou seja, uma inverdade, pelo menos a ponto de não enganar quem tem os pés no chão; e cabeça da Constituição. Não pode valer, por primário, o discurso

Prevista na legislação imperial,[37] a delação premiada está prevista atualmente no Código Penal[38] e em Leis Especiais[39] e por meio dela o investigado ou processado admite a participação no delito e repassa informações ou fornece provas convincentes ao MP ou a Juiz, para poder beneficiar-se com isenção ou redução especial da pena.[40]

A delação premida em crimes contra a ordem econômica (prática de cartel, p. ex.) recebe a denominação de *leniência* por conferir ao agente, entretanto a vantagem da extinção da ação punitiva da administração pública, ou redução de um a dois terços da penalidade e, no âmbito criminal, a suspensão do curso do prazo prescricional e do oferecimento da denúncia. De acordo com o parágrafo único do artigo 35-C da Lei 8.884/94, "Cumprido o acordo de leniência pelo agente, extingue-se automaticamente a punibilidade dos crimes a que se refere o *caput* deste artigo."

A jurisprudência considera que o autor da delação premiada, por fazer prova contra si faz também, com a delação premiada, prova contra o terceiro. O fenômeno é conhecido como *chamada de corréu*.[41]

---

do "Pelo menos pegamos alguns". Esses alguns (dentre os quais inocentes) não cabem na estrutura democrática!" (Fundamentos à inconstitucionalidade da Delação Premiada, *Boletim IBCCRIM*. São Paulo, v.13, n.159, p. 7-9, fev. 2006).

[37] Em artigo sobre o caso Tirantes e a repressão penal da época, Regina Cirino Alves Ferreira, a propósito da delação, lembrou a que foi realizada por Joaquim Silvério dos Reis à Coroa, "entregando o plano engendrado com o nome de todos os participantes que compunham a conspiração, em troca do recebimento de gratificação. Naquele período, em que os meios investigativos eram completamente escassos, as denúncias apresentadas pelos populares possuíam singular relevância, tanto que aquele que primeiro delatasse atos que denotassem crime de lesa majestade recebia o perdão e recompensas da realeza e, no caso dos inconfidentes, rendeu ao delator a remissão de suas dívidas pessoais. A transação efetuada entre a coroa e o coronel Joaquim Silvério dos Reis vinha insculpida no Livro V, Título 6, Parágrafo 12, das Ordenações Filipinas, segundo o qual: "E quanto ao que fizer conselho e confederação contra o Rey, se logo sem algum spaço, e antes que per outrem seja descoberto, elle o descobrir, merece perdão. E ainda por isso lhe deve ser feita mercê, segundo o caso merecer, se elle não foi o principal tratador desseconselho e confederação. E não o descobrindo logo, se o descobrir depois per spaço de tempo, antes que o Rey seja disso sabedor, nem feita obra por isso, ainda deve ser perdoado, sem outra mercê. E em todo o caso que descobrir o tal conselho, sendo já per outrem descoberto, ou posto em ordem para se descobrir, será havido por commettedor do crime de Lesa Magestade, sem ser relevado da pena, que por isso merecer, pois o revelou em tempo, que o Rey já sabia, ou estava de maneira para o não poder deixar saber" (Disponível em <http://www1.ci.uc.pt/ihti/proj/afonsinas/>). – FERREIRA, Regina Cirino Alves, Caso Tiradentes, Repressão Penal: Passado e Presente, in Revista Liberdades – nº 1 – maio-agosto de 2009.

[38] Art. 159 do Código Penal, § 4º.

[39] Lei 8.072, de 25 jul. 1990, art. 8º, parágrafo único; Lei 8.137, de 27 dez. 1990, art. 16, parágrafo único; Lei 9.034, de 03 maio 1995, artigo 6º; Lei 9.613, de 03 mar. 1998, artigo 1º, § 5º, Lei 9.807, de 13 jul. 1999, artigo 14; Lei 10.409, de 11 jan. 2002, artigo 32, § 2º.

[40] HC 107916 / RJ, STJ, 6ª Turma, Rel. Ministro O. G. Fernandes, j. em 07.10.08.

[41] "O reconhecimento fotográfico realizado no inquérito policial e a chamada de co-réu, na fase judicial é prova bastante de autoria...." (Recurso Especial nº 574375/RO (2003/0141404-1), 6ª Turma do STJ, Rel. Min. Paulo Gallotti. j. 26.05.04, unânime, DJ 11.04.05).
"DELAÇÃO DE CO-RÉU. VALIDADE QUANDO CORROBORADA POR OUTRAS PROVAS E INDÍCIOS. MATERIALIDADE E AUTORIA COMPROVADAS. RECURSO CONHECIDO E NÃO PROVIDO. A delação é meio válido de prova, desde que o delator não tente se eximir da sua responsabilidade na prática do delito, e esteja ela em consonância com o contexto probatório. '(...) A delação do co-réu e o reconhecimento do réu pela vítima constituem conjunto probatório suficiente para a proce-

Questão interessante consiste em saber se o defensor de um réu tem ou não o direito de conhecer os termos de delação premiada prestada por corréu durante a tramitação do inquérito ou mesmo do processo.

A prerrogativa foi negada em voto no julgamento de *habeas corpus*[42] pelo Ministro Menezes Direito ao dizer que "o acordo de delação premiada não é prova", mas, apenas, "um caminho, um instrumento para que a pessoa possa colaborar com a investigação criminal, com o processo de apuração de delitos". Essa particularidade e também a de que o sigilo preserva os delatores foi também invocada pelo Min. Ricardo Lewandoski para também denegar o *habeas corpus*.

O Superior Tribunal de Justiça não discrepou desses entendimentos.[43] O argumento central utilizado foi de que a prova advinda da delação pode ser questionada pela defesa durante andamento do processo.

Em que pese a autoridade das decisões e a cultura jurídica de seus prolatores, parece-nos que elas esbarram no enunciado Sumular antes transcrito e desprezam, olimpicamente, as garantias e as prerrogativas dos advogados, constantes do Estatuto próprio, dentre elas, a de acesso à prova para preparação da defesa de seus clientes. No Estado Democrático de Direito, as investigações realizadas ou os processos em andamento não podem ser escamoteadas das partes porque do contrário o inquérito e o processo podem transformar-se em fontes inesgotáveis de armadilhas e de surpresas.

Insta acentuar, outrossim e independentemente da necessidade de questionar o entendimento antes exposto de que a delação premiada seria um mero caminho e não prova porque os elementos coligidos podem ser conhecidos e rebatidos durante o processo, que esse entendimento não mais se sustenta, na atualidade porque os acusados sofreram enormes restrições em ao direito de provar ante a instituição do sistema da audiência única.

Como todos os acusados (o delator e os delatados) são agora ouvidos na mesma oportunidade em que o juiz proferirá a sentença final, a concentração dos atos eliminará, em termos práticos, a possibilidade da defesa de impugnar, com um mínimo de eficiência, a delação realizada pelo coautor.

Em suma: realizada e formalizada a delação premiada nas fases pré-processual ou judicial, deve ser o termo respectivo juntado aos autos do inquérito ou do processo para que o corréu conheça o seu conteúdo e se for o caso possa rebater a incriminação até a data da audiência única.

O fato delituoso pode também chegar ao conhecimento do Ministério Público ou do Juiz antes mesmo de chegar ao conhecimento da autoridade policial. É o que

---

dência da imputação. (...)'. (Tribunal de Justiça do Paraná, Acórdão 18530. 2ª Câmara Criminal – Rel. Juíza Convocada Lilian Romero)".

– "A confissão, já chamada rainha das provas, é peça valiosa na formação do convencimento judicial. Toda vez que surgir de maneira espontânea, traduzindo a assunção da responsabilidade e afastada a mais remota hipótese de auto-imputação falsa, constitui elemento valioso para justificar a condenação (TACRSP – RJDTACRIM 40/221)." Chamada de coréu, que não se exime da responsabilidade pela prática delitiva, tem validade ao efeito de sustentar a condenação imposta. Apelos improvidos. (Apelação Crime nº 70019490200, 8ª Câmara Criminal do TJRS, Rel. Fabianne Breton Baisch. j. 14.05.08, DJ 03.06.08).

[42] HC 90.688.

[43] 59.115.

ocorre quando alguém dirige-se à Promotoria e narra a ocorrência de fato criminoso ao agente ministerial ou ainda quando o indivíduo – depondo sob o compromisso de falar a verdade – presta falso testemunho na audiência judicial e, assim, pratica o crime previsto no artigo 342 do Código Penal.

Então, nesses casos, a teor do artigo 5º, inciso II, poderão o Promotor e o Juiz *requisitar* a instauração do inquérito ao Delegado de Polícia, mediante ofício, no qual descreverão o acontecido e, se for o caso, indicarão provas a serem produzidas.

Ensina Átilo Antonio Cerqueira[44] que a requisição ocorrerá quando o Promotor ou o Juiz "... tiverem conhecimento da ocorrência de prática delituosa e, nesse caso, embora não haja qualquer vínculo hierárquico entre juiz, representante do Ministério Público e a autoridade policial".

A autoridade policial está vinculada à requisição do juiz ou do membro do MP. O dever de abrir a investigação requisitada dimana do princípio da obrigatoriedade da ação penal pública, que, segundo vimos, parágrafos acima, regula as atividades de todos os representantes estatais encarregados da persecução – sejam os da fase administrativa, sejam os da fase jurisdicional. O descumprimento do dever de atender a requisição poderá ensejar responsabilidades administrativa e eventualmente criminal, por prevaricação. Jamais por desobediência, porque sujeito ativo desse crime não pode ser o agente da administração pública e sim o particular, e contra ela.

Em relação à prerrogativa assinalada ao MP não há, efetivamente, o que contestar. Embora sem deter poderes para *dirigir* a atuação da Polícia (nos moldes do que dispõe, por exemplo, o vigente Código de Processo Penal Chileno (Lei 19.696, publicada no Diário Oficial de 12 de outubro de 2000), a polícia investiga para o MP – conforme já vimos – tanto assim que esta Instituição detém atribuições constitucionais para promover o controle externo da atividade policial (art. 129, inc. VIII), comparecendo à Delegacia, consultando livros, autos de inquérito, tomando apontamentos e, se for o caso, representando aos superiores quando apurar irregularidades a sanar.

Há divergências, contudo, quanto ao poder de requisição de inquérito pelo magistrado, pois afirma-se que agride ao modelo acusatório de processo. O juiz não deveria mesmo envolver-se na fase preparatória da ação, pois isso pode afetar a sua isenção, equidistância e independência na condução do processo. A recente reforma legislativa infelizmente não atentou para essa particularidade, como seria necessário.

Sendo o crime de ação pública condicionada à representação, a abertura do inquérito policial, outrossim, dependerá do oferecimento dessa condição de procedibilidade (art. 5º, II e § 4º do CPP).

É visível a *ratio* dessa norma.

Não podendo ser iniciada sem a autorização do ofendido a ação penal – que é o mais – também não pode sê-lo a instauração do inquérito – que é o menos. O sentido da proteção dos direitos de personalidade do ofendido está presente no inquérito, na ação e no processo.

---

[44] CERQUEIRA, Átilo Antonio. in *Código de Processo Penal Comentado* (Org. BOSCHI, Marcus Vinicius), Porto Alegre: Livraria do Advogado, 2008, p. 17.

O desrespeito à regra poderá justificar a interposição de mandado de segurança para bloqueio da atividade policial. Favorecido pelo silêncio do Ofendido, o autor ou suspeito do fato, se quiser, poderá deduzir ordem de *habeas corpus* para alcançar o mesmo efeito, sob o fundamento de estar padecendo de constrangimento ilegal.

A representação será a peça de abertura dos autos, sendo desnecessária a edição pelo Delegado de uma portaria. Para saber-se quando ela será necessária bastará conferir junto ao tipo penal ou verificar no capítulo do Código onde há a definição típica a presença de texto declarando: "Procede-se mediante representação".

A ação penal poderá estar condicionada ainda à requisição do Ministro da Justiça. Curiosamente, o CPP, no artigo 5º, seus parágrafos, incisos e letras não contém qualquer disposição explícita sobre a necessidade ou não de prévia requisição do Ministro da Justiça, como condição para a abertura do inquérito pela autoridade policial.

Considerando-se que a requisição também é espécie de condição de procedibilidade, pois, sem ela, o MP não poderá proceder em juízo (art. 24 do CPP), parece-nos que, pela mesma lógica se não houver o consentimento do Ministro da Justiça, isto é, sem a requisição, a autoridade policial não poderá realizar ou formalizar atos investigatórios nos casos em que a ação penal depende do assentimento desse representante político do Governo (art. 7º, § 3º do CP, art. 141, I, c.c. o art. 145, parágrafo único, do CP, art. 40, inc. I, letra *a*, 2ª figura, da Lei 5.250/67.

Por último: nos casos em que o Código junto ao dispositivo ou no capítulo correspondente declarar que a ação dependerá de queixa (ação de iniciativa privada), a instauração do inquérito, coerentemente com o princípio da oportunidade, só será legalmente possível mediante o expresso requerimento do ofendido (art. 5º, II, e § 5º do CPP).

A instauração do inquérito sem o cumprimento da condição prévia poderá ensejar mandado de segurança e *habeas corpus* pelo ofendido e pelo autor do fato para a defesa dos *direitos de personalidade* e do *status libertatis*, respectivamente.

A autoridade policial poderá indeferir o requerimento (§ 2º do art. 5º do CPP) e da decisão caberá recurso para o Chefe de Polícia, não obstante a referência ao requerimento conste em parágrafo subsequente, isto é, o 5º, em visível ofensa à técnica legislativa, segundo a qual os enunciados normativos devem dirigir-se aos textos precedentes e não propriamente aos subsequentes.

É claro que o indeferimento do requerimento do ofendido supõe fato não criminoso ou *jus puniendi* alcançado por qualquer causa extintiva.

Por último, Alexandre Salim lembra que o flagrante é também uma das formas de nascimento do inquérito policial.[45]

A autoridade policial, em razão da natureza do delito, mesmo no caso de flagrante, poderá eventualmente depender de representação ou de requerimento do ofendido, para dar sequencia aos atos investigatórios, se as ações correspondentes forem de iniciativa pública condicionada à representação ou privada, independentemente da formalização do flagrante.

---

[45] SALIM, Alexandre Aranalde Salim. O Inquérito Policial, in *Teeoria e Prática dos Procedimentos penais e Ações Autônomas de Impugnação*. Charles Emil Mchado Martins, (org.). Porto Alegre: Livraria do Advogado, 2009, p. 27.

Instado o ofendido e recusando-se a oferecer a representação ou a requerer o início das investigações (art. 5°, §§ 4° e 5° do CPP), o preso será posto imediatamente em liberdade, por configurar-se a manutenção da prisão como fator de constrangimento ilegal inequívoco.

7. O sigilo do inquérito

A publicidade dos atos administrativos e judiciais é própria dos Estados democráticos de direito, pois os cidadãos tem o direito de controlar a legalidade, a efetividade e a qualidade dos serviços prestados à coletividade. Em relação ao inquérito há, ainda, a regra do art. 20 do CPP estabelecendo que "A autoridade assegurará ... o sigilo necessário à elucidação do fato ou exigido pelo interesse da sociedade".

A publicidade não é direito absoluto, haja vista as disposições dos arts. 5°, X, LX, 93, IX da CF e 792, § 1° do CPP. Elas preveem a possibilidade de restrição à publicidade quando da audiência ou do ato processual advier risco de prejuízo à intimidade, à honra, risco de escândalo ou inconveniente grave ou perigo de perturbação da ordem social.

O exame conjunto desses dispositivos permite concluir que o sigilo protege a *investigação* (contra a destruição das provas, a pressão sobre testemunhas, a fuga, etc.) e, ao mesmo tempo, o *suspeito* ou *investigado*, contra a publicidade escandalosa, que pode afetar, gravemente, os seus direitos de personalidade, dentre eles o estado de inocência. Convém não esquecermos: o Estado defende a sociedade contra o crime e o criminoso contra os abusos da sociedade).

A indevida publicidade da investigação mediante vazamentos contínuos fornece combustível para discussões apaixonadas, incitamentos públicos e condenações antecipadas, sem equivalentes espaços para retorsão pelos investigados, revelando-se procedimento condenável, porque incompatível com o moderno estado democrático de direito.

Lembra com muita oportunidade Aury Lopes Jr. que afora a manipulação da informação e sua venda como mercadoria, "Também os agentes do Poder Público possuem uma grande parcela de responsabilidade pela publicidade abusiva e sensacionalista. Não são poucos os juízes, promotores e policiais que, estimulados pela vaidade, fazem clamorosas e ao mesmo tempo precipitadas declarações em público e nos meios de comunicação, fomentando a estigmatização do sujeito passivo e prejudicando seriamente a administração e o funcionamento da justiça. Inclusive, o gravame é maior conforme o *status* e a credibilidade dessas pessoas e a função que desempenham".[46]

Essa situação ofende a garantia constitucional do estado de inocência porque o acusado passa a ser visto aos olhos do povo como um culpado, mesmo antes da abertura de processo.

Tomando em conta essas considerações, Enrique Bacigalupo, Ministro do Tribunal Supremo ad Espanha, lembra que "se debe deducir del principio de presun-

---

[46] LOPES JR., Aury. *Sistemas de Investigação Preliminar no Processo Penal*. 4. ed. Rio de janeiro: Lumem Juris, 2006, p. 129.

ción de inocência um deber del Estado de custodiar a la prensa mediante medidas positivas para que ésta se mantenga em sus informaciones sobre procesos pendientes dentro del marco de la objetividade", tanto que, no seu dizer, o Código Civil francês, com as modificações geradas pela Lei 93-2, de 4 de janeiro de 1993, estabelece que "Cuando uma persona, antes de ser condenada, sea presentada públicamente como culpable de hechos que son objeto de uma instrucción judicial, el juez puede, inclusive de oficio – même em refere -, ordenar la inserción de uma rectificación o la difusión de un comunicado a los fines de hacer cesar el atentado a la presunción de inocência, sin perjuicio de uma accioón de reparación de los daños sufridos".[47]

A preocupação com a vulneração do estado de inocência pela indevida publicidade das investigações foi manifestada também por Winfried Hassemer em conferência sobre os lineamentos de um processo penal no Estado Democrático de Direito, em 1990, na Alemanha. Dentre os princípios fundamentais de um procedimento penal próprio do Estado Democrático de Direito, cuja fundamentação teórica hoje se encontra fora de dúvida, Hassemer enalteu o da presunção de inocência, cujo reverso, no seu dizer, constituem "... los informes de la prensa prematuros y provocados por las autoridades instructorias acerca de la sospecha contra una determinada persona en el procedimiento instructorio, que es percibido por la opinión pública como una precondena, y que no pueden ser remediados con la información posterior acerca de la absolución".[48]

A isso tudo soma-se a enorme dificuldade dos advogados em conseguir, em rápido espaço de tempo, o acesso a todas as peças que compõem os autos investigatórios, inclusive para poderem se inteirar da dimensão do caso e fornecerem em nome dos seus clientes, mesmo no ambiente em que a opinião pública promove o debate, as explicações devidas, nada obstante o enunciado n. 14 da Súmula Vinculante do Supremo Tribunal Federal, assegurando, inclusive, o direito à obtenção de cópias xerográficas.

Ora, a restrição de acesso aos autos da investigação não pode ser imposta ao MP, ao juiz e também aos advogados, que são órgãos essenciais à administração da Justiça (art. 133 da CF).

O primeiro é o natural destinatário do inquérito (Lei Complementar n. 75/93, (art. 8º).

O juiz fiscaliza e controla, mesmo indiretamente, as atividades das autoridades e tem atribuições para agir na fase administrativa da persecução, haja vista a regra do § 3º do artigo 10 do CPP, permitindo-lhe conceder, a requerimento da autoridade policial ou do MP, mais prazo para a conclusão da investigação, bem como a a regra do artigo 28 do mesmo Código, que lhe permite discordar do pedido de arquivamento do inquérito ou peças de informações formulado pelo Promotor e daí remeter os autos correspondentes ao Procurador-Geral de Justiça.

Já o advogado, no ensinamento de Roxin, "cumpre uma tarea pública, debido a que él en el contexto fáctico hace valer la presunción de inocencia (y dado el caso, también todos los hechos que hablen a favor del inculpado) y además garantiza y

---

[47] BACIGALUPO, Enrique. *El Debido Proceso Penal*. Buenos Aires: Hamurabi, 2005, p. 43.

[48] HASSEMER, Winfried. Lineamentos de um Proceso Penal em El Estado de Derecho. In *Crítica al Derecho Penal de Hoy*. Tradução de Patyricia S. Ziffer. Universidad Externado. Colombia. 1997, p. 76-77.

vigila en sentido jurídico la legalidad formal del proceso. El Estado tiene un interés en ambas tareas si pretende ser reconocido como Estado de Derecho, y el defensor sirve a este interés".[49]

É, pois, nesse contexto teórico, irrecusável o direito do advogado de imediato acesso aos autos do inquérito para inteirar-se das provas existentes examinar mais detidamente a situação jurídico-penal de seu cliente, nada obstante a imposição do sigilo.

A Polícia judiciária, portanto, não pode obstaculizar o trabalho do defensor, mesmo que a investigação esteja ocorrendo em segredo de Justiça ou que existam nos autos do inquérito provas bancárias, fiscais, telefônicas, telemáticas, etc. Eventuais vazamentos de informações poderão ensejar responsabilidades criminais por infração ao artigo 153, § 1º do CP, embora a ausência de tradição, no país, de punir os responsáveis pelos vazamentos frequentes amplamente reproduzidos na mídia nacional.

A obstaculização do acesso e a recusa em fornecer cópias dos autos do inquérito ao advogado sujeitará a autoridade às sanções da Lei 4.898/65 – art. 3º, letra "j" e inciso XIV do art. 7º da Lei 8.906/94)

A denotar o grau das resistências, a prerrogativa dos advogados foi questionada nos , tendo o Supremo, em aresto de que foi relator o Min. Sepúlveda Pertence, como diretiva, firmado a diretiva de que "Do plexo de direitos dos quais é titular o indiciado – interessado primário no procedimento administrativo do inquérito policial -, é corolário e instrumento a prerrogativa do advogado de acesso aos autos respectivos, explicitamente outorgada pelo Estatuto da Advocacia (Lei 8.906/94, art. 7º, XIV), da qual – ao contrário do que previu em hipóteses assemelhadas – não se excluíram os inquéritos que correm em sigilo: a irrestrita amplitude do preceito legal resolve em favor da prerrogativa do defensor o eventual conflito dela com os interesses do sigilo das investigações, de modo a fazer impertinente o apelo ao princípio da proporcionalidade. ... A oponibilidade ao defensor constituído esvaziaria uma garantia constitucional do indiciado (CF, art. 5º, LXIII), que lhe assegura, quando preso, e pelo menos lhe faculta, quando solto, a assistência técnica do advogado, que este não lhe poderá prestar se lhe é sonegado o acesso aos autos do inquérito sobre o objeto do qual haja o investigado de prestar declarações".[50]

Ainda de acordo com o precedente, a prerrogativa, entretanto, não seria absoluta, mas restrita às informações "já introduzidas nos autos do inquérito", sem alcançar as "vicissitudes da execução de diligências em curso (cf. Lei 9.296, atinente às interceptações telefônicas, de possível extensão a outras diligências)", de modo que a autoridade policial precisa estar provida de "meios legítimos para obviar inconvenientes que o conhecimento pelo indiciado e seu defensor dos autos do inquérito policial possa acarretar à eficácia do procedimento investigatório".[51]

O Superior Tribunal de Justiça não discrepou do entendimento do STF e decidiu que "não se pode negar o acesso do Advogado constituído aos autos de procedimento investigatório, ainda que nele decretado o sigilo", salvo quanto aquelas provas

---

[49] ROXIN, Claus. Presente y Futuro de La Defensa en El Proceso Penal del Estado de Derecho. *In Pasado, Presente y Futuro del Derecho Procesal Penal.* Buenos Aires: Rubinzal-Culzoni, 2007, p. 52.
[50] HC 90232/AM, Relator Min. Sepúlveda Pertence, 1ª T., julgado em 18.12.06.
[51] Ibidem.

que por sua própria natureza "não dispensam a mitigação da publicidade, como as futuras interceptações telefônicas ou os dados relativos a outros indiciados".[52]

Não poderia ser diferente, mesmo porque o advogado será penalmente responsável se divulgar as informações sigilosas sem autorização da Justiça (art. 154 do Código Penal).

Finalmente, para pacificar o tema, em todo o país, o Supremo Tribunal Federal editou, no dia 2 de fevereiro de 2009, o verbete 14 de sua Súmula, com o seguinte texto: "É direito do defensor, no interesse do representado, ter acesso amplo aos elementos de prova que, já documentados em procedimento investigatório realizado por órgão com competência de polícia judiciária, digam respeito ao exercício do direito de defesa".

Esse direito inclui o de obter cópias das peças do inquérito, providência indispensável ao cuidadoso exame do caso nomeadamente nas investigações mais complexas.

Em suma: nenhuma justificativa é aceitável para a recusa de acesso do advogado aos autos do inquérito e à obtenção de cópias sem que nesse direito se inclua o de conhecer previamente os passos a serem dados pela autoridade policial ou o de intervir na prática dos atos investigativos, como a tomada do depoimento de uma testemunha ou do próprio cliente, a degravação dos diálogos telefônicos interceptados ou a realização de perícias em computadores.

Então, bem considerados os termos do enunciado número 14 da Súmula Vinculante, a autoridade policial deverá cuidar para que o advogado tenha acesso a *todos* os elementos de prova *já recolhidos*, *evitando sonegação de informações*, sob pena de ser responsabilizada administrativamente e, eventualmente, por abuso de autoridade (art. 3º, letra "j" da Lei 4.898/65).

A prerrogativa de acesso à prova *produzida* não modificou, em nada, a natureza inquisitiva do inquérito policial, de modo que o advogado, no máximo, pode *acompanhar* o cliente ao interrogatório e *assistir aos depoimentos* das testemunhas, *sem o direito de intervenção*, conquanto muitos Delegados de Polícia, bem compreendendo a natureza da atuação do advogado criminal, costumem conceder a palavra a este último para reperguntas ou esclarecimentos. É claro que o cliente não está impedido de esclarecer-se com seu defensor.

Por fim, a lei nada dispõe sobre a possibilidade ou não de acesso aos autos do inquérito ou peças de informação pela vítima – mormente quando tenha feito a *delatio* ou pretenda habilitar-se no futuro como Assistente do Ministério Público.

Parece-nos que não seria razoável negar à vítima esse direito, considerando-se que o sigilo do inquérito, como dissemos antes, existe para proteger as investigações contra o risco da destruição ou adulteração das provas pelo suspeito, para neutralização das pressões sobre as testemunhas e até para prevenir a fuga deste do distrito da culpa.

Ora, o sentido da proibição não se coaduna com o propósito da vítima de ajudar o Ministério Público a obter a condenação do investigado, ainda mais quando tenha sido autora da *delatio criminis* ou pretenda habilitar-se como assistente do MP.

A doutrina e a jurisprudência, aliás, vêm alargando o âmbito do interesse da vítima no processo. Não mais restrito à obtenção da sentença condenatória para a in-

---

[52] HC 95979/SP, Relator Min. Napoleão Nunes Maia Filho, 5ª T., julgado em 05.06.08, DJe 18.08.08.

denização *ex delicto*, mas, também, voltado à realização da Justiça com a aplicação ao autor do fato de pena justa.

A recente Reforma do Código de Processo Penal promovida pela Lei 11.690/08 realçou essa nova perspectiva ao estabelecer que "O ofendido será comunicado dos atos processuais relativos ao ingresso e à saída do acusado da prisão, à designação de data para audiência e à sentença e respectivos acórdãos que a mantenham ou modifiquem" (§ 2º do artigo 201).

Assim, coerente, também, com esse novo espírito do Código em favor da maior valorização da vítima no processo, parece-nos que a ela se deve também assegurar o acesso ao inquérito desde que formule ao Delegado pedido com as justificativas apropriadas.

8. A incomunicabilidade no inquérito

O artigo 21 do CPP declara que "A incomunicabilidade do indiciado dependerá sempre de despacho nos autos e somente será permitida quando o interesse da sociedade ou a conveniência da investigação o exigir".

Essa norma e seu parágrafo único, dispondo sobre a segregação do preso, por ordem do juiz, por período não superior a 3 dias, sem prejuízo do direito de entrevista pessoal com o seu advogado, não foi recepcionada pela atual Constituição, como anotam Luciano Feldens e Andrei Z. Schmidt,[53] citando Mirabbete e Tourinho Filho.

Tendo em vista que a atual Constituição proíbe a incomunicabilidade inclusive no período excepcionalíssimo do Estado de Sítio, careceria de sentido admiti-la em período de normalidade e durante o período das investigações policiais (art. 136, § 3º, inc. IV).

Ainda conforme a lição dos ilustrados professores gaúchos, apoiados em Mirabbete, o preso tem o direito constitucionalmente assegurado de ser assistido por pessoa da família e por advogado e como não há na Lei Maior qualquer ressalva a esse direito, conclui-se que a lei ordinária não poderia continuar admitindo a incomunicabilidade em nenhuma hipótese, não obstante ser possível o estabelecimento de horários para o contato do preso com seus familiares. O advogado, no entanto, continua detendo a prerrogativa de entrevistar-se com o cliente, pessoalmente, a qualquer momento, podendo inclusive agendar a entrevista, se for o caso.

9. O trancamento do inquérito

Como corolário do princípio da obrigatoriedade da ação penal pública, a notícia da prática de qualquer infração penal de ação pública incondicionada gera para o Estado o dever de abrir, formalmente, e de ofício, o inquérito, para que as pessoas não fiquem estimuladas a substituí-lo, pois isso corresponderia a indesejável retrocesso histórico, com o retorno da vingança privada. Ao assim agir, o Estado põe em

---

[53] FELDENS, Luciano; SCHMIDT, Andrei Zenkner. *Investigação Criminal e Ação Penal*. Porto Alegre: Verbo Jurídico, 2005, p. 77.

prática os deveres pactuados de propiciar segurança e de distribuir Justiça, em troca da autorrestrição de direitos, individualmente admitida.

A investigação então aberta não poderá ser interrompida, pois ela é o meio para o alcance das finalidades apontadas.

Há situações excepcionais, todavia, que autorizam pedido de trancamento da investigação pelo suspeito para livrar-se dos constrangimentos dela decorrentes. Assim, por meio de *habeas corpus*, instrumento de *collateral attack*,[54] ele poderá pleitear ao Tribunal a interrupção da investigação criminal, com o consequente envio dos autos do inquérito ou peças de informações ao arquivo, se conseguir demonstrar desde logo e independentemente de aprofundamento probatório ou de juízos de valor sobre os elementos coligidos, que a investigação não tem lastro em prova alguma sobre a autoria[55] ou à materialidade; não foi autorizada pelo ofendido nos casos em que, sem ela, a autoridade policial não está autorizada a investigar (art. 5º, §§ 4º e 5º, do CPP), que o fato não é típico,[56] que falta prova de condição objetiva para a configuração da tipicidade (v. g., a decisão administrativa irrecorrível que reconhece a sonegação como condição para a punição por crime contra a ordem tributária) ou que a punibilidade foi alcançada por qualquer causa extintiva dentre as previstas em lei.

Mas não é só o autor do fato que detém interesse em interromper a investigação. Além dele, a vítima pode opor-se à decisão da autoridade de instaurar sem o seu prévio consentimento o inquérito nos delitos de ação privada ou de ação pública condicionada à representação (art. 5º, §§ 4º e 5º, do CPP) interpondo em juízo ação de mandado de segurança (e não de *habeas corpus*, porque em relação a ela não há risco ao *status libertatis*).

Do mesmo modo, o Ministro da Justiça nas ações públicas condicionadas à sua requisição, embora o fundamento por ser político seja distinto daquele que, decorrente dos direitos de personalidade, legitimam o ofendido, em situação de risco ante a indevida publicidade do processo, a trancar o inquérito sem a prévia representação.

---

[54] "1. O *habeas corpus* pode ser utilizado como instrumento de collateral attack, possibilitando a extinção do inquérito policial ou até mesmo do processo penal quando inequívoca a atipicidade do fato, quando faltar indícios suficientes da existência e autoria, quando houver extinção da punibilidade pela prescrição, entre outras causas. 2. Por justa causa entende-se a presença de um substrato probatório suficientemente apto a desencadear o exercício da pretensão acusatória, ou seja: indícios razoáveis de autoria e materialidade de um fato típico e ilícito, bem como a possibilidade de incidência legítima do jus puniendi. 3. No caso concreto, o paciente está sendo denunciado pela prática de estelionato, pois, visando ao lucro fácil, teria comprado aproximadamente 87 toneladas de melancias pertencentes à vítima, mediante promessa de pagamento breve. 4. Pende discussão sobre o fato e sua autoria. 5. Presença de justa causa. ORDEM DE TRANCAMENTO DENEGADA" (Habeas Corpus nº 70025314410, Sexta Câmara Criminal, Tribunal de Justiça do RS, Relator: Nereu José Giacomolli, Julgado em 31.07.08).

[55] O trancamento de inquérito por meio de *habeas corpus*, ainda que excepcionalmente aceito, exige pronta verificação de causa extintiva de punibilidade, atipicidade de conduta ou inexistência de autoria, que não é o caso destes autos. – Ordem denegada. (HC nº 2004.04.01.011174-2/PR, 7ª Turma, rel. Desa. Federal Maria de Fátima Freitas Labarrère, DJU, ed. 05.05.04, p. 1477).

[56] *HABEAS CORPUS*. TRANCAMENTO DE INQUÉRITO POLICIAL. A concessão de ordem com vistas a trancar inquérito policial é medida extrema, admitida apenas em casos excepcionais, onde manifesta a atipicidade da conduta investigada. No caso, dada a marcha procedimental vivenciada, não se cogita do trancamento, máxime porque tudo indica que típica a conduta é. Ordem denegada. (Habeas Corpus nº 70025401068, Quarta Câmara Criminal, Tribunal de Justiça do RS, Relator: José Eugênio Tedesco, Julgado em 21.08.08).

Capitulo IV

A conclusão e exame do inquérito

Sumário: 1. Prazos para a conclusão do inquérito; 2. A vista dos autos do inquérito ao MP; 3. As alternativas do MP ao receber os autos do inquérito; 3.1. O controle direto da própria atribuição e indireto da competência do juízo; 3.2. A devolução à origem para realização de diligências imprescindíveis ao oferecimento da denúncia; 3.3. A recomendação para a permanência dos autos em cartório, se a infração for de ação de iniciativa do ofendido; 3.4. O pedido de arquivamento; 3.5. O oferecimento da denúncia.

1. Prazos para a conclusão do inquérito

O Estado não tem o tempo todo do mundo para cumprir seus deveres relacionados à punição dos infratores, na defesa dos interesses superiores da sociedade. Quanto maior for a demora em encerrar as investigações, maiores serão os riscos de reproduzir impunidade pela prescrição.

Portanto, as autoridades públicas que atuam na fase inicial da persecução precisam agir com rapidez e diligência, porque o prazo prescricional começa a fluir em favor do suspeito desde o dia do cometimento do delito (arts. 10 e 111, I, do CP) e também porque com o passar do tempo os vestígios da infração e as provas sobre a autoria vão desaparecendo.

A lei estabelece prazos à autoridade policial.

A investigação deverá ser encerrada dentro de 10 dias se o infrator estiver preso em flagrante ou preventivamente e em 30 dias se estiver solto, com ou sem fiança (art. 10).[1]

---

[1] Leis especiais podem dispor diferentemente sobre o prazo para o início e o término da investigação policial. Assim:

– Na Lei 1.521/51 (crimes contra a economia popular) o prazo para abrir e encerrar o inquérito será de 10 dias (art. 10, § 1°).

– Na Lei 5.010/66, que organiza a Justiça Federal de 1ª instância, o prazo para a conclusão do inquérito será de 15 dias se o autor do fato estiver preso, podendo ser prorrogado por mais 15 dias, a pedido devidamente fundamenado da autoridade policial (art. 66). Não há referência nessa lei ao prazo para o término do inquérito quando o indiciado estiver solto, aplicando-se, portanto, residualmente, o Código de Processo Penal (30 dias).

– Na Lei 11.343/06, sobre drogas, o prazo é de 30 dias se o autor do fato estiver preso e de 90 dias, se solto, podendo ser duplicados pelo juiz, ouvido o MP, mediante pedido justificado da autoridade policial (art. 51 e seu parágrafo único).

Se ao findar o prazo, a autoridade policial não conseguir encerrar exitosamente a investigação – fenômeno frequente, em razão de múltiplas variáveis, ou porque a autoria não pode ser identificada, ou porque as provas a produzir são complexas, ou volumosas, dependendo, não raro, de conclusão de perícias e de cumprimento de precatórias – a ela incumbirá remeter os autos do inquérito ao fórum com requerimento fundamentado de prorrogação do prazo.

Após ouvir o Ministério Público, o juiz poderá e deverá atender ao pedido de prorrogação, tantas vezes quanto isso for necessário, desde que as justificativas sejam ponderáveis. A fiscalização do MP é extraordinariamente importante, eis que a Instituição detém atribuições constitucionais para promover o controle externo da autoridade policial (art. 129, VII, da CF).

É claro que a demora advinda de reiteradas prorrogações – justificáveis ou não – potencializará o surgimento de constrangimentos ilegais para o investigado que estiver preso, dando causa à necessidade de expedição de ofício de alvará de soltura ou justificando a interposição e deferimento de *habeas corpus*.

Ao dar por concluída a investigação, o Delegado de Polícia elaborará um relatório circunstanciado das atividades desenvolvidas, descrevendo os resultados alcançados, remetendo os autos do inquérito ao foro da circunscrição do local do fato, que é o competente para o eventual processo-crime (art. 4º do CPP).

No relatório, a autoridade dará a pessoa investigada por indiciada,[2] se as provas recolhidas apontarem para essa providência, podendo requerer a prisão preventiva, desde que aponte fato concreto acompanhado de provas indicando a necessidade da medida extrema (art. 312 do CPP).

Se as evidências recolhidas indicarem que o fato não se reveste de tipicidade ou que o investigado não foi o seu autor, a autoridade policial sugerirá, no interrogatório, ao órgão do MP e ao juiz, o arquivamento do inquérito.

2. A vista dos autos do inquérito ao MP

O juiz deve manter-se afastado da investigação.

Conforme acentuou Aury Lopes Jr., "a atuação do juiz na fase pré-processual (...) é e deve ser muito limitada. O perfil ideal do juiz não é como investigador ou instrutor, mas como controlador da legalidade e garantidor do respeito aos direitos

---

– No Decreto-Lei 1.002/69 (Código de Processo Penal Militar), o prazo para a conclusão é de 20 dias (art. 20).

– O § 4º da Lei 8.072/90 (Lei dos Crimes Hediondos), introduzido pela Lei 11.464/07 prevê o prazo de 30 dias, prorrogáveis por mais 30, caso tenha sido decretada a prisão temporária, prevista na Lei 7.9060/89.

[2] O indiciamento é o ato de indicação pela autoridade policial da infração apurada e do correspondente dispositivo legal. É provisório e não vincudlativo para o Ministério Público (ou querelante), que poderá conferir aos fatos um outro enquadramento legal. A nosso ver, o juiz poderá ainda, na fase do recebimento da denúncia, conferir aos fatos narrados uma outra classificação (definição jurídica diversa), haja vista as diferentes repercussões penais e processuais penais dela decorrentes, conforme examinaremos no capítulo específico. O indiciamento não é um ato arbitrário. Deve ser fundamentado, não obstante as provas recolhidas tenham natureza inquisitorial, para que o indiciado e as autoridades judiciárias possam aferir as razões, controlar e neutralizar eventuais abusos da autoridade administrativa.

fundamentais do sujeito passivo. Neste sentido, ademais de ser uma exigência do garantismo, é também a posição mais adequada aos princípios que orientam o sistema acusatório e a própria estrutura dialética do processo penal".[3]

Assim, recebendo os autos do inquérito, o juiz, na condição de garante, sem examinar valorativamente o mérito ou indicar providências a adotar, deverá ordenar ao escrivão que o faça com vista ao seu natural destinatário, o órgão do Ministério Público com atribuições na vara ou comarca.

É deste último o poder-dever de formar livremente a *opinio delicti* e de formular o pedido que o caso reclamar, provocado pelo juiz, ao contrário do sistema adotado pela Lei 2.033 de 1871, que previa relacionamento direito entre a autoridade policial e o Ministério Público, embora este só tenha atingido o *status* de Instituição com a Constituição cidadã de 1988.

O Projeto de Reforma do CPP elaborado pelo grande processualista Frederico Marques havia pretendido reavivar esse sistema ao propor a supressão dessa fase interventiva do juiz, com o intuito de alcançar celeridade na prestação da Justiça criminal.

A proposição guarda sintonia com o modelo acusatório de processo, que recomenda o afastamento do juiz da fase pré-processual e reserva-lhe no processo a função de garante.

A proposição não vingou, entretanto, permanecendo intacta a fórmula do art. 10 do vigente CPP.

3. As alternativas do MP ao receber os autos do inquérito

Recebendo com vista os autos do inquérito (policial, não policial ou das simples peças de informações), o representante do Ministério Público fará uma cuidadosa análise sobre tudo o que neles se contém, para poder formar, assim, a *opinio delicti*, isto é, o seu próprio convencimento sobre os fatos, com segurança, equilíbrio e senso de Justiça.

Examinando as evidências, o representante do MP, mesmo sento parte, terá que se comportar, como diria Calamandrei, como parte verdadeiramente imparcial, isto é, como agente político independente, capaz de resistir às pressões do Governo, das autoridades públicas, dos colegas, dos particulares, da mídia, enfim, de tudo e de todos, porque a isenção e a independência do Promotor funcionam como condições para a segurança dos cidadãos que precisarem prestar contas à Justiça.

Embora possa vir a ser autor de uma denúncia e o responsável pela condução do processo como representante da sociedade, ainda assim o agente ministerial não perderá a ínsita e simultânea condição de defensor do interesses indisponíveis do acusado. A postulação em benefício deste é dever institucional sempre que as provas produzidas indicarem essa providência ou quando verificar que o mesmo pode estar ainda padecendo de abusos ou de ilegalidades.

---

[3] LOPES JR., Aury. *Sistemas de Investigação Preliminara no Processo Penal.* 4ª ed. Rio de Janeiro: Lumem Juris, 2005, p. 171.

Leitura mesmo rápida do artigo 127 da CF confirma que o representante do MP tem por dever proteger além dos interesses da sociedade também os interesses individuais indisponíveis, de modo que o fiel cumprimento da determinação constitucional pressupõe ponderação, equilíbrio e agudo senso de Justiça no cotidiano forense.

A figura do acusador sistemático é coisa do passado. As vitórias do Ministério Público não são contadas necessariamente pelas condenações alcançadas. É superior e vitoriosa a atitude independente do agente ministerial que resiste pressões e recomenda ao juiz a libertação de quem estiver injusta ou ilegalmente preso ou a prolatação de sentença absolutória quando as provas recolhidas apontarem nessa direção.

Em suma: se o Estado, por meio do Ministério Público, tem o dever de proteger a sociedade contra o criminoso, tem também, por seu meio, o dever de proteger a este último das pressões e dos abusos que possam afetar o seu *status libertatis*. Daí dizermos: o Ministério Público não é órgão do governo, mas, isto sim, do Estado, a serviço da cidadania.

São múltiplas e variadas as alternativas de que dispõe o Ministério Público ao receber com vista os autos do inquérito, a saber:

1° Efetuar controle direto da própria atribuição e, indiretamente, da competência do juízo;

2° requerer ao juiz o retorno do expediente à delegacia para novas diligências, quando considerá-las imprescindíveis ao oferecimento da denúncia;

3° recomendar a permanência dos autos em cartório, até a manifestação do ofendido, no prazo decadencial, se a ação penal for de iniciativa deste;

4° requerer o arquivamento da atividade persecutória e o envio dos autos do inquérito para o arquivo do *Forum* ou

5° oferecer a denúncia e assim iniciar a ação penal.

Examinemos, pois, uma a uma, essas alternativas.

3.1. O controle direto da própria atribuição e indireto da competência do juízo

O membro do Ministério Público detém legitimidade para atuar apenas perante o juízo da vara, da comarca ou do Tribunal onde estiver regularmente classificado, ou designado pelo Procurador-Geral.

Como a Instituição do MP é autônoma e independente do Poder Judiciário, diferentemente de outros países (p. ex., Itália e Portugal), em que juízes e promotores integram o mesmo Poder (magistratura do Poder Judicial e Magistratura do Ministério Público), diz-se, então, que eles não detêm jurisdição, no sentido técnico da palavra, mas, isto sim, atribuições, cujo exercício ocorre organizada, e não aleatoriamente.

Desse modo, embora não contemplada em nossa legislação constitucional ou infraconstitucional a figura do Promotor Natural,[4] é certo que, à feição das regras

---

[4] "O postulado do Promotor Natural, que se revela imanente ao sistema constitucional brasileiro, repele, a partir da vedação de designações casuísticas efetuadas pela Chefia da Instituição, a figura do acusador de exceção. Esse princípio consagra uma garantia de ordem jurídica, destinada tanto a proteger o membro do Ministério Público, na medida em que lhe assegura o exercício pleno e independente

que dispõem sobre a competência, o membro do Ministério Público classificado ou designado para atuar na comarca "x" não está autorizado a intervir nos processos em curso na comarca "y", porque sob a atribuição de outro agente ministerial, a não ser quando designado pelo Chefe da Instituição ou, ainda nas aposentadorias, vacâncias, férias, licenças ou impedimentos do titular – e ainda conforme dispuser a escala de substituições previamente elaborada e divulgada ao conhecimento da comunidade jurídica.

Não se pense que os agentes do MP estariam capacitados a intervir em quaisquer processos, varas ou comarcas por estar a Instituição regida pelos princípios da unidade e indivisibidade. O que esses princípios propõem é que as manifestações que fazem os diferentes agentes ocorrem não em nome pessoal e sempre, em nome do Ministério Público.

Segue-se, então, desse ponto de vista, que ao receber a vista do inquérito ou peças de informações, o agente do MP, como primeira providência, cuidará em conferir se o caso está ou não afeto à vara, comarca ou Tribunal onde estiver classificado ou designado, porque, se não estiver, deverá declinar, em promoção escrita e fundamentada, a própria atribuição e, assim, propor a remessa dos autos respectivos ao colega da vara, comarca ou Tribunal com atribuições.

Controlando a própria atribuição, o membro do MP estará assim também controlando indiretamente a competência do órgão do Poder Judiciário perante o qual está classificado ou designado, contribuindo para evitar-se no processo futuras ar-

---

do seu oficio, quanto a tutelar a própria coletividade, a quem se reconhece o direito de ver atuando, em quaisquer causas, apenas o Promotor cuja intervenção se justifique a partir de critérios abstratos e pre-determinados, estabelecidos em lei. A matriz constitucional desse princípio assenta-se nas clausulas da independência funcional e da inamovibilidade dos membros da Instituição. O postulado do Promotor Natural limita, por isso mesmo, o poder do Procurador-Geral que, embora expressão visível da unidade institucional, não deve exercer a Chefia do Ministério Público de modo hegemônico e incontrastável. Posição dos Ministros CELSO DE MELLO (Relator), SEPULVEDA PERTENCE, MARCO AURELIO e CARLOS VELLOSO. Divergência, apenas, quanto a aplicabilidade imediata do princípio do Promotor Natural: necessidade da "interpositio legislatori" para efeito de atuação do princípio (Ministro CELSO DE MELLO),- incidencia do postulado, independentemente de intermediação legislativa (Ministros SEPULVEDA PERTENCE, MARCO AURELIO e CARLOS VELLOSO). – Reconhecimento da possibilidade de instituição do princípio do Promotor Natural mediante lei (Ministro SYDNEY SANCHES). – Posição de expressa rejeição a existência desse princípio consignada nos votos dos Ministros PAULO BROSSARD, OCTAVIO GALLOTTI NÉRI DA SILVEIRA e MOREIRA AlVES." (STF – HC 67.759/RJ, rel.Min. CELSO DE MELLO, julgado em 06.08.92. Órgão Julgador: Tribunal Pleno, publicação DJ 01.07.93). Ainda: "Princípio do Promotor Natural e Designação por Procurador-Chefe – 1 – A Turma indeferiu *habeas corpus* em que denunciado a partir de investigações procedidas na denominada 'Operação Anaconda' pela suposta prática do crime de corrupção ativa (CP, art. 333) pleiteava a nulidade de procedimento que tramitara perante o TRF da 3° Região, sob o argumento de ofensa ao princípio do promotor natural (CF, artigos 50, LIII; 127, § 1° e 128, § 5°, *b*, bem como de violação a regras contidas no Código de Processo Penal e em portarias da Procuradoria Regional da República da respectiva região. Inicialmente, asseverou-se que, conforme a doutrina, o princípio do promotor natural representa a impossibilidade de alguém ser processado senão pelo órgão de atuação do Ministério Público dotado de amplas garantias pessoais e institucionais, de absoluta independência e liberdade de convicção, com atribuições previamente fixadas e conhecidas. Entretanto, enfatizou-se que o STF, por maioria de votos, refutara a tese de sua existência (HC 67759/RJ, DJU de 1°.07.93) no ordenamento jurídico brasileiro, orientação essa confirmada, posteriormente, na apreciação do HC 84468/ES (DJU de 20.02.06). Considerou-se que, mesmo que eventualmente acolhido o mencionado princípio, no presente caso não teria ocorrido sua transgressão". (STF – HC 90277/DF, rel. Min. ELLEN GRACIE, 17.06.08).

guições de nulidades por incompetência em razão do lugar da infração, da pessoa ou da matéria (art. 564, I, do CPP).

É certo que o agente ministerial a quem os autos do inquérito ou peças de informações forem remetidos como decorrência da declinatória poderá, eventualmente, discordar da posição do colega quanto a quem seja o órgão ministerial com atribuições ou quem seja o juiz competente para conhecer e julgar o caso.

A discordância dará causa a um conflito positivo ou negativo de atribuições (ainda quando envolva discussão sobre a competência do juízo, por não ter ainda sido instaurada a ação).

A solução do conflito positivo ou negativo de atribuições será dada não pelo Poder Judiciário e sim pelo chefe da instituição do Ministério Público. No plano federal, a hipótese está expressamente prevista no art. 26, VII, da Lei complementar nº 75, de 20 de maio de 1993.

Se o conflito resultar das posições assumidas por membros de Ministérios Públicos estaduais, entre si, a atribuição para resolvê-lo será, por força do princípio da simetria, que rege o modelo Federativo, do Procurador-Geral de Justiça. No RS. é essa a previsão contida no artigo 26, inciso XIX, da Lei Estadual 7.669, de 17 de junho de 1982.

Inexiste, todavia, dispositivo legal indicando o órgão competente para solver o conflito de atribuições entre membros de ministérios públicos de Estados distintos ou entre membros de Ministério Público Federal e dos Estados, como anotávamos em livro escrito em 1987.[5]

Já àquela época sustentávamos que a competência seria do Supremo Tribunal Federal, amparados no disposto na letra *d* do inciso I do então art. 119 da Emenda Constitucional n. 1.

A Suprema Corte,[6] todavia, forte no artigo 105, inciso I, alínea *d*, da Constituição Federal, de certo modo revisando sua jurisprudência, proclamou que a competência para apreciar a matéria seria do STJ.

Essa orientação não foi bem recebida por esse Tribunal, tanto assim que no julgamento do conflito de Atribuição nº 154, a Primeira Seção não conheceu um conflito de atribuições entre agentes do Ministério Público Federal e do Ministério Público Estadual, sob o fundamento de que a hipótese não se enquadrava naquelas previstas no art. 105, I, da CF/88,[7] que dispõe sobre a competência da Corte.

A situação ficou ainda mais confusa, conforme lembra-nos Luiz Flávio Gomes, em artigo veiculado pela internet,[8] quando em 28.09.05, o Pleno do STF, por unanimidade, firmou o entendimento[9] no sentido de que, diante da inexistência de previsão constitucional a respeito da matéria, a competência seria mesmo do próprio STF.

---

[5] BOSCHI, José Antonio Paganella. *Persecução Penal*. Rio de Janeiro: Aidê, 1997, p. 191.

[6] Em 2002, quando do julgamento da Petição nº 1.503/MG, da qual foi relator o Min. Maurício Correia.

[7] Acórdão publicado no Diário da Justiça de 18 de abril de 2005. Um pouco antes: CAt 155-PB, DJ 03.11.04. Por último: CAt 169-RJ, rel. originária Min. Laurita Vaz, rel. para acórdão Min. Hélio Quaglia Barbosa, julgado em 23.11.05.

[8] GOMES, Luiz Flávio, Conflito de atribuições entre MP federal e MP estadual: – de quem é a competência para dirimi-lo?" – http://jus2.uol.com.br/doutrina/texto.asp?id=7842.

[9] Explicitado no voto do rel. Min. Marco Aurélio, no Conflito de Atribuições manejado pela Pet. 3.528/BA.

Consoante o mesmo autor, o Min. Marco Aurélio, divergindo da decisão exarada na Pet. 1.503-MG afastou a interpretação analógica do art. 105, I, *d*, e, consequentemente, a anunciada competência do STJ, concluindo ainda que não seria razoável outorgar ao Procurador-Geral da República a solução do conflito, porque este chefia o MP da União e por não ter ingerência no Ministério Público dos Estados sustentar o contrário implicaria ofensa ao Pacto Federativo.

Assim decidindo, o STF acabou reavivando a lição do Min. Aliomar Baleeiro transmitida em voto no julgamento do Conflito de Jurisdição n° 5.133, publicado em 22.05.70, reconhecendo ser sua, e não do STJ, a competência para resolver o conflito entre órgãos do MP federais e estaduais.

Em suma: não havendo dispositivo expresso regulando o problema e ante a controvérsia existente entre os dois Tribunais realimentada por decisões recentes no STF, permanecemos fiéis à posição exposta em outros textos, qual seja, a que identificava na Suprema Corte o Órgão Judiciário competente para resolver o conflito, posição adotada, também, por Luiz Flávio Gomes no artigo antes referido, ao que se pode ver.

A solução dada pelo Procurador-Geral ao conflito positivo ou negativo de atribuições entre órgãos do mesmo MP ou de Ministérios Públicos Federal e Estaduais não impedirá que, no futuro, a parte suscite, no processo, a incompetência do juízo destinatário das medidas intentadas pelo órgão do MP apontado como detentor das atribuições legais para agir, como já havíamos alertado em 1987 no livro já referido.

Instaurado o conflito de competências, a ser dirimido no âmbito do Poder Judiciário, a decisão que vier a ser proferida poderá ensejar o deslocamento do caso para outra comarca ou vara e assim prejudicar a solução antes anunciada pelo Procurador-Geral no plano administrativo relacionada ao conflito de atribuições. É claro que nesse caso a decisão proferida pelo Poder Judiciário preponderará sobre a decisão proferida pelo chefe do MP.

Para evitar esse risco de duplicidade de conflitos e ainda a viabilizar a celeridade na prestação jurisdicional, preconizávamos, anos atrás, a adoção da fórmula sugerida pelo Projeto de Reforma do CPP 1.655/83 (art. 226), segundo a qual o órgão do MP. destituído de atribuições para atuar no processo ofereceria mesmo assim a denúncia e requereria o envio dos autos ao juízo competente, sem que, nesse juízo, houvesse, daí, a necessidade de renovação da peça acusatória pelo *Parquet* com atribuições para atuar no caso. Dois objetivos seriam alcançados: a celeridade do processo e a prevenção de nulidades.

A recente Reforma do CPP não contemplou nada de novo no particular, de modo que a solução para o conflito de atribuições deve ser encontrada seguindo-se os caminhos antes referidos.

3.2. A devolução à origem para realização de diligências imprescindíveis ao oferecimento da denúncia

Ao estudar os autos do inquérito, o agente do MP poderá não visualizar elementos de prova suficientes e constitutivos de justa imprescindíveis ao recebimento da denúncia.

Em tal situação, permite-lhe o artigo 16 do CPP requerer ao juiz a devolução do expediente à origem, para que a autoridade policial prossiga nas investigações e realize as diligências apontadas pelo *Parquet*.

É este o texto: "O Ministério Público não poderá requerer a devolução do inquérito à autoridade policial, senão para novas diligências imprescindíveis ao oferecimento da denúncia".

A eventual demora no cumprimento das diligências requisitadas poderá dar margem à interposição de *habeas corpus* pelo indiciado preso, para a recuperação da liberdade. Não há como determinar-se *a priori* o momento em que a demora configura o constrangimento ilegal.

Os Tribunais vinham assinalando como marco em princípio não ultrapassável o de 81 dias – que correspondiam à soma dos prazos individualmente considerados para a prática dos atos do procedimento comum.

Esse marco será substituído por outros, em face da reforma operada pela Lei 11.719/08 que criou os procedimentos comuns ordinário e sumário, o primeiro mais e o último menos dilatado no tempo. A soma dos novos prazos para o oferecimento da denúncia, para a resposta pela defesa, para o pronunciamento do juízo na fase do artigo 397 e ainda os prazos legais indicados para o aprazamento e a realização da audiência única de instrução e julgamento é que permitirá identificar o prazo global de cada procedimento dentro do qual a instrução deve ser realizada, curiosamente, agora na mesma audiência única na qual o juiz, em tese, deverá proferir o veredicto.

Embora seja do juiz a competência para o deferimento da diligência, entendemos que a avaliação sobre a sua imprescindibilidade não é dele e sim do agente do MP. que a tiver requerido, por ser este o destinatário da prova inquisitiva e o responsável pela definição sobre o oferecimento da ação penal.

Nessa qualidade, o órgão do *Parquet* tem não só o direito mas o dever de reunir os elemento probatórios sobre a existência e a autoria que entender imprescindíveis para afastar o risco de ser a acusação interpretada como temerária ou ofensiva aos direitos de personalidade do acusado.

Se o juiz dissentir do Ministério Público quanto ao caráter imprescindível e daí indeferir as diligências requisitadas, parece-nos que, à falta de previsão de recurso no CPP, a alternativa será a da correição parcial,[10] por ser esta um sucedâneo recursal para as hipóteses de ilegalidades ou abusos de poder não expressamente alcançadas pelo Recurso em sentido estrito, eis que taxativo às hipóteses listadas (inciso I a XXIV do artigo 581 do CPP).

Embora possa requerer ao juiz a solicitação de diligências complementares, o MP detém atribuição para fazê-lo diretamente, a teor dos artigos 129, inc. VIII, da

---

[10] CORREIÇÃO PARCIAL. Indeferimento de diligências requeridas pelo MP. Reforma da decisão. A faculdade assegurada ao Ministério Público, pela Constituição Federal, de requisitar diligências visando à instauração ou ao prosseguimento da ação penal, diretamente às autoridades ou órgãos responsáveis pelas informações ou documentos necessários, não exclui a possibilidade de o órgão ministerial, na condição de parte no processo, postular a realização de diligências ou provas através da autoridade judicial, sobretudo tratando-se de diligências imprescindíveis à elucidação dos fatos. Prevalência do princípio da busca da verdade real, tônica do processo penal. Precedentes jurisprudenciais. Hipótese em que, no deflagrar da ação penal, restou indeferido pedido de diligências relevantes ao deslinde da ação. Cerceamento de acusação configurado. Correição parcial julgada procedente (Correição Parcial nº 70021777867, Oitava Câmara Criminal, Tribunal de Justiça do RS, Relator: Fabianne Breton Baisch, Julgado em 14.11.07).

CF e do art. 47 do CPP. A previsão dessa atribuição em lei não pode ser invocada pelo juiz como pretexto, para indeferir o pedido do representante do Ministério Público, vez que concorrente com o poder de requisição assinalado no artigo 16 do mesmo Estatuto Processual.

Deferido o pedido, o Delegado de Polícia está obrigado a promover as diligências indicadas. Se não o fizer, poderá ser responsabilizado criminalmente, por prevaricação, se ficar evidenciado o especial fim de agir, ínsito ao tipo do art. 319 do CP.

3.3. Recomendação para a permanência dos autos em cartório, se a infração for de ação de iniciativa do ofendido.

Recebendo o inquérito com vista e percebendo que a ação penal correspondente ao fato apurado é da exclusiva iniciativa do ofendido, o representante do Ministério Público lançará promoção recomendando ao juiz a permanência dos autos em cartório, pelo período correspondente ao prazo decadencial (art. 38 do CPP).

Como o inquérito por infração apurável mediante queixa só pode ser aberto pela autoridade policial mediante expresso requerimento (*rectius*: consentimento) do ofendido (art. 5º, § 5º do CPP) por ser dele a exclusiva conveniência quanto à propositura ou não da queixa, segue-se que não competirá ao órgão do Ministério Público emitir qualquer manifestação sobre a investigação realizada ou o valor da prova recolhida.

Nada sendo requerido pelo ofendido, dentro do prazo decadencial, aí sim o Ministério Público recomendará ao magistrado, vindo-lhe os autos do inquérito com vista, a declaração da extinção da punibilidade pela decadência do direito de queixa, com ordem de remessa dos autos do inquérito ao arquivo do Forum (arts. 10, § 1º, 19 e 38 do CPP).

3.4. O pedido de arquivamento

O pedido de arquivamento do inquérito é outra possibilidade que a lei assegura ao representante do Ministério Público na fase da formação da *opinio delicti* em infrações penais cuja ação seja de sua iniciativa.

Se não puderem ser atendidos os requisitos inerentes aos pressupostos processuais (de existência), às condições para o exercício da ação penal (possibilidade jurídica do pedido, legitimidade de partes ou interesse de agir) e às provas mínimas constitutivas de justa causa sobre a materialidade e a respectiva autoria da infração,[11] a denúncia não poderá ser oferecida pelo agente ministerial. Se o fizer, será fatalmente rejeitada, consoante disposições expressas introduzidas em nosso Código em recente Reforma (art. 395, II e III, do CPP). O oferecimento e inadvertido recebido dessa peça pelo juiz, nas condições citadas, dará ensejo à interposição de *habeas corpus* para trancamento da ação, ante a visibilidade do constrangimento ilegal.

---

[11] As condições da ação, os pressupostos processuais e a justa causa foram examinadas em capítulos específicos, onde remetemos o leitor, a fim de evitarmos redundâncias.

Então, se não achar meios para superar os óbices apontados, o Ministério Público encaminhará fundamentado pedido de arquivamento do inquérito (art. 28 do CPP). Quer dizer, o órgão do MP precisará apontar ao juiz, em petição escrita, a falta de justa causa, dos pressupostos processuais ou das condições da ação para poder requerer o arquivamento do inquérito (art. 28 do CPP). Os autos correspondentes, após a decisão, serão enviados para o arquivo do forum, se deferida a medida.

A obrigação de fundamentar o pedido de arquivamento advém do inciso III do art. 43 da Lei Orgânica Nacional do Ministério Público (de nº 8.625/93) impõe aos membros do Ministério Público, dentre outros, o dever de indicar os fundamentos jurídicos de seus pronunciamentos processuais, elaborando relatório em sua manifestação final ou recursal.

Inviável, pois, falar-se em arquivamento implícito do inquérito, mesmo quando a denúncia for oferecida apenas contra um dos coautores ou participantes, pois, não fora a falta de previsão em lei dessa figura, o STJ, em correto entendimento, decidiu que "o oferecimento de denúncia em desfavor de alguns dos indiciados ou investigados em inquérito não implica em pedido de arquivamento implícito em relação aos demais, mas tão somente indica não ter vislumbrado o membro do *Parquet*, naquele momento, a presença de materialidade e indícios suficientes de autoria convergentes para os não denunciados".[12]

Como sustentamos em nosso esgotado *Ação Penal*, em abono a esse recente posicionamento, enquanto não forem apresentadas e acolhidas razões em pedido formal de arquivamento do inquérito, a denúncia poderá ser a todo o tempo oferecida, desde que, é claro, não tenha havido a incidência de qualquer causa extintiva da punibilidade (art. 107 do CP).

É nesse sentir o pensamento de Américo Bedê Jr. e Gustavo Senna, invocando a doutrina de Tourinho Filho e de Eugênio Pacelli Oliveira: "Toda decisão deve ser fundamentada, razão pela qual não aceitamos nenhum efeito a uma decisão judicial implícita. Por fim, não se argumente que a omissão da inclusão de um dos coautores na denúncia gera nulidade processual. Efetivamente, essa omissão pode ser sanada com o aditamento ou o oferecimento de denúncia ou outro processo. Não existe nenhum motivo jurídico para anular o processo pela não inclusão de corréu, até porque, mesmo que presentes as hipóteses de conexão e continência, o CPP autoriza a separação de processos".[13]

É vedado ao MP invocar para pedir o arquivamento do inquérito apoiado em razões de conveniência ou utilidade prática (por exemplo, a alegação de que não mais se justifica iniciar a ação penal contra o agressor da esposa ante prova de que o casal está por reconciliar-se...), eis que subordinado ao comando normativo do princípio da obrigatoriedade da ação penal.

Flexibilizando o princípio, a doutrina vem admitindo em casos especiais a legalidade do pedido de arquivamento do inquérito pelo MP quando seu agente visualizar a prescrição da pretensão punitiva pela pena projetada, quando da prova dos autos puder identificar a presença de causa excludente de ilicitude ou quando o fato em si revelar-se como insignificante ou bagatelar.

---

[12] RHC 17.213/PE, Rel. Min. Arnaldo Esteves Lima.

[13] BEDÊ JR., Américo; SENNA, Gustavo. *Princípios do Processo Penal*. Entre o Garantismo e a Efetividade da Sanção. São Paulo: Revista dos Tribunais, 2009, p. 122.

A sugestão vem encontrando ressonância em julgados isolados mas não permite afirmar que o princípio da obrigatoriedade está sendo substituído pelo da oportunidade da ação penal.

Em nosso pensar, as soluções propugnadas pela doutrina podem ser perfeitamente adotadas pelo Ministério Público sem que isso implique ofensa ao princípio da obrigatoriedade.

É que a base legal para o requerimento de arquivamento do inquérito face a prescrição projetada, à prova de causa excludente de ilicitude ou por fato bagatelar pode ser perfeitamente identificada no artigo 395 do CPP, cujos incisos impõem a rejeição da denúncia ou queixa quando faltarem as condições da ação, em cujo âmbito as referidas hipóteses encontram o correspondente enquadramento.

Sob esse ponto de vista, o requerimento de arquivamento encontra supedâneo também no princípio da eficiência, que preside os atos da administração pública, segundo o qual os recursos públicos devem ser quantitativa e qualitativamente bem aplicados.

Entrará, com efeito, em rota de colisão com esse princípio a decisão do MP. de instaurar processos criminais que não redundarão em nada, seja porque o fato infracional não satisfaz as exigências da tipicidade, porque a conduta ao abrigo da excludente é legalmente permitida ou ainda porque a projeção da pena a ser fixada em sentença condenatória atuará como óbice à execução, face a prescrição, conforme explicaremos mais detalhadamente, no capítulo VII, versando sobre as condições da ação.

O arquivamento do inquérito é ato jurisdicional.

Significa dizer que a autoridade policial tem o dever de encaminhar os autos do inquérito à Justiça mesmo se nada conseguir apurar ou provar quanto ao fato em si ou quanto ao seu autor.

A retenção do expediente na Delegacia poderá acarretar responsabilização administrativa e penal do servidor, por prevaricação (desde que provado o elemento subjetivo – art. 319 do CP).

Sendo jurisdicional, a decisão que arquivar o inquérito fará coisa julgada material quando fundada na impossibilidade jurídica do pedido (atipicidade) e na falta de interesse de agir (por incidência de causa extintiva da punibilidade). Não há como pensar-se diferentemente frente às atipicidades[14] e as causas extintivas da punibilidade,[15] porque ambas compõem os objetos das condições da ação.

Já quando o inquérito tenha sido instaurado contra parte ilegítima (por exemplo, contra uma pessoa jurídica, fora da excepcional hipótese prevista na Lei 9.605/97), o arquivamento não impedirá, por certo, a abertura de outro inquérito, assim como a decisão que rejeitasse a denúncia por ilegitimidade de parte não impediria a instauração da ação penal contra o verdadeiro responsável pelo fato.

Todavia, se o arquivamento for requerido e deferido por falta de justa causa para a ação, a descoberta de provas novas, permitirá o desarquivamento (art. 18 e Súmula 524 do STF).

---

[14] HC 80.5604, 1ª Turma do STF, rel. Min. Sepúlveda Pertence, DJU 30.03.01, p. 81.

[15] HC 84156, rel. Min. Celso de Mello, Informativo do STF n. 367 e Pet. n. 3927, SP, Pleno, Relator Min. Gilmar Mendes, julgado em 12.06.08, public. no DJU de 16.10.08, p. 126.

Mas o que são provas novas? Provas novas são aquelas até então desconhecidas do juiz e das partes, que podem sugerir um novo cenário quanto à autoria e a materialidade da infração. Consoante o STF, provas novas são as que produzem a "alteração do panorama probatório dentro do qual fora concebido e acolhido o pedido de arquivamento. A nova prova há de ser substancialmente inovadora e não apenas formalmente nova".[16]

Disso resulta que o fenômeno do *desarquivamento* do inquérito não se confunde com o ato físico, burocrático, de *desarquivar* os autos respectivos. O desarquivamento se materializará com o oferecimento da denúncia lastreada nas provas novas, podendo o Ministério Público requerer ou não que os autos do inquérito arquivados venham para dentro dos autos do processo, se entender que a providência produzirá alguma consequência prática no interesse da apuração da verdade e da realização da Justiça.

O juiz não está obrigado a decretar o arquivamento do inquérito, isto é, a acolher as razões apresentadas pelo Ministério Público e concordar com o sumário encerramento da persecução penal, não obstante esse posicionamento venha sendo fortemente questionado pela doutrina, mais preocupada com a necessidade de eliminar os resíduos inquisitivos e em purificar ainda mais o modelo acusatório de processo que predomina entre nós.

Dissentindo do pedido e não reunindo legitimidade para obrigar o órgão do MP a denunciar, o juiz, no máximo, poderá provocar o Procurador-Geral (da Justiça ou da República) a se manifestar sobre a opção exteriorizada pelo Promotor de Justiça, encaminhando-lhe os autos respectivos (art. 28 do CPP).

O Procurador-Geral terá alternativas.

A *primeira*: recebendo os autos, poderá insistir no arquivamento, se ficar convencido que a razão estava com o Promotor. Nesse caso, o juiz não poderá recusar o pedido.

A *segunda*: se concluir que o caso exigia denúncia, o próprio Procurador-Geral a oferecerá (por não poder obrigar o promotor de justiça a fazê-lo) ou então designará outro agente da Instituição para intentar a peça em seu nome. Nesse caso, o agente do *Parquet* designado terá o dever de denunciar, salvo apresente razões de foro íntimo para não fazê-lo.

A decisão do juiz de primeiro grau que acolher o pedido de arquivamento do inquérito é insuscetível de questionamento pela via recursal.[17]

Por isso carece de sentido a previsão do artigo 7º da Lei 1.521/51 de recurso de ofício contra a decisão de arquivamento do inquérito por crime contra a economia popular, porque o Promotor de Justiça, autor do pedido de arquivamento questionado, não estará obrigado a rever a sua posição e a denunciar o indiciado mesmo que o Tribunal venha, por hipótese, a acolher o recurso de ofício.

---

[16] HC 57191, julg. em 05.10.79, 2ª T., rel. Min. Décio Miranda.

[17] "PROCESSUAL PENAL. AGRAVO REGIMENTAL EM AGRAVO DE INSTRUMENTO. DECISÃO QUE DETERMINA ARQUIVAMENTO DE INQUÉRITO POLICIAL COM BASE NO PARECER DO MINISTÉRIO PÚBLICO. IRRECORRIBILIDADE. SÚMULA 83/STJ. I – Esta Corte tem entendido que não é recorrível a decisão judicial que, acolhendo o parecer do Ministério Público, determina o arquivamento de inquérito policial" – AgRg no Ag 884686 / RJ, AGRAVO REGIMENTAL NO AGRAVO DE INSTRUMENTO 2007/0050076-7 – 5ª T do STJ, rel. Min. Félix Fischer, in DJE 16.06.08.

É de se ver, entretanto, que a Lei Complementar 75/93 em seu artigo 62, inciso IV, conferiu às Câmaras de Coordenação e Revisão do Ministério Público a atribuição para manifestar-se sobre o arquivamento do inquérito policial ou peças de informação.

Conforme Luciano Feldens e Andrei Schmidt, tem prevalecido o entendimento, no âmbito do Ministério Público Federal, de que a manifestação da Câmara vincula o Procurador-Geral.[18] Desse modo, se a Câmara der provimento ao recurso intentado contra a decisão de arquivamento do inquérito por juiz federal de primeiro grau, o Procurador-Geral terá que oferecer a denúncia ou designar outro agente para fazê-lo em seu nome. Ou seja, há um controle sobre o arquivamento no plano interno da própria Instituição do MP.

Tratando-se de pessoa com prerrogativa de foro, o arquivamento do inquérito instaurado poderá ser realizado na Procuradoria-Geral, por ordem do Chefe da Instituição.[19]

Nada impede, contudo, que o Procurador-Geral de Justiça requeira o arquivamento ao Tribunal competente. Essa alternativa é saudável e por isso mesmo recomendável porque viabiliza maior publicidade e transparência aos seus atos.

Deferido o arquivamento nesse caso pelo Tribunal não haverá recurso para as Câmaras de Coordenação e Revisão do MP Federal. Aliás, o inciso IV do artigo 62 da Lei Complementar n. 75, exclui, expressamente, a hipótese, do âmbito das atribuições das Câmaras.

No que tange às pessoas submetidas à jurisdição do Tribunal de Justiça, a Lei Orgânica do Ministério Público do RS (8.625/93) confere tratamento distinto,

---

[18] FELDENS, Luciano; SCHMIDT, Andrei Zenkner. *Investigação Criminal e Ação Penal*. Porto Alegre: Verbo Jurídico, 2005, p. 58.

[19] ARQUIVAMENTO. MP. REPRESENTAÇÃO. AÇÃO PENAL PRIVADA SUBSIDIÁRIA DA PÚBLICA. Na espécie, promotores de Justiça estadual foram acusados da prática do delito de denúncia caluniosa (art. 339 do CP) e o Tribunal *a quo* recebeu a queixa em ação penal privada subsidiária da pública, em razão de a Procuradoria-Geral da Justiça estadual ter determinado o arquivamento da notitia criminis, nos termos do art. 29, VII, da Lei 8.625/1993, acolhendo parecer do promotor de Justiça corregedor-geral. Consta dos autos que esses promotores de Justiça representaram em desfavor dos noticiantes perante a Procuradoria-Geral da Justiça estadual sobre irregularidades na construção de edifício sob regime de incorporação a preço de custo, por violação da Lei 4.591/1964, com base em farta documentação e acreditando na existência de fatos ilícitos. Isso posto, destacou o Min. Relator que é pacífico na doutrina e na jurisprudência que só cabe ação penal privada subsidiária quando configurada a inércia do MP, ou seja, quando transcorrido o prazo para o oferecimento da denúncia. No caso dos autos, não houve omissão, tendo em vista que a Procuradoria-Geral estadual determinou o arquivamento da representação, acolhendo parecer da Corregedoria-Geral. Superado esse ponto, questionou-se, ainda, a necessidade, ou não, de o procurador-geral da Justiça, autoridade máxima na hierarquia ministerial no âmbito estadual, submeter essa decisão de arquivamento administrativo ao Judiciário. Explicou o Min. Relator, com base em precedentes deste Superior Tribunal e do STF, que o acatamento de arquivamento pelo Judiciário é obrigatório. E, se é obrigatório, não se justifica requerê-lo ao Judiciário, de acordo com precedente da lavra do Min. Eduardo Ribeiro. Ademais, como o procurador-geral estadual equivale ao procurador-geral da República, a LONMP (Lei 8.625/1993), no art. 29, não deixa dúvida de que o arquivamento ocorre no âmbito interno da Procuradoria, tanto que pode ser revisto pelo Colégio de Procuradores (art. 12, XI, da mesma lei) a pedido do legítimo interessado (no caso, não houve esse pedido). Outrossim, não há inércia do MP, quando atua legalmente ao determinar, internamente, o arquivamento da representação por despacho motivado, de acordo com o devido processo legal administrativo. Precedentes citados do STF: Pet 2.509-MG, DJ 18/2/2004; Inq 1.884-RS, DJ 27/8/2004; do STJ: AgRg na SD 32-PB, DJ 5/9/2005, e Pet 2.662-SC, DJ 23/3/2005. HC 64.564-GO, Rel. Min. Arnaldo Esteves Lima, julgado em 13/3/2007.

pois admite que a decisão de arquivamento seja questionada perante o Colégio de Procuradores em recurso de revisão.

Sendo provido o recurso, o Colégio de Procuradores, consoante prevê o inciso XIV da Lei Orgânica do MP do RS (7.669, de 17 de junho de 1982) ao invés de compelir o Procurador-Geral a oferecer a denúncia, solução que ao nosso sentir preserva o princípio da independência funcional, sorteará "dentre seus membros, o que deverá oficiar" no caso.

Por fim: o arquivamento do inquérito equivale à declaração de encerramento da persecução penal na fase administrativa. Inaceitável confundi-lo com o ato de envio dos autos do inquérito ao arquivo do forum.

Como o arquivamento do inquérito é precedido de requerimento explícito e fundamentado do MP a medida erige-se em óbice à instauração da ação penal privada subsidiária (art. 29 do CPP) por ausência do pressuposto que a legitima: a inércia ministerial.

3.5. O oferecimento da denúncia

O oferecimento da denúncia é a derradeira e mais comum alternativa ministerial frente ao inquérito.

O tema será tratado no capítulo 13, sendo apenas registrada a alternativa neste espaço para preservarmos as finalidades didáticas deste texto.

Insta anotar ainda que ao oferecer a denúncia o Ministério Público poderá propor a suspensão condicional do processo, por 2 a 4 anos, desde que, a teor do art. 89 da Lei 9.099//95, a pena mínima cominada ao crime (independentemente da potencialidade ofensiva) seja igual ou inferior a um ano, acusado não esteja sendo processado ou não tenha sido condenado por outro crime, presentes os requisitos que autorizam a suspensão condicional da pena.

A validade da opção do agente ministerial em não oferecer a proposta, conforme também demonstraremos oportunamente, depende de fundamentação idônea, havendo variações nas consequências inerentes ao controle judicial, conforme sejam ações intentadas no primeiro grau ou nos Tribunais, em razão da prerrogativa de foro.

Dissentindo do Promotor (ou Procurador da República) o magistrado de primeiro grau poderá amparado no enunciado 696 da Súmula do STF submeter o assunto à apreciação do Chefe do Ministério Público, nos moldes preconizados no artigo 28 do CPP para a solução do dissenso entre ambos relativamente ao pedido de arquivamento do inquérito policial.

Tratando-se de recusa (fundamentada ou não) em ação originária da competência dos Tribunais, por não ser possível a invocação do artigo 28 nem estar o Chefe do MP submetido a controles internos, entendemos que o próprio Tribunal poderá e deverá oferecer a proposta, vez que nenhuma lesão a direito individual pode ser subtraída do Poder Judiciário, detentor da honorável missão de proteção e defesa dos direitos e das liberdades fundamentais.

Capítulo V

A fase judicial da persecução penal

Sumário: 1. A fase judicial da persecução; 2. A ação, conceito e fundamento; 3. Teorias sobre a natureza jurídica da ação; 4. A ação penal. Conceito; 5. A ação penal e sua localização no ordenamento jurídico; 6. Classificação da ação penal; 6.1. A ação penal pública; 6.2. A ação penal de iniciativa privada; 6.2.1. A ação penal de iniciativa privada propriamente dita (ou genuína); 6.2.2. A ação penal de iniciativa privada personalíssima; 6.2.3. A ação penal privada de iniciativa privada subsidiária; 6.3. As singularidades das ações pública e de iniciativa privada; 6.4. A ação penal popular.

1. A fase judicial da persecução

A fase judicial da persecução principia com o depósito em cartório da peça acusatória (denúncia ou queixa), gerando um liame, um vínculo, entre o acusador e o juiz, que, assim, precisará, necessariamente, emitir um pronunciamento sobre o pedido, por ser-lhe vedado o *non liquet*.

Com esse ato de entrega da denúncia ou queixa (normativamente referido como *oferecimento* – art. 25 do CPP), já haverá, portanto, ação, jurisdição e processo, conforme havíamos manifestado em nosso livro *Ação Penal* e reafirmamos neste momento.

Em que pese esse fato, é certo que como relação jurídica triangular (*actus trium personarum*) o processo *só se completará* com a citação do acusado. O artigo 363 do CPP, com a redação conferida pela Lei 11.719/68, declara, aliás, que "O processo terá completada a sua formação quando realizada a citação do acusado".

É nesse sentido também o pensamento de Charles Emil Machado Martins, quando diz que o processo considera-se proposto " ... com o oferecimento da peça acusatória inicial, que veicula o exercício da ação penal", fazendo inclusive a analogia do artigo 25 do CPP com os artigos 262 e 263 do CPC, ambos estabelecendo que a propositura da ação acontece com a simples distribuição ou despacho pelo juiz.[1]

Em plena conformidade com essa interpretação (embora a ação possa também surgir no mundo do direito não necessariamente por meio de denúncia ou queixa,

---

[1] MARTINS, Charles Emil Machado. Do Procedimento Comum Ordinário, in *Teoria e Prática dos Procedimentos Penais e Ações Autônomas de Impugnação*. Charmes Emil Machado Martins, (org.). Porto Alegre: Livraria do Advogado, 2009, p. 48.

conforme demonstraremos neste texto), impõe-se discursar, mesmo brevemente, sobre a ação, espécies, princípios, localização no ordenamento jurídico, visando a prepararmos as bases para o posterior exame das condições para o seu exercício – e a correspondente crítica – tal qual dimana da conhecida e largamente aceita teoria eclética da ação, agasalhada no artigo 267 do CPC e, por força da Lei 11.719/08, no inciso II do art. 395 do CPP.

2. A ação, conceito e fundamento

Comecemos lembrando que o dever jurídico imposto pelas normas substantivas, via de regra, é espontaneamente satisfeito pelas pessoas. É graças a essa conduta que a vida em grupo torna-se possível, porque se os direitos não fossem respeitados desse modo, o relacionamento em sociedade não seria possível, haja vista a enorme quantidade e a diversidade de conflitos que surgem no dia a dia, alguns tão graves, que literalmente põem em xeque as conquistas da modernidade.

Realmente, se o direito e a justiça para se vivificarem dependessem, necessariamente, da intervenção do juiz, ficaria sem explicação, como diria Couture, o "imenso caudal de fenômenos jurídicos que se realizam sem a intervenção da autoridade".[2]

Nas suas próprias palavras: "O governo estabelece um imposto e os contribuintes protestam, mas pagam; os pais alimentam seus filhos, não porque o determine o Código Civil, mas porque há um profundo imperativo humano que os leva a essa atitude; os devedores pagam o que devem aos seus credores porque assim lhes manda a consciência; o operário executa o trabalho contratado, porque há muitos motivos que o impelem a isso e que não são estritamente jurídicos. Se um dia essa realização espontânea do direito cessasse e todos os contribuintes tivessem de ser demandados judicialmente, se todos os pais só alimentassem seus filhos quando a isso condenados, se todos os devedores ou todos os trabalhadores tivessem de ser conduzidos até o tribunal para que cumprissem suas obrigações, a máquina do estado saltaria quebrada em pedaços".[3]

As pessoas, no entanto, podem resistir ao cumprimento de suas obrigações. Nesse caso o direito subjetivo, que se mantinha em estado de latência, adquire dinamismo, ganhando uma nova potência, a que se dá o nome de *pretensão*,[4] que autoriza o início de gestões diretas pelo credor, no exercício daquilo que Pontes de Miranda denominava como *ação de direito material,* que consiste precisamente nisso: no direito de *agir direto, para a realização do próprio direito.*

Ovídio Baptista dizia sobre o tema que "a partir do momento em que o devedor, *premido pela minha exigência,* mesmo assim não cumpre a obrigação, nasce-me *a ação.* Já agora posso agir para a satisfação, sem contar mais com a ação voluntá-

---

[2] COUTURE, Eduardo. *Introdução ao Estudo do Processo Civil.* 3ª ed. trad. de Mozart Victor Russomano. Rio de janeiro: Forense, 2004, p. 56.

[3] Idem.

[4] SILVA, Ovídio A. Baptista. Direito Subjetivo, Pretensão de Direito Material e Ação. In *Polêmica sobre a Ação.* Fábio Cardoso Machado e Guilherme Rizzo Amaral (orgs.). Porto Alegre: Livraria do Advogado, 2006, p. 17.

ria do obrigado. A *ação de direito material* tal como agora estamos definindo, é o exercício do próprio direito por ato de seu titular, independentemente de qualquer atividade voluntária do obrigado",[5] encontrando origem no direito romano, cuja *actio* permitia a invocação ao juiz como um *plus*, independentemente da *pretensão* advinda do descumprimento da obrigação jurídica. "Se o titular do direito *exige* que o obrigado o cumpra, haverá exercício de pretensão, normalmente levada a efeito extrajudicialmente".[6]

A doutrina resiste em reconhecer a duplicidade de ações contra o "obrigado" e contra o "Estado", sob o argumento de que a tutela jurisdicional é devida sempre pelo último. Guilherme Rizzo Amaral, apoiado no pensamento de Carlos Alberto Álvaro de Oliveira, chamou a atenção de que o fundamento utilizado para o desenvolvimento da noção de ação de direito material foi a *actio* romana, mas que essa ação processual, todavia, nada tem a ver com " ... àquela que a doutrina de Wach, Degenkolb, Plósz e Rocco se ocuparam de definir como concreta ou abstrata. Seria frustrada qualquer tentativa de encontrar, na *actio* romana, uma antepassada da ação de caráter processual".[7]

Para esse autor, a ação de direito material está, em verdade, ligada "à frustração de uma pretensão devidamente exercida (ou, ainda, à resistência a tal pretensão". Exercitar a ação fora do espaço do Poder Judiciário é crime, conforme assinala, salvo nas excepcionais hipóteses do penhor legal (art. 84 do CPC), do embargo extrajudicial (art. 935, parágrafo único, do CPC) e do desforço imediato para defesa da posse (art. 1.210, parágrafo único, do Código Civil.[8]

Em sentido oposto e estimulando a polêmica, Daniel Francisco Mitidiero argumentou que o erro em negar a ação de direito material advém da falta de percepção sobre "... um dos argumentos centrais da orientação dualista da ação", qual seja, "o de que existem dois planos distintos, o de direito material e o de direito processual, ambos não se confundindo em nenhum momento".[9] De fato, a vida diária em, sociedade confirma que todo titular de um direito costuma exercitar a sua pretensão com atitudes concretas perante o obrigado. Aquele que aluga um imóvel, por exemplo, interage com o locatário e ao final da locação procura ajustar-se com ele, seja para reaver o imóvel, seja para renovar o contrato. É comum o credor de um título cambial contatar com o devedor, para uma composição amigável. Isso é, efetivamente, exercício de ação em defesa de pretensão.

Para Fábio Cardoso Machado, os juristas, em verdade, teriam se apropriado de uma categoria milenar, a *actio romana*, "não correspondia em nada o fenômeno desvelado. E assim foi necessário um esforço tremendo para conceituar o novo fenômeno, já que tal pressupunha aniquilar o conceito tradicional de ação,

---

[5] SILVA, Ovídio A. Baptista. Direito Subjetivo, Pretensão de Direito Material e Ação. In *Polêmica sobre a Ação*. Fábio Cardoso Machado e Guilherme Rizzo Amaral (orgs.). Porto Alegre: Livraria do Advogado, 2006, 6, p. 19-20.

[6] Idem, ibidem.

[7] AMARAL, Guilherme Rizzo. A Polêmica em Torno da "Ação de Direito Material". In *Polêmica Sobre a Ação*. Fábio Cardoso Machado e Guilherme Rizzo Amaral (orgs). Porto Alegre: Livraria do Advogado. 2006, p. 115.

[8] Idem, p. 118.

[9] MITIDIERO, Daniel Francisco. Polêmica sobre a Teoria Dualista da ação (Ação de Direito Material – "Ação Processual" – uma resposta a Guilherme Rizzo Amaral). In *Polêmica Sobre a Ação*. Fábio Cardoso Machado e Guilherme Rizzo Amaral (orgs). Porto Alegre: Livraria do Advogado, 2006, p. 132.

transfigurando – em outro absolutamente distinto. Adotou-se o termo que designava um fenômeno de direito material (a *actio*) para com ele designar, a partir de então, outro fenômeno absolutamente distinto, pertencente ao plano do direito processual (a chamada "ação processual") ... A ação deixa de ser *actio* e passa a ser "ação processual. ... Muitos dos polemistas imaginavam que divergiam acerca do conceito de um mesmo fenômeno, enquanto, na realidade, tratavam de fenômenos diversos, atribuindo-lhes o mesmo nome".[10]

Realmente, a *actio* como tal era um direito privado (assegurado a todos os cidadãos) dirigido contra uma pessoa determinada, porque no dizer de Acir Bueno de Camargo, citando Emilio Betti, "não havia para os romanos a distinção entre o direito substancial e o processual",[11] sendo ainda corrente a ideia de que a *actio* tinha "vinculação com o direito substancial",[12] revelando-se como "o próprio direito" e não algo "a serviço do direito".[13]

Posta a discussão sobre a existência ou não do direito material de ação, e independentemente da posição que se adotar sobre ele, certo é que, após o esgotamento dos meios suasórios para que o direito do obrigado seja satisfeito, o credor poderá, amparado agora no público direito subjetivo à tutela estatal, exercitar (ou seria reexercitar), por meio de ação (processual), a defesa da pretensão perante a jurisdição, porque é, efetivamente, do Estado o monopólio na distribuição da Justiça. Kohler afirmava, aliás, que a ação não é uma emanação da pretensão precedente, pois se esta é ou não fundada assim o dirá a sentença, mas, acima de tudo, "manación de los derechos de la personalidad, pero solo em la misma medida em que lo son los demás actos jurídicos; el accionar es um derecho individual, como lo es el de andar, comerciar, etc".[14]

É por isso que Ovídio Baptista, na lição antes reproduzida, com rigor científico, afirmava que a *ação* (processual) é a dinâmica do direito subjetivo público à jurisdição,[15] não obstante essa distinção nem sempre apareça de modo claro na

---

[10] MACHADO, Fábio Cardoso. "Ação" e Ações: sobre a renovada polêmica em torno da ação de Direito Material. In *Polêmica Sobre a Ação*. Fábio Cardoso Machado e Guilherme Rizzo Amaral (orgs). Porto Alegre: Livraria do Advogado: 2006, p. 140.

[11] CAMARGO, Acir Bueno. Windscheid e o rompimento com a Fórmula de Celso. In *Crítica à Teoria Geral do Direito Processual Penal*. Jacinto Nelson de Miranda Coutinho (coord.). Rio de Janeiro: PUCRS/BCE, 2001, p. 125.

[12] Idem, p. 126.

[13] Idem, ibidem, citando PUGLIESE.

[14] *Apud* GUILLEN, Vitor Fairen. Estudios de Derecho Procesal, *Editorial Revista de Derecho Privado*, Madrid, 1994, p. 87-88.

[15] O Brasil vive o momento da intensa judicialização das relações sociais. Tudo, praticamente tudo, em razão do alto grau de intolerância privada e do descumprimento de deveres especialmente dos órgãos públicos, é resolvido no Poder Judiciário, cada vez mais assoberbado de processos, havendo estudos que confirmam que cada juiz brasileiro julga em média mais de 1000 processos por ano. Conforme relatório publicado no site do TJRS: "Conforme o documento, o Estado do Rio Grande do Sul figura em primeiro lugar no quesito "taxa de litigiosidade" – índice que considera o volume de processos ajuizados para cada 100 mil habitantes. No que se refere aos processos novos em 2º Grau, a taxa alcança 2.574,90, quase cinco vezes superior à media nacional (528,26), considerados os dados dos 27 Estados. No quantitativo absoluto de novos processos ajuizados (em 2º Grau), o número de quase 300 mil processos, ingressados apenas em 2005, coloca o Estado em segundo lugar no País, atrás apenas de São Paulo (total de 392.264), cuja população é quatro vezes maior. No cenário do 1º Grau de jurisdição, a taxa de litigiosidade, ou o número de novos processos para cada 100 mil habitantes, no RS atinge o patamar de 9.799,69, mais que o dobro da média nacional (4.317,77), só ficando atrás de São

doutrina. Assim, em Eduardo Couture, lê-se que "embora a palavra ação tenha tido, no decurso dos anos, significados variáveis e apesar de, no direito contemporâneo, ainda ter múltiplas e diferentes acepções, parece hoje necessário admitir que há certa concordância em se considerar que a *ação* é o poder jurídico do autor de provocar a atividade do tribunal. A ação, enfim, em seu sentido mais estrito e decantado, é só isso: um direito à jurisdição".[16]

Realmente, consoante o ensinamento do saudoso professor Ovídio Baptista, o direito subjetivo público compreende o "*poder da vontade* de seu titular, ou seja, a faculdade que a ordem jurídica confere àquele a quem outorga o direito subjetivo de torná-lo efetivo pelo exercício, para defendê-lo perante terceiros, exigir seu reconhecimento e efetivação perante os órgãos públicos incumbidos de prestar jurisdição ou, enfim, renunciá-lo".[17]

O direito subjetivo, dizia ele, não equivale à "subjetivação do direito objetivo", porque este é, "muito mais vasto do que poderá sê-lo o direito subjetivo", haja vista a grande quantidade de normas jurídicas que instrumentalizam a função jurisdicional, tais como as normas sobre competência e tantas outras, que "não atribuem a ninguém direito subjetivo".[18] Esse direito público encontra supedâneo em norma constitucional específica (art. 5º, inc. XXXV – "A lei não excluirá da apreciação do Poder Judiciário lesão ou ameaça de direito"), não obstante a respeitável lição de Eduardo Couture antes mencionada localizando a ação no contexto do direito constitucional de petição,[19] embora a radical diferença entre um e outro, visível pela natureza jurisdicional da primeira, em oposição à natureza administrativa do último.

Já por ação (processual), ainda segundo a lição de Ovídio Baptista, há entender-se não o direito subjetivo em si mas a "... a expressão dinâmica" do direito subjetivo à tutela estatal, que a fundamenta, em prol da defesa no espaço jurisdicional da *pretensão* resistida pelo réu, mesmo quando a presença do réu não seja *conditio sine qua non* para que a ação (processual) possa ser exercitada, o que se dá, por exemplo, nas justificações judiciais e nas ações declaratória, de *habeas corpus* e de revisão criminal em que não há réu!

Paulo, que registra taxa de 9.806,78. Carga de trabalho Neste item, que se refere ao total de processos novos ajuizados no ano dividido pelos magistrados em atividade, também verifica-se que os julgadores gaúchos tem a maior carga do País. O 2º Grau atinge 2.233,98 processos por magistrado, enquanto a média nacional é de 618,55. E, no 1º Grau, a média ficou em 1.733,73 por magistrado, somente atrás de São Paulo, com média de 2.488,12, e de Goiás, com 1.836,32. Considerando-se o total de processos em andamento (novos somados aos pendentes), a média de processos por julgador gaúcho atinge, no 1º Grau, 4.971,05 e, no 2º Grau, 3.211,34. O número de magistrados estaduais no Rio Grande do Sul alcança o índice de 7,09 para cada 100 mil habitantes, pouco acima da média nacional. Na comparação com os demais Estados, figura apenas no 11º lugar (o Espírito Santo, nesse indicador, ocupa a liderança, com cerca de 12 Juízes para cada 100 mil habitantes).

[16] COUTURE, Eduardo. *Introdução ao Estudo do Processo Civil*. 3ª ed. trad. de Mozart Victor Russomano, Rio de janeiro: Forense, 2004, p. 15.

[17] SILVA, Ovídio A. Baptista. Direito Subjetivo, Pretensão de Direito Material e Ação., in *Polêmica sobre a Ação*. Fábio Cardoso Machado e Guilherme Rizzo Amaral (orgs.). Porto Alegre: Livraria do Advogado, 2006, p. 16.

[18] Idem, ibidem.

[19] COUTURE, Eduardo J. Op. cit., p. 15.

Nas palavras de Vitor Fairen Guillen, embora apoiado na premissa contestada de ação decorrente do direito de petição, a ação distingue-se da pretensão[20] e tanto quanto o direito processual incide sobre um ponto comum: o direito político, porque todo cidadão detém o poder jurídico, que não lhe pode ser arrebatado em hipótese alguma, salvo em ofensa à própria personalidade, de "acudir a la autoridad pública requiriéndola a que dirima un conflicto"[21] ou, diríamos nós, pronuncie-se em processo de jurisdição voluntária.

Mais: embora seja costume associar-se o término do processo ao julgamento procedente ou improcedente da ação ou da pretensão, esse costume não atende aos rigores técnico-científicos, porque a ação e a pretensão são *veículos* que permitem a averiguação por meio do processo (função instrumental do processo) da procedência ou da improcedência *da afirmação feita pelo autor quanto à existência do direito material por ele invocado.*

Essa realidade vai bem ao encontro do postulado básico da teoria abstrata, que considera a ação como direito autônomo, separado e independente do direito material por meio dela deduzido.

Por último: O réu não exerce ação e sim reação.

Relembra Fábio Gomes, em discurso sobre a ação civil, que aqueles que dizem que o réu também exerce ação (salvo a hipótese de reconvenção) confundem os dois conceitos, que são distintos, embora inegavelmente muito próximos, de *pretensão e de ação,*[22] *que* aparecem cronologicamente sempre depois do direito público subjetivo à tutela jurisdicional.

Não é outro o entender de Niceto Alcalá-Zamora y Castillo: "Frente a La *acción* del actor, la parte atacada o demandada puede situarse en dos actitudes distintas: de *reacción* o de *inacción",* porque, ao intentar a reconvenção, "... El demandado se comporta como actor, según opinión unânime ...", não em novo processo, mas naquele "... promovido por el actor inicial".[23]

Essa teorização é desenvolvida sob o ponto de vista da teoria geral do processo civil e sofrerá inevitáveis variações sob a perspectiva da teoria geral do processo penal, pela dificuldade de reconhecer-se um *direito sujetivo* ao Estado, de configurar-se uma *lide* com o acusado e mesmo pela própria singularidade da atuação do Ministério Público, que exerce papéis aparentemente conflitantes, pois, como disse

---

[20] Para esse autor, enquanto a ação é direito, a pretensão processual é um ato, uma declaração de vontade. É o ato de exigência de subordinação de um interesse alheio ao próprio interesse. Pontes de Miranda define a pretensão como a posição subjetiva de poder *exigir* de outrem alguma prestação positiva ou negativa (*Tratado das Ações*, p. 52). Para Fábio Gomes, perfilhando as lições de Ovídio Baptista, na pretensão está ínsita a exteriorização do ato de pretender; "por isso, vislumbramos a pretensão, no plano processual, como encaminhamento que deflagrará a ação, ou seja, o estágio intermediário entre o direito subjetivo, enquanto estado inerme, e o efetivo exercício do mesmo perante o Estado" (*Teoria Geral do Processo Civil.* 3ª ed. São Paulo: Revista dos Tribunais, 2002, p. 131). A distinção entre ação e pretensão é visível pelos efeitos: procedente a ação, isso significará acolhimento da pretensão. A improcedência da ação, outrossim, deve ser entendida como a *improcedência* do pedido, isto é, como o não acolhimento da pretensão fundada no direito material ou em princípio geral de direito e não da ação, pois esta existe mesmo quando a sentença for de improcedência.

[21] GUILHEN, Vitor Fairen. *Estudios de Derecho Procesal.* Madrid: Editorial Revista de Derecho Privado, 1994, p. 88-89.

[22] GOMES, Fábio Luiz. *Carência de Ação.* São Paulo: Revista dos Tribunais, 1999, p. 56.

[23] CASTILLO. Niceto ALcalá-Zamora. *Estúdios de La Teoria General e Historia Del Proceso.* México: Universidade Nacional Autônoma do México, 1992, p. 351.

Roxin, ao que parece inspirado em Calamandrei, o Ministério Público está obrigado "... a averiguar al mismo tiempo lo favorable y lo desfavorable al inculpado, debe probar su culpabilidad y sin embargo también debe defender-lo", em típico conflito de papéis.[24] Inviável ainda falar-se em ação de direito material no processo penal, porque a realização de justiça criminal pós fato é monopólio do Estado.

No item 4, voltaremos a esse tema.

3. Teorias sobre a natureza jurídica da ação

Conforme Eduardo Couture, até os séculos XVIII e XIX não havia maior interesse pelo estudo da ação porque os juristas se satisfaziam com as formulações de Celso e aceitavam que a ação era um direito individual de pleitear em juízo o que lhe era devido (*actio nihil aliud est quam ius persequendi in iudicio quod sibi debetur*).[25]

Os franceses, aliás, definiam a ação como sendo o próprio direito material em "movimento". Demelombe ensinava que quando a lei fala em "direitos e ações" incorre em pleonasmo[26] e por isso Liebman, discorrendo sobre o pensamento dessa época exemplificava que "Para decir que a Tício le correspondia um derecho decían que le correspondia La *actio*",[27] pois para os romanos ter um direito era o mesmo que ter uma *actio*. Como as ideias da escola francesa sempre foram muito simpáticas às imagens de guerra, dizia-se – com uma metáfora mais literária que científica – que a ação é *le droit casque et arme em guerre*.[28]

A *teoria civilista* capitaneada por Friedrich Carl Von Savigny (21.02.1779/ 25.10.1861), um dos mais respeitados e influentes juristas do século XIX, foi construída sobre essas primeiras formulações em livro intitulado Sistemas Del Derecho Romano Actual. Nesse livro, tendo por centro de estudos o direito romano, avançou em muito em relação ao pensamento da época ao demonstrar o erro na afirmação de que a *actio romana* seria "... el resultado de la colisión entre el derecho y su lesión"[29] porque é da "violação" ou da "ameaça de violação" do direito que surge uma nova relação, um novo direito, para quem a sofre e esse direito chama-se "ação".[30]

A *teoria civilista* foi, portanto, a primeira teoria que tentou estabelecer um conceito de ação processual para além do paradigma que restringia à ação ao direito material, embora a enorme dificuldade de explicar o fenômeno da ação cuja pretensão fosse considerada improcedente. Unificando categorias distintas (a ação

---

[24] ROXIN, Claus. *Passado, Presente y Futuro Del Derecho Procesal Penal*. Buenos Aires: Rubinzal--Culzoni Editores, 2004, p. 40.

[25] COUTURE, Eduardo J. *Introdução ao Estudo do Processo Civil*, 3ª ed., trad. de Mozart Victor Russomano. Rio de Janeiro: Forense, 2004, p. 5.

[26] SILVA, Ovídio A. Baptista da; GOMES, Fábio. *Teoria Geral do Processo Civil*, 3ª ed. São Paulo: Revista dos Tribunais, 2002, p. 95.

[27] LIEBMAN, Enrico Túlio. *Manual de Derecho Procesal Civil*, trad. de Santiago Sentis Melendo, Buenos Aires: Ediciones Europa-América, 1980, p. 110.

[28] COUTURE, Eduardo J. Op. cit., p. 6.

[29] WINDSCHEID, Bernhard. *Polemica sobre La "Actio"*. Buenos Aires: Ediciones Jurídicas Europa-America, 1974, p. 299.

[30] SILVA, Ovídio A. Baptista da; GOMES, Fábio. Op. cit., p. 95.

e o direito material) e não concebendo a existência de ação sem prévio direito, nem direito sem subsequente ação, as formulações jurídicas da época não conseguiam todavia explicar o fenômeno da ação infundada, na qual o autor move a ação até o ponto final da sentença sem um direito efetivo a tutelar",[31] nem o fenômeno "não menos importante da ação satisfeita por se haver esgotado o processo" que deixava insatisfeito o credor e o direito em si, " por insolvência do devedor".[32]

Essa dificuldade só seria resolvida algum tempo depois, com a identificação da verdadeira natureza jurídica da ação e o reconhecimento de sua autonomia em relação ao direito material, mesmo porque pode ser validamente deduzida até mesmo por quem *não tem direito algum* ou pelo demandante para a declaração *de ausência de dever jurídico* a ele imputado.

Foram partidários, entre nós, da teoria civilista, Clóvis Beviláqua, Câmara Leal, João Monteiro e Espínola Filho, dentre outros renomados pensadores. O Código Civil de 1916 estabelecia no artigo 75, aliás, que *"A todo o direito corresponde uma ação, que o assegura"*, aspecto que denotava a enorme influência desse pensamento entre os juristas brasileiros.

A independência do direito de ação foi declarada por Windischeid!

Em 1857, revisitando o direito romano, isto é, a base dos estudos sobre o direito de ação, Bernhard Windscheid sustentou que "La *actio* no tiene por presupuesto esencial la lesión de un derecho, ni tampoco entra en su concepto que se haga valer con ella un derecho. No sirve de respaldo al derecho, sino que hace sus veces; no es algo derivado, sino algo autônomo; no es emanación, sino expresión del derecho. Si los romanos dicen que alguien tiene una *actio* o que le compete una *actio*, quierem decir lo mismo que nosotros cuando atribuimos a alguien un derecho, una pretensión jurídica".[33]

Apoiado, portanto, na premissa de que o sistema romano não era de direito e sim de ações, o que significava uma outra forma de ver a *actio romana*, Windscheid concluiu que a ação é um direito (processual) à tutela de outro (o direito material), nascido da lesão deste, mas como a faculdade de "imponer la propia voluntad mediante la persecución judicial".[34]

Na introdução do livro "Polêmica sobre la 'Actio'", Giovanni Pugliesi afirma "não ser exagerado dizer que a figura da *ação abstrata*, como tal examinada por Degenkolb e Plòsz e concebida depois de diversas maneiras pelos estudiosos do processo penal dos últimos tempos, foi uma consequência lógica do pensamento de Windscheid",[35] acima sintetizado.

A posição de Windscheid, que era professor de direito na Universidade de Greifswald, foi dura e acidamente questionada por Theodor Muther, um jovem professor da Universidade de Königsberg, que contava, à época, com pouco mais de trinta anos e que, segundo a observação feita por Giovani Pugliensi na introdução lançada no livro que reproduziu a polêmica, não tinha uma produção científi-

---

[31] COUTURE, Eduardo. *Introdução ao Estudo do Processo Civil*. Trad. de Mozart Victor Rossomano, 3.ed. Rio de Janeiro: Forense, 1998, p. 7.

[32] Idem, ibidem.

[33] WINDSCHEID, Bernhard. *Polemica sobre La "Actio"*. Buenos Aires: Ediciones Jurídicas Europa--America,1974, p. 7

[34] Idem, ibidem.

[35] PUGLIESE, Giovanni, na Introdução escrita sobre a *Polemica sobre La "Actio"*. Op. cit., p. 15.

ca expressiva, "aunque se destacase, especialmente en la más reciente monografia Sequestration und Arrest in Röm .... un particular conocimiento de la matereia procesal, que ... havia alcanzado ciertamente en la escuela de Keller, frecuentada por él en Berlin".[36]

Nas palavras de Muther, o professor Windscheid havia "... olvidado de demonstrar que según la concepción romana, quien no puede invocar una normal del *ius civile* no tiene un derecho subjetivo".[37]

E, a certa altura do texto, que propicia identificar o que doutrina hoje denomina de *ação de direito material,* arrematou, para realçar a identidade existente entre o direito material e a ação, que o primeiro "Es pues condición previa para que se otorgue la fórmula o la *actio,* que el requerido no haya satisfecho antes, sin proceso, la pretensión del postulante. Por lo tanto, deberá haber uma pretensión antes de la *actio.* El pretor no confiere pues, mediante la *actio,* una pretensión, sino que la pretensión preexiste a la *actio,* lo que se desprende también del hecho de que si el requerido paga voluntariamente y sin ser accionado, es seguro que no podrá repetir lo pagado mediante una *condictio indebiti.* Así pues, el pretor, al conferir *actiones,* no crea pretensiones, sino que da *actiones* pra tutelar las pretensiones de las que ya antecipo que reconecería su legitimidad ... la pretensión es el *prius,* a *actio* el *posterius,* la pretensión lo gerador, la *actio* lo generado", exemplificando com aquele que gestiona negócio alheio pode adquirir pretensões contra o dano, de modo que a norma jurídica nada mais faz senão reconhecer que "todo aquel cuyos *negotia* hayan sido gestionados por outro, deberá satisfazer las pretensiones de este resultantes de la *negotiorum gestio*".[38]

Independentemente da necessidade de afirmarmos com quem estava a razão, a verdade é que a polêmica entre Windscheid e Muther tendo por base a *actio* romana intensificou ainda mais o interesse dos processualistas sobre a ação civil, tanto assim que, poucos anos após, em 1876 e 1877, com seus escritos, Degenkolb e Plòsz culminariam por fornecer o *desenho definitivo* da teoria abstrata já visível no pensamento de Windscheid para afirmarem a independência da ação do direito material e apontarem o seu destinatário: não mais o indivíduo e sim o Estado.

Em 1885, Adolf Wach procurou conferir novo sentido ao tema, reconhecendo a autonomia e a independência do direito de ação – tal qual propuseram Windscheid, Muther, Degenkolb e Plósz, Wach, mas acentuando que ela só passa a existir se a sentença for favorável e esclarecendo que a natureza da ação é de direito público, "... dirigindo-se contra o Estado e também contra o adversário (demandado): enquanto ao primeiro cabe outorgar a proteção do direito, ao segundo cabe tolerá-la ... coexistindo, assim, duas realidades distintas: a relação processual e a relação de direito privado".[39]

Assim, trabalhando com o conceito de *pretensão,* melhor formulado em livro publicado no ano de 1889, Wach apontaria o caminho pelo qual trilhariam os formuladores da (nova) teoria sobre a ação: a *teoria concreta,*[40] segundo a qual, em reforço

---

[36] PUGLIESE, Giovanni, na Introdução escrita sobre a *Polemica sobre la "Actio".* Op. cit., p. 17.

[37] MUTHER, Theodor. S*obre La Doctrina de la Actio Romana, del Derecho de Accionar Actual... Crítica del libro de Windscheid*", Buenos Aires: Ediciones Jurídicas Europa-America, 1974, p. 219.

[38] Idem, p. 223

[39] SILVA, Ovídio A. Baptista da; GOMES, Fábio. *Teoria Geral do Processo Civil,* 3ª ed. São Paulo: Revista dos Tribunais, 2002, p. 104.

[40] SILVA, Ovídio Baptista. *Curso de Processo Civil.* 2.ed. Porto Alegre: Fabris, 1991, p. 79, v. I.

às pesquisas de Bullow, a ação seria direito à sentença favorável. Sentença favorável, repete-se, ainda que não haja direito material a proteger, porque o interesse do autor pode ser, por exemplo, em obter o reconhecimento pelo juiz da inexistência de relação jurídica obrigacional (ação declaratória negativa).

Ensina-nos Ovídio Baptista, a propósito: "... se a 'ação' processual podia, no caso da ação declaratória negativa, cuja possibilidade estava prevista pelo art. 231 (depois 256) da Ordenança Processual Civil (ZPO) alemã, ser intentada para que o juiz nos outorgasse não 'aquilo que nos era devido' pelo obrigado, e sim para que declarasse que nada era devido por ninguém, então não seria apropriado afirmar que a 'ação' processual corresponderia sempre ao direito de perseguir em juízo 'o que nos era devido', como até então se ensinara, mas, isto sim, ao direito a uma sentença de mérito, até mesmo quando inexistisse a relação de direito material posta em causa pelo demandante, 'ou sem que este se servisse do processo para protegê-la, uma vez que o processo se formara, neste caso, para que o juiz declarasse a inexistência de uma dada relação jurídica'".[41]

A teoria concreta, portanto, quebrou a lógica do direito romano ao apontar a possibilidade de ações com direitos e eventualmente sem eles...[42]

Tendo em conta que Wach condicionava o direito de ação à sentença favorável, pela satisfação das condições por ele referidas, a sua teoria padeceu das mesmas críticas endereçadas aos civilistas, que não conseguiam explicar o fenômeno da sentença que recusasse a afirmação de existência de direito a proteger, feita pelo demandante.

Foi em Wach que Chiovenda se inspirou para elaborar a sua teoria da ação como "direito potestativo". Segundo ele, a ação não seria direito subjetivo público e sim um poder jurídico – dirigido contra o adversário – exercível pelo autor como condição para que à vontade da lei atue no caso concreto. "Em não havendo contraprestação do Estado, conclui Chiovenda que tal direito potestativo não se dirige contra o Estado, mas sim frente ao adversário, o qual se submete à sujeição. Apenas o juiz tem (...) obrigação de pronunciar-se sobre o mérito, mas não em correspondência ao direito do autor",[43] com o que o professor italiano procurava superar a dificuldade antes apontada.

A cultura jurídica ibero-americana foi enriquecida pelo pensamento de Wach graças à enorme influência de Chiovenda sobre Calamandrei e Liebman, que seriam seus discípulos.

Este último se radicaria no início de 1940 em São Paulo, desenvolveria a teoria eclética edificada sobre o que denominaria de condições da ação, faria uma plêiade de novos seguidores e culminaria por fazer nascer a conhecida escola paulista de processo.

Tentando conciliar posições extremas sobre a natureza do direito de ação (e daí o ecletismo de sua teoria), Liebman[44] não negou que a ação é um agir autônomo

---

[41] SILVA, Ovídio Baptista. *Curso de Processo Civil*, I, 7ª ed., Rio de Janeiro: Forense, p. 81.

[42] LIEBMAN, Enrico Túlio. *Manual de Derecho Procesal Civil*. Trad. de Santiago Sentis Melendo, Buenos Aires: Ediciones Europa-América, 1980, p. 111.

[43] MALUF, Carlos Alberto Dabus. Condições da Ação, Revista Forense, vol. 261, p. 131.

[44] LIEBMAN expôs sua concepção da ação em conferência pronunciada na Universidade de Torino, em 24.11.49, dedicada a Carnelutti. A referida conferência foi publicada na *Rivista Trimestriale di Diritto e Procedura Civile*, vol. de 1950, p. 47 a 71.

contra o Estado, que se insere no direito à jurisdição, mas condicionou o seu exercício à demonstração da possibilidade jurídica do pedido, do interesse de agir e da legitimidade de partes.[45]

Conforme anotou Ovídio Baptista da Silva, o argumento central desenvolvido pelos defensores da teoria "eclética" "consistiu em recusar um direito de 'ação' que seja tão absoluto que não tenha *condições* capazes de legitimar seu exercício. Daí por que não se poderá confundir o verdadeiro 'direito processual de ação' – dizem eles – com o simples direito, abstrato e incondicionado de 'acesso aos tribunais'. Como se observa, pela linha de argumentação desenvolvida pelos partidários da 'teoria eclética', é visível a preocupação de se oporem à teoria do 'direito abstrato de ação'".[46]

Essa teoria foi introduzida em nosso CPC pelo brilhante discípulo de Liebman, o Ministro da Justiça Alfredo Buzaid, o responsável pela elaboração do respectivo anteprojeto, contando com a adesão de processualistas civis e penais de renome, dentre eles Frederico Marques, Tourinho Filho e muitos outros, ao ponto de ser introduzida, também e mais recentemente, no inciso II do art. 395 de nosso CPP, pela Lei 11.719/08.

No capítulo 7, discorreremos sobre as condições da ação e no capítulo 13 voltaremos a comentar aspectos da teoria eclética, especialmente para podermos refutar o momento propugnado por Liebman em que se inicia a atividade jurisdicional, inclusive com exemplos práticos.

Feitas essas considerações talvez fosse caso de responder a pergunta: quem tem razão e qual é, dentre todas, a melhor teoria sobre a natureza do direito de ação? A resposta parece-nos óbvia: todos têm razão, por ser dúplice a ação (material e processual); por ser independente do direito material, por não ser possível confundir o direito subjetivo público à tutela jurisdicional com o direito de ação e com a pretensão e, enfim, porque a ação civil se endereça contra o particular e também contra o Estado (ação de direito material e ação *jurisdicional)*.

Os debates tendentes a apontar uma doutrina vitoriosa precisam considerar que o conhecimento humano resulta de um processo de acumulação contínua, que os avanços científicos resultam de sobreposições, porque são aperfeiçoamentos das ideias anteriores e todos aqueles que concorrem para com eles são credores de parte das glórias costumeiramente tributadas àquele que apresenta a versão final.

4. A ação penal. Conceito

Todas as complexas questões acima ventiladas são específicas da ação civil e ao nosso sentir não podem ser estendidas à ação penal. Efetivamente, as especificidades de uma e de outra assim como os princípios que comandam os processos civil e penal são fatores que, dentre outros impedem a submissão do processo civil e do processo penal a uma teoria geral única de processo, não obstante os esforços continuamente desenvolvidos nesse sentido.

---

[45] LIEBMAN, Enrico Tulio. *Lezioni di Diritto Processuale Civile*, Parte Generale. Dott. A. Giuffrè Editore, vol. 1, 1951, p. 39 e ss.

[46] SILVA, Ovídio Baptista, *Curso de Processo Civil.* 7ª ed. Rio de Janeiro: Forense, p. 87, v. I.

No dizer de Faustino Cordón Moreno, "de lo hasta ahora dicho se desprende claramente que la realidad que nos presenta el proceso penal es muy diferente a la del proceso civil, porque este sirve, en primeir término a la proteción de los derechos subjetivos y demás situaciones jurídicas de naturaleza sustancial de los particulares, mientras que el proceso penal es cause para actuación de un interés eminentemente público (el ius puniendi que pertenence ao Estado)".[47]

Assim, é patente a dificuldade em utilizar-se o conceito de direito subjetivo público à tutela estatal para definirmos a ação penal pública, por ser ela não a expressão dinâmica do direito individual à tutela jurisdicional e sim um dever de Estado (haja vista o princípio que a rege, o da obrigatoriedade). Ora, direito subjetivo atine com os sujeitos, com os indivíduos,[48] vale dizer, com os seres únicos, singulares, particulares, sendo, portanto, impróprio estender esse conceito ao Estado, às suas agências formais ou às pessoas que atuam por meio delas.

Essa parece ter sido a percepção de Vitor Fairen Guillhen, quando afirmou que por ser público o interesse vulnerado pela infração existem matizes que diferenciam a penal da ação civil, assumindo, o direito de petição (vale lembrar que para o autor a ação encontra apoio no direito constitucional de petição, à feição de Couture) a característica de obrigação de Estado, via Ministério Público, e não de um direito subjetivo. Por isso mesmo, concluiu: "... la sociedad crea organismos destinados especialmente a la defensa del interes público en los conflictos provocados por infracciones delictivas (el Ministério Fiscal)".[49]

Frederico Marques, em seus clássicos ensinamentos, sustentava que o litígio era intrínseco também ao processo penal, sendo uma *adesta in re ipsa*, porque sempre haveria uma pretensão insatisfeita entre o acusador o e o acusado.[50]

Carnelutti alertava, entretanto, que a lide, isto é, o estado de guerra entre os *cives* (que por não terem a *civilidade* precisavam se socorrer do juiz para não apelarem às armas (*ne cives ad arma veniant*),[51] seria um fenômeno restrito ao processo civil, porque o Estado tem o dever jurídico de atuar por imposição do Pacto Social, tanto assim que o Ministério Público não reclama direito próprio, mas defende os interesses relevantes da sociedade à ordem, ao respeito às leis e à harmonia social.

Discorrendo sobre o pensamento de Carnelutti, Jacinto de Miranda Coutinho observou que o processo de conhecimento não se desenvolve exclusivamente para a justa composição da lide,[52] pois, como bem disse Flávio Meireles Medeiros, igualmente debruçado nas lições de Carnelutti, no processo penal não há o conflito de interesses (ou litígio), próprio do processo civil, porque tanto a acusação, ao postular a punição do culpado, quanto à defesa, ao postular a absolvição do inocente,

---

[47] CORDÓN MORENO, Faustin. *Las Garantias Constitucionales Del Proceso Penal*. Navarra: Aranzadi, 2002, p. 27.

[48] Indivíduo é um conceito moderno. O individualismo nasceu com o Estado Moderno. A sua característica fundamental é identificada na máxima de Norberto Bobbio: em cada cabeça há um voto, diferentemente da época medieval, em que o Estado era a razão de ser das pessoas e não estas a razão de ser do Estado (BOBBIO, Norberto. *A Era dos Direitos*. São Paulo: Editora Campus, 1992.

[49] GUILLEN, Vitor Fairen. *Estudios de Derecho Procesal*. Madrid: Editorial Revista de Derecho Privado, 1994, p. 102.

[50] MARQUES, José Frederico. *Tratado de Direito Processual Penal*. São Paulo: Saraiva, 1980, p. 6.

[51] CARNELUTTI, Francisco. *Como se Faz um Processo*. Belo Horizonte: Editora Líder, 2001, p. 14

[52] COUTINHO, Jacinto Nelson de Miranda. *A Lide e o Conteúdo de Processo Penal*. Curitiba: Juruá, 1989, p. 20 e 67-74.

defendem, em realidade, conjuntamente, interesses sociais que não se opõem, mas se completam. "O interesse último, tanto o da acusação, como o da defesa, é um só, é o de que se faça justiça".[53]

É singular, pois, a posição do MP no processo penal, como órgão de Estado sem interesse pessoal na lide, segundo alertava Calamandrei[54] para quem o MP era ao mesmo "advogado sem paixão" e "juiz sem imparcialidade", aquilo que qualificou como o grande paradoxo institucional e que Roxin denominou como "... um conflicto de papeles que acuña la dobe cara de la Fiscalía" por ter ao mesmo tempo que averiguar ".. lo favorable y lo desfavorable al inculpado", que "probarle su culpabilidad y sin embargo tambien debe defenderlo".[55]

Para realçar sua assertiva, Carnelutti dizia que, em verdade, toda sentença criminal deveria ser condenatória porque sem embargo de a absolvição propiciar a sensação de que o processo terminou do melhor dos modos, remanescerá, sempre, o sentimento de que a Justiça atuou com perdas, constituídas não apenas pelo custo do trabalho realizado, mas, sobretudo, "pelo sofrimento daquele a quem se colocou a culpa, e, frequentemente, até que seja encarcerado, quando nada disso devia se fazer com ele. Sem falar que, não raramente, para sua vida isso foi uma tragédia, senão uma ruína. Desde já, devem compreender que a chamada absolvição do acusado é a falência do processo penal: um processo penal que se resolve com uma tal sentença não deveria ter sido feito, e o processo penal é como um fuzil que, muitas vezes, masca, quando não solta o tiro pela culatra".[56]

É claro que ao fazer essa afirmação não passava pela cabeça do genial jurista peninsular entrar na história como acusador parcial, sistemático, enfim, como um homem com o coração inundado de ódio. O que ele queria, com a assertiva, era só acentuar o quão injusta é a instauração de processo criminal sem provas aptas à demonstração da responsabilidade do acusado, porque, nas suas palavras, nas absolvições por insuficiência de provas, o réu "fica imputado para o resto da vida", o que representa admissão em lei de um "estado intermediário entre a culpabilidade e a inocência, ou seja, um estado de suspeita, que é contrário à justiça e à civilidade".[57]

Dessa realidade é fácil deduzir que no processo penal também *não há uma parte contrária*, nos moldes do processo civil, porque o interesse do Estado na persecução é de todos. em particular. e da sociedade. em geral. Dizendo de outro modo, o Estado Democrático de Direito – assentado no primado da dignidade da pessoa humana – tem o dever de atuar por meio de agências formais credenciadas para proteger a sociedade contra o criminoso, mas, *ao mesmo tempo*, não pode descurar do dever de proteger o criminoso e os seus direitos de personalidade dos abusos que possam partir de seus agentes ou da própria sociedade.

Aliás, a ideia de uma "parte contrária", como James Goldschmidt havia demonstrado, não é exata tampouco no processo civil, para quem, a ação ou "direito de

---

[53] MEDEIROS, Flávio Meirelles. *Primeiras Linhas de Processo Penal*. Porto Alegre: Ciências Jurídicas, 1958, p. 43.

[54] CALAMANDREI, Piero. *Eles os Juízes, vistos por nós, os Advogados*. Lisboa: Livraria Clássica, 1960, 3. ed, p. 59.

[55] ROXIN, Claus. *Passado, Presente y Futuro Del Derecho Procesal Penal*. Buenos Aires: Rubinzal-Culzoni Editores, 2004, p. 40.

[56] CARNELUTTI, Francisco. *Como se Faz um Processo*. Belo Horizonte: Editora Líder, 2001, p. 21.

[57] Idem, p. 99.

obra processual", é "um direito público subjetivo dirigido contra o Estado para obter a tutela jurídica do mesmo mediante uma sentença favorável".[58]

Mas há outro dado que permite bem caracterizar as diferenças entre os dois sistemas: os litígios civis podem ser resolvidos (e normalmente o são) pela via extra-judicial (ação de direito material), o que "no ocurre así en la matéria penal, en donde el Estado monopoliza el llamado *jus puniendi*; el proceso penal es presupuesto necesario para la imposición de la pena".[59]

Desse modo, não há como se reconhecer no processo penal aqueles *planos distintos* em que se situa a ação civil (a de direito material e a processual), o que inviabiliza o exercício de uma ação penal de direito material e de uma ação processual penal. A pretensão punitiva é exercitável sempre e necessariamente *perante a jurisdição* e nunca perante o particular, conforme exigem, aliás, a garantia constitucional do devido processo legal (art. 5º, inc. LIV) e todos os princípios dela decorrentes (ampla defesa, contraditório, provas lícitas, presunção de inocência, recursos, fundamentação das decisões judiciais, etc.).

Em face a essas peculiaridades, a ação penal não pode ser definida, *data venia*, como o é no cível. Ela não é a dinâmica do direito subjetivo à tutela jurisdicional, mas decorre, isto sim, das cláusulas do Pacto Social eleitas pela sociedade para assegurarem as condições indispensáveis aos avanços civilizatórios.

A ação penal pública, por conseguinte, é, ao nosso sentir, um singular *poder--dever de não omissão*, que implica num agir *automático* do Estado ante a mera notícia do crime (embora ocasionalmente dependa de prévio consentimento do ofendido), agir esse destinado, primeiro, ao recolhimento das provas formadoras de justa causa para, depois, como consequência direta desse agir, poder provocar a obrigatória manifestação do Estado-Juiz (por meio de órgãos credenciados ou legitimados a exercitar a *pretensão acusatória*) e em face desse exercício para submeter a *pretensão punitiva* ao confronto, conforme exige o devido processo legal.

A *obrigatoriedade* desse poder-dever de agir deflui categoricamente do artigo 24 do CPP, *in verbis*: "Nos crimes de ação pública, esta será promovida por denúncia do Ministério Público, mas dependerá, quando a lei o exigir, de requisição do Ministro da Justiça, ou de representação do ofendido ou de quem tiver qualidade para representá-lo", conquanto talvez melhor fosse assegurar aos agentes ministeriais certo grau de flexibilidade sobre a conduta a adotar no caso concreto até mesmo para o fim de produzir câmbios na posição da jurisprudência, como proposto, aliás, por Roxin em conferência realizada por ocasião dos 150 anos do Ministério Público de Berlin, em 1º de outubro de 1996. Em favor da tese, argumenta ser inconsequente que a Instituição do MP tenha sempre a obrigação de acusar "... unicamente para afectar de manera obligatoria al inculpado, pues a ella le ha sido dispuesto desde su nacimiento que igualmente debe ser activa tanto en su protección como em su persecución".[60]

---

[58] GOLDSCHMIDT, James. *Direito Processual Civil*. Tradução de Ricardo Rodrigues Gama. Curitiba: Juruá, 2003, p. 93.

[59] GUILLEN, Vitor Fairen. *Estudios de Derecho Procesal*. Madrid: Editorial Revista de Derecho Privado, 1994, p. 105.

[60] ROXIN, Claus. La Posición Jurídica de La Fiscalía Ayer y Hoy. *In Passado, Presente y Futuro Del Derecho Procesal Penal*. Buenos Aires: Rubinzal-Culzoni Editores, 2004, p. 24.

Nem mesmo quando a ação penal for intentada mediante queixa é possível falarmos em ação como expressão dinâmica do direito subjetivo à tutela jurisdicional porque o Estado, nessa "espécie" de ação, não transfere o *jus puniendi* ao querelante, mas apenas confere-lhe legitimação extraordinária para avaliar a conveniência de apresentar em juízo a pretensão (*jus persequendi in juditio*) ante a tenuidade da ofensa ou a necessidade de proteção dos direitos de personalidade em razão da intensa pessoalidade ou particularidade da ofensa.

Disso tudo é possível concluir que a ação penal (pública ou de iniciativa privada) tem nessa efetivação do dever de não omissão, não a composição de um litígio entre *cives* incivilizados, mas, isto sim, a finalidade de alcançar, por meio de sentença justa, a restauração da paz social afetada pelo crime, aspecto que a diferencia da ação civil e que demonstra a impossibilidade de sujeitar ambas a uma teoria única de processo.

Dir-se-ia que um conceito como o que estamos propondo não atenderia aos requisitos de necessidade lógica e de validez universal, haja vista Estados (p. ex.: França, Estados Unidos) ordenamentos jurídicos que facultam e não impõem a obrigação de abrir processos por crimes inclusive de elevada impactação social.

Convém esclarecer que as peculiaridades dos sistemas jurídicos orientados pelo princípio da oportunidade da ação pública não comprometem a ideia ventilada neste texto, por entendermos que o *poder-dever de não omissão* não se orienta pela lógica do *necessário* oferecimento de uma denúncia, mas, isto sim, pela lógica do exercício efetivo de atividades oficiais que, nos moldes autorizados pela ordem jurídica respectiva, satisfaçam as expectativas dos não criminosos frente ao delito e do próprio criminoso no que tange à preservação dos seus direitos fundamentais.

Noutras palavras: o pedido de encerramento da *persecutio criminis* mediante arquivamento do inquérito ou peças informativas (quando a justificativa for situada ao nível dos pressupostos processuais, das condições da ação e da justa causa ou então pela negociação com o autor do fato visando o privilegiamento do consenso em detrimento do conflito, tal qual ocorre, por exemplo, na esfera dos Juizados Especiais Criminais) integra o conjunto das *alternativas* inerentes aos deveres de não omissão e elas nos permitem ver que a atividade persecutória a cargo do MP se manifesta sob múltiplas formas e não só por meio de denúncia ou de aditamento.

Então, é na base da proibição de realização de justiça pelas próprias mãos e no equivalente dever jurídico de prestação de segurança e de Justiça pelo Estado e não no mero dinamismo do direito subjetivo público à tutela jurisdicional que se explicam e repousam os fundamentos da ação penal pública ou de iniciativa privada. É dessa base que deflui também a proibição do *non liquet*, por ser o Estado-juiz igualmente obrigado a pronunciar-se, para que a civilização prepondere sobre a barbárie e as vítimas dos crimes não venham a fazer, como no passado, a Justiça pelas próprias mãos.

A história da ação penal acompanhou os diversos ciclos evolutivos da história da humanidade. Foram muitas as suas variações, até alcançarmos o estágio atual, a começar pela identificação de quem seria o *sujeito ativo* da ação, se qualquer pessoa do povo ou se apenas o órgão estatal; depois, pela determinação de quem poderia ser o *sujeito passivo*, isto é, se apenas o ser humano ou também animais ou coisas; do mesmo modo, pela clara definição de quem poderia ser o *destinatário da ação,* se a parte contrária, um órgão público colegiado ou apenas o órgão do Poder Judiciário e, por fim, quanto ao melhor sistema de processo a adotar, se o *inquisitivo*, que vigorou até o fim da Idade Média, ou se o *acusatório*, que predomina atualmente, embora sem a pureza reclamada.

Expliquemos um pouco mais tudo isso.

Sujeito ativo da ação, entre nós, é sempre Estado (artigo 129, inciso I). A presença do ofendido como autor é constitucionalmente autorizada – como excelente mecanismo de controle sobre a negligência – só quando o órgão estatal do Ministério Público não se manifestar dentro do prazo assinalado para o oferecimento da denúncia (art. 29 do CPP e art. 5º, inc. LVIX).

Mesmo quando iniciada a ação mediante queixa será do Estado, e não do Querelante a titularidade do *jus puniendi*. Este último, ao oferecer a inicial acusatória e impulsionar o processo em todas as fases procedimentais, estará agindo, sempre e necessariamente, como sujeito extraordinariamente legitimado para a ação e o processo na simultânea defesa de interesses estatais e privados (substituto processual).

Sobre a iniciativa, perdura na legislação brasileira um resíduo de ação popular,[61] embora sem confundir-se com ela. É a que pode ser intentada por qualquer cidadão perante a Câmara dos Deputados (para julgamento pelo Senado)[62] o Presidente da República ou Ministro de Estado – Lei 1.079/50 (arts. 14 e 24), bem como a qualquer eleitor, perante as Câmaras de Vereadores, os Prefeitos Municipais por prática de crimes de responsabilidade ou de infrações político-administrativas, respectivamente (Dec. Lei 201/67 – art. 5º, inc. I a III) – processo de *impeachment*.

---

[61] Na Grécia (séculos VI ao IV AC), por exemplo, qualquer cidadão podia formular a acusação perante o arconte (a autoridade competente), existindo, assim, uma verdadeira ação popular. "Tratava-se, assim, efetivamente, de um processo acusatório privado, pois além da iniciativa e do modo de se iniciar o processo, o acusador podia ver sustentada sua acusação inclusive por outros cidadãos, enquanto o acusado é que devia fazer sua defesa" (Kai Ambos e Marcellus Polastri Lima, *O Processo Acusatório e a Vedação Probatória*, Porto Alegre: Livraria do Advogado, 2009, p. 11).
Sócrates foi acusado por Meleto, Anito e Lícon perante o Rei, a quem competia a defesa da religião do Estado. "O Rei recebeu a queixa, dirigiu o inquérito e reuniu um tribunal de 501 jurados, que poderia condenar o réu pela maioria de 60 votos" Sócrates fez a sua própria defesa (PLATÃO, *Apologia de Sócrates*, trad. e apêndice de Maria Lacerda de Moura, 18. ed. Rio de Janeiro: Ediouro, p. 18).
César Lombroso, no seu famoso livro *O Homem Delinqüente*, disse que entre os Kurdos, se não houvesse uma pessoa para se queixar do assassinato, o crime ficaria impune. "Eram os vizinhos que deviam demandar e obter uma reparação, mas era mais honroso vingar-se pessoalmente do que recorrer aos tribunais" (César Lombroso. *O Homem Delinqüente*, traduzido da 2.ed. francesa por Maristela Beggi Tomasini e Oscar Antonio Corebo Garcia, Porto Alegre: Ricardo Lenz Editor, 2001, p. 110).
O direito processual penal brasileiro conheceu a ação penal popular (Código de 1832) e só em 1988, com o advento da atual CF, é que a ação penal pública tornou-se privativa do MP e desapareceu o procedimento sumário previsto no art. 531 do CPP e por crimes culposos no trânsito, consoante lei especial. A ação penal popular é admitida ainda na legislação penal do Chile.
[62] A Lei 10.028/200 (conhecida por Lei de Responsabilidade Fiscal) promoveu alterações na Lei 1.079/50 para ampliar o rol de infrações e de sujeitos ativos, quais sejam, os Ministros de Estado nos crimes conexos com aqueles praticados pelo Presidente da República, os Ministros do STF, membros do Conselho Nacional de Justiça, do Conselho Nacional do Ministério Público, Procurador-Geral da República, o Advogado Geral da União, Governadores e Prefeitos (arts. 39-A e 40-A).

Há entendimento doutrinário preconizando que a Lei 1.079, no tocante a essa permissão (arts. 14 a 24), seria inconstitucional, por esbarrar na prerrogativa conferida pelo inciso I do artigo 129 da CF ao órgão do Ministério Público.[63]

Não comungamos desse entendimento, vez que a prerrogativa do MP de promover privativamente a ação pública está direcionada aos *crimes* previstos no Código Penal ou na legislação penal especial, e não às denominadas infrações *político-administrativas*, de natureza jurídica distinta porque acarretam para o condenado a perda do cargo (*impeachment*), e não sanções equivalentes em natureza jurídica àquelas cominadas para os crimes em geral.[64]

Sujeito passivo da ação é a pessoa humana, sujeito ativo do crime. No moderno direito penal da culpabilidade, só ela, por ser a única capaz de valorar e de compreender as consequências do seu gesto, pode ser responsabilizada pelo fato. A ação penal contra animais ou coisas merece registro apenas para os fins históricos.[65]

Os ordenamentos jurídicos contemporâneos tendem, contudo, a reconhecer a responsabilidade penal da pessoa jurídica.

A Lei 9.605/98 criou entre nós essa excepcional hipótese nas infrações ambientais, embora rompendo todos os princípios em que se assenta o direito penal clássico. Essa criação foi e continua sendo muitíssimo criticada, por gerar, de um lado, a possibilidade de punição da pessoa jurídica independentemente de cogitações sobre a culpabilidade e, de outro, por permitir a condenação do seu representante por *inferência* ou *dedução,* sem a necessidade de cogitações sobre o conhecimento potencial da ilicitude e a exigibilidade de outra conduta, a denotar a grave crise em que está presentemente mergulhada a categoria jurídica da culpabilidade.[66]

No elenco das críticas, convém registrar, ainda, que a punição da pessoa jurídica é reveladora de grave erro de perspectiva, porque tendo sido *vítima* das ações

---

[63] LENZA, Pedro. *Direito Constitucional Esquematizado*. São Paulo: Saraiva, 2008, p. 418/419, reportando-se à lição de Damásio Evangelista de Jesus.

[64] A legitimidade conferida pela lei a qualquer do povo para ingressar com *habeas corpus* ou ao condenado ou a quem o represente para ajuizar ação de revisão criminal (arts. 623 e 654 do CPP) não anula a afirmação acima porque essas espécies de ação não se revestem de conteúdo condenatório, isto é, são estranhas ao tema ora em comento, não obstante a presença do interesse público com a preservação do status libertatis ilegalmente atingido ou com a eliminação do erro judiciário suscetível de demonstração nos casos indicados em lei.

[65] Na Bélgica, como lembra Walter Coelho, citando o livro Bestie Delinquenti, de Abdosis, no século XVI, executava-se o touro, pela morte de um homem, enquanto no Brasil, no século XVIII, frades franciscanos do Maranhão, amparados em regras de direito canônico, processaram os componentes de um formigueiro pelo furto "furtando" da despensa (COELHO, Walter. *Teoria Geral do Crime*. Porto Alegre: Fabris, 1991, p. 41).
Lombroso recorda que em Falaise "uma porca que havia devorado uma criança foi condenada a morrer pela mão do carrasco" e que em Verceil, "houve um grande debate sobre a questão de saber se certas lagartas deveriam ser julgadas pelo tribunal civil, ou pelos tribunais eclesiásticos, porque haviam danificado as vinhas da paróquia" (obra citada, p. 54).

[66] Há sólida crítica de que a culpabilidade não é uma categoria jurídica suscetível de demonstração empírica ou científica, simplesmente porque o juiz não pode voltar no tempo estar em condições de afirmar na sentença com segurança que o acusado era livre ao tempo do fato e que podia optar por conduta diversa, de modo a não violar a lei penal. Ver também BOSCHI, Marcus Vinicius *et alii*. Culpabilidade em Crise? A Responsabilidade Penal da Pessoa Jurídica, *Revista Ibero-Americana de Ciências Penais*, Porto Alegre: Evangraf, 2002, n. 4.

deletérias dos seus administradores deverá suportar os prejuízos da ação penal e responder pelos danos patrimoniais causados aos integrantes de seu quadro societário.

A ação penal, por último, não é mais proposta contra o particular ou órgãos populares ou colegiados, como ocorria outrora.

Destinatário da ação é *sempre* o Estado, por ser dele o dever jurídico de realizar a Justiça.

Discorrendo sobre esse ponto, Niceto Alcalá-Zamora y Castillo anota que um ensinamento que se extrai da afirmação de que a ação nasceu historicamente como uma supressão da violência privada pela sociedade organizada é o de que o processo também representa a substituição da ação física, própria da autodefesa, embora admissível em casos excepcionais, pela ação como "ação direta contra o adversário" pela "ação dirigida contra o Estado". "A, lesionado por B, en su patrimônio o en su persona, en vez de reaccionar frente a este, alude a los tribunales pidiendo la condena, civil o penal, del transgresor. El Estado es, por tanto, en todos los ordenes del enjuiciamiento, e incluso cuando el proceso se encomiende a juices privados, el *único destinatário de la acción,* en el sentido jurídico procesal del concepto".[67]

Não obstante ser o Estado-Jurisdição o destinatário da ação, ainda remanescem situações excepcionais. Assim, é a da Câmara dos Deputados e das Assembleias Legislativas – órgãos essencialmente não jurisdicionais – competentes para (embora não sendo órgãos jurisdicionais) processarem as acusações por crimes de responsabilidade cometidos por certos agentes políticos capazes de gerarem a demissão do cargo público (*impeachment*),[68] como anotamos antes.

5. A ação penal e sua localização no ordenamento jurídico

Linhas acima, explicamos que para a teoria abstrata o direito de ação é autônomo e independente do direito material. É por meio dela que o autor põe sua pretensão ao exame e pronunciamento do juiz, em cognição completa ou não. No primeiro caso, o processo, como atividade estatal, oficial e finalística, se desdobrará em todas as fases procedimentais, até o ponto culminante, que é a sentença. No último caso, a pretensão poderá apreciada e decidida no nascedouro da relação jurídico-processual, o que se dá, por exemplo, na rejeição da denúncia ou queixa por atipicidade (impossibilidade jurídica do pedido), por exemplo.

Constituindo-se a ação (civil ou penal) num *agir que retira a jurisdição da inércia,* por ser ela a expressão dinâmica do direito subjetivo à tutela jurisdicional (no cível) ou um poder-dever de não omissão frente aos interesses da sociedade lesados pelo fato (no crime), como afirmamos antes, isso significa dizer que o sujeito passivo ao atender o chamamento citatório ingressa na relação jurídica *nata,* e não para permitir o seu nascimento. Nesse sentido é a norma do artigo 363 do CPP: "O processo terá completada a sua formação quando realizada a citação do acusado".

---

[67] CASTILLO, Niceto Alcalá-Zamora y. *Estúdios de Teoria General e Historia Del Proceso.* México: Universidad Nacional Autónoma de México, 1992, p. 333.

[68] Lei 1.079, de 10 de abril de 1950, definindo os crimes de responsabilidade e regulando o processo e o julgamento.

Tendente a efetivar o *jus puniendi* e não sendo válido falar-se em ação de direito material penal, como vimos antes, a ação, como categoria jurídica, deveria interessar, como ocorre em França, apenas ao direito processual, e não ao direito substantivo, conforme recomendam Tourinho Filho, Tornaghi e Frederico Marques, este invocando Liebman, Beti e Carnelutti,[69] recomendam que a disciplina da ação conste unicamente no Código de Processo Penal.

É claro que o lugar onde aparece certo instituto jurídico, não é o fator determinante da natureza jurídica, pois é necessário, para isso, conhecer a sua essência e, ainda, identificar as relações que mantém com outros institutos ou as consequências que delas derivam. Se o "lugar onde" fosse preponderante na definição do problema, teríamos que concluir que um brasileiro em viagem ao vizinho país argentino necessariamente seria argentino...

De qualquer sorte, o legislador brasileiro, alheio a essa discussão, optou por dispor sobre a ação simultaneamente nos Códigos Penal (art. 100) e de Processo Penal (arts. 24 e seguintes), seguindo, nesse passo, as recomendações de Jorge Alberto Romeiro[70] e Vicente de Azevedo,[71] visto que diretamente imbricada ao *jus puniendi*.

Essa opção refletiu, ao nosso sentir, o entendimento dominante na década de 40, em nosso País, receptivo à proposta da escola civilista, haja vista a inclusão, como dissemos antes, no Código Civil de 1916 – isto é, elaborado poucos anos antes – de norma no art. 75 afirmando que para cada direito corresponderia uma ação para assegurá-lo.

Não há dúvida de que para bem refletir os avanços da teoria geral do processo, a ação, em futuras reformas, deverá ser expungida do Código Penal e ter como sítio apenas o Código de Processo Penal.

6. Classificação da ação penal

De um modo geral, a doutrina classifica a ação em pública e de iniciativa privada, levando em consideração, para esse efeito, a condição do sujeito ativo: o Ministério Público e o Querelante, respectivamente.

A distinção leva em consideração, como pode-se ver, a *natureza do interesse* que enseja o impulso à jurisdição, conforme anotou Jacinto Nelson de Miranda Coutinho, ao discorrer sobre o princípio da oficialidade.

Disse o professor paranaense, ser "possível afirmar que o conteúdo do princípio da oficialidade, *quanto a ação*, é determinado pela natureza do interesse que impulsiona o exercício jurisdicional. Entende-se, assim, de regra, que se tal interesse é público e pertence à coletividade, a ação deve ser promovida por órgãos oficiais

---

[69] MARQUES, José Frederico. *Tratado de Direito Processual Penal*. São Paulo: Saraiva, 1980, p. 37.

[70] ROMEIRO, Jorge Alberto. *Da Ação Penal*. Rio de Janeiro: Forense, 1978, p. 17, amparado na lição de Manzini, sustentando que são normas de direito penal material todas aquelas que virtualmente atribuem ao Estado o poder de punir ou modificam esse poder ou ainda que conferem aos órgãos estatais ou aos cidadãos o poder de dispor da pretensão punitiva.

[71] AZEVEDO, Vicente. *Apostilas de Direito Judiciário Penal*. São Paulo: Saraiva, 1952, p. 154.

(...) do contrário, se o interesse pertence exclusivamente ao particular, cabe a ele a iniciativa de provocar o órgão jurisdicional".[72]

Em reforço a esse posicionamento que aponta a *natureza do interesse* como fator determinante da espécie de ação, basta rápido passar de olhos pela Parte Especial do Código Penal para ver-se que as ofensas a bens jurídicos relevantes, suscetíveis de afetarem a sociedade são apuradas mediante ação pública. Assim, no homicídio, no latrocínio, no roubo, na extorsão mediante sequestro, nas lesões graves, etc.

Já naqueles casos em que os bens jurídicos afetados são de menor relevância ou dizem com os direitos de personalidade, e não com os interesses gerais da sociedade globalmente considerada, nada mais legítimo que assegurar-se ao ofendido o direito de decidir sobre a conveniência ou não em propor a queixa.

Embora de grande valor didático, a classificação da ação penal a partir do sujeito interessado não tem rigor científico, porque a ação, como ensinava Canuto Mendes, é sempre pública,[73] pois o Estado, na dita ação penal privada jamais transfere ao particular o *jus puniendi*, concedendo-lhe, isto sim, legitimidade extraordinária para na condição de substituto processual deduzir a acusação.

Agindo como um substituto processual, o ofendido culmina por defender ao mesmo tempo interesses públicos e privados: os da sociedade desejosa de ver a punição dos culpados, e os pessoais, estes direcionados à reparação civil dos danos (materiais ou morais) causados pela infração.

Daí dizer Marcelo Fortes Barbosa que renomados penalistas e processualistas condenam a vetusta fórmula, não a concebendo senão em sentido impróprio e figurado, para indicar que a ação penal está subordinada, em seu exercício, à vontade da pessoa ofendida. "É que contrastaria ela com a estrutura moderna do Direito Penal, proeminentemente publicista. Nem há crime em que não esteja fundamentalmente em foco o interesse público, pois é ele, por sua própria natureza, um ilícito de Direito Penal".[74]

Em suma e não obstante o registro *supra*: embora ontologicamente *una,* ainda quando verse sobre pretensões de conteúdo civil, penal, trabalhista, fiscal, eleitoral, etc., a ação penal pública continua sendo classificada, doutrinariamente, em nosso meio, em duas espécies: *pública* e de *iniciativa privada*.

A classificação da ação a partir da identificação do sujeito ativo não é única. Inspirados no sistema do Código de Processo Civil a doutrina refere-se, também, às ações de conhecimento, cautelar e de execução.

É de conhecimento a ação, quando, após a narrativa dos fatos e resposta do autor, o juiz, valorando as provas, ajusta o direito ao caso concreto. Nesse caso a cognição seria plena (quanto à extensão) e exauriente (quanto à profundidade). Por

---

[72] COUTINHO, Jacinto Nelson de Miranda. Introdução aos Princípios Gerais do Direito Processual Penal Brasileiro. *Revista de Estudos Criminais* – ITEC – Porto Alegre: Notadez, 2001, p. 26, v. 1.

[73] MENDES, Canuto. Ação Penal. *Revista Forense*, vol. 91, p. 321. No mesmo sentido é também a lição do Mestre Frederico Marques: "A ação penal privada, portanto, não passa de um caso de substituição processual, onde o Estado, por motivos de ordem pública, transmite ao particular, de maneira exclusiva ou subsidiária, o direito de acusar, para que este promova a persecução penal até o pronunciamento da sentença final, deduzindo em juízo a pretensão punitiva nascida do crime", in José Henrique Pierangeli e José Carlos Xavier de Aquino, Da Oficialidade e da Obrigatoriedade, *Justitia*, vol. 122, p. 78.

[74] BARBOSA, Marcelo Fortes. Ensaio Sobre a Ação Penal. *Justitia*, 92, p. 99.

exemplo, ação penal por furto em que o acusado, em face das provas recolhidas, é condenado, após o esgotamento de todas as atividades procedimentais, às penas correspondentes. É também de conhecimento a ação quando, embora em cognição incompleta, o juiz delibera, sumariamente, sobre o mérito da causa, como sucede, por exemplo, na decisão que rejeita a denúncia ou queixa por atipicidade (impossibilidade jurídica do pedido), consoante demonstraremos no momento próprio.

É de natureza cautelar a ação que visa à obtenção de determinadas providências para se evitar que, pela demora na definição da causa, possa haver prejuízo ao autor, o que sucede, por exemplo, quando há pedido de apreensão de bens.

Finalmente, é de execução a ação, quando o autor desenvolve pretensão para tornar efetivo o direito (de executar a sanção, no caso) reconhecido na sentença.

Em matéria penal, o processo executório em nosso país é regulado pela Lei 7.210/84, com incidência subsidiária das normas do Código Penal e do Código de Processo Penal. Inicia-se com o trânsito em julgado da sentença e, quando a pena for privativa de liberdade, com a prisão do condenado e a expedição da guia de recolhimento ao estabelecimento prisional (art. 105 da Lei 7.210/84).

6.1. A ação penal pública

É a regra no Direito brasileiro (vide arts. 100 do CP e 24 do CPP).

O *jus persequendi in judicio* na ação penal de iniciativa pública é exercido, com exclusividade, pelo órgão do Ministério Público, nos exatos termos do preceito constitucional (inc. I do art. 129), embora, eventualmente, esse exercício possa estar condicionado a prévio consentimento da vítima ou do Ministro da Justiça, conforme deflui dos arts. 100, § 1º, do Código Penal e 24 do Código de Processo Penal.

Além das condições de procedibilidade (representação do ofendido e requisição do Ministro da Justiça), também podem condicionar o exercício da ação penal as denominadas condições objetivas de punibilidade (p. ex.: a sentença que declara a falência como condição objetiva para a punibilidade por crime falimentar ou o esgotamento da via administrativa, como condição objetiva para a ação penal por sonegação fiscal). O descumprimento da exigência implica nulidade do processo, sem prejuízo da sua renovação, por não operar a decisão o efeito da coisa julgada material (art. 43 e seu parágrafo único do CPP).

Tratando-se, portanto, de fato apurável por ação pública, só o órgão do Ministério Público estará legitimado a provocar a jurisdição, por meio de denúncia, ressalvada a hipótese excepcional da ação subsidiária (arts. 5º, inciso LIX, e 29 do CPP), fundada no pressuposto da inércia do representante do *Parquet*.

Identificando-se desse modo na Carta Magna a regra e também a exceção sobre a legitimidade do sujeito ativo da ação penal pública passa à história o procedimento de ofício previsto no art. 531 do CPP, na Lei 4.611/65, na Lei 1.508/51 e no Código Florestal, passível de desencadeamento pelo Delegado de Polícia ou pelo Magistrado, por meio do auto de prisão em flagrante ou portaria.[75]

---

[75] RTJ 137, p. 906, e JESUS, Damásio de, *Código Penal Anotado*, art. 531.

A ação pública subdivide-se em incondicionada e condicionada.

Na ação penal pública incondicionada, o Ministério Público tem o dever de agir sem ter que esperar autorização ou solicitação do ofendido ou de terceiros.

Na ação penal pública condicionada, o dever do MP de não omissão está atrelado à prévia autorização do ofendido ou do Ministro da Justiça, mediante representação ou requisição, respectivamente, ou prova da condição objetiva de punibilidade, todas examinadas no capítulo em que tratamos das condições da ação, para onde remetemos o leitor.

Em termos práticos, será pública incondicionada a ação penal quando a lei, após definir o tipo e estabelecer a sanção, por força da regra, sem apontar qualquer condição; será pública condicionada, quando a lei após a definição típica e a cominação da sanção que a iniciativa ministerial dependerá de representação ou de requisição do Ministro da Justiça (p.ex.: arts. 147, parágrafo único, e 145, parágrafo único, do CP).

O ofendido tem legitimidade *ad processum* para auxiliar o MP na ação pública (art. 271 do CPP) como uma parte secundária.

Aduziu-se, contudo, que essa legitimidade teria sido afastada de nossa lei processual penal pelas novas disposições constitucionais que conferem ao Ministério Público a exclusividade de iniciativa na ação penal pública (arts. 268 e ss. do CPP).[76]

A tese, entretanto, ainda não ganhou a simpatia dos tribunais.

No exercício do seu mister, o Assistente do Ministério Público detém as mesmas prerrogativas e deveres que a lei assegura às partes: está legitimado a intervir em todos os termos e atos do processo, a requerer, examinar e valorar a prova, a participar dos debates, a recorrer e arrazoar os seus recursos e os das partes principais, enfim, a promover, sem restrições, todas as medidas orientadas à defesa dos seus interesses no processo.

Nenhuma restrição processual há de ser imposta ao assistente que não possa sê-lo também ao autor principal e ao acusado – salvo aquelas previstas em lei e relacionadas aos momentos e prazos mais estreitos para as intervenções no processo.[77]

---

[76] STRECK, Lenio Luiz. *Tribunal do Júri, Símbolos e Rituais*. 2ª ed. Porto Alegre: Livraria do Advogado, p. 147, e NASSIF, Aramis. *Júri, Instrumento da Soberania Popular*. Porto Alegre: Livraria do Advogado, 1996, p. 101, ambos referindo-se ao artigo de Marcellus Polastri Lima, publicado pelo *Livro de Estudos Jurídicos*, 3/257.

[77] A 7ª Turma do TRF4 concedeu *habeas corpus* e deferiu mandado de segurança para, respectivamente, impedir o assistente de formular em audiência perguntas às testemunhas relacionadas aos fatos conexos ao que supostamente havia justificado a sua intervenção no processo e para obstaculizar o seu acesso, no processo-crime, às informações fiscais e à movimentação da conta bancária do acusado antes requisitadas pelo Juízo, sob os argumentos de que essas informações estão protegidas pelo sigilo.
O entendimento da egrégia Corte manifestado nesses dois julgamentos é, data vênia, inteiramente equivocado porque desconsideram que o assistente tem os mesmos direitos e ônus das partes e ainda porque não parece razoável impedir que a parte secundária no processo, regularmente habilitada, fique impedida de fazer ou de acessar as provas constantes do processo! As referidas decisões no momento em que este texto foi elaborado ainda pendiam de apreciação no STJ vez que atacadas em recursos especiais regularmente admitidos.

6.2. A ação penal de iniciativa privada

A ação de iniciativa privada é a exceção em nosso direito, sendo identificável no Código Penal pela expressão: "procede-se mediante queixa", logo após a definição típica e a cominação das sanções respectivas.

Ela divide-se em: *a*) ação penal de iniciativa privada principal (ou propriamente dita ou genuína); *b*) ação penal de iniciativa privada personalíssima (art. 240, § 1º, do CP); e *c*) ação penal de iniciativa privada subsidiária da pública (arts. 29 do CP e 5º, inc. LIX, da CF). A essas subespécies de ação, a doutrina acrescenta uma outra, a ação penal adesiva,[78] que corresponde em verdade à figura do litisconsórcio ativo em matéria penal. Assim, por exemplo, ao intervir nos autos da ação penal de iniciativa privada, na condição de *custos legis,* o Ministério Público pode perceber a necessidade de imputar ao querelado a autoria de fato conexo de ação pública. Pelo reverso, o ofendido, oficiando na causa como Assistente do MP, pode identificar provas de prática pelo denunciado de crime de ação privada e, assim, avaliar a conveniência de oferecer queixa-crime contra o mesmo amparado no art. 79 do CPP, que prevê unidade e processo e julgamento nos casos de conexão e continência.

Nas situações ventiladas, não há impedimento a que o autor da ação (Ministério Público ou Ofendido, conforme o caso) deduza a denúncia ou queixa pelo fato continente ou conexo em outro feito criminal, com o objetivo de evitar a procrastinação no andamento do processo-crime. Se o denunciado/querelado for condenado em ambos os processos, as penas serão *somadas* ou *unificadas* na fase da execução *conforme* resultem do concurso material, do concurso formal ou de crime continuado, respectivamente.

Examinemos as espécies de ação de iniciativa privada.

6.2.1. A ação penal de iniciativa privada propriamente dita (ou genuína)

É a mais conhecida e por isso denominada de ação de iniciativa privada "principal".

Como acentuam Cernichiaro e Costa Jr.,[79] "razões de política criminal, deixando ao ofendido o juízo para formular a queixa, atendem a circunstâncias especiais, quase sempre de natureza pessoal".

Embora quebre a lógica de um ramo do direito público, a interferência da vontade do ofendido na legalidade da *persecutio criminis* se justifica por razões relevantes, considerando-se que, eventualmente, a persecução penal pode trazer-lhe mais prejuízos aos seus direitos de personalidade, em razão da publicidade dos atos do processo, como também acentuou Osvaldo Hamilton Tavares.[80]

A lei seria iníqua, se, para alcançar-se a punição, as vítimas tivessem que se sujeitar a novos constrangimentos como os que decorreriam dos relatos que precisariam fazer nas audiências públicas e, eventualmente, dos riscos das manchetes, às vezes escandalosas, dos jornais.

---

[78] LEONE, Giovanni. Linea Generale di una Riforma del Processo Penale, in *Rivista Italiana di Diritto Penale*, 1948, p. 236, *apud* Osvaldo Hamilton Tavares, art. e ob. cit., p. 49.

[79] CERNICHIARO, Luiz Vicente; COSTA JR., Paulo José da. *Direito Penal na Constituição*. São Paulo: RT, 1990, p. 149.

[80] TAVARES, Osvaldo Hamilton. *Da Ação Penal. Justitia*, 80, p. 45.

Não são poucas as vítimas de atentados sexuais que, por exemplo, deixam de registrar as ocorrências nas Delegacias para se preservarem dos efeitos deletérios da publicidade da persecução, mesmo sabendo que, com essa atitude, acabam acobertando os criminosos e contribuindo para a reprodução da impunidade.

6.2.2. A ação penal de iniciativa privada personalíssima

A ação penal de iniciativa privada é doutrinariamente denominada de personalíssima, quando só o ofendido pode exercitá-la, não incidindo a regra do art. 31 do CPP, o que ocorre no crime de induzimento a erro essencial (art. 236 do CP), vez que, em relação ao adultério, o tipo do artigo 240 acabou sendo revogado pela Lei 11.106, de 28 de março de 2005.

6.2.3. A ação penal privada de iniciativa privada subsidiária

A ação penal privada subsidiária da pública encontrava previsão no artigo 100 do CP e no art. 29 do CPP e, atualmente, integra o rol dos direitos e garantias individuais (art. 5º, inc. LIX, da CF.).

Essa espécie de ação atua como verdadeiro mecanismo de controle do ofendido sobre a inércia do órgão titular da acusação pública.

Assim, se o Ministério Público, recebendo os autos do inquérito ou peças de informações com vista nada requerer dentro do prazo legalmente assinalado para o oferecimento da denúncia (5 dias se o indiciado estiver preso, ou de 15 dias, se estiver solto, conforme dispõe o artigo 46 do CPP), o ofendido ou quem o represente poderá ingressar com queixa-crime e, desse modo, dar impulso ao processo por fato suscetível de apuração mediante ação pública.

Diz, efetivamente, o § 3º do art. 100: "A ação de iniciativa privada pode intentar-se nos crimes de ação pública, se o Ministério Público não oferece denúncia no prazo legal".

Já o art. 29 do CPP contém redação absolutamente idêntica à do inciso LIX do art. 5º da CF: "Será admitida ação privada nos crimes de ação pública, se esta não for intentada no prazo legal".

Foi Nelson Hungria, segundo lembram Vivaldo Jorge de Araújo e Geraldo Batista de Siqueira,[81] o artífice da ação penal privada subsidiária, embora propondo, mais tarde, no art. 98 de seu anteprojeto de Código Penal, a sua supressão, sob o argumento de que, "na prática, quase sempre deixa de atender ao interesse da Justiça, para somente servir a sentimento de vindita, quando não a objetivo de chantagem".

Já existente no Código austríaco de 1837, no norueguês de 1887 e no húngaro de 1896, também figura nos Códigos de Processo Penal da Suécia, de 1942, e de Portugal.[82]

No início da vigência dos atuais Códigos Penal e de Processo Penal a comunidade jurídica, debruçando-se sobre os novos Diplomas, propôs que se reconhecesse legitimidade ao ofendido para ajuizar a queixa-crime mesmo quando o Ministério

---

[81] SIQUEIRA, Geraldo Batista. Do Trancamento da Ação Penal Subsidiária, *Justitia*, 1998, p. 105 e ss.

[82] PIERANGELI, José Henrique. Exceções aos Postulados Básicos no Direito Processual Penal, vol. 136, *Justitia*, p. 28.

Público, ao invés do oferecimento da denúncia, tivesse optado pelo arquivamento do inquérito ou peças de informações.[83]

Esse entendimento acabou não preponderando porque em 1941, na famosa Conferência de Desembargadores, realizada no Rio de Janeiro,[84] os participantes concluíram, acertadamente, com posterior apoio da jurisprudência,[85] que o pedido de arquivamento do inquérito por integrar o conjunto das atribuições funcionais do órgão do Ministério Público não caracterizava situação de *inércia* e, portanto, inviabilizava a ação penal privada subsidiária.

Ademais, como lembra Scarance Fernandes, todos os preceitos legais relativos à ação penal subsidiária aludem ao seu cabimento, quando "a denúncia não for oferecida no prazo legal". Há, diz o insigne autor, "sempre referência ao prazo previsto para a acusação pública, estando então claro que se pretendeu, somente, dotar a vítima de um mecanismo hábil a superar a inércia do órgão acusatório. Nada mais".[86]

Com o advento da nova Constituição, dispondo no inciso LIX do art. 5º sobre a garantia individual de "ação privada nos crimes de ação pública, se esta não for intentada no prazo legal", essa tese voltou ao debate.

Luiz Gustavo Grandinetti C. de Carvalho[87] argumentou que, havendo conflito "entre uma norma constitucional, que assegura direitos e garantias fundamentais (é o caso do inciso LIX do art. 5º), e outra, também constitucional, mas que trata da organização dos Poderes (art. 129, I), prepondera a primeira", autorizadora da ação penal privada subsidiária e que, finalmente, o próprio art. 5º, inciso XXXV, da CF afirma que a lei "não excluirá da apreciação do Poder Judiciário lesão ou ameaça a direito".

Não é esse o entendimento do colendo STF.[88] Nem poderia ser diferente, aliás, porque o inciso LIX do art. 5º da CF reproduziu o texto e não mudou em nada a inteligência do art. 29 do CPP.

A razão de ser da inserção da norma permissiva no artigo 5º da Lei Maior é singela: como a regra sobre a ação penal pública foi erigida à sede constitucional (inciso I do art. 29) era imprescindível que a própria Constituição para evitar a revogação do art. 29 do CPP contemplasse a exceção.

Outrossim, o argumento de que o arquivamento de inquérito policial por crime de ação pública, a requerimento do Promotor de Justiça, viola a garantia constitu-

---

[83] TORNAGHI, Hélio. Comentários ao CPP, vol. I, tomo II, e GARCIA, Basileu. Instituições, vol. I, tomo II, nº 195. Idem: FURQUIM, Luiz Dória. O MP e a *Ação Penal Privada Subsidiária*, vol. 88, Justitia, 257.

[84] ROMEIRO, Jorge Alberto. *Da Ação Penal*. Rio de Janeiro: Forense, 1978, p. 270 e SS.

[85] MARQUES, José Frederico. *Tratado de Direito procesual Penal*. São Paulo: Saraiva, 1980, p. 368/69; HUNGRIA, Nelson. *Arquivos do Ministério da Justiça*, vol. II, p. 275; ESPÍNOLA FILHO, *CPP Anotado*, T. 1/1965, p. 368; MIRABETE, Julio Fabbrini. *Processo Penal*. São Paulo: Atlas, 1991, p. 120; RT 298/44, 321/115, 362/109, 352/280, 643c/306 e RTJ 37/568, 99/452, dentre outros precedentes.

[86] FERNANDES, Antônio Scarance. *Processo Penal Constitucional*. 2ª ed. São Paulo: RT, 2000, p. 230.

[87] CARVALHO, Luiz Gustavo Grandinetti C. de. *O Processo Penal em Face da Constituição*. Rio de Janeiro: Forense, 1992, p. 88 e seguintes.

[88] HC 67502, RJ, Rel. Min. Paulo Brossard, j. 12.05.89, 2ª T, in DJ de 09.02.90, p. 573; INQ-172, RTJ 112/473, HC 59996, RECR 94135, RTJ 99/452, RE 62283, RTJ 53/7, AG 38208, RTJ 37/568, HC 63802, RTJ 118/130, RHC 59807 e RTJ 101/27.

cional de que nenhuma lesão de direito individual poderá ficar fora da apreciação do Poder Judiciário se nos afigura, também, inconsistente.

Em primeiro lugar, porque não se concebe que o exercício da atribuição legal (o requerimento e, depois, o decreto de arquivamento do inquérito) possa ao mesmo tempo constituir ofensa a direito individual. Se assim fosse, o ordenamento jurídico penal e processual – nesse ponto – seria incoerente e absurdo. É evidente que, estando a possibilidade de arquivamento prevista em lei, o uso da alternativa não pode jamais configurar-se como causa de ilegalidade.

Depois, porque o interesse da vítima, que é de natureza patrimonial, poderá ser deduzido mediante ação civil ordinária.

A Constituição Federal não aludiu à vítima no texto em que dispõe sobre a ação privada subsidiária da pública e assim o fez ao nosso sentir para preservar a integralidade dos textos dos artigos 29 e 38 do CPP.

O legislador ordinário do Código de Defesa do Consumidor (Lei 8.078/90) viria a dispor diferentemente. Consoante esse Código, a União, os Estados, os Municípios, o Distrito Federal, entidades ou órgãos da administração pública e instituições particulares poderão atuar como assistentes e, também, propor a ação penal subsidiária.

Convém anotar que esses órgãos não são, propriamente, ofendidos, na concepção clássica, não sendo diretamente atingidos pelo fato, mas atuam em nome da proteção do interesse público, de modo que, rigorosamente, em nosso direito, a disciplina da ação penal privada subsidiária acabaria sendo ampliada.

Melhor dizer, então, que, além do ofendido, diretamente interessado, há outros legitimados que podem também, desde que comprovada a inércia ministerial, desencadear a ação por crime de ação pública, mediante queixa.

A ampliação não agride qualquer preceito legal ou Constitucional porque, segundo a Lei Maior, o Ministério Público detém o monopólio da ação pública e deve exercê-la, "na forma da lei" (inciso I do artigo 129 da CF). Então, desde que a lei (qualquer lei) ante a inércia do MP autorize a intervenção do particular ou de instituição pública ou privada para a causa, não haverá qualquer problema no âmbito da *legitimatio ad causam*, por ser salutar a existência desse controle.

Aliás, antiga Lei de Falências de nº 7.661, de 21.04.45, em seu artigo 108 continha regramento nesse sentido. O art. 108, parágrafo único, dispunha que se o representante do Ministério Público não oferecesse a denúncia, os autos permaneceriam em cartório pelo prazo de 3 (três) dias, durante os quais o síndico ou qualquer credor poderia oferecer queixa, suprindo a inércia.

A nova lei (nº 11.101, de 2005) não modificou essa situação porque no parágrafo único do artigo 184 mantém a legitimação para a ação penal privada subsidiária de "qualquer credor habilitado" ou do "administrador judicial", desde que observado, diz ainda o texto, "o prazo decadencial de 6 (seis) meses", que haverá de contar-se, segundo nos parece, do esgotamento do prazo assinalado ao MP no artigo 38 do CPP.

O Ministério Público na ação penal privada subsidiária da pública não perde a legitimidade para atuar no processo como parte principal – podendo oferecer denúncia substitutiva no caso de negligência do querelante – e, ainda, ao ser intimado para se manifestar sobre a queixa-crime, aditá-la ou repudiá-la. Esses temas serão desenvolvidos especificamente no capítulo 12, sobre o aditamento, para onde remetemos o leitor, por amor à brevidade.

Por fim:

A ação penal privada subsidiária pode ser ajuizada também em segundo grau, desde que tenha se verificado a inércia do titular da ação, o Procurador-Geral da Justiça (ou da República, no âmbito federal). Ultrapassados os 15 dias a que alude o artigo 1º da Lei 8.038/90, o ofendido estará legitimado a ingressar com a queixa-crime, pois também em relação ao chefe do *Parquet* há fazer-se imperativo o conteúdo do inciso LIX do artigo 5º da CF, por ser a ação penal privada subsidiária, como já destacamos, meio de controle da Instituição do Ministério Público, e não de seus agentes em particular.

Essa espécie de ação, infelizmente, não foi contemplada na legislação processual penal militar.[89]

6.3. As singularidades das ações pública e de iniciativa privada

Sem prejuízo da afirmação anteriormente feita de que a ação penal é *una* e que a divisão em ação *pública* e ação de iniciativa *privada* tem utilidades didáticas, a verdade é que elas se revestem de características estruturais bem específicas

Na ação pública, o órgão do MP atua na condição de parte imparcial no processo de conhecimento e ainda como fiscal da lei no processo de execução. É, em verdade, uma parte *sui generis*, porque, embora deduza a pretensão punitiva e ao longo do procedimento persiga a sentença condenatória, o agente que o representa pode rever a posição e, a qualquer tempo, postular em favor do acusado, inclusive mediante recurso.

Em uma palavra, o que orienta a ação do representante do MP como sujeito ativo na ação pública não é o sentimento pessoal, mas o sentimento de justiça, particularidade que causa, no dizer de Calamandrei, conflitos psicológicos rotineiros, pois "como sustentáculo da acusação, devia ser tão parcial como um advogado; e como guarda inflexível da lei, devia ser tão imparcial como um juiz".[90]

Daí ter afirmado Paulo Cláudio Tovo, a propósito da Instituição do Ministério Público, com indiscutível acerto, que a sua independência deve ser "preservada como algo precioso à segurança de todos (...) pois, se o Promotor de Justiça estiver sujeito a injunções, os inocentes estarão em perigo".[91]

Não é esse, evidentemente, o sentimento que move o ofendido, pois, embora possa estar a defender indiretamente o interesse público na punição do infrator, a verdade é que, com o oferecimento da queixa e a sua atuação no processo, o que quer ele é a condenação *para obter* a proteção do seu interesse particular, privado, de cunho material (a indenização pelos danos causados pela infração), não obstante a existência de julgados proclamando que o interesse do ofendido é a realização da Justiça.

---

[89] STJ, RHC 0003957, DJ de 28.11.94, p. 32.642, Rel. Min. Luiz Vicente Cernicchiaro.

[90] CALAMANDREI, Piero. *Eles, os Juízes, Vistos por Nós, os Advogados*. 3ª ed. Trad. de Ary dos Santos, Livraria Clássica Editora, p. 59.

[91] TOVO, Paulo Cláudio. *Apontamentos e Guia Prático sobre a Denúncia no Processo Penal Brasileiro*. Porto Alegre: Fabris, 1986, p. 24.

O princípio que domina a ação pública e do qual, rigorosamente, todos os outros princípios derivam, é o da obrigatoriedade, segundo o qual o Ministério Público não pode requerer o arquivamento do inquérito ou peças de informações, amparado em critérios de utilidade social. Depois que a ação for intentada dela o Ministério Público não mais poderá dispor (arts. 42 e 576 do CPP). E assim deve sê-lo, efetivamente, porque os fatos alcançados por ação pública, a regra em nosso Direito, causam profundas lesões aos interesses da coletividade, não podendo o Estado – por intermédio do promotor – demitir-se do dever de agir, conforme já explicamos.

Não é o que sucede, propriamente, no âmbito da ação penal de iniciativa privada. Amparado pelo princípio da oportunidade, o ofendido poderá optar pelo não oferecimento da queixa e, assim, mediante avaliação dos riscos, proteger-se da deletéria publicidade do processo aos seus direitos de personalidade.

A legitimidade para a ação penal pública é intransferível, o que não é vedado na ação de iniciativa privada, cuja titularidade pode transferir-se em caso de morte do querelante ao cônjuge, ascendente, descendente ou irmão (arts. 30, 31, 36, 38 e 60, II, do CPP).

Na ação de iniciativa privada o querelante, ainda, em maior vantagem em relação ao titular da ação pública, pode optar pelo foro do lugar da infração ou do domicílio ou residência do querelado – arts. 70 e 73 do CPP, renunciar ao direito de queixa, conceder o perdão, e, até mesmo, desistir do processo em curso, dando azo à extinção da punibilidade pela prescrição.

Por fim:

A ação penal pública será sempre viável enquanto não ocorrer a incidência de causa extintiva de punibilidade, ao passo que o exercício da ação penal de iniciativa privada está condicionado ao oferecimento da queixa-crime dentro do prazo decadencial de seis meses (art. 38) do CPP e ao dever de diligências do ofendido na condução do processo, sob pena de extinção da punibilidade pela perempção (art. 60 do CPP).

6.4. A ação penal popular

Ante a inexistência de um órgão oficial capaz de defender os interesses públicos, até porque a ideia de um interesse geral, superior ao interesse privado, apareceu só recentemente, era o próprio lesado quem, no direito antigo, reclamava providências junto ao órgão competente para ordenar o ofensor a reparar os danos.

Era nesse direito que se consubstanciava a denominada ação penal popular, conhecida das legislações da Grécia, da Índia, da antiga Roma republicana e do Egito, a despeito de, contra elas, "levantarem-se várias críticas: arma de paixões excitadas, representação dos mais audazes (...), confabulação dos pseudo-acusadores populares com a defesa dos culpados" etc., como lembra Tourinho Filho.[92]

A ação penal popular esteve prevista no Código de Processo Criminal de 1830, com expressa autorização do artigo 175 da Constituição do Império como um direito assegurado a "qualquer do povo" de levar aos Tribunais os autores de certos crimes que, por sua natureza, ofendiam a cada cidadão em particular e a todos em geral.

---

[92] TOURINHO FILHO, Fernando da Costa. *Processo Penal*. São Paulo: Saraiva, 1997, 1º vol., p. 407.

O direito não era absoluto, todavia, pois sofria as restrições contidas no art. 75 relacionadas aos laços de sangue e aos deveres de gratidão, confiança e às suspeições de inimizade e também em relação aos membros da Câmara e do Senado, nos termos do art. 76.[93]

Os Códigos brasileiros subsequentes não insistiram na experiência e na atualidade alguns países ainda adotam a ação popular, como os Estados Unidos da América do Norte, a Inglaterra, a Argentina (para crimes eleitorais), o Chile e a Espanha.

Nesse último país, a *Ley de Enjuiciamiento Criminal*, no art. 101, dispõe que "a ação penal é pública. Todos os cidadãos espanhóis poderão exercê-la, com base nas prescrições da Lei. A par disso, têm obrigação de exercê-la os integrantes do MP" (art. 105)

Com efeito, Montero Aroca, Juan-Luis Gomes Colomer, Alberto Montón Redondo e Silvia Barona Vilar, catedráticos de processo penal nas Universidades Jaume I de Castllón, Complutense de Madrid y Valência, anotam que "no direito espanhol a ação não é reconhecida só em favor do Ministério Público, mas, por ser pública, é atribuída a todos os cidadãos, inclusive aqueles que não foram ofendidos ou agravados pelo delito. O Ministério público não tem, portanto, monopólio algum da acusação".[94]

Há autores, como Jorge A. Perrone de Oliveira[95] que defendem a reinclusão da ação popular em nosso direito, mediante o argumento de que "o monopólio do MP, que assim se estabelece, é (...) incompatível com um regime de liberdade política, no qual não se pode negar aos particulares o acesso direto aos tribunais, pois o direito de ação figura no patrimônio jurídico de todas as pessoas", argumento que, *data venia*, evidencia um modo equívoco de ver as coisas, porque não necessariamente pode-se atrelar uma coisa à outra, haja vista que no Chile a ação penal popular se consolidou no período da ditadura de Pinochet, através do Decreto nº 335, de 10/03/77.

Em que pese essa respeitável opinião, somos do entendimento contrário, porque as notícias históricas sobre a ação penal popular, desde quando praticada ao tempo da Grécia e Roma antigas, em nome da "ampliação dos direitos públicos do indivíduo", é fonte de vários inconvenientes, dentre eles o de acentuar o risco da instrumentalização do Judiciário para perseguições políticas e o evidente enfraquecimento do Ministério Público.

O Professor Victor Fairén Guillen, de Valência,[96] após afirmar que a melhor defesa da ordem penal se encontrava na ação popular, retornou sobre seus próprios passos e afirmou que o ideal, para evitar-se os exageros que ocorrem no Direito espanhol, é encontrar um justo limite que implique evitar a inação do Ministério Público ou suprir e completar o seu esforço, evitando-se, porém, o "riesgo de caer en lo que podría ser una vindicta pública".

Em nosso meio, a lei autoriza que o cidadão ingresse pessoalmente em juízo na defesa da liberdade de ir, vir e ficar (mediante *habeas corpus*), para desconstituir a

---

[93] PIERANGELI, José Henrique. *Processo Penal*: Evolução Histórica e Fontes Legislativas, Bauru: Jalovi, 1983, p. 103 e ss.

[94] AROCA, Juan Montero *et alii*. *Derecho Jurisdicional*. 9ª ed. Valência: Tirant Lo Blanch Libros, 2000, p. 24.

[95] OLIVEIRA, Jorge A. Perrone. Ação Penal Popular, *AJURIS*, 1º vol. 30, p. 68.

[96] MARQUES, José Frederico. *Tratado de Direito Processual Penal*. São Paulo: Saraiva, 1980, p. 126.

sentença condenatória em razão de erro judiciário (revisão criminal) e para requerer correção dos rumos da execução ou concessão de benefícios (na fase da execução da pena).

Efetivamente, qualquer do povo pode intentar o *habeas corpus* para coibir ilegalidades ao direito individual de ir, vir e ficar; o condenado e, em caso de morte, seus ascendentes, descendentes, cônjuge ou irmão (art. 623) estão legitimados a ajuizar a ação de revisão criminal, visando a desconstituição da sentença condenatória em face ao erro judiciário e, por fim, o condenado poderá pessoalmente ingressar em juízo após o cumprimento da pena com pedido de reabilitação criminal (arts. 743 do CPP e 195 da Lei 7.210/84 – LEP), objetivando recuperar o *status* anterior à condenação.

Essas ações – bem assimilado o conceito expendido neste livro de direito subjetivo público ou poder-dever do Estado de *mover a jurisdição* – não são espécies de ações populares na perspectiva que estamos tratando neste item, porque não se revestem de conteúdo condenatório. Bem ao contrário, existem e funcionam como alternativas conferidas ao cidadão individualmente para a proteção de bem jurídico relevante – que não podem, eventualmente, contar com a urgente intervenção de um advogado para postular a restauração da liberdade, a eliminação de erro judiciário ou a sustação da ilegalidade por desvios na execução, por exemplo.

Embora deva o juiz salutarmente nomear advogado ao peticionário que não o tenha para acompanhar o desenvolvimento do processo e promover as postulações adequadas, a circunstância de ter a inicial sido deduzida pelo próprio cidadão pode ser erigida em óbice para o não recebimento.

Ante a natureza dessas ações voltadas à proteção dos direitos individuais, não há qualquer sentido falar-se em possível ofensa ao inciso I do artigo 129 da CF.

Capítulo VI

Os princípios da ação penal

Sumário: 1. O ordenamento jurídico e sua estrutura; 2. Valores; 3. Princípios; 3.1. Princípios como diretrizes; 3.2. Princípios e regras; 3.3. Fontes dos princípios; 3.4. Força normativa dos princípios; 4. Regras e princípios. Tensões e colidências. Modo de resolvê-las; 5. A ação penal e seus princípios; 5.1. O princípio da obrigatoriedade; 5.2. O princípio da oportunidade. Generalidades; 5.3. O princípio da oficialidade; 5.4. O princípio da indisponibilidade; 5.5. O princípio da indivisibilidade; 5.6. O princípio da intranscendência; 5.7. O princípio da discricionariedade controlada.

1. O ordenamento jurídico e sua estrutura

O ordenamento jurídico é uma estrutura complexa composta de valores, princípios e regras, ou seja, de categorias, axiológicas e deontológicas, que formam uma totalidade, naquele sentido proposto por Husserl, de partes entre si ordenadas e vinculadas (embora sob tensões frequentes), à feição "dos capítulos de um livro ou das notas de uma melodia".[1]

É insuficiente, portanto, concentrar o esforço só nas regras – se o objetivo do jurista for o de visualizar todo o sistema ou microssistema jurídico com o qual pretende operar, pois nem sempre as respostas que espera obter estão na superfície.

Segue-se que, não podendo o ordenamento jurídico ser reduzido a juízos meramente lógico-formais, o intérprete ou aplicador da lei, com muita frequência, precisará socorrer-se dos valores e dos princípios, para poder encontrar a solução da questão concreta e específica que tem diante de si. A metáfora do Bobbio é bastante elucidativa, ao dizer no primeiro capítulo de famoso livro que, para se conhecer bem as árvores, é preciso penetrar no interior da floresta![2]

É o que faremos, com a intenção de contornar os inconvenientes da pedagogia que prioriza o estudo só dos Códigos, como se o papel do operador do direito fosse de mero intermediário entre o ordenamento jurídico e o caso concreto. Afora não poder o legislador prever todas as situações conflituosas para edificar antecipadamente as soluções legislativas, a realização do direito pela via judicial, isto é, por meio de ação e de processo, não se resume a um trabalho mecânico, como propunha a Escola da Exegese.

---

[1] AFTALIÓN, Enrique R.; OLANO, Ernando Garcia; VILANOVA, José. *Introducción al Derecho. 7. ed.* Buenos Aires, 1964, p. 193.

[2] BOBBIO, Norberto. *Teoria do Ordenamento Jurídico*. 9. ed. Brasília: UNB, 1997, p. 19.

2. Valores

Como escreveram Aftalión, Olano e Vilanova, "a vida não tem um ser já feito como uma pedra, nem um itinerário pré-fixado como a órbita do astro. Consiste em um incessante fazer-se a si mesma, em um andar entre coisas, (...) uma tarefa que temos que realizar a cada instante, e que realizamos no presente, mas orientados para o futuro (...). A liberdade que impregna a conduta, assim, só tem uma maneira de se manifestar: *preferindo*, ou seja, *valorando* (...).[3] Desse modo, é graças ao homem, valorando e determinando preferências que a realidade axiológica se torna possível".[4]

Como objetos ideais, os valores não são coisas em si, mas categorias *que valem* positiva ou negativamente. "Os valores se nos apresentam polarmente, em uma estrutura na qual o ponto de indiferença corresponderia, simbolicamente, ao grau zero, do qual partiriam em direções diferentes tanto o valor com sinal positivo, como o correspondente desvalor com sinal negativo. Assim, o bom se contrapõe ao mau, o belo ao feio, o justo ao injusto".[5]

A ordem jurídica é prenhe de valores porque estes disciplinam a vida do povo em sua cultura, não estando o jurista autorizado a ignorá-los, como demonstrou Carlos Côssio[6] em crítica candente à Teoria Pura de Kelsen, depois de chamar a atenção para o fato, o valor e a norma – categorias axiológicas, empíricas e jurídicas cuja tridimensionalidade Miguel Reale apontaria como objeto da atenção do filósofo, do sociólogo do direito ou do jurista.[7]

Sem embargo do rigor metodológico, Kelsen, com sua famosa obra, desconsiderou, deliberadamente ou não, como no-lo diz Alberto Delgado Neto,[8] o dado fundamental, qual seja, o de que o texto da lei "já nasce carregado de uma pressão jurídica, a qual ele vai externar. Já existe portanto uma forma determinada mediante a qual a norma fundamental vai atuar sobre o poder constituinte, responsável pela positivação em sentido estrito do sistema. Deste modo, embora a necessidade sistêmica de que a norma fundamental seja simplesmente pensada e purificada de elementos axiológicos, ela deriva ou nasce de uma realidade social composta de procedimentos individuais e sociais, até então no plano consuetudinário e, por consequência, constituídos de valores, crenças, sentimentos de justiça e equidade que justificam as ações, sejam eles quais forem".

Aliás, ao acentuar a presença dos valores na ordem jurídica, Robert Alexy lembrava que, desde o advento da Constituição de Weimar, o jurista Rudolf Smend vinha afirmando, em desenvolvimento de teoria sobre direitos fundamentais, que o

---

[3] AFTALIÓN, Enrique R.; OLANO, Ernando Garcia; VILANOVA, José. 7ª ed. *Introducción al Derecho*. Buenos Aires, 1964, p. 21-22.

[4] VITA, Luiz Washington. *Introdução à Filosofia*. 2ª ed., São Paulo: Melhoramentos, 1965, p. 197.

[5] Idem.

[6] CÔSSIO, Carlos. *La Teoría Egológica del Derecho y el Concepto Jurídico de Libertad*. 2ª ed., Buenos Ayres: Abeledo-Perrret, 1964, p. 51. Côssio foi um importante Jusfilósofo argentino, que travou com Kelsen empolgantes debates, quando este proferiu conferências na Universidade de Buenos Aires.

[7] REALE, Miguel. A *Teoria Tridimensional do Direito*. São Paulo: Saraiva, 1968, p. 73 (observação entre parêntesis não constante do original).

[8] DELGADO NETO, Alberto. *"Paper" ao Mestrado em Direito no Curso de Mestrado da UNISINOS*, ministrado em convênio com a ESM, da Ajuris.

sentido concreto de um determinado catálogo de direitos fundamentais correspon-deria à pretensão de normatizar, em verdade, uma série concreta de um sistema de valores ou de bens.[9]

Foi por isso que Ingo Sarlet[10] disse que o jurista que pretendesse negar a pre-sença dos valores no direito positivo correria o risco de ser rotulado de positivista naquilo que o formalismo kelseniano tem de mais preciso e exato, exemplificando com a dignidade da pessoa humana, valor e princípio que propõe respeito à igualda-de (princípio isonômico) e que engloba necessariamente respeito e proteção à vida, à honra, à intimidade, à integridade física e emocional (psíquica), de que são coro-lários à proibição da pena de morte, da tortura, das penas corporais e, até mesmo, a de utilização da pessoa para experiências científicas.[11]

A relação entre os valores e os princípios é de intensa proximidade por ser por meio destes que os primeiros se manifestam na ordem jurídica.

3. Princípios

Em sentido profano, "princípio" é o que se mostra na origem ("No princípio, Deus criou o céu e a terra"),[12] no começo de qualquer coisa,[13] no início de algo,[14] ou seja, o que vem antes, a causa primeira ou primária, o elemento que "predomina" na constituição de um corpo orgânico, de um preceito.[15]

Em direito, contudo, a palavra *princípios* tem sentidos e funções específicas, pois podem ser meras *diretrizes* (ponto de vista da hermenêutica tradicional) que aju-dam o intérprete a extrair o sentido dos textos ou podem ser *normas,* isto é, revestidos de *força normativa, à feição das regras jurídicas* (ponto de vista deontológica).

Ambos são perspectivas importantes e relevantes,como veremos.

3.1. Princípios como diretrizes

Como a positividade jurídica é constituída de verdadeiros "sítios de significân-cia",[16] os operadores do direito, na busca dos significados, valem-se, rotineiramente, dos princípios, para compreenderem o sistema com o qual estão a trabalhar.

---

[9] ALEXY, Robert. *Teoria de Los Derechos Fundamentales.* Madrid: Centro de Estudios Constitucio-nales, 1997, p. 148.

[10] SARLET, Ingo Wolfgang. *Dignidade da Pessoa Humana e Direitos Fundamentais.* Porto Alegre: Livraria do Advogado, 2001, p. 73.

[11] Idem, p. 89-90.

[12] Gênesis, capítulo I, versículo l.

[13] TUCCI, Rogério Lauria. *Princípios e Regras Orientadoras do Novo Código de Processo Penal Bra-sileiro.* Rio de Janeiro: Forense, 1986, p. 4.

[14] FERREIRA, Aurélio Buarque de Hollanda. *Pequeno Dicionário Brasileiro da Língua Portuguesa.* 11. ed., São Paulo, 1972.

[15] TUCCI, Rogério Lauria. Op. cit., p. 4.

[16] STRECK, Lenio. *Hermenêutica Jurídica e(m) Crise.* Porto Alegre: Livraria do Advogado, 2000, p. 218, citando Eni Orlandi, em seu *O Discurso Fundador,* Campinas: Editora Pontes, 1993.

Como a luz na escuridão, os princípios os guiam[17] e os ajudam a encontrar os caminhos, isto é, as soluções legais e jurídicas que procuram.

Assim a dúvida quanto ao sentido das cláusulas de um contrato poderia ser espancada pelo conhecido princípio *pacta sunt servanda* ou pelo princípio da *boa-fé* que deve presidir as relações entre os contratantes.

Os princípios sob essa perspectiva exerceriam papel secundário na compreensão do sentido das normas jurídicas, tanto assim que no direito romano dizia-se que na clareza de um texto era proibida a interpretação (*in claris non fit interpretatio*), como se o ato de ler não revelasse, por si, uma postura hermenêutica.

De fato. Enquanto textos, as normas jurídicas nada dizem. São como corpos sem almas. São objetos culturais, que só propiciarão significados depois do exaurimento da atividade interpretativa. Toda norma é "(...) muda enquanto não for interrogada, reclamada e trazida a um presente espaço-temporal, de onde há de mostrar as suas potencialidades. Somente então será compreendida em seu sentido".[18]

Destarte, se aplicar o Direito é apreender ou conferir sentidos, parece muito claro, como lembrou Streck, que todo processo hermenêutico principia pela leitura e interpretação gramatical dos textos.[19]

Esse processo desdobra-se com apoio em outros critérios, como o histórico, o teleológico, etc. que reclamam postura técnica, pois, não fosse assim, sempre e necessariamente toda a pessoa alfabetizada reuniria aptidão para realizar a tarefa própria e específica dos juristas: a de interpretar e aplicar a ordem jurídica positivada.

Sintetizando: consoante a hermenêutica tradicional, os princípios seriam enunciados gerais, parâmetros ou diretrizes, destinados a orientar o intérprete ou aplicador da lei na determinação do sentido dos textos legislativos.

Os princípios nessa medida seriam ferramentas a serviço da *interpretação,* a qual, nas palavras de Carlos Maximiliano, corresponderia à aplicação *prática* da hermenêutica. Como é a hermenêutica que descobre e fixa os princípios que regem a interpretação, segue-se que a "hermenêutica é a teoria científica da arte de interpretar".[20]

3.2. Princípios e regras

Na atual concepção hermenêutica, os princípios são considerados ontológica e teleologicamente muito mais do que meros critérios de interpretação das leis (*ratio legis*) por serem espécies de normas jurídicas (*ratio legis*).

Essa concepção provém dos estudos de juristas nacionais e estrangeiros, dentre os quais figura como expoente o alemão Robert Alexy. Para ele, os princípios são

---

[17] VITA, Luiz Washington. *Introdução à Filosofia.* São Paulo: Melhoramentos, 1964, p. 67, cit. por Tucci.

[18] STRECK, Lenio, *Hermenêutica Jurídica e(m) Crise.* Porto Alegre: Livraria do Advogado, 2000, p. 218, citando outros autores.

[19] Idem, p. 85, com referência a texto de Tércio Ferraz Jr., extraído da obra *A Ciência do Direito.* São Paulo: Atlas, 1980, p. 76.

[20] MAXIMILIANO, Carlos. *Hermenêutica e Aplicação do Direito.* Rio de Janeiro: Forense, 190, p. 1.

mandados de otimização, porque veiculam ordens para que "(...) algo seja realizado na maior medida possível, dentro das possibilidades jurídicas e reais existentes".[21]

Assim, como *mandados de otimização,*[22] os princípios possuem força normativa para resolverem um conflito entre as regras ou para até mesmo afastar a vigência destas,[23] dependendo, é óbvio, da hierarquia do princípio. Uma lei que viesse por exemplo a permitir a prática da tortura para a obtenção da confissão de indivíduo acusado de qualquer crime hediondo não seria válida porque esbarraria no valor veiculado como princípio em nossa Constituição: o da dignidade da pessoa humana (art. 1º, inciso III).

Mais: os princípios, sendo normas, permitem a colmatação do ordenamento jurídico, isto é, o preenchimento dos vazios presentes na positividade jurídica.[24] Como o legislador não é capaz de se antecipar às demandas sociais resulta que a ordem jurídica nem sempre conterá a regra específica esperada pelo operador do direito, para poder solucionar a questão concreta, resultando, daí, como ensina Juarez Freitas,[25] que uma boa exegese não pode dispensar, além das regras, o apelo aos princípios, ou seja, à essa espécie de norma que socorrerá a todos na identificação da solução da hipótese fática.

Norberto Bobbio, citando François Geny e seguidores da Escola do Direito Livre, ensina que estes, bem compreendendo a natural imperfeição do ordenamento jurídico, já recusavam o dogma de sua completude, afirmando, precisamente, que o Direito constituído "(...) está cheio de lacunas e, para preenchê-las, é necessário confiar principalmente no poder criativo do juiz, ou seja, naquele que é chamado a resolver os infinitos casos que as relações sociais suscitam, além e fora de toda a regra pré-constituída".[26]

Com efeito, a crença de que o sistema de direito positivo é autossuficiente é tão frágil como o cristal, pois, as demandas novas, associadas à velocidade vertiginosa dos câmbios sociais, em todo mundo, agudizam e fazem explodir o processo, sempre latente, de ruptura entre o direito positivo e a realidade viva.

E, ao contrário do que se possa imaginar, não existe em nenhum lugar, conforme registra Novoa Monreal, aquele "(...) legislador atento a essas transformações, e ágil em sua elaboração preceptiva",[27] decidido a evitar os desequilíbrios, "elaborando novas normas que tivessem por finalidade pôr em dia as regras ultrapassadas, para manter sempre um direito viçoso e atualizado".[28]

Então, sendo imprescindível, nesse contexto, a intervenção do juiz para o exame de todas as particularidades que fazem de cada caso um caso, a antiga discus-

---

[21] ALEXY, Robert. *Teoria de Los Derechos Fundamentales*. Madrid: Centro de Estudios Constitucionales, 1997, p. 83.

[22] A expressão é de Roberto Alexy. *Teoria de Los Derechos Fundamentales*, op. cit., obra que dá lastro ao presente estudo.

[23] ALPA, Guido, *et alii, Tratato di Diritto Civile*. Torino: UTET, 1999, p. 354.

[24] FARIAS, Edilson Pereira. *Colisão de Direitos, a Honra, a Intimidade, a Vida Privada e a Imagem versus a Liberdade de Expressão e Informação*. Porto Alegre: Fabris, 1996, p. 42.

[25] FREITAS, Juarez. *A Interpretação Sistemática do Direito*. São Paulo: Malheiros, 1995, p. 47.

[26] Idem, p. 122-123.

[27] MONREAL, Eduardo Novoa. *O Direito como Obstáculo à Transformação Social*. Porto Alegre: Fabris, 1998, p. 30.

[28] Idem, p. 30-31.

são sobre a existência ou não de lacunas no ordenamento jurídico (que para Juarez Freitas são tão certas que "acompanham as normas à feição de sombras")[29] só ganha alguma relevância, segundo Lenio Streck, se a considerarmos como um dado norteador para o direito, visto de maneira circular e controlado, ou, ainda, "como argumento desmi(s)tificador do próprio dogma (...) baseado no modelo napoleônico, pois pode-se entender, sem dúvida, que, quando o juiz está autorizado/obrigado a julgar nos termos dos arts. 4º da LICC e 126 do CPC (isto é, deve sempre proferir uma decisão), tal significa que o ordenamento é, dinamicamente, completável, através de uma autorreferência ao próprio sistema jurídico"[30] ou aos sistemas estrangeiros, no contexto da hetero-integração das normas.

Por conseguinte, é graças aos princípios como espécies de normas que um sistema jurídico aberto e flexível se efetiva como sistema. "Graças a eles, o jurista em nova atitude hermenêutica retira o sistema jurídico de direito positivo da clausura lógico-analítica"[31] e o põe em "(...) contato com a móvel e movente multiplicidade do mundo da vida",[32] o que representa, no processo hermenêutico, atitude superior em relação à dos exegetas que, subservientes e ao mesmo tempo maravilhados com as grandes codificações, como a francesa, de 1804, e a alemã, de 1900, entendiam que as soluções para os problemas jurídicos defluiriam da simples leitura dos textos legais, naquilo que Norberto Bobbio qualificou de fetichismo da lei.[33]

Repetindo e tentando sintetizar a ideia central: dotados de força normativa, os princípios são, em verdade, categorias deontológicas, porque propõem direitos ou deveres, distinguindo-se, todavia, das regras, que também asseguram direitos e impõem deveres, porque, como ensina Bobbio, citando Crisafulli, aqueles são generalíssimos, isto é, estão dentro do sistema, como normas as mais gerais,[34] ao passo que estas últimas, também no interior do sistema, são normas mais restritas, com baixa densidade e têm por objeto *fattispecie* certa.

De fato. Ensina Canotilho, mestre na matéria, que enquanto as regras são concretas, os princípios são altamente abstratos e gerais.[35] Além disso, diz ele, os princípios exercem função normogenética e possuem força legitimadora e fundante, sendo eles que fornecem as bases para o apoio das regras. Por fim, sendo vagos, os princípios "carecem de mediações concretizadoras (do legislador? do juiz?), enquanto as regras (as 'outras normas'), *são suscetíveis de aplicação direta*".[36] Fácil ver: o princípio da dignidade da pessoa humana *funda,* isto é, dá *lastro* a todas as regras que asseguram a integridade física, que impõem o respeito à honra, à intimidade, etc. das pessoas e só são chamados para atuação direta e concreta para suprirem as deficiências ou ausências e até mesmo afastar as regras com ele colidentes, especialmente quando o princípio for de hierarquia superior a elas.

---

[29] FREITAS, Juarez. *A Interpretação Sistemática do Direito*. São Paulo: Malheiros, 1998, p. 34.

[30] STRECK, Lenio Luiz. *Hermenêutica Jurídica e(m) Crise*. Porto Alegre: Livraria do Advogado, 2000, p. 91.

[31] PASQUALINI, Alexandre. *Hermenêutica e Sistema Jurídico*. Porto Alegre: Livraria do Advogado, 1999, p. 77.

[32] Idem, ibidem.

[33] BOBBIO, Norberto. *Teoria do Ordenamento Jurídico*. 9ª ed. Brasília: UNB, 1997, p. 121.

[34] Idem. ibidem.

[35] CANOTILHO, José Joaquim Gomes. *Direito Constitucional*. 6ª ed. Coimbra: Almedina, p. 167.

[36] Idem, ibidem.

A diferença ontológica mais fundamental e facilmente perceptível entre princípios e regras, à luz da concepção aqui estudada, pode ser vista sob a perspectiva utilizada para a superação dos conflitos entre os princípios ou entre as regras, tema que analisaremos logo em seguida.

Em suma, discorrer sobre a função normativa dos princípios é enunciar aquilo que os caracteriza precipuamente: a força que reúnem para determinar que algo seja feito do melhor modo ou com o mais alto grau de efetividade possível, seja aos fins da interpretação, seja aos fins da solução para o caso frente ao conflito entre regras ou ao vazio legislativo.

3.3. Fontes dos princípios

Os princípios estão contidos explícita ou implicitamente no ordenamento do mesmo modo como, no dizer de Carlelutti, o álcool está contido no vinho,[37] convivendo em estreita dependência ou complementaridade na *produção*, na *interpretação* ou na *integração do direito*.[38]

O saudoso Paulo Cláudio Tovo já ensinava que os princípios estão por detrás das leis, formando um "mundo invisível", regendo-as, tocando ao jurista decifrá-los, como enunciações normativas de valor genérico que condicionam e orientam a compreensão do ordenamento jurídico, quer para a sua aplicação e integração, quer para a elaboração de novas normas.[39]

São *explícitos,* no dizer de Guastini, os princípios suscetíveis de apreensão, como qualquer outra norma, mediante interpretação.[40]

Como exemplos de princípios explícitos, citamos os previstos no art. 5º da CF. da individualização das penas (LXVI); da irretroatividade da lei penal, salvo a mais benigna (XL); da ampla defesa e do contraditório (LV); da presunção de inocência (LVII), da liberdade de pensamento (IV), do livre exercício de cultos (inciso VI), da inviolabilidade de correspondência (XII), da legalidade dos crimes e das penas (XXXIX), e, em outros dispositivos, da publicidade dos atos do processo (art. 93, IX), da legalidade tributária (art. 150, inciso I), da vulnerabilidade do consumidor (artigo 4º, inciso I da Lei 8.078/90), da oficialidade da ação penal pública (art. 129, inciso I), da pessoalidade da pena e intranscendência da ação (art. 5º, inciso XLV), dentre muitos outros.

Os princípios são aferíveis *explicitamente* também em nível infraconstitucional.

É assim com o princípio da *obrigatoriedade da ação penal pública*, identificável nos artigos 24, 28 e 29 do CPP; o da liberdade na apreciação da prova, no artigo

---

[37] MEDEIROS, Flávio Meirelles. *Princípios de Direito Processual Penal*. Porto Alegre: Ciências Jurídicas, 1984, p. 4.

[38] GUASTINI, Riccardo. Led Fonti del Diritto e L'Interpretazione. *Trattato di Diritto Privato*. Milão: Giuffrè, 1993, p. 458-459.

[39] TOVO, Paulo Cláudio (org.). Introdução à Principiologia do Processo Penal Brasileiro. *Estudos de Direito Processual Penal*. Porto Alegre: Livraria do Advogado, 1995, p. 12.

[40] GUASTINI, Riccardo. *La Regola Del Caso*. Milão: Cedam, 1995, p. 126.

155; o da proibição de uso das provas ilícitas (art. 157), o da concretude da acusação (art. 41); o da congruência entre acusação e sentença (artigo 383), etc.

São *implícitos*, outrossim, aqueles elaborados e construídos no contexto do processo de interpretação, como explica Guastini.[41]

Em nível constitucional, exemplos de princípios implícitos são os da razoabilidade e o da proporcionalidade. Esses princípios estão no bojo da garantia do devido processo legal e, no dizer de Bonavides, associam-se "(...) à natureza e existência mesma do Estado de Direito"[42] e figuram na Lei Fundamental Alemã de 1949.

No plano infraconstitucional, são exemplos de princípios implícitos o do *in dubio pro reo* (art. 386, VII) e o da *confiança* que regula as relações dos motoristas e dos pedestres no trânsito e graças ao qual aquele que realizar uma atividade naturalmente arriscada, como a de dirigir veículo automotor, nas vias urbanas, "pode confiar que quem participa junto com ele na mesma atividade se comportará corretamente, de acordo com as regras existentes".[43]

Em outras áreas do direito, Judith Martins-Costa aponta como implícitos em nível infraconstitucional os princípios da prevalência do interesse público sobre o particular, da vedação ao enriquecimento sem causa, da realidade nas relações de emprego, da autonomia da vontade nos contratos privados e o da boa fé objetiva,[44] este amplamente dissecado, por ela, em obra de fôlego.[45]

Se a fluida *ratio* dos princípios possibilita a solução dos mais variados casos concretos, isso não significa, entretanto, que a *praxis* hermenêutica e/ou judiciária possa ser exercitada em sua amplitude sempre ou independentemente de regras expressas dos sistemas normativos de direito positivo.

Um Estado que privilegiasse só os princípios potencializaria resultados inaceitáveis, pois, como lembra Canotilho, a indeterminação e a inexistência de regras precisas, a coexistência de princípios opostos, a dependência do "possível" fático e jurídico conduziriam à insegurança jurídica e à incapacidade de redução da complexidade do próprio sistema.[46]

Nem mesmo em sistemas abertos, onde novas regras são continuamente reveladas, como é o sistema inglês, os princípios reinam absolutos, ante a força normativa dos precedentes. "Uma decisão que se tenha constituído em regra importante, em torno da qual outras decisões gravitam (com especificações, exceções interpretativas, extensões de aplicação), se denomina um *leading case* que passa ser determinante para o estudante e o advogado como primeiro *approach* na solução de um

---

[41] GUASTINI, Riccardo. *La Regola Del Caso*. Milão: Cedam, 1995, p. 127.

[42] BONAVIDES, Paulo. O Princípio Constitucional da Proporcionalidade e a Proteção dos Direitos Fundamentais. *Rev. da Faculdade de Direito da UFMG*, vol. 34, 1994, p. 282 e 283.

[43] CALLEGARI, André Luís. O Princípio da Confiança no Direito Penal. *Revista da Ajuris*, vol. 75, p. 159 e seguintes. Callegari escreveu a monografia "Imputação Objetiva", publicada pela Livraria do Advogado e traduziu para o português a obra de idêntico título do alemão Günther Jakobs, publicada pela Revista dos Tribunais, nas quais o princípio da confiança é apontado como um dos pilares em que se assenta a denominada teoria da imputação objetiva.

[44] MARTINS-COSTA, Judith. *Os Princípios Penais*. Artigo em xerox gentilmente cedido ao autor, p. 34. O princípio da boa fé foi incorporado pelo Projeto do Código Civil, no art. 422, relativamente aos contratos. Consta, também, expressamente, no Código de Defesa do Consumidor (art. 4º, III).

[45] MARTINS-COSTA, Judith. *A Boa Fé no Direito Privado*. São Paulo: RT, 1999.

[46] CANOTILHO, José Joaquim Gomes. *Direito Constitucional*. 6ª ed. Coimbra: Almedina, p. 169.

questão prática",[47] tornando secundária, inclusive, a participação das Universidades e da própria doutrina na determinação do que é direito.[48]

Pelo reverso e ainda na lição de Canotilho, um Estado que desprezasse os princípios e privilegiasse, mesmo em grandes codificações, apenas as regras, não prescindiria de racionalidade prática, própria de "(...) *disciplina legislativa exaustiva e completa*",[49] por não ser possível evitar as lacunas e as imprevisões decorrentes da fecunda realidade da vida, como demonstraram as fracassadas experiências realizadas nesse sentido, em 1794, por Frederico, o Grande, ao codificar em 1794, com 19.000 artigos o conjunto do direito[50] e em 1833, por Nicolau I, Czar da Rússia, ao editar com 60.000 artigos o Corpo de Leis do Império.[51]

Se é certo, como disse Jeremias Bentham, o teórico inglês da codificação,[52] que os Códigos são necessários para que as leis possam ser conhecidas por todos,[53] não é menos certo que nenhum sistema de direito positivo sobrevive por tempo razoável em sua própria clausura, pretensamente imune às influências dos princípios e dos valores neles impregnados.

A intensidade dos relacionamentos humanos e a velocidade das mudanças nas sociedades fizeram com que apenas ficasse na história a frase atribuída a Bonaparte, no exílio de Santa Helena, de que sua glória teria consistido não na vitória em quarenta batalhas, mas em seu Código Civil, que nada apagaria, que viveria eternamente (...).[54]

Em suma, afastada a crença de que o ordenamento jurídico pode prever soluções para todos os conflitos futuros, resulta que é graças *também* aos princípios, como ferramentas mais duradouras, que os operadores do direito conseguem neutralizar ou atenuar os efeitos do envelhecimento dos códigos e superar as crises de legalidade.[55]

3.4. Força normativa dos princípios

Como pensamos ter deixado claro, para além da restrita configuração de *standards* ou diretrizes à integração ou interpretação dos sistemas jurídicos, os princípios, em nova concepção hermenêutica, veiculando valores, estão sendo na atualidade considerados como espécies de normas, impregnados, portanto, de força normativa, cuja eficácia se volta, à feição das regras, à solução das questões concretas, como

---

[47] SOARES, Guido Fernando Silva. *Common Law*. São Paulo: RT, 1999, p. 40.

[48] Idem, ibidem.

[49] CANOTILHO, José Joaquim Gomes. *Direito Constitucional*, 6ª ed. Coimbra: Almedina, p. 450.

[50] idem, ibidem.

[51] LOSANO, Mário G. *I Grandi Sistemi Giuridici*. Torino: Giulio Einaudi Editores, 1978, p. 139.

[52] GILISSEN, John. *Introdução Histórica ao Direito*. Lisboa: Fundação Calouste Gulbenkian, 1979, p. 456.

[53] Tradução livre da frase "The principle of justice is, that law should be known by all; and, for its being know, codification is absolutely essencial".

[54] GILISSEN. *Introdução Histórica ao Direito*. Lisboa: Fundação Calouste Gulbenkian, 1979, p. 456.

[55] CARVALHO, Amilton Bueno de. *Lei Para Quem? Doutrina*. Instituto de Direito, vol. 11, p. 303.

"consequência direta da função construtiva que os caracteriza dinamicamente entre as normas do sistema".[56]

E assim o são porque, no ensinamento de Alexy, como as normas, os princípios dizem, deontologicamente, *o que deve ser*.[57]

Declarando ser a normatividade, indiscutivelmente, *o "traço mais largo"* dos princípios, Paulo Bonavides,[58] aludindo às investigações de Ricardo Guastini, explicou que essa concepção não nasceu pronta e acabada, pois, da fase jusnaturalista, em que esse traço era "basicamente nulo e duvidoso", sob o argumento de que os princípios seriam meras pautas programáticas, passou-se, ato contínuo, à fase juspositivista, quando então eles adentraram nos Códigos como fontes normativas subsidiárias, ou, segundo Gordilo Canas, como "válvulas de segurança" asseguradoras do reinado absoluto da lei.[59]

Dessa fase foi que se evoluiu à atual e última, denominada pós-positivista, correspondente "aos grandes momentos constituintes das últimas décadas deste século", com as constituições promulgadas "acentuando a hegemonia axiológica dos princípios, convertidos em pedestal normativo sobre o qual assenta todo o edifício jurídico dos novos sistemas constitucionais".[60]

É tal a força normativa dos princípios que, dependendo da sua hierarquia, podem arredar as regras, se ficar evidenciada a incompatibilidade entre o que ambos propõem.[61]

---

[56] CRISAFULLI, Vezio. Citado por Bonavides, in *Curso de Direito Constitucional*. São Paulo: Malheiros, 2000, p. 245.

[57] ALEXY, Robert. *Teoria de Los Derechos Fundamentales*. Madrid: Centro de Estudios Constitucionales, 1997, p. 83.

[58] BONAVIDES, Paulo. *Curso de Direito Constitucional*. São Paulo: Malheiros, 2000, p. 230.

[59] Idem, p. 235.

Eugênio Facchini Neto, em palestra na Escola Superior da Magistratura, lembrou que a atuação dos princípios como válvulas para assegurar o reinado absoluto da lei não considera que um "jusnaturalismo de combate", na esteira do pensamento de Roberto Lyra Filho, poderia com seus princípios permitir a derivação para um direito de resistência a uma ordem positiva injusta.

Salo de Carvalho, dissertando sobre a triste realidade das prisões, lembra que a supremacia dos direitos fundamentais autoriza a resistência ante práticas jurídico-políticas arbitrárias. "Enquanto a dogmática jurídica não potencializa instrumentos (...) para obrigar o Estado ao cumprimento de seu dever em sede de execução penal, cremos que a única alternativa admissível para o resgate dos direitos dos apenados é a inclusão do direito de resistência entre as causas supra-legais de exclusão do delito (...)" (*Pena e Garantias*. Rio de Janeiro: Lumem Juris, 2001, p. 255).

[60] Idem, p. 237.

[61] Apelação Crime nº 0176096-3 – 1994, 2ª Câmara Criminal do TAMG, Rio Novo, Rel. Mercêdo Moreira, j. 29.11.94, Publ.: RJTAMG 56-57/468, Unânime e Apelação crime nº 697074672, 1ª Câmara Criminal do TJRS, Rel. Ranolfo Vieira, j. 25.06.97 (in Plenum Informática).

Decisões que envolveram princípios sob a perspectiva normativa:

A 5ª Câmara Cível do mesmo Tribunal, elegendo o princípio da boa-fé, que não está previsto expressamente no Código Civil, também como ratio, conforme explica Judith Martins-Costa para resolver determinada demanda, em que o autor buscava indenização por inadimplemento de deveres contratuais (Os Princípios Jurídicos, p. 21 e seguintes).

A 8ª Câmara Cível, reconhecendo, com base no princípio da igualdade, a competência de vara de família para apreciar pedido de separação de sociedade de fato de casais formados por pessoas do mesmo sexo (DIAS, Maria Berenice. *União Homossexual, o Preconceito*. Porto Alegre: Livraria do Advogado, 2000, p. 154).

Eis por que, na compreensão do sistema ou microssistemas normativo, consoante asseverou Juarez Freitas, em sentença lapidar, o *"jurista"* é precisamente aquele que, para além das regras, *"sabe manejar princípios"*, reforçando a lição de que pela natureza e função que exercem, eles constituem diretrizes supremas e ao mesmo tempo "compõem a tábua de critérios que preside todo e qualquer trabalho de aplicação do direito".[62]

A sentença é lapidar, repetimos, especialmente considerando que a hiperinflação legislativa e a intensa judicialização das relações sociais acarretam esforços adicionais para a solução das contendas complexas, êxito que os tribunais vem alcançando por bem manejarem os princípios.

4. Regras e princípios. Tensões e colidências. Modo de resolvê-las

As regras podem colidir entre si quando dispõem sobre algo em sentidos antagônicos. Num exemplo: seriam colidentes no *mesmo nível hierárquico* as regras se uma delas permitisse a condenação com base em prova exclusivamente policial e a outra (nos moldes da existente no artigo 155 do CPP) a proibisse. Ou, noutro exemplo, haveria conflito de regras em nível *constitucional* se a regra que assegura o direito de resposta prevista no inciso V do artigo 5º nas ofensas à honra ou à imagem, fosse contrariada por outra regra de lei ordinária.

Verificando-se a existência de conflitos entre as regras, a solução será determinada pela lógica do "tudo-ou-nada", de modo que, segundo essa lógica, uma delas valerá e a outra necessariamente não valerá.

Há, aliás, princípios bem conhecidos que regulam essas colidências, *v. g.*, os de que as regras constantes de lei anterior ficam revogadas pelas regras constantes de lei posterior, que as previstas em leis especiais não podem ser revogadas pelas regras novas previstas em leis gerais, que as de natureza constitucional tornam ineficazes as que dispuserem sobre o mesmo tema e de modo diverso em leis ordinárias...

Já quando o conflito for entre princípios e os valores por eles enunciados, um não conduzirá à exclusão do outro, tendendo ambos à harmonização, por preponde-

---

A Câmara Criminal, com base no mesmo princípio da igualdade, reconhecendo que a devolução ao proprietário da coisa subtraída deve funcionar como causa extintiva da punibilidade no furto, do mesmo modo como, nos crimes fiscais, o recolhimento do valor sonegado antes do recebimento da denúncia impede a ação penal contra os sonegadores (Apelação crime nº 297019937, 2ª Câm. Crim., Rel. Des. Amilton Bueno de Carvalho).

A Câmara Criminal do Tribunal de Justiça do RS, elegendo o princípio constitucional da igualdade como razão para declarar que no furto qualificado pelo concurso de agentes o aumento da pena não pode ser superior ao aumento estabelecido no mesmo Código Penal para o roubo cometido por duas ou mais pessoas (Apelação crime nº 70000284455, 5ª Câmara Criminal, Rel. Des. Amilton Bueno de Carvalho).

O 4º Grupo Criminal do Tribunal de Justiça do RS, reconhecendo, com base no princípio constitucional da igualdade, a possibilidade de aplicação retroativa não só da lei, mas, também, da orientação da jurisprudência penal mais benigna, conforme se depreende do julgamento da Revisão Criminal número 700002052959, Rel. Des. Tupinambá Pinto de Azevedo, com declaração de voto nosso, nesse sentido.

[62] FREITAS, Juarez. Tendências Atuais e Perspectivas da Hermenêutica Constitucional. Porto Alegre, *Revista da Ajuris*, volume 76, p. 308.

rar aquele com maior peso, no caso concreto, a bem se ver que toda a diferença entre princípios é de natureza *qualitativa*.

É que, na lição de Alexy, se os conflitos de regras se definem na dimensão da validez, os conflitos entre princípios se definem na dimensão do peso do princípio,[63] caso em que, para a solução para eles haverá de levar em conta o critério de "ponderação dos interesses opostos" voltada para a preservação da ideia de proporcionalidade.[64]

Em termos práticos e no dizer de Bonavides, quando colidentes, "um dos princípios deve recuar. Isto, porém não significa que o princípio do qual se abdica seja declarado nulo, nem que uma cláusula de exceção nele se introduza. Antes quer dizer, elucida Alexy, que em determinadas circunstâncias um princípio cede ao outro ou que, em situações distintas, a questão de prevalência se pode resolver de forma contrária",[65] revelando-se esse aspecto como um "vetor preciosíssimo da moderna interpretação constitucional".[66]

Um exemplo de tensão entre princípios é o retirado de mandado de segurança deferido à vítima de assalto à mão armada para que o seu nome não fosse veiculado em matéria jornalística, por motivos de segurança, frente à garantia de acesso à informação prevista no inciso XIV do artigo 5º da Constituição Federal.

Embora tenha havido intensa reação da imprensa nacional sob alegação de que certo Jornal havia sido censurado pelo Poder Judiciário, a sentença ao conceder a segurança reclamada outra coisa não fez senão assegurar a preponderância, *no caso concreto,* do princípio da dignidade da pessoa humana (no qual estão incluídos os direitos à intimidade e à segurança) frente ao princípio igualmente constitucional que garante a todos o acesso à informação por meio da imprensa.

As regras e os princípios, por fim, também podem entrar em colisão recíproca.

Nessa situação, se a hierarquia do princípio for constitucional, a colidência conduzirá à declaração de ineficácia da regra, como seria, por exemplo, se lei ordinária autorizasse a obtenção da confissão sob tortura nas investigações por crime hediondos, porque em contraste com princípio da dignidade da pessoa humana, conforme salientamos antes.

5. A ação penal e seus princípios

A ação penal é regida por um conjunto de princípios – alguns explícitos, outros implícitos. O discurso a seguir será desenvolvido com a lembrança de que eles integram o ordenamento jurídico de direito positivo no papel de *normas*, e não apenas de *ratio legis*.

---

[63] ALEXY, Robert. *Teoria de Los Derechos Fundamentales*. Madrid: Centro de Estudios Constitucionales, 1997, p. 89.

[64] Idem, p. 90.

[65] BONAVIDES, Paulo. Ob. cit., p. 251. No mesmo sentido: COSTA, Judith Martins. *Art. citado*, p. 43.

[66] FREITAS, Juarez. *Tendências Atuais e Perspectivas da Hermenêutica Constitucional*. Porto Alegre: Revista da Ajuris, v. 76, p. 406.

A doutrina aponta a *"indivisibilidade"* e a *"intranscendência"* como sendo princípios comuns às ações penais públicas e de iniciativa privada.

São próprios desta última, ainda, os princípios da *"oportunidade"* e o da *"disponibilidade"* e, em relação à ação penal pública, os da *"obrigatoriedade"*, da *"oficialidade"* e da *"indisponibilidade"*.

A Lei 9.099/95, que veio dispor sobre os Juizados Especiais Criminais (art. 76), introduziu, quanto aos crimes de ação penal pública, um princípio novo, denominado na Exposição de Motivos como *"discricionariedade controlada"*.

Cumpre-nos examiná-los para extrairmos o sentido normativo por eles proposto.

5.1. O princípio da obrigatoriedade

A elevada expressão da ofensa, a relevância dos bens atingidos, a qualidade da parte ofendida, dentre outras, são as razões que impõem, nos crimes catalogados como de ação pública condicionada ou incondicionada, ao Ministério Público, como órgão estatal ordinariamente legitimado, o dever funcional de sair da inércia e de exigir, por meio de denúncia ou aditamento, o pronunciamento jurisdicional sobre a pretensão punitiva.

Portanto, se o fato penalmente típico estiver materialmente comprovado, e a autoria puder ser demonstrada em provas mesmo mínimas ou precárias, mas necessariamente lícitas e legítimas, constantes de inquérito policial ou de documentos públicos ou particulares,[67] a ação, mediante denúncia ou aditamento, será de rigor, *como regra*.[68]

---

[67] Se as provas forem escassas ou frágeis a ponto de não permitirem a identificação do *fumus boni juris*, o Ministério Público poderá requerer ao juiz o retorno do inquérito policial ou peças de informação à origem para novas diligências (art. 16 do CPP). O Promotor de Justiça tem, ainda, a possibilidade de realizar pessoalmente as diligências, requisitando esclarecimentos complementares ou novos elementos de convicção a quaisquer autoridades ou funcionários que devam ou possam fornecê-los (art. 47). Se, contudo, dos autos do inquérito, do termo circunstanciado ou das peças de informações, não se extrair um mínimo de prova razoável acerca da autoria de fato típico satisfatoriamente provado, não restará, então, ao agente ministerial, outra alternativa senão a de requerer, fundamentadamente, o arquivamento do expediente (art. 28 do CPP).

[68] Como regra, dissemos, porque com o advento da Lei 10.409, de 11 de janeiro de 2002, dispondo sobre a prevenção, o tratamento, a fiscalização, o controle e a repressão à produção e uso de drogas, o Ministério Público, ao receber o inquérito, poderá justificadamente, deixar de propor a ação penal contra agentes ou partícipes do delito, se, conforme deflui do § 2º do artigo 32, deles obtiver contribuição aos interesses da justiça ou revelação de existência de organização criminosa, permitindo a prisão de um ou de mais dos seus integrantes, ou a apreensão do produto, da substância ou da droga ilícita. A nova lei contém novidades que, certamente, causarão muita polêmica, como a infiltração criminosa e a não autuação dos portadores de produtos, substâncias ou drogas ilícitas que entrem no território brasileiro, dele saiam ou nele transitem, com a finalidade de identificar e responsabilizar o maior número de integrantes de operações de tráfico e distribuição de drogas. Instituiu-se, assim, um *bill* de impunidade aos agentes policiais, que, a qualquer tempo, se apanhados com drogas ilícitas, poderão dizer que estavam procurando a identificação de traficantes ou o desbaratamento de organizações criminosas. Se os agentes ou partícipes, em razão do acordo, foram tratados no processo como testemunhas, poderão receber a proteção do Programa Federal de Assistência a Vítima e a Testemunhas, instituído pela Lei 9.807/99. Caso a colaboração venha a acontecer no curso do processo, remanescerá a alternativa de concessão aos réus do perdão judicial, na forma indicada pelo artigo 13 da mesma Lei.

Como acentuou Pierangeli, após reproduzir ensinamentos de Goldschmidt, Florian e de Marsico, a regra da obrigatoriedade foi sendo adotada aos poucos, e na atualidade é aceita em quase todos os estados modernos. E mais adiante concluiu: "Para aqueles que estimam ser o direito de castigar um sentimento de justiça, outro critério que não o da legalidade deve ser o aceito, enquanto para aqueles que vêem no direito de castigar uma mera razão de utilidade social, devem preferir a regra da oportunidade, pois que está condiciona tal aplicação a uma valoração de conveniência pública".[69]

Nesse mesmo sentido é a lição de Afrânio Silva Jardim ao lembrar que, com exceção da França, todos os países de origem latina são partidários desse princípio, prevendo-o em seus códigos.[70] Enquanto os países da *Common Law* e os influenciados diretamente por eles tendem para a oportunidade, os países da família romano-germânica tendem a adotar, embora com alguns temperos, princípio da obrigatoriedade, preocupados, conforme ensina Miranda Coutinho, em evitar "(...) qualquer manipulação por parte do órgão acusador e, de outra parte, eventuais pressões que possa sofrer".[71]

É certo que na nossa lei processual penal não há um dispositivo explícito sobre o princípio da obrigatoriedade da ação penal pública, como o do art. 100 do antigo Código de Processo Penal do RS, de 15.08.1898, que, para não deixar dúvidas, enunciava que o Ministério Público era "obrigado" a oferecer denúncia, nos casos em que coubesse ação pública.

Não obstante, o citado princípio permeia o sistema da Lei Adjetiva vigente em nosso país (arts. 5º, I, 24, 27, 28, 42, 578 do CPP).

E isso tem a ver, segundo pensamos, menos com a preocupação de acautelar o agente do Ministério Público contra pressões externas e mais com a correta percepção da inconciliabilidade do *interesse público ínsito na persecução, como dever de Estado,* com atos de disposição justificáveis sob a perspectiva predominantemente privada.

Com efeito, quando o art. 24 do CPP declara que a denúncia (e, diríamos nós, também o aditamento) "será" oferecida pelo órgão do Ministério Público, nos crimes de ação pública, não fica difícil compreender a adoção pelo legislador de linha radicalmente oposta ao princípio da oportunidade, vedando, assim, ao agente ministerial a celebração de acordos com o réu ou seu advogado ou a invocação de argumentos de conveniência ou de utilidade social para não desencadear a *persecutio criminis*, salvo nas infrações definidas como de menor potencial ofensiva, em que é possível evitar o processo litigioso mediante transação.

O princípio da obrigatoriedade da ação penal pública é tradicionalmente associado à atuação do sujeito ativo na ação penal pública: o Ministério Público. Há que atentar, contudo, que o citado princípio é de mais amplo elastério, pois rege, em verdade, a ação de todos os agentes estatais envolvidos com a persecução penal.

Ao tomar conhecimento da autoria de crime de ação pública, é dever do Delegado de polícia iniciar as investigações independentemente de qualquer soli-

---

[69] Exceções aos Postulados Básicos do Direito Processual Penal, in *Justitia*, vol. 136, p. 23 e ss.

[70] JARDIM, Afrânio da Silva. *Ação Penal Pública*. Rio de Janeiro: Forense, 1988, p. 120.

[71] COUTINHO, Jacinto Nelson de Miranda. *Introdução aos Princípios Gerais do Direito Processual Penal Brasileiro Revista de Estudos Criminais* – ITEC – Porto Alegre: Notadez, vol. 1, 2001, p. 41.

citação formal da vítima ou de seu representante legal (art. 5º, inc. I, do CPP) e de levá-las até o fim, tenham ou não sido exitosas, com remessa do termo circunstanciado ou do inquérito à apreciação judicial (art. 69 da Lei 9.099/95 e artigo 10, § 1º, do CPP), sob pena de responsabilidades administrativas e penais (art. 319 do CPP).

Portanto, o princípio abrange a ação de todos os integrantes do processo penal, policiais, não policiais e jurisdicionais.

Seria, de fato, um absurdo que o sistema legal obrigasse o *dominus litis* a denunciar e ao mesmo tempo facultasse ao Delegado ou aos seus auxiliares a possibilidade de se demitirem de seus deveres de investigar os crimes de ação pública. As autoridades policiais, conforme assinala Eberhardt Schmidt, "no tienem necesidad de esperar a que los particulares denuncien los hechos delictivos, sino que deben intervenir de oficio frente a las posíbles sospechas y disponer la investigación necesaria para sua alcaración (...)".[72]

É o princípio da obrigatoriedade que legitima o controle externo da atividade policial pelo MP (art. 129, inc. VII, da CF) bem como o controle judicial sobre os pedidos de arquivamentos propostos pelo Ministério Público (arts. 28 e 384 do CPP.

A seu turno, mediante recurso (art. 581, inciso I, CPP, por exemplo), o Ministério Público, de certo modo, controla a atividade judicial, na medida em que pode reverter, por meio de recurso, a decisão de rejeição ou de não recebimento da denúncia proferida sem o respaldo legal (art. 395, I a III, do CPP).

5.2. O princípio da oportunidade. Generalidades

Há certos crimes cujos efeitos atingem mais particularmente a vítima e menos aos demais cidadãos. Exemplificamos com a calúnia e a ameaça. Outros crimes são em si mesmos tão gravemente constrangedores, que o seu relato circunstanciado nas audiências públicas pode representar para o ofendido uma nova fonte de sofrimentos.

Para resguardar os interesses da vítima (*rectius*, o valor dignidade da pessoa humana), o legislador reservou à vítima o prazo de seis meses (art. 38 do CPP) para que ela própria avalie se lhe é ou não conveniente iniciar uma demanda penal por meio de queixa.

Desencadeada a *persecutio criminis*, ainda assim poderá voltar atrás e desistir da ação, concedendo, por exemplo, ao acusado o perdão ou dando causa à peremptção (art. 60, I a IV, do CPP).

A vítima exerce, então, a senhoria absoluta sobre a ação penal de sua iniciativa. Isso ocorre, aliás, desde a fase administrativa, tanto que, sem a sua concordância, a polícia não poderá instaurar o inquérito (art. 5º, § 5º, do CPP), mesmo dispondo de evidências sobre a autoria e a existência material do ilícito.

Caso essa autoridade decida fazê-lo sem o consentimento prévio do ofendido, a investigação poderá ser liminarmente interrompida por meio de mandado de segurança. Para o mesmo objetivo, o autor do fato disporá da ação de *habeas corpus* por-

---

[72] SCHMIDT, Eberhard. *Los Fundamentos Teóricos y Constitucionales del Derecho Procesal Penal.* versão castelhana de José Manuel Nunez. Buenos Aires: Ed. Bibliogr., 1957, p. 199.

que em relação a ele a abertura do inquérito, o indiciamento e a possível convocação para depor constituem constrangimentos que afetam o *status libertatis.*

Tourinho Filho sustenta que, como corolário do princípio da oportunidade, é inaceitável a prisão em flagrante por crimes de ação pública condicionada e de iniciativa privada, salvo se realizada pelo próprio ofendido ou ele a solicitar a qualquer do povo ou a algum agente policial para que a efetue.[73]

Com a máxima vênia, pensamos que a prisão será válida. Entretanto, elaborado o auto de prisão em flagrante e enviado à apreciação do Juiz, o mesmo não poderá ser homologado, e o preso terá que ser imediatamente posto em liberdade, se a autorização para com a abertura do inquérito não for concedida pelo lesado. São distintas as naturezas jurídicas – a da ação e a da prisão – e nem sempre o ofendido está em condições de dar pessoalmente a voz de prisão ao infrator ou de pedir que terceiro ou a autoridade pública o faça em seu nome.

Razoável admitir, então, a validade jurídica da prisão, condicionando-se a sua homologação posterior ao consentimento da vítima para com a ação e o processo (no caso da ação dependente de representação) ou a declaração de que pretende ingressar com a queixa-crime. É claro que o detido poderá ser posto em liberdade provisória ou vir a ser solto no futuro – se não recebê-la – caso desapareça a necessidade do confinamento cautelar, como é regra geral.

Com alguma frequência discute-se sobre a conveniência de se reorientar a ação penal pública também pelo princípio da oportunidade, nos moldes das legislações da Grécia, França, Grã-Bretanha, Bélgica, Israel, Japão, Egito, Suécia, Rússia, Áustria e Noruega, dentre outros países, sendo o *plea bargaining* norte-americano o paradigma invocado.[74]

O instituto da *plea bargaining* "possibilita discussões entre a acusação e a defesa, com vista à obtenção de um acordo, no qual o acusado se declarará culpado, em troca de uma redução na imputação que lhe é dirigida ou de uma recomendação por parte do Ministério Público, evitando assim a celebração do processo",[75] constitui a expressão máxima do princípio da oportunidade, já que o órgão de acusação "pode sugerir a aplicação de uma pena inferior ao máximo, bem como desistir da acusação por algumas das infrações, em casos de concursos de crimes, em troca da confissão do acusado".

Em outros casos, é usada como instrumento para colher provas e testemunhos dos cúmplices contra os coautores mais importantes (casos de corrupção de políticos, autoridades ou crimes organizados). Nesse caso, o promotor pode propor a desistência da acusação ou a aplicação de *sursis* no cumprimento da pena dos colaboradores".[76]

---

[73] TOURINHO FILHO, Fernando da Costa. *Processo Penal*. São Paulo: Saraiva, 2003, p. 436.

[74] JARDIM, Afrânio. *Ação Penal, Pública, Princípio da Obrigatoriedade*. Rio de Janeiro: Forense, 1988.

[75] GARCIA, Nicolas Rodrigues. A Justiça Penal e as Formas de Transação no Direito Norte-Americano: Repercussões. *Revista Brasileira de Ciências Penais*, RTR, volume 13, p. 79.

[76] SIMON, John Anthony. Considerações Sobre o Ministério Público Norte-Americano, in *Revista do MP*, vol. 23, p. 13 e ss.

O instituto em comento foi largamente empregada no histórico caso Watergate, conforme lembram Bob Woodward e Scott Armstrong,[77] sendo muito criticada nos EUA sob o argumento de que o MP só instaura processos por fatos de alta repercussão nas manchetes dos jornais.

Algo parecido havia sido introduzido em nosso meio pela Lei 10.409, de 11 de janeiro de 2002, sob a figura do sobrestamento do processo, como estratégia no combate ao uso e tráfico de substâncias entorpecentes, cujo artigo 37, IV, previa a possibilidade do não oferecimento da denúncia se o agente ou participante colaborasse no interesse da justiça ou revelasse a identidade dos demais integrantes da quadrilha, grupo, organização ou bando, ou, ainda, auxiliasse na localização do produto, substância ou droga ilícita.

A norma tinha maior alcance que a prevista no artigo 14 da Lei 9.807/99, endereçada aos sequestros, autorizando redução de 1 a 2/3 da pena ao acusado cuja colaboração permitir a localização da vítima com vida e a recuperação do produto do crime. A Lei 10.409 teve vida curta, e o sobrestamento não foi reiterado pela Lei 11.343/06 que a substituiu.

Os defensores da adoção do princípio da oportunidade para a ação pública argumentam que a atuação do MP é sempre em defesa da lei e não pode ficar condicionada ao oferecimento de uma denúncia. Ademais, o princípio da oportunidade propiciaria trabalho mais seletivo em favor dos casos mais impactantes ou socialmente mais relevantes. A grande quantidade de processos em tramitação nas varas criminais, em todo o país, muitos por fatos de escassa periculosidade social, demonstra a exatidão desse argumento.

Era pensando assim que Euclides Custódio, que foi professor na Faculdade de Direito da PUC, de São Paulo, muitas vezes acolhera, como juiz, na comarca de Santos, pedidos de arquivamento de inquérito policial, amparados em critérios de oportunidade.[78] Segundo declarou, quando exerceu a magistratura, costumava lastrear suas decisões no entendimento de que a expressão "razões invocadas" constante do art. 28 do CPP autoriza ao agente do MP requerer o arquivamento do inquérito ou peças de informações com base em quaisquer argumentos, inclusive os de oportunidade, cabendo ao juiz examiná-los para o efeito de determinar ou não a sua relevância e assim deferir ou indeferir o pedido. Se a ação penal fosse obrigatória, não teria, então, qualquer sentido o dispositivo, concluía.

Admitindo que o entendimento doutrinário predominante é no sentido de que o Ministério Público está subordinado ao comando normativo do princípio da obrigatoriedade, Roxin lembra, entretanto, que um dos problemas jurídico-processuais mais disputados no pós-guerra consiste em saber se a Instituição do Ministério Público ("Fiscalía"), a despeito do princípio, teria ou não o dever de "acusar por un comportamiento considerado por los tribunales como punible en la jurisprudencia reiterada, cuando ella misma considera que no es asi".[79]

---

[77] WOODWARD, Bob e ARMSTRONG, Scott. *Por Detrás da Suprema Corte*. São Paulo: Saraiva, 1985, p. 17.

[78] TUCCI, Rogério Lauria. *Princípios e Regras Orientadoras do Novo Código de Processo Penal Brasileiro*. Rio de Janeiro: Forense, 1986, p. 201.

[79] ROXIN, Claus. La Posición Jurídica de La Fiscalía Ayer y Hoy. *In Pasado, Presente y Futuro Del Derecho Procesal Penal*. Buenos Aires: Rubinzal-Culzoni, 2004, p. 21.

Embora reconheça que só raramente um conflito de tal natureza cobra atualidade porque normalmente os membros do Ministério Público se submetem às decisões aclaradoras dos Tribunais, o que é perfeitamente razoável, Roxin, contestando as palavras de Binding de que "la fiscalia sea abogado y no abogado penalista", afirma que "... no se podría, únicamente por esa razón, obligar a la Fiscalía a acusar por un comportamiento que se acuerdo con su convicción no es punble, debido a que la jurisprudência considera lo contrario",[80] pois a posição da jurisprudência não constitui lei e tampouco direito consuetudinário.

Para o insigne professor germânico, a resposta a esse problema jurídico processual não pode ser outra: o Ministério Público tem o direito de julgar a punibilidade de uma conduta "de acuerdo con su própria convicción jurídica", inclusive para acusar quando a jurisprudência considera como *não punível* uma conduta qualquer para "producir eventualmente un cambio de posición en la jurisprudencia".[81]

Essa lição do insigne professor germânico não pode ser sumariamente rechaçada porque como ele próprio afirmou, no trabalho citado, que a Instituição do Ministério Público deve ser ativa em relação ao acusado *tanto na proteção como na acusação!*

A frase é aqui destacada com a ênfase necessária, porque vai ao encontro da tese central deste livro, que preconiza a maior aproximação entre os direitos penal e processual penal para o fim de conciliarem-se os interesses da sociedade na punição com os interesses dos acusados em receber a proteção contra os abusos que representa a instauração de processos por fatos bagatelares, alcançados pela prescrição calculada sobre a pena projetada, versando sobre condutas formalmente típicas mas materialmente lícitas, etc., consoante o demonstramos no capítulo 7, para onde remetemos o leitor.

A flexibilização do princípio da obrigatoriedade ou, ainda mais radicalmente, a instituição do princípio da oportunidade da ação pública entre nós, desde que, observada a recomendação de Roxin, o Ministério Público estabelecesse uma política de persecução penal, daria melhores condições para a Instituição priorizar a sua atividade na punição dos fatos que causam maior lesividade social e ao mesmo tempo propiciaria o alívio das pautas judiciárias em favor da otimização orçamentária, como propõe conhecido princípio de direito administrativo.

Enfim, está aberta a discussão e, para que ela seja fecunda, parece-nos que é preciso nos desapegarmos das fórmulas legais que a doutrina transformou em dogmas repassados aos alunos de direito desde os primeiros anos da faculdade, em nosso país.

A possibilidade do oferecimento da transação só por fatos infracionais de menor potencial ofensivo, não comprometeu o princípio que permeia o sistema processual penal, qual seja, o da obrigatoriedade da ação penal pública, porque com o acordo entre o autor do fato e o MP a finalidade do processo será alcançada mediante o cumprimento por aquele de pena restritiva de direitos ou multa por aquele.

Em suma: o Ministério Público realmente pode dispor da *persecutio criminis* originariamente prevista para propor a solução negociada sem que isso signifique atuação baseada em critérios de oportunidade.

---

[80] ROXIN, Claus. La Posición Jurídica de La Fiscalía Ayer y Hoy. *In Pasado, Presente y Futuro Del Derecho Procesal Penal.* Buenos Aires: Rubinzal-Culzoni, 2004, p. 22.
[81] Idem, p. 24.

5.3. O princípio da oficialidade

É oficial a ação pública porque o *jus puniendi* é estatal, e o seu exercício é entregue ao Ministério Público – órgão estatal legitimado com exclusividade (art. 129, I, da CF) – como regra, eis que a Constituição Federal, recepcionando o art. 29 do CPP, admite, também, que essa ação seja desencadeada subsidiariamente por meio de queixa do ofendido.

O Ministério Público, sendo uma Instituição do Estado, não pertence ao governo nem está subordinado às suas diretrizes, pois, representando a sociedade, tem atuação independe e transcende o âmbito da defesa dos interesses de quem se acha eventualmente no exercício do poder estatal.

A instituição do Ministério Público, dotada de Lei Orgânica própria (Lei 8.625, de 12/02/93, DOU de 15/02/93), está organizada em carreira, com garantias idênticas às da magistratura (art. 128, I, da CF). O acesso é assegurado a todos os que, preenchendo os requisitos da lei, conseguirem aprovação no concurso público de provas e títulos (art. 129, § 3º, da CF, e art. 59 e ss. da Lei 8.625/93).

Para bem desempenhar suas atribuições de defender a supremacia da ordem jurídica e da justiça, cumpre ao agente do Ministério Público, portanto, ser dedicado, independente e corajoso, oferecendo a denúncia, arrazoando ou recorrendo, sem se importar com o *status* do autor da ofensa. Como parte imparcial, incumbe-lhe também postular, inclusive pela via do recurso, em favor do réu, se estiver convencido de que as provas ou a lei lhe favorecem.

Daí essa singularidade da parte acusadora, bem evidenciada no famoso texto escrito por Calamandrei: "Entre todos os cargos judiciários, o mais difícil, segundo me parece, é o do Ministério Público. Este, como sustentáculo da acusação, devia ser tão parcial como um advogado: com guarda inflexível da lei, devia ser tão imparcial como um juiz. Advogado sem paixão, juiz sem imparcialidade, tal é o absurdo psicológico no qual ao Ministério Público, se não adquirir o sentido do equilíbrio, se arrisca, momento a momento, a perder, por amor da sinceridade, a generosa combatividade do defensor ou, por amor da polêmica, a objetividade sem paixão do magistrado".[82]

Os constituintes de 1988 deram ao Ministério Público brasileiro um perfil sem precedentes em nenhum país do mundo, sensíveis aos reclamos da sociedade, que sempre viu no promotor o incansável defensor da lei, da ordem e da justiça.

5.4. O princípio da indisponibilidade

O art. 42 do CPP declara que "o Ministério Público não poderá desistir da ação penal" proposta.

Lembra, a propósito, Afrânio Jardim que a indisponibilidade é um "consectário lógico, embora não absolutamente necessário, do princípio fundamental, que é o da obrigatoriedade do exercício da ação penal pública".[83]

---

[82] CALAMANDREI, Piero. *Eles, Os Juízes, Vistos por Nós, os Advogados*. Lisboa: Livraria Clássica Editora, 1960, p. 59.

[83] JARDIM, Afrânio. *Da Ação Penal Pública*. Rio de Janeiro: Forense, 1988, p. 100.

Efetivamente, se a ação pública é obrigatória, e o MP é Órgão estatal com o dever de propor a denúncia, não parece lógico concluir que o seu representante possa interromper o curso da *persecutio criminis* sem quebrar, *ipso facto,* esse dever. Realmente, não haveria sentido algum se a lei exigisse do Ministério Público a denúncia, quando presentes a justa causa, os pressupostos processuais e as condições e, ao mesmo tempo, consentisse com a unilateral disposição ou renúncia do *jus persequendi in juditio.* Ao menos, sob a perspectiva do sistema processual vigente, considerado globalmente.

Desencadeada a persecução, o processo, portanto, seguirá sua trajetória, só se encerrando, salvo ocorrência de causa extintiva da punibilidade, depois de cognição plena, com o trânsito em julgado da sentença.

A indesistibilidade do recurso interposto (art. 576) funciona como natural desdobramento da indisponibilidade da ação pública.

O grande Roberto Lyra já lembrava, a propósito, que "a desistência seria a prova de precipitação, de irreflexão, de automatismo, e justamente porque a lei atribui aos atos do Promotor Público toda ponderação é que impede tais desvios. Ninguém, nada o obriga a recorrer, a não ser a própria convicção da improcedência ou da injustiça da sentença. Se o faz, presume-se o interesse social no apelo à instância superior",[84] de cuja palavra final não pode abrir mão. É claro que a regra não atinge o réu e tampouco impede que o Promotor de Justiça postule em benefício do mesmo.

5.5. O princípio da indivisibilidade

A ação penal é indivisível, porque a punibilidade deve alcançar a todos os que, direta ou indiretamente, forem identificados como responsáveis pelo cometimento do crime.

Como o princípio está inspirado em razões éticas de justiça abstrata, estaríamos, com efeito, diante de flagrante contra-senso, se o Estado pudesse aleatoriamente escolher quem denunciar, fraudando o objetivo que justificou a própria avocação do *jus puniendi*, ou seja, o objetivo de viabilização de uma sociedade segura e justa, em que todos devam ser tratados igualmente na e perante a lei.

Existindo, por conseguinte, provas, mesmo indiciárias, que permitam concluir que o fato foi praticado por duas ou mais pessoas, é imperioso que haja o ajuizamento da ação contra todas elas, sem quaisquer beneplácitos, porque, sendo do Estado a titularidade do direito de punir, não poderá o acusador, que é seu mero representante, abrir mão de direito que não lhe pertence, promovendo justiça por metade ou, por outra via, usurpando antecipadamente do Judiciário, desse modo, a prerrogativa constitucional de até mesmo inocentar quem realmente mereça ser inocentado.

A acusação deve ser, então, clara, exata, idônea, total e imparcial, ou seja, deve apontar com precisão e isenção todos os implicados no crime, mediante denúncia, queixa ou aditamento lavrado sem subterfúgios, para que cada um individualmente e todos conjuntamente, depois de conhecerem sua extensão e profundidade para po-

---

[84] LYRA, Roberto. *Teoria e Prática da Promotoria Pública.* Porto Alegre: Fabris, 1989, p. 146.

derem oferecer regular e legal resistência, possam ser, se for o caso, inocentados ou responsabilizados, observados os limites da própria culpabilidade.

A indivisibilidade é princípio comum às ações pública e de iniciativa privada, conquanto possam divergir os efeitos resultantes da sua violação.

Expliquemos melhor.

Em relação à ação pública não há atualmente em nosso Código um texto idêntico ao do art. 48 do CPP direcionado à ação de iniciativa privada, salvo o texto assemelhado, mas de fim equivalente, do artigo 417, redigido nos seguintes termos: "Se houver indícios de autoria ou de participação de outras pessoas não incluídas na acusação, o juiz, ao pronunciar ou impronunciar o acusado, determinará o retorno dos autos ao Ministério Público, por 15 (quinze) dias, aplicável, no que couber, o art. 80 deste Código".

Essa foi a causa pela qual o Supremo Tribunal Federal, em mais de uma oportunidade, afirmou não estar a ação pública regida pelo princípio da indivisibilidade, mas só a ação de iniciativa privada.[85] Na base, o entendimento estaria a constatação de que a denúncia pode ser a todo tempo aditada para a responsabilização criminal do terceiro excluído – como dimana dos arts. 28 e 46, § 2º, do CPP.

Com a máxima vênia é equívoca a posição referida, pela singela razão de que, sendo obrigatória, a ação pública haverá de ser necessariamente indivisível.

Como seria possível conciliar, com efeito, de um lado, o princípio da obrigatoriedade com a divisibilidade da ação? Aliás, se houvesse, em nosso Código de Processo Penal, para a ação pública um dispositivo idêntico ao do artigo 48, por certo, estaríamos nos defrontando com enorme redundância.

Repetindo: sendo a ação pública obrigatória ela só pode ser em essência indivisível, embora a violação do princípio não seja fator de nulidade do processo ou de extinção da punibilidade porque a qualquer tempo o acusador poderá aditar a denúncia para a inclusão no processo de corréu ou participante.

Não é o que ocorre no plano da ação penal de iniciativa privada, em relação a qual a norma do 48 do CPP é específica: "A queixa contra qualquer dos autores do crime obrigará ao processo de todos, e o Ministério Público velará pela sua indivisibilidade", tudo sob as consequências do disposto no art. 49 do CPP. Dizendo com outras palavras, se o querelante não aditar a queixa, dentro do prazo decadencial, a omissão será entendida como renúncia ao direito de queixa e causará a extinção da punibilidade do fato e beneficiará também o querelado.

Em suma: as ações pública e de iniciativa privada são naturalmente indivisíveis, variando, apenas, os efeitos decorrentes da *quebra* da indivisibilidade. Na primeira, o aditamento ou nova denúncia poderá ocorrer enquanto persistente a punibilidade. Na última, só dentro do prazo decadencial de seis meses, findo o qual, sem a adoção da providência reclamada, extinguir-se-á a punibilidade pela renúncia do direito de queixa (art. 49).

---

[85] Agravo de Instrumento nº 99303(RTJ 112/749); BIM nº 113/7, nov. 86, STF. No mesmo sentido RTJ 91/447, 94/137 e 95/1.389; STF, 1ª T., HC 71.429-3, Rel. Min. Celso de Mello, j. 25.10.94, vot. unân., DJU 25.08.95, p. 26.023.
JESUS, Damásio Evangelista de. *Código de Processo Penal Anotado*, 1995, p. 48 (nota ao art. 48).

5.6. O princípio da intranscendência

Apontado por Tourinho Filho,[86] o princípio da intranscendência indica que só o autor da infração pode ser responsabilizado por ela, e não qualquer pessoa, como propõe, aliás, o artigo 29 do Código Penal.[87]

Esse princípio vincula-se também e diretamente à garantia prevista no art. 5º, inciso 45, da Constituição Federal, segundo a qual "Nenhuma pena passará da pessoa do condenado (...)", indicando que o oferecimento da denúncia ou queixa contra quem não tem o dever jurídico de cumprir a pena configura absoluta ilegalidade.

O princípio da responsabilidade pessoal pelo fato é uma conquista do direito liberal, tendo constado da Declaração dos Direitos do Homem de 1789 e sido reeditada na Declaração dos Direitos Humanos de 1948.

Essa centralização do castigo na pessoa do agressor é, portanto, conquista recente, bastando lembrar que a casa onde viviam Tiradentes e seus familiares foi arrasada literalmente; o terreno foi salgado, para que nele mais nenhuma vegetação nascesse, simbolizando o desejo de radical eliminação de tudo o que com ele se relacionasse ou dependesse.

Aliás, as Ordenações Filipinas, no título 7, § 13, do Livro V, que dispunha sobre matéria penal, enunciavam que "(...) onde os filhos são exclusos da herança do pai, se forem varões ficarão infamados para sempre". O Decreto de 17 de junho de 1759 impunha penas que passavam para os filhos e seus descendentes, de modo que a execução de Tiradentes, nos termos em que foi posta, refletiu a barbárie da legislação da época.

Se a responsabilidade penal não alcança os sucessores do condenado falecido, nem por isso eles estão liberados do dever de entregar os bens judicialmente declarados como perdidos em favor da União e ainda de promover a reparação do causado pela infração, até o limite do valor do patrimônio a eles transferido pelo *de cujus,* conforme excepciona o inciso XLVI do art. 5º da CF, combinado com os artigos 91 e 92 do Código Penal.

E assim é porque uma coisa é a culpabilidade do autor do fato – que enseja o juízo de reprovação – e outra, bem distinta, são os efeitos advindos da sentença condenatória, dentre eles, o de reparar o dano e de entregar os objetos alcançados pelo confisco.

Na esfera da pessoa jurídica, é o patrimônio desta, por óbvio, que suportará esse efeito (sendo certo que as pessoas físicas que compõem o quadro societário sofrerão prejuízos patrimoniais indiretos).

5.7. O princípio da discricionariedade controlada

Os princípios da ação penal pública foram mitigados pelos artigos 76 e 89 da Lei 9.099/95, ambos prevendo, respectivamente, a possibilidade de transação e

---

[86] TOURINHO FILHO, Fernando da Costa. *Processo Penal.* 1º Vol. São Paulo: Saraiva, 2004, p. 331.

[87] Tratando-se de processo contra a pessoa jurídica (por infração à Lei 9.605/98), a mesma *ratio* do princípio da intranscendência haverá de impor-se, por ser evidente que só a pessoa jurídica responsável pelo dano ambiental ou a pessoa jurídica que a suceder – e não qualquer outra.

de suspensão condicional do processo, nos casos em que especificam. Neste tópico discorreremos sobre a transação, transferindo os comentários sobre a suspensão condicional para o capítulo 13, por coincidir seu exame com o da admissibilidade da inicial acusatória.

Consoante a Lei 9.099/95, a transação consiste em um acordo que podem celebrar o MP e o autor do fato por meio do qual o primeiro concorda com encerrar imediatamente o processo e o segundo a cumprir uma pena de restrição de direito ou multa.

As negociações entre Ministério Público e autor do fato só serão iniciadas se o primeiro verificar que há provas mínimas, legítimas, lícitas, enfim, idôneas, sobre a autoria e a existência material do ilícito, pois, do contrário, o Ministério Público deverá pedir o retorno dos autos à origem, para novas diligências imprescindíveis (art. 16 do CPP). Se a causa for complexa o conveniente será requerimento para envio dos autos ao conhecimento do juízo cível comum (parágrafo único do art. 66 e art. 77, § 2º).

Inexistindo provas mínimas, o pedido de arquivamento se impõe (art. 76). É claro que não se deve exigir provas exuberantes no termo circunstanciado, que é, em essência, procedimento bem mais informal que o inquérito. Mas isso não dispensa a autoridade policial de remeter à Justiça, ao menos, os laudos periciais que confirmem a existência material da infração acompanhados do registro de ocorrência ou de breve depoimento do ofendido, com o rol das testemunhas a serem, ouvidas, em juízo. Assim procedendo, estará cumprindo o requisito da justa causa.

Um Anteprojeto de CPP, que havia sido elaborado a partir do Anteprojeto Frederico Marques e publicado no Diário Oficial da União de 27 de maio de 1981, já havia previsto a transação e, ao que parece, com maior vantagem em relação ao modelo da Lei 9.099/95, porque outorgava ao Ministério Público o dever de conduzir as negociações com o autor do fato e seu advogado, *ad referendum* do Magistrado, em moldes muito semelhantes ao do *plea bargaining* norte-americano.

A pauta do juiz, pelo Anteprojeto, desse modo ficava liberada para os despachos, as audiências e as sentenças, em benefício da celeridade e da redução da sensação de impunidade que, em geral, a demora na definição da causa produz nas pessoas.

O saudoso promotor Paulo Pinto de Carvalho sustentava que nos Estados Unidos, o Ministério Público, ao transigir, conciliar ou descobrir, com a defesa, um meio para evitar a persecução, conseguia encerrar "para evitar os contratempos do *strepitus judicii*, em torno de 95% dos casos da criminalidade aparente, isto é, dos crimes que chegam ao conhecimento dos órgãos das instâncias formais de controle (...)".[88]

Outros, como Joel Dias Figueira Jr. e Maurício Antonio Ribeiro Lopes, criticavam a *plea bargaining* porque ao ser diretamente conduzida pelo órgão do MP a defesa ficava sempre em posição de desvantagem.

"Como negociação dos fatos (e do direito) feita nos gabinetes do Ministério Público ou nos corredores do tribunal, subtraída à sindicância da publicidade, os

---

[88] CARVALHO, Paulo Pinto de. Uma Incursão do Ministério Público à Luz do Direito Comparado: França, Itália, Alemanha, América do Norte e União Soviética. *Revista Ministério Público, Direito e Sociedade*. Porto Alegre: Fabris, 1986, p. 77 e ss.

seus resultados concretos dependem diretamente do poder das partes em confronto, da respectiva competência de ação. Ora, à partida é nítida a superioridade da posição do Ministério Público. O domínio efetivo do processo permite-lhe uma estratégia que pode contar com o desconhecimento, a incerteza e a insegurança da defesa em relação a aspectos decisivos".[89]

Há momentos específicos para a proposta de transação.

O primeiro, quando da audiência inicial a que se refere o artigo 72, ou seja, o da audiência preliminar. O segundo, quando da audiência de instrução e julgamento (art. 79), "se na audiência preliminar não tiver havido possibilidade de tentativa de conciliação e de oferecimento de proposta pelo Ministério Público" (transação).

O legislador, por evidente, não pretendeu, nem quis instituir a segunda chance como "regra", pois, do contrário, culminaria por afrontar os princípios da simplicidade e da celeridade, que presidem o procedimento dos Juizados Especiais Criminais, mas assegurar a efetividade na oportunidade para o acordo. É por isso mesmo que o juiz ao abrir a audiência poderá oportunizar uma rápida negociação com o objetivo de por fim ao processo mediante o cumprimento de pena restritiva de direitos ou multa. Se verificar que as partes estão imbuídas do ânimo de negociar nada obsta que faça uma breve interrupção da audiência para que fique bem resguardado o objetivo da lei.[90]

A disciplina legal sobre a transação tem por objeto a ação penal pública.

Discute-se, diante da omissão legislativa, se na frustração da tentativa de composição dos danos seria ou não possível a transação na ação penal de iniciativa privada.

Não obstante o específico direcionamento da Lei 9.099/95 à ação pública, parece-nos que, rigorosamente, não haveria por que negar-se às partes na ação de iniciativa privada o direito de composição não mediante pagamento de indenização (pois a vítima pode inclusive não estar interessada nisso), mas sim mediante cumprimento de certa pena – por exemplo, de serviços à comunidade, de entrega de cestas básicas a um orfanato ou de pecúnia em favor de entidade particular ou pública de assistência social (art. 45, § 1º, do CP).

Conforme acentuam Ada Pellegrini Grinover, Antonio Scarance Fernandes e Luiz Flávio Gomes, "a evolução dos estudos sobre a vítima faz com que por parte de muitos se reconheça o interesse desta não apenas à reparação civil, mas também à punição penal. De outro lado, não existem razões ponderáveis par deixar a vitima somente duas alternativas: buscar a punição plena ou a ela renunciar",[91] de modo que, "é possível ao juiz aplicar por analogia o disposto na primeira parte do art. 76, para que também incida nos casos de queixa".[92] Para o autor do fato, no entanto, a transação é mais gravosa que a composição dos danos, porque ele ficará impedido, nos cinco anos seguintes, a fazer uma nova transação se vier a praticar outro fato de menor potencial ofensivo (art. 76, inciso II, da Lei 9.099/95). Com a obrigação de

---

[89] FIGUEIRA JR., Joel Dias; LOPES, Maurício Antonio Ribeiro. *Comentários à Lei dos Juizados Especiais Cíveis e Criminais*. São Paulo: Revista dos Tribunais, 1995, p. 342.

[90] GRINOVER, Ada Pellegrini; GOMES FILHO, Antonio Magalhães; FERNANDO, Antonio Scaranc; GOMES, Luiz Flávio. *Juizados Especiais Criminais*. São Paulo: RT, 1997, p. 161.

[91] Idem, p. 128.

[92] Idem, p. 129.

ter que "cumprir certa pena", o autor do fato também não ficará livre da sensação de ter *perdido a causa,* embora sem perder a condição de primário e de bons antecedentes.

É controversa, outrossim, a questão relacionada à legitimidade do MP para propor a transação na ação de iniciativa privada e mesmo contra a vontade da vítima. A jurisprudência vem aceitando a possibilidade,[93] face à natureza da intervenção *custos legis*[94] do Ministério Público, não obstante os prejuízos que a aceitação da proposta possa causar à vítima moral ou patrimonialmente.

A aceitação da proposta formulada pelo MP poderá causar desconforto ao advogado constituído pela vítima, que, na audiência, ante a intervenção do agente ministerial em assuntos de natureza estritamente privada, ficará impedido de continuar cumprindo as cláusulas do seu contrato e assim de conduzir o processo até final sentença.

Daí a nossa contrariedade, considerando-se, especialmente, que por causa da disponibilidade dos bens protegidos a iniciativa em transacionar deveria ser assegurada apenas ao querelante.

Controversa, também, é a possibilidade do magistrado propor a transação.

Na lição de Olavo Berriel Soares, o legislador brasileiro, com a transação, pretendeu "valorizar a implementação de uma política criminal por parte das autoridades envolvidas na *persecutio criminis,* as quais terão a partir de agora muito mais liberdade de definir quais infrações devem receber atenção prioritária, e qual deve ser o tratamento concedido a tais infrações, atuando-se efetivamente na prevenção da criminalidade, de acordo com as características e peculiaridades de cada comunidade".[95]

Com esse sentimento, sustentávamos, ante a literalidade dos arts. 76 e 89 da Lei 9.099, que seria do MP exclusivamente essa legitimidade[96] e também porque ampliá-la ao juiz implicaria ignorar o princípio do *ne judex ex officio* e usurpar a

---

[93] *HABEAS CORPUS.* DIFAMAÇÃO. ART. 139 C/C ART. 141, III, ambos do CPB. QUEIXA CRIME. CRIME CONTRA A HONRA, TRANSAÇÃO PENAL. Rito especial da Queixa-Crime não afasta a aplicação da Lei 9099/95. Cabe ao Ministério Público propor a transação penal, ainda que em ação penal privada e, em caso de negativa, deve ser fundamentada à vista das condições pessoais da querelada. O exame de prova afasta a pretensão de trancamento de ação penal mediante *habeas corpus.* ORDEM, EM PARTE, CONCEDIDA. UNÂNIME. (Habeas Corpus nº 71001257013, Turma Recursal Criminal, Turmas Recursais, Relator: Nara Leonor Castro Garcia, Julgado em 12.03.007). Ainda: Recurso em Sentido Estrito nº 70009006321, Oitava Câmara Criminal, Tribunal de Justiça do RS, Relator: Marco Antônio Ribeiro de Oliveira, Julgado em 18.08.04 e Reclamação nº 297025876, Segunda Câmara Criminal, Tribunal de Alçada do RS, Relator: Sylvio Baptista Neto, Julgado em 18.09.97 e Habeas Corpus nº 70004854170, 8ª Câmara Criminal do TJRS, Porto Alegre, Rel. Des. Tupinambá Pinto de Azevedo. j. 04.09.02).

[94] Habeas Corpus nº 70004854170, Oitava Câmara Criminal, Tribunal de Justiça do RS, Relator: Tupinambá Pinto de Azevedo, Julgado em 04.09.02.

[95] SOARES, Olavo Berriel. Lei 9.099/95: Uma Nova Política Criminal, *Boletim do IBCCrim* nº 35, p. 5.

[96] JESUS, Damásio Evangelista. Breves Notas à Lei dos Juizados Especiais Criminais, *Boletim do IBCCrim* nº 35, p. 13; SILVA, Eduardo Araújo da, Da Disponibilidade da Ação Penal na Lei 9.099/95, *Boletim do IBCCrim* nº 35, p. 17.
Ver ainda: Turma Recursal Criminal do RS., proc. 01397510841, Rel. Dr. Mário Rocha Lopes Filho, j. 24.04.98, un., in RJE, 22 e Proc. 01398502995, j. 07.08.98, in RJE, nº 23, dentre outras decisões.

função constitucionalmente assegurada ao MP no inciso I do art. 129 de exercer com exclusividade a ação penal.[97]

Por isso, reclamávamos a necessidade de elaboração pelas Procuradorias-Gerais de Justiça de uma política estatal de persecução que, sem ignorar a realidade local nem romper com o princípio da independência funcional de seus agentes, privilegiasse os esforços e a aplicação do dinheiro público na repressão daqueles fatos que, efetivamente, justificassem a instauração de processos. Essa, segundo nos parecia, era a lógica inspiradora da transação e da suspensão condicional do processo.

O passar do tempo e as experiências vividas determinaram o retorno às primeiras interpretações sobre esse tema,[98] de modo que, hoje, defendemos a legitimidade do juiz para propor a transação (e também a suspensão condicional do processo), quando o MP deixar de fazê-lo ou não apresentar justificativas convincentes, embora reconheçamos que essa não é a posição predominante, na doutrina[99] e na jurisprudência[100] –

---

[97] Correição Parcial 296029556, por nós relatada na 7ª Câm. Crim TJRS, julg. em 22.10.96.
Nesse sentido as decisões: Ap. cr. 01397507094, j. 18.08.97, Turma Recursal em Porto Alegre, Rel. Dr. Fernando Braf Henning Jr., in RJE, n. 20, e Proc. 01398505329, mesma turma, Rel. Juiz Umberto Guaspari Sudbrack, dentre outras.

[98] A Comissão Nacional de Interpretação da Lei 9.099/95, sob a coordenação da Escola Nacional da Magistratura, assim concluiu: "Se o Ministério Público não oferecer proposta de transação penal e suspensão condicional do processo nos termos dos arts. 79 e 89, poderá o juiz fazê-lo". Idem: Maurício Antonio Ribeiro Lopes, obra citada, p. 345.

[99] Também perfilham esse entendimento Ada Grinover, Antonio Magalhães Gomes Filho, Antonio Scarance Fernandes e Luiz Flávio Gomes. Juizados Especiais Criminais, cit., p. 125. Também: Ap. nº 158, 2ª Câm. Crim. TJSP, Rel. Des. Devienne Ferraz, in Boletim do IBCCrim, nº 41, p. 140. No mesmo sentido: Ap. nº 158, 2ª Câm. Crim. TJSP, Rel. Des. Devienne Ferraz, in Boletim do IBCCrim nº 41, p. 140.

[100] "A proposta de transação penal ou suspensão condicional do processo, nos termos dos arts. 76 e 89 da Lei 9.099/95, é de iniciativa exclusiva do Ministério Público, mediante o controle do art. 28 do CPP"– Destaque nº 2 – Boletim Informativo nº 24 editado pela Procuradoria Geral de Justiça do RS. Na Turma Recursal de P. Alegre: CORREIÇÃO PARCIAL. PROPOSTA DE TRANSAÇÃO PENAL. IMPOSSIBILIDADE DE ALTERAÇÃO DA PROPOSTA DO MINISTÉRIO PÚBLICO POR CONCILIADOR. 1. A proposta de transação penal, a que se refere o art. 76 da Lei 9.099/95, é prerrogativa exclusiva do Ministério Público. 2. Em havendo divergência entre o seu representante e o magistrado, os autos devem ser remetidos à Procuradoria-Geral de Justiça, aplicando-se por analogia o art. 28 do Código de Processo Penal. CORREIÇÃO PARCIAL PROCEDENTE. (Correição Parcial nº 71001772763, Turma Recursal Criminal, Turmas Recursais, Relator: Angela Maria Silveira, Julgado em 25.08.08).
"O juiz não dispõe de legitimidade para a iniciativa de proposta de transação penal, recaindo esta exclusivamente sobre o Ministério Público. Entendendo o juiz que faz jus o autor do fato e havendo negativa por parte do Ministério Público, deve aplicar o artigo 28 do Código de Processo Penal por analogia. Precedentes jurisprudenciais. CORREIÇÃO ACOLHIDA" (Correição Parcial nº 71001307669, Turma Recursal Criminal, Turmas Recursais, Relator: Alberto Delgado Neto, Julgado em 04.06.07).
No mesmo sentido: Correição Parcial nº 71000857839, Turma Recursal Criminal, Turmas Recursais, Relator: Joni Victoria Simões, Julgado em 21.02.06 e Recurso Crime nº 71001581164, Turma Recursal Criminal, Turmas Recursais, Relator: Cristina Pereira Gonzales, Julgado em 28.04.08.
Preliminar de nulidade do processo pela revogação do momento da transação penal ao apelante. O fato de o apelante responder a um processo crime, analisadas as demais condições no caso concreto, não altera as condições para o oferecimento da transação penal. A anulação dos atos processuais posteriores é imperativo para que o processo siga conforme rito legal, e em sendo necessária a remessa dos autos ao Procurador-Geral de Justiça para que examine a possibilidade de oferecimento da transação penal. Inteligência do artigo 5º, LVII, da Constituição Federal, artigo 76 da Lei. 9.099/95 e artigo 28 do Código de

inclusive do STJ[101] – com a recomendação de uso pelo magistrado da prerrogativa do artigo 28 do CPP.

O artigo 28 do CPP não resolve, entretanto, o eventual dissenso entre o Procurador-Geral de Justiça e o Tribunal nos processos instaurados contra pessoas com prerrogativa de foro, vez que a *ratio* jurídica artigo 28 do CPP tem incidência apenas no primeiro grau de jurisdição.[102]

Por essas e outras razões revisamos nossos próprios pensamentos para defendermos uma posição mais extremada que identifica no Poder Judiciário a ínsita prerrogativa de resolver o impasse decorrente da recusa do Ministério Público em transacionar com autor de fato que, literalmente, satisfaça os requisitos legais para a obtenção do benefício despenalizador (art. 76, § 2º, incisos I a III, da Lei 9.099/95).

A Lei Maior dispõe não ser possível subtrair do Poder Judiciário o conhecimento de lesão a direito individual (art. 5º, XXXV) e por isso não nos parece razoável que a palavra final sobre o direito individual (direito subjetivo público) à transação possa ficar com o acusador. Como natural decorrência dessa interpretação, parece-

---

Processo Penal. À UNANIMIDADE DERAM PROVIMENTO AO RECURSO DEFENSIVO PARA DECLARAR A NULIDADE DO PROCESSO. (Recurso Crime nº 71001623487, Turma Recursal Criminal, Turmas Recursais, Relator: Alberto Delgado Neto, Julgado em 12.05.08).

Nos Tribunais: Ap. Cr. 6984777973, 8ª Câm. TJRS, Rel. Des. Tupinambá Azevedo, para a hipótese em que o órgão do MP se nega injustificadamente a propor a transação (TACRIM; CP nº 1.028.077/7,11ª Câm.; Rel. Juiz Renato Nalini, j. 02.09.96; v.u.).

[101] III. Transação penal que deve ser proposta pelo Ministério Público, sendo que, no caso em tela, não há notícia nos autos sobre o seu oferecimento, ou da sua recusa em fazê-lo. IV. "Caso haja recusa pelo Parquet no oferecimento da proposta de transação penal, deve ser expedido ofício ao Procurador-Geral de Justiça do Estado de São Paulo, remetendo-lhe os autos para que proceda à análise dos requisitos necessários ao oferecimento da referida proposta em relação ao recorrido, fazendo-se mister a aplicação analógica do art. 28 da Lei Processual Penal" (REsp 622837/SP, 5ª T., rel. Min. Gilson Dipp, DJ 04.10.04, p. 338).

"Infração de menor potencial ofensivo (definição). Transação penal (possibilidade). Ministério Público (iniciativa). 1. Há um só conceito de infração de menor potencial ofensivo, exatamente o constante da Lei 10.259, de 2001. 2. Havendo elementos que, em tese, justifiquem a transação penal e recusando-se o Ministério Público a oferecer a proposta respectiva, faz-se mister a aplicação analógica do art. 28 do Cód. de Pr. Penal; defeso, portanto, transferir a iniciativa ao Judiciário. 3. Ordem concedida, determinando-se, diante já da recusa do Ministério Público local, sejam os autos encaminhados ao Procurador--Geral" (HC 43512 / SP, 6ª T., rel. Min. Nilson Naves, DJ 10.04.06, p. 303).

Ainda: No STJ: REsp. 187824/SP, 5ª T, Rel. Min. José Arnaldo da Fonseca, j. 13.04.99, DJU 17.05.99.

[102] "1. Em se tratando de ação penal originária, uma vez fundamentada a negativa do benefício da transação penal – e, no caso, assim foi feito –, nada resta ao órgão julgador do Tribunal a não ser acatar a manifestação denegatória da Procuradoria-Geral de Justiça, sendo inaplicável a utilização, por analogia, do art. 28 do Código de Processo Penal, diferentemente do que pode vir a acontecer quando a ação penal é processada perante Juízo de primeiro grau. Precedente do STF.

(...)" (STJ, HC 59.114/SP, Rel. Ministra Laurita Vaz, DJ. 13.11.06).

"2. Na hipótese de o juiz discordar da manifestação do Ministério Público que deixa de propor a suspensão condicional do processo, aplica-se, por analogia, o art. 28 do Código de Processo Penal. 3. Todavia, em se tratando de atribuição originária do Procurador-Geral de Justiça, v.g., quando houver competência originária dos tribunais, o juiz deve acatar a manifestação do chefe do Ministério Público. 4. Tendo em vista que a suspensão condicional do processo tem natureza de transação processual, não existe direito público subjetivo do paciente à aplicação do art. 89 da Lei 9.099/95. 5. Ordem denegada." (STF, HC 83.458/BA, Rel. Min. Joaquim Barbosa, DJ. 06.02.04).

-nos que a omissão ou recusa do MP em transacionar deva ser considerada até mesmo de ofício pelos Tribunais por ser causa de nulidade absoluta.[103]

Essa razão jurídica autoriza a afirmar que o juiz detém o poder de propor ao denunciado a suspensão condicional do processo recusada imotivadamente pelo órgão do MP. Desde que aquele preencha os requisitos legais (art. 89 da Lei 9.099/95) não vemos sentido na subtração do direito subjetivo público à proposta. Ao Judiciário, como garante, incumbe ser efetivo também sob esse ponto de vista, posição que não deve ser interpretada como tentativa de diminuição da honorável Instituição do Ministério Público, a que servimos por mais de duas décadas, com muito orgulho e igual dedicação.

---

[103] Preliminar de nulidade do processo pela revogação do momento da transação penal ao apelante. O fato de o apelante responder a um processo crime, analisadas as demais condições no caso concreto, não altera as condições para o oferecimento da transação penal. A anulação dos atos processuais posteriores é imperativo para que o processo siga conforme rito legal, e em sendo necessária a remessa dos autos ao Procurador-Geral de Justiça para que examine a possibilidade de oferecimento da transação penal. Inteligência do artigo 5º, LVII, da Constituição Federal, artigo 76 da Lei 9.099/95 e artigo 28 do Código de Processo Penal. À UNANIMIDADE DERAM PROVIMENTO AO RECURSO DEFENSIVO PARA DECLARAR A NULIDADE DO PROCESSO. (Recurso Crime nº 71001623487, Turma Recursal Criminal, Turmas Recursais, Relator: Alberto Delgado Neto, Julgado em 12.05.08).

Capítulo VII

As condições genéricas da ação

Sumário: 1. As Condições da Ação. Generalidades e classificação; 2. A possibilidade jurídica do pedido como primeira condição genérica da ação: A tipicidade, aspectos e exigências; 2.1. As atipicidades sob a perspectiva da teoria da tipicidade conglobante. Casos; 2.1.1. Atipicidade por consentimento do ofendido; 2.1.2. Atipicidade da conduta pela autorização ou fomento do poder público; 2.1.3. Atipicidade por imposição legal à prática da conduta; 2.1.4. Atipicidade pela não afetação ao bem jurídico: a bagatela; 3. A segunda condição genérica da ação: O interesse de agir; 3.1. Interesse de agir e excludentes da ilicitude; 3.2. Interesse de agir e eximentes da culpabilidade; 3.2.1. A culpabilidade e seus elementos; 3.2.2. A imputabilidade e as causas de isenção da menoridade, da doença mental e da embriaguez; 3.2.3. A potencial consciência da ilicitude e a causa de isenção de pena do erro de proibição; 3.2.4. A exigibilidade de outra conduta e as causas de isenção de pena na coação e na obediência hierárquica; 3.2.5. Interesse de agir e prescrição pela pena projetada; 4. A terceira condição genérica da ação: a legitimidade de partes; 4.1. O Estado como parte ativa; 4.1.1. O Ministério Público como órgão de legitimação ordinária; 4.1.2. A vítima como sujeito legitimado extraordinariamente; 4.1.3. MP e o servidor público nos crimes contra a honra; 4.2. A parte passiva; 4.2.1. A pessoa humana; 4.2.2. A pessoa jurídica.

1. As condições da ação. Generalidades e classificação

No capítulo V, discorremos sobre as teorias civilista, abstrata, concreta e eclética da ação penal e registramos que privilegiaríamos o estudo em capítulo próprio da base sobre a qual foi edificada a teoria eclética, por causa da influência dessa teoria primeiramente no CPC e agora no CPP.

Conforme registramos naquele capítulo, a referida teoria foi incorporada ao texto do CPC (art. 267) por obra do Ministro da Justiça, Alfredo Buzaid, que havia sido brilhante aluno de Liebman no período em que este viveu e lecionou em São Paulo (início da década de 1940 até 1946, ano em que retornou à Itália, para dar sequência ao seu ministério de consagrado mestre, na "Università Degli Studi di Milano").

Sem pretender tirar os méritos do grande professor italiano, não deixa de ser curioso que a sua teoria tenha aparecido ao mundo jurídico logo depois da edição de nosso atual Código de Processo Penal, em 1941, e se consideramos as semelhanças estruturais entre o revogado artigo 43 e o artigo 267 do CPC, não soa desarrazoado imaginar que Liebman poderia ter se inspirado no texto do artigo 43 do CPP para fazer com a teoria eclética a aproximação das duas teorias então conhecidas.

Liebman nunca negou que a ação (ele se referia à ação civil) guarda independência do direito material, divergindo, entretanto, dos partidários da teoria abstrata, porque, para ele, o seu exercício depende da satisfação de requisitos designados como *condições da ação.*

Conforme escreveu o Mestre: "o interesse para acionar é, pois, um interesse processual, secundário e instrumental em relação ao interesse substancial primário, e tem por objeto a providência que se pede ao magistrado como meio para obtenção do interesse primário, descumprido ou lesionado pelo comportamento da outra parte".[1]

Sob esse ponto de vista, Liebman desalinhou do pensamento de Wach e de sua teoria concreta, para a qual a ação é direito à sentença de mérito, mesmo não existindo norma substantiva de direito para ser invocada (como acontece no caso da ação declaratória negativa).

Para Liebman, o exame das condições da ação (genéricas ou específicas) deve ser realizado pelo juiz numa fase *prévia* à ação – fenômeno denominado de *joeiramento prévio,* sendo que a sua falta conduzirá à declaração judicial de carência de ação sem exame do mérito da causa. Nas palavras do Mestre; "La ausência aun de una sola de ellas induce carência de acción y puede ser puesta de relieve, aun de ofício, en cualquier grado del proceso".[2]

Em que pese sua importância, na teoria geral do processo civil, a teoria eclética recebeu duras críticas na doutrina, porque, no dizer de Fábio Gomes, amparado em Pekelis e Walter Baethgen, ela a) tentou conciliar o inconciliável, ou seja, postar-se em uma posição intermediária entre a Doutrina Concreta e a Abstrata, como que criando uma *zona comum* entre ambas, b) porque ao reduzir o campo da atividade jurisdicional acabou criando uma atividade estatal de natureza diversas das três existentes, a executiva, a legislativa e a judiciária, para enquadrar aquela exercida pelo Juiz ao decidir sobre as condições da ação e ainda c) porque confundiu *ação* com *pretensão* e, por via de consequência, conferiu o direito de ação também ao réu.[3]

Embora a contundência da crítica, a teoria eclética acabou ganhando espaços entre nós e compõe o quadro das discussões travadas ainda hoje pelos processualistas civis.

Tal a expressão e a importância da teoria que a Lei 11.719/08 culminaria por incorporá-la também ao texto do Código de Processo Penal, como se depreende do inciso II do novo artigo 395, consolidando assim a sua influência também sobre a teoria geral do processo penal, embora, no ponto, fosse superior a disciplina normativa constante do revogado artigo 43.

Segue-se, então, a teor do inciso II do artigo 395 do CPP, cuja inteligência é fornecida pela teoria geral do processo civil, que o juiz extinguirá o processo sem o exame do mérito (a denominação legal é "rejeição da denúncia ou queixa") quando

---

[1] LIEBMAN, Enrico Tulio. *Manual de Derecho Procesal Civil*, tradução de Santiago Sentis Melendo. Buenos Aires: Ediciones Jurídicas Europa-America, 1976, p. 115.

[2] Ibidem.

[3] SILVA, Ovídio A. Baptista; GOMES, Fábio. *Teoria Geral do Processo Civil*. 3ª ed. São Paulo: Revista dos Tribunais, 2002, p. 117-117.

constatar que o pedido é juridicamente impossível, que o autor é parte ilegítima para a causa ou que não há mais interesse jurídico, econômico ou moral em receber o provimento sentencial reclamado.

Essas são as condições da ação apontadas por Liebman e repetidas constantemente pelos doutrinadores de ambas as áreas do direito. É por isso que serão referidas neste texto, embora a possibilidade jurídica do pedido e o interesse de agir tenham sido fundidos ante o entendimento de que todo pedido juridicamente possível gera, sempre, o interesse para a parte em reclamar a proteção do direito por meio de sentença.

Essa fusão foi realizada por Liebman, nas edições seguintes de sua obra. Eis como consta em seu *Manual de Direito Civil*: "Las condiciones de la acción, mencionadas hace poco, son el interés para accionar y la legitimación. Las mismas son como ya he señalado, los requisitos de existencia de la acción, y deben por es ser estabelecidas en juicio (aunque, de ordinario, de manera implícita), preliminarmente al examen del fondo. Solo si concurren estas condiciones puede considerarse existente la acción y surge par el juiz la necesidad de proveer sobre la demanda, para acogerla o rechazarla. ... La ausencia aun de una sola induce *carencia de acción* y puede ser puesta de relieve, aun de oficio, en cualquier grado del proceso".[4]

Com essa modificação, Liebman culminou por acolher, ao que nos parece, as críticas de Arruda Alvim,[5] pois reconhecer como juridicamente possível um pedido é automaticamente reconhecer que o provimento reclamado tem supedâneo no ordenamento jurídico, conforme anota Ada Pellegrini Grinover,[6] citando o próprio Liebman, Buzaid e Galeno Lacerda.

A possibilidade jurídica do pedido, o interesse e a legitimidade de partes são, na formulação original de Liebman, condições *genéricas,* porque, em certos casos, o exercício da ação penal pressupõe a satisfação pelo demandante de condições *específicas*,[7] a saber: a representação do ofendido, a requisição do Ministro da Justiça, a entrada do agente em território nacional e as condições objetivas de punibilidade.

Adiante examinaremos as condições da ação separadamente e deixaremos para o capítulo 13 o exame sobre as consequências jurídicas da sua falta, como propõe o artigo 395 do CPP, na redação dada pela Lei 11.719/08.

2. A possibilidade jurídica do pedido como primeira condição genérica da ação: a tipicidade, aspectos e exigências

A possibilidade jurídica do pedido em matéria cível é determinada, consoante a concepção original de Liebman, positivamente, isto é, a partir da existência de norma de direito material permitindo a dedução do pedido. Em estudos subsequen-

---

[4] LIEBMAN, Enrico Túlio. *Manual de Derecho Procesal Civil*, tradução de Santiago Sentis Melendo. Buenos Aires: Ediciones Jurídicas Europa-America, 1976, p. 114.

[5] BAETGHEN, Walter Eduardo. Contra a Ideia de uma Teoria Geral do Processo. *Revista Interamericana de Direito Processual Penal*, ano III, vol. 12, 1978, p. 38.

[6] GRINOVER, Ada Pellegrini. *As Condições da Ação*. São Paulo: Bushatsky, 1977, p. 40.

[7] BONFIM, Edilson Mougenot. *Curso de Processo Penal*. São Paulo: Saraiva, 2009, p. 147 e LOPES JR., Aury. *Direito Processual Penal e sua Conformidade Constitucional*. Rio de Janeiro: Lumem Juris, 2007, p. 361, dentre muitos outros autores.

tes, os processualistas civis ampliaram o âmbito dessa condição para também considerarem como juridicamente possível a pretensão não proibida pela ordem jurídica embora ausência de norma substantiva prévia dispondo sobre ela.[8]

Essa dupla face da condição advém, no dizer de Breno Mussi,[9] da inescusabilidade do pronunciamento judicial, de modo que, mesmo à falta de explícito dispositivo sobre eventual pretensão posta pelo autor ao crivo do Poder Judiciário, o juiz não poderá deixar de se pronunciar sobre as pretensões oferecidas e resolver a lide, apelando, ainda que precise apelar para a analogia, os costumes e os princípios gerais de direito (art. 4º da Lei de Introdução ao CC, Decreto-Lei 4.657/42).

Diferentemente do que ocorre no cível, a possibilidade jurídica do pedido, na ação penal, é aferível apenas *positivamente,* isto é, no sentido da *efetiva* existência no ordenamento jurídico-penal de norma prévia definindo a conduta como crime e produzindo, assim, a "criminalidade" a punir. Esse entendimento nós o externamos há muitos anos atrás em livro esgotado e vem sendo reafirmado pela melhor doutrina.

Para Vicente Cernichiaro, "como no sistema punitivo a ausência de proibição equivale à existência de permissão, só haverá delito a punir se ... o agente realizar "(...) a conduta descrita na lei penal, ou seja, contrária ao preceito da norma jurídica".[10]

Não é diferente o pensar de Jacinto Miranda Coutinho, em comentários ao revogado ao artigo 43 do Código de Processo Penal, afirmando que, se no processo civil "é possível o agente exercer o direito de ação sempre que o ordenamento jurídico não o vete", no processo penal essa tese é inaceitável "porque o requisito, visto pelo ângulo da tipicidade ... necessariamente deve ser conceituado de modo positivo", tendo o acusador o dever de levar ao juiz, na imputação, "uma conduta que aparentemente corresponda a um tipo legal",[11] tese endossada por Mirabete, com a frase de que só haverá possibilidade jurídica do pedido "(...) quando se imputar ao acusado a prática de um fato típico, que se amolde perfeitamente à descrição abstrata contida na lei penal".[12]

Dizendo de outro modo: para ser juridicamente possível o pedido (e daí advir interesse jurídico na persecução penal) é imprescindível a existência na ordem jurídico-positiva de norma definindo a conduta como crime e estabelecendo a respectiva sanção. Esse condicionamento encontra supedâneo no princípio da legalidade (artigo 1º do Código Penal e inciso XXXIX do artigo 5º da CF) e bem reflete a conhecida função de garantia dos tipos penais.

Foi inicialmente com Beccaria e, depois, com Anselm Von Fuerbach, que o princípio da legalidade ganhou expressão deontológica e hoje é considerado um patrimônio comum da legislação penal dos povos civilizados, estando, inclusive, presente nos textos legais internacionais mais importantes do nosso tempo.

---

[8] ARAGÃO, Egas Dirceu Moniz de. *Comentários ao CPC.* II/433-7, nº 504, Rio de Janeiro: Forense, 1974.

[9] MUSSI, Breno, *As Condições da Ação e a Coisa Julgada.* AJURIS, vol. 43, p. 79.

[10] CERNICCHIARO, Luiz Vicente. *Direito Penal na Constituição.* São Paulo: RT, 1990, p. 11.

[11] COUTINHO, Jacinto Nelson de Miranda. *A Lide e o Conteúdo do Processo Penal.* Curitiba: Juruá, 1989, p. 146.

[12] MIRABETE, Julio Fabbrini. *Processo Penal.* São Paulo: Atlas, 1991, p. 133.

Definido por Luigi Ferrajoli[13] como o primeiro postulado do positivismo jurídico, porque, por meio dele, se identifica o direito vigente como objeto exaustivo e exclusivo da ciência penal, estabelecendo que só as leis (e não a moral ou outras fontes externas) dizem o que é delito, o princípio da legalidade é verdadeira barreira de contenção do poder punitivo do Estado, que só pode sancionar conduta previamente definida *em lei*[14] com o crime.

Nessa exata medida, a legalidade permite ver que o Código Penal atua efetivamente como Carta Magna do Delinquente (e também dos não criminosos), funcionando como "baluarte do cidadão contra a onipotência estatal, contra o cego poder da maioria, contra o Leviatã", como propunha Von Lizt.[15]

Legalidade, tipo e tipicidade, enfim, são conceitos que se entrelaçam para que os tipos cumpram a função de proteção, porque, no dizer de Juarez Tavares,[16] é por meio deles que identificamos os conflitos a regulamentar e a segurança, porque, com a exata descrição da conduta criminosa, evitamos que o direito penal se transforme "em instrumento arbitrário, orientado pela conduta de vida ou pelo ânimo. Considerando-se que a função primeira do direito penal é a de delimitar as áreas do justo e do injusto, mediante um procedimento ao mesmo tempo substancial e informativo, a exata descrição dos elementos que compõem a conduta criminosa serve (...) ao propósito de sua materialização, quer dizer, sua condição espaço-temporal, e, depois, como instrumento de comunicação entre o Estado e os cidadãos, pelo qual se assinalam as zonas do proibido e do permitido (...)".

Essas funções são percebidas já na primeira fase da individualização da pena (a fase legal), ou seja, aquela em que o legislador etiqueta a conduta e comina a pena em margens mínima e máxima. No processo de criminalização (tipificação), o legislador, teoricamente, toma os dados da vida e os configura em conceitos abstratos. Essa abstração no tipo se concretiza como tipicidade, no preciso instante em que advém o acontecimento efetivo. Por isso, já dizia o grande José Duarte, "não é a denúncia que dá vida à ação penal, mas a 'criminalidade' do fato denunciado".[17]

Em nome da segurança jurídica, os tipos penais precisam ser claros e taxativos, sendo vedada a utilização da interpretação extensiva, dos usos e costumes locais e da analogia, salvo para beneficiar o acusado. Como ensinava Luiz Luisi, o postulado da determinação taxativa "expressa a exigência de que as leis penais, especialmente as de natureza incriminadora, sejam claras e, o mais possível, certas e precisas". Trata-se de um postulado dirigido ao legislador, vetando ao mesmo tempo a elaboração de tipos penais com a utilização de expressões ambíguas, equívocas e vagas, de modo a se evitar diferentes ou contraditórios entendimentos.[18] "O princípio da determinação taxativa preside, portanto, a formulação da lei penal, a exigir a qualificação

---

[13] FERRAJOLI, Luigi. *Derecho y Razón, Teoria del Garantismo Penal*. Editorial Trotta, 1197, p. 374.

[14] Em *lei* no sentido *literal* da palavra. Não é possível criminalizar e sancionar via decretos ou medidas provisórias, por exemplo.

[15] LISZT, Franz Von. *La Idea de Fin En El Derecho Penal*. México: UNAM e UVC, 1994, p. 11.

[16] TAVARES, Juarez. *Teoria do Injusto Penal*. Belo Horizonte: Del Rey, 2000, p. 168 e 169.

[17] DUARTE, José. *Tratado de Direito Penal*. Rio de Janeiro: Livraria Jacinto, vol. 5, p. 53.

[18] LUISI, Luiz. *Os Princípios Constitucionais Penais*. Porto Alegre: Fabris, 1991, p. 15.

e competência do legislador, e o uso por este de técnica correta e de uma linguagem rigorosa e uniforme".[19]

Na lição de José Nabuco Filho, "de nada adianta a observância da legalidade sob o aspecto formal e temporal, se a lei que entra em vigor é indeterminada, porquanto não impede o arbítrio judicial. Ademais, a lei indeterminada não cumpre qualquer função de prevenção geral – posto que o indivíduo não pode saber o que é legalmente permitido – e extrai a base de reprovação (*reproche*) da culpabilidade".

É de todo inconveniente, então, que se utilize nos tipos penais descrições indeterminadas ou muito abertas, cuja conformação típica da conduta fica, não raro, condicionada apenas ao que o juiz "compreende" como tal. O Código de Trânsito, por exemplo, criminaliza no art. 311, a conduta de quem trafegar em "velocidade incompatível com a segurança", nas proximidades de escolas, hospitais, estações de embarque e desembarque, etc. Fácil ver que a configuração do fato-crime fica entregue ao juiz, sem controles, gerando risco de abuso na aplicação do direito e, não raro, a usurpação da competência do legislador mediante o suprimento dos *déficits legislativos.*[20]

Para ser considerada típica, a conduta humana realizada precisa guardar plena correspondência ao enunciado do preceito primário de norma incriminadora. É por isso que Carlos Côssio definia a norma penal como sendo conduta em interferência intersubjetiva.[21]

Dissemos que "*corresponda*" para anotar que com a subsunção da sua conduta ao tipo o agente não "viola" a lei, embora todos nós tenhamos a tendência de pensar em sentido oposto. Com efeito, desde Binding[22] entende-se que o infrator – para que a conduta seja típica *precisa fazer exatamente o que a norma penal prevê,*[23] isto é, que *satisfaça todas as exigências objetivas, normativas e subjetivas típicas* (elementos do tipo penal).

As exigências inerentes aos *elementos objetivos típicos* – também conhecidos por elementos descritivos do injusto – conforme ensinamento de Damásio E. de Jesus, "são os que referem a materialidade da infração penal, no que concernente a sua forma de execução, tempo, lugar, etc. A fórmula do tipo é composta de um verbo que expressa a conduta. Trata-se, em geral, de um verbo transitivo, com o seu obje-

---

[19] LUISI, Luiz. *Os Princípios Constitucionais Penais*. Porto Alegre: Fabris, 1991, p. 15.

[20] NABUCO FILHO, José. *O Princípio Constitucional da Determinação Taxativa e os Delitos Ambientais*. Boletim do IBCCrim, ano 9, número 104, p. 2.

[21] CÔSSIO, Carlos. *La Teoria Egológica del Derecho y El Concepto Jurídico de Libertad*. 2ª ed., Buenos Aires: Abeledo-Perrot, 1964, p. 51.

[22] BINDING, Karl. *Die Normen Und Ihere Uebertretungen*. 1872, citado por AFTALIÓN, ob. cit., p. 98.

[23] Como os tipos penais não dizem aos indivíduos que eles não devem furtar ou matar, pois limitam a descrever o comportamento criminoso de "subtrair coisa alheia" ou de "matar alguém", as proibições inerentes aos tipos do furto homicídio são identificáveis dentro dos próprios tipos (e não fora deles, como se fossem almas penadas a procura de corpos), mediante a formulação de juízos disjuntivos, como propôs, magnificamente, Côssio, na obra em que demonstrou a impropriedade de considerar os tipos como imperativos categóricos (Kant) ou juízos hipotéticos (Kelsen) (CÔSSIO, Carlos. *La Teoria Egológica del Derecho y El Concepto Jurídico de Libertad*. 2ª ed. Buenos Aires: Abeledo-Perret, 1964).

to: 'matar alguém', 'ofender a integridade corporal de alguém'".[24] Segundo o festejado autor, "o homicídio é o melhor exemplo da descrição típica simples e correta: 'Matar alguém'. Nela não se encontra qualquer elemento atinente à antijuridicidade. O tipo só descreve os elementos objetivos, materiais da conduta".[25]

A percepção dos elementos objetivos dos tipos dá-se, segundo Fragoso, "através de simples verificação sensorial, o que ocorre quando a lei se refere a membro, explosivo, parto, homem, mulher, etc. A identificação de tais elementos dispensa qualquer valoração".[26]

Diferentemente dos objetivos, são os *elementos normativos*, cuja apreensão de significado (nunca esquecendo que a lei é um sítio de significância e que é do interprete a tarefa de extrair os significados) passa por juízos culturais, isto é, precisa de valorações, conforme ensinamento de Fragoso, exemplificando com a expressão "mulher honesta",[27] já extirpada do texto do artigo 215 do CP pela Lei 11.106/05, ou, ainda, com as expressões "garantia pignoratícia" (art. 171, § 2º, III), "warrant" (art. 178), "fraudulentamente" (art. 171), "gestão temerária" (Lei 7.492/85), estas últimas exigindo conhecimento jurídicos específicos.

Já o *elemento subjetivo* corresponde à finalidade eleita pelo autor da conduta criminosa. A vida humana é realmente um constante valorar, um constante eleger finalidades, escolha e utilização de meios para alcançá-las. Por isso dizemos: todo crime é precedido de um motivo. Descobri-lo é descobrir o seu autor.

Não raro, a finalidade eleita pelo agente aparece como dado essencial do delito. Note-se, por exemplo, como a conduta de eliminar a vida de outrem pode tocar em vários tipos. Se por exemplo na denúncia o Ministério Público simplesmente narrar que, no dia "x", o denunciado "A" matou a vítima "B"[28] dessa descrição não se saberá *a priori* se a narrativa é de homicídio doloso, ou de homicídio culposo ou de lesões corporais seguidas de morte, tudo dependendo saber-se então do verdadeiro fim pretendido pelo agente (dolo genérico).[29]

Na mesma linha e exemplificando com a figura do crime tentado, o saudoso professor gaúcho Luiz Luisi alertava que não havia mesmo como tipificar penalmente a tentativa senão tendo-se "presente a intenção que anima o agente da ação truncada. Face ao fato de alguém disparar tiros que não atingem outra pessoa, como tipificar esta conduta sem partir da intenção do agente? É esta intenção, o propósito do sujeito ativo, que irá permitir a tipificação da conduta. Se os disparos foram feitos com a intenção de matar, a tentativa será tipificada como homicídio tentado. Se os tiros foram dados com o propósito de ferir, a tentativa será tipificada como lesão corporal tentada. E se a intenção era apenas assustar um ébrio, e nada ocorreu, o

---

[24] JESUS, Damásio Evangelista de. *Comentários ao Código Penal*. 1º vol. São Paulo: Saraiva, 1985, p. 339-340.

[25] Idem, p. 340.

[26] FRAGOSO, Heleno Cláudio. *Lições de Direito Penal*. 8ª ed. Rio de Janeiro: Forense, p. 163.

[27] Idem.

[28] RJTJRGS, vol. 46, p. 34, Rel. Des. Cristóvão Daiello Moreira.

[29] Em certos tipos dolosos, a finalidade aparece como o dado essencial do delito. Desse modo, a intenção do agente acaba atuando como o centro de referência na determinação das repercussões penais da conduta. É ela que possibilita às vezes também a identificação do delito ou a pena a ser imposta. Se a morte da vítima advém de conduta impulsionada por motivo de relevante valor social ou moral o homicídio em princípio será privilegiado (art. 121, § 1º, do CP) e a pena correspondente deverá ser significativamente minorada na terceira fase do método trifásico (art. 68 do CP).

delito será tipificado como perigo de vida à saúde de outrem". Se assim é, vale dizer, se o dolo do agente tipifica o delito tentado, é evidente que com muito mais razão há de se incluir como elemento do tipo do "delito consumado".[30]

Daí a correta recomendação jurisprudencial ao acusador para que, na denúncia, descreva o modo como o homicida agiu em concreto, para que indique a espécie de armamento utilizada[31] e para que descreva natureza das lesões encontradas no corpo da vítima,[32] porque, na falta de outros dados, elas permitirão compreender a vontade criminosa para os enquadramentos possíveis. Conforme disse, enfaticamente, o professor Geraldo Batista de Siqueira o elemento subjetivo "faz parte do juízo de acusação".[33]

Há tipos, outrossim, em que *além do dolo genérico,* consistente da vontade livre e consciente de praticar a conduta ilícita, exigem a demonstração do *dolo específico,* consistente na especial finalidade contida na descrição típica e sem o qual não haverá a tipicidade como condição para que o pedido seja juridicamente possível.

Como ensina adverte Pedro Krebs, o legislador pode apontar no tipo um "elemento subjetivo adicional" (dolo específico), de que são exemplos os tipos do sequestro e cárcere privado (art. 148), do rapto[34] (art. 219), e da extorsão mediante sequestro (art. 159), que descrevem a *mesma* conduta,[35] embora variações de finalidades (objetivo previamente selecionados pelo infrator),[36] bem ainda o tipo da prevaricação, cujo artigo 319 alude especificamente ao interesse pessoal visado pelo servidor público, de modo que, sem a descrição na denúncia do dolo específico indispensável à configuração desse crime não haverá a "criminalidade a punir", como anotam Damásio[37] e Alberto Franco, apoiado em precedente do STF.[38]

Há julgados que liberam o acusador do encargo de apontar e descrever o dolo, na inicial, por entenderem que o tema deve ser conhecido e deslindado na sentença.

Convém registrar, contudo, que nesses julgados, a alusão dos Tribunais é ao dolo e não ao *dolo específico* porque, quando o tipo exigir a demonstração da finalidade (e daí o clássico emprego na lei da expressão *para o fim de...*) sem a sua descrição e demonstração empírica não haverá a própria tipicidade.

Nem sempre a prática de conduta com a intenção de violar a lei será típica e penalmente punível.

---

[30] LUIZI, Luis. *O Tipo Penal, a Teoria Finalista e a Nova Legislação Penal.* Porto Alegre: Fabris, 1987, p. 62.

[31] Recurso no Sentido Estrito nº 19990610004235rse/DF (123664), 1ª Turma Criminal do TJDFT, Rel, p. A. Rosa de Farias, j. 09.12.99, Publ. DJU 05.04.00, p. 38.

[32] Apelação Crime nº 96.008251-4 (10.085), 1ª Câmara Criminal do TJSC, Rel. Des. Nilton Macedo Machado, j. 08.10.96, Publ. no DJESC nº 9.586, p. 13 – 17.10.96 e Recurso em Sentido Estrito nº 216.856-3, 1ª Câmara Criminal do TJSP, Rel. Des. Fortes Barbosa, j. 24.11.97.

[33] SIQUEIRA, Geraldo Batista. *Estrudos de Direito Processual Penal.* Rio de Janeiro: Forense, 1989, p. 88 e ss.

[34] A Lei 11.106/05 revogou os arts. 219 a 222, que dispunham sobre o rapto. Esse aspecto não prejudica, entretanto, o exemplo apontado por Pedro Krebs no livro escrito antes do advento da citada lei.

[35] KREBS, Pedro. *Teoria Jurídica do Crime.* São Paulo: Manole, 2004, p. 112.

[36] Sobre as classificações do dolo, consultar a obra de David Medina Silva. *O Crime Doloso.* Porto Alegre: Livraria do Advogado, 2005, p. 47.

[37] JESUS, Damásio Evangelista de. *Código Penal Anotado.* 2. ed. São Paulo: Saraiva, 1991, p. 319.

[38] FRANCO, Alberto. *Código de Processo Penal e sua Interpretação Jurisprudencial.* São Paulo: RT, 1999, p. 1065. No mesmo sentido: STJ, 6ª T, Rel. Min. Pedro Acioli, DJU 20.02.95, mesma fonte.

O agente poderá até querer livre e conscientemente praticar um crime e daí executar determinadas providências no mundo dos fatos, mas, nem sempre, haverá resultado punível.

É o que ocorre quando o agente incorre em erro quanto aos elementos do tipo (erro de tipo, art. 20 do CP) ou utiliza objeto impróprio e não consegue alcançar a consumação do delito (figura do crime impossível, art. 17 do CP).

Falemos primeiramente sobre o erro quanto aos elementos do tipo.

É princípio conhecidíssimo o consubstanciado no art. 3º do Dec.-Lei 4.657/42 (Introdução ao Código Civil) e no art. 21 do CP. de que ninguém poderá alegar ignorância ou o seu desconhecimento da lei, para justificar condutas ilegais. Não seria possível segurança em sociedade se o sistema normativo admitisse a possibilidade de invocação pelo infrator de justificativa nesse sentido. Embora a hiperinflação legislativa em países como o nosso, a ponto de gerar dificuldades para os técnicos na determinação da legalidade de condutas ou procedimentos, por uma ficção jurídica e não mais do que por uma ficção, a presunção é a de que todos, sem exceção, conhecem a lei e não podem, em nenhuma situação, opor-se a esse conhecimento.

Em que pese tudo isso, o agente pode alegar e demonstrar que agiu em erro, ou seja, com a falsa percepção quanto aos elementos que compõem os tipos penais e aos dados acidentais da conduta

Dizendo de outro modo: não podendo arguir a ignorância ou o desconhecimento da existência do tipo (previsto em lei, pois se não fosse assim estar-se-ia admitindo a possibilidade da alegação do desconhecimento da lei), o agente, em relação aos dados objetivos, subjetivos, normativos, que compõem a figura típica pode, sim, incorrer em erro, que, *excluindo o dolo, excluirá a própria tipicidade.*

"Com a Lei 7.209/84, que reformulou a Parte Geral do Código Penal, o dolo, desincorporado da consciência da ilicitude, deixou de ser objeto de consideração em nível de culpabilidade para inserir-se na própria estrutura típica. Dessa forma, o erro não mais excluirá o dolo enquanto elemento de formação do conceito de culpabilidade, mas, sim, enquanto dado integrativo do tipo. "Se o dolo é conhecimento (e volição) da realização de todos os elementos do tipo objetivo, deverá declarar-se a ausência de dolo, quando o agente *desconhece* todos ou alguns elementos do tipo objetivo".[39]

O artigo 20 do CP é claríssimo: "O erro sobre elemento constitutivo do tipo legal de crime exclui o dolo, mas permite a punição apor crime culposo, se previsto em lei".

É a lição de Luiz Flávio Gomes quanto aos efeitos do erro de tipo: "o erro de tipo (essencial), assim, sempre exclui o dolo, fosse o erro inevitável ou evitável, porque o "erro de tipo é o lado inverso do dolo do tipo". Considerando-se o dolo também como parte integrante do tipo conclui-se que *o erro de tipo não chega a afetar a culpabilidade ou a ilicitude: antes, inexiste o próprio tipo*".[40]

O erro excluirá o dolo e comprometerá a tipicidade por não permitir que o agente compreenda a natureza criminosa da conduta, se a sua falsa percepção (isto é, o erro) for sobre situação de fato – como se daria no exemplo de quem subtrai

---

[39] FRANCO, Alberto. *Código Penal e sua Interpretação Jurisprudencial*. São Paulo: RT, 1995, p. 222-223, (citando Gómez Benites. *Teoria Jurídica Del Delito*, 1984, p. 220).

[40] GOMES, Luiz Flávio. *Erro de Tipo e Erro de Proibição*. São Paulo: RT, 2001, p. 117.

coisa sua e não *coisa alheia* – ou mesmo quando for sobre a compreensão do direito – no exemplo do acusado de bigamia que tivesse contraído o novo casamento por ter suposto que o cônjuge anterior estava morto.

Condição imposta pela lei para que o erro quanto aos elementos do tipo objetivo seja aceito é que seja *essencial* e *invencível.*

É *essencial* o erro quando recair sobre os elementos do tipo (elementares e circunstâncias qualificadoras, causas de aumento de pena e agravantes genéricas).[41] É *invencível,* quando o erro for desculpável pela ordem jurídica. Contudo, se o erro essencial for *vencível,* isto é, não desculpável, não admissível pela ordem jurídica, pois nas circunstâncias seria exigível maior diligência do autor do fato, ele poderá responder criminalmente a título de culpa, se a conduta for punível culposamente.

Assim, *haverá erro essencial* (sobre circunstância fática descrita no tipo) invencível na conduta de quem, pretendendo furtar o guarda-chuva, levar consigo o de

---

[41] Diferentemente do erro essencial (que exclui o dolo e o tipo e que por isso interessa afeta a primeira condição da ação), é o erro acidental, que recai como a denominação propõe, sobre os aspectos acessórios (acidentais) e que, por não excluir o dolo, nem evitar que o agente possa responder culposamente pelo fato, conforme o caso, não constitui óbice à propositura da ação e ao nascimento do processo.

São espécies de erro de tipo acidental os que recaem sobre o objeto da conduta, a pessoa, a execução, o resultado e o dolo geral, conhecidos, respectivamente, sob as seguintes denominações: erro *in objecto*, erro *in persona*, erro por *aberratio ictus*, *aberratio criminis* e *aberratio causae*.

Examinemos essas espécies, separadamente.

Haverá erro in objeto quando o erro recair sobre o objeto a conduta, no clássico exemplo de quem pensa estar subtraindo jóias quando, em verdade leva consigo bijuterias baratas. Presentes o dolo, isto é, a vontade livre e consciente de subtrair, bem como a efetiva realização da conduta, o erro quanto ao objeto será indiferente aos efeitos da tipicidade e da punibilidade pelo furto.

O erro *in persona* verificar-se-á quando a pessoa atingida for diversa daquela que o agente efetivamente pretendia agredir. Noutras palavras: o indivíduo imagina um alvo e executa todos os movimentos corporais para, dolosamente, alcançar o resultado. Só que, por erro, verifica, posteriormente, que vítima da agressão foi outra pessoa. A conduta é executada com toda presteza só que em relação à pessoa diversa daquela que integrava o projeto criminoso. É clássico exemplo do assassinato da pessoa errada. É claro que o erro não beneficiará o agente, que responderá pelo fato como se tivesse sido exitoso em seu projeto criminoso, consideradas as qualidades da pessoa visada e não as da pessoa erroneamente atingida.

Na figura da *aberratio ictus* a situação é distinta porque a agressão da pessoa errada ocorre por erro na execução. O agente pretende agredir A e direciona a sua contra ela, alcançando, todavia, por erro, a pessoa de B. Diferentemente do *erro in persona*, na *aberratio ictus* a causa do erro provém da mal sucedida execução do projeto criminoso. Nessa situação, o agente responderá criminalmente pela conduta realizada, tendo-se em conta as qualidades pessoais da pessoa visada e não as daquela efetivamente atingida.

Haverá, outrossim, *aberratio criminis* quando o agente, querendo alcançar um resultado, por erro na execução, lesa objetividade jurídica diversa da pretendida. Por exemplo, com o intuito de quebrar a tiros os vidros do carro de um desafeto, o agente dispara o revólver e, por erro, atinge e mata alguém que se colocou involuntária e repentinamente na linha de tiro. Diferentemente da *aberratio ictus*, na *aberratio criminis* a conduta criminosa é executada com perfeição pelo criminoso, embora o advento de lesão a bem jurídico diverso. É claro que nesse caso o agente responderá pelo resultado produzido.

Por último, haverá *aberratio causae*, quando o erro recair sobre a causa determinante do evento pretendido e efetivamente alcançado. É o exemplo apontado pela doutrina daquele que quer matar e empura a vítima do alto da ponte, para que, ao cair, morra afogada, mas, por erro, a causa da morte é o traumatismo craniano em razão do impacto do corpo com a estrutura da ponte, durante a queda. Na situação, cometerá homicídio doloso e responderá por esse crime independentemente da causa eficiente do resultado.

Em suma: no erro essencial há atipicidade por ausência de dolo e, daí, impossibilidade jurídica do pedido. No erro acidental ocorrerá o inverso.

sua propriedade e não o de terceiro; a de quem pretendendo comprar cocaína adquire um composto não entorpecente e a de quem imaginando que vai ser assaltado repele a agressão imaginária e mata o terceiro que levava a mão ao bolso para sacar o lenço, e não o revólver.

O Tribunal Regional da 4ª Região, em outro caso paradigmático, manteve a absolvição de indivíduo acusado de operar clandestinamente emissora de rádio (art. 183 da Lei 9.472/97), por erro de tipo (erro quanto ao elemento normativo do tipo), por considerar que havia ficado provado que ele não sabia que havia sido cassada a licença.[42]

Foi também por erro essencial quanto ao tipo que o Tribunal de Justiça do RS absolveu acusado em processo por crime de uso de documento falso (carteira nacional de habilitação) por ter a prova demonstrado que ele tinha razões para acreditar que o documento era verdadeiro.[43]

Nesses exemplos, o conhecimento sobre as elementares típicas não dependerá de domínio técnico ou de juízos de valor. Qualquer pessoa comum do povo saberá o significado das expressões "coisa alheia", "documento falso" ou "clandestino". Existem tipos, entretanto, em que o conhecimento sobre o conteúdo ou significado das elementares depende de um algo mais que a experiência ou a simples verificação, como sucede, por exemplo, em relação às elementares "corante", "substância antisséptica", "conservadora", que compõem o tipo do art. 197 do CP, ou as já citadas elementares" garantia pignoratícia", "fatura" e *warrant*", que integram os tipos dos arts. 171, § 2º, III e 178 do CP, cujo significado ou compreensão não dispensa certo domínio técnico.

Ainda no plano da determinação da tipicidade, falemos, agora, sobre o crime impossível, doutrinariamente conhecido, também, como crime falho ou tentativa falha, o qual inviabiliza a subsunção da conduta ao tipo correspondente.

Embora próximos, o crime tentado (art. 14, inciso II) e o crime impossível (art. 17) não se confundem, porque, no primeiro, o agente *inicia* a execução típica, isto é, começa a realizar a conduta prevista no tipo e só não alcança o resultado idealizado por circunstâncias alheias à sua vontade, ao passo que, no crime impossível, o agente, em razão da *absoluta ineficácia do meio ou do objeto empregado* permanece *distante* do tipo penal e das consequências nele previstas.

É desse modo que o artigo 17 do CP dispõe: a tentativa não será punível quando, por *ineficácia absoluta do meio* ou por *absoluta impropriedade do objeto,* for *impossível consumar-se o crime.*

---

[42] Consoante o julgado: "2. O objetivo da tutela penal, no presente caso, é impedir a instalação desordenada de estações de radiodifusão, evitando interferências na recepção dos sinais pelo público usuário e, também, nos serviços das emissoras regularmente instaladas, inclusive por órgãos destinados à segurança pública. 3. Não tendo o réu conhecimento da cassação da medida liminar que lhe dava o direito de colocar em operação a estação de rádio, é de ser reconhecido o erro sobre elemento constitutivo do tipo penal, no caso, a 'clandestinidade', já que o acusado acreditava estar amparado por decisão judicial que consentia com suas atividades e supunha estar agindo de forma absolutamente autorizada" – TRF4, ACR 2000.71.03.001096-6, Sétima Turma, Relator Fábio Bittencourt da Rosa, DJ 07.05.03.

[43] TJRS, Apelação Crime nº 70018565275, Quarta Câmara Criminal, Relator: Des. Gaspar Marques Batista, Julgado em 10.05.07.

Então, bem de acordo com a teoria objetiva, adotada pelo nosso Código e mantida pela reforma de 1984, "o crime impossível constitui uma figura atípica",[44] impunível que não propicia o desencadeamento da persecução penal pelo fato cometido.

Exemplo de crime impossível por absoluta ineficácia do meio dá-se na tentativa de quem quer matar com veneno e adiciona farinha, e não a substância letal à comida.[45] Exemplo de crime impossível por *impropriedade do objeto* é o da mulher que ingere a substância abortiva pensando estar grávida quando, em verdade, possui um fibroma que causa aumento do volume abdominal.[46]

Depois de longa discussão, firmou-se na jurisprudência, por recomendação doutrinária, o entendimento de que também há crime impossível quando o agente, em vias de realizar a conduta típica, é preso em flagrante e o flagrante é resultado de preparação pela autoridade policial (Súmula 145 do STF).[47]

Na figura do flagrante preparado, ensina Pedro Krebs, "o autor é apenas o protagonista inconsciente de uma comédia. O desprevenido sujeito ativo opera dentro de uma pura ilusão, pois, *ab initio,* a vigilância da autoridade policial torna impraticável a real consumação. Um crime que, além de astuciosamente sugerido e ensejado ao agente, tem suas consequências frustradas por medidas tomadas de antemão, não passa de um crime imaginário".[48]

A jurisprudência, dando aplicação prática à teoria, vem qualificando como crime impossível a conduta de quem apanha coisa de pequeno valor e é preso na saída de supermercado por funcionários que, durante todo o tempo, no interior do estabelecimento, acompanharam (vigiaram) os movimentos do ladrão.[49] "Essa linha de entendimento guarda coerência com ideologia central da reforma da Parte Geral do Código Penal, que se expressa através do princípio *nullum crimen sine* culpa".[50]

Diferentemente do *preparado* – objeto do enunciado n. 145 da Súmula do STF – é o flagrante *esperado*.

---

[44] BITENCOURT, Cezar Roberto. *Tratado de Direito Penal*, Parte Geral, vol. 1. São Paulo: Saraiva, 2006, p. 506.

[45] Idem, p. 506-507.

[46] KREBS, Pedro. *Teoria Jurídica do Delito*, Barueri: Manole, 2004, p. 98.

[47] Não confundir o flagrante *preparado* com o flagrante *esperado,* típico da situação em que a autoridade, autorizada pela lei, depois de investigar, aguarda o melhor momento para realizar a prisão.

[48] KREBS, Pedro. Op. cit., p. 98-99.

[49] "1. O estabelecimento comercial manteve a acusada sob vigilância durante todo o *iter criminis*, de modo que o alarme, estrategicamente colocado na saída do local, não permitiu que a ré saísse com o objeto, impossibilitando a produção de resultado típico. Absolvição mantida.... " (Apelação Crime nº 70026964775, Sexta Câmara Criminal, Tribunal de Justiça do RS, Relator: Nereu José Giacomolli, Julgado em 20.11.08)
Mais: "CRIME IMPOSSÍVEL. ATIPICIDADE A conduta de flagrante preparado conforma a figura do crime impossível nos casos em que, em face das circunstâncias predispostas, há a exclusão 'absoluta' da possibilidade de o fato vir a ser consumado. Nos casos concretos em que a vigilância providenciada pelo agente provocador constitui uma barreira intransponível para o sujeito a atipicidade da conduta deve ser reconhecida. Aplicação da Súmula 145 do STF. Absolvição com fundamento no Art. 386, inciso III, CP. Recurso Defensivo Provido". (Apelação Crime nº 70021941331, Quinta Câmara Criminal, Tribunal de Justiça do RS, Relator: Aramis Nassif, Julgado em 21.05.08).
Ainda: (Apelação Crime nº 70024036675, Sexta Câmara Criminal, Tribunal de Justiça do RS, Relator: João Batista Marques Tovo, Julgado em 27.11.08).

[50] FRANCO, Alberto. *Código Penal e sua Interpretação Jurisprudencial*. São Paulo: RT, 2001, p. 282.

No primeiro, há uma insciente cooperação para a ardilosa averiguação da autoria de crime, de modo que o sujeito, desprevenido, opera dentro de pura ilusão.

No segundo, não há preordenação, provocação ou indução de terceiros e sim avaliação da autoridade pública quanto ao melhor momento para efetuar a prisão.[51] Por isso entende-se que a prisão em flagrante é legal.

Em síntese: não sendo satisfeitas as exigências típicas inerentes aos elementos (objetivos, normativos ou subjetivos) do tipo, e, ainda, nas situações acima ventiladas constitutivas de erro de tipo e de crime impossível, não haverá possibilidade jurídica do pedido (e obviamente interesse de agir), impondo-se, desde logo, o pedido de arquivamento do inquérito ou peças de informações, ou, se for o caso, a rejeição da denúncia ou queixa com fundamento no inciso II do art. 395 do CPP.

2.1. As atipicidades sob a perspectiva da teoria da tipicidade conglobante. Casos

A determinação da possibilidade jurídica do pedido nem sempre ocorre a partir da mera constatação de que o agente realizou a conduta prevista no tipo penal, sendo necessário ir-se além, para saber-se se a conduta realizada está prenhe de antinormatividade penal, ou seja, se ofendeu algum bem juridicamente protegido e é suscetível de punição.

Esse aspecto confirma que a lógica utilizada nas ciências sociais não corresponde à lógica utilizada nas ciências exatas, pois dada certa premissa nem sempre a conclusão é a que em princípio poderia ser apontada como correta.

É absolutamente imprescindível, então, aos efeitos da tipicidade, que o intérprete ou aplicador da lei examine o fato em toda a dimensão jurídico-penal possível, isto é, sob uma perspectiva ampla, total, abrange ou não setorizada, sem dispensar uma só das partes que compõem o sistema jurídico de direito positivo com o qual opera. A metáfora de Bobbio é bastante elucidativa: se quisermos conhecer a árvores, precisaremos ir ao interior da floresta.[52]

Essa é a base da teoria desenvolvida por Eugênio Raúl Zaffaroni, em que propõe o exame da tipicidade dentro de uma perspectiva conglobal, isto é, holista ou total, não sendo possível a punição, a despeito da tipicidade formal, quando o Estado, por exemplo, estimular, fomentar ou tolerar a prática de conduta geradora de resultado formalmente típico.

Assim e de acordo com a teoria em tela, a tipicidade legal ou formal deve adequar-se ao que o sistema normativo considera *globalmente, e não isolada ou setorialmente*. Nas palavras do conhecido penalista argentino, "la lesividad debe establecerse mediante la consideración de la norma que se deduce del tipo, pero no

---

[51] "1. Não se deve confundir *flagrante* preparado com *esperado* – em que a atividade policial é apenas de alerta, sem instigar qualquer mecanismo causal da infração. 2. A "campana" realizada pelos policiais a espera dos fatos não se amolda à figura do flagrante preparado, porquanto não houve a instigação e tampouco a preparação do ato, mas apenas o exercício pelos milicianos de vigilância na conduta do agente criminoso tão somente a espera da prática da infração penal..." (HC 40436 / PR, 5ª T., rel. Min. Laurita Vaz, DJ 02.05.06, p. 343).

[52] BOBBIO, Norberto. *Teoria do Ordenamento Jurídico*, 9ª ed., Brasília: UNB, 1997, p. 19.

ya aislada, sino conglobada en el orden normativo constituído por todo el conjunto de normas deducidas o expresadas en otras leys de igual o superior jerarquia".[53]

Explicando melhor, Zaffaroni considera que para pode ser considerada típica a conduta deve ser também antinormativa, isto é, contrariar qualquer setor do sistema jurídico por não ser possível pensar-se que "... quando uma conduta se adéqua formalmente a uma descrição típica, só por esta circunstância ela será penalmente típica. Que uma conduta seja típica não significa necessariamente que é antinormativa, isto é, que esteja *proibida* pela norma (pelo 'não matarás', 'não furtarás' etc.). O tipo é criado pelo legislador para tutelar o bem contra as condutas proibidas pela norma, de modo que o juiz jamais pode considerar incluídas no tipo aquelas condutas que, embora formalmente se adéquem à descrição típica, realmente não podem ser consideradas contrária à norma e nem lesivas ao bem tutelado".[54]

Para Zaffaroni, a teoria da tipicidade conglobante cumpre a função de *reduzir* o âmbito do poder punitivo, na medida em que condiciona a tipicidade à existência de uma lesão a bem jurídico (isto é, em resposta a um *quê* e a um *quem).* Daí o arremate do ilustre professor: "No puede negarse la absoluta irracionalidad de pretender prohibir lo que no lesiona a nadie (porque no hay lesión, porque no es significativa o el riesgo del resultado), o prohibir lo que se ordena hacer, lo que se fomenta y recomienda o que es realización de riesgos que no se prohiben, porque son consecuencia necesaria de actividades lícitas o fomentadas".[55]

Essa função redutora da tipicidade sob perspectiva conglobante limita o "... âmbito de proibição aparente que surge da consideração isolada da tipicidade legal"[56] num mesmo e único momento da intelecção e compreensão dos fato.

Disse muito bem, em artigo crítico, Alamiro Velludo Salvador Netto, "a tipicidade conglobante, neste universo, funciona como um *corretivo* da tipicidade legal, sem a qual haveria contradições insanáveis com a ordem normativa. A finalidade da tipicidade conglobante, assim, é verificar o âmbito de proibição da lei penal quando esta é inserida no global ambiente normativo, ou seja, através do seu cotejo com todas as normas restantes de uma determinada ordem. A tipicidade legal dar-se-á com a simples subsunção da conduta ao modelo abstrato previsto em lei. A tipicidade conglobante, como segundo passo, realizará a conferência deste aspecto formal com o restante do ordenamento normativo".[57]

Lembrou a propósito Juarez Tavares que como não se pode considerar indiciado o injusto pela simples realização do tipo e sem esgotar em favor do sujeito a análise das normas que possam atestar a autorização da conduta, parece claro que "... deve haver um método para se proceder a essa análise, o qual pode perfeitamente identificar-se com aquele proposto tradicionalmente pela doutrina, ou seja, examinando-se, numa primeira etapa, os elementos do tipo e depois os elementos

---

[53] ZAFFARONI, Raúl Eugenio, *et alii. Derecho Penal*, Parte General. Buenos Aires: Ediar, 2002, p. 455.

[54] ZAFFARONI, Raúl Eugenio; PIERANGELI, José Henrique. *Manual de Direito Penal Brasileiro*, Parte Geral, 2ª ed. São Paulo: RT, 1999, p. 456.

[55] ZAFFARONI, Raúl Eugenio. Op. cit., 2002, p. 485.

[56] ZAFFARONI, Raúl Eugenio; PIERANGELI, José Henrique. Op. cit., 1999, p. 549.

[57] NETTO, Alamiro Velludo Salvador. Reflexões Dogmáticas sobre a Teoria da Tipicidade Conglobante. *Revista Eletrônica Liberdades*, órgão do IBCCrim, nº 1 – maio-agosto de 2009.

da antijuridicidade",[58] método que "é único" embora se desenvolva em duas etapas por uma questão metodológica e não política, dando como exemplo o mesmo de Zaffaroni, para lastrear sua construção teórica, qual seja, o do cumprimento do dever legal,[59] por não é possível dizer-se que há tipicidade material na conduta de quem tem o dever jurídico de adotar a conduta prevista no tipo!

A formulação de Zaffaroni possui extraordinária aplicação prática vez que a determinação da tipicidade/atipicidade e da possibilidade/impossibilidade jurídica do pedido é sempre resultado da compreensão de *todo* o sistema jurídico de direito positivo e não apenas do sentido que as normas isoladamente podem sugerir-nos.[60]

Nos itens a seguir, listaremos os casos de impossibilidade jurídica do pedido sob o enfoque da teoria da tipicidade conglobante, antes sintetizada, para identificarmos os casos de *atipicidade que poderão ser objeto de pedidos de arquivamento do inquérito ou peças de informação* ou, *de rejeição da denúncia ou queixa* e, ainda, de *absolvição sumária* (arts. 28, 395, 395 e 415 do CPP).

2.1.1. Atipicidade por consentimento do ofendido

Não é concebível em direito penal a punição de uma conduta que não agrida a um bem, isto é, a um "elemento da própria condição do sujeito e de sua projeção social", como sustentou Juarez Tavares.[61]

Na lição de José de Faria Costa, o bem jurídico há de ter *dignidade penal, isto é, precisa merecer a proteção do direito penal,* "incluindo-se, nessa precisa acepção, a vida, a integridade física, a honra, o patrimônio, a segurança interna do Estado", ou seja, "... pedaços da realidade que se afirmam como valores numa teia de relações axiológicas" ... voltadas à "garantia", à "segurança" e à "coesão". Todas elas visam, não só livre desenvolvimento da personalidade humana, mas também a normal expansão e concretização dos interesses e valores da comunidade.[62]

Nesse cenário, "por maior que seja a aparência de tipicidade que tenha a conduta, jamais o tipo pode proibir uma conduta para a qual o titular do bem jurídico tenha prestado sua conformidade",[63] tema cuja abordagem mais remota, segundo Roxin, foi realizada por Ulpiano com a frase *nulla iniuria est, quae in volentem fiat,*

---

[58] TAVARES, Juarez. *Teoria do Injusto Penal.* Belo Horizonte: Del Rey, 2000, p. 163-164.

[59] Idem, ibidem..

[60] Às vésperas da remessa dos originais deste livro à Livraria do Advogado, veio a lume a excelente obra coletiva "Teoria e Prática dos Procedimentos Penais e Ações Autônomas de Impugnação", coordenada pelo Promotor de Justiça Charles Emil Machado Martins. Para nossa felicidade, constatamos que no capítulo II, sob o título "Do Procedimento Comum Ordinário", o ilustrado agente do MP defendeu posição similar à nossa, a justificar a transcrição: "Na hipótese de manifesta atipicidade dos fatos, isto é, de ausência de subsunção do fato narrado a um prévio tipo penal que o incrimine, a falta desta condição da ação (a possibilidade jurídica do pedido) deve ser verificada para além da 'tipicidade formal' ou aparente, ou seja, da mera adequação da conduta ao enunciado legal, mas sim da 'tipicidade material' ou 'conglobante', tal como definida por Zaffaroni" – apontando a seguir os fatos insignificantes bagatelares, como exemplos. (2009, p. 60).

[61] TAVARES, Juarez. *Teoria do Injusto Penal.* Belo Horizonte: Del Rey, 2000, p. 179.

[62] COSTA. José Faria. *Noções Fundamentais de Direito Penal.* Lisboa: Coimbra Editora, 2007, p. 23.

[63] ZAFFARONI, Raúl Eugenio; PIERANGELI, José Henrique. *Manual de Direito Penal Brasileiro,* Parte Geral. 2ª ed. São Paulo: Revista dos Tribunais, 1999, p. 554.

a qual, numa tradução livre diz que "frente àquele que quer, não há lugar algum para o injusto".[64]

É claro que não é qualquer conduta típica que deixa de ser antinormativa pelo consentimento do ofendido, porque, nesse processo de apuração da atipicidade, incidem muitas variáveis, dentre elas a determinação ou não da dignidade penal do bem juridicamente protegido ou a própria gravidade da ofensa. Seria ridícula a tese defensiva de concordância da vítima com o assassinato ou de supressão da sua liberdade no sequestro com cárcere privado, por exemplo.

Há situações, contudo, em que a atipicidade pelo consentimento da vítima é facilmente visível, como as indicadas por Pierangelli: a) nos crimes patrimoniais; b) contra a integridade física e c) contra a honra,[65] salientando esse autor, ainda, existir grande complexidade em relação à validade do consentimento nos delitos contra a integridade física, principalmente porque não há na legislação disposição normativa explícita a respeito, v. g., no caso do suicídio e da autolesão.

Exemplo de atipicidade da conduta pelo consentimento, envolvendo o patrimônio: quem presenciar a destruição de um veículo empurrado ribanceira abaixo logo concluirá pela ocorrência de um crime de dano (art. 163 do CP). Contudo, mudará imediatamente de opinião ao verificar que no local estava sendo realizada uma tomada cinematográfica com a participação dos atores. O consentimento do proprietário do carro (no caso, o Diretor do filme), atuará como causa excludente da ilicitude, como ensinam alguns,[66] ou da própria tipicidade, como afirmamos nós, haja vista a plena disponibilidade do bem jurídico.

O consentimento do ofendido manifesta-se então sob a forma do *assentimento*. Não há tipicidade, como vimos acima, se o proprietário *assente,* isto é, *autoriza* a destruição do carro, vez que o bem jurídico é *disponível*.

Não haverá, ainda, possibilidade jurídica do pedido por ausência de tipicidade na conduta de quem ingressa na casa *com o consentimento* do proprietário, porque o pressuposto para a configuração da invasão do domicílio é o *dissenso* deste.

Tratando-se de crimes contra a honra, também não vemos maior dificuldade em justificar a atipicidade da conduta do ofensor se o ofendido consentir com as ofensas irrogadas, tanto assim que no sistema normativo brasileiro a ação correspondente é, em regra, de iniciativa privada, regida pelo princípio da oportunidade, embora, em certas situações, o afastamento da *punibilidade* possa ocorrer por causas distintas (v. art. 142 do CP).

É claro que a validade do consentimento do ofendido pressupõe capacidade para consentir. A coação física ou moral, a doença mental e a menoridade são fatores que o impedem o ofendido de dar consentimento à prática do ato infracional.

Ante a falta de critérios rígidos na doutrina e na jurisprudência que permitam diagnosticar a validade ou invalidade do consentimento do ofendido, Roxin recomenda que o juiz, "independentemente dos pontos de vista decisivos em direito

---

[64] ROXIN, Claus. *Derecho Penal, Parte General*, Tomo I, Madrid: Civitas, 2001, p. 511.

[65] PIERANGELLI, José Henrique. *O Consentimento do Ofendido na Teoria do Delito*. São Paulo: RT, 1989, p. 92-93.

[66] José Frederico Marques, Oscar Stevenson, Salgado Martins e outros autores que consideram as causas de justificação como verdadeiros tipos permissivos, conforme liç.ão de José Henrique Pierangeli (*O Consentimento do Ofendido na Teoria do Delito*. São Paulo: RT, 1989, p. 92).

civil" deva "decidir em cada caso individual, com a apreciação correspondente das circunstâncias particulares, se e até que ponto haverá de tomar-se em consideração objetivamente o vício da vontade".[67]

A fórmula é evidentemente vaga.

Buscando, por isso, uma maior precisão, para diminuir os espaços da insegurança jurídica na matéria, o professor Assis Toledo sustentou que na aferição da validade do consentimento do ofendido é imprescindível conhecer se ele na situação de fato estava ou não sob "a)... coação, fraude ou outro vício de vontade"; se no momento da aquiescência, estava ou não em condições de b) "compreender o significado e as consequências de sua decisão, possuindo, pois, capacidade para tanto;" c) se o bem jurídico lesado ou exposto a perigo de lesão se situava ou não "na esfera de disponibilidade do aquiescente" e d) finalmente, se o fato típico penal realizado se identificou ou não com o que foi previsto e objeto do "consentimento pelo ofendido".[68]

Há situações mais complexas.

Sendo certo que a prática sexual pode ser considerada pela lei como lícita ou ilícita (constituindo-se o consenso ou dissenso da vítima o ponto diferencial), a jurisprudência, por exemplo, ainda se debate ora para aceitar,[69] ora para afastar a tipicidade[70] das práticas sexuais consentidas por menor de 14 anos, tudo

---

[67] ROXIN, Claus. *Derecho Penal, Parte General*, Tomo I, Madrid: Civitas, 2001, p. 544.

[68] TOLEDO, Francisco de Assis. *Ilicitude Penal e Causas de sua Exclusão*. Rio de Janeiro: Forense, 1984, p. 130.

[69] "DIREITO PENAL. *HABEAS CORPUS*. CRIME DE ESTUPRO. VIOLÊNCIA PRESUMIDA. MENOR DE 14 ANOS DE IDADE. PRECEDENTES. ORDEM DENEGADA. 1. Interpretação do art. 224, a, do Código Penal, relativamente à presunção de violência quando a vítima não for maior de 14 (quatorze) anos de idade. 2. A vítima, com apenas onze anos de idade na época dos fatos, não tinha discernimento suficiente para consentir com a prática do ato sexual. 3. É pacífica a jurisprudência deste Supremo Tribunal no sentido de que o eventual consentimento da ofendida, menor de 14 anos, para a conjunção carnal e mesmo sua experiência anterior, não elidem a presunção de violência, para a caracterização do estupro. 4. Ordem denegada" *(*HC 94818, MG., 2ª Turma do STF, rel. Min. Ellen Gracie, julgado em 24.06.08.

[70] "(...) a postura dos jovens nos dias atuais em relação à sexualidade é bem diferente – e não teria como ser de outra forma – da atitude dos jovens de 1940, data da edição do C.P.B. Os frequentes estímulos que a modernidade lhes propicia, a quantidade cada vez maior de informações, a mudança dos costumes, a 'revolução sexual' dos anos 1960 e 1970, enfim, tudo leva a crer que a moral sexual dos dias de hoje é bem diferente daquela vigente nos anos 1940.(...)" (Apelação Crime nº 70018104109, Sexta Câmara Criminal, rel. Des. Aymoré Roque Pottes de Mello, Julgado em 08.03.07). "O meu entendimento, porém, é o de que a presunção a que se refere o indigitado art. 224, a, do Cód. Penal – 'presume-se a violência, se a vítima não é maior de 14 (catorze) anos' – é de cunho relativo. Foi assim que decidi quando procedi, monocraticamente, ao exame do REsp-705.429, DJ de 10.05.05. Vali-me, ali, da lição de Hungria. Vejamo-la: 'O dissenso da vítima deve ser sincero e positivo, manifestando-se por inequívoca resistência . Não basta uma platônica ausência de adesão, uma recusa meramente verbal, uma oposição passiva ou inerte. É necessária uma vontade decidida e militantemente contrária, uma oposição que só a violência física ou moral consiga vencer. Sem duas vontades embatendo-se em conflito, não há estupro. Nem é de confundir a efetiva resistência com a instintiva ou convencional relutância do pudor, ou com o jogo de simulada esquivança ante uma vis grata...' ('Comentários ao Código Penal', Forense, 1983, vol. VIII, p. 107-108.) No mesmo sentido, entre outros, Fragoso, para quem 'a presunção de violência deve desaparecer da lei, pois dá lugar a soluções injustas, não tendo correspondência na realidade' ('Lições de Direito Penal', Forense, pág. 42), e Noronha, que indaga 'como se falar em incapacidade de apreciação de um ato em quem habitualmente, cotidianamente o pratica?' ('Direito Penal', Saraiva, vol. 3, pág. 300)". "Nos dias de hoje, mais do que nunca, vê-se o amadurecimento precoce das crianças e adolescentes, que estão mais preparados para lidar com a sexualidade e para reagir às eventuais adversidades. Assim, o principal fundamento da intervenção

porque nesse caso há a presunção da elementar *violência* na letra "a" do artigo 224 do CP.[71]

Discorrendo sobre a figura da violência presumida e sem prejuízo da revogação do artigo 214, revogado pela Lei 12.015/09, que, dentre outras novidades, instituiu o crime de estupro de vulnerável, Guilherme de Souza Nucci, em seu *Código Penal Comentado*, disse acreditar, também, que "Uma menor de 14 anos prostituída, que já tenha tido inúmeros contatos sexuais, com ciência geral da comunidade, inclusive de seus pais, não poderia ser considerada incapaz de dar o seu consentimento. Não seria razoável – e o direito, em última análise, busca a justiça – punir o agente por estupro, caso mantenha com a jovem a conjunção carnal".[72]

Foi precisamente por esse mesmo fundamento que o Des. Relator, Des. Aymoré Pottes de Mello, antes da modificação legislativa comentada, asseverou, no aresto referido na nota de rodapé, que a questão da configuração ou não da presunção de violência nas relações carnais consentidas com menores de 14 anos precisa ser necessariamente discutida "... *caso a caso* ... não bastando mais o critério de *tabula rasa* do art. 224, alínea *a* do CPB. Pensar de modo diverso, seria virar as costas à realidade social, o que não deve ser admitido em Direito, já que este deve acompanhar à sociedade e não o contrário.(...)".

Parece-nos absolutamente correta essa lição, pois no Estado laico e Democrático de Direito a função do Poder Judiciário, com efeito, não é realizar julgamentos morais ou limitar a sexualidade, mas, isto sim, a de garanti-la.[73]

---

jurídico-penal no domínio da sexualidade há de ser a proteção contra o abuso e a violência sexual, independentemente de a vítima ser homem ou mulher, e não contra atos sexuais que se baseiem em vontade livre e consciente e que decorram de consentimento não viciado. Não é papel do Direito Penal limitar a liberdade sexual, mas garanti-la" (AgRg no REsp 705429 / GO, 6ª T., rel. Min. Nilson Naves, julgado em 21.06.07, *in* DJ 27.08.07, p. 298).

No mesmo sentido são inúmeras as decisões do STJ (REsp – 195.279, Ministro Vicente Cernicchiaro, DJ de 19.12.02; REsp – 309.704, Ministro Hamilton Carvalhido, DJ de 30.06.03). REsp 206658 / SC, Min. Vicente Leal DJ de DJ 10.03.03, p. 320.

[71] A Lei 12.015/2009 tipificou uma nova figura penal e a denominou como estupro de vulnerável, cominando a pena de reclusão de 8 a 15 anos, revogando o artigo 224 do CP que previa a hipótese de violência presumida na prática sexual com menor de 14 anos.

Pela nova lei, o crime de estupro de vulnerável se caracteriza pela prática de qualquer ato libidinoso com menor de 14 anos (217-A, *caput*), ou com pessoa (de qualquer idade) que, por enfermidade ou deficiência mental, não tem o necessário discernimento, ou não pode oferecer resistência (§ 1º).

Esse tipo penal é consequência da revogação do artigo 224 do Código Penal que previa as hipóteses de presunção de violência, agora transformadas em elementos do crime de estupro de vulnerável.

Como o artigo 217-A não contém em sua descrição típica o emprego de violência, doravante a menoridade da vítima passa a integrar o tipo penal, não cabendo qualquer discussão sobre a sua inocência em assuntos sexuais.

[72] NUCCI, Guilherme de Souza. *Código Penal Comentado*. 2ª ed. São Paulo: Revista dos Tribunais, 2002, p. 685-686.

[73] Há precedentes que consideram tipificável ou como estupro ou como atentado violento ao pudor a prática de sexo com menor de 14 anos, sob a modalidade da violência presumida, e precedentes que relativizam a presunção de violência. Esses julgados admitem a produção de prova voltada à demonstração da capacidade de consentir se a menor for experiente em matéria de sexo. Aceitam ainda prova para demonstração de erro quanto a idade determinável pela aparência física (estatura) da vítima. Para a corrente mais liberal da jurisprudência, é preciso relativizar o rigor da letra *a* do art. 224, porque o Código Penal é da década de 1940, tendo sido editado sob contexto social distinto, em que o sexo era tabu, as mulheres eram desinformadas ou ingênuas, tinham pouca ou nenhuma participação no mercado de trabalho, ao contrário do que acontece no mundo de hoje e que portanto não estavam em condições de consentir validamente.

2.1.2. Atipicidade da conduta pela autorização ou fomento do poder público

Há condutas autorizadas ou fomentadas pelo poder público que preenchem formalmente os tipos penais, como as lesões causadas durante as intervenções com fins terapêuticos e as lutas esportivas.

Não há como deixar de reconhecer, sob a perspectiva formal, que o procedimento cirúrgico consistente na abertura do tórax para suturar lesões internas e conter grave hemorragia, entra, perfeitamente, dentro da figura do artigo 129 do Código Penal (que define o crime de lesões corporais).

Qualquer pessoa, sem formação jurídica, será capaz de afirmar, contudo, que, na situação ventilada, o médico não cometerá o crime, embora a ilicitude formal da conduta de lesionar, frente ao art. 129 do CP. É que embora a ilicitude formal, as condutas que o cirurgião realiza são juridicamente lícitas porque integram o conjunto dos deveres estatais de promover a defesa da vida e da saúde das pessoas, por meio de técnicos habilitados e devidamente fiscalizados por órgãos credenciados.

Diferente será a situação nas intervenções cirúrgicas sem finalidades terapêuticas (cirurgias plásticas), que, como antecipamos no item, são atípicas em razão do prévio consentimento do paciente. Na ausência de uma ou de outra, a conduta será punível como lesões corporais dolosas,[74] se não ocorrer resultado mais grave.

Do mesmo modo, entram na perspectiva da (a)tipicidade conglobante por não preencherem o tipo penal e desde que situadas dentro dos limites regulamentados, todas as condutas ofensivas à integridade física nas lutas de boxe e nas competições automobilísticas porque são toleradas ou fomentadas pelo Poder Público.

Tendo em vista que nas lutas de boxe, como o golpe é desferido para o fim de nocautear o adversário pelo tempo de, no mínimo, 10 segundos, como condição para a vitória, não poderá, por óbvia razão, haver ilicitude material na conduta do boxeador, embora sob o ponto de vista formal ocorra o preenchimento da figura do artigo 129 do CP, quando ele atuar dentro do limite temporal referido.

Contudo, se o boxeador tiver comprovadamente imbuído de intenção dolosa extrapolar os limites regulamentares, continuando a bater no adversário nocauteado até lesioná-lo gravemente, por exemplo, responderá por lesões corporais e, se causar-lhe a morte, por homicídio preterintencional (arts. 129 e 129, § 3º, respectivamente), e não por homicídio doloso.[75]

Cessada a luta ou achando-se o adversário fora do ringue, o boxeador que continuar a agressão ficará inteiramente fora do espaço regulamentado e se, dolosamente, produzir a morte, poderá responder por homicídio doloso, segundo nos parece.

2.1.3. Atipicidade por imposição legal à prática da conduta

O estrito cumprimento do dever legal sempre figurou em nossa legislação penal como causa de exclusão da ilicitude, como tal se acha previsto no art. 23, inc.

---

[74] ZAFFARONI, Raúl Eugenio; PIERANGELI, José Henrique. *Manual de Direito Penal Brasileiro*, Parte Geral, 2ª ed. São Paulo: RT, 1999, p. 557-558.
[75] Ibidem, p. 559.

III, primeira parte do CP e reconhecido na jurisprudência do STF,[76] do STJ[77] e de Tribunais Estaduais, como o do RS.[78]

A natureza jurídica dessa excludente é refutada pela teoria da tipicidade conglobante, porque se as excludentes são tipos *permissivos*, não é possível afirmar que a atuação sob o estrito cumprimento do dever legal é formalmente típica, mas materialmente desprovida de antinormatividade.

Consoante explicam Zaffaroni e Pierangeli, a função conglobante da tipicidade reduz o âmbito da proibição aparente que surge da consideração isolada da tipicidade legal quando, face à imposição normativa, o agente não tem mesmo outra alternativa senão a de realizar a conduta, por não ser concebível "que uma norma proíba o que outra ordena ou o que outra fomenta. Se isso fosse admitido, não se poderia falar de 'ordem normativa' e sim de um amontoado caprichoso de normas arbitrariamente reunidas".[79]

Por isso, esses autores destacam que na legislação brasileira o estrito cumprimento do dever legal embora figure no elenco das causas de justificação no artigo 23, inciso III do CP, em verdade arreda a tipicidade na perspectiva em que esta deve ser examinada, isto é, conglobada, ampla, abrangente, holisticamente.

Conforme assinalaram: "Quem não quer agir justificadamente pode não fazê--lo porque o direito não lhe ordena que assim o faça, mas simplesmente lhe dá uma permissão. Por outro lado, quem deixa de cumprir com dever jurídico é punido, porque o direito lhe ordena que aja desta forma. Ademais, conquanto no cumprimento do dever jurídico há uma ordem, na causa de justificação não há sequer um favorecimento da conduta justificada, que somente está permitida como um gesto de impotência diante de uma situação conflitiva".[80]

A lição é precisa.

Nas causas de justificação há, com efeito, permissão legal para a prática da conduta formalmente típica, em situações-limite, como alternativa à impotência, inoperância ou ausência do Estado. É do indivíduo a opção em reagir. Pode atuar ou deliberadamente expor-se ao perigo.

Já no estrito cumprimento do *dever* legal, como resultado da redução do âmbito da proibição pela tipicidade conglobante, o tipo não se perfectibiliza por ter o agente o dever de realizar a conduta sob pena de ser administrativamente responsabilizado pela omissão, de modo que, rigorosamente, não há forma de compreender-se o problema, salvo tendo-se que aceitar o absurdo já destacado de sistema normativo que ordene e, ao mesmo tempo, proíba a realização do dever jurídico.

Uma coisa, enfim, é dizer que não há crime a punir na conduta de quem realiza a conduta típica amparado por causa excludente da ilicitude material. Outra, bem distinta, é dizer que a conduta cometida, por ser justificada pela ordem jurídica, sequer entra no âmbito da tipicidade, não obstante os efeitos práticos sejam os mes-

---

[76] HC 81517, 2ª T., rel. Min. Maurício Correia, j. em 02.04.02.

[77] HC 81763 / PA, 5ª T., rel. Min. Laurita Vaz, DJ 16.03.09.

[78] Recurso de Ofício nº 70012192084, Terceira Câmara Criminal, Tribunal de Justiça do RS, Relatora, Desa. Elba Aparecida Nicolli Bastos, Julgado em 11.08.05.

[79] ZAFFARONI, Raúl Eugenio; PIERANGELI, José Henrique. Op. cit., p. 550.

[80] Ibidem, p. 551.

mos: a de impossibilidade jurídica do pedido justificadora de pedido de arquivamento do inquérito ou peças de informações.

Convém repetir que nesta e nas demais situações examinadas neste capítulo as provas devem ser uníssonas, pacíficas, tranquilas, porque, do contrário, a providência impositiva é o oferecimento da denúncia.

2.1.4. Atipicidade pela não afetação ao bem jurídico: a bagatela

A palavra *bagatela*[81] tem sentidos vulgar e jurídico equivalentes: corresponde a algo sem importância, à ninharia, à insignificância.

A difusão da expressão no campo do direito penal iniciou e intensificou-se com a insuficiência da conhecida teoria da adequação que propunha o afastamento da tipicidade penal sempre que a conduta fosse socialmente considerada como "adequada", o que ocorria nomeadamente nas infrações de baixíssima lesividade social.

A adequação social e depois a teoria da bagatela fundaram-se na mesma máxima construída pelos romanos (injustamente acusados de maus penalistas), qual seja, a de que as coisas mínimas não interessavam ao Pretor (*de minima non curat praetor* – o juiz não se ocupa de coisas destituídas de importância).[82]

O contorno do princípio a bagatela, como hoje é conhecido, foi realizado por Klaus Tiedman, consoante lição de Pierangelli,[83] a partir da redescoberta da máxima romana por Roxin, em 1964, para quem o direito penal, "por sua natureza fragmentária", não deve ir além do necessário à proteção dos bens jurídicos, bem como no princípio da adequação social, de Welzel, para quem não haverá o tipo se a conduta do agente estiver de acordo com a normalidade social.

Nos dizeres de Cezar Roberto Bitencourt, o princípio da bagatela condiciona uma "... efetiva proporcionalidade entre a gravidade da conduta que se pretende punir e a drasticidade da intervenção estatal. Amiúde, condutas que se amoldam a determinado tipo penal, sob o ponto de vista formal, não apresentam nenhuma relevância material. Nessas circunstâncias, pode-se afastar liminarmente a tipicidade penal porque em verdade o bem jurídico não chegou a ser lesado".[84]

Bem explicando a extensão e a profundidade do princípio da bagatela (gerador de repercussões inclusive na área do processo penal, justificando, por exemplo, a desnecessidade de prisões cautelares por fatos de ínfima levisidade), Odone Sanguiné anota que "a tipicidade não se esgota na concordância lógico-formal (subsunção) do fato no tipo. A ação descrita tipicamente há de ser geralmente ofensiva ou perigosa para um bem jurídico. O legislador toma em consideração 'modelos da vida' que deseja castigar. Com essa finalidade, tenta compreender, conceitualmente, de maneira mais precisa, a situação vital típica. Embora visando alcançar um cír-

---

[81] Outrossim, não se deve confundir a criminalidade bagatelar com a expressão *direito penal mínimo,* orientada à incidência do direito penal, como *mecanismo de controle de última ratio,* isto é, só quando as instâncias políticas, administrativas, sociais, etc., não se mostrarem eficazes na prevenção e repressão ao crime.

[82] STJ, Rel. Min. Luiz Vicente Cernicchiaro, DJ de 19.06.95, p. 18.751. No mesmo sentido: TJRS, ap. 690016449, 3ª Câm., e RJTJRS, 127/57.

[83] PIERANGELLI, José Henrique. Obra citada, p. 44. Ver, também, TOLEDO, Francisco de Assis. *Princípios Básicos.* São Paulo: Saraiva, 1986, p. 121.

[84] BITENCOURT, Cezar Roberto. *Manual de Direito Penal* – vol. I. 6ª ed. São Paulo: Saraiva, 2000.

culo limitado de situações, a tipificação falha ante a impossibilidade de regulação do caso concreto em face da infinita gama de possibilidades do acontecer humano. Por isso, a tipificação ocorre conceitualmente de forma 'absoluta' para não restringir demasiadamente o âmbito da proibição, razão por que alcança também 'casos anormais'. A imperfeição do trabalho legislativo não evita que sejam subsumíveis também casos que, em realidade, deveriam permanecer fora do âmbito de proibição estabelecido pelo tipo penal. A redação do tipo penal pretende certamente incluir prejuízos graves da ordem jurídica e social, porém não pode impedir que entrem em seu âmbito os casos leves. Para corrigir essa discrepância entre o abstrato e o concreto e para dirimir a divergência entre o conceito formal e o conceito material de delito, parece importante utilizar-se o princípio da insignificância. A solução através do recurso à atipicidade quando a lesão ao bem jurídico tenha sido irrelevante é a predominante na Alemanha".[85]

Embora a bagatela não tenha sido incorporada explicitamente no sistema de direito positivo do país ela vem sendo considerada pela jurisprudência como fonte de "descriminalização própria e inevitável da função jurisdicional",[86] de que são exemplos os julgados que a invocaram para absolvições por furtos de coisas consumíveis[87] ou de pequeno valor,[88] por crimes de baixa ofensividade, praticados contra a integridade física,[89] no recesso do lar ou no trânsito,[90] por descaminho,[91] por infração

---

[85] SANGUINÉ, Odone. Observações sobre o Princípio da Insignificância. *Fascículos de Ciências Penais*, ano 3, vol. 3, p. 36.

[86] *Julgados do TARS*, vol. 69, p. 103.

[87] *Rev. Julgados do TARS*, vol. 69, p. 101.

[88] "Delito de furto. Subtração de aparelho de som de veículo. Tentativa. Coisa estimada em cento e trinta reais. Res furtiva de valor insignificante. Inexistência de fuga, reação, arrombamento ou prejuízo material. Periculosidade não considerável do agente. Circunstâncias relevantes. Crime de bagatela. Caracterização. Aplicação do princípio da insignificância. Atipicidade reconhecida. Absolvição decretada. HC concedido para esse fim. Precedentes. Verificada a objetiva insignificância jurídica do ato tido por delituoso, à luz das suas circunstâncias, deve o réu, em recurso ou *habeas corpus*, ser absolvido por atipicidade do comportamento, quando tenha sido condenado" (STF. HC. 92988, RS, rel. Min. Cesar Peluzzo).
"O princípio da insignificância, como fator de descaracterização material da própria atipicidade penal, constitui, por si só, motivo bastante para a concessão de ofício da ordem de *habeas corpus*. Com base nesse entendimento, a Turma deferiu, de ofício, *habeas corpus* para determinar a extinção definitiva do procedimento penal instaurado contra o paciente, invalidando-se todos os atos processuais, desde a denúncia, inclusive, até a condenação eventualmente já imposta. Registrou-se que, embora o tema relativo ao princípio da insignificância não tivesse sido examinado pelo STJ, no caso, cuidar-se-ia de furto de uma folha de cheque (CP, art. 157, caput) na quantia de R$ 80,00, valor esse que se ajustaria ao critério de aplicabilidade desse princípio – assentado por esta Corte em vários precedentes –, o que descaracterizaria, no plano material, a própria tipicidade penal" HC 97836/RS, rel. Min. Celso de Mello, 19.05.09. (HC-97836).
Rev. Julgados do TARS, vol. 36, p. 87.

[89] *Revista Jurídica*, 141/90, STF, Rel. Min. Aldir Passarinho, DJ de 28.04.89.

[90] *Julgados do TARS*, 87, p. 112.

[91] "Justa causa. Inexistência. Delito teórico de descaminho. Tributo devido estimado em pouco mais de nove mil reais. Valor inferior ao limite de dez mil reais estabelecido no art. 20 da Lei 10.522/02, com a redação da Lei 11.033/04. Crime de bagatela. Aplicação do princípio da insignificância. Atipicidade reconhecida. Absolvição decretada. HC concedido para esse fim. Precedentes. Reputa-se atípico o comportamento de descaminho, quando o valor do tributo devido seja inferior ao limite previsto no art. 20 da Lei 10.522/2002, com a redação introduzida pela Lei 11.033/2004" (STF., HC 92.119, GO, Rel. Min. Cesar Peluzzo).

à legislação ambiental, quando inexistente o dano[92], por infrações tributárias abaixo do parâmetro adotado pelos Tribunais[93] e, ao tempo da tipificação da posse de droga para uso próprio, quando comprovado que a posse era para o uso do possuidor,[94] etc.

Esse posicionamento jurisprudencial não tem escapado à crítica fundada no receio de que o julgador se transforma em legislador e impõe sua unilateral visão de mundo sobre a vontade da lei,[95] gerando, pela alta abstração do princípio da bagatela (como é próprio em um princípio) riscos à segurança jurídica.[96]

Com o intuito de contornar as dificuldades e arredar essa crítica e abrandar as preocupações, os tribunais vem determinando a extensão e a aplicação prática do princípio da bagatela ao desvalor da conduta associado ao desvalor do resultado.

Em aresto de que foi Relator, Tupinambá Pinto de Azevedo agregou outro item para conferir à infração a natureza bagatelar, qual seja, o da desproporção entre o fato e a pena que resultaria de sentença condenatória[97] suscetível de imposição.

TFR, 2ª Reg., RJ, Ap. 94.02.01228-1, 1ª T, Rel. Des. Chalu Barbosa, j. 06.04.94, DJU 2ª Sec., 19.05.94, p. 23.816.

TFR, 5ª Reg., Ap. 940, 3ª T, Rel. Juiz Ridalvo Costa, j. 19.05.94, DJU, 03.06.94, p. 28.752.

[92] "A tipificação das condutas lesivas ao meio ambiente objetiva instrumentalizar o Estado para o controle e a coibição de excessos comprometedores do equilíbrio natural, máxime quando se sabe que a reação a esta espécie de crime detém enfoque mais preventivo do que repressivo. No conceito de "construção" cabem atividades como edificação, reforma, demolição, muramento, escavação, aterro, pintura e outros trabalhos destinados a beneficiação ou conservação. As reformas promovidas pelo réu, visando a conservação dos bens, não colocam em risco o equilíbrio ecológico, revelando-se insignificante no âmbito jurídico-penal. Apelação desprovida. (TRF4, ACR 2003.72.00.011106-1, Sétima Turma, Relatora Maria de Fátima Freitas Labarrère, D.E. 04.07.07)

[93] AP. Crime n. 200372000065002502, 7ª Turma do TRF4, Rel. Des. Tadaaqui Hirose.

[94] Rev. de Jur. do TJRS, vol. 127, p. 57. Contra: Apelação Crime nº 694171653, 4ª Câmara Criminal do TJRS, Rel. Montaury dos Santos Martins, j. 06.12.95, un. e Apelação Crime nº 696040369, 4ª Câm. Crim. do TJRS, Rel. Des. Fernando Mottola, j. 10.04.96, un.

Mais recentemente, no ZSTF: "EMENTA: AÇÃO PENAL. Crime militar. Posse e uso de substância entorpecente. Art. 290, cc. art. 59, ambos do CPM. Maconha. Posse de pequena quantidade (8,24 gramas). Princípio da insignificância. Aplicação aos delitos militares. Absolvição decretada. HC concedido para esse fim, vencida a Min. ELLEN GRACIE, rel. originária. Precedentes (HC nº 92.961, 87.478, 90.125 e 94.678, Rel. Min. EROS GRAU). Não constitui crime militar a posse de ínfima quantidade de substância entorpecente por militar, a quem aproveita o princípio da insignificância" (HC. 94.583, MS, rel. Min. Ellen Gracie, 2ª Turma, julgado em 24.06.08, DJ 114.08.08).

[95] TARS, 4ª Câmara Criminal, Apelação crime 289048746, Rel. Dr. José Eugênio Tedesco.

TARS, 2ª Câmara Criminal, Recurso em Sentido Estrito nº 289035958, Rel. Juiz Ranolfo Vieira. No mesmo sentido: RJTJRS, vol. 74, p. 108, e Rev. Julgados do TARS, vol. 71, p. 82.

[96] Nesse sentido: VANI, Francisco. *Da Teoria do Crime*. São Paulo: Saraiva, 1990, p. 73.

[97] Em texto elaborado quando ainda integrava o Ministério Público a recomendação ao Tribunal era para rejeitar a denúncia por furto de frasco de desodorante, no valor ínfimo de Cr$ 11,70, porque, em caso de condenação, a pena a ser individualizada, no seu dizer, seria demasiadamente grave ante a inexpressividade social do fato, inclusive do ponto de vista econômico, para a vítima proprietária de supermercado de grande porte (Parecer no Rec. em Sent. Estr. nº 290119817, 2ª Câmara Criminal do Tribunal. de Alçada do RS).

No mesmo sentido, o acórdão por nós redigido: "(...) A configuração da bagatela, como critério de determinação da tipicidade penal, pressupõe, além do desvalor do resultado, também o desvalor da conduta e da pena, o que não se verifica em fato impregnado de violência física ou moral (...)" (Apelação crime nº 698180627, 7ª Câmara Criminal do TJRS, j. 24.09.98).

Essa parece ser a melhor fórmula,[98] conforme reconheceu, aliás, o STF, em julgamento recente.[99]

Em nosso livro *Ação Penal*, havíamos examinado as irradiações práticas do princípio da bagatela na esfera do interesse de agir.

Considerando-se os avanços doutrinários e o posicionamento da jurisprudência sobre esse princípio de que a conduta bagatelar é formalmente antijurídica, mas materialmente permitida,[100] o mais apropriado, em revisão ao nosso pensar, é deslocá-la para a esfera da (im)possibilidade jurídica do pedido por atipicidade conglobante.

---

[98] "Devem estar presentes em cada caso, cumulativamente, requisitos de ordem objetiva: ofensividade mínima da conduta do agente, ausência de periculosidade social da ação, reduzido grau de reprovabilidade do comportamento do agente e inexpressividade da lesão ao bem juridicamente tutelado. Hipótese em que a impetrante se limita a argumentar tão somente com o valor do bem subtraído, sem demonstrar a presença dos demais requisitos" *(HC 92743 / RS, 2ª T., Julgamento: 19.08.08).*

[99] ALEGAÇÃO DE INCIDÊNCIA DO PRINCÍPIO DA INSIGNIFICÂNCIA: INVIABILIDADE. VIOLAÇÃO DE DOMICÍLIO. REINCIDÊNCIA. *HABEAS CORPUS* DENEGADO. 1. A tipicidade penal não pode ser percebida como o trivial exercício de adequação do fato concreto à norma abstrata. Além da correspondência formal, para a configuração da tipicidade, é necessária uma análise materialmente valorativa das circunstâncias do caso concreto, no sentido de se verificar a ocorrência de alguma lesão grave, contundente e penalmente relevante do bem jurídico tutelado. 2. O princípio da insignificância reduz o âmbito de proibição aparente da tipicidade legal e, por consequência, torna atípico o fato na seara penal, apesar de haver lesão a bem juridicamente tutelado pela norma penal. 3. Para a incidência do princípio da insignificância, devem ser relevados o valor do objeto do crime e os aspectos objetivos do fato – tais como a mínima ofensividade da conduta do agente, a ausência de periculosidade social da ação, o reduzido grau de reprovabilidade do comportamento e a inexpressividade da lesão jurídica causada. 4. No caso dos autos, em que o delito foi praticado com a invasão do domicílio da vítima, não é de se desconhecer o alto grau de reprovabilidade do comportamento do Paciente. 5. A reincidência, apesar de tratar-se de critério subjetivo, remete a critério objetivo e deve ser excepcionada da regra para análise do princípio da insignificância, já que não está sujeita a interpretações doutrinárias e jurisprudenciais ou a análises discricionárias. O criminoso reincidente apresenta comportamento reprovável, e sua conduta deve ser considerada materialmente típica. 6. Ordem denegada" (HC 97772 / RS – RIO GRANDE DO SUL, Relatora, Min. CÁRMEN LÚCIA, 1ª T., julgado em 03.11.09.

[100] Apelação crime. Furto tentado. Rejeição da denúncia. *Bagatela*: ínfima lesão que dispensa a insurgência punitiva *última ratio* da interferência controladora estatal, com o que resta afastada a *tipicidade* da conduta. Negaram provimento ao apelo ministerial (unânime). – (Apelação Crime nº 70023510647, Quinta Câmara Criminal, Tribunal de Justiça do RS, Relator: Amilton Bueno de Carvalho). No mesmo sentido: Apelação Crime nº 70024892317, Quarta Câmara Criminal, Tribunal de Justiça do RS, Relator: José Eugênio Tedesco, Julgado em 09.10.08).
Ainda: "TIPICIDADE. PRINCÍPIO DA INSIGNIFICÂNCIA Premissa Maior. Só responde processo por ato infracional quem comete fato similar a crime ou contravenção (Artigo 103 do ECA). Premissa Menor. Ora, quando incide o princípio da bagatela não há crime, nem contravenção (Apelação Crime nº 70017860933, Sexta Câmara Criminal, Tribunal de Justiça do RS, Relator: João Batista Marques Tovo, Julgado em 28.12.06). Conclusão. Logo, quem tenta furtar objetos que, sequer, foram descritos na representação e, por consequência, não se tem qualquer avaliação do seu valor, não responde por ato infracional. Princípio da insignificância e qualificadoras do furto. A qualificação do delito de furto não impede a aplicação do princípio da insignificância, mas apenas as circunstâncias do caso concreto. Tendo em vista a reduzida lesividade da conduta do agente, a inexistência de qualquer avaliação do valor da *res furtivae* e o pequeno prejuízo causado a vítima, deve ser reconhecida a natureza bagatelar da infração. Princípio da insignificância e antecedentes. Ainda que o representado apresente envolvimento em outros atos infracionais é imperiosa a aplicação do princípio da insignificância; porquanto seja descabida a análise dos antecedentes para apreciação da tipicidade ou não do fato imputado ao representado. DERAM PROVIMENTO"(Apelação Cível nº 70026450916, Oitava Câmara Cível, Tribunal de Justiça do RS, Relator: Rui Portanova, Julgado em 16.10.08).

Em conclusão: considerada sob a perspectiva global e fazendo-se a interação de conceitos como tipicidade, antijuridicidade formal e material, bem jurídico e nula lesividade social, o princípio da bagatela arreda a primeira condição da ação e autoriza o pedido de arquivamento do inquérito policial.

Esse princípio deve justificar pelas razões jurídicas apontadas o *não indiciamento* do autor de fato de nula lesividade social, ainda que a autoridade policial não fique dispensada de formalizar o inquérito policial para a preservação do controle legal pelo Ministério Público e pela autoridade judiciária, previsto no artigo 28 do CPP.

Por fim: não confundir fatos bagatelares, insignificantes, com as infrações de menor potencial ofensivo, da competência dos Juizados Especiais Criminais, porque estas se revestem de ofensividade, embora mínima. Entender diferentemente seria sustentar com base no princípio da bagatela a inutilidade do Juizado Especial Criminal como sistema de repressão penal, embora a insignificância de muitos fatos levados ao seu conhecimento, como demonstra a experiência prática.

Nesse sentido, a Lei 9.099/95 produziu o curioso efeito de arrastar para dentro do sistema uma multidão de "clientes" acusados de prática de fatos de baixa monta, que vinham paulatinamente se libertando do sistema penal graças à fecunda concepção romana de que as coisas de mínima importância não interessavam ao julgador.

3. A segunda condição genérica da ação: o interesse de agir

A categoria jurídica do interesse de agir reclama a demonstração da necessidade, subsidiariedade e utilidade no pronunciamento jurisdicional reclamado, tendo-se em conta que o lesado não pode fazer a justiça pelas próprias mãos.

Liebman demonstrou que o interesse do autor está voltado à expectativa de um provimento do magistrado que lhe propicie a satisfação do interesse primário emanado da norma de direito material e demonstrado por meio da ação.[101]

Nas palavras de Liebman, "El interes para accionar es por eso un interes procesal, secundario e instrumental, respecto del interes sustancial primário, y tiene por objeto la providencia que se pide al magistrado, como medio para obtener la satisfacción del interes primario, que há quedado lesionado por el comportamiento de la contraparte, o más genericamente por la situacción de hecto objetivamente existente", exemplificando com o interesse de quem se afirma credor de certa quantia em obter o pagamento da soma e que terá o interesse de acionar se o devedor não pagar a dívida no vencimento, visando à condenação e, sucessivamente, à execução forçada sobre o patrimônio.[102]

---

[101] LIEBMAN, Enrico Tulio. *Lezioni di Diritto Processuale Civile*. V. I, Nozione Introduttive, Dott. A. Giuffrè Editore, 1951, p. 39. No original: "processuale, sussidiario e strumentale, rispetto all'interesse sostanziale, primario, ed ha per oggetto il provvedimento che si domanda al Magistrato, in quanto questo provvedimento si ravvisi come un mezzo sostitutivo per ottenere il soddisfacimento dell'interesse primario (...)".

[102] LIEBMAN, Enrico Tulio. *Manual de Derecho Procesal Civil*. Buenos Aires: Ediciones Jurídicas Europa-America, 1976, p. 115.

Em escritos posteriores,[103] Liebman acentuaria que a possibilidade jurídica do pedido tinha que ser englobada no interesse de agir – de modo que, rigorosamente, as condições da ação ficariam resumidas a essa condição e à legitimidade de partes – porque o interesse em mover o judiciário para reclamar, por sentença, proteção ao direito, pressupõe necessariamente que este seja juridicamente possível.

Sobre o conteúdo do interesse, assim esclarece Humberto Theodoro Jr.: "quando se viola um direito ou um pretenso direito, o titular dele tem um interesse em fazer cessar essa violação. Mas este interesse é primário e acha-se vinculado diretamente ao direito substancial. Uma vez, porém, que não pode reagir com suas próprias forças, surge a necessidade de valer-se da jurisdição para defender o interesse insatisfeito. Aparece, então, um novo interesse, secundário e instrumental em relação ao primeiro e voltado agora para a relação indivíduo-Estado".[104]

Conforme escreveu Alsina, citado por Humberto Theodoro Jr., "ao vetar a seus súditos fazer justiça pelas próprias mãos e ao assumir a plenitude da 'jurisdição', o Estado não só se encarregou da tutela jurídica dos direitos subjetivos privados, como se obrigou a prestá-la sempre que regularmente invocada, estabelecendo, de tal arte, em favor do interessado, a faculdade de requerer sua intervenção sempre que se julgar lesado em seus direitos".[105]

De fato, é tal a importância do interesse de agir que – no dizer de Calmon de Passos – citado por Fábio Gomes – é em torno dele que as demais condições da ação gravitam.[106]

O interesse de agir faz-nos lembrar a dualidade da ação: a de direito material e a de direito *processual,* sobre a qual discorremos no capítulo 5, porque o exercício desta última é sempre um *posterius* em relação ao que vem antes (*prius),* isto é, a resistência do devedor (a palavra é aqui utilizada em sentido amplo) à satisfação da pretensão deduzida pelo credor-autor, embora o emprego de todos os meios amigáveis e conciliatórios fora do espaço do Poder Judiciário destinados à satisfação do crédito (pretensão) devido.

Em processo penal, o interesse de agir guarda certas peculiaridades que o distinguem da concepção teórica formulada para o processo civil, evidenciando-se, também neste ponto, a grande dificuldade da submissão do processo civil e do processo penal a uma teoria única de processo.

Há décadas, em suas excelentes aulas na faculdade de direito da UFRGS, o professor Walter Baethgen, de quem tivemos a honra de ser discípulo, negava a existência de interesse na lide penal, argumentando que com a denúncia ou queixa o que o autor pretende é a aplicação de penalidades e não a obtenção de benefícios materiais ou morais,[107] típicos à lide civil.

Essa observação é exata também porque no processo penal o interesse estatal na persecução é de natureza pública, ao contrário do interesse da parte na ação civil, disponível, porque de natureza privada.

---

[103] LIEBMAN, Enrico Tulio. *Manual de Derecho Procesal Civil.* Op. cit., p. 115..

[104] THEODORO JR., Humberto. *Pressupostos Processuais e Condições da Ação no Processo Cautelar.* Vol. 292. São Paulo: Revista Forense, 1985, p. 24.

[105] Idem, p. 31.

[106] GOMES, Fábio. *Carência de Ação.* São Paulo: Revista dos Tribunais, 1999, p. 67.

[107] BATHGEN, Walter. As Condições da Ação e o Novo Código de Processo Civil. São Paulo: *Revista Forense,* vol. 251, 1975, p. 54-56.

Nem por isso há negar-se um interesse de Estado na persecução. Diríamos mais, o Estado tem o dever jurídico de promover todas as medidas inerentes à tipicidade penal desde a investigação até a sentença porque ter avocado o monopólio da realização da Justiça.

Luigi Ferrajoli, o mais conhecido defensor do garantismo na atualidade, lembra que "o direito penal nasce não como um desenvolvimento, senão como negação da vingança; não em continuidade, senão em descontinuidade e conflito com ela. E se justifica não com o fim de garanti-la, senão com o de impedi-la. É certo que nas origens do direito penal a pena substituiu a vingança privada. Porém, esta substituição não é explicável nem história, nem axiologicamente com o fim de satisfazer maior ou menor desejo de vingança, que é, de per si, uma culpável e feroz paixão, senão, ao contrário, com o de remediar e prevenir suas manifestações. Neste sentido, bem se pode dizer que a história do direito penal e da pena, corresponde à história de uma longa luta contra a vingança".[108]

Como o interesse na movimentação da jurisdição *penal* não é de alguém em particular, mas, pelo reverso, de todos os que integram a comunidade de não criminosos, segue-se, então, que o interesse que preside a atividade persecutória *integra o conjunto das aspirações sociais na realização da Justiça,* revelando-se, nessa medida, com *feição mais ampla* e singular que a revelada pelo restrito e concreto interesse do lesado em proteger, por meio da ação civil, um determinado bem da vida.

E como enunciou, com precisão, Ada Grinover, o interesse estatal em direito processual penal aparece sempre "(...) implícito em toda a acusação, pois a lide penal só nasce com a violação, efetiva ou aparente, da norma de direito material, e somente pode ser solucionada através do processo. O *ius puniendi* do Estado permanece em abstrato, enquanto a lei penal não é violada. É com a prática da infração, caracterizando-se o descumprimento da obrigação pré-estabelecida na lei, por parte do transgressor, que o direito de punir sai do plano abstrato e passa ao concreto. Assim, da violação efetiva ou aparente da norma penal, nasce a lide, caracterizada pela pretensão punitiva do Estado e pela resistência do infrator, cuja pretensão se configura como pretensão à liberdade".[109]

Em suma: sem necessidade de reiterarmos as questionáveis influências do processo civil (e suas categorias) na esfera do processo penal não há como se negar que o Estado para além do interesse propugnado tem o dever jurídico, *enquanto a punibilidade for concreta,* ou seja, não tiver sido alcançada por causa extintiva, de adotar todas as medidas legais destinadas a elucidar os e a responsabilizar judicialmente os responsáveis pelos crimes.

Esse interesse (ou poder-dever) é *sui generis* em direito processual penal, pois o Estado, com a ação e o processo, nem sempre precisa reclamar a condenação do imputado.

Já dissemos em outras passagens deste livro, apoiados em Claus Roxin, que o Estado, representado pelo órgão do Ministério Público, atua sob dúplice e aparentemente ambígua função: deve averiguar, ao mesmo tempo, "lo favorable y lo desfavorable al inculpado, debe probarle su culpabilidad y sin embargo también

---

[108] FERRAJOLI, Luigi. *Derecho y Razón, Teoría del Garantismo Penal.* Vlladolid: Editorial Trotta, 1997, p. 333.

[109] GRINOVER, Ada Pellegrini. *As Condições da Ação.* São Paulo, Bushatski, 1977, p. 103 e ss.

debe defenderlo", conflito de papéis que, no dizer que ".. acuña la doble cara de la Fiscalía" do qual não padece o defensor, que "tiene una misión definida, clara, libre de ambiguidades y en maneira alguna contradictória" cujo exercício não lhe permite "sabotear, obstruir, falsear medios de prueba y mentir".[110]

Não foi por nada que o legislador constituinte conferiu ao MP no artigo 127 funções de defesa dos interesses *sociais* e *individuais* indisponíveis. É da compreensão pelos agentes ministeriais do seu papel institucional que poderão evitar as acusações sistemáticas para se elevarem na verdadeira e extraordinária dimensão própria dos promotores de justiça. Se da fase da dúvida presente no início das atividades persecutórias o agente do Ministério Público passar para uma fase da certeza da inocência do acusado, cumpre-lhe postular pela sua absolvição, como propõe a singularidade da sua intervenção no processo: a de parte imparcial.

Nem mesmo na ação de iniciativa privada o interesse de agir há de ser visto sob o ângulo de defesa de interesses meramente privados, porque sendo verdade que o querelante com a queixa visa a obter uma sentença condenatória para com base nela obter o ressarcimento dos danos causados pela infração, não é menos verdade que, a esse interesse direto (*material, econômico, patrimonial)* agrega-se um outro, indireto, que é o de, na condição de sujeito ativo extraordinariamente legitimado para agir, ajudar a efetivar o *jus puniendi* estatal.[111]

Examinemos, as seguir, bem atentos à reformulação de Liebman quanto à absorção da possibilidade jurídica do pedido pelo interesse de agir, o modo como se expressa, em termos práticos, essa condição da ação, com vistas à demonstração da legalidade e juridicidade de pedido de arquivamento de inquérito policial ou peças de informações nele fundamentado, conduta que, ao nosso sentir, reflete a dimensão da missão do Ministério Público de averiguar, a um só tempo, o desfavorável e o favorável ao autor do fato, como proposto por Calamandrei em seu famoso *Elogio aos Juízes* e mais recentemente por Roxin na lição acima transcrita.

3.1. Interesse de agir e excludentes da ilicitude

Em texto preciso, o penalista Alberto Franco ensina que a ilicitude se acha num primeiro momento *atada à culpabilidade* por ser a regra de que "da execução de um fato típico deflui, como consequência imediata, a indicação de que tal fato é também ilícito".[112]

Entretanto, um pouco adiante, o festejado professor paulista concluiu que essa afirmação de ilicitude não pode ser tida como definitiva e sim como presuntiva (Muñoz Conde falará em função indiciária da tipicidade),[113] porque pode esta poderá ser ser "afastada" por uma *norma permissiva*".[114] Não é outro o sentido da teoria da

---

[110] ROXIN. Claus. Presente y Futuro de la Defensa em El Proceso Penal Del Estado de Derecho. *In Pasado, Presente y Futuro Del Derecho Procesal Penal*. Buenos Aires: Rubinzal-Culzoni, 2004, p. 44.

[111] REsp 696038 / RJ, 6ª T. STJ, j. em 06.05.08.

[112] FRANCO, Alberto. *Código Penal e sua Interpretação Jurisprudencial*. São Paulo: RT, 2001, p. 260.

[113] CONDE, Francisco Muñoz. *Teoria Geral do Delito*. Porto Alegre: Fabris, 1988, p. 85.

[114] Idem, ibidem.

tipicidade conglobante examinada neste capítulo, pois o ordenamento jurídico não pode simultaneamente autorizar a prática da conduta e também puni-la ...

Daí dizer a doutrina que as causas excludentes da antijuridicidade (ou ilicitude) são tipos penais que *permitem* (e não impõem) a realização da conduta, ao contrário dos tipos que a proíbem.

Assim, quem à noite deparar-se com ladrão, ao pé da cama, armado, tem o direito (e não o dever) de empregar de todos os meios moderados possíveis para reagir. A conduta de repelir a invasão e o risco de agressão por parte do invasor será formalmente típica, mas, conforme a lição de Welzel, não será materialmente antijurídica,[115] eis que autorizada, permitida, facultada, pelo sistema normativo.

Embora na perspectiva da teoria do direito abstrato de ação, o interesse de agir não se confunda com o interesse material, como vimos antes, pois quando falta o interesse de agir o pedido é rejeitado por ausência de interesse e não por ausência do direito emanado da lei substantiva, o certo é que não havendo crime a punir, por causa da incidência da excludente, não haverá, por consequência, qualquer interesse na persecução.

É claro que o pedido arquivamento do inquérito ou peças de informação precisa estar amparado em prova pacífica da situação de fato (vale dizer, da conduta realizada pelo agente) amparada pela causa excludente da ilicitude material.

Se existirem dúvidas, mesmo mínimas, sugerindo o contrário, a denúncia é impositiva e também não será caso de absolvição sumária (arts. 397 e 415 do CPP) ou de trancamento da ação penal mediante *habeas corpus*, sendo necessário o processo para que os fatos sejam esclarecidos nessa sede própria.[116]

3.2. Interesse de agir e eximentes da culpabilidade

As causas eximentes ou excludentes de culpabilidade distinguem-se das causas excludentes da ilicitude, examinadas no item anterior. Estas são identificadas pela fórmula legal "não há crime" ao passo que a visibilidade das causas eximentes de culpabilidade acontece nos textos que declaram "... é isento de pena o agente que ...".

Com a intenção de conferir sentido didático a este assunto, de modo a bem podermos retirar as consequências práticas no âmbito das condições da ação, faremos breve exposição sobre a culpabilidade e seus elementos constitutivos e só depois é que situaremos cada um deles na perspectiva prática da falta de interesse de agir, justificadora do pedido de arquivamento do arquivamento do inquérito ou peças de informações.

3.2.1. A culpabilidade e seus elementos

Fundada, filosoficamente, no livre arbítrio, a culpabilidade, no sistema do nosso Código é a censura pelo fato cometido por indivíduo maior de 18 anos, mental-

---

[115] BITENCOURT, Cesar Roberto. *Manual de Direito Penal*. 5ª ed. São Paulo: Revista dos Tribunais, 1999, p. 276.

[116] No sentido do texto: *Habeas corpus* nº HBC742996/DF (91343), 1ª Turma Criminal do TJDFT, Rel. Otávio Augusto, j. 28.11.96, Publ. DJU 19.02.97, p. 1.870.

mente são com consciência (profana) da ilicitude e ambições de evitar a violação da lei.

Sendo moralmente livre, maior de 18 anos, mentalmente são, com consciência da ilicitude e, portanto, em condições de respeitar a norma, o indivíduo que a transgredir, voluntaria ou culposamente,[117] deverá arcar com as consequências (penas privativas de liberdade, restritivas de direito ou pecuniárias).

Em suma: por culpável entende-se o agente que, sabendo da reprovabilidade ínsita na norma,[118] decide livremente violá-la,[119] quando tinha o dever jurídico de agir de modo contrário.[120] Daí dizermos que a culpabilidade (o juízo de reprovação) apóia-se em três pilares: a imputabilidade, a potencial consciência da ilicitude e a exigibilidade de conduta diversa.

Há intensa discussão sobre o tema culpabilidade.

De um lado, afirmam os que ela não pode ser determinada concretamente porque o juiz não tem condições de volver à data e local do fato para conferir se o agente era ou não efetivamente livre na ação, quando decidiu violar a norma, dolosa ou culposamente.

De outro, que a vida humana está previamente determinada, não havendo outro jeito, a não ser o de deixar que as coisas aconteçam. As ciências *psi* vêm apontando a influências de fatores psicológicos, psiquiátricos[121] e biológicos, especialmente os fatores genéticos no cometimento de crimes, em atitude que reaviva os postulados da Escola Positiva e indica certa inclinação ao determinismo.

A discussão não é relevante, a nosso sentir, porque se o livre-arbítrio não pode ser empírica e cientificamente demonstrado, o determinismo também não o pode. Mais: parece-nos inegável que o ser humano não está inteiramente privado da capacidade de pensar e de decidir-se de acordo com os valores que estruturam a sua escala axiológica e da própria sociedade onde vive.

Ademais, ela não nos impede de considerar, como bem alerta Schünemann, citado por Casabona, que o livre arbítrio não é um dado meramente biofísico, mas sim uma parte da chamada *reconstrução social da realidade* do homem concreto (diríamos nós, de carne e osso), que "pertence a uma camada essencialmente elementar da cultura ocidental, cujo abandono somente seria concebível no caso de liquidação desta cultura, em sua globalidade".[122]

---

[117] Não confundir culpabilidade (censura) com dolo e culpa (que são as espécies do elemento subjetivo que integra o agir típico).

[118] Aqui também a ideia de que a culpabilidade não está na *cabeça* do agente, mas provém da *censura feita pelo ordenamento jurídico* pela quebra do dever de respeito aos seus enunciados.

[119] A expressão é usualmente empregada, embora o agente em verdade ao adequar a conduta à norma termine por fazer o que ela prevê.

[120] WELZEL, Hans. *Derecho Penal Aleman.* Chile: Editorial Jurídica, 1997, p. 39 e ss.

[121] Na psiquiatria, consoante dissemos ao analisarmos a circunstância judicial da personalidade do réu, cogita-se, inclusive, desde Freud, em criminoso por sentimento de culpa anterior ao delito e que constituía, portanto, não o seu resultado, mas o seu motivo, surgindo, assim, bem clara, das conclusões de Freud, "a ideia de que a atuação criminal pode surgir como solução para uma forte tensão conflituosa, decorrente de um superego exigente e severo" (MENEGHINI, L. C. *Atuação Homicida como Defesa Contra Ansiedades Psicóticas,* trabalho apresentado como contribuição ao item *Temas Livres* no IV Congresso Psicanalítico Latino-Americano, Rio de Janeiro, julho de 1962).

[122] CASABONA, Carlos Maria Romeu. *Do Gene ao Direito.* São Paulo: IBCCrim, 9, 1999, p. 116.

Aliás, como anotou Bettiol, em passagem transcrita por Francisco de Assis Toledo, o sistema jurídico, em sua perspectiva ampla e global, "jamais pretende prescindir de um vínculo com a realidade histórica na qual o indivíduo age e de cuja influência sobre a exigibilidade da ação conforme o direito, o único juiz deve ser o magistrado",[123] em face das múltiplas variáveis incidentes.

Zaffaroni & Pierangelli disseram, aprofundando o estudo dos aspectos concorrentes à formação da vontade criminosa, que "há sujeitos que têm um menor âmbito de autodeterminação, condicionado desta maneira por causas sociais. Não será possível atribuir estas causas sociais ao sujeito e sobrecarregá-lo com elas no momento da reprovação da culpabilidade. Costuma-se dizer que há, aqui, uma 'coculpabilidade', com a qual a própria sociedade deve arcar".[124]

Na mesma linha, Salo de Carvalho,[125] reportando-se expressamente a Zaffaroni, lembra-nos que o princípio da coculpabilidade é decorrência lógica da implementação em nosso país, pela Constituição de 1988, do Estado Democrático de Direito (...)"[126] em cujo centro situa-se a dignidade da pessoa humana como valor primordial. Por isso tudo julgamos válido concluir que a ideia de liberdade do agir em conformidade ou em desconformidade com a norma penal precisa receber tempero.

Além dos fatores sociais, a participação da vítima, no episódio, pode comprometer ou fragilizar o dever de agir em conformidade da norma. Por exemplo, se ela instigar, provocar, desafiar o agente para a luta, a reprovação, pelo resultado danoso, terá que ser menor em relação à cabível não fosse a instigação, a provocação ou o desafio. Esse aspecto deverá ser considerado pelo juiz criminal, se condenado o agente, por ocasião da individualização da pena-base (art. 59 do CP).

Como a culpabilidade não é pressuposto mas integra o conceito de crime,[127] segue-se que as muitas variáveis que alcançam os seus elementos constitutivos acabam

---

[123] TOLEDO, *Princípios Básicos de Direito Penal*. São Paulo: Saraiva, 1986, p. 317.

[124] ZAFFARONI, Eugenio Raúl; PIERANGELI, José Henrique. *Manual de Direito Penal*. 2ª ed. São Paulo: RT, 1999, p. 610-611.

[125] CARVALHO, Salo de. *Aplicação da Pena e Garantismo,* op. cit., p. 63.

[126] Idem, p. 64. Nas razões lançadas nos autos do recurso no. 2003.04.01.05.8233-3, 7ª Turma TRF4, sendo relator o magistrado José Luis Germano da Silva, em caso envolvendo empresário que precisou optar entre repassar dinheiro à Previdência Social ou saldar a folha de pagamento e/ou demitir funcionários, foi suscitada a eximente da inexigibilidade de comportamento diverso, e, alternativamente, sua aceitação como atenuante inominada (art. 66 do CP) ou como causa de relevante valor social (art. 65, III, 'a' do CP, argumentando que desde Fragoso afirma-se que "dos motivos dependem a maior ou menor reprovabilidade da ação. Se o agente atuou movido por relevante (importante, considerável) motivo de valor social ou moral, a pena será obrigatoriamente atenuada. Motivo de valor social é o que atende aos interesses da vida coletiva" (FRAGOSO. *Lições de Direito Penal*. 16ª ed. Rio de Janeiro: Forense, 2003, p. 430). Assim, torna-se pertinente indagar qual o impacto, ao "interesse público", deixar de saldar folha de pagamento de inúmeros trabalhadores, correndo-se o risco, inclusive, de ter que optar por demissões – quando o país vive situação caótica de desemprego. ... Tal circunstância, lembrando do magistério de Zaffaroni, se assemelha àquilo que o Ministro da Suprema Corte Argentina denomina de co-culpabilidade, ou seja, a *co-responsabilidade direta e comprovada do Estado no ilícito* (Zaffaroni, *Política Criminal Latinoamericana*. Bogotá: Temis, s/d, p. 167-168).

[127] TOLEDO, Francisco de Assis. *Princípios Básicos de Direito Penal*. 5ª ed. São Paulo: Saraiva, 2000, p. 82.

afastando a punição pela conduta típica realizada, em prejuízo da primeira condição da ação.[128]

Examinemos, então, os elementos da culpabilidade e identifiquemos na órbita de cada um deles as razões determinantes da exclusão da culpabilidade.

3.2.2. A imputabilidade e as causas de isenção da menoridade, da doença mental e da embriaguez

A *imputabilidade* diz com a *maturidade* e a *capacidade psíquica* de ser sujeito da reprovação, no sentido da capacidade de compreender a antijuridicidade da conduta e de adequá-la à compreensão.[129]

É a condição pessoal de maturidade e de sanidade mental que confere ao agente a capacidade de entender o caráter criminoso do fato ou de determinar-se segundo esse entendimento.[130]

Logo, a imputabilidade não é *pressuposto* e sim um *dado inerente à culpabilidade,* precisamente porque o fundamento moral desta é o livre-arbítrio, isto é, a aptidão do homem de preferir, de valorar e de agir de acordo com suas preferências ou valorações.[131]

Pois bem: atuam como causas de isenção de pena, por afetarem a imputabilidade, *a menoridade* do agente (idade inferior a 18 anos), a *doença mental*, a *embriaguez* causada pelo álcool ou substância de efeitos análogos, desde que proveniente de caso fortuito ou de força maior (art. 28, § 1º, do CP) e a incapacidade causada pelo uso de psicotrópicos (arts. 45 e 46 da Lei 11.343/06).

A *menoridade* desaparece aos 18 anos, pois com essa idade o indivíduo, por presunção legal, terá sua personalidade formada e plenas condições para compreender os fatos da vida e determinar-se conforme a escala de valores e os imperativos jurídicos de seu país.[132] A prova da *menoridade* é feita mediante exibição da certidão de nascimento, haja vista a regra do parágrafo único do art. 155 do CPP.

---

[128] MARTINS, Charles Emil Machado (org.). Do Procedimento Comum Ordinário. In: *Teoria e Prática dos Procedimentos Penais*. Porto Alegre: Livraria do Advogado, 2009, p. 61.

[129] ZAFFARONI, Eugênio R., PIERANGELI, José Henrique. Op. cit., p. 626.

[130] FRAGOSO, Heleno Cláudio. *Lições de Direito Penal*. Rio de Janeiro: Forense, 1985, p. 203.

[131] Há discussão sobre a cientificidade do livre-arbítrio, no cerne do fundamento da culpabilidade, sob o argumento de que para afirmar-se que o homem era livre no momento da ação seria preciso haver uma regressão no tempo e não imaginá-la simplesmente. Não é possível a regressão. Todavia, como do mesmo modo não é possível cientificamente afirmar que a vida humana está escrita, predeterminada pelos astros ou pelas divindades, o livre arbítrio continua sendo validamente invocado como um dogma no direito penal fundado na culpabilidade.

[132] A eleição do critério biopsicológico normativo para a determinação da imputabilidade indica o quanto o direito criminal se aproximou das ciências médicas, em especial da psiquiatria, graças, especialmente, aos estudos dos adeptos da Escola Positiva acerca da etiologia do comportamento criminoso, como acentuamos antes, em que destacavam a necessidade de reação do Estado não para punir por punir, como queriam os clássicos, mas para proteger a sociedade contra o homem perigoso. Os estados de loucura deixaram de ser considerados como manifestações do demônio, como se entendia na Idade Média, para entrarem no rol dos males físicos do cérebro, "(...) sem relação importante com o meio social ou com as opções morais do sujeito ou seu *modus vivendi* (...)" a merecer intervenção somente médica e de preferência racional ((VELO, Joe Tennyson. Criminologia Analítica. *Revista do IBCCrim*, v. 7, São Paulo, p. 93).

Em relação à *doença mental,* a prova é mais complexa, pois o cérebro humano ainda é um grande desconhecido e nem sempre há acordo entre os especialistas quanto à positivação dos estados de loucura ou de retardo mental. E, em nenhuma outra área do direito, como a penal, é tão importante o concurso das ciências psicológicas e psiquiátricas na tentativa de se encontrar as respostas de que se necessita, concorrendo profissionais de diversas áreas do conhecimento humano, a ponto de Flamínio Fávero ter afirmado que "Ao juiz (...) não compete fazer diagnósticos e prognósticos de ordem médica; necessitando deles para aplicar a lei, o único indicado a falar é o médico".[133]

Abstraídas essas dificuldades e mesmo imaginando, para podermos argumentar, que o juiz detivesse conhecimentos técnicos suficientes, ainda assim fica a pergunta: a psicologia e a psiquiatria teriam condições de suprir as necessidades da Justiça penal, com segurança desejável?

Comecemos lembrando que psiquiatras e psicólogos seguem as mais diversas linhas de pensamento (tantas são as correntes na psicologia e na psiquiatria, havendo até quem fale em uma antipsiquiatria)[134] e, para agravar, ainda mais o quadro, amparam-se em variados critérios de classificação, que, a nosso sentir, não só divergem conforme o lugar, como estão principalmente a exigir profunda e urgente revisão.[135]

A diversidade de critérios e as múltiplas correntes de pensamento permitem-nos considerar como corretas as colocações feitas por Tenysson Velo de que tais

---

[133] FÁVERO, Flamínio. *Medicina Legal.* 2.ed. São Paulo: Martins Editora, 1973, p. 425.

[134] "A partir da década de 60, Ronald Laing, numa tentativa de compreensão da loucura, revela como o discurso do esquizofrênico, que aparentemente é incompreensível, ganha um sentido quando interpretado no contexto familiar. Por outro lado, David Cooper mostra a esquizofrenia como uma situação de crise microssocial, na qual os atos e as experiências de um determinado indivíduo são invalidadas pelos outros; esclarece que isto é devido a razões culturais e microculturais (geralmente familiares). Finalmente é compreendido como `doente mental', sendo confirmado por agentes médicos com a identidade de esquizofrênico" (COHEN, Cláudio. O Esquizofrênico Frente às Implicações Legais. *Revista da Associação Brasileira de Psiquiatria,* n.26, v.7, 1985, p. 114-118).

[135] Assim: As conclusões do V Congresso Brasileiro de Neurologia, Psiquiatria e Medicina Legal, realizado em 1946, no Rio de Janeiro, indicam que doenças mentais seriam *as psicoses por infecções e infestações,* as *neuroses,* seguidas de manifestações específicas e as personalidades *psicopáticas* (GOMES, Hélio. *Medicina Legal.* 12ª ed., Rio de Janeiro: Freitas Bastos, p. 135).
Para Guido Arturo Palomba, entretanto, *doentes mentais*, seriam só os *psicóticos* (esquizofrênicos, epilépticos, psicóticos senis, e as mulheres sob o efeito de psicose puerperal), os *alcoólatras* crônicos e os *toxicômanos* graves. Já os portadores *de desenvolvimento mental incompleto* seriam os silvícolas não aculturados, os surdos-mudos de nascença e com *desenvolvimento mental retardado*, os idiotas, os imbecis e os débeis mentais, todos igualmente inimputáveis e de enquadramento legal-penal no artigo 26 *caput* da Lei Substantiva (PALOMBA, Guido. *Psiquiatria Forense.* São Paulo: Sugestões Literárias, 1992, p. 43).
Consoante Paulo Blank, há outras classificações:
Pinatel distingue o criminoso com transtorno mental e o criminoso fora do tipo definido como profissional e ocasional;
Michielli fala em delinquente autêntico e falso delinquente;
Ellenberger distingue, quanto ao aspecto psiquiátrico, a criminalidade do doente mental da criminalidade do anormal psíquico, salientando que a criminalidade do doente mental é restrita, sendo a criminalidade do anormal a de maior frequência nas prisões;
Herwitz, no estudo da doença mental participante da criminalidade, divide-a em dois grupos: a *enfermidade mental*, que engloba as *psicoses* e as *neuroses*, e o estado anormal, que se refere à *oligofrenia e aos transtornos de personalidade*;

ciências, como anotamos antes, sequer "(...) são unânimes quanto à definição de doença mental, de capacidade de entender, de livre arbítrio e outros temas relacionados à dinâmica da energia psíquica ou às influências do meio externo ou da hereditariedade no mecanismo das funções cerebrais".[136]

Como existe, segundo esse autor, "uma psiquiatria de tipo biológico, uma de tipo psicanalítico, outra de postura sociológica e até mesmo uma antipsiquiatria, sem contar com a ausência de consenso acerca de procedimentos e diagnósticos, em que pesem os esforços unificadores das modernas classificações nosográficas",[137] o juiz precisa primeiro julgar o próprio perito para abstrair eventuais tendências, pois ele vê o paciente segundo "seus olhos", "sua ideologia".

As dificuldades para a determinação da doença mental, mesmo nos casos aparentemente mais simples, podem ser demonstradas no paradigmático caso Pierre Rivière, de 1835, reconstruído por Foulcault, com base em documentos autênticos. O acusado fora condenado à pena dos parricidas por ter, num suposto momento de insanidade mental, degolado a mãe, a irmã e o irmão,[138] embora a aberta divergência

---

Beca Soto classifica as anormalidades psíquicas em três grupos: as psicoses, as psicopatias e as oligofrenias (BLANK, Paulo. *Paper*: "*O Doente Mental, Criminoso e o Dilema da Liberdade Condicionada à Cessação da Periculosidade*", de conclusão do II Curso de Especialização em Criminologia).

Veja-se que a esquizofrenia era causa de semi-imputabilidade por causa do entendimento de que o esquizofrênico oscilava na fronteira da sanidade e da insanidade mental (daí a conhecidíssima denominação de doente *fronteiriço*), e hoje vem sendo considerada como doença mental suscetível de medida de segurança, ante seu pressuposto, que é a periculosidade (COHEN, Cláudio. O Esquizofrênico Frente às Implicações Legais. *Revista da Associação Brasileira de Psiquiatria*. v.7, 1985, p. 114-118).

Cláudio Cohen, aliás, não segue outra linha de raciocínio, quando declara que nem mesmo o CID é muito preciso no estudo do diagnóstico da esquizofrenia, ante a "variedade de escolas existentes", embora o diagnóstico, por si, gere "sanções sociais, algumas destas estipuladas pelos códigos e outras pela própria sociedade", acrescentando, por isso, ser necessária uma melhor delimitação deste diagnóstico, "provavelmente através de uma revisão crítica destas teorias".De outro lado, a tradicional divisão entre *neurose* e *psicose* não foi mantida no CID-10, porque os transtornos foram "arranjados em grupos de acordo com os principais temas comuns ou semelhanças descritivas, o que dá ao uso uma conveniência crescente" (Op. cit., p. 2-3).

A despeito disso, tais conceitos são empregados por Paulo Blank no *paper* citado, sobre o doente mental criminoso e o dilema da liberdade condicionada. Para ele, *neuroses* são doenças de sintoma psíquico, geradoras de obsessão, angústia e de fobia, com preservação do ego, e *psicoses* são doenças mentais ligadas a algum germe, lesão no cérebro ou desordem fisiológica, em que há alteração ou perda da função do ego, com grande desorganização da personalidade, tal como ocorre na esquizofrenia.

[136] VELO, Joe Tennyson. Criminologia Analítica. *Revista Brasileira de Ciências Criminais,* IBCCrim, v. 7, São Paulo, 1998, p. 89 e 294.

[137] Idem, p. 89.

[138] O relato do homicida, sob a forma de dossiê, é de especial beleza e racionalidade, embora justificando a pena de morte. Para outros, é sinal de loucura, justificadora da absolvição. Concluiu Foulcault que os laudos psiquiátricos, os pareceres jurídicos, os depoimentos camuflaram relações de poder e de dominação, dentro dos quais os discursos funcionaram como uma batalha jurídica, transparecendo a debilidade da medicina, considerando-se a época, na elaboração do diagnóstico do paciente. Importantes psiquiatras do século XIX, como Vastel e Esquirol, que defenderam a integridade mental do acusado, e Bouchard e Trouve, que o declararam louco, entraram em rota de completa colisão quanto ao suposto domínio da medicina e da psiquiatria. "(...) vários combates desenrolaram-se ao mesmo tempo e entrecruzando-se: os médicos tinham sua batalha, entre eles, com os magistrados, como próprio Rivière (que lhes armava ciladas dizendo que fingira a loucura); os magistrados tinham sua batalha a respeito das perícias médicas, a respeito do uso ainda bem recente das circunstâncias atenuantes, a respeito dessa série de parricidas que tinha sido emparelhada à dos regicidas (...) os aldeões de Aunay tinham sua batalha para desfazer, pela atribuição de bizarria ou singu-

entre os grupos de peritos afirmando, respectivamente, a sanidade e a insanidade do réu.

Segue-se então que as imprecisões classificatórias, as muitas vertentes abraçadas pelos psiquiatras e a falta de acordo entre eles e o próprio juiz não podem impedir que este, na determinação das doenças mentais e dos desenvolvimentos mentais incompletos ou retardados, reconheça como tais todos aqueles estados que, de um modo ou de outro, possam afetar a capacidade de entendimento e de volição do agente, quando da prática de determinado ato previsto em lei como criminoso, nos moldes da emoção e da paixão, por exemplo, como propõe Tennyson Vello.[139]

A *embriaguez* causada pelo álcool ou substância de efeitos análogos, desde que completa e proveniente de caso fortuito ou de força maior (art. 28, § 1º, do CP), é outra causa eximente da culpabilidade, pois retira a *capacidade* de entender e de querer do homem – nos mesmos moldes da inimputabilidade causada pela doença mental.

A embriaguez será completa quando o agente percorrer todas as fases: a da excitação, a da depressão e a do sono.[140] Será fortuita a embriaguez no clássico exemplo (ao que consta bem distante da realidade da vida !) do trabalhador que cai em tonel de aguardente e que, completamente embriagado, pratica um delito (imagina-se depois que for retirado do interior do tonel).[141]

Diferentemente da hipótese em exame, é a embriaguez pré-ordenada, pois nesta o agente intencionalmente se embriaga para reunir coragem e praticar o crime e a embriaguez voluntária ou culposa precedente à prática criminosa.

A embriaguez pré-ordenada não isenta o agente de pena porque, tendo sido livre na causa, responde pelo resultado, como propõe a conhecida teoria da *actio libera in causa*.

Nessas duas hipóteses, o legislador fez uso de " ... verdadeira ficção jurídica (e deu por imputável quem, na realidade, não o era)", por considerar o agente como

---

laridade, o assombro de um crime cometido no meio deles e salvar a honra de uma família; enfim, no centro de tudo isso, Pierre Rivière com suas incontáveis e complexas máquinas de guerra: seu crime cometido para ser contado e assegurar-lhe assim a glória através da morte; seu relato preparado de antemão e para dar lugar a seu crime; suas explicações orais para fazer crer na sua loucura; seu texto escrito para dissipar essa mentira, dar explicações e chamar a morte, esse texto em cuja beleza uns verão prova de razão (daí a razão de condená-lo à morte), outros um sinal de loucura (daí a razão de encerrá-lo por toda a vida)". Nesse ambiente de poder e de incertezas, os jurados ficaram todo o tempo dependentes do debate jurídico e, como dissemos, a final, acabaram condenando Rivière à pena dos parricidas. "A acusação foi sustentada pelo sr. Loisel, substituto do Procurador-Geral, que se dedicou particularmente a fazer ressurgir, seja dos debates, seja da instrução, e notadamente do manuscrito redigido por Rivière, a prova da capacidade intelectual do acusado. A defesa foi apresentada com talento pelo sr. Berthauld, jovem advogado do foro de Caen, que fez valer com toda a arte possível as circunstâncias resultantes de debates e de precedentes do acusado, tendendo a estabelecer a ausência de todo juízo e, por consequência, de culpabilidade de sua parte. Depois de três horas, o júri, retomando a audiência, resolveu, afirmativamente e pela maioria, todas as perguntas que lhe foram feitas. Em consequência, a Corte condenou Rivière à pena de morte" (FOULCAULT, Michel. *Eu, Pierre Rivière, que Degolei minha Mãe, minha Irmã e meu Irmão.* 5ª ed. Rio de Janeiro: Graal, 1991, p. 135-136).

[139] VELO, Joe Tennyson. Criminologia Analítica. *Revista Brasileira de Ciências Criminais,* IBCCrim, v. 7, São Paulo, 1998, p. 113.

[140] FRANCO, Alberto. *Código Penal e sua Interpretação Jurisprudencial,* v. I, São Paulo: Revista dos Tribunais, 2000, p. 467.

[141] MIRABETE, Julio Fabbrini. *Manual de Direito Penal.* São Paulo: Atlas, 2005, p. 221.

"... portador tanto de capacidade de entender o caráter ilícito do fato, como da capacidade de determinar-se conforme esse entendimento",[142] independentemente de saber se havia mesmo desejado ou não cometer o delito (dolo) ou se o cometera por imprudência, negligência ou imperícia (culpa).

Com efeito, "num estado de ebriez plena, não é possível distinguir dolo, de culpa", que pressupõem uma "normalidade da relação psicológica, normalidade que deve ser excluída se ao agente atua com condições de incapacidade penal".[143]

Bem afinada com o disposto no artigo 28, § 1º, do CP, a Lei 11.343/06, em seu art. 45, isenta de pena o agente que, em razão da dependência comprovada ou sob o seu efeito de droga, desde que a ingestão tenha sido proveniente de caso fortuito ou de força maior, for, ao tempo da infração, *qualquer que tenha sido ela,* incapaz de entender o caráter ilícito do fato ou de determinar-se de acordo com esse entendimento.

3.2.3. A potencial consciência da ilicitude e a causa de isenção de pena do erro de proibição

O segundo elemento da culpabilidade é a *consciência da ilicitude,* isto é, o juízo pessoal sobre a ilicitude da conduta.

Como adverte Munhoz Netto, a ordem jurídica não poderia efetivamente subsistir e gerar equilíbrio e segurança jurídica se "... a todo momento houvesse necessidade de indagações a respeito do conhecimento e exata compreensão, por parte dos interessados, do *preceptum legis* aplicável".[144]

Córdoba Roda, citado por Assis Toledo, relembra os critérios adotados, inicialmente, na doutrina até chegar-se a esse entendimento. O primeiro, de caráter formal (Binding, Beling e Von Liszt), exigia que o agente soubesse, *ao cometer o fato,* que estava infringindo a norma.

O segundo (Mayer e Kaufmann), baseado em uma concepção material do injusto, exigia o "conhecimento por parte do agente apenas da antissocialidade, da imoralidade da conduta ou da lesão de um interesse".

E o terceiro, consoante solução adotada pelo Supremo Tribunal alemão, em decisão de 18 de março de 1952, asseverando que "para o conhecimento da antijuridicidade, não se deve exigir o conhecimento da punibilidade do comportamento, nem o da disposição legal que contém a proibição. Basta que o agente, embora não esteja obrigado a realizar uma valoração de ordem técnico-jurídica, possa conhecer, com o esforço devido de sua consciência e com um juízo geral de sua própria esfera de pensamentos, o caráter injusto de seu atuar".[145]

Revelando-se como um "um juízo (...) emitido de acordo com a opinião comum dominante no meio social e comunitário",[146] bem se compreende porque a consciência da ilicitude é meramente potencial e se revela ao nível do *profano.*

---

[142] FRANCO, Alberto. Op. cit., p. 468.

[143] Idem, ibidem, citando Bettiol.

[144] MIRABETE, Julio Fabbrini. *Manual de Direito Penal.* São Paulo: Atlas, 2005, p. 70-71.

[145] TOLEDO, Francisco de Assis. *Princípios Básicos de Direito Penal.* São Paulo: Saraiva, 1986, p. 246.

[146] GOMES, Luiz Flávio. *Erro de Tipo e Erro de Proibição,* São Paulo: RT, 2001, p. 140

Ensinam Zaffaroni e Pierangeli que o sistema normativo contenta-se em exigir das pessoas um *conhecimento* meramente *potencial da ilicitude,*[147] ou seja, um conhecimento que integre a "valoração paralela na esfera do profano",[148] pois, se a exigência não fosse limitada a esse âmbito, como bem adverte Alberto Franco, citando Enrique Cury Urzúa, "o juízo de reprovação só poderia ser endereçado aos juristas".[149] Aliás, às vezes nem mesmo eles, especialmente em países, como o nosso, com larga produção normativa. O grande jurista Eduardo Couture dizia em tom de blague que em certos momentos históricos as opiniões jurídicas não só deveriam emitir-se datadas, mas também com a hora em que fossem proferidas (...)".[150]

Daí ter registrado Muñoz Conde que aos efeitos da potencial consciência da ilicitude basta "(...) que o autor tenha base suficiente para saber que o fato praticado está *juridicamente proibido* e que é contrário às normas mais elementares que regem a convivência",[151] exigência que mais se acentua às pessoas que tem o direito de se informar.[152]

Essas premissas foram construídas sobre a suposição de que existe uma consciência *padrão* na sociedade em torno da ilicitude e que todas as pessoas são capazes de vivenciá-lo. Mas sabemos que as pessoas são diferentes (a regra, aliás, é a *diferença*) e que há aqueles que se esforçam muito e aqueles que pouco ou nada fazem para internalizar os sentidos permissivos e proibitivos das normas.

Daí a preocupação do legislador penal em situar o *erro sobre o estar proibido* (Luiz Flávio Gomes[153]) na esfera da consciência da ilicitude e em atribuir-lhe *status* de causa eximente da culpabilidade (art. 21 do CP).

Alertamos o leitor que no universo do erro de proibição não entra a proibição imposta a todos de alegar ignorância ou má compreensão da lei, haja vista o enunciado na primeira parte do art. 21 do CP (e também no art. 3º do Dec. da Lei de Introdução ao Código Civil 4.657/42).

Realmente, o indivíduo pode *não conhecer a lei* e, mesmo assim, pela consciência profana da ilicitude, *saber que a conduta é proibida, sendo culpável.*[154]

O erro de proibição é *direto* quando o desconhecimento for da norma proibitiva ou decorrer da convicção de que ela não é aplicável ao caso. Ilustrativa é a decisão do colendo STF que ordenou, por erro de proibição invencível (desculpável, justificável), o arquivamento de inquérito instaurado contra candidato a posto eletivo por suposta infração consistente em afixação de propaganda nos postes da cidade. Conforme consta do *decisum,* como a prática era habitual e o candidato tinha

---

[147] MUÑOZ CONDE, Francisco. *Teoria Geral do Delito.* Porto Alegre: Fabris, 1988, p. 157-158.

[148] ZAFFARONI, Eugênio R.; PIERANGELI, J. Henrique. *Manual de Direito Penal Brasileiro,* Parte Geral. 2. ed. São Paulo: RT, 1999, p. 621-622.

[149] FRANCO, Alberto Silva. *Código Penal e sua Interpretação Jurisprudencial.* São Paulo: RT, 1995, p. 232.

[150] COUTURE, Eduardo. *Os Mandamentos do Advogado.* Porto Alegre: Fabris, 1979, p. 22.

[151] MUÑOZ CONDE, Francisco. *Teoria Geral do Delito.* Porto Alegre: Fabris, 1988, p. 157-158.

[152] TOLEDO, Francisco de Assis. *Princípios Básicos de Direito Penal.* São Paulo: Saraiva, 1986, p. 249.

[153] GOMES, Luiz Flávio. *Erro de Tipo e Erro de Proibição.* São Paulo: Revista dos Tribunais, 2001, p. 140.

[154] Adverte Luiz Flávio Gomes que a ignorância ou errada compreensão da "lei contravencional", quando escusável, pode atuar como causa para o perdão judicial (Op. cit., 2001, p. 141).

razões para supor que ela era normal e permitida, tanto assim que, ao ser notificado da irregularidade, sanou-a, não havia sentido na abertura do processo.[155]

O Tribunal de Justiça do RS, outrossim, absolveu, por maioria, por idêntico fundamento, motociclista acusado de prática do crime previsto no art. 311 do CP, cuja conduta havia sido a de afixar em motocicleta por ele reformada a placa de outro veículo fornecida por terceiro, mediante considerações sociais e pessoais do acusado ingênuo e "meio atrasadão", incapaz, portanto, de conhecer a ilicitude da conduta destinada, segundo ele alegou, a "embelezar" a moto.[156]

E, outrossim, *indireto* o erro quanto à ilicitude quando o agente, mesmo conhecendo a existência da lei, imagina que a sua conduta é *permitida* (erro de permissão).

Dois exemplos:

O Superior Tribunal de Justiça concedeu *habeas corpus* para trancar a denúncia intentada contra diretores de consórcios que haviam emprestado numerário de seus recursos próprios, sob o fundamento de que a tipificação do delito previsto no art. 17 da Lei 7.492/86 (operação de instituição financeira sem autorização ou com autorização obtida mediante declaração falsa) "só pode ocorrer quando existir consciência da prática de tal delito; *contrario sensu*, incide o erro sobre a ilicitude do fato (ou erro de proibição), que afasta a culpabilidade do agente.[157]

O Tribunal de Justiça do RS, ao seu turno, reconheceu a existência de erro de proibição na conduta de quem mantém casa de prostituição há mais de um ano, com alvará expedido pelas autoridades e funcionamento conhecido de todos. Consoante o Relator, "a maioria da jurisprudência posiciona-se no sentido de desconsiderar atividade criminosa quando aceita pelas autoridades locais e pela própria sociedade", registrando, ainda, que "... a todo momento nos deparamos na televisão, jornais e revistas com propagandas sobre o comércio do sexo" ... impedindo-lhe de "... condenar os apelados por ter mantido um lupanar, quando pelos meios de comunicação são levados a ignorância da antijuridicidade de seu agir, julgando ser sua conduta absolutamente legítima".[158]

---

[155] Inq 352 / PR – PARANÁ, Pleno, rel. Min. Carlos Madeira, j. em 03.12.87.

[156] ADULTERAÇÃO DE SINAL. *ERRO DE PROIBIÇÃO*. RECURSO DO MINISTÉRIO PÚBLICO. IMPROVIMENTO, POR MAIORIA. *Erro de proibição*. O desconhecimento da lei penal é inescusável, mas, demonstrado que o agente não tinha conhecimento da *ilicitude* do fato, fica isento de pena, nos termos do que dispõe o art. 21 do CP. (Apelação Crime nº 70023342009, Quarta Câmara Criminal, Tribunal de Justiça do RS, Relator: José Eugênio Tedesco, Julgado em 17.04.08)

[157] RHC 4146 / SP, rel. Min. Cid Flaquer Scartezzini, 5ª Turma, julgado em 15.03.95.

[158] "CASA DE PROSTITUIÇÃO. FUNCIONAMENTO HÁ BASTANTE TEMPO, DE CONHECIMENTO DAS AUTORIDADES E ACEITA PELA SOCIEDADE. IGNORÂNCIA NA PROIBIÇÃO. ABSOLVIÇÃO MANTIDA. POR MAIORIA". (Apelação Crime nº 70002782290, Sétima Câmara Criminal, Tribunal de Justiça do RS, Relator: Ivan Leomar Bruxel, Julgado em 12.02.04)
No mesmo sentido, os acórdãos citados pelo relator:
"ARTIGO DO CÓDIGO PENAL – CASA DE PROSTITUIÇÃO. DESPENALIZAÇÃO. O aperfeiçoamento técnico do Direito Penal há de passar, também, pela despenalização de condutas que se tornem toleráveis pela sociedade se isso assentado em princípios nascidos de uma consciência social que busque, e procure manter, o Estado Democrático de Direito. Preciso é divisar o que efetivamente interessa a sociedade reprimir e até onde as condutas selecionadas se afigurem aos padrões morais que ela mesma exija sejam preservados. Se ela própria não cinde o tipo em questão, vendo a maior afronta no manter-se uma casa de prostituição sem requinte algum, do que naquelas em que emprega moderna tecnologia e marketing, que lhe dá ares de sobriedade, mas que as vezes escancara, sem sutileza

Embora sabendo que é crime o explorar a prostituição, o infrator não pode ser censurado por ser aceitável, isto é, *escusável, justificável* (erro invencível), a alegação de que a concessão de alvará de funcionamento pelo poder público e o funcionamento do estabelecimento por largo período, sem notificações, levavam à convicção de que a conduta não era ilícita.

Caso o erro de proibição seja inescusável (portanto evitável, vencível, não aceitável pela ordem jurídica), a censura (culpabilidade) impõe-se, embora redução da pena entre 1/6 e 1/3, consoante dispõe a segunda parte do artigo 21 do CP.

É inescusável o erro, sempre que o agente possa alcançar a consciência da ilicitude mediante esforço da inteligência ou quando tenha o dever de informar-se sobre a existência ou não de norma regulamentadora da conduta (proibitiva ou permissiva).

O Tribunal Regional Federal da 4ª Região entendeu como vencível o erro alegado por réus que "internalizaram munições de arma de fogo de procedência estrangeira", sob o fundamento de que tinham "potencial para conhecer a ilicitude do fato".[159]

O mesmo Tribunal, pelo mesmo fundamento, não admitiu o erro de proibição invocado por empresária acusada de evasão de divisas, consistente em manutenção de divisas em conta no exterior, sem controle das autoridades competentes, exatamente sob o fundamento de que, sendo empresária, experiente no mundo dos negócios, era do seu dever informar-se acerca da legalidade (permissão ou proibição) da conduta em questão.[160]

---

alguma, a verdadeira finalidade dos convites que veiculam em jornais e televisores, não pode disso se ocupar o Direito Penal, pena de os anseios dela se distanciar. Apelação provida para absolver, com base no artigo 386, inciso III do Código de Processo Penal. TJRS ACR 698383932 Rel. Newton Brasil de Leão.

"Apelação crime. Casa de prostituição. Absolvição. Embora comprovada a conduta inscrita na norma repressiva, de exploração de casa de prostituição, em atenção às transformações de toda a ordem experimentadas pela sociedade, que traçam novos rumos, a partir do redimensionamento de valores coletivos e individuais, das quais o direito penal não se pode abstrair, em face das finalidades e princípios norteadores das normas recriminadoras; o comportamento, em tese, típico deve ser visualizado dentro de uma concepção maior, que atenda a todos estes fatores para ser caracterizado como tal. Se o estabelecimento, onde se comercializa sexo, funciona as claras, em lugar localizado fora do perímetro residencial, nas margens de rodovia estadual, contando com a tolerância das autoridades locais, sem a presença de menores, não se configura o crime previsto no art. 229 do CP (Apelação Crime nº 70004586236, Câmara Especial Criminal, Tribunal de Justiça do RS, relator: Des. Fabianne Breton Baisch, Julgado em 21.03.03).

Do mesmo modo, o acórdão por nós relatado ao tempo em que atuamos como Desembargador no TJRS: (Apelação Crime nº 70002657039, Sétima Câmara Criminal, Julgado em 18.10.01)

[159] PENAL. PROCESSUAL PENAL. TRÁFICO ILEGAL DE MUNIÇÕES. ARTIGO 18 DA Lei 10.826/2003. MATERIALIDADE COMPROVADA. AUTORIA INCONTROVERSA. ERRO DE PROIBIÇÃO EVITÁVEL. REDUÇÃO DA PENA. ART. 21, CP. 1. Comprovado nos autos que os réus internalizaram munições de arma de fogo de procedência estrangeira, a condenação pelo delito previsto no art. 18 da Lei 10.826/03 é medida que se impõe. 2. Tendo os denunciados potencial para conhecer a ilicitude do fato, incidindo em erro de proibição evitável, a pena aplicada será reduzida de 1/6 a 1/3. (TRF4, ACR 2006.72.02.005618-4, Sétima Turma, Relator Gerson Luiz Rocha, D.E. 26.11.08)

[160] DIREITO PENAL. ARTIGO 22, PARÁGRAFO ÚNICO, *IN FINE*, DA LEI 7.492/86. MANUTENÇÃO DE DEPÓSITOS NO EXTERIOR... 3. O crime previsto no parágrafo único, segunda parte, do art. 22 da Lei 7.492/86 exige tão somente o dolo genérico para sua perfectibilização, ou seja, a vontade livre e consciente de manter recursos no Exterior não declarados à autoridade competente, a qual restou caracterizada na espécie. 4. Erro de proibição não configurado, pois tinha a ré o dever

3.2.4. A exigibilidade de outra conduta e as causas de isenção de pena na coação e na obediência hierárquica

A *exigibilidade de conduta* diversa assenta-se na ideia de que o homem, por ser livre, isto é, por deter o livre-arbítrio, é capaz de *reordenar a sua ação* e cumprir o dever de não transgredir a norma. No ponto em que comentamos a culpabilidade alertamos sobre a impossibilidade científica de comprovação do livre-arbítrio (e também do determinismo) e ainda das dificuldades concretas do juiz em afirmar *a posteriori* e *distante* dos acontecimentos ocorridos no passado que o acusado podia, sim, agir de modo distinto.

Trabalhos também aqui com a ficção.

O discurso sobre a *coação* e a *obediência hierárquica* pode ser realizado independentemente do aprofundamento da questão ventilada ou do encontro de respostas satisfatórias ao dilema livre-arbítrio/determinsmo porque ambas estão relacionadas a fatos externos à vontade do agente e que a viciam por completo, afastando, com isso, a possibilidade real de realizar conduta distinta daquela penalmente cominada e sancionada como infração penal.

Haverá *coação* quando alguém (o coator) vicia com a sua própria conduta a vontade do agente (o coagido) de modo que este atua sem chances de opção.

A coação a que nos referimos neste momento é a *moral* porque na coação física haverá a exclusão da própria *conduta* e, portanto, por falta de *ação livre,* não se verificará o primeiro requisito do crime, como enuncia a clássica definição analítica de crime: ação, tipicidade, antijuridicidade e culpabilidade.

É claro que, à feição da coação física, a coação moral eximente da culpabilidade precisa ser também *irresistível*,[161] isto é, insuportável, ante a visualização pelo coacto das graves consequências inerentes à resistência (no exemplo de quem é obrigado a fazer a entrega de entorpecente a terceiro para evitar que o coator agrida ou mate um filho sob cativeiro).

Eximinando-se o coacto de pena segue-se que a responsabilidade criminal pelo fato será imputável apenas ao responsável pela coação (moral ou física).

Em relação à isenção de pena do funcionário que cumpre a ordem do superior hierárquico a primeira condição é saber se a ordem é ou não *manifestamente ilegal* (art. 22).

Em caso afirmativo, o subordinado tem o dever jurídico de recusar o cumprimento da ordem,[162] mas, se ficar em dúvida quanto ao caráter ilícito da ordem (ela

---

de informar-se sobre o conjunto de normas aplicáveis, em razão das atividades empresariais por ela desenvolvidas. Assim, detinha consciência potencial acerca da ilicitude da conduta. (Inescusável o desconhecimento da lei – art. 21 do CP)" (TRF4, ACR 2003.70.00.051535-0, Oitava Turma, Relator Élcio Pinheiro de Castro, D.E. 12.11.08)

[161] "Penal. *Coação irresistível*. Exigêcia para sua configuração. 1. Para ocorrência de *coação irresistível* é indispensável o concurso de três pessoas: coator, coagido e vitima. A *coação irresistível* não pode provir da vitima; deve partir de outrém que aniquila a vontade do agente para obrigá-lo a fazer, ou a deixar de fazer o que desejava, aquilo que livremente o faria. 'A vitima jamais poderá ser tida como coatora'. (Julio F. Mirabete). Precedentes jurisdicionais e doutrinários." (REsp 25121/PR, rel. Min. Anselmo Santiago, 6ª T., 28.06.93).

[162] O Tribunal de Justiça do RS não aceitou a tese exposta por policial acusado de crime de falso testemunho de que havia se limitado a cumprir a ordem de seu superior hierárquico. Consta do acórdão: "É claro que havendo uma ordem do Delegado aos seus subordinados, dificilmente se pode exigir destes últimos que o questionem, mas como a determinação foi para que cometessem um delito (falso

não será havida como *manifestamente ilegal)* e, portanto, se decidir cumpri-la, não será suscetível de culpa, por força do erro de proibição direto.

A questão central, portanto, consiste em saber se o servidor estava ou não na situação de erro *invencível* (justificável, escusável, admitido pela ordem normativa), para beneficiar-se com a isenção da pena, sendo válido lembrar que, em muitos casos, pode ser levado a agir (ou não agir) até mesmo por temor referencial.[163]

Como visto, se o erro for *vencível,* isto é, não justificável ou desculpável, o servidor, ante o dever de conhecer as normas sobre as suas atribuições funcionais e poder bem distinguir o que pode e o que não deve fazer, não escapará do juízo de culpabilidade penal.

Para finalizar: as causas eximentes da culpabilidade afastam a possibilidade da imposição da censura pela prática da conduta formalmente típica, de modo que embora tenha havido efetivo comprometimento da "finalidade geral da ordem jurídica", haverá impedimento à imposição da consequência jurídica (a pena e sua objetiva quantificação).

Pelas razões examinadas e tantas outras relacionadas à boa aplicação do dinheiro público e à necessidade de alívio das pautas judiciárias de processos inúteis, entendemos que, bem evidenciada, por provas inequívocas, pacíficas, a coação ou a obediência à ordem hierárquica, o caso é de arquivamento do inquérito ou peças de informações.

3.2.5. Interesse de agir e prescrição pela pena projetada

As causa extintivas da punibilidade, previstas no artigo 107 do CP e em outros dispositivos esparsos, por afetarem, diretamente, o *jus puniendi estatal,* produzem o desaparecimento do interesse processual.

Assim, se na fase do inquérito ou do processo sobrevier a morte do agente (inciso I), a anistia, graça ou indulto (inciso II), a retroatividade de lei que não mais considere o fato como criminoso (inciso III), a prescrição, a decadência ou a perempção (inciso IV), a renúncia do direito de queixa, a retratação (VI), o perdão (IX),[164] o perdão judicial,[165] etc., o único caminho a seguir será o pedido de declaração de extinção da punibilidade com o consequente arquivamento *dos autos* do inquérito ou do processo, respectivamente.

---

testemunho), de forma alguma deveriam ter cumprido-o, mesmo que sob pena de responder pela inobservância da determinação. O certo seria denunciar o Delegado à Corregedoria" (Apelação Crime nº 70019992502, Quarta Câmara Criminal, Tribunal de Justiça do RS, Relator: José Eugênio Tedesco, Julgado em 28.02.08).

[163] "Humildes servidores representados por agentes de segurança e policiais de baixa patente não podem ser incriminados como co-autores, por terem agido por temor do patrão e chefe de hierarquia superior..." (Apn 266 / RO, Corte Especial, relatora Min. Eliana Calmon, DJ 12.09.05, p. 193).

[164] Os incisos VII e VIII que dispunham sobre o casamento do agente com a vítima ou desta com terceiro, nos crime contra a liberdade sexual, foram revogados pela Lei 11.106/2005).

[165] COSTA, Domingos Barroso da. O Interesse de Agir Enquanto Condição Legitimante da Ação Penal: Sobre a possibilidade do pedido de Arquivamento do Inquérito Policial ou das Peças de Investigação Quando Cabível o Perdão judicial. *Boletim do IBCCRIM*, ano 16, n. 195, fevereiro de 2009, p. 13.

No que tange à prescrição da pretensão punitiva, é controversa na doutrina e na jurisprudência a possibilidade do arquivamento do inquérito ou peças de informações por falta de interesse baseado na pena projetada.[166]

---

[166] O tempo exerce extraordinária influência na vida das pessoas e das instituições sociais. Em direito penal, o decurso do tempo atua em desfavor do Estado-Acusador e, simultaneamente, em benefício do autor da infração, que poderá assim ver-se livre do processo ou da execução da pena eventualmente.

O esquecimento do fato, a inexistência de interesse da sociedade em punir o seu autor e a falta de sentido em aplicar eventualmente uma pena muito tempo depois da sua prática são os fundamentos que estruturam e sustentam o instituto da prescrição. Como explica Schmidt, o decurso do tempo produz o enfraquecimento do "suporte probatório", "o esquecimento do fato" e, salvo o cometimento de outra infração (reincidência futura), a interromper essa marcha contínua (art. 117, VI do CP) a "recuperação do criminoso" (SCHMIDT, Andrei Zenkner. *Da Prescrição Penal*. Porto Alegre: Livraria do Advogado, 1997, p. 20 e 21).

A regra no direito brasileiro era a da prescrição dos crimes e das penas. Essa regra foi alterada pelos constituintes de 1988, ao disporem no art. 5º, inciso XLII, da Lei Maior em sentido contrário relativamente aos crimes de racismo e aos praticados por grupos armados, civis ou militares, contra a ordem constitucional e o Estado Democrático.

Com essa alteração, reavivou-se a fórmula adotada para outros casos no Código Criminal do Império de 1830 (art. 65), na Consolidação das Leis Penais (Dec. 22.213/32) e na primitiva redação do Código Penal de 1940 (art. 118, parágrafo único, parcialmente mantido pelo Dec. 1.004/69, Código Penal de 1969, que não entrou em vigor).

A prescrição passou a ser, portanto, uma regra geral indicativa, segundo Andrei Zenkner Schmidt, de que o Estado omisso deve "arcar com a sua inércia", por não ser aceitável a situação de quem, "tendo cometido um delito, fique sujeito ao beneplácito eterno da vontade estatal punitiva. Se existem prazos (...) a serem cumpridos, a sua não observância é um ônus que não deve pesar somente ao réu. A prestação jurisdicional tardia, salvo em crimes de maior gravidade, não atinge o fim da jurisdição: a justiça" (SCHMIDT, Andrei Zenkner. *Da Prescrição Penal*. Porto Alegre: Livraria do Advogado, 1997, p. 20 e 21).

Constituem espécies da primeira a prescrição retroativa e a prescrição interveniente ou superveniente. A prescrição da pretensão executória afeta o direito estatal à execução da pena definitivamente imposta.

A prescrição da pretensão punitiva é aferida pelo máximo da pena cominada em abstrato ao crime e verifica-se com o transcurso do lapso temporal correspondente, fixado em lei (art. 109 do CP), entre a data do fato e a do despacho de recebimento da denúncia ou queixa (art. 110, § 2º, do CP), ou entre a desta última e a da publicação da sentença condenatória recorrível.

Como é pacífico, para que a prescrição retroativa e a prescrição superveniente da pretensão punitiva, com base na pena imposta, possam ser declaradas, é necessário que o MP não tenha apelado para buscar a elevação da mesma. Caso tenha recorrido e o apelo venha a ser provido pela segunda instância, a condição é que o novo quantum não implique em agravação do lapso temporal, dentre os que estão previstos nos incisos do artigo 109 do CP. (art. 110 e § 1º do CP).

A prescrição superveniente é aferida mediante a verificação do transcurso do lapso prescricional indicado no artigo 109 do CP e entre a data da publicação da sentença ou entre a data desta e a do julgamento do último recurso ajuizado perante os Tribunais superiores, vez que a decisão de segundo grau, mesmo a confirmatória da condenação, não atua como causa interruptiva da prescrição (O inciso IV do art. 117 do CP, com a redação da Lei 11.596/2007, estabelece que o curso da prescrição interrompe-se "pela publicação da sentença ou acórdão condenatórios recorríveis", mas essa disposição tem a ver unicamente com a hipótese de provimento de apelação ministerial com a condenação em segundo grau de réu absolvido pelo juiz. É nesse sentido que deve-se entender a expressão "acórdão condenatórios recorríveis". Se o acórdão confirmatório da condenação também tivesse força para interromper a prescrição, o legislador, por certo, teria promovido a inserção da hipótese em inciso próprio, nos moldes do inciso III do mesmo artigo 117).

O curso do prazo prescricional pode ser alcançado por causas interruptivas dentre as listadas nos incisos do artigo 117 do CP, de modo que, após a interrupção, volta a fluir por inteiro, podendo ser novamente sustado ou fluir sem novas interrupções para atingir mortalmente o *jus puniendi* estatal.

Aos efeitos deste trabalho, orientado à determinação do desaparecimento do interesse de agir, pelo transcurso do tempo, é claro que a prescrição que interessa examinar neste momento é só a da pre-

Há alguns anos, levantamos o problema em nosso esgotado livro *Ação Penal*, dando como exemplo condenação pelo crime de rixa qualificada (parágrafo único do artigo 137 do Código Penal), cuja pena em abstrato varia entre 6 meses e 2 anos de detenção e que em razão da demora na fase pré-processual ensejasse o oferecimento da denúncia dois anos e um dia depois do fato.

Dizíamos e reiteramos agora que nessa situação não haveria dúvida que o processo, ante o recebimento da denúncia, continuaria sua marcha de acordo com as fases do respectivo procedimento até a sentença final, porque, enfim, a prescrição da pretensão punitiva regulada pela pena em abstrato, no crime de rixa, verifica-se em 4 anos (inc. V do art. 109 do CP).

Contudo, se o autor da rixa viesse a ser condenado a 10 meses de detenção (um pouco acima de mínimo legal), a sentença, como alertávamos, não poderia ser executada, porque em razão desse *quantum* o lapso correspondente, em razão da nova forma de identificação, cairia para 2 anos – conforme o inciso VI do mesmo artigo 109 do CP. – ou seja, para quantidade de tempo inferior ao tempo antes apontado de 2 anos e 1 dia transcorridos entre a data do fato e a data do recebimento da denúncia.

É certo que o agente do Ministério Público que se deparar com essa situação e que a despeito de tudo decida oferecer a denúncia – mesmo antecipando mentalmente a prescrição tendo em conta a pena por ele próprio projetada – agirá dentro da lei e revelará sua incondicional fidelidade e inflexibilidade ao princípio da obrigatoriedade da ação penal pública.

Contudo, a pergunta que se impõe é uma só: haveria algum sentido prático que justificasse o desencadeamento da persecução penal no caso em tela? A resposta, a nosso ver, é negativa porque uma eventual sentença, mesmo condenatória, não geraria quaisquer efeitos, primários ou secundários... Noutras palavras: não seria executável!

Ora, a pena pode ser perfeitamente projetada pelas partes e não só pelo juiz a partir dos elementos constantes do inquérito e relacionados às variáveis do artigo 59 do CP, nosso pensar, coerente com a linha expositiva até aqui desenvolvida, sugere que ao invés de processo desprovido de finalidade prática o Ministério Público requeira o arquivamento do inquérito ou peças de informações.

Com a providência, o Estado, representado pelo MP, não estará descumprindo o comando normativo do princípio da obrigatoriedade mas, isto sim, deslocando a questão jurídica para o âmbito das condições da ação e de sua utilização como ferramentas práticas no processo penal.

Dissemos em outros e insistimos neste capítulo que o Ministério Público tem o dever institucional de preservar o *status dignitatis* do indiciado, evitando sujeitá-lo a processo desprovido de qualquer sentido ou finalidade. Então, por que deveria intentar uma ação penal se pudesse prever a condenação e a imposição de pena cuja quantidade balizará o lapso temporal da prescrição, já decorrido entre a data do fato e a do recebimento da denúncia, ou desta até a data da publicação da sentença?

---

tensão punitiva retroativa, identificada pelo máximo cominado em abstrato ao crime e aferível entre a data do fato e o marco interruptivo da data em que a inicial acusatória poderia ter sido eventualmente oferecida.

Verificada, a providência recomendada não será outra senão a formulação de requerimento de extinção da punibilidade com o consequente arquivamento dos autos do inquérito ou peças de informações.

Admitimos que a questão é controversa. Ainda persistem as divergências na doutrina[167] e na jurisprudência[168] quanto às sugestões aqui apresentadas, sendo muitos os argumentos, embora facilmente respondíveis, *data venia.*

Os que se opõem à providência ora sugerida sustentam que a condenação ou o *quantum* da pena não são previsíveis, pois a apuração dos fatos ainda está por acontecer; que o acusado tem direito ao processo para obter uma sentença absolutória, e, por fim, que a projeção da condenação sem processo ofende a garantia constitucional da presunção de inocência.

Ora, a previsibilidade da condenação integra a experiência cotidiana dos atores da cena judiciária: os juízes, os promotores de justiça e os advogados. Basta o exame do conjunto da prova inquisitorial para diagnóstico de alta probabilidade de absolvição ou de condenação.

Já a escolha e a quantificação objetiva da pena não expressam uma "arte" de julgar do conhecimento exclusivo do julgador porque decorrem de regras de individualização judicial conhecida de todos (método trifásico – art. 68 do CP). Os fatores de influência na determinação da pena-base, da pena provisória e da pena definitiva não são do conhecimento privativo do juiz, mas de todos os que operam com o sistema penal. Não poderia ser diferente, tanto assim que o caminho percorrido pelo magistrado no processo de individualização da pena é frequentemente questionado em recursos não raro providos pelos Tribunais.

---

[167] *Posicionamento a favor da tese*: Antonio Scarance Fernandes, A Provável Prescrição e a Falta de Justa Causa Para a Ação Penal, in *Cadernos de Doutrina e Jur. da APMP*, nº 6, p. 38; Edison Aparecido Brandão, Prescrição em Perspectiva, in RT. 710/391; Luiz Sérgio Fernandes De Souza, A Prescrição Retroativa e a Inutilidade do Provimento Jurisdicional, in RT. 680/435, Maurício Antonio Ribeiro Lopes, O Reconhecimento Antecipado da Prescrição (...), in *RBCCC*, 3, ano 1, conforme referem Carlos Gabriel Tartuce e outros, no artigo Prescrição da Pretensão Punitiva Antecipada, in *Boletim do IBCCrim* de Novembro/95; Nilo Batista, *Introdução Crítica do Direito Penal Brasileiro*, Revam, 1990, p. 116); Mirabete, obra citada, p. 40 e Afrânio Silva Jardim, *Direito Processual Penal* – Estudos e Pareceres, Forense, 1986, p. 58; Dr. Celso Kipper, sentença nos autos do Proc. 8902372. No sentido da conclusão do ilustre magistrado, mencionada nas anteriores edições deste livro, já há muitos precedentes, como constam nas notas de rodapé.

Posicionamento contrário: Damásio, *CP Anotado e Prescrição Penal*; Mirabete, *Manual*, Vol. 1, p. 396, Luiz Régis Prado e Cézar Bitencourt, *Elementos de Direito Penal*, RT, p. 196, Luiz Vicente Cernicchiaro, Prescrição Antecipada, in *Correio Brasiliense*, Suplemento, nº 219, de 25.09.95, p. 3; Osvaldo Palotti Jr., Considerações sobre a Prescrição Retroativa Antecipada, in *RT 709/302*; Dotti, A Incapacidade Criminal da Pessoa Jurídica, in *Rev. Bras. de Ciências Criminais*, nº 11, ano 3, RT, p. 184, Rogério Felipeto, Prescrição Antecipada, *Bol. IBCCrim*, nº 25, p. 6, consoante anotação de Carlos Gabriel Tartuce, *et alii*, no art. cit.

[168] *Posicionamento a favor:* Ac. 3ª Câmara do Tribunal de Alçada do RS, quando do julgamento da Apelação crime 295059257, por mim relatado, In *Rev. Julgados*, vol. 97, p. 144; RT 668/289; RT 669/315; Habeas corpus nº 4795/SP, 5ª Turma do STJ, Rel. Min. Edson Vidigal, j. 23.09.96, DJU 29.10.96, p. 41670.

Posicionamento contrário: STJ, RHC nº 3.140/9-SP, Rel. Min. José Candido, julg. em 08.02.94. No mesmo sentido: RHC, 004391, STJ, 6ª T, Rel. Min. Ademar Maciel, j. 10.04.95, e RHC 00047707, 5ª T, STJ, Rel. Min. Edson Vidigal, j. em 11.09.95; Emb. Infr. 295041891, 1º Grupo Criminal, Rel. Tupinambá Azevedo; Rev. Jur. TJRS, vol. 177, p. 112; Ac. 6ª T, STJ, RHC nº 2.926-PE, de 17.08.93, Rel. Min. Vicente Cernichiaro, DJU de 28.02.94, p. 2.916; Recurso em Sentido Estrito 0070995500, Juiz Conv. Waldomiro Namur, 4ª Câmara Criminal do TAPR, j. 06.10.94, Ac.: 2222, p. 21.10.94; Apelação Crime nº 297022840, 1ª Câmara Criminal do TARS, Rel. Marco Antônio Ribeiro de Oliveira, j. 22.10.97; Apelação crime nº 695098244, 3ª Câmara Criminal do TJRS, Rel. Aristides Pedroso de Albuquerque Neto, j. 11.04.96.

Ademais, como lembrou o Juiz Luiz Sérgio Fernandes de Souza, não há notícia de que algum Tribunal do país – por piores que sejam as circunstâncias judiciais do art. 59 do CP, tenha aplicado pena junto aos limites máximos abstratamente cominados, concluindo que as discussões que dividem os juristas, no fundo, camuflam uma disputa ideológica.

"Há argumentos que não são colocados na mesa. Os opositores da tese que reconhece ausência de justa causa diante da inutilidade da sentença temem um afrouxamento da persecução penal. Supõem, com razão, que ela poderia incentivar soluções pouco ortodoxas, ou pragmáticas, na fase do inquérito. Mais que isto, acreditam piamente no fetichismo do Direito. Em outras palavras, crêem que os incômodos de um processo, por si mesmos, já representariam uma expiação de culpa, pelo que pouco importaria considerar se, a final, a sentença efetivamente seria aplicada".[169]

Outrossim, parece-nos fragilíssimo o argumento de que o autor do fato tem direito de ser "acusado" e, ao mesmo tempo, de ser "absolvido". O processo é em si mesmo fonte de aflição e de constrangimentos e se puder ser visualizada a prescrição mediante projeção da pena não há como sustentar a existência de interesse em submeter o acusado a esse suplício.

Por último, não é minimamente consistente o argumento de que a projeção da pena agrediria o estado de inocência (art. 5º, inciso LVII).

É curiosa, *data venia,* a invocação dessa garantia para impedir-se o deferimento de *benefício* ao seu destinatário, qual seja, a interrupção da persecução na fase administrativa, com o arquivamento do inquérito ou peças de informações.

Historicamente, o devido processo legal – que alberga a presunção de inocência – é o escudo que protege o cidadão dos abusos do poder punitivo, de modo que a invocação da presunção de inocência dele derivada para impedir o encerramento da persecução quando a extinção da punibilidade for visualizada em pena projetada revela-se como uma espúria tentativa de apropriação desse garantia pelo Estado-acusador.

4. A terceira condição genérica da ação: a legitimidade de partes

A *legitimidade de partes* corresponde à "pertinência subjetiva" dos sujeitos ativo e passivo da relação processual, para usarmos a expressão de Liebman.[170]

Consoante a lição de Ada Grinover, "não só o autor, como também o réu, devem ser reconhecidos pelo ordenamento jurídico como as pessoas facultadas respectivamente a deduzir, em juízo, a pretensão e a reação. Aquele a quem a lei atribui o poder de dirigir-se ao juiz, e aquele em face de quem o pedido pode ser feito, são as pessoas legitimadas para a causa".[171]

---

[169] SOUZA, Luiz Sérgio Fernandes de. A Prescrição Retroativa e a Inutilidade do Provimento Jurisdicional, *Revista Ajuris*, vol. 56, p. 225.

[170] LIEBMAN, Enrico Túlio. *Manual de Direito Processual Civil.* Vol. I, Rio de Janeiro: Forense, 1984, p. 153 e 161, com trad. e notas de Cândido Dinamarco.

[171] Idem, ibidem, p. 138.

A discussão sobre a legitimidade das partes no CPC e no CPP envolve o demandante e o demandado. Por óbvio, a válida dedução do pedido pressupõe existência de interesse de determinado autor na sentença reclamada. De outro lado, de uma parte passiva legítima para *reagir* ao pedido, considerando-se como tal apenas aquela juridicamente obrigada a suportar os efeitos da sentença adversa.

Ada Grinover, transcrevendo trecho dos Estudos de Liebman, ensina, a propósito, que a pertinência subjetiva para a ação "há de ser vista em confronto com a outra parte. Não só o autor, como também o réu devem ser reconhecidos pelo ordenamento jurídico, como as pessoas facultadas, respectivamente, a deduzir, em juízo, a pretensão e a resistência. Aquele a quem a lei atribui o poder de dirigir-se ao juiz, e aquele em face de quem o pedido pode ser feito, são as pessoas legitimadas para a causa",[172] aspecto que acentua, como já destacamos antes, a intensa proximidade entre as condições da ação e os pressupostos processuais.

Cumpre registrar, outrossim, que a legitimidade das partes bem se adequa ao sentido e às finalidades do processo civil, sendo este o *lócus* para que o juiz, civilizadamente, resolve o impasse que os *cives,* incivilizadamente, não quiseram ou não puderam resolver. Carnelutti já alertava – conforme explicamos alhures – que o processo penal se orienta por outra lógica.

Já mostramos no capítulo sobre a ação penal, que o Estado não litiga contra o réu e como assumiu perante os cidadãos o dever de esclarecer os fatos e impor as responsabilidades penais – desde que evidenciada a culpabilidade do criminoso – só mesmo por causa da enorme influência do processo civil é que continuamos falando em partes e em litígio penal, nos sentidos aqui propostos.

De qualquer sorte, como a questão está consolidada na doutrina e chega a ser até perigoso tentar questioná-la, registramos que, na órbita da terceira condição genérica da ação devem figurar como partes, salvo exceções que serão examinadas, o Estado, no pólo ativo (pois a ação é sempre pública) representado tanto pelo Ministério Público quanto pelo ofendido e no pólo passivo a pessoa física ou jurídica, esta apenas quando for acusada por infração definida na lei ambiental n. 9.605.

Há que fazer distinção entre a legitimidade das partes para a causa e a legitimidade para o processo, pois, na assertiva de Agrícola Barbi, "aquela diz respeito ao direito de ação", enquanto que esta "refere-se ao processo, à relação jurídica processual". É um pressuposto processual, é a capacidade de estar em juízo. Segundo o ensino de Amílcar de Castro, ela "(...) consiste na faculdade de praticar atos processuais válidos, a que sejam atribuídos efeitos jurídicos".[173]

É preciso ainda não confundir o sentido das expressões legitimidade das partes *ad causam* e *ad procesum* com a legitimidade do representante da parte, tema regulado nos arts. 44 e 568 do CPP.

Os efeitos são distintos, aliás. A ilegitimidade da parte é causa de nulidade absoluta do processo (art. 564, II), sem efeito de coisa julgada material *para a parte legítima,* que poderá demandar ou ser demandada independentemente da anulação do processo proposto *pela* ou *contra* a parte ilegítima. A ilegitimidade do *represen-*

---

[172] GRINOVER, Ada. *As Condições da Ação.* São Paulo: Símbolo, Bushatski, 1977, p. 138.

[173] *Comentários ao Código de Processo Civil.* 6. ed. Rio de Janeiro: Forense, 1991, p. 33. A Súmula 365, do STF, por exemplo, declara que "a pessoa jurídica não tem legitimidade para propor ação popular".

tante da parte é causa de nulidade relativa sanável,[174] mediante a ratificação dos atos do processo,[175] segundo alguns, dentro do prazo decadencial, segundo outros, até a prolatação da sentença, com a outorga de novo instrumento do mandato,[176] mesmo depois do esgotamento do prazo decadencial.[177]

4.1. O Estado como parte ativa

Dissemos antes que parte ativa legítima para a causa, em matéria penal, é, sempre o Estado, titular que é do *jus puniendi*. Sua representação em juízo para a defesa desse direito é realizada, ordinariamente, pelo órgão do Ministério Público (art. 129, I, e art. 5º, inc. LIX, da CF) e, extraordinariamente, pelo ofendido, que, ao moverem a jurisdição e convocarem o acusado ao processo exercem o *jus persequendi in juditio*.

Em nosso país não há mais a ação penal popular, prevista, originariamente, no CPP de 1832, como acentuamos no texto sobre as espécies de ação.

4.1.1. O Ministério Público como órgão de legitimação ordinária

Como representante estatal ordinariamente legitimado para impulsionar a jurisdição, o MP, em princípio, não está sujeito a provocação ou a consentimentos prévios. Ao dispor das provas sobre a autoria e a existência da infração, deverá, como imposição do princípio da obrigatoriedade, intentar a denúncia. Só eventualmente, é que sua iniciativa poderá depender do prévio consentimento do ofendido ou do Ministro da Justiça, conforme deflui dos arts. 100, § 1º, do Código Penal, e 24 do Código de Processo Penal.

Na condição de órgão estatal exclusivamente legitimado para a ação penal pública (art. 129, inciso I, da CF), a palavra final sobre o oferecimento da denúncia é do MP, ainda que tenha havido a representação ou a requisição. Se não estiver convencido da existência do ilícito ou da autoria e não vislumbrar a possibilidade de reunir provas capazes de alterar esse convencimento, poderá e deverá requerer o arquivamento do inquérito policial ou peças de informações.

A conduta não é obviamente arbitrária. O pedido de encerramento da persecução penal sem denúncia não dispensa apropriada fundamentação, podendo o juiz indeferi-lo e remeter os autos do inquérito ou peças de informações ao controle do Procurador-Geral (art. 28 do CPP).

---

[174] Apelação Crime nº 698519808, 8ª Câmara Criminal do TJRS, Rel. Marco Antônio Ribeiro de Oliveira, j. 24.04.99.

[175] O defeito de representação, sempre associado ao artigo 44 do CPP, constitui nulidade relativa, declarável no curso do processo, que, em razão de sua natureza, pode ser a todo tempo sanado, desde que, evidentemente, ainda não tenha sido proferida a sentença. No momento próprio criticaremos essa orientação, especificamente, por não aceitarmos que dispositivo legal (o art. 44 do CPP) protetivo possa voltar-se contra o protegido!

[176] Recurso Especial nº 201341/RS (199900051041), 6ª Turma do STJ, Rel. Min. Fernando Gonçalves, j. 06.06.00, DJU 19.06.00.

[177] Habeas Corpus nº 297012890, 3ª Câmara Criminal do TARS, j. 12.06.97, por nós relatado.

Diferentemente, é a hipótese de omissão ministerial no oferecimento da denúncia dentro dos prazos legais. A lei não deixa o ofendido sem a proteção do Judiciário, e, por isso, faculta-lhe o direito de intentar dentro do prazo decadencial de seis meses a ação penal privada subsidiária (art. 5º, inc. LIX, da CF e arts. 29 e 45 do CPP).

A regra que confere ao MP a titularidade da ação pública (art. 129, I, da CF) não é absoluta.

Daí é que afora a ação subsidiária, antes referida, existem regras legais conferindo legitimidade ao particular para o início da ação e do processo.

Os artigos 14, 41 e 75 da Lei 1.079/50 dispõem que todo cidadão é parte legítima para denunciar, perante a Câmara dos Deputados, o Presidente da República ou os Ministros de Estado; perante o Senado Federal, os Ministros do Supremo Tribunal Federal e o Procurador-Geral da República; e perante a Assembleia Legislativa, o Governador do Estado, pelos crimes de responsabilidade que cometerem.

Essas disposições normativas, a nosso sentir, não foram atingidas pela regra do inciso I do art. 129 da CF, tanto assim que, nos dizeres da Lei Maior, a ação pública será exercida pelo MP, "na forma da lei".

Para não fugirmos ao objeto central deste livro, deixaremos de proceder análise mais detida sobre a Instituição do MP e a gama de minuciosa análise sobre o Ministério Público ou a gama de atribuições conferidas pelo legislador constituinte a essa notável Instituição.

Isso não nos impede de registrar a compreensão de que o Ministério Público brasileiro da atualidade está bem longe do Ministério Público originário. Deixou de ser o advogado do rei e foi transformado em Instituição de Estado, a serviço da sociedade, e não do governo! Definido na Constituição Federal como instituição essencial à Justiça, o Ministério Público tem por missão precípua defender o regime democrático, a ordem jurídica e os interesses sociais e individuais indisponíveis (art. 127).

Daí as lições de Calamandrei e de Roxin insistentemente reproduzidas neste livro sobre a dúplice função do Ministério Público como defensor da sociedade e também do acusado e a precisão do alerta feito pelo saudoso Paulo Cláudio Tovo quanto à necessidade de preservação da independência dos agentes institucionais por ser ela "(...) algo precioso à segurança de todos (...) pois se o Promotor de Justiça estiver sujeito a injunções, os inocentes estarão em perigo".[178]

4.1.2. A vítima como sujeito legitimado extraordinariamente

É do ofendido em crimes de ação penal de iniciativa privada,[179] pessoa física ou jurídica, a legitimidade para a promoção da queixa (arts. 30 e 31 do CPP).

---

[178] TOVO, Paulo Cláudio. *Apontamentos e Guia Prático sobre a Denúncia no Processo Penal Brasileiro*. Porto Alegre: Fabris, 1986, p. 24. CALAMANDREI, Piero. Eles, os Juízes, Vistos por Nós, os Advogados. Trad. Ary dos Santos. 3ª ed. Lisboa: Livraria Clássica Editora, 1960, p. 55. ROXIN, Claus. La Posición Jurídica de La Fiscalía Ayer y Hoy. In *Pasado, Presente y Futuro Del Derecho Procesal Penal*. Buenos Aires: Rubinzal-Culzoni, 2004, p. 22.

[179] "A pessoa jurídica pode ser sujeito passivo do crime de difamação. Não, porém, de injúria ou calúnia" (STF, Rel. Min. Francisco Rezek, RT 596, p. 421). Na Lei de Imprensa (5.250/67) há previsão expressa no art. 23, inciso III, de majoração de pena quando a calúnia, a difamação ou a injúria é proferida contra "órgão" ou "autoridade" que exerça função de autoridade pública. Nesse caso é admitida a exceção da verdade (art. 21, § 1º, letra "a") quando o crime se tratar de calúnia ou difamação.

Sua posição na ação penal e no processo é a de substituto processual, visto que postula diretamente proteção a direito próprio e indiretamente a efetividade do *jus puniendi*.

Como acentuam Cernichiaro e Costa Jr.,[180] acerca da pessoa física, "razões de política criminal, deixando ao ofendido o juízo para formular a queixa, atendem a circunstâncias especiais, quase sempre de natureza pessoal". Essas razões ou decorrem da tenuidade, ou da particularidade da ofensa ou da necessidade de preservação de interesses relevantes relacionados com a intimidade, a honra e a imagem frente os riscos da publicidade do processo.

A interferência da vontade do ofendido na legalidade da *persecutio criminis* quebra a lógica de um ramo do Direito Público, mas se justifica, assim, por "razões de humanidade", considerando-se todos aqueles aspectos que podem lhe trazer mais danos com a publicidade da persecução, que o silêncio irresignado e a própria realimentação da impunidade.

Há argumentos no sentido de que a ação penal de iniciativa do ofendido configuraria resquício de vingança privada, ocultando, segundo dizem, predominantes interesses patrimonial, em tudo incompatíveis com os fins da pena, quais sejam os de prevenção e de recuperação do criminoso.[181]

Não procedem esses argumentos, em primeiro lugar porque, como dissemos, o interesse perseguido pelo querelante é também público.

Depois, porque, para lograr êxito na causa precisará provar os fatos alegados, como é regra geral em matéria penal.

Ademais, integrando o processo como parte, o ofendido necessariamente ficará submetido aos termos da sentença proferida pelo juiz, que, como sujeito no processo, é um terceiro imparcial.

Poder-se-ia cogitar de modalidade de vingança privada se em substituição ao Estado-Jurisdição o querelante, isto sim, tivesse poderes para resolver como bem entendesse.

A propósito do tema, parece-nos é bem adequada a resposta de Zamora Y Castillo a essa mesma indagação, dizendo que a mesma revela uma incongruência intrínseca, por não ser possível identificar vingança privada na "(...) conducta de quien, autorizado por la ley dentro de sus cauces, renuncia precisamente a toda actitud de venganza y se limita a pedir a un tercero imparcial, un juez, que aplique al delito el castigo pertinente".[182]

À vítima é assegurada a prerrogativa de atuar como parte secundária assistindo ao MP na ação penal pública, investida de todos os poderes e deveres assinalados

---

[180] CERNICCHIARO, Luiz Vicente; COSTA JR., Paulo José da. *Direito Penal na Constituição*. São Paulo: RT, 1990, p. 149.

[181] ROMEIRO, Jorge Alberto. *Da Ação Penal*. Rio de Janeiro: Forense, 1978, p. 200, relacionando não só os argumentos pró e contra a ação penal privada como também os juristas que integram as respectivas correntes. TOURINHO FILHO, Fernando da Costa Tourinho Filho. *Processo Penal*. 5. ed. Bauru: Jalovi, 1979, p. 413, analisa a doutrina, mostrando que vários escritores consideram que a intervenção do ofendido como acusador faz do processo penal reminiscência da vingança privada, sendo desse entender Velez Mariconde, Sebastian Soler, Ricardo Levene, Maggiore, Binding. (CERNICCHIARO; COSTA JR. Op. cit., Nota 1, Capítulo 7, p. 149).

[182] PIERANGELLI, José Henrique. Exceções aos Postulados Básicos do Direito Processual Penal, *Revista Justitia*, vol. 136, p. 27.

pela Lei às partes principais (artigos 268 e 271 do CPP). Inadmissível qualquer tentativa de limitar a sua atuação seja quanto ao exame de documentos constantes dos autos, seja quanto à intervenção nas audiências. As únicas restrições atinem com a legitimidade recursal ordinária, haja vista as disposições dos artigos 271 e 598 do CPP e do enunciado 448 da Súmula do STF.

Sustentou-se, recentemente, que a legitimidade da atuação do ofendido como Assistente do MP teria sido afastada de nosso Código pelo inc. I do art. 129 da CF.[183]

A tese ainda não mereceu a devida atenção dos tribunais do país, que continuam validando a intervenção da vítima como Assistente do Ministério Público, com a restrição anotada.

4.1.3. MP e o servidor público nos crimes contra a honra

Nos termos do parágrafo único do art. 145 do Código Penal (e da letra *b* do inciso I do art. 40 da Lei de Imprensa (5.250/67), recentemente dada como revogada pelo STF), a ação penal, nos crimes contra a honra de funcionário público, é pública, embora condicionada à representação. A jurisprudência do STF, todavia, vem conferindo outra interpretação aos referidos dispositivos legais, para reconhecer a legitimidade *concorrente ad causam* do Ministério Público e do próprio ofendido, amparado no que dispõe o inciso X do art. 5º da Constituição Federal.[184] Em julgados do STF[185] e do STJ,[186] deu-se a legitimidade do MP como *alternativa,* por não ficar o ofendido privado do direito de oferecer a queixa.

Os tribunais estaduais[187] não estão discrepando desse entendimento, sob o argumento, dentre outros, de que o legislador conferiu ao MP o poder de substituir-se ao funcionário público para não sobrecarregá-lo com o ônus do processo.

---

[183] STRECK, Lenio Luiz. *Tribunal do Júri, Símbolos e Rituais.* 2ª ed. Porto Alegre: Livraria do Advogado, p. 147, e NASSIF, Aramis. *Júri, Instrumento da Soberania Popular.* Porto Alegre: Livraria do Advogado, 1996, p. 101, ambos referindo-se ao artigo de Marcellus Polastri Lima, publicado pelo *Livro de Estudos Jurídicos,* 3/257.

[184] Agr. Reg. Inq. 726-0, Pleno, julg. 10.11.93, Rel. Min. Sepúlveda Pertence. O acórdão consta do vol. 13, p. 343, da Revista Brasileira de Ciências Criminais. No mesmo sentido: *Habeas corpus* nº 76024/RJ, 2ª Turma do STF, Rel. Min. Maurício Corrêa, j. 16.12.97. No mesmo sentido: HC-64966, RTJ-124/185, HC-74649, RECR-104478, INQA-726, RTJ-154/410.

[185] Pacífica a jurisprudência de que "a admissão da ação penal pública, quando se trata de ofensa por causa do ofício, há de ser entendida como alternativa a disposição do ofendido, e não como privação do seu direito de queixa (CF, art. 5, X)" (HC 71.845, Rel. Min. Francisco Rezek). (Inq 2036-PA, Rel. Min. Carlos Brito, DJ 22.10.04)

[186] STJ RHC nº 0000104, SP, Rel. Min. Jesus Costa Lima, DJ, p. 00450, órgão: 5ª T. Decisão: "3. Deveras, a questão encontra-se sumulada no âmbito da Suprema Corte; verbis: É *concorrente* a *legitimidade* do ofendido, mediante queixa, e do ministério público, condicionada à representação do ofendido, para a *ação* penal por crime contra a *honra* de servidor público em razão do exercício de suas funções (Súmula 714)." (Apn 490/RS, Corte Especial do STJ, rel. Min. Luiz Fux, j. em 05.03.08, *in* DJe 25.09.08).
Ainda: Inq 2036-PA, Rel. Min. Carlos Brito, DJ 22.10.04), Corte Especial, rel. Min. Antonio de Pádua Ribeiro, julgada em 15.12.04, DJ 14.03.05, p. 179; 28.06.89; Recurso Ordinário em *Habeas corpus* nº 7469/RS (199800232796), 6ª Turma do STJ, Rel. Min. Vicente Leal, j. 09.06.98, DJU 17.08.98; Recurso em HC nº 7516/PR, 5ª T, do STJ, Rel. Felix Fischer, j. 01.09.98, publ. DJU 19.10.98, p. 114, RT vol. 759, p. 564.

[187] Recurso em Sentido Estrito nº 1174777/8, 15ª Câmara do TACrim/SP, Rel. Décio Barretti, j. 16.12.99, un. Ainda, SER nº 70000825919, 6ª Câmara Criminal, Rel. Des. Sylvio Baptista Netto;

Portanto, na linha da orientação consubstanciada em acórdãos recentes dos Tribunais Superiores, é possível afirmar que a legitimidade ativa, por crimes contra a honra, é tanto do Ministério Público quanto do ofendido muito embora existam precedentes restritivos,[188] sob o fundamento de que o que está em jogo o nome da administração pública, maculado pela ação de seu funcionário, o que justificaria a iniciativa exclusiva da instituição oficial do MP para apurar os fatos em toda a sua dimensão.

4.2. A parte passiva

A ação penal é movida sempre contra o Estado e não contra o sujeito passivo, que é, na qualidade de adversário do autor, convocado pelo Estado para, se quiser, resistir ao pedido, como parte passiva.

Realizada a citação do acusado, a relação jurídica angularizada desde o oferecimento da denúncia se completará. É esta a nova disposição do art. 363, *in verbis:* "O processo terá completada a sua formação quando realizada a citação do acusado".

Com o juiz, as partes (ativa e passiva) comporão a tríade dos sujeitos processuais, todos com direitos e deveres recíprocos, em situação de absoluta igualdade.

Houve ao longo da história da humanidade enorme variação na legitimidade conferida à parte passiva.

É o que nos cabe examinar

4.2.1. A pessoa humana

Houve um tempo em que as coisas e os seres animais, irracionais, eram suscetíveis de responsabilização criminal.

Lembra, com efeito, Walter Coelho, que o livro *Bestie Delinquenti*, de Abdosis, alude a mais de uma centena de processos instaurados contra animais; na Bélgica, no século XVI, executava-se o touro pela morte de um homem, enquanto no Brasil, no século XVIII, frades franciscanos de São Luiz do Maranhão, amparados em regras de Direito Canônico, processaram todos os componentes de um formigueiro que vinham "furtando" da despensa da comunidade eclesiástica.[189]

No livro *O Homem Delinquente*, Lombroso registra, por exemplo, que nos processos instaurados contra animais, no reinado de Francisco I, "davam-lhes um advogado" e em 1356, em Flaise, "uma porca que havia devorado uma criança foi condenada a morrer pela mão do carrasco".[190]

Esses processos, hoje, soam como algo ridículo.

Nós só os mencionamos por razões históricas, porque na atualidade a ação e a punição pressupõem prática de fato por pessoa humana, a única que reúne capaci-

---

Queixa-Crime nº 70001008747, 4ª Câmara Criminal do TJRS, Rel. Constantino Lisboa de Azevedo, j. 19.10.00.

[188] STJ, 5ª T, Rel. Min. Costa Lima, BIM 193/18.

[189] COELHO, Walter. *Teoria Geral do Crime.* Porto Alegre: Fabris, 1991, p. 41.

[190] LOMBROSO, César. *O Homem Delinquente.* Tradução da 2ª edição francesa, por Maristela Bleggi e Oscar Antonio Corbo Garcia. Porto Alegre: Ricardo Lenz Editor, 2001, p. 53.

dade e liberdade moral para optar entre o crime e a conformação da conduta com a ordem jurídica.

Luiz Luisi ensinava que "entre o crime e as outras formas de ilegitimidade existe uma distinção qualitativa. O crime é a violação de uma norma de comportamento, suscetível de valoração moral. Ora, semelhante valoração não pode ser concernente senão a uma ação humana, porque somente nesta se pode encontrar uma vontade moralmente valorada. Fora do homem, o crime não é concebido, porque apenas o homem tem a consciência e a faculdade de querer, que se exige para a responsabilidade moral, sobre a qual, no fundo, o direito penal se embasa".[191]

Não, evidentemente, qualquer pessoa, mas só aquela cujas provas mínimas e lícitas indicarem como sendo a autora de infração, como deflui dos princípios da pessoalidade da pena e da intranscendência da ação.

O registro é relevante porque houve casos de vítimas de furto de documentos sendo chamadas para responder a processos porque ladrões fizeram uso de suas identidades durante a prática de crimes.

Também já foram convocadas a processos pessoas com nomes iguais ao do verdadeiro criminoso (homônimas).

É claro que nesses dois casos a parte passiva ilegítima poderá socorrer-se do *habeas corpus* para obter o trancamento ou da revisão criminal para desconstituir a sentença, embora possa enfrentar algumas dificuldades na formação da prova indispensável à pronta verificação da ilegalidade.

Também não será parte passiva legítima o autor do crime menor de 18 anos, porque penalmente inimputável. Uma ação deduzida para convocação ao processo de menor de 18 anos não pode ter seguimento e, se tiver, deve ser trancada de ofício ou mediante ordem de *habeas corpus*.

Igualmente, não será possível ação penal contra pessoa protegida por imunidade.

As imunidades diplomáticas são disciplinadas pelo Direito internacional e alcançam os chefes de governo estrangeiros e os representantes diplomáticos acreditados no país. Caso venham a cometer crime no território estrangeiro deverão responder ao processo perante a Justiça de origem, não havendo, por conseguinte, a incidência de jurisdição criminal local.

As imunidades penais patrimoniais, conforme ensina Damásio, estão previstas no art. 181, I e II, do Código Penal. Fica isento de pena quem comete delito contra o patrimônio em prejuízo de cônjuge, na constância da sociedade conjugal, ou de ascendente ou descendente, seja o parentesco legítimo ou ilegítimo, seja civil ou natural. Tratam-se das escusas absolutórias, fundadas em razões de política criminal. Assim, não responde por furto o filho que subtrai bens do pai.[192]

No inciso I do art. 142, o CP regula os casos de imunidade material na discussão da causa pela parte ou seu procurador; no inciso II, da imunidade judiciária literária, artística ou científica; e no inciso III, da imunidade funcional.

---

[191] LUISI, Luiz. *O Tipo Penal, a Teoria Finalista e a Nova Legislação Penal*. Porto Alegre: Fabris, 1987, p. 43 e ss.

[192] JESUS, Damásio Evangelista de. *Questões Criminais*. São Paulo: Saraiva, 1981, p. 174.

No primeiro caso, a Constituição Federal de 1988 realçou a imunidade material do advogado ao declarar, no art. 133, a inviolabilidade do mesmo por atos e manifestações que vier a cometer no exercício da profissão, nos "limites da lei".

Mas é evidente que a Lei Maior – ao contrário do que se chegou a pensar inicialmente – não pretendeu transformar o *animus defendendi* em licença para o ataque descomedido e desnecessário ao juiz, ao Promotor ou à parte contrária, muito embora a sugestiva redação dada ao § 2º do art. 7º da Lei 8.906, de 04.07.94, Estatuto da Advocacia e da Ordem dos Advogados do Brasil.[193]

No inciso II do art. 142, o CP dispõe sobre a imunidade literária.

Conforme Damásio, "Não constitui injúria ou difamação a opinião desfavorável da crítica literária, artística ou científica, salvo quando inequívoca intenção de injuriar ou difamar. Uma crítica prudente, seja de natureza literária, artística ou científica, não traz em si cunho de ilicitude. É comportamento absolutamente normal que escapa à esfera de punição legal".[194]

O conceito desfavorável emitido por funcionário público, em apreciação ou informação que preste no cumprimento de dever de ofício, finalmente configura caso de imunidade funcional (art. 143, III, do CP). Exemplo: "A autoridade policial, no relatório do inquérito, dá informações a respeito dos péssimos antecedentes do indiciado".[195]

Quanto aos parlamentares, a imunidade material vem expressa no art. 53 da CF: "Os deputados e senadores são invioláveis por suas opiniões, palavras e votos", sendo extensiva aos Deputados Estaduais ante o que dispõe o § 1º do artigo 127 da Lei Maior.

A imunidade material ou penal, lembra Manoel Gonçalves Ferreira Filho, destina-se a "assegurar ampla liberdade no exercício do mandato", permitindo-se a "crítica e a denúncia de eventuais irregularidades sem a cautela necessária ao cidadão em geral".[196] Essas regras são aplicáveis aos deputados estaduais (art. 55 da Constituição do Rio Grande do Sul).

Em relação aos vereadores, a Carta Federal instituiu, diferentemente da imunidade, a "inviolabilidade (...) por suas opiniões, palavras e votos no exercício do mandato e na circunscrição do Município" (art. 29, inciso VI).[197]

---

[193] STJ, 5ª T., Rel. Min. Assis Toledo, BIM 197/28, de nov./l993. No mesmo sentido: Recurso em *Habeas corpus* nº 950003658-4-RO, Rel. Min. Luiz Vicente Cernicchiaro, STJ, DJU 11.09.95, p. 28.861; STJ, 5ª T., Rel. Min. Assis Toledo, DJ de 06.03.95, p. 4.373; STJ, 5ª Turma, Rel. Min. Jesus Costa Lima, DJ de 03.04.95, p. 8.138; Ag. Reg. N. A.I. 53.133-3-DF, 6ª T, Rel. Min. Luiz Vicente Cernicchiaro, DJU de 20/3/95, p. 6.148); Recurso de *Habeas corpus* nº 950028442-1-SP, Rel. Min. Jesus Costa Lima, STJ, j. 14.06.95, un., DJU 07.08.95, p. 23054.

[194] JESUS, Damásio de. *Código Penal Anotado*. São Paulo: Saraiva, 1991, art. 142, p. 392.

[195] Idem, ibidem.

[196] JESUS, Damásio Evangelista de. *Questões Criminais*, cit., p. 175.

[197] "Constitucional e processual penal. Recurso ordinário em *habeas corpus*. Crime de difamação. Art. 21 da Lei 5250/67. "(...) III – Vereador não é protegido por imunidade parlamentar, mas sim acobertado pela inviolabilidade parlamentar. São institutos que se completam mas que não se confundem. No caso, assegura-se apenas a inviolabilidade por suas opiniões, palavras e votos, condicionada, entretanto, a dois fatores: exercício do mandato e circunscrição do município IV. Recurso improvido" (STJ RHC nº 0003387, SP, Rel. Min. Pedro Acioli) (No mesmo sentido: HC 1633/SP, STJ; RHC 661/GO, STJ; RHC 61993/RS, STF.).

Como já se decidiu, nos termos do art. 29, VI, da Constituição Federal, os vereadores são invioláveis por opiniões, palavras e votos, no exercício do mandato, observado o sentido dado a essa cláusula pela prática constitucional brasileira, o que significa imunidade material não absoluta, dependente de um nexo entre a manifestação do pensamento e as funções de vereador.[198]

Os edis municipais, a partir de 1988, portanto, não são responsáveis penalmente pelas opiniões, palavras e votos proferidos em razão das funções de fiscalização que exercem como vereadores, sujeitando-se a processo, todavia, pelo que disserem ou fizerem fora da tribuna da Câmara ou da circunscrição territorial do Município, ou mesmo em tribuna quando as imprecações não tiverem relação com as atividades exercidas como vereadores.

4.2.2. A pessoa jurídica

Sendo inquestionável a posição do ser humano como parte ativa e também passiva no processo penal brasileiro, a grande questão, que ganha cada vez mais espaço na pauta também dos processualistas é a que diz com a legitimidade passiva da pessoa jurídica, pois não há dúvida de que esta pode, também, ser vítima de crime, ou figurar como autora na ação penal.

Relativamente à responsabilidade penal da pessoa jurídica, desde os romanos goza de plena aceitação a conhecidíssima parêmia *societas delinquere non potest*, que sustenta a teoria da ficção, de Savigny, também influenciado pelo pensamento individualista do Iluminismo, segundo o qual a pessoa jurídica não passa de uma abstração, sem vontade própria. Logo, os crimes por ela cometidos o seriam, em realidade, por aqueles que a administram ou representam.

Efetivamente, como ensina Walter Coelho,[199] citando Emílio Ondei, Maggiori, Savigny e Asúa, a pessoa jurídica é uma ficção legal, e, como ser fictício, está incapacitada, por sua natureza, de delinquir, pois jamais poderá praticar uma conduta livre, inteligente e sensível. Além do mais, não é ela que delinque e sim os seus membros, não tendo sentido a aplicação de pena, no sentido técnico da palavra, pois esta visa à reeducação e emenda do homem criminoso.

Assim, diz esse autor, "a tese da responsabilidade penal da pessoa jurídica choca-se, frontalmente, com um princípio fundamental do Direito Penal moderno, que é a personalidade ou pessoalidade da pena, a exigir identidade de infrator e de apenado, para que não sejam punidos também terceiros inocentes",[200] sendo o caso de se aplicarem às pessoas jurídicas só penas pecuniárias, de interdição, de suspensão de atividades ou de dissolução.

A doutrina vinha recusando a citada tese, mas, em nosso país e no exterior,[201] discute-se na atualidade não só a conveniência mas a própria necessidade de introduzir-se esse

---

[198] Apelação crime 290137082, TARGS, 3ª Câmara Criminal, Rel. Juiz Fernando Mottola.

[199] COELHO, Walter. *Teoria Geral do Crime*, Porto Alegre, Fabris, 1991, p. 41 e ss.

[200] Idem, p. 45.

[201] No estrangeiro, para crimes de natureza diversa, os Estados Unidos da América do Norte, o Japão e a Holanda já aceitam a responsabilidade penal da pessoa jurídica e, no dizer de Luiz Flávio Gomes, todas as resoluções e recomendações do Conselho Europeu vêm sendo editadas nesse sentido (Res. 28 e Rec. 12/82) – GOMES, Luiz Flávio e CERVÍNI, Raul. *O Crime Organizado*. São Paulo, RT, 1995, p. 157 – haja vista a existência de projetos nesse sentido na Suíça, Bélgica e Finlândia – LECEY, Eládio. A Tutela Penal do Consumidor e a Criminalização da Pessoa Jurídica. *Revista da Ajuris*, ed. especial,

novo paradigma sem prejuízo da punição dos diretores ou gerentes da pessoa jurídica[202] havendo, aliás, quem afirme[203] e negue[204] o fato de já o tema constitucionalizado em nosso meio.

Como lembra Miguel Reale Jr., "ao inverso das associações criminosas tradicionais, que vivem para a prática de delitos para ao depois buscar fontes de legitimação de seus rendimentos, os grandes conglomerados têm finalidade lícita ou aparentemente lícita e transbordam para atividades ilícitas, no afã de maiores lucros, sempre estimulados ou acobertados pelo poder econômico ou político que possuem".[205]

Por isso, a punição do representante da pessoa jurídica, isolada, já não basta, porque não previne, eficazmente, o cometimento de novos crimes pelo conglomerado, sob a coordenação de outro representante, podendo atuar, até mesmo, como fator de alerta, maior cuidado, orientação e assistência, para que a pessoa jurídica continue praticando ilícitos a salvo de qualquer responsabilidade.

Na base da discussão situa-se a Lei 9.605, de 13 de fevereiro de 1998, contendo previsões nesse sentido, relativamente aos atos definidos como crimes contra o meio ambiente, muito embora as inúmeras dificuldades técnicas existentes e as cogitações sobre a própria inutilidade da medida, associadas às necessidades de cria-

---

março de 1998, p. 616. Ver, também, *Responsabilidade Penal da Pessoa Jurídica e Medidas Provisórias e Direito Penal*, coletânea de ensaios, publicada pela editora *Revista dos Tribunais*, 1999, sob a coordenação de Luiz Flávio Gomes.

[202] TIEDMANN, Klaus, ilustre professor de direito penal na Alemanha, em declarações prestadas ao *Jornal Folha de SP*, de 30 de setembro de 1995, afirmou que, na Alemanha, nos Estados Unidos, na Austrália e no Japão, já se admite a responsabilidade penal da pessoa jurídica, sendo que esta *"não exclui a das pessoas físicas que dirigem estas empresas. São punidos os dois: a companhia e os seus dirigentes"*. As pessoas coletivas, sociedades e associações de fato são, em Portugal, penalmente responsáveis pelos crimes previstos na Lei da Criminalidade Informática (nº 109, de 17 de agosto de 1991), quando cometidos em seu nome e no interesse coletivo pelos seus órgãos ou representantes (artigo 3º, número 1). As penas, consoante a citada lei, são a perda de bens, a caução de boa conduta, a interdição temporária do exercício de certas atividades ou profissões, o encerramento temporário ou definitivo do estabelecimento e a publicidade da decisão condenatória (artigo 11).
Na França, o recente Código Penal, de 1994, consoante esclarecimento de Luiz Régis Prado, também adotou o mesmo princípio, que possibilita a aplicação à pessoa jurídica de penas de multa, interdição, definitiva ou temporária, controle judiciário por cinco anos, fechamento definitivo ou temporário do estabelecimento, exclusão temporária ou definitiva dos mercados públicos, interdição do direito de emissão de cheques, confisco e dissolução, esta última reservada para infrações mais graves, como por exemplo, crimes contra a humanidade, tráfico de drogas, estelionato, terrorismo, etc. (PRADO, Luiz Régis. Responsabilidade Penal da Pessoa Jurídica, O Modelo Francês. *Revista Brasileira de Ciências Criminais, IBCCrim*, nº 46, p. 3).

[203] SHECAIRA, Sérgio Salomão, SICOLI, José Carlos Meloni, SIRVINSKAS, Luiz Paulo e AZEVEDO, Tupinambá de, em artigos publicados no Boletim 65 do IBCCrim (os três primeiros), e na Revista da Ajuris, volume 72 (o último), com os títulos *A Responsabilidade das Pessoas Jurídicas e os Delitos Ambientais, A Tutela Penal do Meio Ambiente na Lei 9.605, de 13 de fevereiro de 1988, Questões Polêmicas sobre a Responsabilidade Penal da Pessoa Jurídica nos Crimes Ambientais e Da Ação e do Processo Penal na Lei 9.605/9*, proclamaram, com efeito, que, com a nova lei ambiental, se definiu, no Brasil, a responsabilidade penal da pessoa jurídica.

[204] Posicionam-se contrariamente aos autores citados na nota anterior Luiz Régis Prado, Luiz Luisi, René Ariel Dotti, Luiz Vicente Cernichiaro, Fernando Pedroso, Sheila Jorge Selim de Sales e Érika Mendes De Carvalho, consoante se extrai da obra escrita por esta última, *Tutela Penal do Patrimônio Florestal Brasileiro*. São Paulo: Revista dos Tribunais, 1999, p. 149.

[205] REALE JR., Miguel. Crime Organizado e Crime Econômico. *IBCCrim*, v.13, p. 186.

AÇÃO PENAL – As fases administrativa e judicial da persecução penal

ção de mecanismos legais que possibilitem respostas eficientes às novas e graves manifestações de criminalidade contemporânea, em que se insere, especialmente, a criminalidade de cunho econômico-financeiro, própria dos conglomerados, fora do alcance da recente lei, que, como dissemos, prevê a responsabilidade da pessoa jurídica unicamente por crimes ambientais.

Parece haver certo consenso, efetivamente, de que é imprescindível encontrar--se uma forma eficaz de reação contra os efeitos deletérios de certas gestões das corporações, planejadas e executadas não propriamente por alguém em particular, mas por um grupo indefinido de pessoas que manobram por detrás das pessoas jurídicas, enriquecendo à custa da alta do dólar, das fraudes financeiras, da corrupção político-administrativa, das licitações e das falências fraudulentas, da sonegação fiscal, etc.

A questão, embora já não mais seja nova, ainda é complexa, tanto que a CF no § 3° do artigo 225 declara que as pessoas jurídicas também são suscetíveis de sanções pelas atividades lesivas ao meio ambiente – dando supostamente substrato à recente Lei Ambiental n° 9.605/98 – mas podendo-se também que tais sanções se revestem de natureza administrativa, como o próprio parágrafo explicita, embora em inferior felicidade e clareza relativamente ao § 5° do artigo 173 da mesma Constituição.

Neste último parágrafo, lê-se que: "A lei, sem prejuízo da responsabilidade individual dos dirigentes da pessoa jurídica, estabelecerá a responsabilidade desta", sujeitando-a, entretanto, a punições *compatíveis com sua natureza* por atos praticados contra a Ordem Econômica e Financeira e contra a Economia Popular.

Ora, o texto do § 3° do artigo 225 da CF apenas reafirma o que é do domínio público, ou seja, que as pessoas naturais estão sujeitas a sanções de natureza penal e que as pessoas jurídicas estão sujeitas a sanções de natureza administrativa.

O legislador constituinte, ao menos parece, não olvidou e, por isso, em momento algum pretendeu, ao elaborar o texto da Lei Fundamental, quebrar a regra de que a imputabilidade penal é, na sua essência, inerente só aos seres humanos, pois estes, como afirmamos antes, são os únicos dotados de consciência, vontade e capacidade de compreensão do fato e de ação em conformidade ou desconformidade com as normas proibitivas. A declaração constitucional de punibilidade das pessoas jurídicas simplesmente realçou – e de forma desnecessária – a possibilidade legal de aplicação de sanções de conteúdo civil, patrimonial ou administrativo.

Correta, pois, a posição de Raúl Cervini,[206] quando lembra que, em verdade, por detrás da tessitura da responsabilidade penal da pessoa jurídica, "não há outra coisa senão um Direito Administrativo disciplinário ao qual se agrega a pena com sua nota estigmatizante, que pode levar a calma a certos círculos. Estritamente, sua concreção implicaria um desnecessário desdobramento do princípio da responsabilidade pessoal e um retrocesso dogmático inócuo, já que, em muitos fatos, só serviria para reforçar a tradicional impunidade das pessoas físicas que as controlam".

Pensamos, então, possível afirmar que a recente Lei Ambiental n° 9.605/98, de 13 de fevereiro de 1998, acabou dizendo mais do que podia dizer com a previsão de que as pessoas jurídicas são suscetíveis de responsabilização administrativa, civil e penal, sem exclusão da responsabilidade das pessoas físicas, autoras, coautoras ou partícipes do mesmo fato (art. 3° e seu parágrafo único).

---

[206] CERVINI, Raúl; GOMES, Luiz Flávio. *O Crime Organizado*. São Paulo: RT, 1995, p. 262.

Em que pese a majoritária aceitação da legalidade e constitucionalidade da Lei 9.605, no tocante à responsabilidade penal da pessoa jurídica, parece-nos que a novidade agravou a crise que atinge em cheio a viga-mestra do direito penal: a culpabilidade.

Com efeito, a responsabilidade penal da pessoa jurídica, quando reconhecida em sentença condenatória, deve conduzir à necessária responsabilidade penal das pessoas físicas que a administram. Em assim sendo, chega-se, *data venia,* ao ponto de reconhecer-se típica culpabilidade por inferência, por dedução, deitando por terra todos os esforços destinados a eliminar, definitivamente, a responsabilidade objetiva em matéria penal.

Efetivamente, toda a sentença que declarar a responsabilidade penal da pessoa jurídica terá que declarar, *por consequência*, por inferência, por dedução, *necessariamente,* a responsabilidade penal de seus representantes, independentemente do que as provas vierem a demonstrar quanto ao efetivo proceder destes ou do concurso de seus prepostos, gerentes, administradores ou funcionários subalternos na prática infracional.

Além desse aspecto, como argumenta Carlos Ernani Constantino,[207] a punição da pessoa jurídica geraria um intolerável *bis in idem* contra todos os princípios de direito, "pois o sócio com poderes de administração, que cometer um crime ambiental doloso ou culposo, acabará pagando duas vezes *pelo mesmo fato*, ou seja: como sócio da pessoa jurídica, em função da pena *a ela* aplicada (...) e como pessoa física".

O argumento de que o objeto da tutela ambiental – o direito à vida – é relevante para justificar a validade constitucional da recente lei ambiental, quanto ao tema em comento,[208] *data venia*, por si, não nos parece forte a ponto de aceitarmos a posição contrária, pois, desse modo, teríamos que sustentar a responsabilidade criminal da pessoa jurídica por qualquer crime. Ninguém imaginaria punir, por exemplo, a pessoa jurídica pela morte do operário que despencasse de uma obra em construção por estar desprovido dos obrigatórios equipamentos de segurança.

Ademais, seria o caso de indagarmos: por que punir a pessoa jurídica se ela é, em verdade, *vítima* da ação deletéria e criminosa de seus administradores ou representantes, ou seja, daqueles que, na expressão de Mir Puig, se acham por detrás dela?[209]

Ademais, qual a utilidade da responsabilização *penal* da pessoa jurídica se a punição pelos atos ilícitos pode ser melhor alcançada pelas vias fiscal, administrativa ou tributária?

A ideia de responsabilização penal da pessoa jurídica deve ser, enfim, visualizada no contexto do direito penal funcional e simbólico, que é exercitado hoje em nosso país, o qual se expressa por meio de leis severíssimas que transmitem à população a falsa ideia de que os problemas sociais podem ser resolvidos com prisão.

Essa visão ideológica de direito se confronta com a visão moderna do garantismo, em difusão cada vez mais intensa em todo mundo, que propõe a maximização

---

[207] CONSTANTINO, Carlos Ernani. Quatro Aspectos da Responsabilidade Penal da Pessoa Jurídica. *Revista Brasileira de Ciências Criminais, IBCCrim*, jan. 99, p. 8.

[208] FONSECA, Edson José da. A Natureza Jurídica dos Bens Ambientais como Fundamento da Responsabilidade Penal da Pessoa Jurídica. *Revista Brasileira de Ciências Criminais, IBCCrim*, v. 38, p. 3.

[209] PUIG, Santiago Mir. *Derecho Penal*. 5ª ed., Barcelona: Tecfoto, 1998, p. 47.

do Estado Social em detrimento do Estado Penal, reservando-se o direito repressivo, como *última ratio*, só aos casos de absoluta necessidade, assim mesmo quando falharem as instâncias administrativas de controle social.

Também reflete, a nosso ver, a própria crise[210] que atinge a principal linha de sustentação do direito penal moderno: a culpabilidade – no contexto da crise geral, que afeta todos os paradigmas – categoria jurídica fundada no livre arbítrio, empírica e cientificamente indemonstrável (conforme explicaremos no capítulo específico).

Se a culpabilidade vem atuando como eficaz instrumento de contenção do poder punitivo, dela defluindo muitos consectários, autênticas garantias constitucionais, como as da legalidade, da pessoalidade da pena e da irretroatividade das leis mais gravosas, hoje ela apresenta sinais de esgotamento, pela tentativa de reavivar teorias que procuram relacionar a criminalidade a desvios orgânicos, genéticos, psicológicos ou ambientais e, agora, pela punição das pessoas jurídicas sem cogitação de culpa e de punição de seus diretores, por meras inferências ou consequências, como examinamos antes.

---

[210] BOSCHI, Marcus Vinicius *et alii*. Culpabilidade em Crise? A Responsabilidade Penal da Pessoa Jurídica. *Revista Ibero-Americana de Ciências Penais*. Porto Alegre: Evangraf, 2002, núm. 4.

Capítulo VIII

As condições específicas da ação

Sumário: 1. As condições específicas da ação. Considerações gerais; 2. A representação; 2.1. Titularidade; 2.2. Prazo para representar; 2.3. Forma da representação; 2.4. Retratabilidade; 2.5. Representação e pluralidade de autores de crime; 2.6. Representação e crimes complexos; 3. A requisição; 4. As condições objetivas de punibilidade.

1. As condições específicas da ação. Considerações gerais

Ao lado das condições genéricas e em equivalente nível de importância figuram as condições *específicas* para o exercício do direito (ou poder-dever) de ação. Essas condições, segundo a doutrina,[1] classificam-se em condições de procedibilidade e condições objetivas de punibilidade.

As condições de procedibilidade funcionam como requisitos para que o órgão do Ministério Público possa *proceder,* isto é, agir em juízo, ao passo que as condições de punibilidade, sendo objetivas, interessam à tipicidade penal.

Embora bem consolidadas como categorias jurídicas, as condições de procedibilidade, sem embargo do entendimento doutrinário, podem ser submetidas à mesma crítica: sendo a ação abstrata, separada e independentemente do direito material, será possível o seu exercício independentemente de condicionamentos prévios, pois o autor tem, no mínimo, o direito que a jurisdição declare que ele não tem direito algum!

As considerações sobre elas tem, portanto, utilidade prática pois também ajudam a conter demandas sem efetividade, nos mesmos moldes das críticas apresentadas às condições genéricas, nos capítulos anteriores.

Aliás, as condições de procedibilidade e as condições objetivas de punibilidade, adiante examinadas, são, respectivamente, autorizações prévias da vítima e do Ministro da Justiça para que o Ministério Público impulsionar a jurisdição, ao passo que as condições objetivas de punibilidade funcionam como requisitos inerentes à tipicidade e, nessa condição, todas atuam como importantes determinantes práticas contra iniciativas ministeriais natimortas, isto é, fadadas ao insucesso.

Então, sem o prévio consentimento do ofendido ou do Ministro da Justiça (por meio de representação e requisição, respectivamente – art. 24 do CPP) ou a entrada do agente em território nacional, consideradas espécies de condições de procedibilidade, o agente ministerial não intentar a denúncia, não constituindo, portanto, a condição um *dado* da ação penal, mesmo porque, como examinamos no capítulo

---

[1] TOURINHO FILHO, Fernando da Costa. *Processo Penal.* São Paulo: Saraiva, 2004, p. 524.

próprio, *se ele o fizer,* estará exercitando o seu poder-dever de ação, embora sem qualquer chance de vitória.

Do mesmo modo quando a ação penal tiver sido proposta sem a condição objetiva de punibilidade é vedado afirmar que a ação penal não pode ser exercida, pois, ao fim e ao cabo, a sentença a ser proferida absolverá o acusado por atipicidade, (v.g. na ação penal por indução em erro no casamento (art. 236 e parágrafo único do CP),

É essa a situação nas infrações tributárias cuja tipicidade depende da decisão definitiva no procedimento administrativo-fiscal afirmando a existência da sonegação.

A decisão em tela é pacificamente exigida pela jurisprudência como condição para que o próprio crime se configure (art. 1º da Lei 8.137/90), de modo que, enquanto pender o pronunciamento administrativo, o Ministério Público não poderá oferecer a denúncia contra o sonegador, a não ser que, por outra via, possa-se afirmar a existência do crédito tributário.[2]

Feitos os registros.

A doutrina apontava como sede legal das denominadas condições específicas da ação, o inciso III e o parágrafo único do artigo 43 do CPP.

Esses dispositivos, contudo, foram revogados pela Lei 11.719/08 e realocados, modo genérico, na ampla previsão do inciso II do artigo 395 do CPP que impõe a rejeição da denúncia ou queixa (e também do aditamento pessoal ou real, por extensão), quando faltarem as condições da ação.

A revogação do inciso III e do parágrafo único do artigo 43, bem ainda a fórmula adotada pela Lei 11.719/08, não alteraram, contudo, qualquer mudança acerca dos enfoques doutrinário e jurisprudencial relativamente às condições específicas da ação.

Por isso, as analisaremos, em separado, nos itens abaixo, deixando o exame das consequências jurídicas da ação intentada sem a representação, a requisição e a condição objetiva de punibilidade para o capítulo 13, para onde remetemos o leitor, a fim de evitarmos tautologia.

2. A Representação

A representação (expressando consentimento da vítima para com o inquérito e o processo) é a primeira espécie de condição de procedibilidade. Sem ela, a auto-

---

[2] "Enquanto o crédito tributário não se constituir, definitivamente, em sede administrativa, não se terá por caracterizado, no plano da tipicidade penal, o crime contra a ordem tributária, tal como previsto no art. 1º da Lei 8.137/90. É que, até então, não havendo sido ainda reconhecida a exigibilidade do crédito tributário ("an debeatur") e determinado o respectivo valor ("quantum debeatur"), estar-se-á diante de conduta absolutamente desvestida de tipicidade penal. – A instauração de persecução penal, desse modo, nos crimes contra a ordem tributária definidos no art. 1º da Lei 8.137/90 somente se legitimará, mesmo em sede de investigação policial, após a definitiva constituição do crédito tributário, pois, antes que tal ocorra, o comportamento do agente será penalmente irrelevante, porque manifestamente atípico. Precedentes. – Se o Ministério Público, no entanto, independentemente da "representação fiscal para fins penais" a que se refere o art. 83 da Lei 9.430/96, dispuser, por outros meios, de elementos que lhe permitam comprovar a definitividade da constituição do crédito tributário, poderá, então, de modo legítimo, fazer instaurar os pertinentes atos de persecução penal por delitos contra a ordem tributária" (HC 90957, RJ, 2ª T., rel. Min. Celso de Mello, j. em 11.09.07.

ridade policial está impedida de *proceder,* isto é, de iniciar a investigação (art. 5°, § 5°, do CPP), mesmo que a existência e a autoria do ilícito sejam notórias. Do mesmo modo, *sem a representação,* o Ministério Público estará impedido de intentar a denúncia, ou seja, de *proceder* a abertura do processo por meio de denúncia.

Nos moldes da "(...) *plainte* dos franceses e da 'querela' dos italianos", a representação, segundo Marcelo Fortes Barbosa,[3] é "... o direito que tem o ofendido ou seu representante legal de, em certos crimes, requerer ao Estado que promova a ação penal contra o autor do crime, por intermédio do Ministério Público".

A justificação jurídica da existência da representação é facilmente compreensível. Segundo lembra Fernando A. Pedroso, "por vezes, o crime trazido à realização, a par de lesar interesses sociais, fere também interesses individuais, de tal forma que, em dados casos, a persecução em tais delitos vulneraria mais sua própria vítima do que a punição do seu ofensor. O *strepitus judicii* ou *strepitus fori,* isto é, a repercussão do fato face ao caráter publicístico da ação e processo penais, poderá ser mais prejudicial à vítima do crime do que a persecução penal de seu autor". Como enfatizou o saudoso Nelson Hungria, "em certos casos, a ofensa é como imundície de gato: quanto mais revolvida, mais fétida"[4] e, por causa disso, não raro, a vítima prefere silenciar ao invés de proceder contra seu algoz, autorizando as providências policiais e a iniciativa do órgão da acusação em juízo.

Não raro, mulheres vítimas de estupros, por exemplo, recusam-se a registrar a ocorrência e a pedir providências à autoridade para a punição do algoz. Assim se conduzem para evitarem o vexame no detalhamento a terceiros, desconhecidos, da prática delituosa. A opção pelo silêncio representa de um lado o exercício de uma prerrogativa legal, mas atua como fator para a reprodução da impunidade.

Então, na base do direito subjetivo público de representar e, assim, de concordar ou não com a instauração do inquérito (artigo 5° do CPP), ou do processo (art. 24 do CPP), está a séria e fundada preocupação do legislador com a preservação da imagem, da honra ou da intimidade do ofendido (enfim, dos seus direitos de personalidade em sentido amplo), frente aos abalos que a publicidade das audiências ou as manchetes poderiam ensejar.

Como dissemos, a investigação policial não pode então ser iniciada sem a representação do ofendido (art. 5°, § 4°, do CPP), e o desrespeito dessa norma enseja ação de mandado de segurança ou de *habeas corpus* pela vítima e pelo autor do fato,[5] respectivamente, para buscarem o trancamento da investigação. Se o autor do fato estiver preso em flagrante delito, a prisão, se a representação não for oferecida, não poderá subsistir, cumprindo ao juiz, no momento em que for examinar o auto respectivo, relaxá-la, simplesmente.

---

[3] BARBOSA, Marcelo Fortes. Ensaio Sobre a Ação Penal, in *Justitia*, vol. 92, p. 97 e ss.

[4] PEDROSO, Fernando A. Ação Penal Pública Condicionada, *Justitia*, vol. 100, p. 61.

[5] Se a infração for da competência do Juizado Especial a autoridade deverá lavrar – independentemente da representação – o termo circunstanciado e encaminhá-lo com o infrator, a vítima e as testemunhas ao Juizado Especial, para a realização da audiência a que se refere o art. 72. A Lei 9.099 veio a assegurar à vítima o direito de escolher entre representar na citada audiência (se não houver composição dos danos) – (*caput* do art. 75) – ou, depois dela, caso esteja naturalmente em dúvida quanto à conveniência da deflagração do processo, mas desde que o faça dentro do prazo "previsto em lei" (parágrafo único), que é, evidentemente, o de seis meses, contados da data em que identificou a autoria, a teor do art. 38 do CPP, aplicável subsidiariamente ao procedimento dos Juizados Especiais por determinação do art. 92 da Lei 9.099.

Os crimes em que a ação penal pública depende de representação do ofendido constituem exceções à regra geral que prevê para a imensa maioria dos casos persecução penal mediante ação pública incondicionada (arts. 100, § 1º, do CP, e 24 do CPP).

A exigência da representação pode ser percebida quando após a definição típica a lei (Código Penal ou leis especiais) estabelecer que "procede-se mediante representação". Essa expressão é clássica e fornece segurança ao operador do direito na tarefa de determinar a natureza da ação penal correspondente à infração noticiada.

O oferecimento da representação não vincula o Ministério Público aos seus termos. Caso o inquérito ou peças de informações não apontem para a autoria ou a materialidade do fato ou indiquem que o autor é inocente, o Ministério Público, não obstante a intenção da vítima em abrir um processo contra aquele, poderá e deverá requerer o arquivamento dos autos, justificadamente. A decisão que acolher o pedido é irrecorrível, podendo o juiz, se discordar do Promotor, remeter os autos, amparado na regra do artigo 28 do CPP, ao controle do Procurador-Geral.

Anota Frederico Marques que a representação "constitui ato postulatório, cuja função estrita consiste em tornar legítima a acusação pública. Sem o pedido que nela se contém, o Ministério Público não pode agir (...) Mas se a postulação não o convence, seria um contra-senso obrigá-lo a acusar",[6] conclusão extensiva à requisição, como veremos oportunamente.

Devesse a denúncia ser oferecida sempre, acabariam sendo inúteis as determinações legais pertinentes às condições da ação, aos pressupostos processuais e à justa causa, não sendo sequer necessário invocarmos o princípio da independência funcional do representante do MP frente às autoridades administrativas ou judiciárias, graças ao qual, no exercício dos seus deveres legais e constitucionais, a sua sujeição é só à lei e à sua consciência.

Como desdobramento natural dessa prerrogativa, o agente ministerial está autorizado também a rever a classificação jurídica proposta pelo ofendido ou pela autoridade policial, a requerer diligências necessárias visando o melhor ou maior esclarecimento dos fatos, ou, como acentuamos antes, a promover o arquivamento do expediente, se entender que não há provas mínimas e idôneas sobre a autoria e a materialidade ou então que inexistem as condições da ação ou os pressupostos processuais (arts. 28 e 395, II e III).

Nada impede, ainda, que ofereça a denúncia contra terceiros, não mencionados na representação, desde que presente o liame subjetivo indispensável à caracterização da coautoria ou da participação. Como dissemos, com a representação o ofendido autoriza que o inquérito e o processo sejam instaurados não decorrendo desse direito o de limitar a atuação ministerial aos termos da representação.

2.1. Titularidade

O direito de representação é sempre do ofendido, havendo variações quanto ao seu exercício, que pode ser pessoal ou por representante legal ou nomeado judicialmente.

---

[6] MARQUES, José Frederico. *Estudos de Direito Processual Penal*. Rio de Janeiro: Forense, 1960, p. 113.

Assim, enquanto menor[7] ou mentalmente incapaz, o direito de representação só poderá ser exercido por quem legalmente o represente, ou seja, seu pai, mãe, tutor ou curador, conforme se depreende do artigo 34 do CPP.

Essa enumeração é meramente exemplificativa[8] e já se admitiu como válida a representação materna na vigência do pátrio poder,[9] com o que não concorda Borges da Rosa, para quem a pessoa mais próxima em grau de parentesco excluirá a mais remota, na ordem estabelecida.[10] A solução é corretíssima e deve ser preservada, no mínimo em homenagem às mães que vencem resistências e correm riscos por contrariarem os interesses dos pais envolvidos direta ou indiretamente com a infração ou com os seus autores.

Fernando Pedroso[11] lembrou ainda que a representação pode ser oferecida também por pessoa que tenha a guarda ou vigilância, exemplificando com decisões que reconheceram a iniciativa da tia da vítima, do padrasto, do irmão ou irmã, do avô, em suma, das pessoas que assistem ou dispensam carinho ao ofendido.

A lição vem sendo reiterada pelos tribunais do país,[12] porque possibilita solucionar, também, de um modo mais direto e simples, a questão da legitimidade para a representação naqueles casos em que há visível conflito de interesses entre a vítima e seu representante legal, sem a necessidade de nomeação de curador especial.

Eventualmente os interesses do ofendido menor ou mentalmente incapaz podem colidir com os interesses de seu representante legal ou curador.

Câmara Leal, estudando a questão, enumerou as hipóteses: "a) o crime contra o qual deve ser exercido o direito de queixa pelo incapaz foi cometido por seu representante legal; b) embora não tenha sido praticado o crime, o representante legal do incapaz teve nele certa participação material ou moral; c) foi o crime perpetrado por pessoa a que o representante legal do ofendido esteja ligado por estreitos laços de parentesco ou subordinação, havendo a presunção de interesse favorável ao indiciado; d) o representante legal do ofendido mantém com o autor do delito relações de íntima amizade e deu provas inequívocas de interesse pela sua sorte; e) há evidentes indícios de que o representante legal do ofendido recebeu promessas de recompensa do autor do crime para abster-se de intentar a ação penal contra ele".[13]

Quando isso vier a acontecer, não sobrará outra alternativa senão a de se nomear judicialmente, em requerimento que pode ser encaminhado pelo próprio Ministério Público, um curador especial com poderes específicos para exercer, em seu nome, o direito de representar.

Cumpre salientar que o curador especialmente nomeado não está obrigado a representar, pois, como esclarece Magalhães Noronha, o que lhe cabe "é apreciar

---

[7] Menor, para os efeitos citados, é aquele que ainda não alcançou 18 anos.

[8] PEDROSO, Fernando A. Ação Penal Pública Condicionada, *Justitia*, vol. 100, p. 68.

[9] RJTJRS, vol. 16, p. 139.

[10] ROSA, Inocêncio Borges da. *Processo Penal Brasileiro*, Porto Alegre: Globo, 1942, vol. 1, p. 142.

[11] PEDROSO, Fernando A. *Ação Penal Pública Condicionada*, Justitia, vol. 100, p. 68.

[12] Apelação crime nº 121.428-3, 3ª Câmara Criminal do TJSP, São Paulo, Rel. Des. Carlos Bueno, j. 04.05.92). No mesmo sentido: Apelação Crime nº 48.385/9, 3ª Câmara Criminal do TJMG, Rel. Des. João Quintino, 08.08.95 e *Habeas corpus* nº 693003345, 1ª Câmara Criminal do TJRS, Porto Alegre, Rel. Des. Guilherme Oliveira de Souza Castro, j. 17.02.93.

[13] LEAL, Luiz Antonio Câmara. *Comentários ao Código de Processo Penal Brasileiro*, 1942, vol. 1, p. 166.

a conveniência de mover ou não a ação. O Código, dizendo 'poderá ser exercido', foi mais preciso que o Código Penal italiano que, no art. 121, diz que '*il diritto di querela è exercitato de un curatore speciale*', dizeres que ensejam dúvidas quanto ao 'poder' ou 'dever' desse curador".[14]

O art. 33 do CPP quando alude à nomeação de curador especial faz alusão apenas à queixa, isto é, à inicial específica da ação penal de iniciativa exclusivamente privada.

Entretanto, lembra muito bem Antonio Acir Breda,[15] não haverá a menor dúvida de que, na situação ventilada, a "(...) nomeação de curador especial também poderá ocorrer para o exercício do direito de representação", em lição seguida pela jurisprudência do país.[16]

O enunciado do art. 33 do Código de Processo Penal com o alcance dado pela doutrina e pela jurisprudência avulta em importância, na atualidade, em face do inconveniente da transformação, pela Lei 9.099/95, da ação pública de incondicionada para condicionada à representação para a punição do autor do crime de lesões corporais leves, muito frequentes no recesso do lar (art. 88). Quem poderá falar em nome dos filhos agredidos pelos pais – especialmente nas famílias pobres e mal estruturadas? Por acaso será a mulher, não raro também vítima de maus-tratos, com medo de ser abandonada ou de sofrer outras represálias do marido? Sem querer retirar os eventuais méritos, a Lei 9.099/95, poderá transformar-se, também aqui, em fonte de impunidade e de injustiça, justificando-se a necessidade de maior atenção de parte dos integrantes dos Conselhos Tutelares e dos titulares das Delegacias Especializadas e das Promotorias de Justiça com o que acontece, nas áreas da família, da infância e da juventude.

Ao atingir a idade de 18 anos, embora sem regra explícita no CPP, entendiam e ainda entendem a doutrina[17] e a jurisprudência[18] que o ofendido já não precisava da assistência do representante legal, porque com essa idade podia oferecer pessoalmente a queixa-crime (art. 34 do CPP, agora ineficaz). Dizendo de outro modo, se entre 18 e 21 anos de idade o ofendido detinha legitimidade para outorgar procuração a advogado e iniciar a ação penal de iniciativa privada carecia de sentido proibi-lo de oferecer a representação por crime de ação pública.

Ao fixar a maioridade penal nos 18 anos, o atual Código Civil afastou qualquer dúvida que ainda pudesse existir sobre o assunto: enquanto menor, a legitimidade para representar é do representante legal; ao alcançar a maioridade penal (18 anos) é exclusivamente do ofendido, porque com essa idade já não mais está submetido à assistência ou representação parental.

---

[14] NORONHA. Edgard Magalhães. *Curso de Processo Penal*, São Paulo: Saraiva, 1972, p. 31.

[15] BREDA, Acir. O Exercício do Direito de Queixa ou de Representação por Curador Especial, *in Revista de Direito Penal*, vol. 17/181, p. 67.

[16] Habeas corpus nº 76311-7/SP, 1ª Turma do STF, Rel. Min. Octávio Gallotti, j. 28.04.98; Processo nº 01397508886, Turma Recursal dos Juizados Especiais Criminais/RS, Tristeza, Rel. Fernando Braff Henning Júnior, j. 18.08.97; Embargos de Declaração na Apelação crime nº 19980410047638 DF (122946), 2ª Turma Criminal do TJDFT, Rel. Getúlio Pinheiro, j. 17.02.00, publ. DJU 05.04.00, p. 46 e *Habeas corpus* nº HBC652494/DF (71540), 1ª Turma Criminal do TJDFT, Rel. A. Rosa de Farias, j. 09.06.94, publ. DJU 08.09.94, p. 10.73.

[17] CAPEZ, Fernando. *Curso de Processo Penal.* São Paulo: Saraiva, 1997, p. 98.

[18] Apelação Crime nº 00.001581-4, Segunda Câmara Criminal do TJSC, Rel. Des. Maurílio Moreira Leite, j. 30.05.00.

Em caso de morte ou de declaração judicial de ausência do ofendido, o direito de representação se transfere ao cônjuge, ascendente, descendente ou irmão (§ 1º do artigo 24 e art. 31 do CPP). A ordem dos legitimados apontada nesses textos, a nosso ver, não é absoluta, a não ser que no processo compareçam duas ou mais pessoas para exercer o direito, hipótese em que a preferência será assegurada ao cônjuge, e, em seguida, o parente mais próximo, consoante a enumeração neles previstas.

Não há previsão legal relativamente à concubina.

Em razão das disposições constitucionais que reconhecem a união estável entre homem e mulher como entidade familiar e estimulam a sua conversão em casamento (art. 226, § 3º), não vemos sentido sustentar o contrário, mesmo porque os Tribunais objetivando ampliar o acesso à Justiça vem flexibilizando a questão. Cabe a ela, portanto, o direito de oferecer a representação.

2.2. Prazo para representar

O exercício do direito de representar está temporalmente limitado em lei. Dispõe o artigo 38 do CPP, com efeito, que a representação poderá ser oferecida em seis meses, contados da data da identificação da autoria do fato.

Como vimos antes, sendo o ofendido menor, a legitimidade é de seu representante legal para oferecer em nome deste a representação. O prazo de seis meses começará a fluir para o representante legal conforme a regra assinalada pelo artigo 38 do CPP: do dia em que identificar a autoria do crime.

Como o ofendido poderá pessoalmente oferecer a representação ao implementar a idade de 18 anos e tendo em vista que o prazo decadencial não corre durante a menoridade, segue-se que, para ele, o prazo de seis meses previsto no artigo 38 do CPP. começará a fluir no dia de seu aniversário (quando alcançar a maioridade civil e criminal aos 18 anos).

Conforme decidiu o colendo Superior Tribunal de Justiça, em aplicação prática ao enunciado n. 594 da Súmula do STF,[19] "... os prazos para o exercício do direito de queixa ou representação correm separadamente para o ofendido e seu representante legal (Súmula nº 594 do STF e Precedente)", de modo que, "... escoado o prazo para o representante, conserva-se o direito de *representação* do ofendido, contado a partir da sua maioridade".[20]

Assim, enquanto menor de 18 anos, ante a unidade do direito e a dúplice titularidade para o seu exercício, o ofendido nunca ficará prejudicado caso o repre-

---

[19] No STF: RTJ 60/258. Ainda: RECR 94524 – Mato Grosso do Sul – Rels.: Min. Firmino Paz, Min. Néri da Silveira, j. 14.10.81, Tribunal Pleno, Ata 18.11.83, p. 17.960, vol. 1317-02, p. 445. EMENTA: "Recurso Extraordinário. Direito de Queixa. Decadência. Código de Processo Penal, arts. 34 e 38. Ofendida Menor de Vinte e Um Anos. Súmula 594. Os direitos de queixa e representação podem ser exercidos, independentemente, pelo ofendido ou por seu representante legal. Queixa oferecida pelo representante, dentro do prazo de seis meses, contado da data em que veio a saber quem era o autor do crime de sedução de sua filha. Prazo decadencial que não se esgotou. Recurso conhecido e provido para, cassada a decisão, determinar o prosseguimento da ação penal. Observação: Votação por maioria. Resultado conhecido e provido." Veja, ainda: RHC-58059. Ano: 83 Aud: 18.11.83. HC 44310-MG, Rel. Min. Eloy da Rocha, j. 25.08.67, DJ, data 27.12.68, in *Jurisprudência Informatizada Saraiva.*
[20] HC 53893 / GO, 5ª T. do STJ, rel. Min. Félix Fischer, j. em 21.11.06.

sentante legal deixe escoar *in albis* o prazo do art. 38 do CPP. ou resolva retirar o consentimento outorgado (retratação da representação). Como visto, ao implementar a idade de 18 anos, o ofendido disporá de seis meses para decidir entre permanecer em silêncio ou oferecer a representação.

Destarte, se operar-se a decadência do direito em relação a um (o representante legal, p. ex.), o direito de representar continuará sob a titularidade do outro (o ofendido, ao alcançar a maioridade, p. ex.), correndo para este último o prazo decadencial desde o dia da identificação da autoria do delito se esse conhecimento ocorrer na fase da maioridade.[21]

Dispondo de seis meses de prazo para oferecer em nome do menor a representação, segue-se que o representante legal poderá fazê-lo *antes* ou *depois* do alcance da maioridade penal.

Se a iniciativa ocorrer *antes* da implementação da maioridade, a representação poderá ser intentada até o último dia do *saldo* do prazo decadencial, em curso inexorável desde a data do conhecimento da autoria (art. 38 do CPP). Por exemplo: caso a autoria do crime seja identificada *pelo representante legal e pelo próprio* menor quando este tinha apenas 17 anos e 2 meses, o representante legal poderá representar até a data em que o ofendido completar 18 anos e 4 meses e o último dentro do prazo de seis meses, a contar do dia em que alcançar a maioridade.

De qualquer sorte, o ofendido, ao alcançar a maioridade, terá à sua disposição o prazo integral de seis meses (art. 38 do CPP), porque, em relação ele, o prazo decadencial não flui durante a menoridade.

Há forte crítica a esse entendimento, baseado no enunciado n. 594 da Súmula do STF.

Para Damásio, por exemplo, *sendo uno o direito* de representar, se um dos titulares deixar se escoar o prazo decadencial sem exercer o direito de representação, os dois, necessariamente, perderão o direito de fazê-lo.[22]

Idêntica é a posição de Tourinho Filho,[23] argumentando, ainda, que, entendimento em contrário ensejaria risco de fraude. Por isso, afirma: "Se o conhecimento da autoria chegou ao conhecimento do representante legal quando a ofendida já havia completado 18 anos e 6 meses, no nosso entendimento nada mais poderá ser feito".[24] Não diferem desse pensamento Paulo Lúcio Nogueira[25] e Magalhães Noronha.[26]

Dizendo que estava alinhado com a Súmula 594 e que por isso reconhecia ao ofendido menor o direito de *sempre* representar dentro do prazo de seis meses (art. 38 do CPP) quando alcançasse a maioridade de 18 anos, Eugênio Pacelli de Oliveira, recentemente, mudou o entendimento, amparado nas disposições do novo Código Civil.

Assim, disse ele, "se quando o ofendido completar 18 anos *ainda estiver em curso o prazo decadencial* para ao exercício da queixa, poderá ele, e agora, somente

---

[21] MIRABETE, Julio Fabbrini. *Código de Processo Penal Interpretado*. São Paulo: Atlas, 1994, p. 83.

[22] JESUS, Damásio Evangelista. *Código de Processo Penal Anotado,* art. 38.

[23] TOURINHO FILHO, Fernando da Costa. *Processo Penal*. São Paulo: Saraiva, 1997, vol. 1, p. 349.

[24] Idem, p. 346.

[25] NOGUEIRA, Paulo Lúcio. *Questões Penais Controvertidas*. Sugestões Literárias, 1979, p. 39 e ss.

[26] NORONHA, Edgard Magalhães. *Direito Penal*, p. 473, citado por TOURINHO FILHO, ob. cit., p. 347.

ele, ingressar em juízo, *no prazo ainda restante,* tendo em vista a superveniente perda do poder de representação por parte do representante legal. Isso não será possível, porém, se já tiver havido a renúncia por parte do representante legal, *antes* de o ofendido completar 18 anos, quando se fará presente causa extintiva da punibilidade (art. 107, V, CP)".[27]

Esse posicionamento reflete, por conseguinte, aberta discordância com a Súmula 594, que consagra a duplicidade de direitos.

Não obstante a precisão da crítica, o enunciado sumular continua sendo respeitado pelos Tribunais,[28] em nome da preservação dos interesses do menor frente à negligência, descaso ou interesses escusos do representante legal do menor, de modo que, quando o alcançar a idade de 18 anos – mesmo que o representante legal tenha deixado fluir em branco (ou mesmo renunciado ao direito de representar) o prazo decadencial – o ofendido terá o direito de oferecer pessoalmente a representação.

É nesse sentido a posição de Norberto Cláudio Pâncaro Avena: "E se a vítima for menor de 18 anos ou mentalmente incapaz ? Nesse caso, o prazo decadencial flui apenas para o representante legal. Esgotando-se, não poderá mais exercer o direito de representação. Alcançada, porém, a maioridade pelo ofendido, ou recuperado que venha a estar da enfermidade, a partir deste momento, para ele, terá início o prazo de seis meses para representar. O que não se pode admitir é que o não exercício do direito de representação pelo representante legal do menor ou do mentalmente enfermo venha a impedir o exercício do mesmo direito pela vítima, quando cessada a incapacidade".[29]

Explicamos que havendo colisão de interesses entre o representante legal e o menor ou incapaz será necessária a nomeação de curador especial para representar.

Nessa situação, o prazo decadencial correrá, por óbvio, da data em que o Curador Especial for devidamente compromissado e não da data da identificação da autoria do fato pelo menor,[30] mesmo porque, como dissemos antes, o prazo decadencial não flui para o menor ou incapaz durante a menoridade ou a incapacidade.

Não há clareza na lei quanto ao prazo assinalado para as pessoas enumeradas no parágrafo único do artigo 24 do CP (e também a concubina) oferecerem a representação. Arriscamo-nos a sustentar que o prazo será o do artigo 38 do CPP e será contado da forma estabelecida nesse dispositivo.

---

[27] OLIVEIRA, Eugênio Pacelli de. *Curso de Processo Penal*, 10ª ed. Rio de Janeiro: Lumen Juris, 2008, p. 133.

[28] "... Os prazos para o exercício do direito de queixa ou representação correm separadamente para o ofendido e seu representante legal (Súmula nº 594 do STF e Precedente). II – Assim, escoado o prazo para o representante, conserva-se o direito de representação do ofendido, contado a partir da sua maioridade (Precedente). *Habeas corpus* denegado" (HC 53893/GO, 5ª T. do STJ, rel. Min. Félix Fischer, DJ 12.02.07, p. 279. Apelação Crime nº 693030298, 3ª Câmara Criminal do TJRS, Rel. Des. Nelson Luiz Puperi, j. 12.08.93.

[29] AVENA, Norberto Cláudio Pâncaro. *Processo Penal*. São Paulo: Método, 2008, p. 55.

[30] Revisão Criminal nº 172.823-3, 2º Grupo de Câmaras Criminais do TJSP, São Paulo, Rel. Des. Gonçalves Nogueira. j. 11.12.95.
Ainda: "...Nomeado curador pelo juiz, o prazo decadencial tem curso a partir do dia em que tomar ciência da nomeação e não da data dos fatos, como afirmou o impetrante na exordial..." (HC 52089/SP, STJ, 6ª T., rel. Ministro OG Fernandes, j. em 04.12.08.

Se o ofendido morreu no curso do prazo decadencial, e as pessoas enumeradas no artigo 24 conheciam a autoria do delito, a representação, nesse caso, poderá ser oferecida dentro do *saldo* do prazo global de seis meses.

Parece-nos claro que as pessoas listadas no artigo 24 do CPP não estarão providas de legitimidade para representar o ofendido pré-morto ou declarado judicialmente ausente, se este, conhecendo a autoria do crime contra si cometido havia deixado passar em branco o prazo decadencial. O direito de representação é *disponível* de modo que a *disposição do prazo* pelo ofendo, de modo que a morte deste não reaviva o prazo esgotado.

Na Lei de Imprensa (5.250/67), o prazo para oferecer queixa-crime ou representação era de 3 meses e será contado da data da publicação ou da transmissão da matéria ofensiva – art. 41, § 1º, da Lei 5.250/67). Recente decisão do colendo Supremo Tribunal, dando por ineficaz a Lei de Imprensa, sob o argumento de que o Código Penal resolveu satisfatoriamente todos os problemas relacionados às ofensas à honra, arredou a importância do tema, sendo o registro realizado neste momento só por razões históricas.

Em relação ao crime de abuso de autoridade, a lei de regência, nº 4.898/65, estabelece, no artigo 2º, que a ação depende de representação do ofendido.

A referida lei não confere prazo para essa providência e, por causa disso, disso, dois entendimentos surgiram: o primeiro, de aplicação subsidiária do artigo 38 do CPP e, o segundo, da própria inexigibilidade da representação, por falta de regulamentação legal.

Para espancar divergências, a Lei 5.249, de 9 de fevereiro de 1967, veio a declarar no art. 1º que "A falta de representação do ofendido, nos casos de abusos previstos na Lei 4.898, de 9 de dezembro de 1965, não obsta a iniciativa ou o curso de ação pública", passando a partir dessa data a jurisprudência do Superior Tribunal de Justiça[31] a se balizar por ela. Em termos práticos, a ação penal por abuso de autoridade tornou-se incondicionada.

Por infrações de menor potencial ofensivo é de seis meses o prazo para representar (art. 38 do CPP) e não o indicado pelo artigo 91 da Lei 9.099/95, com natureza de regra transitória. Esse prazo começa a fluir a partir da identificação da autoria do crime, embora o oferecimento da representação possa ocorrer na data em que for realizada a audiência preliminar (art. 75 da Lei 9.099/95).

---

[31] "I – Em se tratando de crime de abuso de autoridade – Lei 4.898/65 – eventual falha na representação, ou mesmo sua falta, não obsta a instauração da ação penal. Isso nos exatos termos do art. 1º da Lei nº 5.249/67, que prevê, expressamente, não existir, quanto aos delitos de que trata, qualquer condição de procedibilidade (Precedentes do STF e do STJ)" HC 59591/RN, 5ª T., rel. Min. Félix Fischer, j. em 15.08.06.

No mesmo sentido é o precedente de Turma Recursal dos Juizados Especiais no RGS: *HABEAS CORPUS. ARTIGO 3º, ALÍNEA I DA LEI 4898/65. ABUSO DE AUTORIDADE.* A falta de representação do ofendido não impede a instauração da ação pública, a teor do que dispõe a Lei 5.249/67. DENEGADA A ORDEM. UNÂNIME. (Habeas Corpus nº 71000903146, Turma Recursal Criminal, Turmas Recursais, Relator: Joni Victoria Simões, j. em 21.02.06)

Ainda: "RHC 9456 / SP, rel. Min. Vicente Leal, 6ª T. do STJ, j. em 16.05.00.

Tratando-se de infração cometida sob a modalidade continuada (art. 71 do CP) houve certa controvérsia quanto à contagem do prazo da deca-dência. A jurisprudência arredou a discussão entendendo que o prazo decadencial tem como *dies a quo* a data da prática do último fato,[32] sob o fundamento de que, no crime continuado, os fatos são independentes e, apenas por ficção, são considerados crime único.

Já na hipótese de crime permanente – assim entendido aquele que "se alonga no tempo, gerando a contínua perpetração do delito", no que João Mestieri denomina de verdadeiro "estado de consumação",[33] o *dies a quo* do prazo decadencial, se conhecida a autoria do crime, esgotar-se-á nos seis meses seguintes à cessação da permanência.

O prazo decadencial tem natureza *penal* e, portanto, *não segue* a lógica que preside a contagem dos prazos processuais.

O artigo 10 do CP, aliás, declara que "O dia do começo inclui-se no cômputo do prazo" e que "contam-se os dias, os meses e os anos pelo calendário comum".

Não incide, pois, a regra do art. 798 do CPP relativa aos prazos processuais e em relação aos meses a contagem é não *"ex numero*, mas *ex numerationem dierum,* isto é, não se atribuem invariavelmente 30 dias ao mês (como faz o art. 125, § 3º do CC), o que importaria 360 dias para o ano, mas 28, 29, 30 ou 31, de acordo com o calendário comum", no dizer de Tourinho, reportando-se a Hungria.[34]

Iniciada a fluência contínua e ininterrupta do prazo decadencial desde a data da identificação da autoria do crime, eventuais "medidas preliminares", como o pedido de explicações, não terão a força de impedir a declaração da extinção da punibilidade pela decadência (art. 107, IV, do CP).[35]

Representar será o único meio de evitá-la.

Por isso, válido o alerta à vítima e ao seu representante legal: a condição de procedibilidade em exame precisa chegar ao seu destinatário (delegado, juiz ou promotor) dentro do prazo correspondente, para que a ação seja possível, mesmo que o inquérito seja concluído ou a denúncia venha a ser oferecida depois do esgotamento desse prazo.

Encaminhada tempestivamente a representação ao delegado de Polícia, ao Promotor de Justiça ou ao Juiz (arts. 5º, § 4º, e 39, e parágrafos, do CPP), será válida a ação e o processo, ainda que a denúncia venha a ser oferecida depois do esgotamento do prazo decadencial de seis meses (art. 38).

O atraso injustificado do agente do MP poderá ensejar, no máximo, a imposição de sanções disciplinares ou administrativas – como as enumeradas pelo artigo 801 do CPP.

---

[32] Rec. Ordinário em *Habeas Corpus* nº 4702/MG, Sexta Turma do STJ, Rel. Min. Anselmo Santiago, j. 07.05.96, Publ. DJU 01.07.96, p. 24099.

[33] FAYET JR, Ney. *Do Crime Continuado*. Porto Alegre: Livraria do Advogado, 2001, p. 65.

[34] TOURINHO FILHO, Fernando da Costa. *Processo Penal*. São Paulo: Saraiva, 1997, vol, p. 352.

[35] COSTA JR., Paulo José; CERNICCHIARO, Luiz Vicente. *Direito Penal na Constituição*. São Paulo: Revista dos Tribunais, 1990, p. 221.

Por fim: o exercício do direito de representar não enseja risco de represálias jurídicas para o representante nas órbitas penal[36] e civil,[37] por ser direito dos cidadãos de pedirem providências às autoridades públicas quando forem lesados em seus direitos.

É claro que a imputação de crime com dolo ou fraude a pessoa que o representante sabe ser inocente não o livrará de inquérito ou processo por denunciação caluniosa, conforme vem entendendo, pacificamente, os Tribunais do país.

2.3. Forma da representação

Prevê o Código que a representação possa ser oferecida mediante declaração escrita ou oral, sendo seus destinatários o juiz, o promotor ou a autoridade policial (art. 39), nela constando todas as informações que possam servir à apuração do fato e da autoria (§ 2º).

Se oferecida oralmente ao delegado ou ao juiz, será reduzida a termo, no último caso em audiência de que participará o representante do Ministério Público. Depois disso, será remetida ao Delegado de Polícia para a elaboração do inquérito, a não ser que o Promotor de Justiça, quando da representação, obtenha elementos de prova suficientes para oferecer a denúncia (artigo 39 e parágrafos).

Sendo oferecida por escrito, não há rigor formal,[38] sendo juridicamente válida quando a vítima registrar a ocorrência do fato *e pedir* providências à autoridade.[39] Simples declarações do pai ou da mãe do menor ofendido, no bojo do inquérito policial, por exemplo, reclamando a intervenção da polícia para a descoberta da iden-

---

[36] PENAL. PROCESSUAL PENAL. DENUNCIAÇÃO CALUNIOSA. APELAÇÃO. O crime do art. 339, *caput*, do Código *Penal* configura-se quando o agente, desejando atingir a honra de terceiro e causar-lhe constrangimento ilegal, utiliza-se dos órgaos do estado para executar sua conduta criminosa. Não pratica o crime de *denunciaão caluniosa* o agente que, procurando resolver situação conflitiva e de convivência familiar insustentável, em que se encontra envolvida sua futura esposa, procura a promotoria de justica fornecendo-lhe dados que envolvem o padrasto e a menor, fatos que, após, não são confirmados, nem mesmo no inquérito policial instaurado a partir de requisição do ministério público. (Apelação Crime nº 70002143998, Câmara Especial Criminal, Tribunal de Justiça do RS, Relator: Vladimir Giacomuzzi, Julgado em 22.08.01)

[37] INDENIZATÓRIA. DANO MORAL. DENUNCIAÇÃO CALUNIOSA. INEXISTÊNCIA. Representar ao Ministério Público para iniciativa de inquérito policial e ação *penal*, constitui direito do lesado e o decorrente incômodo que sofre o investigado, é inerente ao exercício desse direito. Constitui, igualmente, dever jurídico da vítima evitar o confronto pessoal com o suspeito, "procurando na Justiça a tutela de seus direitos (Des. Amaral Braga, in Jur. Bras. 01/307). Não havendo prova de que a denunciante agiu com *dolo*, ma-fé, culpa grave ou erro grosseiro, contra o denunciado, improcede pretensão indenizatória por dano moral. Recurso provido. (Apelação Cível nº 70000987354, Quinta Câmara Cível, Tribunal de Justiça do RS, Relator: Clarindo Favretto, Julgado em 07.08.00)

[38] Habeas Corpus nº 73226-7-PA, Rel. Min. Francisco Rezek, STF, j. 14.11.95, un., DJU 03.05.96, p. 13.902. No mesmo sentido: Recurso de *Habeas corpus* nº 9503204-0-GO, Rel. Min. Vicente Leal, STJ, j. 04.04.95, un., DJU 04.03.96, p. 5420.

[39] Apoiados nessa tranquila orientação pretoriana referida na nota anterior n. 32, não vemos óbice à desclassificação do faro para lesões graves em leves, mesmo no Plenário do Júri. Tendo a Lei 9.099/95 passado a exigir a representação da vítima por crime de lesões corporais leves, estamos cada vez mais convencidos, em consonância com o princípio da simplicidade, de que as declarações por ela prestadas na polícia ou em juízo, pedindo providências, atendem tranquilamente à citada exigência.

tidade ou punição do autor do crime, foram validamente consideradas para legitimar a atuação do delegado e do promotor[40] nas fases do inquérito e do processo.

Esse entendimento decorre da natureza da representação – mera autorização para a abertura do inquérito e do processo penal – e ao mesmo atende aos interesses da vítima – nem sempre representada por profissional habilitado – e da sociedade, com a punição dos infratores.

2.4. Retratabilidade

O ofendido tem o direito de retirar o consentimento anteriormente dado para a abertura do inquérito e a instauração do processo *(retratação)*, desde que o faça até o *oferecimento* da denúncia (art. 25 do CPP), ou seja, até a data em que essa peça for depositada pelo agente ministerial em cartório.[41]

Legitimado para a retratação é o ofendido ou seu representante legal. Convém advertir, todavia, que com a implementação da idade de 18 anos pelo ofendido, a retratação não mais poderá ser realizada por quem, na então condição de seu representante legal, havia oferecido a representação.

Conforme ensinamento de Tourinho Filho, se isto fosse possível, "o direito que o art. 34 do CPP confere ao ofendido que já completou 18 anos para promover a queixa ou fazer a representação seria anulado".[42] A interpretação vai ao encontro, ainda, do enunciado número 594 da Súmula do STF, que assegura ao ofendido o *direito* de representar pessoalmente ao alcançar a idade de 18 anos.

Consoante entendimento do Supremo Tribunal Federal[43] "a posterior declaração dos genitores – retratando a representação por eles apresentada – perde consistência pelo comparecimento posterior em juízo da própria vítima, que depôs, já com dezoito anos completos, reafirmando a autoria e materialidade do delito, sem invocar nenhum óbice ao prosseguimento do feito",[44] de modo que, rigorosamente, o exercício do direito de representar ou de retratar de um não atinge o direito de representar ou de retratar do outro – ou seja, do ofendido que alcançar a maioridade civil e penal, aos 18 anos.

O sentido da retratação da representação não pode ser outro: o ofendido poderá, depois de bem refletir, chegar à conclusão de que incidiu em erro ao outorgar o consentimento para o inquérito e o processo.

Para reparar o erro e proteger seus direitos de personalidade, terá a alternativa de revogar (retratar) a representação, isto é, de retirar o consentimento, até a fase do oferecimento da denúncia (art. 25 do CPP).

---

[40] RJTJRS 44/26, 76/141, 89/151; Julgados do TARS 47/129.

[41] "RETRATAÇÃO DA REPRESENTAÇÃO. OFERECIMENTO DA DENÚNCIA. I – Os arts. 25 do CPP e 102 do CP deixam claro que a *r*etratação só tem relevância jurídica se realizada antes do oferecimento da denúncia. O recebimento desta não é referencial para a verificação da eficácia da retratação. II – Oferecida a proemial acusatória, a ação penal se torna indisponível" (RHC 10176 / SP, 5ª T do STJ, rel. Min. Félix Fischer, j. em 07.12.00.

[42] TOURINHO FILHO, Fernando da Costa. *Processo Penal*. São Paulo, Saraiva, 1997, p. 341.

[43] RHC 58059/MS, Tribunal Pleno, Rel. Ministro Cunha Peixoto, DJU de 17.10.80.

[44] HC 82382/MT, 1ª Turma, Rel. Ministro Ilmar Galvão, DJU de 07.03.03.

Após a entrega da denúncia em cartório (momento em que ocorre o oferecimento), o consentimento não mais pode ser revogado porque, como ensinava Jorge Alberto Romeiro,[45] o interesse da sociedade preponderará ante a pública natureza da ação e dos princípios que a regem. Decisão *contra legem* e em sentido oposto foi proferida no Tribunal de Justiça do RS, assentada em razões meramente utilitárias,[46] não constituindo, portanto, a regra.

A matéria em comento encontra regra especial na Lei 11.340/06 (conhecida por Maria da Penha), destinada a restringir a liberdade do ofendido em retratar-se, em nome do interesse público na repressão da violência doméstica. Aliás, recente decisão do colendo STJ dispensou por crime cometido com o emprego de violência, no recesso do lar, a necessidade de representação.[47] Trata-se de caso isolado, embora possa revelar uma tendência voltada à maior repressão dos crimes cometidos no âmbito da família.

Diz o art. 16 dessa Lei: "Nas ações penais públicas condicionadas à representação da ofendida de que trata esta Lei, só será admitida a renúncia à representação perante o juiz, em audiência especialmente designada com tal finalidade, antes do recebimento da denúncia e ouvido o Ministério Público".

O art. 16 comporta rápidas observações.

A primeira: a "renúncia" é causa de extinção da punibilidade na ação de iniciativa privada, não havendo falar-se em renúncia da representação, parecendo-nos que o legislador quis em verdade falar em "... retratação da representação...".[48]

A segunda, a Lei produziu inovação quanto ao momento processual para a retratação: não mais até o momento do *oferecimento* e sim *antes do recebimento da denúncia*. Como dissemos, o oferecimento da denúncia ocorre com a entrega da peça em cartório.

---

[45] ROMEIRO, Jorge Alberto. *Da Ação Penal*. Rio de Janeiro: Forense, 1978, p. 189.

[46] "Lesões corporais leves. ... Retratação da vítima antes da sentença. Possibilidade. Extinção da Punibilidade. Manifestando a vítima que não pretende prosseguir com a ação penal, por já ter se acertado com o réu, ausente condição de procedibilidade para a ação penal, dada a inutilidade do provimento condenatório em relação ao interesse preponderante a ser atendido. É cabível a retratação da representação da vítima até a prolação da sentença, especialmente perante o juízo em audiência o que resulta na extinção da punibilidade do réu" (Rec. 71001871961, rel. Laís Ethel Correa Pias, j. 24.11.08, DOE 28.11.208).

[47] Recente decisão no STJ veio a declarar que a "... em se tratando de lesões corporais leves e culposas praticadas no âmbito familiar contra a mulher, a ação é, necessariamente, pública incondicionada. Explicou a Min. Relatora que, em nome da proteção à família, preconizada pela CF/1988, e frente ao disposto no art. 88 da Lei 11.340/2006 (Lei Maria da Penha), que afasta expressamente a aplicação da Lei 9.099/1995, os institutos despenalizadores e as medidas mais benéficas previstos nesta última lei não se aplicam aos casos de violência doméstica e independem de representação da vítima para a propositura da ação penal pelo MP nos casos de lesão corporal leve ou culposa. Ademais, a nova redação do § 9º do art. 129 do CP, feita pelo art. 44 da Lei 11.340/2006, impondo a pena máxima de três anos à lesão corporal qualificada praticada no âmbito familiar, proíbe a utilização do procedimento dos juizados especiais e, por mais um motivo, afasta a exigência de representação da vítima. Conclui que, nessas condições de procedibilidade da ação, compete ao MP, titular da ação penal, promovê-la. Sendo assim, despicienda, também, qualquer discussão da necessidade de designação de audiência para ratificação da representação, conforme pleiteava o paciente". Precedentes citados: HC 84.831-RJ, DJe 5/5/2008, e REsp 1.000.222-DF, DJe 24.11.08. HC 106.805-MS, Rel. Min. Jane Silva (Desembargadora convocada do TJ-MG), julgado em 3/2/2009. – in Boletim n. 382.

[48] MOREIRA, Rômulo de Andrade. *A Lei Maria da Penha e suas Inconstitucionalidades*. Leituras Complementares de Processo Penal (organizado pelo articulista), Salvador: Podium, 2008, p. 343.

Como consequência disso, a vítima de delito previsto na Lei Maria da Penha dispõe de mais tempo para refletir sobre a revogação do consentimento em relação àquele fixado no CPP para os demais casos por causa do pequeno espaço de tempo que há entre o *oferecimento* e a decisão judicial de *recebimento* da denúncia.

A terceira: embora a ausência de sacramentalidade de forma na representação há *rigor formal* para a retratação.

Só será válida a retratação nas hipóteses definidas como crime pela Lei Maria da Penha quando for realizada "perante o juiz, em audiência especialmente designada com tal finalidade" e na qual o Ministério Público deve emitir um parecer. Instituída para evitar que a reconciliação das partes pudesse funcionar como entrave à punição, a novidade, entretanto, poderá ensejar resultados em sentido oposto, haja vista a grande quantidade de variáveis de influência no relacionamento familiar.

A retratação da representação não impedirá a renovação da representação dentro do prazo decadencial[49] (que é irrenunciável) – fenômeno conhecido como *retratação da retratação* – e desse novo consentimento o ofendido poderá, se arrepender-se novamente, a intentar outra retratação, desde que antes do oferecimento da denúncia (art. 25).

Em anteriores edições de nosso livro Ação Penal, havíamos discordado dessa orientação, argumentando que com a primeira retratação a punibilidade se extinguiria em definitivo, a teor do artigo 107, VI do CP.

Depois, revisamos a posição, vez que, primeiro, o prazo para representar, como dissemos acima, é irrenunciável e, depois, porque "o fundamento legal citado refere-se à extinção da punibilidade relativamente ao agente e não ao ofendido", como anotou com acerto Michela Andrade Costa, amparada em Damásio de Jesus, Paulo Tovo e de Tourinho Filho. Para a articulista, o direito de oferecer representação é "um direito potestativo de que a vítima é titular, sendo que o ofensor, sujeito passivo desta relação jurídica, sujeita-se à vontade do titular deste direito, até o momento em que ele seja extinto pela decadência".[50]

Por último, a retratação da retratação não exige formalidades, mesmo quando a infração for daquelas previstas na Lei Maria da Penha.

Assim, singela petição ou mesmo declaração oral pedindo que o inquérito ou o processo tenha seguimento, capacita a autoridade policial a retomar as investigações, o acusador a oferecer a denúncia e o magistrado a recebê-la.

A interpretação legal há de ser feita privilegiando a punibilidade, e não o contrário.

2.5. Representação e pluralidade de autores de crime

A representação, como vimos, é consentimento do ofendido ou de seu representante legal para que o fato seja apurado visando-se a responsabilização do autor, dos coautores e dos participantes.

---

[49] JESUS, Damásio Evangelista de.*Código de Processo Penal Anotado*. São Paulo: Saraiva, 1955, art. 25.

[50] COSTA, Michela Andrade. *Retratação da Representação (...)* Escritos de Direito e Processo Penal – homenagem ao professor Paulo Cláudio Tovo. Rio de Janeiro: Itec, p. 243.

Como decorrência dessa natureza jurídica, a representação deve alcançar a *todos* os responsáveis pelo fato.[51] O consentimento oferecido por meio de representação é incondicional,[52] embora alguns precedentes jurisprudenciais em contrário, inclusive no STF.[53]

Realmente, se o ofendido decide aceitar, ao exercer o direito de representar, todas as consequências que a publicidade do processo possa lhe trazer, razões de interesse público determinam que a realização da Justiça não ocorra por metade, com o direcionamento da representação contra uns e a omissão consagradora da impunidade de outros.

Nem sempre a identidade dos coautores é conhecida do ofendido ou de seu representante legal, entretanto.

Essa particularidade não impede que no curso do processo – se a identidade do coautor ou participante for descoberta – haja nova representação – sendo certo que se isso não ocorrer o Ministério Público, ainda assim, poderá ampliar a denúncia mediante aditamento para chamar ao processo o coautor ou participante,[54] embora precedentes em contrário, citados por Celso Delmanto,[55] com os quais não concordamos, *data vênia,* eis que a ação pública é obrigatória e indivisível.

Oportuna, nesse passo, a lição de Paulo Cláudio Tovo, afirmando que a representação não limita a denúncia. "Se o ofendido representar apenas contra A, pode o Ministério Público encetar persecução penal contra B ou C, uma vez que a representação nada mais é que a manifestação do ofendido no sentido de não se opor ao procedimento (...) Inclusive, se o ofendido representar apenas pelo crime X e o Ministério Público verificar que ocorre ainda o crime Y, de ação pública condicionada ou não, não haverá nenhum obstáculo legal para o exercício do direito de ação mesmo quanto a este último crime",[56] como aliás também demonstramos ao tratarmos do aditamento na ação penal pública condicionada.[57]

É esse o entendimento também de Júlio César Ribas, quando afirma que "apresentada a representação contra A, servirá também para que B, ou C, sejam responsabilizados pelos mesmos fatos. É a representação a manifestação do ofendido ou

---

[51] RT 501/364, 488/418, 491/297; Julgados do TACrimSP, 48/303 e Rev. Trimestral de Jurisprudência do STF, vols. 70, p. 406; 79, p. 406; 88, p. 86 e 89, p. 330.

[52] Nesse sentido: 3ª Câmara Criminal do TJSP, *in* Justitia, 20/196.

[53] DELMANTO, Celso. *Código Penal Comentado*, art. 102.

[54] Solução também proposta por Damásio, citando precedente de São Paulo, em seu *Código Penal Anotado*. 2ª ed. São Paulo: Saraiva, 1991, p. 241.
No mesmo sentido: "É possível a inclusão, na denúncia, de outro envolvido que não tenha sido apontado desde o início na representação do ofendido, pois perpetrada a representação, devolve-se ao Ministério Público a titularidade da ação penal, razão pela qual a representação oferecida contra uma pessoa não impede que se indicie outra que for identificada no inquérito e que, contra esta, se apresente denúncia. Ordem denegada. Decisão: Vistos, relatados e discutidos estes autos, acordam os Srs. Ministros da Quinta Turma do Superior Tribunal de Justiça, em conformidade com os votos e notas taquigráficas a seguir, por unanimidade, denegar a ordem. Votaram com o Relator os Srs. Ministros Jorge Scartezzini, José Arnaldo e Felix Fischer. Ausente, justificadamente, o Sr. Ministro Edson Vidigal" (*Habeas corpus* nº 13411/MG, Quinta Turma do STJ, Rel. Gilson Dipp, j. 07.11.00, Publ. DJU 04.12.00, p. 82.

[55] DELMANTO, Celso. Código Penal Comentado, Rio de Janeiro, Freitas Batos, 1986, art. 102.

[56] TOVO, Paulo Cláudio. *Apontamentos e Guia Prático sobre a Denúncia no Processo Penal Brasileiro*. Porto Alegre: Fabris, 1986, p. 25.

[57] É também o entendimento de Paulo José da Costa Jr. e Luiz Vicente Cernichiaro, *in Direito Penal na Constituição*. São Paulo: RT, 1990, p. 218.

do representante legal de que se não opõe ao procedimento criminal, ou, antes, que o deseja (...) Assim, a representação para o processamento contra A independerá de aditamento para que se responsabilizem B ou C".[58]

Então, independentemente da data em que a coparticipação for conhecida, aditamento ou nova denúncia poderá ser oferecida sem necessidade de qualquer exigência ou outra formalidade.

2.6. Representação e crimes complexos

Por crime complexo deve-se entender aquele que resulta da fusão normativa de, pelo menos, dois crimes, dando origem a um tipo unitário e autônomo (por exemplo: homicídio + roubo = latrocínio, ou lesões corporais + estupro = estupro com violência real; em contraste com o estupro em que a violência é meramente presumida). Quando um dos crimes for caso de ação pública e o outro de ação de iniciativa privada, entende-se que deverá predominar aquele em que a legitimidade para a ação for do Ministério Público. É o caso do estupro com violência real, regulado pelo enunciado 608 da Súmula do STF, em que a ação é pública incondicionada.

Sustentou-se na doutrina que o enunciado dessa Súmula teria sido atingido pela Lei 9.099/95.

Ada Grinover afirmou, com efeito, que "se era a natureza da ação penal do delito de lesão leve (pública incondicionada), em última análise, que autorizava extrair semelhante conclusão para o estupro, resulta plausível a tese de que, doravante, sendo aquele delito de ação penal pública condicionada à representação (art. 88), este automaticamente passou a necessitar também da mesma condição de procedibilidade. Alterada a causa, altera-se também o efeito".[59]

Essa lição vem tendo acolhimento na jurisprudência,[60] embora ainda predomine o entendimento proveniente do enunciado 608 da Súmula, sob o argumento de que "o estupro absorve as lesões corporais leves decorrentes do constrangimento, ou da conjunção carnal, não havendo, pois, como separar estas, daquele, para se exigir a representação prevista no art. 88, da Lei 9.099/95".[61]

---

[58] RIBAS, Júlio César. O Aditamento no Processo Penal. *Revista dos Tribunais* 464/308.

[59] GRINOVER, Ada Pellegrini *et alii, Comentários à Lei 9.099, de 26.09.95*. São Paulo: RT, 1995, p. 186. No mesmo sentido: MIRABETE, Julio Fabbrini. A Representação e a Lei 9.099/95. *Revista Brasileira de Ciências Criminais*, vol. 13, p. 115.

[60] "A Súmula 608 do STF (no crime de estupro, praticado mediante violência real, a ação é pública incondicionada) perdeu substância com advento da Lei 9.099/95, que passou a exigir representação nos delitos de lesões corporais leves. A jurisprudência tem considerado que a representação não está sujeita a formalismos, e que a pobreza pode resultar até da condição social da ofendida (resumo)" (Apelação Crime nº 697029015, 3ª Câmara Criminal do TJRS, Cerro Largo, Rel. Des. Fernando Mottola, j. 10.04.97).

[61] *Habeas Corpus* nº 73411-1/MG, 2ª Turma do STF, Rel. Min. Maurício Corrêa. j. 13.02.96, DJU 03.05.96, p. 13.902, Habeas Corpus nº 7910, 6ª T. STJ, Rel. Min. Anselmo Santiago, j. 20.10. 98, DJU de 23.11.98, p. 212 , Habeas Corpus nº 73994-6/GO, STF, Rel. Min. Francisco Rezek, j. 25.06.96, DJU 25.04.97, p. 15.200 e Habeas Corpus nº 70786/SP, 1ª Turma do STF, Rel. Min. Sydney Sanches, j. 04.02.94, DJU 10.06.94, p. 14.788; Apelação Crime nº 000.180.648-8/00, 3ª Câmara Criminal do TJMG, Rel. Des. Odilon Ferreira, j. 27.06.00; Apelação Crime nº 70000527457, 8ª Câmara Criminal do TJRS, Rel. Des. Tupinambá Pinto de Azevedo, j. 05.04.00.

3. A requisição

Nos termos do art. 100, § 1º, do CP, em tudo idêntico ao art. 24 do CPP, *por certos crimes*, o Ministério Público não pode intentar a denúncia sem que haja anuência do Ministro da Justiça (requisição), que no sistema do Código é o encarregado de formular o juízo de oportunidade em torno da persecução, pelas consequências políticas que acarreta.

São eles:

a) os crimes cometidos por estrangeiro contra brasileiro fora do Brasil (art. 7º, § 3º, letra *b*, do CP);

b) os crimes contra a honra cometidos contra o Presidente da República ou Chefe de Governo estrangeiro (art. 141, I, combinado com o art. 145, parágrafo único, do CP) e

c) os crimes contra a honra praticados pela imprensa contra Chefe de Governo ou de Estado estrangeiro, ou seus representantes diplomáticos, ou Ministros de Estado, segundo se lê no art. 40, inc. I, *a*, combinado com o art. 23, inciso I, da Lei 5.250, de 09/02/67.

A requisição não foi uma novidade instituída pelo atual Código de Processo Penal, pois, antes dele, o Decreto nº 4.743, de 31/10/23, que regulava a liberdade de imprensa, já dispunha, no art. 22, que cabia ação penal por denúncia do Ministério Público, mediante ofício do Ministério da Justiça, nos casos de ofensa ao Presidente da República.

A origem da requisição é a *richiesta* de procedimento, prevista no direito italiano.

Embora idênticas em funções, a requisição distingue-se da representação em vários aspectos: é privativa do Ministro da Justiça, tem conteúdo político, não está sujeita ao prazo decadencial e não pode ser objeto de retratação.

Lembra Marcelo Fortes Barbosa que, pela sua função condicionadora, ela "assemelha-se à representação penal, mas dela difere pela sua natureza. Com efeito, a requisição ou aviso é uma espécie de ato administrativo, por via do qual um órgão estatal manifesta a vontade do Estado, sujeito passivo do crime, no sentido de ver concretizados a sua função punitiva ou o seu próprio direito de punir".[62]

Esta modalidade de condição de procedibilidade está informada, como dissemos, por razões de ordem política, cabendo ao Ministro da Justiça a prerrogativa de avaliar a conveniência e a oportunidade de desencadear a movimentação do Ministério Público e, eventualmente, por meio dele, do próprio Poder Judiciário, em face de crimes cometidos contra altas personalidades nacionais ou estrangeiras. Quer a lei, com essa prévia autorização ao agir ministerial, acautelar o interesse público, evitando que o processo, frente às peculiaridades do caso concreto, possa trazer transtornos às políticas governamentais.

Enquanto a representação deve ser oferecida no prazo a que se refere o art. 38 do CPP, a requisição, por sua vez, não está subordinada à limitação temporal, podendo ser remetida à autoridade policial ou ao Ministério Público para viabilizar o

---

[62] BARBOSA, Marcelo Fortes. Ensaio Sobre a Ação Penal. *Revista Justitia*, vol. 92, p. 107.

início de ação, enquanto ainda não se verificar causa extintiva da punibilidade, por qualquer de seus modos.

Recebida a requisição, deve o Ministério Público oferecer obrigatoriamente a denúncia?

Alguns juristas italianos, segundo anota Marcelo Fortes Barbosa,[63] dentre eles Vannini e Manzini, sustentam que a requisição representaria uma ordem ao Ministério Público para denunciar.

Entre nós, tem entendimento contrário Jorge Alberto Romeiro, que afirma: "É livre o Ministério Público de promover ou não a ação penal após a expedição da requisição do Ministro da Justiça. Esta é apenas uma autorização ao exercício da ação penal, como o é a representação do ofendido, não obrigando necessariamente a ele".[64]

Assim também pensamos, pois se a requisição fosse cogente esbarraria no princípio constitucional que confere ao MP o monopólio da ação pública. Não é o Ministério da Justiça e sim o Ministério Público o *dominus litis*, isto é, o órgão com atribuição para avaliar o caso concreto, de modo que, verificando a ausência de justa causa ou das demais condições da ação, poderá requerer diligências e, se for o caso, o arquivamento da requisição e das peças que a acompanharem.

É nesse sentido é a jurisprudência do STF.[65]

Diferentemente do que fez com a representação, a lei processual não previu a possibilidade de retratação da requisição.

Guilherme de Souza Nucci, sob o fundamento de que se o particular pode retratar-se, sustentou que não teria sentido impedir que o Ministro da Justiça fizesse o mesmo.

A visão do governo, no seu dizer, pode alterar-se ante a mudança de titularidade no Ministério e da própria alteração da situação política, tornando "inconveniente" a manutenção da posição.[66]

É nesse sentido o pensamento de Marcelo Fortes Barbosa, ao assinalar o oferecimento da ação como limite para a retratação da requisição.[67]

Diferentemente é o pensar de João Bosco Vieira, para quem "a revogação ou retratação demonstraria que a prematura requisição foi fruto de uma irreflexão, de uma leviana afoiteza, o que não se concebe não só porque o ato veio do governo, como também pelo dilatado espaço de tempo de que dispôs para expeli-la".[68]

Estamos de acordo com esse doutrinador.

Caso o legislador quisesse admitir a retratação da requisição por certo teria previsto a hipótese em norma expressa, como procedeu com a representação, aspecto igualmente salientado por Tourinho Filho e Tornaghi[69] para concluírem em sentido idêntico.

---

[63] BARBOSA, Marcelo Fortes. Ensaio Sobre a Ação Penal. *Revista Justitia*, vol. 92, p. 108.

[64] ROMEIRO, Jorge Alberto. *Da Ação Penal*. Rio de Janeiro: Forense, 1978, p. 166.

[65] Habeas Corpus nº 68242/DF, 1ª Turma do STF, Rel. Min. Celso de Mello, j. 06.11.90, DJU 15.03.91, p. 2648

[66] NUCCI, Guilherme de Souza. *Código de Processo Penal Comentado*. São Paulo: RT, 2006, p. 13.

[67] BARBOSA, Marcelo Fortes. Ensaio Sobre a Ação Penal. *Revista Justitia*, vol. 92, p. 108.

[68] ROMEIRO, Jorge. *Da Ação Penal Pública*. Rio de Janeiro: Forense, 1978, p. 58.

[69] TORNAGHI, Hélio. *Compêndio de Processo Penal*. Rio de Janeiro: José Konfino, 1967, II, p. 459.

4. As condições objetivas de punibilidade

Não há tratamento legal sistemático na lei brasileira acerca das condições de punibilidade, havendo quem sustente que elas teriam a mesma natureza das condições de procedibilidade.

Há diferenças essenciais, todavia, entre ambas.

As condições de procedibilidade, com efeito, têm natureza nitidamente processual e indicam que o Ministério Público não pode agir sem a prévia "autorização" do ofendido ou de quem possa em seu nome dar o consentimento para a persecução, ao passo que as condições objetivas de punibilidade tem natureza material e integram a figura típica como "elementos ou circunstâncias exteriores ao fato que, por motivos de política criminal, condicionam sua ilicitude penal ou sua punição".[70]

Dizendo de outro modo, o legislador e a jurisprudência, por motivos de política criminal, decidiram estabelecer casos em que a punibilidade ficaria na dependência da demonstração e prova de dados externos erigidos à natureza de elementos integrantes da figura típica.

Sem a pretensão de exaurirmos as hipóteses,[71] consideram-se causas objetivas de punibilidade, em nosso sistema penal, a decisão administrativa não mais recorrível do lançamento de tributo para a configuração do crime tributário;[72] a "sentença anulatória do casamento", por motivo de erro ou impedimento, embora também se entenda que essa seria condição de procedibilidade,[73] para a perfectibilização do crime de indução em erro para contrair casamento (artigo 236 e seu parágrafo único do CP); o ingresso, no País" para a punição do autor de crime praticado no exterior, inclusive por estrangeiro, punível segundo a lei brasileira (arts. 7º, §§ 2º, *a* e *b*, e 3º do CP), a exibição de jornal ou periódico para a punição de crime cometido por meio

---

[70] FRAGOSO, Heleno Cláudio. *Lições, a Nova Parte Geral.* 8. ed. Rio de Janeiro: Forense, 1985, p. 223.

[71] Vide, para aprofundamento da pesquisa, *Condições Objetivas de Punibilidade*, de Marcelo Fortes Barbosa, *in Revista Justitia*, órgão do MP de São Paulo, vol. 85, Rio de Janeiro, 1985, p. 223, e Ada Pellegrini Grinover. *As Condições da Ação,* Coleção Jurídica, São Paulo: Bushatsky, 1977, p. 40, e Fernando da Costa Tourinho Filho. *Processo Penal.* São Paulo: Saraiva, 1990, p. 298.

[72] "1. Segundo orientação firmada pela Suprema Corte e seguida nesta Superior Instância, não é possível a abertura da ação penal enquanto inexistir o lançamento definitivo do crédito tributário, exigência tida por condição objetiva *de* punibilidade." (AgRg no REsp 672018 / SC, STJ, 6ª T., Des. Jane Silva, convocada, j. em 06.11.08).

"81.611/DF, a decisão definitiva do processo administrativo-fiscal constitui condição objetiva *de* punibilidade, consistindo elemento fundamental à exigibilidade da obrigação tributária, tendo em vista que os crimes previstos no art. 1º da Lei 8.137/90 são materiais ou de resultado" (HC 65937 / SP, STJ, 5ª T., Rel. Min. Arnaldo Esteves Lima, julgado em 20.05.08).

É importante assinalar que enquanto pender a definição administrativa sobre a dívida tributária não correrá a prescrição porque, a final, não se tem, ainda, como perfeita, a figura do crime de sonegação fiscal. Segue-se, então, que a contagem do prazo prescricional – a partir do dia do fato – dependerá da determinação desse dia, fenômeno que só acontecerá depois do esgotamento de todos os recursos administrativos cabíveis da decisão que reconhecer que a dívida era realmente devida. A prescrição penal será considerada conforme as regras do CP para o crime – sem qualquer conexão com a contagem do prazo prescricional da dívida tributária. Caso o poder público não providencie em cobrar o tributo devido no prazo de cinco anos o direito decairá independentemente da ocorrência ou não da prescrição penal. Esse foi o entendimento manifestado no STF em decisão pardigmática (HC. 90.957, 2ª T., rel. Min. Celso de Mello, julgado em 11.09.07).

[73] JESUS, Damásio de. *Código Penal Anotado.* São Paulo: Saraiva, 1991, p. 623.

da imprensa escrita (art. 43 da Lei 5.250/67)[74] e a "sentença declaratória da falência" para a punição por crime falimentar (art. 507 do CPP).

A essas hipóteses a doutrina agrega ainda a autorização da Câmara dos Deputados para a abertura de processo contra o Presidente, o Vice-Presidente da República e os Ministros de Estado (art. 51 da Constituição Federal e Lei 1.079, de 10.04.50, art. 23) e a autorização da Assembleia Legislativa para a instauração de processo contra Governador, por crime comum.[75]

Por terem a natureza de consentimento, essas últimas duas hipóteses e também a condição objetiva do ingresso, no País do autor de crime praticado no exterior, inclusive por estrangeiro, punível segundo a lei brasileira (art. 7º, §§ 2º, "a" e "b", e 3º do CP) a nosso ver, são condições de procedibilidade e não propriamente condições objetivas de punibilidade.

Diferentemente da representação – regida por prazo decadencial (art. 38 do CPP) – as condições objetivas de punibilidade podem ser demonstradas e provadas a qualquer tempo "enquanto não estiver extinta a punibilidade", porque, como explicamos e ressalvamos acima, como elas tem natureza penal, integram, como dados externos à figura típica, a própria tipicidade.

---

[74] MARTINS, Charles Emil Machado (org.). Do Procedimento Comum Ordinário, in *Teoria e Prática dos Procedimentos Penais e Ações Autônomas de Impugnação*. Porto Alegre: Livraria do Advogado, 2009, p. 64.

[75] Idem, ibidem.

Capítulo IX

Os pressupostos processuais

Sumário: 1. O processo. Conceito e funções; 2. Processo e procedimento; 3. Pressupostos processuais; 4. Classificação dos pressupostos processuais; 5. Críticas à classificação dos pressupostos processuais; 6. O processo e o devido processo legal; 7. O modelo de processo. Princípios inquisitivo e acusatório.

1. O processo. Conceito e funções

Nos capítulos anteriores comentamos as teorias da ação, a sua natureza jurídica e as condições para o seu exercício propostas pela teoria eclética, abraçada pelo processual civil (art. 267) e também introduzida em nosso CPP pela Lei 11.719/08 (art. 395, inciso II).

Dando por vencida essa matéria, ao menos por ora, e deixando para o último capítulo o exame dos aspectos práticos relacionados à decisão de rejeição da denúncia ou queixa pela falta dessas condições, cumpre-nos neste tópico conceituar o processo, apontarmos a sua natureza jurídica e examinarmos os requisitos relacionados ao seu nascimento e validade, doutrinariamente conhecidos por *pressupostos processuais.*

O estudo é relevante porque a Lei 11.719/08 inseriu pioneiramente norma no inciso II do art. 395 do CPP, declarando que a falta dos pressupostos processuais, bem como das condições da ação, levam à rejeição da denúncia ou queixa, em típico julgamento antecipado da lide penal, nos moldes da norma paradigmática do artigo art. 267, inciso VI, do CPC.

Começaremos pela conceituação, determinação da natureza jurídica e especificação das funções do processo. Depois, discorreremos sobre os pressupostos ao seu nascimento e regular desenvolvimento.

O termo "processo" deriva de *proceder,* verbo que indica atividade, isto é, a evolução de um fenômeno, a potência transformando-se em ato, ou, nas palavras do saudoso professor Ovídio Baptista, orientadas ao cível, mas extensivas ao crime, um "... avançar, caminhar em direção a um fim, de modo que todo processo envolve a ideia de temporalidade, de um desenvolver-se temporalmente, a partir de um ponto inicial até atingir o fim desejado".[1]

---

[1] SILVA, Ovídio A. Baptista da. *Curso de Processo Civil.* 7ª ed. vol. 1. São Paulo: Forense, 2005, p. 1.

Empregada em sentido vulgar para designar as mais variadas situações (p. ex., processo físico, processo químico, processo infeccioso), a palavra *processo*, em direito, encerra significado bem específico: é atividade pública presidida pelo Estado e na qual intervém sujeitos parciais (autor e réu, como regra) para o alcance de finalidades.

E é, nesse passo que identificamos as funções instrumental e teleológica do processo.

Instrumental, porque atua como *meio* e teleológica porque tem por escopo uma *finalidade*, que é a prestação jurisdicional reclamada pelo autor impedido de fazer a Justiça com as próprias mãos.

Nessa perspectiva, por representar um *caminhar* na direção do futuro, tendo por referência fato ocorrido no passado, o processo em termos práticos acaba se confundindo com o *procedimento* (que nada mais é senão a marcha pré-ordenada do processo em fases e atos específicos), embora inconfundíveis ontologicamente, isto é, como categorias jurídicas.

Há muitas teorias[2] sobre a natureza jurídica do processo, mas, no dizer de Tourinho Filho,[3] é prevalente a que o considera como uma relação jurídica[4] entre os que nele intervêm. Entre nós, essa teoria foi adotada e desenvolvida no âmbito penal em livro escrito no início dos anos 50 pelo festejado jurista Hélio Tornaghi.[5]

A teoria do processo como relação jurídica foi idealizada por Oskar Von Bulow em livro dedicado a Rudolfo von Ihering e publicado no ano de 1868, em Giessen, na Alemanha. Foi nas primeiras páginas desse pequeno grande livro que Bulow desenhou a teoria dos pressupostos processuais. Segundo o professor Ovídio Baptista foi a partir da construção teórica de Bulow que o direito processual civil moderno alcançou a sua "dignidade científica de uma nova disciplina, com autonomia metodológica e objeto próprio".[6]

Embora o objeto central da sua especulação teórica fosse o das exceções processuais ao perceber que para poder resolver a questão jurídica controversa o juiz precisava verificar se o processo havia nascido e se desenvolvido validamente, Bulow acabou desbordando para o estudo da natureza jurídica do processo e ao fazê-lo definiu- como "... *uma relación juridica que avanza gradualmente y que desarrolla paso a paso*" entre os particulares e o Tribunal (vale dizer, o Estado),

---

[2] Assim, as teorias provenientes do direito romano do processo como contrato ou quase-contrato; do processo como instituição (Guasp) e do processo como situação jurídica (Goldschmidt). Para esse autor, o processo não é uma relação e sim uma "situação jurídica", por gerar "expectativas, perspectivas, cargas e liberação de cargas pelas quais as partes atravessam rumo a uma sentença favorável (ou desfavorável conforme o aproveitamento das chances e liberação ou não de caras e assunção de riscos)" – (*Princípios Generales del Proceso*. Buenos Aires: Ejea, p. 34).

[3] TOURINHO FILHO, Fernando da Costa. *Manual do Processo Penal*. São Paulo: Saraiva, 2009, p. 673.

[4] Estamos falando sobre processo como relação jurídica entre sujeitos em posição antagônica no processo (autor e réu). É preciso registrar que o processo como atividade oficial, estatal, pública, voltada à satisfação de pretensões civis ou penais, pode existir, também, sem a presença de um réu, de que são exemplos os instaurados para a declaração de existência ou inexistência de direito ou obrigação e os de *habeas corpus* e de revisão criminal, destinados a afastar ilegalidades decorrentes de prisões ilegais ou erros judiciários.

[5] TORNAGHI, Hélio. *A Relação Processual*. 2ª ed. São Paulo: Saraiva, 1987.

[6] SILVA, Ovídio Baptista da. prefácio da obra *Pressupostos Processuais* escrita por Jorge Luís Dall'Agnol. Porto Alegre: Lejur, 1988, p. 7).

que fica obrigado a "'.... decidir y realizar el derecho deduzido em juicio' e as partes que ficam ... 'obligadas, para ello, a prestar uma colaboración indispensable y a someterse a los resultados de esta actividad común'".[7]

O processo é intentado perante o Estado-jurisdição (por ser igualmente este o destinatário da ação), e não contra o *réu* (o sujeito passivo em condições "legítimas" de suportar os efeitos da decisão) porque o dever de realizar a Justiça é do Estado. Esse dever – que bem explica a razão de ser do processo e do sistema judicial como um todo – advém das cláusulas do pacto social, vedando, de um lado, a realização da justiça privada e, de outro, impondo ao Estado, como homem artificial, o encargo de promover a defesa dos homens de carne e osso e de substituí-los como "árbitro" nas situações litigiosas.

Por isso mesmo, ninguém contesta hoje que a relação jurídico-processual é de direito público, sendo as normas que dispõem sobre o processo e o procedimento irrevogáveis, indisponíveis e portanto imodificáveis, mesmo por acordo entre as partes ou entre estas e o juiz.

Atuando como *meio* para a realização das atividades-fins do Estado, o processo não pode ser transformado num fim em si mesmo, mas como o *lócus* das insatisfações ou pretensões das partes em litígio.[8] Daí ter Carnelutti definido o processo civil como a manifestação da incivilidade do *cives,* que, por não deterem civilidade, necessitam da intervenção pacificadora do magistrado.[9]

Considerada essa premissa é importante o registro de que no cível e também no crime, o processo, além de atuar como meio para o alcance de um fim, também atua como escudo de proteção do demandado contra toda a sorte de abusos imputáveis àquele ou ao próprio Estado-jurisdição.

Essa importantíssima função de proteção do processo encontra supedâneo na própria função de proteção dos Códigos, tal qual foi destacada no fim do século 19 pelo genial jurista Franz Von Liszt, em discurso mundialmente conhecido como Programa de Marburgo,[10] ao dizer qualificar o Código Penal como Carta Magna do Criminoso, lição que só seria bem apreendida e compreendida muito tempo depois. Não disse diferentemente James Goldschmidt, em livro escrito anos depois, criticando duramente a concepção de Bulow: "La solución corriente es que el proceso penal representa una construcción técnica artificial, destinada a proteger a los indivíduos contra um abuso del poder estatal".[11]

Hoje, felizmente, aceita-se (embora com ocasionais resistências) que o Estado, no exercício do seu poder-dever de punir, defende ao mesmo tempo a sociedade

---

[7] BÜLOW, Oskar Von. *La Teoria de las Excepciones Procesales y los Presupuestos Procesales.* Tradução de Miguel Angtel Rosas Lichtschein. Buenos Aires: Ejea, 1964, p. 2.

[8] Com essa afirmação não estamos considerando, como devemos também considerar, que o processo pode instrumentalizar pretensão sem que, no pólo passivo, tenha que existir necessariamente um "réu" ou "demandado". Sendo atividade pública marcadamente finalística, o processo pode instrumentalizar pedido à jurisdição de mera declaração de existência ou inexistência de relação jurídica (ações declaratórias, por exemplo, nas quais a relação jurídico-processual instaura-se, desenvolve-se e finaliza-se entre o autor e o juiz).

[9] CARNELUTTI, Francisco. *Como se Faz um Processo.* Belo Horizonte: Líder, 2001, p. 14.

[10] LISZT, Franz Von. *La Idea de Fin en el Derecho Penal.* México: Edeval, Universidade Autônoma do México, 1994.

[11] GOLDSCHMIDT, James. *Princípios Generales del Proceso Penal.* Buenos Aires: Ediciones Jurídicas Europa-America, p. 6.

contra o criminoso e a este último contra toda sorte de abusos, partam donde partirem, do Estado, de suas agências, de seus agentes ou dos particulares.

Sobre o tema, são precisas as palavras de Aury Lopes Jr.: "É fundamental compreender que a instrumentalidade do processo não significa que ele seja um instrumento a serviço de uma única finalidade, qual seja, a satisfação de uma pretensão (acusatória). Ao lado dela, está a função constitucional do processo, como *instrumento a serviço da realização do projeto democrático,* como muito bem adverte Geraldo Prado. Nesse viés insere-se a finalidade constitucional-garantidora da máxima eficácia dos direitos e garantias fundamentais, em especial da liberdade individual".[12]

Portanto, é a partir da espécie de modelo de processo adotado que se identifica o modelo e a vocação política do Estado respectivo.

Assim, numa concepção autoritária, explica-nos Antonio Scarance Fernandes, o processo penal é dominado pelo interesse do Estado, "que não concede ao interesse das pessoas qualquer consideração autônoma e, ligado a uma liberdade inteiramente discricionária do julgador" ... como único vetor relevante, nos moldes do processo inquisitivo em que o acusado é alguém "afeito ao processo mas que nele não participa ativamente".[13]

Ao contrário, numa concepção liberal de Estado, o indivíduo, conforme a lição do mestre paulista, figura no centro das considerações, dotado de direitos, sendo o processo o lugar onde há a "oposição" aos interesses do "Estado que quer punir os crimes e o indivíduo que quer afastar de si quaisquer medidas privativas ou restritivas de sua liberdade".[14]

Considerados os princípios norteadores do Estado Democrático de Direito, dentre eles, o da dignidade da pessoa humana, a função de garantia do processo justifica-se por si mesmo. O acusado é sujeito de direitos e não objeto da ação do Estado – como era a regra no direito medieval, de modo que, nesse cenário, o esforço pela preservação do processo penal de garantias insere-se como um dever de todos.

É um dever do advogado, por óbvio.

A figura do advogado encarregado de ajudar a acusação, nos moldes do direito penal praticado nos Tribunais da Inquisição, deve ser lembrada como triste experiência do passado. O advogado (*ad-vocato)* é a voz *no Tribunal* de quem não tem voz. Viola os deveres da sua profissão o advogado que transige com os direitos do defendido.

É do Ministério Público, por óbvio.

Nos exatos termos do artigo 127 da CF, dentre as atribuições do Ministério Público está a de defender os *direitos sociais e os individuais indisponíveis.*

O Ministério Público *defende sempre.*

Os Promotores de Justiça (e os Procuradores da República) há séculos deixaram de ser os Procuradores do Rei e não mais podem comportar-se como tais.

---

[12] LOPES JR., Aury. *Direito Processual e sua Conformidade Constitucional*, vol. I. Rio de Janeiro: Lumem Juris, 2007, p. 26.

[13] FERNANDES, Antonio Scarance. *Processo Penal Constitucional*. 23ª ed. São Paulo: Revista dos Tribunais, 2000, p. 14.

[14] Idem, ibidem.

Pertencem a uma Instituição do Estado, mas a serviço da sociedade. Não estão a serviço do Estado, dos seus Poderes ou das suas agências. Tampouco estão a serviço daqueles que controlam o poder de estado, pois é do seu dever responsabilizá-los pelos excessos ou desvios. Os agentes do MP estão subordinados apenas à sua consciência e às leis. Por isso o Ministério Público, na Lei Maior –, assim como a advocacia – é uma Instituição essencial à administração da Justiça.

É contrária à função ministerial de defender a sociedade contra o crime e o criminoso contra os abusos que possam ser cometidos por ela ou pelo próprio Estado essa função a opção pela acusação sistemática, porque o ato de levar às barras do Tribunal um inocente ou de pleitear e obter a sua prisão para atender pressões sociais, é a negação da razão de ser da notável Instituição do Ministério Público e a máxima violação do seu dever constitucional de defesa dos interesses sociais e, também, dos interesses individuais indisponíveis.

Com asseverou Roxin, a Instituição do Ministério Público deve ser ativa em relação ao acusado *tanto na proteção como na acusação!*[15]

É do juiz, por óbvio.

O juiz é o garante dos direitos e das liberdades fundamentais. O juiz não é parceiro dos outros poderes, da Polícia ou do órgão do Ministério Público, como as vezes se ouve.

Um juiz parceiro do Executivo, do Legislativo, do Ministério Público, da Polícia ou de qualquer outra agência do Estado – independentemente da justificativa que queira dar – não tem a noção da enorme dimensão do seu papel na sociedade e despreza a relevância da função do Poder Judiciário na República, que é a de *neutralizar* os excessos e coibir os abusos, partam donde partirem.

Não é do juiz criminal a responsabilidade pelo combate ao crime e à violência e sim dos outros Poderes da República e da própria sociedade organizada. Embora compreensível a preocupação de todos – inclusive do Juiz-cidadão – com a insegurança das pessoas, a violência e os altos índices de criminalidade, essa preocupação jamais pode servir de estímulo para condenações em massa ou a para a imposição de penas desproporcionais, em absoluto desprezo aos princípios constitucionais inerentes ao dever de respeito à dignidade da pessoa humana.

Esses alertas são plenamente justificáveis, considerando-se que a instauração do processo é fonte dos maiores tormentos para os acusados e para os seus familiares, embora devêssemos interpretá-la como a mera concretização de deveres do Estado de apurar os fatos e de promover a Justiça. Não é por nada que a Constituição prevê que enquanto não passar em julgado uma sentença condenatória, todo cidadão há de ser considerado presumivelmente inocente.

A garantia em questão – malgrado sua extraordinária importância – é muito frequentemente desconsiderada. Não são raros os casos em que os julgamentos são deslocados do ambiente seguro e sereno do Poder Judiciário para o ambiente emotivo das ruas, com ampla e estimuladora cobertura da mídia.

Nesse ambiente passional determinado pelas circunstâncias em que o fato foi cometido, pela condição das vítimas ou ainda dos próprios acusados, especialmente daqueles investidos de *status* social, econômico ou político diferenciado, o processo

---

[15] ROXIN, Claus. La Posición Jurídica de La Fiscalía Ayer y Hoy. In *Pasado, Presente y Futuro Del Derecho Procesal Penal*. Buenos Aires: Rubinzal-Culzoni, 2004, p. 24.

pode acabar sendo apenas um ritual, um instrumento de passagem, numa inadmissível inversão da lógica que deve presidir a atuação do Estado Democrático de Direito e de todos os princípios e garantias inerentes ao devido processo legal.

Discorrendo sobre esse ambiente perverso, do qual o juiz não consegue ficar imune, pois é integrante da sociedade e do seu tempo, o grande Carnelutti já dizia que essa *degeneração do processo penal é um dos sintomas mais graves da crise da civilização*". Como se estivesse escrevendo para os dias que correm, afirmavam que as garantias constitucionais, dentre elas a da presunção de inocência, "...só servem para atestar a boa-fé dos que a elaboraram ou a incrível capacidade de forjar ilusões, de que as revoluções são dotadas. Infelizmente, a justiça humana é feita de tal maneira que não apenas se faz sofrer as pessoas porque são culpadas, mas também para saber se são culpadas ou inocentes".[16]

2. Processo e procedimento

Anote-se que, sob o ponto de vista ontológico, o processo é *uno*, de modo que, só por razões didáticas, é válido falarmos em processo civil, penal, trabalhista, eleitoral, militar, etc., variando, apenas, o conteúdo das pretensões deduzidas e resistidas ao longo das etapas dos respectivos procedimentos.

Sendo o processo uno, *múltiplos* são, outrossim, os procedimentos, ou seja, os conjuntos dos atos da atribuição dos sujeitos que nele intervém e que fornecem, pela grande variedade, a fisionomia de cada "espécie" de processo, tema que será melhor desenvolvido no último capítulo deste trabalho.

Assim, a distinção entre o processo comum ordinário e o processo especial do júri dá-se pela especificidade dos atos que compõem o conjunto de atos dos respectivos procedimentos e não porque o processo comum ordinário seja essencial ou ontologicamente distinto do processo especial do júri.

Evitando as repetições, remetemos o leitor ao capítulo XIII deste livro, no qual desenvolvemos análise comparativa entre processo e procedimento e também analisamos, sob a perspectiva estrutural, os múltiplos procedimentos contemplados pelo sistema processual.

3. Pressupostos processuais

Linhas acima, explicamos que o processo, sob o aspecto externo, é atividade estatal que se desdobra no tempo com vistas ao pronunciamento sobre a pretensão deduzida pelo autor.

Percebendo que o processo não se confunde com a relação de direito material e que nele intervém sujeitos com direitos e deveres predeterminados, Bulow demonstrou a necessidade de indagar-se "entre qué personas puede tener lugar, a qué objeto se refiere, qué hecho o acto es necesario para su surgimiento, quién es capaz o está facultado para realizar tal acto", porque, no seu dizer, um defeito em "cualquiera de

---

[16] CARNELUTTI, Francesco. *As Misérias do processo Penal*. Campinas: Edicamp, 2001, p. 48-49.

las relaciones" atinentes à competência, capacidade e insuspeitabilidade do tribunal, à capacidade as partes e a legitimidade de seus representante, às qualidades próprias e imprescindíveis da matéria litigiosa, à notificação da demanda e à ordem entre os vários atos do processo, impedirá o nascimento, ou, nas suas palavras, "... el surgir del processo".[17]

Adiantando sua posição na discussão centrada sobre os "... requisitos a que se sujeita o nascimento da relação jurídica",[18] Bülow apontou como relevantes as indagações sobre a competência, a capacidade e insuspeitabilidade do tribunal, a qualidade própria da matéria litigiosa, as cauções, a notificações sobre a demanda e a ordem entre os processos.

Em suma e consoante Bülow, o juiz, antes de decidir sobre a pretensão jurídica litigiosa, precisará certificar-se "(...) de que se apresentam os requisitos de existência do processo", preocupação que, segundo o ilustrado autor, já a tinham os romanos, a ela se referindo os espanhóis como o *"processo sobre o processo"*.[19]

A partir dessas ideias iniciais, a teoria geral do processo aprofundou os estudos sobre o que hoje os doutrinadores denominam de *pressupostos processuais*.

Bem especificando o esforço que o juiz precisará desenvolver para separar o estudo dos aspectos inerentes à relação de direito material daqueles aspectos inerentes à relação de direito *processual,* Jorge Luís Dall'Agnol, em texto que se tornou clássico, disse que o juiz há, portanto, de "resolver não apenas a relação jurídica controvertida relação jurídica de direito material) como, ainda, e inclusive para decidir sobre essa, averiguar se estão presentes os requisitos do próprio processo (relação jurídica processual – de natureza pública, existente entre o Estado e as partes)".[20]

Anos após, Enrico Tulio Liebman, vivendo e lecionando em São Paulo, seguiria raciocínio em semelhante em estudo sobre a *ação,* ao sustentar que o juiz, em joeiramento prévio, desprovido de conteúdo jurisdicional, precisaria se pronunciar sobre a possibilidade jurídica do pedido, o interesse agir e a legitimidade de partes, para poder abrir a fase jurisdicional do processo e daí adentrar no exame do mérito do pedido. Acaso ausentes as condições da ação, o processo deveria ser extinto e o autor ser declarado *carecedor do direito de ação.*

As teorias de Bülow e de Liebman – embora questionadas pela doutrina – foram positivadas no direito processual civil brasileiro. Fazendo referência expressa às condições da ação e não mencionando a clássica expressão *pressupostos processuais,* que sequer aparece nos índices alfabético-remissivo e sistemático do CPC,[21] o legislador processual civil brasileiro, a despeito disso, optou claramente por essas duas construções teóricas, como bem o demonstram os processualistas,[22] haja vista

---

[17] BÜLOW, Oskar Von. *La Teoria de Las Excepciones Procesales y los Presupuestos Procesales.* Buenos Aires: Ediciones Jurídicas Europa America, 1964, p. 4 e 5.

[18] Idem, p. 4.

[19] TORNAGHI, Hélio. *A Relação Processual Penal.* 2ª ed. São Paulo: Saraiva, 1987, p. 66 e ss.

[20] Dall'Agnol, Jorge Luis. *Pressupostos Processuais.* Porto Alegre: LEJUR, 1988, p. 12.

[21] MORAES, Voltaire de Lima. *Das Preliminares no Processo Civil.* São Paulo: Forense, 2000.

[22] Nesse sentido: MARQUES, Frederico. *Instituições de Direito Processual Civil.* 3ª ed. vol. II. Rio de Janeiro: Forense, p. 38; DALL'AGNOL, Jorge Luiz, ob. cit., p. 15; THEODORO Jr., Humberto. Pressupostos Processuais, Condições da Ação e Mérito da Causa. *Revista de Processo,* ano V, 1980, nº 17, p. 43; FABRÍCIO, Adroaldo Furtado, conf. cit., p. 5.

o texto do artigo 267, incisos IV e VI, declarando que a ausência dos "pressupostos de constituição e de desenvolvimento válido e regular do processo", bem como das "condições da ação", conduz à extinção do processo sem julgamento de mérito.[23]

Cada vez mais influenciado pela teoria geral do processo civil, o legislador processual editou a Lei 11.719/08 e dispôs no inciso II do art. 395, para além do paradigmático artigo 267 do CPC, *que a falta dos pressupostos processuais é causa para a rejeição da denúncia ou queixa,* deixando de fornecer, contudo, indícios capazes de ensejar o conhecimento da classificação adotada.

Entende-se a omissão.

É que existem tantas classificações doutrinárias que seria precipitada qualquer atitude do legislador em positivar uma delas, enclausurando o sistema e submetendo-se à crítica ferrenha da doutrina e dos próprios Tribunais, não obstante a dificuldade que gerou para o intérprete ou aplicador da lei quanto à extensão e profundidade da norma do artigo 395 do CPP.

4. Classificação dos pressupostos processuais

Diferentemente da posição adotada quanto às condições da ação – referidas expressamente no inciso VI, o legislador brasileiro não enumerou no inciso IV do artigo 267 do CPC os pressupostos "de constituição" e de "desenvolvimento válido e regular" do processo, havendo, por isso mesmo, na doutrina, muitas classificações,[24] por falta de unanimidade, sendo todas elas interessantes porque, afinal, "facilitam a visualização das diversas figuras encartáveis sob esta rubrica".[25]

Por isso, liberados do dever de comparar, para conferirmos qualidades supostamente "superiores" a uma em detrimento das outras, preferimos seguir – embora não privados do direito de criticar – a classificação que divide os pressupostos processuais em dois grupos: a) *os de "existência" (objetivos e subjetivos)* e b) *os de "validade",* consoante se lê em Jorge Luiz Dall'Agnol,[26] Fredie Didier Jr.,[27] este baseado em estudos feitos por José Orlando Rocha de Carvalho,[28] em Humberto Theodoro Jr.[29] e em Adroaldo Furtado Fabrício, dentre outros processualistas.

---

[23] MORAES, Voltaire de Lima. *Das Preliminares no Processo Civil.* Rio de Janeiro: Forense, 2000, p. 43.

[24] Sobre as várias concepções acerca dos pressupostos processuais, recomendamos a leitura do artigo de Antonio Celso P. Albuquerque, publicado na Revista Justitia, vol. 112, p. 18, por meio do qual o autor sintetiza o pensamento de Büllow, Goldschmidt, Friedrich Lent, Chiovenda, Calamandrei, Ugo Rocco, Echandia e dos principais doutrinadores pátrios, dentre eles Frederico Marques, Tornaghi, Moacyr Amaral dos Santos e Alfredo Buzaid.

[25] DIDIER JR., Fredie. *Curso de Direito Processual Civil:* Teoria Geral do Processo e Processo de Conhecimento. 9ª ed. Salvador: Podium, 2009, p. 210.

[26] DALL'AGNOL, Jorge Luis. *Pressupostos processuais.* Porto Alegre: LEJUR, 1988, p. 25 e ss.

[27] DIDIER JR., Fredie. *Pressupostos Processuais e Condições da Ação.* São Paulo: Saraiva, 2005, p. 110.

[28] CARVALHO, José Orlando rocha de. *Teoria dos Pressupostos e dos Requisitos Processuai*s. Rio de Janeiro: Lumem Juris, 2005.

[29] THEODORO JR., Humberto. *Curso de Direito Processual Civil.* vol. 1. Rio de Janeiro: Forense, 2001, p. 53.

Para Didier Jr., essa classificação é a "mais coerente" e a que melhor identifica as "diversas nuanças da questão", embora reconheça não existirem inconvenientes em adotar-se "esta ou daquela classificação", vez que o operador deve atentar, isto sim, é para as "consequências advindas do desrespeito a este ou aquele 'pressuposto': se invalidade ou inexistência; se contamina todo o procedimento ou apenas um(uns) ato(s) isolado(s)".[30]

Os pressupostos de existência seriam o órgão jurisdicional, o autor e a demanda. Sem eles o processo, como relação jurídica, não *nasce* validamente. Os pressupostos subjetivos relativos ao juiz são a competência, o desimpedimento e a não suspeição. Os relativos às partes são a capacidade para ser parte e a capacidade postulatória.

Disse Adroaldo Fabrício sobre o tema, reportando-se à área de sua especialidade – o processo civil: "Dentro de uma orientação restritiva, que parece predominar na doutrina nacional de hoje, são pressupostos processuais, no mínimo: (a) a existência de um pedido: (b) a capacidade de quem o formula e (c) a legitimidade do juízo ao qual se dirige o pedido".[31]

Considerando essa classificação muito fechada, Fabrício, perfilhando os passos de Dall'Agnol, também agregou aos pressupostos processuais os requisitos (1) objetivos (1.1.) intrínsecos (regularidade procedimental, existência de citação) ou (1.2.) e extrínsecos (ausência de impedimentos como coisa julgada, litispendência, compromisso e (2) subjetivos (2.1.) referente ao juiz (investidura regular, competência, insuspeição) ou (2.2.) referentes às partes (capacidade processual em seus três diferentes níveis).[32]

Numa síntese e tendo por referência a doutrina processual civil, os pressupostos *existência* recebem essa denominação porque condicionam o *aparecimento válido* da relação processual no mundo jurídico.

Já os pressupostos de *validade* recebem essa denominação porque condicionam a validade do *andamento* da relação jurídico-processual regularmente *nascida,* sendo aferíveis portanto no *interior* dela e sob a perspectiva da tipicidade dos atos processuais que conferem unidade e racionalidade ao processo e seu procedimento.

O desrespeito às exigências formais intrínsecas dos atos do processo pode conduzir à declaração de *inexistência jurídica* do ato processual, de *irregularidades,* de *nulidades* ou de *anulabilidades,* isto é, a diferentes vícios geradores de diferentes consequências jurídicas *no âmbito do processo em andamento.*

A lição é aplicável, inteiramente, ao crime: "Como todo ato jurídico, o procedimento também tem os seus requisitos de validade: a forma do ato deve ser respeitada, bem com os sujeitos (juiz e partes) hão de ser capazes. O desatendimento dos requisitos de validade de um ato jurídico processual isolado não inviabiliza, a princípio, todo o procedimento; pode dar azo apenas à decretação de nulidade do ato jurídico processual defeituoso. Na verdade, quando se diz "processo inválido", está-se diante de uma consequência (invalidade) que decorre de um defeito no fato jurídi-

---

[30] DIDIER JR., Fredie. *Pressupostos Processuais e Condições da Ação.* São Paulo: Saraiva, 2005, p. 110

[31] FABRÍCIO Adroaldo Furtado. *Ensaios de Direito Processual Penal.* Rio de Janeiro: Forense, 2003, p. 374-375.

[32] Idem, ibidem.

co que deu causa à relação processual (demanda inicial) ou de um fato superveniente que diga respeito aos elementos daquele originário e que impeça o prosseguimento do processo para a solução do objetivo litigioso".[33]

5. Críticas à classificação dos pressupostos processuais

Como vimos antes, a doutrina prevalente considera que os pressupostos processuais são classificáveis em dois grupos, os de existência e os de validade.

Ora, quanto ao primeiro grupo, não há a menor dúvida de que, para *nascer um processo é indispensável a presença de um autor*, uma vez que a jurisdição é passiva. O juiz não pode agir de ofício, de modo que, não havendo provocação, o Estado-Juiz permanecerá inerte.

A regra é geral, tanto no processo civil[34] quanto no processo penal, aliás, este regido pelo sistema acusatório, que reserva as iniciativas às partes e deixa o juiz mais na condição passiva, de expectador.

Imagine-se uma *árvore* peticionando ao juiz para obter a proteção frente aos madeireiros e aos frigoríficos ... É claro que o processo não nascerá, nesse exemplo, porque o vegetal não detém legitimidade para estar e atuar como autor em qualquer processo. Ou então um macaco ingressando com uma queixa crime por injúria contra o expectador do zoológico sob o argumento de que a palavra macaco, por ele empregada, é de conteúdo pejorativo e ofendo-lhe a honra subjetiva ...

Em suma, para poder se por em movimento, a jurisdição, por isso, dependerá sempre do inicial impulso do autor com capacidade para ser autor e interesse em obter a tutela, amparada no direito constitucional de acesso à jurisdição, do qual a ação e o processo são desdobramentos naturais.[35]

O processo também não poderá nascer validamente *sem um pedido*.

A jurisdição é convocada para se pronunciar sobre um pedido concreto e não para deliberar em tese. O pedido (pretensão) denota a relação de utilidade entre o que alegou o autor e aquilo que o Estado-Juiz pode assegurar por meio da sentença.

Autor e pedido, por isso, são pressupostos processuais indissociáveis.

---

[33] DIDIER JR., Fredie. *Pressupostos Processuais e Condições da Ação*. São Paulo: Saraiva, 2005, p. 106.

[34] No cível, podem ser autores as pessoas físicas, jurídicas, o nascituro, o condômino, a sociedade de fato, a sociedade irregular, a massa falida, a herança, as comunidades tribais, o Ministério Público, etc. A capacidade para praticar atos jurídicos processuais válidos para estar em juízo – como autor ou réu – pressupõe maioridade, sendo o menor representado pelo pai, mãe, tutor, curador; a massa falida é representada pelo síndico.

Em direito processual penal, diferentemente, autor é sempre o Estado, por ser o titular exclusivo do *jus puniendi*, cujo exercício é transferido ao órgão do MP e ao ofendido, excepcionalmente, que poderá, quando houver inércia do acusador oficial, propor queixa e iniciar a denominada ação penal subsidiária (art. 5º. inc. XXIX da CF e art. 29 do CPP).

[35] Já a presença do *réu* não é imprescindível ao nascimento do processo como relação jurídica, haja vista a previsão em lei de ações declaratórias e revisionais e, em direito processual penal, as ações de habeas corpus e de revisão criminal. O artigo 363 do CPP, aliás, não enseja outra conclusão.

Também é impossível que o processo surja juridicamente a não ser quanto o pedido for encaminhado pelo autor à deliberação de algum órgão investido de *jurisdição.*

Nas palavras de José Maria Tescheiner, citando o mesmo Jorge Dall'agnol, referindo-se ao cível, se alguém pedir algo "a um bispo, que não é órgão do Estado, pois uma demanda proposta perante quem não tem investidura jurisdicional", e. g., um juiz concursado ou ainda não nomeado, em férias, disponibilidade ou aposentado, não tem idoneidade para ensejar processo (jurisdicional), porque não investido ou afastado da jurisdição,[36] isto é, do poder de dizer o direito.

Daí a advertência que fazem Fredie Didier Júnior[37] (pertinente ao cível) e Afrânio Jardim[38] (pertinente ao crime) de que um processo, nas hipóteses acima ventiladas, não passará de um *simulacro* de processo, ou, como disse Hélio Tornaghi, um "... processo em sentido puramente físico, atividade encadeada e progressiva, relação de fato entre sujeitos", mas não um processo no sentido jurídico, isto é, como relação jurídica de direito público, como a que estamos examinando.[39]

No que tange, outrossim, ao segundo grupo de pressupostos processuais - no qual se incluem os subjetivos de existência e os de validade da relação jurídica *nascida* – parece-nos, salvo melhor juízo, que de pressupostos processuais não se tratam, mas, isto sim, de requisitos para que os atos processuais possam ser reconhecidos como hígidos e válidos, cujo objeto, portanto, compõe o objeto das nulidades.

Em suma: perdendo os requisitos de validade dos atos do processo o *status* de pressupostos processuais a própria classificação, salvo melhor juízo, perde em cientificidade e utilidade didática.

6. O processo e o devido processo legal

O processo não está a serviço só da punição, pois o sistema legal que o disciplina atua também como *regulador* de todas as atividades que o Estado e as partes desenvolvem, visando a conter excessos ou abusos.

Sob esse enfoque e na lição de Winfried Hassemer, tem sentido caracterizar o processo penal não só como instrumento para a realização do direito penal material, ".. sino también como derecho constitucional aplicado o como indicador de la respectiva cultura jurídica o política", sendo possível dizer que "en el derecho procesal penal y su realización práctica se encuentran los signos que califican la calidad de la relación de un Estado con su ciudadanos con particular precisión y colorido".[40]

---

[36] TESHEINER, José Maria. *Pressupostos Processuais e Nulidades no Processo Civil.* São Paulo: Saraiva, 2000, p. 47.

[37] DIDIER JR., Fredie. *Curso de Direito Processual Civil*: Teoria Geral do Processo e Processo de Conhecimento. 9ª ed. Salvador: Podium, 2009, p. 212.

[38] JARDIM, Afrânio. Estudos sobre os Pressupostos Processuais. In: *Direito Processual Penal. Estudos e Pareceres.* 2. ed. Rio de Janeiro: Forense, 1987, p. 71.

[39] TORNAGHI, Hélio. *A Relação Processual Penal.* 2ª ed. São Paulo: Saraiva, 1987, p. 75.

[40] HASSEMER, Winfried. *Crítica al Derecho Penal de Hoy.* Trad. de Patrícia S. Ziffer. Universidad Externado de Colômbia. 1997, p. 67.

Assim como a ação, o processo e o procedimento como sua manifestação empírica estão dominados por uma gama de princípios que possibilitam equilibrar os interesses da sociedade com a punição e os do acusado com um julgamento justo (*fair trail*) e que derivam do princípio-reitor do devido processo legal.

Escrevendo por todos, Claus Roxin afirma que o direito processual alemão está dominado por diversos princípios relativos à *iniciação do procedimento,* à *realização do procedimento,* à *prova* e à *forma.*

No primeiro grupo, aponta os princípios da oficialidade e da obrigatoriedade da ação penal, do juiz natural e do modelo acusatório; no segundo grupo, figuram os princípios da verdade material, de interrogatório nos termos da lei, da concentração dos atos e da celeridade do processo. No terceiro grupo, comandam os princípios da imediação na produção da prova, da sua livre valoração e do *in dubio pro reo* e, no quarto grupo, relativo à forma, à oralidade e à publicidade do processo.[41]

Embora pertinentes ao direito processual penal alemão, os princípios acima citados não são estranhos ao sistema processual penal brasileiro porque todos eles se relacionam ao princípio-reitor do Estado Democrático de Direito: o julgamento justo (*fair trail*) só possível mediante a estrita observância do comando normativo do devido processo legal (inciso LV do artigo 5º da CF).

Para Roxin, a máxima do processo justo é uma "consecuencia de las decisiones valorativas fundamentales del Estado de Derecho y Del Estado Social..., segundo la opinón dominante, há sido positivada por el art. 6, I, 1, MRK", cujo texto assinala que "toda persona tiene unicamente el derecho a que su causa sea oída en forma justa".[42]

Não há, pois, processo justo fora do devido processo legal, cuja densidade assume tamanha magnitude que, verdadeiramente, todos os demais princípios do processo (impulso oficial, juízo natural, forma escrita, legitimidade e licitude da prova, publicidade dos atos, fundamentação das decisões, ampla defesa, contraditório, recurso, etc.) são meras decorrências ou derivações.

Impõem-se algumas linhas sobre o devido processo legal, como estímulo aos que estão se iniciando no estudo do direito para o maior aprofundamento teórico, indispensável à bagagem cultural dos operadores do direito.

Esse princípio apareceu, sob a expressão *Law of land,*[43] pela primeira vez na Carta Magna de 1215, mundialmente identificada como um monumento em favor dos direitos e das liberdades fundamentais e contra os abusos cometidos pelo Rei João Sem Terra.

Esse monarca era o quarto filho do Rei Henrique e concordou em editar a Carta Magna para neutralizar as pressões dos grandes latifundiários, inconformados com os altos impostos, os confiscos, enfim, com os abusos do Estado absolutista. Eles entraram marchando em Londres, em 1215, dizendo-se soldados de um exército de

---

[41] Roxin, Claus. *Derecho Procesal Penal*. Buenos Aires: Editores Del Puerto, 2000, p. 77.

[42] Idem, p. 79.

[43] "No free man shall be seized or imprisoned, or stripped of his rights or possessions, or outlawed or exiled, or deprived of his standing in any other way, nor will we proceed with force against him, or send others to do so, except by the lawful judgement of his equals or by the law of the land" (Magna Carta, The British Library, 1994, p. 28).

Deus e obrigaram o soberano inglês a limitar os próprios poderes, como condição para que permanecesse no trono.

Então, se os direitos fundamentais previstos no artigo 38 Carta Magna, dentre eles o de que ninguém perderia os bens nem a liberdade a não ser na forma indicada pela lei da terra *(Law of land)* tinham sido reconhecidos dessa forma contratual às pessoas que integravam a nobreza, foi a evolução posterior, como ensina Pérez Luño, citado por Arturo Hoyos, que propiciou *"un tránsito progresivo de estos documentos del âmbito privatístico al del derecho publico", de modo que* foi com o constitucionalismo que a garantia do devido processo legal prevista na Carta Magna de João Sem Terra pode ser "... reconocida como un derecho fundamental, consagrado en un instrumento de derecho público, y cuya titularidade no se limita ya a los miembros de un estamento feudal, sino que se presenta como un derecho de todos los ciudadanos de un Estado o de todos los hombres por el hecho de serlo".[44]

Nascido nesse contexto e para propiciar a convivência pacífica entre o soberano e seus súditos espoliados, o devido processo legal, haja vista sua densidade e dimensão axiológica, foi incorporado como princípio reitor pela 5ª Emenda à Constituição dos Estados Unidos da América do Norte.[45]

Fruto esplêndido de muitas lutas, o devido processo não pode ser encarado, portanto, como sendo uma pauta meramente programática, mas deve sê-lo, isto sim, como um "... inesgotável veio de inspiração para a criatividade hermenêutica, acrescentando que, sob o influxo da interpretação construtiva *(constructive interpretation)* do substantivo *due processo of law,* ... acabou por transformar-se num amálgama entre o princípio da 'legalidade' *(rule of law)* e o da 'razoabilidade' *(rule of reasonableness)* para ao controle da validade dos atos normativos e da generalidade das decisões estatais...".[46]

Em sua função limitadora no processo de elaboração legislativa *(perspectiva material)*, o devido processo legal proíbe ao legislador de editar *leis desarrazoadas* (como seria, por exemplo, a que descriminalizasse o estupro ou que cominasse para um furto simples uma pena de 10 anos de reclusão).

Em consequência, ensina Celso Luiz Limongi, no momento em que o Judiciário for convocado a aplicar a lei penal, tem o dever de "(...) examinar sua razoabilidade, podendo inspirar-se nos princípios da humanidade, da lesividade, etc., como poderá inspirar-se em qualquer outra razão eventualmente presente ao caso concreto. Os fatos se apresentam multifacetários. O legislador não pode prevê-los todos. E não havendo como aplicar os princípios da lesividade, da humanidade, da culpabilidade,

---

[44] HOYOS, Arturo. *El Debido Proceso*, Bogotá: Temis, 1998.

[45] "Ninguém será detido para responder por crime capital, ou outro infamante, salvo por denúncia ou acusação perante um Grande Júri, exceto em se tratando de casos que, em tempo de guerra ou de perigo público, ocorram nas forças de terra ou mar, ou na milícia, durante serviço ativo; ninguém poderá pelo mesmo crime ser duas vezes ameaçado em sua vida ou saúde; nem ser obrigado em qualquer processo criminal a servir de testemunha contra si mesmo; nem ser privado da vida, liberdade, ou bens, sem processo legal; nem a propriedade privada poderá ser expropriada para uso público, sem justa indenização".

[46] LIMONGI, Celso Luiz. O Devido processo Legal Substantivo e o Direito penal. v. 2, n. 1, São Paulo: *Revista da Escola Paulista da Magistratura*, jan/julho 2001, p. 162.

aplica-se o princípio de maior amplitude e abrangência, que é o do devido processo legal substancial".[47]

O princípio tem recebido aplicação prática também sob a perspectiva *processual* para proibir ao juiz de proferir sentenças *desproporcionais,* isto é, desafinadas do sentimentos de equidade e de Justiça e sem o prévio respeito das garantias constitucionais.

Sob esse ponto de vista formal, o devido processo condiciona a legitimidade do exercício do *jus puniendi* a todas as fórmulas procedimentais, garantindo-se às partes, ainda, "oportunidades amplas de alegar e de provar".[48]

Na lição de Enrique Bacigalupo, "Em general es posible afirmar que el principio fundamental y estructural del proceso con todas las garantias – para emplear las palabras del art. 24.2. de La CE – en la jurisprudencial del TEDH es de la *igualdade de armas,* según el cual tanto la acusación como la defensa y el acusado deben contar con igualdad de posibilidades, de tal manera que el acusado no sea perjudicado en relación a la acusación, sobre todo en lo concerniente a la citación de testigos o peritos, al ofrecimiento de prueba y al interrogatório de los testigos de cargo o de descargo".[49]

Nesse sentido, a expressão "devido processo legal" (equivalente à expressão inglesa *due process of law,* que em nossa língua deverá ser traduzida por "adequado processo jurídico"), é indicativa da garantia de que todas as formalidades inerentes ao processo devam ser observadas, em que a autoridade competente ouvirá o réu e lhe permitirá a ampla defesa, incluindo-se o contraditório, a produção de provas e o recurso.

Em conclusão e considerada a dúplice perspectiva que possibilita simultânea e harmônica aplicação prática dos comandos normativos do devido processo legal material e processual, o princípio em questão funciona como um freio ao processo de produção e de aplicação das leis em favor da supremacia dos fins de razoabilidade e de proporcionalidade[50] e contra a arbitrariedade dos Poderes Públicos.[51]

Procurando dar aplicação prática ao princípio do devido processo legal sob a perspectiva processual, pensamos possível enunciar as seguintes garantias (incisos LIII, LIV, LV, LVI, LVII do artigo 5º e inciso IV do art. 93 da CF):

a) necessidade de que a acusação seja por fato explícito, certo e determinado;

b) proibição de acusação perante juízo de exceção, compreendido no conceito não só aquele (juízo ou tribunal) criado para processar ou julgar depois do cometi-

---

[47] LIMONGI, Celso Luiz. O Devido processo Legal Substantivo e o Direito penal. v. 2, n. 1, São Paulo: *Revista da Escola Paulista da Magistratura*, jan/julho 2001, p. 165.

[48] CARVALHO, Luiz Gustavo Grandinetti Castanho de. *O Processo Penal em Face da Constituição.* Rio de Janeiro: Forense, 1992, p. 42 e 43.

[49] BACIGALUPO, Enrique. *El Debido Proceso Penal.* Buenos Aires: Hammurabi, 2005, p. 31.

[50] BONAVIDES, Paulo. *Curso de Direito Constitucional.* São Paulo: Malheiros, 2000, p. 395.

[51] OSÓRIO, Fábio Medina. *Direito Administrativo Sancionado.* São Paulo: RT, 2000, p. 163. No mesmo sentido é a lição de Scarance Fernandes: "a doutrina vai além, deixando de circunscrever a garantia a âmbito estritamente processual, para dar-lhe uma feição substancial. Exige-se um 'processo legislativo de elaboração de lei previamente definido e regular', bem como razoabilidade e senso de justiça de seus dispositivos, necessariamente enquadrados nas preceituações constitucionais. Fala-se na 'face substancial do devido processo legal', que se mostra pela da aplicação, ao caso concreto, das normas preexistentes, que não sejam desarrazoadas, portanto intrinsecamente injustas" (*Processo Penal Constitucional.* 2ª ed. São Paulo: RT, 2000, p. 44-45).

mento do fato criminoso, como, também, aquele cuja investidura e exercício pelo titular pode ser contestada sob o ângulo da legislação pertinente;

c) respeito à ampla defesa, nela compreendidos o direito do acusado de audiência pessoal com o juiz (direito de audiência), o direito de acompanhar a prática dos atos do processo (direito de presença) e o direito de representação por advogado inscrito na Ordem dos Advogados do Brasil;

d) presunção de inocência;

e) liberdade para produção e valoração da prova;

f) proibição de provas ilícitas e ilegítimas;

g) contraditório;

h) publicidade dos atos do processo, salvo exceções constitucionalmente previstas;

i) restrição à liberdade antes da sentença condenatória passar em julgado salvo quando houver prova de motivos concretos indicando a necessidade da restrição.

j) fundamentação das decisões;

k) correlação entre acusação e sentença;

l) direito ao recurso, dentre outros e

m) separação das funções de acusar, julgar e defender e seu exercício por pessoas diferentes, como propõe o modelo acusatório de processo.

A densidade do princípio do devido processo legal é de tal magnitude que, rigorosamente, o legislador constituinte não precisaria ter feito a redundante menção às garantias acima referidas, porque todas são derivadas do princípio ora examinado.

A redundância não deve ser atribuída à falta de compreensão do legislador constituinte quanto ao que fazia. Bem ao contrário, foi intencional, para que ficasse bem expressa a posição da sociedade brasileira em favor do modelo constitucional gestado e contrária às práticas cometidas pelo regime anterior.

Segue-se, então, que todos os esforços precisam ser dirigidos para que o sistema infraconstitucional se ajuste ao paradigma constitucional e não o contrário – pois isso representaria uma abominável inversão de valores.

7. O modelo de processo. Princípios inquisitivo e acusatório

A história do direito penal confunde-se com a história da luta entre dois conhecidos sistemas do processo:[52] o inquisitivo e o acusatório. O estudo do processo e dos pressupostos processuais não está descolado, por conseguinte, do estudo, mesmo breve, desses dois sistemas.

Nas palavras de Goldschmidt, "... o fim do procedimento penal é a averiguação da verdade e a verificação da justiça" e "dois caminhos distintos" podem ser percorridos "para se chegar a este fim. *Um deles*, é que o juízo criminal, ao considerar que haja indícios suficientes de um fato punível, proceda de ofício e recolha por si próprio o material, a fim de obter o conhecimento da existência do delito. ... *Outro* caminho para se chegar à verdade e à justiça é que o juiz encarregado da jurisdição

---

[52] A expressão "Sistema" é adotada por Geraldo Prado (*O Sistema Acusatório. A Conformidade Constitucional das Leis Processuais Penais*. Rio de Janeiro: Lumem Juris, 1999).

penal se limite à decisão quanto às solicitações interpostas do material produzido, deixando a interposição das solicitações e o recolhimento do material àqueles que, perseguindo interesses opostos, são representados como partes".[53]

Diametralmente opostos, os modelos ou princípios inquisitivo e acusatório de processo projetam o nascimento e a dinâmica do processo e dos atos procedimentais que lhe são inerentes, de modo que, no primeiro deles, o juiz concentra em suas mãos a iniciativa e o poder de dispor da prova, ao passo que, no segundo, essas tarefas são privativas das partes para que o juiz possa preservar a sua independência e isenção no processo.

O artigo 531 de nosso CPP consagrava o primeiro modelo, pois dispunha que a ação penal por fato contravencional seria iniciada por auto de prisão em flagrante ou mediante portaria assinada pelo juiz ou pela autoridade policial, denotando o paradoxo do juiz que acusa, produz prova e julga.

Expliquemos melhor as características dos dois modelos, sistemas ou princípios de processo.

O *inquisitivo*, do latim *inquirire,* inquirir, indagar, com visto acima, "... se caracteriza, em primeiro lugar, pelo fato de que o mesmo órgão que instrui e acusa também decide a causa (o inquisidor) e, em segundo lugar, porque o fim do processo se traduz na busca da verdade material (*veritas delicti)".[54]

Originário do direito romano, conforme registrou Claus Roxin, nesse sistema ou modelo de processo, "o juiz intervém por si mesmo: ele detém, interroga, investiga e condena. Não há acusador nem acusado, mas somente o juiz (o inquisidor) que investiga e julga – e o objeto de sua atividade (o inquirido)",[55] aspecto que bem evidencia o alto grau de comprometimento da isenção do julgador e do risco que corre o acusado.

Esse modelo ressurgiu nos séculos XII e XIII, depois de longa estagnação, por causa da crescente influência dos poderes dos Reis, conforme anotam Kai Ambos e Marcellus Polastri Lima.[56] Foi em torno do sistema inquisitivo que, segundo Michel Foucaldt, organizaram-se "todas as práticas judiciárias da Idade Média, da época clássica e até da época moderna".[57] Afinal, como anota Augusto Jobim do Amaral, no medievo, o Rei/procurador não poderia arriscar sua própria vida ou bens em todas as provas a que fosse chamado.[58]

O ponto culminante dessa ressureição do modelo inquisitivo coincidiu com as modificações introduzidas no direito canônico pelo Papa Inocêncio III (1161-1216).

Nesse direito, a queixa – até então desencadeada pelo particular, com todos os riscos frente ao querelado – foi substituída por um sistema de "delação (*denunciatio)*

---

[53] GOLDSCHMIDT, James. *Princípios Gerais do Processo Penal.* Belo Horizonte: Líder, 2002, p. 72-73.

[54] AMBOS, Kai; LIMA, Marcellus Polastri. *O Processo Acusatório e a Vedação Probatória perante as realidades Alemã e Brasileira.* Porto Alegre: Livraria do Advogado, 2009, p. 9.

[55] ROXIN, Claus. *Derecho Procesal Penal.* Buenos Aires: Editores Del Puerto, 2000, p. 86 (traduzimos do espanhol).

[56] AMBOS, Kai; LIMA, Marcellus Polastri. Op. cit., 2009, p. 14.

[57] FOUCALDT, Michel. *A Verdae e As Formas Jurídicas.* Rio de Janeiro: PUCRJ, 1999, p. 74.

[58] AMARAL, Augusto Jobim do. *Violência e Processo Penal, Crítica Transdisciplinar sobre a Limitação do Poder Punitivo.* Rio de Janeiro: Lumem Juris, 2008, p. 127.

ou um rumor publicamente divulgado de má fama – (...) – para que se produzisse uma atuação oficial persecutória: 'se abria, em consequência, a *inquisitio,* com o objetivo de averiguação da verdade material (*verias delicti*)',[59] mudanças que serviam à Igreja Católica, como fator de "maior controle disciplinar entre os clérigos infratores ou corruptos",[60] em razão do comércio de ritos sagrados pela Igreja, sacramentos, relíquias e cargos.

O instituto da delação (fonte de inspiração das *delações premiadas* do direito contemporâneo, objeto de nossa crítica em outro capítulo) expandiu-se a partir de 1232, quando o Imperador Frederico II, que lançou éditos de perseguição aos hereges, em todo o Império, como estratégia política, porque temia divisões internas entre os súditos. Desconfiado das ambições do Imperador, o Papa Gregório IX acabou reivindicando para a Igreja a tarefa, recrutando Inquisidores entre membros das ordens religiosas, notadamente entre os dominicanos, por sua rigorosa formação tomista e pelo desapego aos interesses terrenos, o que os tornava, presumivelmente, isentos.

Durante muitos séculos, o sistema inquisitivo ocultou a face escura do consórcio celebrado entre os estados absolutistas e a Igreja, estimulando delações (acusações anônimas),[61] em processos secretos, nos quais a confissão era a rainha das provas, mesmo quando fosse obtida mediante tortura[62] e, com a conivência do advogado de defesa, cuja missão, segundo se constava do Manual dos Inquisidores,[63] não era outra senão a de convencer o "cliente" a confessar o que não tinha feito, mesmo sabendo que o seu fim seria a fogueira...

No prefácio de edição brasileira do livro *Malleus Malleficarum,* escrito no século XIII, o médico psiquiatra e analista, Carlos Amadeu B. Byington, numa frase, sintetizou a essência desse modelo: "Os que confessavam e abjuravam a heresia eram acolhidos de volta à Igreja e condenados à prisão perpétua. Os que não confessavam eram entregues ao braço secular (o Estado) para a execução da (pena) de morte. Devido às condições subumanas das prisões, a prisão perpétua em pouco tempo levava à morte, se é que não fosse antes interrompida pela pena capital"[64] (entre parêntesis, nossos).

Enfim, na Inquisição e no sistema processual por ela adotado, os suspeitos, indiciados ou acusados, literalmente, não tinham direito algum, pois eram meros objetos da ação investigativa e punitiva do sistema Igreja/Estado, cujo "direito penal do horror" foi posto em prática para propiciar a manutenção e a reprodução dos poder dominante sobre a face da terra. Como disse João Bernardino Gonzaga, ao comentar o clima religioso e as condições de vida da Idade Média, a Inquisição nasceu e permaneceu imersa no mundo que a envolvia, reinando "de modo implacável,

---

[59] AMBOS, Kai; LIMA, Marcellus Polastri. Op. cit., p. 17-18.

[60] Idem, ibidem.

[61] Os inquisidores agiam apoiados em três diplomas básicos, o *Directorium Inquisitorium*, o *Malleus Maleficarum* e o *Corpus Juris Canonici*.

[62] CARVALHO, Salo de. Da Desconstrução do Modelo Jurídico Inquisitorial. In WILKMER (org.), *História do Pensamento Jurídico*. Belo Horizonte, 1996.

[63] EYMERICH, Nicolau. *Manual dos Inquisidores*. Rio de Janeiro: Rosa dos Ventos, 1993.

[64] KRAMER, Heinrich; SPRENGER, James. *O Martelo das Feiticeiras*. Rio de Janeiro: Rosa dos Tempos, 2005, p. 39.

para impor aos povos uma ordem, a sua ordem, que não admitia divergência, nem sequer hesitações".[65]

A inquisição expressou-se como o ponto máximo da intolerância religiosa. Dela não escaparam nem mesmo a ciência incipiente e seus cientistas, como Galileu, Giordano Bruno, o primeiro conseguindo salvar a vida da fogueira (que matou ao último), após abjurar, no Tribunal da Inquisição, a teoria heliocêntrica.

Em sentido diametralmente oposto ao inquisitivo é o modelo ou *sistema acusatório* – (da raiz latina *accusare)* – cujos princípios mais destacáveis propõem a separação das funções de acusar, julgar e defender e o exercício das mesmas por diferentes pessoas, como forma de distanciar o julgador da produção da prova e de com isso assegurar a sua isenção no processo.

Em frase lapidar, James Goldschmidt disse tudo: "... la creación del Ministerio fiscal no há tenido outro fin sino dispensar aljuez de la iniciativa de la persecución penal, nunca el de desnaturalizar su función, es decir, privarla del derecho de penar, cuyo ejercicio es una función específica de la justicia".[66]

Kai Ambos e Marcellus Polastri Lima sustentam que a história do modelo acusatório tem início na Prússia de 1846, com a Ordenação Processual e a Lei que a regulamentou, "fazendo-se a criação de um Ministério Público junto ao Tribunal Superior (Kammergericht) de Berlim", embora, no dizer de ambos, a criação do MP não tenha sido motivada por desejos nobres de se reforçar os princípios do Estado de Direito, mas o de "agilizar o processamento de um maior número de pessoas (aproximadamente 254), que tinham tomado parte do levante da Polônia de 1846 e, assim, estavam sendo acusadas do delito de alta traição".[67]

Esse modelo pode ser definido como um processo contraditório (ou adversarial), "contando com um órgão que tem por missão levar a cabo a instrução criminal e a acusação (Ministério Público e/ou Juiz de Instrução, dependendo do sistema adotado no país respectivo) e no qual as partes se enfrentam perante um órgão que se incumbe de decidir (juiz ou tribunal)".[68]

Discorrendo sobre esse sistema, o único que se concilia com a garantia do devido processo legal (art. 5º, inc. LIV) da CF, Geraldo Prado sintetizou as suas características: "O direito de ação, tanto como o de defesa, está voltado á decisão jurisdicional, em um caso penal concreto; é exercitado por pessoa ou órgão distinto daquele constitucionalmente incumbido de julgar; não se limita a iniciar o processo, pois o autor deseja ver reconhecida a pretensão que deduz, embora o reconhecimento não implique afirmar-se a inexistência do direito de ação; inclui, por certo, o direito de provar os fatos que consubstanciam a acusação deduzida e de debater as questões de direito que surgirem; a acusação integra o direito de ação e, na medida em que dela se defenderá o acusado, delimita o objeto da contenda; e, por fim, legitima o autor a preparar-se adequadamente para propô-la, na medida em que,

---

[65] GONZAGA, João Bernardino. *A Inquisição em Seu Mundo*. 7ª ed. São Paulo: Saraiva, 1994, p. 17.

[66] GOLDSCHIMIDT, James. *Princípios Generales Del Proceso Penal*. Buenos Aires: Ediciones Jurídicas Europa-America, p. 51.

[67] AMBOS, Kai; LIMA, Marcellus Polastri. *O Processo Acusatório e a Vedação Probatória perante as realidades Alemã e Brasileira*. Porto Alegre: Livraria do Advogado, 2009, p. 32.

[68] Idem, p. 9.

afetando gravemente o *status dignitatis* do acusado, não deve decorrer de um ânimo beligerante temerário ou leviano, mas fundar-se em justa causa".[69]

O sistema acusatório de processo não aparece com essa denominação na Constituição ou nas leis do País. A Lei Maior o contempla, todavia, com muita clareza, ao conferir ao acusado, ao acusador, ao defensor e ao magistrado, garantias, poderes, deveres e prerrogativas institucionais e funcionais para bem desempenharem, com independência, as funções específicas que lhe competem, promove a separação das funções de acusar, julgar e defender e as entrega a titulares diferentes.

É suficiente rápida leitura dos artigos 129, inciso I; 5º, inc. XXIX, 95, 96 e 133 da Constituição Federal, dispondo sobre as atribuições, competências, prerrogativas, etc., do acusador, do juiz e do defensor, para ver-se que esses enunciados normativos asseguram independência e relevância a esses sujeitos do processo incumbidos de acusar, de defender e de julgar.

Em linhas gerais, mais amplas, essa é a visão que tem sobre o ponto o espanhol Faustino Cordón Moreno, como pode ler em seu livro *Las Garantías Constitucionales del Proceso Penal*: "La vigencia del principio acusatorio en el proceso penal comporta tres consecuencias que tienen relevancia para la imparcialidad judicial a) no hay juicio sin una previa acusación; b) a acusación debe ejercerse por un órgano (o persona) distinto del que há de juzgar; c) el órgano enjuiciador está vinculado a los elementos identificadores de la acusación (hecho punible objeto de la misma persona del acuado), de forma que no puede condenar por hechos diferentes ni a persona distinta".[70]

Embora a impossibilidade prática de adoção de um sistema acusatório puro, em nosso meio, como bem alertam Américo Bedê Júnior e Gustavo Senna,[71] não obstante essas diretivas, ainda perduram em nosso Código reminiscências do modelo inquisitivo, como pode-se ver nas regras que conferem poderes ao juiz para a) requisitar a abertura de inquérito; b) proceder, de ofício, à verificação da falsidade documental (art. 147); c) ordenar, mesmo antes de iniciada a ação, a produção de prova e determinar a realização de diligência, no curso da instrução, para dirimir dúvida sobre ponto relevante (art. 156, I e II); d) reinterrogar o acusado (art. 196); e) ordenar a intimação de pessoas referidas para serem ouvidas como testemunhas (art. 209, § 1º); f) ordenar a juntada de documento relativo a ponto relevante da acusação ou defesa (art. 234); g) decretar, de ofício, a prisão preventiva (art. 311); h) recorrer de ofício (arts. 574, I, 746 e 7º da Lei 1.521/51).

Também os Tribunais, no julgamento das apelações, poderão proceder a novo interrogatório do acusado, reinquirir testemunhas ou determinar outras diligências à autoridade policial ou ao juiz.

Todos esses resquícios inquisitivos, bem presentes em nossa legislação processual, há muito deveriam ter sido extirpados pelos juízes e tribunais do país como parte dos esforços coletivos destinados a ajustamento das leis à Constituição, e não

---

[69] PRADO, Geraldo. *Sistema Acusatório. A Conformidade Constitucional das Leis Processuais Penais.* Rio de Janeiro: Lumem Juris, 1999, p. 119.

[70] MORENO, Faustino Cordón. *Läs Garantias Constitucionales del Proceso Penal.* 2ª ed. Aranzadi, Navarra, 2002, p. 125.

[71] BEDÊ JR., Américo; SENNA, Gustavo. *Princípios do Processo Penal, entre o Garantismo e a Efetividade as Sanção.* São Paulo: Revista dos Tribunais, 2009, p. 35.

o contrário. Lembra-nos muito bem Luigi Ferrajoli[72] que o juiz moderno bem antes de reconhecer a existência da lei para aplicá-la ao caso concreto, tem o dever de verificar se ela ainda continua valendo em face dos mandamentos constitucionais que lhe são superiores.

Os juízes e Tribunais, entretanto, são extremamente conservadores e realizam a filtragem constitucional só com muito vagar, ante a tendência de seguir a jurisprudência "dominante" quando do julgamento dos processos, embora eventualmente ela possa estar fora dos contextos constitucionais, legais ou sociais.

O Supremo Tribunal Federal, por exemplo, demorou quase quinze anos para, felizmente, reconhecer a inconstitucionalidade da proibição de progressão nos regimes frente à garantia constitucional da individualização da pena e só recentemente cedeu às reivindicações em favor da inconstitucionalidade do artigo 594 do CPP, finalmente revogado pela Lei 11.719/08, frente à garantia da presunção de inocência.

Em outra decisão reafirmando a tendência garantista, o Supremo Tribunal Federal reconheceu a inconstitucionalidade da Lei 9.034, de 4 de maio de 1995, que autorizava o juiz, nos processos por crimes cometidos por organizações criminosas, a promover pessoalmente diligências investigatórias, em "rigoroso" sigilo.

Dentre as leis em vigor que mereceriam análise mais detida sob a perspectiva aqui focada, lembra Antonio Milton de Barros, situa-se a de n. 9.296, de 24 de julho de 1996, que dispõe sobre as interceptações telefônicas. "Há quem concorde e até entenda normal" que o juiz possa decretar de ofício a quebra do sigilo telefônico, afirma esse autor, "em nome do princípio da verdade real e, sobretudo, porque assim já decidiu o próprio STF. No entanto, há, igualmente, quem considere o dispositivo inconstitucional, porquanto o modelo de processo adotado pela Constituição é do tipo acusatório, não admitindo medida de cunho inquisitivo".[73]

Por fim, as ocasionais referências doutrinárias a um sistema misto[74] são úteis para lembrar o modelo de processo adotado pela França logo após a Revolução, porque a ausência de um núcleo fundante, ou seja, de princípios específicos, não permite a identificação, ontologicamente falando, de um sistema com características próprias e distintas dos modelos inquisitivo e acusatório. O discurso sobre um sistema misto de processo sem a contextualização histórica expressa-se como resultado da tentativa de conjugar os dois grandes sistemas, com lembrou, com acerto, Marco Antonio de Abreu Scapini em excelente texto sobre esse tema,[75] amparado nas ideias de Canaris, para quem o conceito de sistema pressupõe, necessariamente, ordem e unidade, ou seja, requisitos não satisfeitos pelo denominado sistema misto de processo.

De fato, foram as lutas dos enciclopedistas contra o processo inquisitivo que dominou toda a Idade Média que propiciou aos franceses instituir um novo modelo de processo exercitado em três fases distintas: a preliminar (de investigação), a

---

[72] FERRAJOLI, Luigi. *Derecho y Razón, Teoría del Garantismo Penal*. Prólogo de Norberto Bobbio. Editorial Trotta, 1997.

[73] BARROS, Antonio Milton. *Processo Penal Segundo o Sistema Acusatório*. Rio de Janeiro: LED, 2002, p. 150.

[74] TOURINHO FILHO, Fernando da Costa. *Processo Penal*, v. 1. São Paulo: Saraiva, 2004, p. 91.

[75] SCAPINI, Marco Antonio de Abreu. A Violência dos Sistemas Processuais Penais: Uma Abordagem Crítica desde uma Potência Inquisitorial. *Revista da Ajuris*, Ano XXXVI, setembro de 2009, p. 174.

intermediária (de instrução) e a final (de julgamento), todas tituladas por pessoas diferentes.

A alusão ao modelo misto de processo guarda relação portanto com a história de luta dos franceses e serve também para lembrar a todos que, para bem além da discussão maniqueísta sobre qual é o melhor modelo, a função dos juristas comprometidos com os princípios e as garantias fundamentais não pode ser outra senão a de buscar a supremacia daquele sistema que mais se ajuste aos valores e aos objetivos inerentes ao Estado Democrático de Direito, mesmo tendo que apelar para combinações principiológicas.

Capítulo X

A denúncia

Sumário: 1. Conceito; 2. Espécies. Escrita e oral; 3. Requisitos da denúncia escrita; 3.1. A descrição do fato com suas circunstâncias; 3.2. A qualificação do acusado; 3.3. A classificação do crime; 3.4. O rol de testemunhas, quando necessário; 3.5. O destinatário; 3.6. A assinatura do representante do MP; 3.7. O idioma nacional; 3.8. O pedido de condenação; 4. Prazo para oferecimento da denúncia.

1. Conceito

Nos capítulos desenvolvidos sobre a ação, seus princípios, condições para o exercício e pressupostos processuais, anotamos que é com o pedido formulado pela parte, perante o juiz, que nasce validamente o processo. Foi-se o tempo em que, no dizer de Tornaghi, o magistrado atuava de ofício como "um justiceiro, um vingador, preocupado em farejar os delitos e castigar os criminosos",[1] impondo-se, graças aos avanços da modernidade, a utilitária necessidade de conferir-se a diferentes pessoas as funções de acusar, de defender e de julgar.

Graças a esse novo paradigma de processo, consentâneo com o direito penal de garantias, segundo registramos no capítulo anterior, desapareceu de nosso Código o combatido procedimento judicialiforme do artigo 531 do CPP, que autorizava o juiz, bem ao estilo dos processos inquisitoriais, a iniciar a ação penal mediante portaria, em cujo processo ele próprio colheria a prova e editaria a sentença.

O princípio da inércia da jurisdição, consubstanciada no conhecido adágio *nemo judex ex-officio,* como diretiva irremovível, preside os sistemas jurídicos modernos, porque maximiza o ideal de isenção e independência do juiz, sem significar que na construção de seus pensamentos deva deixar de lado as experiências acumuladas, sua ideologia, enfim, o modo particular com que valora os fatos e vê o mundo.

Daí a afirmação de que o juiz, conquanto isento e independente, não é neutro![2] Aliás, a própria palavra sentença (*sententia),* derivada de *sententiando,* gerúndio do

---

[1] TORNAGHI, Hélio. *A Relação Processual.* 2ª ed. São Paulo: Saraiva, 1987, p. 12. Pela mesma *ratio,* está hoje também vedada acusação de ofício nos crimes de deserção, consoante também afirmou José Luiz Vieira, A Ação Penal Pública e o Crime de Deserção, in *Fascículos de Ciências Penais.* Porto Alegre: Fabris, ano IV, vol. 4, nº 1, p. 41, e proclamou o STF, Pleno, RHCs. 67.931-5-RS e 68.578-1, de 23.04.91, Min. Carlos Velloso, *in* DJU de 24.05.91, p. 6772.

[2] No livro *Motivações Ideológicas da Sentença,* Rui Portanova salientou que o juiz não é neutro porque sempre decide orientado por valores. "O Juiz que não tem valores e diz que o seu julgamento é neutro,

verbo *sentire*,[3] traduz muito bem a ideia de que com a sentença o julgador transmite ao seu auditório os fundamentos em que se apoia o seu sentimento sobre o fato e a participação dos personagens do drama humano registrado nas páginas dos autos do processo.

O desencadeamento da ação e do processo é privativo do Ministério Público ou do ofendido, por meio de denúncia ou queixa, conforme seja a ação pública ou de iniciativa privada.

A denúncia, como petição inicial, no dizer de Câmara Leal,[4] é,precisamente o instrumento que o sistema de direito positivo põe à disposição do legitimado ativo, isto é, o Ministério Público,[5] para que efetive o poder-*dever* de provocar a jurisdição, sempre que a ordem jurídico-penal for violada.

Na denúncia, o órgão do MP expõe o(s) fato(s) típico(s), e, ao *oferecê-la, ato que se consubstancia com o depósito em cartório dessa peça técnica,* oficializa (princípio da oficialidade da ação pública) ao seu destinatário, o Estado-Juiz e simultaneamente torna indisponível (princípio da indisponibilidade da ação pública) a pretensão "(...) de que se aplique a lei àquele que é nominado, qualificado e dado, presumivelmente, como seu autor".[6]

Desse modo, toda vez que, ao exame do conjunto das provas colhidas em inquérito policial, não policial ou meras peças de informações, o Ministério Público concluir que há justa causa para a ação e o processo, o instrumento com que implementará o dever de agir (princípio da obrigatoriedade da ação pública) – rompendo a inércia do Estado-Juiz – terá o *nomen juris* de denúncia.[7]

Conforme já explicamos, inspirados na doutrina de Ferrajoli, com esse proceder, o Estado-Administração, representado pelo Ministério Público, implementa o dever pactuado de não omissão frente às práticas delituosas, tudo em nome da segurança e da justiça e da necessidade de contínua reafirmação das vantagens da civilização sobre a barbárie.

A história da denúncia é reflexo da história da evolução do direito penal e de seus sistemas processuais. Assim, no passado, qualquer pessoa podia oferecê-la. Nosso Código de Processo Criminal de 1832 contemplava a ação penal popular e,

---

na verdade está assumindo valores de conservação. O juiz sempre tem valores. Toda sentença é marcada por valores (...)" (Porto Alegre: Livraria do Advogado, 1992, p. 73-74). No mesmo sentido é o pensamento de Nilo Bairros de Brum, em seu livro *Requisitos Retóricos da Sentença Penal* (São Paulo, RT, 1980), ao dizer: "A neutralidade do juiz é um mito concebido pelo direito romano e fortalecido pela Escola Exegética Francesa por motivos históricos hoje bem conhecidos, pois o juiz em sendo homem está mergulhado na formação social em que vive com produto culturalmente condicionado pelo seu meio social. Na sua sentença influirão sua formação jurídica, suas crenças políticas e religiosas, seu caráter e temperamento, sua condição econômica e os interesses dos grupos sociais com os quais se identifica" (p. 9).

[3] BRUM, Nilo Bairros de. *Requisitos Retóricos da Sentença Penal*. São Paulo: Revista dos Tribunais, 1980, p. 7.

[4] LEAL, Antonio Luiz da Câmara. *Comentários ao Código de Processo Penal Brasileiro*, vol. 1, 1942, p. 149.

[5] Embora seja Assistente do MP (art. 271 do CPP) a vítima não tem legitimidade para oferecer a denúncia, conforme já ensinava o grande Espínola Filho (*Código de Processo Penal Anotado*, RJ, 1976, p. 425).

[6] MIRABETE, Julio Fabbrini. *Processo Penal*. São Paulo: Atlas, 1991, p. 121.

[7] *Processo Penal*, v. 1, p. 338.

portanto, era do cidadão a legitimidade para firmar a peça incoativa em exame. Na atualidade, só o Estado pode fazê-lo, entretanto, por meio de representante do órgão constitucionalmente autorizado: o Ministério Público.

Nos moldes como a conhecemos hoje, a denúncia, no Brasil, apareceu nas Ordenações do Reino. (Título CXXIV), com o nome de "libelo".[8] O termo (libelo) é ainda hoje utilizado para designar institutos jurídicos análogos: a *emendatio libelli* e a *mutatio libelli* (emenda e mudança da acusação, respectivamente), previstas nos artigos 383 e 384 do CPP.

O Código de Processo Criminal do Império, de 29.11.1832, que substituiria as Ordenações restringiu a expressão denúncia à peça incoativa da ação penal (art. 74) e dispôs que a "competência" (*rectius:* a atribuição) para oferecê-la seria do Ministério Público e de qualquer do povo.

A legitimidade concorrente seria preservada pelo CPP de 1942 como exceção (art. 531), passando a ação pública ao monopólio do MP após 1988 (art. 129, inc.), embora a Lei Maior admita a excepcional hipótese de iniciativa do ofendido no caso de inércia do acusador oficial (art. 5º, inc. LIX).

2. Espécies: escrita e oral

A denúncia obedecia entre nós a forma escrita, até que, em 1971, o art. 16 da Lei 5.726, que definia os crimes relacionados à posse e ao consumo de drogas, instituiu a denúncia oral, oferecida na mesma audiência destinada à coleta do interrogatório e dos depoimentos das testemunhas do flagrante.

A novidade integrou o conjunto das reformas instituídas com o objetivo de conferir-se mais rapidez e eficiência na repressão e punição desses crimes. Supunha-se que, com a oralidade, o procedimento penal alcançaria celeridade e efetividade, assegurando-se, pela intensificação da presteza da justiça, a redução da impunidade.

O quadro não mudou, entretanto. O flagelo das drogas parece ter superado todos os limites.

Era e continua sendo cada vez mais urgente – para o alcance da finalidade idealizada, qual seja, a maior eficiência do sistema judicial (incluso no combate ao narcotráfico) – ao invés da ingênua instituição da denúncia oral, o maior aporte de recursos orçamentários e vontade política das autoridades visando a melhorar a infraestrutura, as condições de trabalho dos funcionários policiais e dos serviços de inteligência das agências de controle social. Embora avanços significativos na esfera federal, a Polícia, o Ministério Público e a Magistratura dos Estados ainda padecem de graves *deficits* estruturais. As polícias precisam ter autonomia e orçamentos próprios como condição para poderem investigar com independência, livres de pressões ou de influências. Ao invés de atuarem distantes desta última, será a proximidade que propiciará a maximização da efetividade da sua atuação como importantes agências de estado no combate ao crime e à violência.

---

[8] TOVO, Paulo Cláudio. *Apontamentos e Guia Prático Sobre a Denúncia no Processo Penal Brasileiro*. Porto Alegre: Fabris, 1986, p. 13 e ss.

As deficiências existentes no plano orçamentário, estratégico ou operacional, as carências em recursos humanos, etc., decorrem, ao que nos parece, não com a falta de empenho dos policiais, mas, isto sim, da deformação do pacto federativo, que atinge estados e municípios, cada vez mais endividados e incapazes de atender as grandes demandas da população, tanto que a imensa maioria não possui, sequer, serviços médicos de qualidade e precisam a toda hora deslocar ambulâncias para levar os doentes ao atendimento especializado nas grandes cidades.

São essas as variáveis com que também devemos trabalhar na busca de estratégias que viabilizem o funcionamento ainda mais rápido e efetivo do sistema judicial – mesmo sabendo-se que a demora às vezes é desejada pela defesa, mediante impugnações e recursos legais, com vistas à prescrição, e por isso as causas da lentidão do Poder Judiciário também podem ser identificadas fora do espaço do Poder Judiciário, da polícia ou do MP.

Com a mesma velocidade com que surgiu, a novidade da denúncia oral também desapareceu, para ressurgir entre nós no sistema dos Juizados Especiais Criminais, haja vista a tendência atual em favor da concentração dos atos, da oralidade.

A Lei 9.099/95, com efeito, dispôs no art. 77 que "Na ação penal de iniciativa pública, quando não houver aplicação de pena, pela ausência do autor do fato, ou pela não ocorrência da hipótese prevista no art. 76 desta lei, o Ministério Público oferecerá ao juiz, de imediato, denúncia oral, se não houver necessidade de diligências imprescindíveis".

Como é evidente, no Juizado Especial Criminal, a acusação torna-se perfeita e acabada no momento em que o Ministério Público, oralmente, relata a prática do fato típico, imputa-o ao denunciado, classifica-o e indica as provas com que pretende demonstrar a culpabilidade, para alcançar a condenação.

Ao que nos parece, o legislador dos Juizados Especiais, ao reavivar a denúncia oral, inspirou-se na citada lei antitóxicos e também no antigo Projeto de CPP nº 1.655/83 (Mensagem nº 240/83). Esse projeto contemplava a denúncia escrita como regra (art. 229), salvo nos procedimentos por "crime punido com detenção de até um ano, de lesão corporal culposa, de homicídio culposo e de contravenção" (arts. 209, II, e 546), em que pode ser oferecida oralmente.

A recente reforma procedimental operada pela Lei 11.719/08 infletiu na direção da oralidade dos atos do processo, haja vista a regra do artigo 384, prevendo a possibilidade de oferecimento de aditamento oral, com vistas ao eventual reconhecimento de circunstância ou de elementar típica. Essa tendência parece que em curto espaço de tempo tenderá a aumentar, haja vista as disposições da Lei 11.900/09 autorizando o emprego da videoconferência não só para a coleta do interrogatório do denunciado preso, mas, ainda, a realização de outros atos processuais que dependam da participação da pessoa presa, como acareação, reconhecimento de pessoas e coisas, e inquirição de testemunha ou tomada de declarações do ofendido (CPP, art. 185, §8º). Em tais hipóteses, fica garantido o acompanhamento do ato processual pelo acusado e seu defensor.

A Justiça Federal instituiu em todo o país o sistema de gravação das audiências, nos mesmos moldes da prática autorizada pela Justiça estadual do RS. A Corregedoria-Geral da Justiça do TJRS autorizou pelo Provimento n. 37/08, CGJ, que os depoimentos colhidos nas audiências de processos cíveis sejam armazenados em CD, sem necessidade de degravação, tudo com a finalidade de agilizar a tramitação dos processos.[9]

Embora a denúncia possa ser oferecida oralmente, é indispensável que haja um registro na ata da audiência não só do oferecimento mas, ainda, do seu recebimento, para a perenização do ato e também o controle da prescrição (art. 117, I do CP). Nada impede que o Ministério Público *na audiência* após oferecer a denúncia oralmente peça a juntada aos autos de equivalente texto escrito, vez que a providência, ao invés de acarretar prejuízo, amplia as chances de defesa do autor do fato.[10]

Concluindo: duas são as espécies de denúncia: a *escrita*, que continua sendo a regra geral, e a *oral*, excepcionalmente prevista pela Lei 9.099/95 para os atos infracionais de menor potencial ofensivo.

3. Requisitos da denúncia escrita

Para que a peça técnica chamada *denúncia* possa ser considerada *apta,* isto é, em condições de veicular validamente a acusação e, assim, vincular o acusador ao juiz e possibilitar a convocação do demandado ao processo, a lei processual estabelece enumera os requisitos formais cujo exame é realizado pelo juiz no momento da admissibilidade. Sem eles, a denúncia será rejeitada (art. 395, I) e, se admitida, poderá ser questionada em *habeas corpus* perante a instância superior, para o fim da declaração de inépcia e de invalidade dos atos processuais realizados.

Numa perspectiva bem abrangente, a denúncia, sob o aspecto formal, há de ser um todo, uniforme, coerente, isto é, uma peça *demonstrativa e narrativa,* capaz de permitir ao leitor todas as respostas que João Mendes, em palavras reproduzidas por Espínola Filho, relacionava às indagações sobre "... a pessoa que a praticou (*quis*), os meios que empregou (*quibus auxilii),* o malefício que produziu *(quid),* os motivos que a determinaram a isso (*cur),* a maneira por que a praticou (*quomodo),* o lugar onde o praticou *(ubi),* o tempo (*quando). Demonstrativa,* porque deve descrever o corpo de delito, dar as razões de convicção ou sanção e nomear as testemunhas e informantes".[11]

Não atende a melhor técnica, por conseguinte, considerando-se os fins requisitados, a reprodução, no corpo da denúncia, sem o indispensável filtro, de longos ou desconexos relatórios, que, não raro, exigem do acusado e do seu defensor esfor-

---

[9] A virtualização dos processos (coleta dos interrogatórios à distância e o registro das audiências em CD´s sem a transcrição dos depoimentos e a juntada dos termos aos autos do processo, rompendo a tradição brasileira) vem sendo aceita com resistências. Os operadores do direito consideram que essa opção, orientada, basicamente, pela economia de custos no Judiciário, poderá acarretar graves danos à ampla defesa. Há processos muito volumosos, com dezenas de anexos, com prova oral extensa, que só cabem em dezenas de CDs. É mais difícil entender o caso, comparar informações, valorar a prova manejando-se um teclado do que folhando-se vagarosa e cuidadosamente, as páginas de um processo, considerando-se, ainda, que nem todas as pessoas dispõem de conhecimentos técnicos para extrair o máximo dos sistemas informatizados. Talvez o futuro mostre que estavam errados os que hoje pensam assim.

[10] Apelação Crime nº 1.093.487/0, Processo nº 196/97, 11ª Câmara do TACrim/SP, São Paulo, Rel. Xavier de Aquino, j. 13.04.98, un.

[11] ESPÍNOLA FILHO, Eduardo. *Código de Processo Penal Anotado.* Rio de Janeiro: Freitas Bastos, 1943, 1º vol., p. 382.

ços enormes para identificarem os exatos limites da acusação... o que ocorre, com alguma frequência, ao nível da criminalidade não convencional atribuída a muitos acusados de prática de delitos seriados ou bastante complexos.

O órgão do Ministério Público, como agente da Justiça, comprometido com a defesa dos superiores interesses da sociedade e dos direitos individuais indisponíveis, precisa, não raro, reordenar as informações, quebrar o hermetismo dos laudos periciais, dos registros informáticos, bancários, fiscais, exteriorizar o seu entendimento, a partir de premissas firmes, sobre diálogos telefônicos, e não apenas reproduzi-los ao estilo do "cola e copia", enfim, precisa passar tudo a limpo antes de reescrever o caso na denúncia e enquadrá-lo juridicamente com necessária objetividade, simplicidade, clareza, pois o acusado, que é o destinatário dessa peça técnica, no mais das vezes, é um cidadão simples, não sendo razoável que ao receber a denúncia das mãos do oficial de justiça, no momento da citação, seja por ele considerado como uma incógnita, embora as leituras e as releituras.

Nos tópicos a seguir, analisaremos com mais vagar os requisitos formais da denúncia previstos no artigo 41 do CPP e alguns outros dispersos pelo sistema normativo e sem os quais a denúncia não poderá ser considerada *apta* ao cumprimento de suas finalidades institucionais.

3.1. A descrição do fato com suas circunstâncias

O fato e suas circunstâncias precisam estar bem descritos na denúncia e para poder ser considerado criminoso precisa guardar correspondência com algum tipo penal previsto no Código Penal ou em leis penais especiais. Essa subsunção permitirá ao acusado ver, desde logo, a razão jurídica na qual o órgão da acusação está se amparando para processá-lo, de modo a poder, na defesa, contrariar não só a imputação fática, mas, também, a imputação jurídica.

A palavra *circunstância* vem de *circum* (em círculo) e *stare* (estar), indicando, portanto, aquilo que está *relacionado perifericamente* ao fato em si, à conduta do agente, aos meios ou modos de execução empregados, aos motivos, etc. que podem atuar como fontes de esclarecimentos ou interessar à própria tipicidade.

Assim, é dever do acusador mencionar o local e horário da prática do fato, pois esse aspecto determina a competência, a distância dos personagens ou testemunhas deste ou daquele ponto, embora a omissão não seja causa para a declaração da nulidade da denúncia por inépcia, salvo quando denunciado demonstre o prejuízo causado à sua defesa,[12] por exemplo, quando alega um álibi.

Por circunstâncias do fato – como proposto no art. 41 do CPP – entendem-se também as elementares normativas que integram a figura típica, as qualificadoras e as causas especiais de aumento de pena, estas de consideração obrigatória na terceira fase do método trifásico, embora a omissão cause diferentes consequências. A fal-

---

[12] "Não há *inépcia* da *denúncia* pela não especificação da data, local e *horário* do fato, eis que desconhecidos, tendo o recebimento do veículo ocorrido no tempo que decorreu entre a data da subtração e o de sua apreensão pelos policiais, marcos que estão determinados nos autos, permitindo a ampla defesa" (Apelação Crime nº 70024966657, Sétima Câmara Criminal, Tribunal de Justiça do RS, Relator: Naele Ochoa Piazzeta, Julgado em 25.09.08).

ta da elementar poderá prejudicar a tipicidade, a ausência de qualificadora, ensejar condenação, apenas, por ofensa ao tipo básico e a não descrição de causa especial de aumento, a proibição de acréscimo do quantum de pena por ela autorizado.

O fato objeto da denúncia deve ser *explícito e certo.*

O fato *típico explícito e certo* constitui o ponto central em torno do qual o processo gira, e o réu se defende, da primeira à última instância, pois, como ensina Paulo Tovo, na via recursal o acerto ou o equívoco da sentença é discutido sempre sob a perspectiva do fato articulado na inicial.[13]

Essa exigência encontra inspiração e fundamento nos princípios da legalidade e da ampla defesa insculpido nos incisos XXIX e LV do artigo 5º da CF, segundo os quais, só com a imputação por fato explícito e certo, enunciado taxativamente em lei penal prévia, é que haverá condições para a percepção da extensão e da profundidade da acusação e o efetivo resguardo da garantia da ampla defesa (art. 5º, inc. LV, da CF).

Realmente, no atual estágio de evolução da sociedade humana não é imaginável que alguém possa sofrer restrições em seus direitos ou ser acusado, julgado e condenado sem saber o porquê, como se sucedeu no processo instaurado contra Joseph K, relatado por Franz Kafka, em livro famoso.[14]

É com a descrição objetiva de fato certo e explícito, que o acusador atenderá a primeira condição da ação, legal e doutrinariamente denominada de possibilidade jurídica do pedido, sem a qual a inicial acusatória será sumariamente rechaçada (art. 395, II), conforme já examinamos no capítulo próprio.

Nas acusações *crimes em concurso,* regidos pelo critério da soma (concurso material, art. 69 do CP) ou da exasperação das penas (concurso formal e crime continuado, arts. 70 e 71 do CP), os fatos típicos devem ser separadamente descritos com todas as suas circunstâncias – pois no caso de condenação será a partir dessa descrição circunstanciada que o juiz aferirá os requisitos legais para, em caso de condenação, reconhecer ou não qualificadoras, agravantes e minorantes, de modo que a dosimetria da pena resguarde os critérios do cúmulo ou da exasperação.

Não há de ser outro o cuidado nas acusações intentadas contra mais de uma pessoa.

Verificado o concurso de agentes, a inicial precisará descrever o que cada qual fez não só para a satisfação do princípio da indivisibilidade, mas ainda para propiciar ao juiz condições, caso a sentença venha a ser condenatória, de impor as penas de acordo com a regra do artigo 29 do CP, isto é, segundo a *culpabilidade* de cada um aferida pelas circunstâncias judiciais e legais.

O desrespeito ao critério conduz mácula à inicial com o vício da inépcia (art. 395, II, do CPP).

A garantia vem sendo flexibilizada pelos Tribunais Superiores nas acusações em crimes multitudinários[15] (*v. g.,* arrastão na via pública por um grande número de

---

[13] TOVO, Paulo Cláudio (org.). Introdução à Principiologia do Processo Penal Brasileiro. *Estudos de Direito Processual Penal.* Porto Alegre: Livraria do Advogado, 1995, p. 30.

[14] KAFKA, Franz. *O Processo.* São Paulo: Nova Época, 1963.

[15] Habeas Corpus nº 73208/RJ, 2ª Turma do STF, Rel. Min. Maurício Corrêa, j. 16.04.96, DJU 07.02.97, p. 1.337.

pessoas) ou societários[16] (p. ex., fraudes fiscais ou financeiras), nos quais as condutas dos autores, coautores ou participantes por serem difusas nem sempre são bem determináveis *a priori.*

Nesses casos, os tribunais admitem que o acusador promova uma descrição "genérica", "global" e "abrangente"[17] dos fatos e da participação de cada denunciado. A orientação é recomendada também pelos tribunais estaduais,[18] mas haverá sempre a probabilidade de que a jurisprudência, a qualquer tempo, venha conferir ao tema um novo entendimento.

Em que pesem as justificativas apresentadas, entendemos que a orientação destoa, *data venia,* das exigências, porque a descrição genérica na denúncia não permite que o acusado conheça a extensão e profundidade da acusação para poder defender--se eficazmente.[19]

Felizmente desenha-se na órbita dos dois Tribunais Superiores um novo e superador cenário. Em *habeas corpus* de que foi relator o Ministro Celso de Mello, o

---

[16] "O STF tem jurisprudência a dizer da tolerância que se impõe à denúncia – nos crimes societários – sobre a eventual impossibilidade de não se encontrar o *parquet* habilitado, desde o início, para individualizar culpas. Em feitos desta natureza, a impunidade estaria assegurada se se reclamasse do Ministério Público, no momento da denúncia, a individualização de condutas, dada a maneira de se tomarem as decisões de que resulta a ação delituosa. Ordem denegada" (Habeas Corpus nº 73903/CE, 2ª Turma do STF, Rel. Min. Francisco Rezek,.j. 12.11.96, DJU 25.04.97).
No mesmo sentido: REsp nº 179017/SP, 5ª T. do STJ, Rel. Felix Fischer, j. 20.06.00, Publ. DJU 14.08.00, p. 00188. Na jurisprudência gaúcha, vide o Habeas Corpus nº 696134725, 3ª Câmara Criminal do TJRS, Rel. Des. José Eugênio Tedesco, j. 08.08.96, no sentido dos precedentes acima citados.
Ainda: "O STF tem jurisprudência a dizer da tolerância que se impõe à denúncia – nos crimes societários – sobre a eventual impossibilidade de não se encontrar o parquet habilitado, desde o início, para individualizar culpas. Em feitos desta natureza, a impunidade estaria assegurada se se reclamasse do Ministério Público, no momento da denúncia, a individualização de condutas, dada a maneira de se tomarem as decisões de que resulta a ação delituosa. Ordem denegada" (Habeas Corpus nº 73903/CE, 2ª Turma do STF, Rel. Min. Francisco Rezek,.j. 12.11.96, DJU 25.04.97).
No mesmo sentido: REsp nº 179017/SP, 5ª T. do STJ, Rel. Felix Fischer, j. 20.06.00, Publ. DJU 14.08.00, p. 188. Na jurisprudência gaúcha, vide o Habeas Corpus nº 696134725, 3ª Câmara Criminal do TJRS, Rel. Des. José Eugênio Tedesco, j. 08.08.96, no sentido dos precedentes acima citados.
"Tratando-se de crimes de autoria coletiva, de difícil individualização da conduta de cada participante, admite-se a denúncia de forma mais ou menos genérica, por interpretação pretoriana do art. 41 do CP. Precedentes" (REsp 694838 / SP 5ª T., Min. José Arnaldo da Fonseca, j. 12.04.05, DJ 16.05.05, p. 398. No mesmo sentido: HC 41948 / SP., 5ª T., rel. Min. Laurita Vaz ; HC 35496 / MG, 6ª T., rel. Min. Paulo Medina, j. 17.03.05, DJ 25.04.05, p. 366 e HC 30558 / RS, 6ª T., julg. 18.12.03, DJ 22.11.04, p. 390, rel. Min. Hamilton Carvalhido; HC. 39.360, MG – Min. Gilson Dipp, 5ª Turma).
Ainda: "Tratando-se de crimes de autoria coletiva, de difícil individualização da conduta de cada participante, admite-se a denúncia de forma mais ou menos genérica, por interpretação pretoriana do art. 41 do CP. Precedentes" (REsp 694838 / SP 5ª T., Min. José Arnaldo da Fonseca, j. 12.04.05, DJ 16.05.05, p. 398. No mesmo sentido: HC 41948 / SP., 5a. T., rel. Min. Laurita Vaz ; HC 35496 / MG, 6ª T., rel. Min. Paulo Medina, j. 17.03.05, DJ 25.04.05, p. 366 e HC 30558 / RS, 6ª T., julg. 18.12.03, DJ 22.11.04, p. 390, rel. Min. Hamilton Carvalhido; HC. 39.360, MG – Min. Gilson Dipp, 5ª Turma).
[17] STJ, 5ª T., RHC 4.668-SP, Rel. Min. Cid Flaquer Scartezzini, j. 23.08.95, v. un., DJU 25.09.95, p. 31.117, e RHC 1961-3, 6ª T., de 30.11.92, Rel. Min. Adhemar Maciel, in DJU de 17.12.92, p. 24.267. Ver ainda: RHC 63825, RTJ 118/1, HC 58802, RTJ 100/3, HC 59857, RHC 62968, RTJ 114/1, RHC 59857, RTJ 104/3, RHC 58544, RTJ 101/2, RHC 53362, HC 57667, RTJ 95/3, RHC 58466, RHC 57741, RHC 65369, Rel. Min. Moreira Alves, 1ª T., DJU de 27.10.87, p. 26.809).
[18] Revista Julgados do Tribunal de Alçada, vol. 35/32.
[19] Jutacrim 92/102, STF; RTJ 104/1002 e 114/226; RT 443/465, 548/424 e 595/377, in Alberto Silva Franco, Código Penal e sua Interpretação Jurisprudencial, art. 29.

STF decidiu que "o sistema jurídico vigente no Brasil impõe ao MP, quando este deduzir determinada imputação penal contra alguém, a obrigação de expor, de maneira individualizada, a participação das pessoas acusadas na suposta prática da infração penal, a fim de que o Poder Judiciário, ao resolver a controvérsia penal, possa, em obséquio aos postulados essenciais do Direito pena da Culpa e do princípio constitucional do *due process of law,* ter em consideração, sem transgredir esses vetores condicionantes da atividade de persecução estatal, a conduta individual do réu, a ser analisada, em sua expressão concreta, em face dos elementos abstratos no preceito primário de incriminação".[20]

Em *habeas corpus* de que foram relatores os ministros Edson Vidigal, Gilson Dipp e Nilson Naves,[21] o STJ também optou por essa orientação, de modo que, no particular, essa flexibilização das garantias constitucionais para validar a imputação em descrição genérica da participação dos coautores ou participantes por crimes societários ou multitudinários pode estar com os seus dias contados.

As razões da advertência – convém repetirmos – têm a ver com o *status dignitatis* do acusado e com as funções de proteção e de garantia dos tipos penais, considerando-se especialmente que é ele a parte mais fraca da relação processual penal, a merecer a proteção contra o risco de excessos punitivos. Já dissemos que o processo por si mesmo causa ao réu um extraordinário sofrimento – a ponto de comprometer o planejamento da sua vida em todos os sentidos – não se justificando, então, oferecimento de denúncia sem a conformação exata e plena da conduta às exigências do tipo penal dado como supostamente "violado"[22] pelo réu.

Em suma: a narrativa há de ser objetiva, enxuta, categoricamente imperativa, suscetível de ser facilmente entendida. Ela será válida, mas não atenderá a boa técnica se vier impregnada, por exemplo, de vacilações do tipo "consta que" ou "segundo lê-se no inquérito" o denunciado "teria feito tal ou qual coisa (...)", pois, como estamos acentuando, nessa peça acusador *imputará ao denunciado, categoricamente, a autoria de conduta subsumida na norma incriminadora.*

É certo que em casos complexos não há como especificar-se *todos os detalhes,* mas isso não eliminará o dever do acusador de situar a narrativa dentro das exigências da tipicidade penal, ao invés de deixar com a cômoda transcrição dos relatórios policiais ou das meras transcrições das conversas grampeadas, para as partes e os

---

[20] HC. 73.590, SP.

No mesmo sentido: "Reiterada a jurisprudência do STF de que, "nos crimes societários, não se faz indispensável a individualização da conduta de cada indiciado, discriminação essa que será objeto da prova a ser feita na ação penal" (HC 65.369, Rel. Min. Moreira Alves). Precedentes. Tal entendimento vem sendo abrandado, havendo decisões no sentido de exigir-se, na denúncia, a descrição mínima da participação do acusado, a fim de permitir-lhe o conhecimento do que de fato lhe está sendo imputado e, assim, garantir o pleno exercício de seu direito de defesa (cf. os HCs 80.219 e 80.549) – HC 83369, RS., rel. Min. Carlos Britto, j. em 21.10.03, DJ 28.11.03, p. 15. EMENT VOL. 02134-02, p. 302 e HC 84409 / SP – SÃO PAULO, Min. Joaquim Barbosa, 2ª T., 14.12.04, DJ 19.08.05, p. 57. EMENT. VOL. 2201-2, p. 290.

[21] Respectivamente: HC. 4000-9,RJ; HC 35.823 e HC 16135, in DOTTI, René Ariel. *Movimento Antiterror e a Missão da Magistratura*, 2ª ed. Curitiba: Juruá, 2005, p. 94.

[22] O réu não viola a lei penal senão que faz exatamente o que ela prevê. O sentido da punibilidade é determinado pela inobservância da regra de dever-ser embutida na norma e apreendida logicamente em juízos disjuntivos – como propôs Côssio em sua teoria egológica, objeto de comentário no capítulo 4, em que discorrermos sobre a possibilidade jurídica do pedido.

juízes e Tribunais, a tarefa de delimitarem a latitude, a longitude e a profundidade da acusação nos planos fático e jurídico-penal.

Se a particularidade da narrativa – embora os inconvenientes antes referidos – não afetar ou comprometer o procedimento de adequação típica ou não impossibilitar o exercício da ampla defesa, a omissão sobre os pontos secundários não gerará qualquer defeito no plano da validade formal da denúncia ou da sentença, como tem entendido a doutrina[23] e a jurisprudência.[24]

Discute-se, ainda no tocante à narrativa, a possibilidade da *imputação alternativa*.[25]

O tema ainda exige aprofundamento doutrinário e só recentemente passou a integrar a pauta dos tribunais, tanto que algumas decisões ainda não distinguem com clareza imputação alternativa de classificação alternativa,[26] embora radicais diferenças entre elas.

Na primeira, o que se questiona é a possibilidade de se atribuir na denúncia a autoria de um *ou* de outro fato típico, ambos gerados pela mesma causa, de modo a poder o juiz responsabilizar por qualquer deles. Exemplo: um indivíduo é detido na posse de objeto furtado e em princípio pode ser responsabilizado por um dos fatos: o furto (por ter sido o autor do crime) ou a receptação (por ter recebido a *res* das mãos do ladrão).

Na classificação alternativa, outrossim, o acusador não está em dúvida quanto ao fato e sim quanto à sua classificação jurídica. Por exemplo: narra abordagem à mão armada para um "sequestro relâmpago", mas, quando da classificação jurídica, por estar em dúvida, dá a conduta do ladrão como "violadora" *ou* do artigo 157 (que define o roubo) *ou* (eis aqui, pela disjunção, a classificação alternativa!) do artigo 158 do CP (que define a extorsão).

A imputação alternativa é aceita por Mirabete, apoiado em Afrânio Jardim[27] e por Damásio, amparado na lição de Frederico Marques e precedentes jurisprudenciais,[28] embora os fundamentos aduzidos por este último tenham a ver menos com a imputação e mais com a *classificação* alternativa.[29]

Em sentido contrário é a doutrina de Ada Grinover, Scarance Fernandes e Gomes Filho, sob o argumento de que a imputação alternativa contrariaria, de regra, o preceito a que deve se referir com precisão o fato certo e determinado.[30]

---

[23] JESUS, Damásio Evangelista. *Código de Processo Penal Anotado*, art. 41; MIRABETE, ob. cit., p. 122, e ESPÍNOLA FILHO. *Código de Processo Penal Anotado*. Rio de Janeiro: Freitas Bastos, 1943, p. 384.

[24] STJ, 5ª T., RH 1.122, de 03.06.91, Rel. Min. Assis Toledo, DJU de 17.06.91, p. 8.210; RJTJRS, vol. 89, p. 118) e Apelação crime nº 01399000114, Origem nº 00100031047, Turma Recursal Criminal do JECC/RS, Rel. Dr. Antônio Corrêa Palmeiro da Fontoura, j. 26.02.99.

[25] Não confundir a imputação alternativa com a imputação objetiva – objeto de pesquisas na Alemanha. A imputação objetiva é teoria que retringe a responsabilidade ao agente que tiver causado o risco não permitido.

[26] RT 292/707.

[27] MIRABETE, Julio Fabbrini. *Processo Penal*. São Paulo: Atlas, 1991, p. 123.

[28] *Código de Processo Penal Anotado*, art. 41.

[29] RT 528/361.

[30] GRINOVER, Ada *et alii*. *As Nulidades no Processo Penal*. São Paulo: Malheiros, p. 79.

A imputação alternativa já foi acolhida na jurisprudência, sob esse mesmo fundamento, qual seja, o de que "oferecida uma ação penal alternativa atribuindo ao réu uma determinada conduta, ao definir juridicamente a imputação, o julgador acatará uma delas, ficando automaticamente rejeitada a outra, sem que a sentença tenha que dar procedência em parte do pedido, julgando, concomitantemente, improcedente o tipo não adequado ao fato criminoso. É que, sendo alternativo o articulado vestibular, o acolhimento de um dos pedidos exclui o outro, gerando a procedência da ação penal na sua integralidade e não parte dela",[31] em resguardo pleno ao princípio da congruência que deve existir entre a denúncia e a sentença.

Decisão no mesmo sentido foi proferida pela 3ª Câmara mesmo Tribunal, em acórdão de que fomos relator[32] e também por Câmara Criminal do extinto Tribunal de Alçada Criminal de São Paulo.[33]

Aliás, a imputação alternativa não é estranha ao nosso direito, haja vista a regra do art. 384 do CPP que permite o aditamento para acréscimo ao fato descrito na denúncia de circunstância ou de elementar necessário à sua nova definição jurídica. Consoante o sistema normativo penal vigente, admitido o aditamento e produzidas as provas requeridas, o juiz poderá condenar pelo fato tal qual foi descrito na denúncia *ou* com os acréscimos produzidos pelo aditamento.[34]

Nos termos do artigo 385 do CPP. não há obrigação de descrição de agravantes na denúncia. Era assim também no procedimento especial do Júri, ante a faculdade legal conferida ao MP de articular a agravante no própria sessão, seguindo-se a preparação de quesito específico para ser votado pelos Jurados.[35]

A Lei 11.689/08 não apenas reafirmou a experiência como ainda foi além, dispensando, nas condenações pelo Júri, a prévia elaboração e votação do quesito relativo à agravante, sob o entendimento de que a individualização da pena é da competência exclusiva do Juiz-Presidente.

A denúncia também é local impróprio para a descrição de atenuantes e causas especiais de diminuição de pena, pois que interessam exclusivamente à defesa e podem ser reconhecidas de ofício na sentença condenatória,[36] embora respeitável

---

[31] O acórdão está publicado na *Revista Julgados do TARS*, vol. 97, p. 31, sendo Relator o eminente Juiz Léo Einloft Pereira.

[32] "RECEPTAÇÃO. ACUSAÇÃO ALTERNATIVA. Aditando a denúncia intentada por receptação dolosa imprópria para descrever novo fato e atribuir ao réu o crime de receptação culposa o procedimento ministerial configura acusação alternativa, possível em direito, desde que, como na espécie dos autos, não haja prejuízo ao devido processo legal, garantia em que se incluam a ampla defesa e o contraditório. Prova da culpabilidade dos réus. Apelações desprovidas. Unânime" (Apelação Crime nº 297003238, 3ª Câmara Criminal do TARS, j. 26.03.97).

[33] TRaCrim-SP, acc. Rel. Jarbas Mazzoni, Jutacrim 81/334). No mesmo sentido: Jutacrim 81/442 (*in* Alberto Franco, *Código Penal Interpretado*, p. 2.284). Contra: Jutacrim 82/225, Rel. Riccardo Andreucci (ob. cit., p. 2.285).

[34] A figura da *mutatio libelli* prevista no art. 384 do CPP não autoriza a condenação por *fato distinto* mas, apenas, pelo fato *descrito* na denúncia, embora com as consequências produzidas pelo reconhecimento da elementar ou da circunstância descrita no aditamento.

[35] Apelação crime nº 695143347, Câmara de Férias Criminal do TJRS, Rel. Des. Roberto Laux, j. 25.01.96.

[36] Nesse sentido: Apelação Crime nº 18894-4/213, 2ª Câmara Criminal do TJGO, Rel. Des. Roldão Oliveira de Carvalho, j. 09.03.99, Publ. DJ 19.03.99, p. 17.

entendimento em contrário do eminente magistrado gaúcho, Giovanni Conti,[37] argumentando que o art. 41 do CPP menciona as circunstâncias do crime, sem especificá-las.

3.2. A qualificação do acusado

A qualificação do acusado ou a indicação de sinais pelos quais possa ser identificado constitui, também, requisito integrativo *essencial da denúncia*.

Qualificar o acusado significa apontar as suas qualidades, isto é, individualizá-lo, identificá-lo, como cidadão único e insubstituível pelo nome, sobrenome, apelido ou sinais característicos, de modo a torná-lo inconfundível no aglomerado social.

Como lembra Paulo Tovo,[38] é fundamental que haja um denunciado fisicamente identificado. Recomenda-se que o Promotor de Justiça, sempre que possível, indique na denúncia o nome e o sobrenome, o apelido, os sinais físicos próprios do denunciado, como as cicatrizes, os defeitos físicos ou tatuagens, dentre outros. É o quanto basta.

A denúncia deve abranger todos os personagens que se envolveram com a prática delituosa, sendo vedado privilegiar coautores ou participantes com a exclusão do processo. Segue-se, então, que na denúncia, o agente do Ministério Público terá que descrever o modo como cada um atuou em concreto.

Não bastará que na peça ele se limite a falar de simples cooperação nas atividades delitivas, mas exige-se que evidencie a vontade livre de cada denunciado no sentido de concorrer à ação do outro, para garantir o princípio da ampla defesa.[39] Do contrário, o recebimento da peça será apenas parcial, não obstante poder qualquer tempo, desde que persistente a punibilidade, o MP oferecer aditamento pessoal.

Como já vimos, a ação penal é indivisível e ofenderia aos princípios de equidade e de justiça o oferecimento da denúncia contra uns e não contra todos. Aliás, o artigo 29 do CP é claro ao estabelecer que todos os que concorreram para com o fato serão por ele responsáveis, nos limites da própria culpabilidade.

Nas situações regidas pelo concurso de agentes, a impossibilidade de identificação de corréu não constitui óbice à instauração do inquérito ou ao oferecimento da denúncia contra o autor conhecido e identificado, pois, como dissemos acima, o Ministério Público, ante o princípio da indivisibilidade da ação poderá, a qualquer tempo, enquanto não se extinguir a punibilidade, aditar a inicial, ou oferecer nova denúncia, para responsabilizar o coautor ou participante até então desconhecido.

Por fim: o erro na qualificação do denunciado não torna inepta a denúncia. Se o erro de qualificação produzir a convocação ao processo de terceiro, será possível obter o trancamento da ação por ilegitimidade de parte[40] e em caso de condenação

---

[37] CONTI, Giovanni. *Circunstâncias Atenuantes e Causas de Diminuição de Pena na Denúncia*, in Revista Direito em Debate, Unijui, ano 1, nº 1, 1991, p. 71.

[38] TOVO, Paulo Cláudio. *Apontamentos e Guia Prático Sobre a Denúncia*. Porto Alegre: Fabris, 1986, p. 24.

[39] RT 446/335.

[40] Habeas Corpus nº 2000.010.00.90108-0/MG (00105069), 3ª Turma do TRF da 1ª Região, Rel. Juiz Cândido Ribeiro, j. 12.09.00, Publ. DJ 07.12.00, p. 378.

definitiva o erro ensejará ação revisional,[41] ainda que nos pareça também possível a impetração de *habeas corpus* com conteúdo revisional, para obter-se com maior rapidez a ordem de extirpação do nome do condenado do Livro Rol dos Culpados.

3.3. A classificação do crime

Classificar o crime significa apontar na petição acusatória – após a narrativa do fato – o correspondente artigo da lei penal incriminadora supostamente "violado" pelo denunciado. Supostamente violado, convém repetir, porque, desde Karl Binding,[42] sabe-se que o delinquente não "viola" a norma, senão que faz, exatamente, aquilo que ela prevê (por exemplo, no homicídio: matar alguém), residindo a localização do fundamento da punição (dentro ou fora da norma ?) um problema de interpretação que foi solucionado admiravelmente por Carlos Côssio, em sua teoria egológica do direito,[43] ao contestar a estrutura hipotética da norma proposta por Kelsen para conferir-lhe natureza de juízo disjuntivo.

Consoante a doutrina e a jurisprudência, a falta ou o erro de classificação não tornam a inicial inepta porque a classificação é realizada, afinal, na sentença (art. 383 do CPP).

Essa orientação é absolutamente correta porque, como reconhecem, unanimemente, doutrina e jurisprudência, ao acusador incumbe apresentar ao juiz o fato para que ele, sem modificá-lo, promova, se for o caso, a sua correta subsunção na norma penal e, assim, declare o direito na sentença.[44]

É o fenômeno conhecido por *emendatio libelli*,[45] que encontra guarida nas legislações modernas. Insista-se: na *emendatio,* o que o juiz faz é unicamente adequar o *fato típico descrito na denúncia* ao dispositivo penal pertinente, pois, não fosse assim, sua sentença seria nula, por conter outorga de prestação jurisdicional além do que fora pedido pelo acusador.

---

[41] Revisão Criminal 78180600, Juíza Conv. Sônia Regina de Castro, 2º Grupo de Câmaras Criminais do TAPR, j. 26.04.00, Ac.: 892, publ. 02.06.00.

[42] BINDING, Karl. *Die Normen Und Ihere Uebertretungen.* 1872, cit. por AFTALIÓN, Enrique *et alii,* Introducción Al Derecho, 7ª ed. Buenos Aires: La Ley, 1964, p. 98.

[43] CÔSSIO, Carlos. *La Teoria Egológica del Derecho y el Concepto Jurídico de Libertad.* 2º ed. Buenos Aires: Abeledo-Perrot, 1964, p. 56 e seg.

[44] Decidiu o STF que "o réu defende-se do fato que lhe é imputado na denúncia ou na queixa e não da classificação jurídica feita pelo Ministério Público, ou pelo querelante" (HC 61.617, j. 30.03.84, *in* DJU de 04.05.84, p. 6677, Rel. Min. Alfredo Buzaid). No mesmo sentido: RECR 114794, Rel. Min. Néri da Silveira, j. em 1989, 1ª T., DJ de 14.02.92, p. 1.167. Ver ainda: HC 56874, HC 63357, RHC 63891, do mesmo colendo Tribunal.

[45] Não se deve confundir a figura da *emendatio libelli,* em exame, que permite ao juiz dar ao fato *narrado* a correta classificação jurídica, com a figura da *mutatio libelli,* que autoriza o magistrado, *se houver aditamento* do acusador reconhecer na sentença elementar ou qualificadora não contida na acusação, e, assim, pelo fato narrado, impor pena mais elevada. A *emendatio libelli* do artigo 383 é plenamente admissível em segundo grau, seja no julgamento de ações originárias, seja no julgamento de recursos (Apelação Crime nº 1089733/1, 13ª Câmara do TACrim/SP, Atibaia, Rel. Teixeira de Freitas, j. 03.11.98, un. No mesmo sentido: Apelação crime nº 698224136, 7ª Câmara Criminal do TJRS, j. 25.03.99, por nós relatada), ao contrário da *mutatio libelli* do artigo 384.

Sendo válida[46] a denúncia mesmo quando omissa ou errônea a classificação, pois, como dissemos, o réu defende-se do fato e é do juiz a incumbência de dar a este a definição jurídica correta, nada impede, entretanto, que o MP adite a inicial para retificar a classificação, sem necessidade de abertura de prazo à defesa para impugnações.

Não obstante a regra do art. 383 do CPP, entendemos que o juiz não precisará esperar o momento da sentença para classificar ou corrigir a classificação, se verificar que a omissão ou o erro acarreta prejuízo ao denunciado. Embora resistências doutrinárias e jurisprudências não há, para nós, dúvida alguma de que o réu, no prazo da resposta preliminar (art. 396-A) pode questionar a omissão ou o erro de classificação quando resultar prejuízo à sua defesa (p. ex., com a sonegação da proposta de transação ou de suspensão do processo ou mesmo o reconhecimento da prescrição).

A possibilidade de revisão da classificação do fato delituoso na fase da denúncia – em benefício não só das garantias do acusado e ainda da liberação da pauta do juízo – foi defendida por nós há muitos anos, amparados na lição de Nelson Hungria,[47] conforme o leitor poderá ver nas anteriores edições de nosso Ação Penal.[48]

Continuamos convencidos da exatidão da tese, tanto assim que a doutrina e os precedentes antes escassos vêm se inclinando nessa direção,[49] reconhecendo as vantagens que o controle judicial sobre a classificação, no início do processo, pode proporcionar à Justiça Criminal.

Foi com essas e outras preocupações que Nereu Giacomolli, após discorrer sobre o *overcharging* do sistema da *Common Law* (acusação com carga excessiva para obtenção de vantagem), advertiu que dizer simplesmente que o réu se defende só do fato descrito "... é soterrar o princípio da ampla defesa e, no Tribunal do Júri, a plenitude de defesa". A obediência ao princípio da ampla defesa "ultrapassa o contraditório fático; envolve, necessariamente, o contraditório jurídico", de modo a não reconhecer-se como constitucionalmente legítima a decisão condenatória sobre "imputação jurídica" da qual o réu não se defendeu ampla e apropriadamente.[50]

---

[46] STF, RHC 32299, DJ de 28.12.53, Rel. Min. Luiz Gallotti; Habeas Corpus nº 67997/DF, Tribunal Pleno do STF, Rel. Min. Celso de Mello, j. 29.06.90, DJU 21.09.90, p. 9783.

[47] RE 29395, Rel. Min. Nelson Hungria, j. em 1955, DJ de 22.12.35, p. 16.511 (*in Juis* – Jurisprudência Informatizada Saraiva).

[48] BOSCHI, José Antonio Paganella. *Ação Penal*. 3ª ed. Rio de Janeiro: Aide. 2002, p. 220.

[49] Por exemplo: "É sabido que ao Ministério Público Federal, como *dominus litis,* incumbe enquadrar a conduta praticada no tipo penal que entender adequado, podendo, até antes da sentença, emendar a inicial. Ocorre que a 'falsidade que tenha por escopo suprimir ou reduzir tributo não é delito autônomo, mas sim crime-meio para a supressão ou redução, que é crime-fim (HC n. 2007.04.000203-19/PR, TRF4ª Região, 7ª Turma, Rel. Tadaaqui Hirose, D.E., ed. 01.08.07), sendo por este absorvido, bem como "Os delitos constantes do art. 299 e 3904 do CP, somente são absorvidos pelo crime de sonegação fiscal, se o fato teve como finalidade a sonegação, constituindo, em regra, meio necessário para a sua consumação' (HC n. 75.599/SP, STJ, 5ª Turma, rel. Min. Félix Fischer, DJU, ed. 08.10.07, p. 332). É o caso dos autos, já que a potencialidade lesiva do falso perpetrado, como se infere das circunstâncias do caso, esgota-se na importação efetuada, ou seja, foi praticado apenas com o objetivo de reduzir os impostos envolvidos na operação, não se prestando para outros fins. Assim não há falar em crime de falsidade quando este encontra-se absorvido pelo delito fim" (HC n. 20070400032299-0-SC, rel. Luiz Fernando Wowk Penteado, julg. em 21.12.07).

[50] GIACOMOLLI, Nereu José. *Reformas(?) do Processo Penal*. Considerações Críticas. Rio de Janeiro: Lumem Juris. 2008, p. 67 e 107.

Aliás, a hiperinflação legislativa em nosso país maximizou as condições para involuntários erros técnicos na classificação jurídica dos fatos delituosos e, desse modo, aumentou os riscos e potencializou a insegurança jurídica.

A quantidade de normas incriminadoras semelhantes em natureza e finalidade não dispensa a atenção do acusador para que a omissão ou o erro na classificação não se transforme em ilegal fonte de restrição dos direitos do acusado, pois, é dos termos do fato corretamente classificado que se identificará – dentre outros critérios – a competência e se aferirá a pertinência da proposta de transação ou de suspensão condicional do processo (arts. 76 e 89 da Lei 9.099/95), da concessão da liberdade provisória mediante fiança e, até mesmo, a declaração da extinção da punibilidade, pela prescrição.

Exemplo paradigmático do prejuízo que o denunciado pode sofrer com a omissão ou a errônea classificação é o seguinte: importador é acusado de inserir em documentos declarações inverídicas para reduzir o pagamento de tributos. A conduta pode em tese subsumir-se ao mesmo tempo nos tipos penais da falsidade ideológica (art. 299 do CP) e d inciso I do artigo 2º da Lei Especial n. 8.137/90 (falsidade ideológica para reduzir tributos). Como nenhuma conduta pode ser duplamente sancionada, uma só das normas haverá de incidir, socorrendo-se o intérprete ou aplicador da lei de princípios hermenêuticos para resolver o problema. No caso, o princípio da especialidade faz prevalecer a norma do inciso I do artigo 2º da Lei 8.137/90 em relação à norma *geral* do artigo 299 do Código Penal. Não há quem não conheça o enunciado: a norma especial prepondera sobre a norma geral.

Lecionando sobre o tema, Hugo de Brito Machado acentuou ser "... fácil ver que o tipo falsidade ideológica, descrito no art. 299 do Código Penal, é bem mais genérico do que o previsto no art. 2º, inciso I, da Lei 8.137/90. Assim, pelo princípio da especialidade, considera-se ocorrido somente o tipo mais específico, no caso o da fraude fiscal. Enquanto a pena para a falsidade ideológica é de 1 a 5 anos, a pena para a fraude fiscal é de detenção de 6 meses a 2 anos. Isto quer dizer que a lei específica, a pretexto de combater a fraude fiscal, terminou favorecendo os sonegadores. De todo modo, o que importa é saber que o tipo específico prevalece sempre sobre o tipo genérico. Assim, não se há de cogitar-se de concurso, mas de crime único. No dizer de Silva Correa, "sempre que uma determinada expressão de vida realiza um tipo especial de delito, não pode merecer dúvidas que este tem de ser aplicável, já que só ele esgota a valoração jurídica da situação".[51]

Então, caso a denúncia seja oferecida "pelo mais", com o MP classificando o fato no artigo 299 do CP, ao invés de fazê-lo na figura correta do art. 2º, inciso I, da Lei Especial, haveria grave erro técnico (para não falarmos em desvio de poder do acusador), gerando graves prejuízos processuais ao denunciado, por impedir a transação, a suspensão do processo e até mesmo o eventual reconhecimento da prescrição, vez que o lapso temporal regido pela pena cominada à infração tributária é menor que o lapso temporal correspondente à pena cominada para o crime definido no art. 299 do CP.

---

[51] MACHADO, Hugo de Brito, Supressão ou redução de Vários Tributos Mediante Conduta Única e a Questão do Concurso de Crimes. In: *Temas de Direito Penal Econômico*. Roberto Podval, (org.). São paulo: Revista dos Tribunais, 2001, p. 345-346. No mesmo sentido: MIRABETE, Julio Fabbrini. *Código Penal Interpretado*. 5ª ed. São Paulo: Atlas, 2005, p. 2230.

É preciso, pois, trilharmos esse novo caminho, para evitarmos que o denunciado tenha que submeter-se ao processo, quando o direito pode lhe ser assegurado no início da *persecutio criminis*. Afinal, o processo é meio de contenção de excessos.

Luciano Feldens e Andrei Schmidt anotaram sobre esse tema que o Direito Penal "não mais se limita, apenas, ao contexto fático para a adequação típica da conduta, hipótese esta que, afora a verificação de elementares normativas, é comum na criminalidade clássica", isto porque, "O crime moderno vem sendo marcado muito mais pelos efeitos oriundos de um determinado fato do que, propriamente, pelo substrato material que o origina", exemplificando, precisamente, com fato classificado na denúncia como estelionato (art. 171 do CP) e deslocado para as linhas do art. 6º da Lei 7.492/86).[52]

Não pensa diferentemente Fernando da Costa Tourinho Filho.

Anotando que o acusado defende-se do fato e não da classificação e que o momento propício para o juiz dar a perfeita qualificação jurídico-penal ao fato é o da sentença, o festejado professor paulista reconhece, todavia, que, "... em determinadas hipóteses, ele não só pode como deve fazê-lo *no ato do recebimento da peça acusatória*. Assim, se o Promotor classifica o homicídio como qualificado, descabe a liberdade provisória de que trata o parágrafo único do art. 310, em face do que dispõe o art. 2º, II, da Lei 8.072/90. Sendo simples, não haverá outro empecilho a não ser aquele interposto pelo próprio parágrafo do citado dispositivo. É lícito ao Juiz, portanto, no momento do despacho liminar, analisar e investigar com escrúpulo a pretensa qualificadora, para evitar que o cidadão sofra injustificável restrição no seu direito de liberdade".[53]

Lembrando que "atualmente existe muito abuso do poder de acusar", Aury Lopes Jr., citando Elmir Duclerc[54] também admite a incidência imediata do princípio cristalizado no artigo 383 do CPP na fase do recebimento da denúncia ou queixa. Conforme as suas palavras, "Desconsiderar isso (o abuso) é uma ingenuidade. Numa dimensão patológica, é cada vez mais comum vermos nos fóruns acusações visivelmente abusivas, com a clara intenção de estigmatizar. Muitas vezes, fazem verdadeiras manobras de ilusionismo jurídico para, por exemplo, denunciar por homicídio doloso (dolo eventual), qualificado (recurso que impossibilitou a defesa da vítima ?!), o condutor de um automóvel que dirigia em velocidade excessiva ou estava embriagado, por exemplo".[55]

Atento, provavelmente, a essa realidade, o Superior Tribunal de Justiça decidiu por deslocar, em *habeas corpus*, a classificação do fato narrado na denúncia da órbita do artigo 1º, inciso I, da Lei 8.137/90 para a órbita do inciso I do artigo 2º da mesma Lei, com base no parecer da Procuradoria Geral da República de que a acusação estava "... a submeter os recorrentes a evidente constrangimento ilegal, eis que

---

[52] FELDENS, Luciano; SCHMIDT, Andrei. *Investigação Criminal e Ação Penal*. Porto Alegre: Verbo Jurídico, 2005, p. 150-151.

[53] TOURINHO FILHO, Fernando da Costa. *Processo Penal*, 26. ed. São Paulo: Saraiva, p. 395.

[54] DUCLERC, Elmir. *Curso Básico de Direito Processual Penal*, vol. 1. Rio de Janeiro: Lumem Juris, 2006, p. 250.

[55] LOPES JR., Aury. *Direito Processual penal e sua Conformidade Constitucional*, vol. 1. Rio de Janeiro: Lumem Juris, 2007, p. 405.

se adequada tivesse sido a capitulação, já se teria operado a extinção da sua punibilidade, em função da prescrição da pretensão punitiva pela pena *in abstracto*".[56]

O mesmo Superior Tribunal de Justiça decidiu que "Se o quadro fático incontroverso evidencia patente erro na definição jurídica do fato descrito na denúncia e na sentença, impõe-se o exame da ocorrência da prescrição, com base na pena máxima cominada ao delito na sua correta capitulação",[57] parecendo-nos que a sua jurisprudência vem se inclinando, paulatinamente, na direção da aceitação da *emendatio libelli* antes da fase tradicionalmente reconhecida (art. 383).[58]

Embora salientando que a *mens legislatoris* e a *mens legis* são contrárias ao recebimento da denúncia por definição jurídica distinta Charles Emil Machado Martins manifestou entendimento idêntico ao esposado pelo STJ, afirmando, textualmente que a hipótese seria admissível apenas na situação de "evidente erro material".[59]

Em suma: o rigorismo das formas procedimentais não pode ser erigido a nível que comprometa os direitos e as garantias do acusado. Se a errônea classificação gerar prejuízos ao acusado, cumpre ao juiz, no exercício dos seus poderes constitucionais de garante da cidadania, corrigi-la desde logo, podendo a matéria ser levada ainda ao conhecimento das instâncias superiores via ação de *habeas corpus* por afetar o *status libertatis* e os direitos de personalidade do acusado.

3.4. Rol de testemunhas, quando necessário

Como é notório, o acusador, amparado no princípio da liberdade de provar, pode demonstrar a existência do fato e da autoria baseado em provas testemunhais, periciais, documentais, etc.

O direito de provar, todavia, não é absoluto. Não fosse assim, o processo se transformaria em fonte de tumultos. Assim pretendendo provar com testemunhas,

---

[56] RHC 12258 / MT, 5ª Turma do STJ, j. em 14.05.02, DJ 17.06.02, p. 284.

[57] HC 8.410/SP, STJ – 6ª Turma,Rel. Min. VICENTE LEAL, julg. 29.06.99, DJU 23.08.99, p. 148.

[58] Afirmando ser possível alterar a classificação jurídica do fato em *habeas corpus* é o acórdão proferido no HC. n. 44782 / SP, 5ª T. STJ., rel. Min Gilson Dipp, *in* DJ 01.02.06, p. 577, no qual o eminente Ministro cita os julgados proferidos no mesmo sentido no HC 42.474/RJ, Rel. Ministra Laurita Vaz, DJ. de 29.08.05 e no REsp 247.263/MG, Rel. Ministro Félix Fischer, DJ 20.08.01), bem como transcreve os trechos de acórdão do Magistrado Luiz Viel, publicado na obra "Temas Polêmicos" – Estudos e Acórdãos em Matéria Criminal, Curitiba: 1999, p. 93-102, sob o título é "Abuso de acusação na denúncia. Fundamento e classificação.", cuja apresentação foi elaborada pelo Ministro Félix Fischer):
"(...) É, pois, a *opinio delicti* que o Ministério Público espelha na denúncia (ou o ofendido na queixa-crime) que inevitavelmente esse juízo não poderia ficar inteiramente entregue ao poder do articulador da peça acusatória.Há de haver, portanto, algum controle, algum poder corretivo da opinião delitiva exposta na acusação. (...). (...) Situações há em que, excepcionalmente, algum corretivo tem disso resulta desvio ou grave prejuízo, pois a titularidade da ação penal e todos os princípios reconhecidos partem da ideia fundamental de que a imputação tenha base e esteja articulada nos limites da notícia fática disponível. (...) Vê-se, portanto, que o poder acusatório, como de resto os poderes em geral que as pessoas podem ter, no âmbito da relação, não é exercível de qualquer modo ou em qualquer medida. Tudo, no ordenamento jurídico, regulando relações, definindo posições, sofre e tem de sofrer *a* limitação do bom uso, de *modus in rebus*, da legitimidade, da pertinência; a defesa tem de ser legítima, o exercício de direito regular etc."

[59] MARCHADO, Charles Emil Martins (org.). Do Procedimento Comum Ordinário, in *Teoria e Prática dos Procedimentos Penais*. Porto Alegre: Livraria do Advogado, 2009, p. 55.

o acusador terá que oferecer o rol na inicial, pena de preclusão do direito.[60] Há, por conseguinte, limitação temporal ao direito de provar: na fase do oferecimento da denúncia ou queixa, art. 41, por ocasião da apresentação da defesa verdadeiramente prévia, art. 396-A, após a pronúncia, art. 422, por meio de aditamento e quando da respectiva defesa, art. 384, § 4º, etc.

A jurisprudência inclina-se por desacolher alegação de ofensa constitucional de decisão que recusa coleta de testemunhas de defesa arroladas intempestivamente.[61] Em que pese o respeitável entendimento, pensamos que as novas regras procedimentais introduzidas pelas Leis 11.689 e 11.719, de 2008 autorizam, especialmente quando houver razoável justificativa, que o juiz colha os depoimentos requeridos para preservar a ampla defesa, até mesmo porque pode fazê-lo de ofício (art. 209).

Não fosse por esses fundamentos, seria caso de registrar, ainda, que nos termos do § 2º do art. 396-A, Se não for apresentada a resposta defensiva no prazo legal de dez dias (na qual, por óbvio, deve constar o rol de testemunhas), ou, ainda, se o acusado, citado, não constituir defensor, o juiz deverá nomear um "... defensor para oferecê-la, concedendo-lhe vista dos autos por 10 (dez) dias", quando então, por óbvio, poderá requerer a produção de prova pericial, documental, testemunhal, etc.

Assim sendo, não há razão para recusar a audiência das testemunhas arroladas intempestivamente pelo defensor constituído, ainda mais quando ele justificar a breve intempestividade, conforme reconheceu importante precedente do Tribunal de Justiça do RS.[62]

---

[60] Nos processos por crimes de abuso de autoridade (Lei 4.898/65) e por infrações de menor potencial ofensivo (Lei 9.099/95), as testemunhas poderão ser apresentadas na audiência, independentemente de prévia intimação. Em relação ao acusador, a regra não o desobriga de apresentar a nominata na inicial para que o acusado possa capacitar-se a promover as impugnações (contraditas), amparado na garantia da ampla defesa e do contraditório (arts. 5º, inc. LV, e 214 do CPP).

[61] INTEMPESTIVIDADE DO ROL DE TESTEMUNHAS DA DEFESA. Não configura afronta ao princípio da ampla defesa, o respeito aos prazos processuais. Ao contrário, a observância da forma processual também é garantia da defesa. Além disso, não há motivo relevante que justifique a intempestividade do oferecimento do rol das testemunhas. NEGADO PROVIMENTO AO AGRAVO. (Agravo de Instrumento nº 70026594770, Oitava Câmara Cível, Tribunal de Justiça do RS, Relator: Alzir Felippe Schmitz, Julgado em 25.09.08).
No mesmo sentido: "6. ROL DE TESTEMUNHAS DA DEFESA. INTEMPESTIVIDADE. CERCEAMENTO DE DEFESA. INOCORRÊNCIA. Não configura cerceamento de defesa o indeferimento de pedido de oitiva de testemunhas, meramente abonatórias, arroladas a destempo, se não comprovado óbice intransponível, para a oferta no prazo legal. Defesa que, sequer, justificou a não apresentação, no mínimo, em audiência de instrução, onde se fez presente, juntamente com o réu, isso em 26.11.04, enquanto o rol foi ofertado em 09.12.04. ORDEM DENEGADA" (Habeas Corpus nº 70010773042, Oitava Câmara Criminal, Tribunal de Justiça do RS, Relator: Fabianne Breton Baisch, Julgado em 23.02.05).

[62] DEFESA PRÉVIA. INTEMPESTIVIDADE. RECEBIMENTO. Pequena extrapolação de prazo na oferta das alegações prévias, sem aptidão alguma de promover embaraço ao regular processamento da ação penal, cujo objetivo é o da apuração da verdade, não se inscreve como algo que imponha ao magistrado o não recebimento daquela peça, com sacrifício da defesa e plantando no processo algo de que ela mesmo poderia se socorrer, no futuro, para esgrimir com cerceamento. Correição indeferida. (Correição Parcial nº 70010219939, Sétima Câmara Criminal, Tribunal de Justiça do RS, Relator: Marcelo Bandeira Pereira, Julgado em 16.12.04).

Outra limitação ao direito de provar atine com a *quantidade de testemunhas*. No procedimento comum, o número máximo é oito (art. 401 do CPP) e, no procedimento sumário, cinco (art. 532), para ambas as partes.

Tratando-se de fatos definidos como de menor potencial ofensivo, não há na Lei 9.099/95 dispositivo específico quanto ao número de testemunhas que as partes podem arrolar. Aplicando-se, subsidiariamente, o art. 532 do CPP, aos Juizados Especiais, pensamos ser possível sustentar que o número máximo é de cinco testemunhas para ambas as partes, como propunha o CPP para o revogado procedimento contravencional do art. 531, não obstante a previsão na Lei 9.099/95 de número máximo de três testemunhas para o processo civil (art. 34).

Não se incluem na limitação numérica a vítima e as pessoas que não prestam compromisso de falar a verdade, como os menores, os doentes e os deficientes mentais,[63] bem ainda as pessoas referidas nos depoimentos (§ 1º do art. 401) e aquelas que o juiz pode convocar, de ofício, para suprir omissão das partes (art. 209) ou que nada souberem que interesse à decisão da causa (§ 2º do art. 209).

Já tivemos a oportunidade de criticar esse dispositivo, seja porque permite invasão do juiz no espaço constitucionalmente assegurado às partes, seja porque agride ao sistema acusatório, adotado pelo legislador constituinte, fundado na separação de funções de acusar, julgar e defender e seu exercício por diferentes pessoas.

Para a acusação, a limitação numérica independe do número de denunciados[64] ou de fatos a provar.[65] Como ao Assistente do Ministério Público a lei faculta o direito de produzir prova (art. 271 do CPP), entende-se que poderá arrolar testemunhas apenas para completar o número legal.[66] Já em relação à defesa, o direito de arrolar o número máximo de testemunhas é para cada acusado.[67]

Há outras limitações.

As pessoas enumeradas no artigo 206 do CPP (o ascendente ou descendente, o afim em linha reta, o cônjuge, ainda que desquitado, o irmão e o pai, a mãe, ou o filho adotivo do acusado), salvo quando não for possível, obter-se ou integrar-se ao processo, por outro modo, a prova do fato e de suas circunstâncias, podem exercer a faculdade de não depor. A lei reconhece a tendência natural de cooperação entre os membros de uma família. "(...) quanto mais estreitos forem os laços consanguíneos ou afins, maior será a tendência de ajudar o acusado em detrimento da verdade, pois é muito mais forte o dever de mentir do que a obrigação para com a solidariedade comunitária".[68]

---

[63] Os menores de 18 anos, por serem inimputáveis, não podem ser responsabilizados por eventual falso testemunho. Por isso não prestaram compromisso. Os doentes mentais estão ao abrigo da causa de exclusão da culpabilidade e por isso são isentos de pena.

[64] Correição Parcial nº 691025795, 1ª Câmara Criminal do TJRS, Santiago, Rel. Des. Guilherme Oliveira de Souza Castro, j. 08.05.91.

[65] HC – 1826 nº 99.02.10688-9/RJ, 1ª Turma do TRF da 2ª Região, Rel. Juiz CARREIRA ALVIM, j. 24.08.99, Publ. DJ 04.11.99.

[66] HC 72.484, Rel. Min. Ilmar Galvão, DJ de 01.12.95, p. 41685.

[67] HC nº 72402-7/PA, 2ª Turma do STF, Rel. Min. Marco Aurelio, j. 06.06.95, DJU 29.09.95, p. 31.903.

[68] AQUINO, José Carlos G. Xavier de. *A Prova Testemunhal no Processo Penal Brasileiro*, 3.ed., São Paulo, Saraiva, 1995, p. 90-91.

Outrossim, estão legalmente *proibidas* de depor as pessoas que "em razão da função, ministério, ofício ou profissão, devam guardar segredo". Destarte, o advogado, o médico, o contador, etc., podem alegar o dever de sigilo e salvo tenham sido desobrigados pela parte interessada, podem e devem recusar-se a depor.

Recente reforma do CPP conferiu nova redação ao artigo 397, que autorizava a substituição da testemunha arrolada e não encontrada. A particularidade não deve ser invocada como óbice à substituição por outra testemunha, podendo o juiz, para assegurar a celeridade do processo, condicionar a coleta do depoimento à apresentação independentemente de intimação prévia.

A regra é o acusador retirar do inquérito a relação das testemunhas que pretende ouvir em juízo, mas, por óbvio, nada impede que apresente outra relação. Arrolada a testemunha nada impede que a parte possa desistir do depoimento (art. 401, § 2º), independentemente da concordância da parte contrária. O Juiz, sem embargo disso, tem a prerrogativa de ouvir a testemunha, se entender que ela é importante para o deslinde da causa, conforme anotamos antes.

É comum nas audiências e depois no debate da prova a confrontação das informações prestadas pela testemunha no inquérito, primeiramente e, depois, em juízo. Essa confrontação a nosso sentir é inútil, ante a supremacia do valor da prova judicial, recolhida com as garantias da ampla defesa e do contraditório.

Ademais, pequenas diferenças entre os depoimentos são absolutamente normais e quando ocorrem confirmam a fidedignidade do testemunho e não o contrário. Estudos de psicologia judiciária confirmam que a prova confiável quando as informações prestadas pelas testemunhas são dissonantes nos pontos secundários, como a cor da roupa, horário do fato, distância entre os personagens, número de pessoas, etc., sem falarmos, ainda, nas variáveis individuais, que interferem na captação, retenção e produção oral dos fatos.

Por causa disso havíamos sugerido, anos atrás, que as evidências recolhidas pela autoridade policial fossem enviadas por simples relatório e não sob a forma de inquérito, salvo quando a autoria fosse incerta ou desconhecida ou a investigação recaísse sobre fato complexo ou de difícil elucidação.[69]

De qualquer sorte, reduzindo o antes apontado inútil esforço de valorar, comparativamente, as provas do inquérito e do processo, a reforma operada pela Lei 11.690/200) perfilhou um bom caminho, conferindo às provas inquisitivas valor condenatório, desde que cautelares antecipadas ou irrepetíveis (art. 155).

3.5. O destinatário

Sendo uma petição, a denúncia, por óbvio, deve endereçar-se ao seu natural destinatário, ou seja, ao juiz (ou Tribunal, nas ações originárias), competente para a causa.

O endereçamento, todavia, não é requisito essencial à validade formal da denúncia.

A omissão implica mera irregularidade.

---

[69] BOSCHI, José Antonio Paganella. *Persecução Penal.* Rio de Janeiro: Aide, 1987.

3.6. A assinatura do representante do MP

Veiculando pedido, a denúncia precisa ser assinada pelo representante estatal: o Promotor de Justiça (ou o Procurador da República, nos processos da competência da Justiça Federal).

Embora usualmente firmada por um agente do Ministério Público, não raro nos deparamos com denúncias subscritas por dois ou mais Promotores ou Procuradores da República.

Isso ocorre naqueles casos mais complexos, que exigem investigação mais aprofundada ou que causam anômala repercussão na comunidade.

O procedimento protege aos membros do MP individualmente e confere maior relevo à atuação do Ministério Público como Instituição, sendo regular e legal, eis que a Instituição é uma e indivisível, não contando a qualidade ou a posição na carreira da(s) pessoa(s) legitimadas a falar em seu nome.

A Lei 7.669, de 17.06.82, prevê, no Rio Grande do Sul, a figura do estagiário, estudante de Direito de penúltimo ou último ano do curso, ou de semestres profissionais equivalentes, para atuar como órgão auxiliar do Ministério Público, designado pelo Procurador-Geral.

De acordo com o Decreto nº 32.182, de 20.02.86, que aprovou o Regulamento dos Estagiários Auxiliares do Ministério Público, os estagiários podiam, com a "orientação, presença e assinatura" do órgão junto ao qual atua, "elaborar e subscrever denúncias" (art. 6º, inciso I). Em julgamento de recurso, a 1ª Câmara Criminal do Tribunal de Justiça declarou irregular essa conduta,[70] sob o fundamento de que a denúncia é privativa do MP, embora não erigindo o problema em óbice ao recebimento da peça.

A matéria foi objeto de nova regulamentação pelo Provimento nº 3/2004 mediante o qual o Procurador-Geral de Justiça conferiu novas funções aos estagiários, dentre as quais não figura mais a prerrogativa de firmar denúncias.[71]

Considerada a conhecida classificação dos atos processuais *atípicos* em inexistentes, irregulares, anuláveis e nulos, a questão consiste em saber em que espécie de atipicidade enquadra-se a denúncia oferecida sem a assinatura do órgão da acusação.

Espínola Filho[72] recusava a validade da denúncia nessas condições, salvo se ficasse provado que os autos, contendo a denúncia apócrifa, haviam retornado do

---

[70] "IRREGULARIDADE CONSTANTE DA INICIAL. ASSINATURA DE DENUNCIA POR ESTAGIARIO DO MINISTERIO PUBLICO. Reputa-se irregular a assinatura da denuncia pelo estagiario do ministerio publico vez que sua funcao e de mero auxiliar administrativo do promotor. Inobstante tal irregularidade, nao cabe deixar de receber a peca inicial". (Recurso Crime nº 684000474, Primeira Câmara Criminal, Tribunal de Justiça do RS, Relator: Marco Aurélio Costa Moreira de Oliveira, Julgado em 22.02.84)
Ainda: RJTJRS, vol. 104, p. 38.

[71] "ART. 9º Compete aos estagiários, no exercício de suas funções auxiliares: I – auxiliar o Procurador ou o Promotor de Justiça junto ao qual servir, podendo acompanhá-lo nos atos e termos judiciais; II – auxiliar o membro do Ministério Público no exame de autos e papéis, na realização de pesquisas, na organização de notas, de fichários e de arquivos, no controle de recebimento e de devolução de autos, comunicando-lhe as irregularidades que observar".

[72] Ob. cit., p. 390. No mesmo sentido: Habeas Corpus nº 98.03.043356-3/SP (00045850), 2ª Turma do TRF da 3ª Região, Rel. Juiz Célio Benevides, j. 15.09.98, Publ. DJ 04.11.98, p. 179).

Ministério Público. Amparado em jurisprudência do STF, Damásio de Jesus[73] sustentou não existir nulidade a declarar, por falta de assinatura, se não for suscitada dúvida quanto à "autenticidade da peça acusatória".

A nosso ver, a denúncia não assinada não pode surtir efeito jurídico por não aperfeiçoar-se como ato processual a cargo do sujeito ativo do processo. Isso não nos impede de concluir na mesma linha preconizada pelo professor Damásio de Jesus. Com efeito, se no curso do processo o defeito for constatado pelo juiz ou pelas partes, o bom senso sugere que o representante ministerial, confirmando a autenticidade da peça, lance sua assinatura, com posterior certificação do incidente e ratificação dos atos processuais realizados.

No entanto, se a falta da assinatura for detectada pelas instâncias superiores, em fase recursal, a melhor solução, segundo nos parece, haverá de ser no sentido da declaração da *inexistência jurídica* da denúncia, embora comprovadamente existente no mundo fenomênico. Nessa situação todos os atos processuais praticados deverão ser declarados nulos de pleno direito – pois o vício diz com pressuposto de existência do processo *(causa petendi)*.[74]

3.7. O idioma nacional

No Brasil, as pessoas comunicam-se em português e é nesse idioma que deverão ser redigidos os atos e termos processuais, conforme enuncia, aliás, o artigo 156 do CPC. A denúncia tem que ser redigida na língua oficial do país, portanto. Para poder inteirar-se do fato, em toda a sua dimensão, e, assim, exercer a reação defensiva, o acusado tem o direito de ser informado no idioma nacional, e não no de qualquer outro país.

O idioma é então requisito essencial da denúncia, conquanto não enumerado no artigo 41 do CPP, uma vez que diretamente relacionado à garantia da ampla defesa. A sua violação gera a inépcia da peça e a nulidade do processo, se lavrada em outro idioma e recebida pelo magistrado.[75]

3.8. O pedido de condenação

É requisito da denúncia o explícito pedido de condenação?

Rogério Lauria Tucci respondeu afirmativamente a essa indagação,[76] salientando MIrabete, todavia, que a denúncia já contém implicitamente esse pedido,[77] sendo desnecessário reiterá-lo, pois seria redundante.

---

[73] ESPÍNOLA FILHO, Eduardo. *Código de Processo Penal Anotado*, art. 42. Nesse sentido: RT 520/433, Julgados do TACrimSP 64/103 e 51/204 e STF, RTJ 71/844. É também a opinião de Vicente Greco Filho, ob. cit., p. 115. No mesmo sentido: Apelação Crime nº 68.703-3, TJSP, Rel. Des. Cunha Camargo, j. 19.06.89.

[74] Apelação crime nº 295062814, 4ª Câm. Criminal do TARS, Rel. Vasco Della Giustina, j. 28.02.96, un.

[75] *Rev. Julgados do Tribunal de Alçada*, vol. 51, p. 143 e RJTJRS, vol. 57, p. 72.

[76] TUCCI, Rogério Lauria. *Persecução Penal, Prisão e Liberdade*. São Paulo: Saraiva, 1980, p. 86.

[77] MIRABETE, Julio Fabbrini. *Processo Penal*. São Paulo: Atlas, 1991, p. 125.

Estamos, contudo, com Espínola Filho,[78] para quem "não é na denúncia, nem na queixa, que se devem fazer as demonstrações da responsabilidade do réu; deve-se reservar isso para a apreciação final da prova, quando se concretiza (ou não) o pedido de condenação".

Desse modo, o pedido de condenação não é um requisito integrativo da denúncia, cuja função é desencadear as atividades jurisdicionais visando ao esclarecimento dos fatos, tanto assim que o acusador ao fim e ao cabo poderá requerer a absolvição do acusado, se entender que o direito ou as provas o favorecem.

Esse é o entendimento do colendo Supremo Tribunal Federal ao proclamar que os aspectos de fundo concernentes ao mérito da causa penal deverão ser examinados no momento procedimentalmente adequado, depois da necessária instrução criminal contraditória,[79] entendimento que reflete as novas e modernas funções institucionais do Ministério Público no processo penal.

Esse aspecto realça a enorme responsabilidade ministerial no momento da formação da *opinio delicti*. O ato de acusar exige cautela e ponderação. Não pode ser o resultado de análise ligeira, burocrática, formal, mecânica dos elementos de prova ou da interpretação apressada da lei. Os tipos penais não são valores numéricos ou conceitos lógicos puros, mas, sim, normas descritivas de condutas compondo um complexo sistema de relações.[80]

Portanto, do órgão do Ministério Público sempre se espera equilíbrio e responsabilidade na formulação da acusação – preservando o interesse público, de um lado, e, resguardando, do outro, também os interesses individuais indisponíveis do acusado.

Essa é a difícil missão do Ministério Público: uma Instituição do Estado, a serviço da sociedade – e não a serviço do Governo, bem destacada, aliás, por Calamandrei, há décadas, em seu famoso elogio aos juízes. Dizia o Mestre peninsular que dentre os cargos públicos aquele que mais difícil lhe parecia era, precisamente, o do Ministério Público, porque como sustentáculo da acusação deveria ser tão parcial como um advogado e como guarda inflexível da lei, precisaria ser tão imparcial como um juiz. "Advogado sem paixão, juiz sem imparcialidade, tal é o absurdo psicológico no qual o Ministério Público, se não adquirir o sentido do equilíbrio, se arrisca, momento a momento, a perder, por amor da sinceridade, a generosa combatividade do defensor ou, por amor da polêmica, a objetividade sem paixão do magistrado".[81]

4. Prazo para oferecimento da denúncia

O Ministério Público terá o prazo de cinco dias, se o indiciado estiver preso, e de 15 dias, se estiver solto, para oferecer a denúncia (art. 46 do CPP).

---

[78] Ob. cit., p. 418.

[79] DJU 164, p. 8.227, de 27.08.90.

[80] JESUS, Damásio Evangelista de. *Comentários ao Código Penal*. 1º vol. São Paulo: Saraiva, 1985, p. 256.

[81] CALAMANDREI, Piereo. *Eles, os Juízes, vistos por nós, os Advogados*. 3ª ed. Lisboa: Livraria Clássica Editora, 1960, p. 59.

Esse prazo correrá da data em que o agente ministerial receber os autos do inquérito com vista (considerada a intermedição antes referida entre ele e a autoridade policial pelo magistrado) e, segundo Tourinho Filho não obedecerá à regra geral que informa os prazos, qual seja a da não inclusão do *dies a quo*, em face da redação dada ao art. 46 do CPP.[82]

A perda do prazo pelo acusador, além das sanções administrativas ou penais para o relapso (arts. 801 do CPP e 319 do CP) não gerará nulidade, mas simples irregularidade[83] formal do processo, mas pode ensejar, se houver demora injustificável, *habeas corpus* liberatório (art. 654, § 2º, do CPP).

Retornando o inquérito à Delegacia para novas diligências requisitadas pelo MP através do juiz, o prazo começa a correr do dia, isto é, desde o dia em que o agente ministerial receber os autos novamente (§ 1º do art. 46).

Se ao invés de inquérito chegarem ao Promotor de Justiça peças de informações acompanhadas ou não de representação, o prazo começará a correr, também, da data em que recebê-las (§ 1º do art. 46).

Leis especiais prevêem prazos diversos.

A Lei 1.521/51 dispõe que o prazo será de dois dias para o oferecimento da denúncia (art. 10, § 2º), tenha ou não havido a prisão do infrator.

A Lei 5.250/51 (Lei de Imprensa) dispõe que o prazo para o oferecimento da denúncia é de 10 dias (art. 4º, § 1º).

A Lei 4.737/65, (Código Eleitoral), no artigo 357, dispõe que o prazo para o oferecimento da denúncia (art. 457) é de 10 dias.

Na Lei 4.898/65 o órgão do MP tem o prazo de 48 horas (art. 13) a contar da apresentação ao Ministério Público da representação do ofendido.

Convém anotar que esse prazo diz com representação por crime cometido por terceiro, e não por abuso de autoridade imputável ao próprio agente ministerial ou a outra autoridade submetida à jurisdição do Tribunal, em razão da prerrogativa de foro.

Nesse caso, não se aplica, por óbvio, a norma do artigo 13 e sim a do artigo 1º e seu § 21, letra *a*, da Lei Especial 8.038/90: 15 dias se o autor estiver solto e cinco dias se estiver preso, conforme entendeu o Pleno do Tribunal de Justiça do RS, acolhendo nosso posicionamento por ocasião do julgamento de ação originária intentada contra membro do MP gaúcho.[84] Esse entendimento estende-se aos demais processos da competência do Tribunal.

---

[82] TOURINHO FILHO, Fernando da Costa. *Processo Penal.* vol. 1. São Paulo: Saraiva, 2003, p. 347.

[83] "O atraso no oferecimento da denúncia não acarreta a sua rejeição. Apenas possibilita, se injustificado, sanção administrativa contra o promotor, *ex vi* do art. 801 do CPP" (RT 507/376). "Não existe a figura da preclusão na *persecutio criminis* de inicativa pública. Enquanto não prescrito o direito de punir do Estado, a ação penal de iniciativa do Ministério Público poderá ser proposta" (RT 436/320). No mesmo sentido: *Revista Julgados do Tribunal de Alçada*, vol. 28/9, e Revista de Jurisprudência do TJRS, vol. 77, p. 20.

[84] A inércia do Ministério Público é que autoriza a iniciativa da ação penal pelo ofendido nos casos de ação penal pública. Em se tratando de ação penal de competência originária deste Tribunal, regida pela Lei 8.038, o prazo para oferecimento da denúncia, de regra, é o disposto nessa lei (15 dias), e não aquele exíguo previsto na Lei 4.898, que leva em conta os procedimentos instaurados por Promotor de Justiça com atuação no 1º Grau de Jurisdição, mesmo que o crime visualizado seja o de *abuso* de *autoridade*. Hipótese em que a própria queixa-crime foi apresentada antes desses 15 dias, e isso quando já previamente definido, no âmbito do Ministério Público, o arquivamento da *representação*. Fatos,

A atual Lei de Falências 11.101/05 prevê o prazo de cinco e de quinze dias, respectivamente, para os acusados presos ou soltos, haja vista a remissão ao artigo 46 do CPP operada pelo seu artigo 187.

Assim, a revogada lei de tóxicos (6.368/76) estabelecia que o prazo para a denúncia era de apenas 3 dias. A nova Lei 11.343/06 ampliou esse prazo para 10 dias (art. 54, inciso III).

A inércia ministerial legitimará o oferecimento de queixa-crime pelo ofendido, dando-se início à denominada ação penal privada subsidiária (arts. 100, § 3º, do CP; 29 do CPP; e 5º, LIX, da CF), a qual, embora a denominação, permanece regida pelos princípios informativos da ação penal pública, conforme examinamos no capítulo correspondente, para onde remetemos o leitor.

---

mais, que, exigindo investigação criminal, tendo como representado Promotor de Justiça, haveriam de ser equacionados, no seio do Ministério Público, em prazo ainda maior, de 90 dias, prazo estabelecido por Resolução própria do Conselho Nacional do Ministério Público, com atribuições para isso, constitucionalmente estabelecidas. Queixa-crime rejeitada. (Outros Feitos nº 70021672340, Tribunal Pleno, Tribunal de Justiça do RS, Relator: Marcelo Bandeira Pereira, Julgado em 11.02.08).

Capítulo XI

A queixa-crime

Sumário: 1. Generalidades; 2. Legitimidade; 3. Requisitos; 4. Prazo; 5. As custas processuais; 6. Honorários de sucumbência.

1. Generalidades

A palavra "queixa", originária da expressão latina *querela, ae,* em sentido vulgar, sugere lamento, reclamação, inconformidade.

Em direito, entretanto, a palavra tem sentido específico: queixa é, nos moldes da denúncia e do aditamento, petição inicial que veicula uma pretensão e impulsiona a jurisdição penal por crime de ação de iniciativa privada. Ao estilo da *querela e istanza* do direito italiano, que inspirou em 1942 a edição de nosso atual Código de Processo Penal, com a queixa-crime, o processo também nasce, isto é, no dizer de Carnelutti,[1] tem seu "princípio e seu fim, abre-se, desenvolve-se e encerra-se". Como o juiz não pode agir de ofício – princípio inerente ao sistema acusatório e voltado à isenção da jurisdição –, o pedido de abertura de processo para a apuração dos fatos a punição dos responsáveis, em certos casos, é privativo da parte ofendida, sendo a queixa e o seu instrumento com equivalente denominação os meios colocados pela lei à sua disposição.

É importante alertar que a queixa, a notícia e a *delatio criminis,* embora revestidas de funções e finalidades equivalentes, porque todas noticiam fatos ilícitos e instrumentalizam pedidos de providências, têm por destinatários representantes estatais específicos: o destinatário da primeira é o Estado-Jurisdição e o das últimas é o Estado-Admistração, representado por autoridades policiais e não policiais.

É o direito de ação o que fundamenta a provocação do Estado-Jurisdição mediante *queixa,* como desdobramento do direito subjetivo que o ofendido tem à tutela estatal.

Já o que legitima o oferecimento da *notitia* e da *delatio criminis* ao Estado-Jurisdição, outrossim, é o direito constitucional de petição assegurado pela Lei Maior a todos os cidadãos (art. 5°, inc. XXXIV), objetivando providências preparatórias necessárias (embora não imprescindíveis) ao exercício da ação penal pelo ofendido.

---

[1] CARNELUTTI, Francesco. *Como se faz Um Processo*. Belo Horizonte: Líder, 2001, p.75.

O alerta é importante porque é com o oferecimento da queixa (e não com o encaminhamento da *notitia criminis* ou da *delatio criminis)* que o ofendido consegue evitar o perecimento do direito pela decadência (art. 38 do CPP) e com o seu recebimento pelo juiz que alcança a interrupção do curso do prazo prescricional (art. 117, I).

A *notitia* e a *delatio criminis* não geram esses efeitos, mesmo quando endereçadas ao Delegado de Polícia ou outra autoridade administrativa contendo a denominação "queixa-crime", de modo que os prazos da decadência e da prescrição fluem normalmente durante a fase administrativa da *persecutio criminis,* precisando haver cuidados de parte do ofendido ou de seu defensor para que as investigações requeridas sejam concluídas dentro dos seis meses aludidos pelo artigo 38 do CPP para representar e oferecer queixa-crime.

A queixa, no dizer de Carnelutti, propicia a *introdução* ao processo, naquele sentido de alguém que "chama à porta do juiz e lhe pede justiça, e o juiz o introduz para perto de si. Não se trata de um ato, mas de uma fase. Todo o processo é um caminho que se percorre a passos únicos, um atrás do outro. Para estudá-lo, devemos distinguir vários setores, do primeiro dos quais estamos agora nos ocupando".[2]

A persecução penal mediante queixa é exceção no direito brasileiro, voltada aos casos em que a ofensa é tênue, o interesse pela punibilidade interesse predominantemente ao ofendido ou, ainda, naqueles casos em que, embora graves, a publicidade do processo potencialize riscos de danos ao nome, à honra ou à intimidade do ofendido. Por isso a lei deixa ao seu critério a definição sobre a instauração ou não da ação penal.

É muito fácil a identificação no Código Penal dos delitos de ação de iniciativa privada.[3] É suficiente conferir se, após a definição típica, existe ou não a clássica fórmula: "procede-se mediante queixa". Se o resultado dessa conferência for afirmativo, isso significará que a legitimidade ativa para a causa será exclusivamente do ofendido ou de quem seja o seu representante, conforme já examinamos no capítulo sobre a ação penal, sendo exemplos os tipos dos arts. 138, 139, 140, 161, § 1º, I e II, 163, 164 e 179 e parágrafo único, 184 a 186 e 236, dentre outros.[4]

---

[2] CARNELUTTI, Francesco. *Como se faz Um Processo*. Belo Horizonte: Líder, 2001, p.75.

[3] Dissemos ação penal de "iniciativa" privada para o fim de identificar o sujeito ativo da ação porque, rigorosamente, toda a ação é pública, endereça-se contra o Estado e não contra o réu e só por razões especiais é que a iniciativa para provocar a jurisdição (isto é, para o exercício do direito de ação) é entregue pelo Estado-Administração ao particular.

[4] Há que ter cuidado no exame das figuras penais porque alguns fatos podem ser objeto de ação de iniciativa privada ou de ação pública, conforme o caso. Assim, por exemplo, os ilícitos definidos nos artigos 213 a 220 do CP serão objetos de ação penal privada, desde que não tenham sido cometidos com abuso de pátrio poder ou por padrasto, curador ou tutor, da violência não resulte lesão corporal grave ou morte ou a ofendida ou seus pais não possam prover as despesas do processo (arts. 223 e 225, § 1º, I e II, do CP). Quanto ao estupro com lesões corporais leves, o entendimento sumulado é o de que, por ser crime complexo (art. 101 do CP), a ação penal é de iniciativa do Ministério Público independentemente de representação da vítima (Súmula 608 do STF), com o que não concordava Damásio (Cód. Anotado, art. 101), para quem estas seriam absorvidas pelo crime maior. Esse entendimento continua sendo aceito independentemente do advento da Lei 9.099/95, cujo art. 88 transformou de pública incondicionada em pública condicionada à representação a ação pelo crime de lesões corporais leves e culposas, segundo já esclarecemos quando dissertamos sobre as condições de procedibilidade, onde abordamos outros temas que guardam pertinência com a queixa-crime e para onde remetemos o leitor.

2. Legitimidade

Parte legítima para oferecer a queixa-crime, fenômeno que se concretiza com a entrega do documento escrito em cartório[5] ou, se houver mais de uma vara criminal competente, no serviço de distribuição do fórum,[6] é sempre do ofendido, pessoa física ou jurídica,[7] denominado doutrinariamente de *querelante*.

O estado ao conferir ao ofendido uma legitimação extraordinária para mover a ação penal não lhe transfere o *jus puniendi* porque esse poder-dever é monopólio intransferível.

O ofendido, em verdade, com a queixa, o que faz é exercer, como substituto processual, o *jus persequendi in juditio*, promovendo a defesa, a um só tempo, do interesse estatal na punição e do seu próprio interesse em processar o querelado para obter sentença condenatória que lhe assegurará o direito inquestionável de obter no cível uma reparação patrimonial pelos danos sofridos.

Então, ao provocar a jurisdição mediante queixa, guiado por juízo conveniência, o querelante-ofendido, pessoalmente ou representado (artigos 30, 34 e 33 do CPP), promove, em *nome próprio* a defesa do interesse público na punição do autor do crime (*jus puniendi*) e ao mesmo tempo protege aos seus próprios interesses, privados.

Todo cidadão com idade mínima de 18 anos detém legitimidade para intentar a ação penal. Se, entretanto, for menor ou mentalmente enfermo, ou retardado mental, o direito de ação será exercido *por quem tenha qualidade* para representá-lo (artigos 30 e 33 do CPP), observada a ordem indicada no artigo 31, por imposição do comando do artigo 36 do CPP, bem como a Súmula 594 do STF, que contempla a duplicidade do direito de queixa, tema desenvolvido no Capítulo VIII, item 2.

A regra do artigo 34 perdeu a sua eficácia frente ao artigo 5º do atual Código Civil, que considera cessada a menoridade aos 18 anos completos, *quando a pessoa fica habilitada à prática de todos os atos da vida civil*.

Pode ocorrer que os interesses do representante legal sejam conflitantes com os interesses do menor. É o que ocorre, v. g., nas infrações cometidas no recesso do lar e nas violações sexuais imputadas a avós, pais ou padrastos, sendo necessário, nesse caso, a nomeação de um curador especial pelo juiz para que este exerça em nome do ofendido o direito de queixa (arts. 33 e 34).

O direito de queixa não perece com a morte do ofendido, podendo o oferecimento da queixa ou o requerimento para a continuidade do processo instaurado em vida pelo querelante ser requerida pelo cônjuge, ascendente, descendente ou irmão (art. 31), na ordem aqui enumerada (art. 36). Se o representante do querelante préfalecido desistir da ação ou abandonar o processo, qualquer uma das pessoas listas no artigo 31 do CPP poderá assumir a condição de querelante e prosseguir impulsionando o feito.

---

[5] Na Lei dos Juizados Especiais Criminais (Lei 9.099/95) a queixa-crime é oferecida oralmente, em audiência (art. 77, § 3º).

[6] *Rev. Julgados do TARS*, vol. 40, p. 145.

[7] Conquanto não possa ser sujeito ativo, a pessoa jurídica reúne capacidade para ser sujeito passivo de crime, cabendo-lhe requerer a abertura do inquérito policial para a coleta das provas indispensáveis à formação da justa causa e também dar início à ação penal por meio de queixa-crime subscrita por advogado inscrito na OAB.

O oferecimento da queixa pelo parente do ofendido morto precisa ocorrer dentro do prazo decadencial de seis meses (art. 38 do CPP). Embora a falta de clareza no Código, parece-nos que se a autoria do fato já era conhecida do ofendido e de seus parentes, o tempo decorrido, antes da morte daquele, deve ser considerado na contagem do prazo global referido no artigo 38 do CPP.

Já quanto a morte do ofendido ocorrer durante a tramitação do processo-crime por ele próprio instaurado e, também, quando for declarada a sua incapacidade ou reconhecida judicialmente a sua ausência, o prazo para as pessoas enumeradas no artigo 31 do CPP requererem o *prosseguimento* da ação penal é de 60 dias (art. 60, inciso II), sob pena de extinção da punibilidade pela perempção.

3. Requisitos

Os requisitos da queixa são os mesmos exigidos para a denúncia, a saber, a indicação do nome e a qualificação do querelante e do querelado ou dos sinais físicos característicos deste último, a descrição explícita e circunstanciada do fato criminoso, a classificação do crime, o rol de testemunhas, quando necessário (art. 41 do CPP), o endereçamento, o respeito ao idioma nacional e a assinatura do querelante – se for advogado inscrito na OAB – ou de seu procurador.

Para evitarmos repetições desnecessárias, remetemos o leitor ao capítulo anterior, no qual apontamos os requisitos formais da denúncia, por serem comuns à queixa.

Acrescentamos que não sendo o querelante advogado a queixa deverá ser subscrita por procurador com poderes especiais (art. 44), sem que essa cláusula legal atue como impedimento para que *subscreva* a peça técnica junto com o seu advogado.

A providência é, aliás, recomendável, porque de um lado comprova que o querelante tem ciência dos termos da imputação e, de outro, resguarda o advogado do risco de acusação por excesso de mandato.

É fundamental não esquecer que o instrumento do mandato conferido ao advogado, além do nome do querelado (e não só do *querelante*, como enuncia insuficientemente o artigo 44 do CPP) deverá conter a menção, mesmo resumida, do fato criminoso, salvo quando os esclarecimentos "dependerem de diligências que devem ser previamente requeridas no juízo criminal".

A previsão do artigo 44 do CPP encontra boa justificativa, consoante a doutrina e a jurisprudência assentes, na necessidade de fixação *a priori* dos limites do mandato, para que os eventuais excessos sejam suportadas pelo advogado e não pelo constituinte. Se o advogado ultrapassar os limites preestabelecidos no mandato e (salvo as hipóteses alcançadas pela imunidade material, prevista no artigo 142 do CP.), e, para além do *animus narrandi* ou *defendendi*, atentar contra a honra do acusado-querelado, será dele, advogado, e não do querelante, o seu constituinte, as responsabilidades penal e civil daí advindas.

O advogado não pode olvidar, portanto, esse detalhe, especialmente considerando que não há direitos absolutos e que a imunidade material não alcança a calúnia.[8] Se caluniar, responderá pela calúnia, livrando-se apenas da injúria e da difamação, ambas alcançadas pela regra do artigo 142 do CP.

Como esclarece Damásio, basta, para os efeitos do artigo 44, que no instrumento do mandato haja a *menção* do fato, pois o dispositivo não exige a descrição de *todos os aspectos do fato*, sendo certo, ainda, que existem decisões aceitando a mera referência ao artigo de lei violado[9] ou ao *nomem juris* do fato criminoso,[10] embora não seja seguro orientar-se por elas, por serem minoritárias.

Ante essa relativa vacilação na jurisprudência, é sempre recomendável que o procurador reproduza, mesmo sinteticamente, o fato, para prevenir-se de futura alegação de nulidade por ilegitimidade na representação da parte (art. 568).

O descumprimento da exigência prevista no art. 44 do CPP é causa de nulidade sanável dentro do prazo decadencial.[11] Se o defeito não for sanado, a consequência será a declaração da extinção da punibilidade,[12] salvo a queixa contenha, também, a assinatura do Querelante,[13] a evidenciar prévio conhecimento e adesão ao texto. Interpretação bem mais liberal permite que o defeito seja sanado "a todo tempo antes da sentença final", mesmo após o transcurso do prazo decadencial.[14] Mais seguro, todavia, é acostar o novo instrumento de procuração aos autos do processo, com a satisfação da exigência, *dentro do prazo decadencial,* para evitar-se o risco de que o Tribunal venha a conferir outra interpretação mais prejudicial.

Independentemente dessas observações acima, parece-nos que a interpretação conferida pelos tribunais quanto à nulidade e a extinção da punibilidade por desres-

---

[8] "1 – A imunidade concedida aos advogados pelo artigo 133, da Constituição Federal não abrange o crime de calúnia, conforme entendimento desta Corte. 2 – O crime de calúnia não se configura quando não há ação dirigida com o fim de atingir a honra da vítima, não havendo, desta forma, intenção de caluniar. 3 – Concedida a ordem" (STJ, 6ª T., rel. Des. Conv. Jane Silva, julgado em 22. de abril de 2008).

[9] DAMÁSIO, *Código de Processo Penal Anotado*, art. 44.

[10] *Rev. Julgados do TARS*, vol. 4, p. 5. No mesmo sentido: "O requisito do art. 44 do CPP, de conter a procuração para o oferecimento de queixa-crime a menção do fato criminoso, não impõe a descrição, ainda que sucinta, do mesmo fato, mas a referência a ele, na proteção dos interesses prevalentes envolvidos no processo penal, quando a persecução se dá por particular, e não por pretensão do próprio Estado, bastando, no instrumento, a indicação dos artigos de lei infringidos pelo querelado, ou a do nomen juris do fato criminoso (...)" (*Revista Julgados*, vol. 84, p. 150).

[11] "1. O defeito da procuração outorgada pelo querelante ao seu advogado, para propor queixa-crime, sem menção do fato criminoso, constitui hipótese de ilegitimidade do representante da parte, que, a teor do art. 568 do C. Pr. Penal, "poderá ser a todo o tempo sanada, mediante ratificação dos atos processuais" (RHC 65.879, Célio Borja). Precedentes. (Habeas Corpus nº 86994/RJ, 1ª Turma do STF, Rel. Min. Sepúlveda Pertence. j. 14.03.06, DJ 31.03.06).
No mesmo sentido: Apelação Crime nº 32.443, 1ª Câmara Criminal do TJSC, Rel. Des. Cláudio Marques, j. 18.04.95.

[12] "Nos termos do art. 44 do Código de Processo Penal no instrumento de mandato deverá constar a menção, ainda que sucintamente, do fato criminoso, a fim de evitar eventual abuso por parte do Procurador ao descrever o ilícito na inicial acusatória privada, sob pena de nulidade do processo. Processo anulado e decretada extinta a punibilidade da querelada" (Apelação Crime nº 698519808, 8ª Câmara Criminal do TJRS, Rel. Des. Marco Antônio Ribeiro de Oliveira, j. 24.04.99). No mesmo sentido: RTJ 40/414 e 57/554 e Revista Julgados do TARS, 31/123, 49/203.

[13] STJ, RHC 7.762, 5ª T, Rel. Min. Edson Vidigal, DJU 14.04.98, p. 92, in Alberto Franco *et alii*. *Código de Processo Penal Interpretado*, p. 1187.

[14] Habeas Corpus nº 297012890, 3ª Câmara Criminal do TARS, por nós relatado, j. 12.06.97. No mesmo sentido: STF, HC 62.015, Rel. Min. Alfredo Buzaid, DJU 10.08.84, p. 12.447; DJU nº 160, de 21.08.95, p. 25376, HC nº 3.361-2/SP, Rel. Min. Assis Toledo; RJDTACRIM, vol. 21 Jan./Mar./94, p. 276, Rel. Juiz Ribeiro Machado e Rev. Julgados do TARS, vol. 86, p. 56

peito da regra do artigo 44 é altamente contraditória e injusta, porque embora orientada a resguardar o ofendido-querelante dos excessos cometidos por seu advogado acaba punindo-o com a declaração de perecimento do processo pela nulidade ou pela extinção da punibilidade por causa de erro técnico cometido não por ele e sim por seu procurador, que, sendo um técnico em direito, não poderá alegar o desconhecimento da lei.

Dizendo de outro modo, como aceitar a afirmação de que a exigência da menção do fato criminoso no instrumento procuratório tem por objetivo proteger o Querelante-Outorgante se, pelo defeito técnico, fruto da negligência ou da imperícia do advogado, será daquele e não deste o prejuízo processual causado pelo descuido técnico do profissional?

Por tais fundamentos, a melhor interpretação parece ser mesmo a constante de precedente do Colendo STJ no sentido de que a falta de menção do fato criminoso no instrumento procuratório configura-se como defeito sanável a qualquer tempo, por não interferir na *legitimatio ad causam*.[15]

Eventuais problemas relacionados ao excesso de mandato devem ser apurados e resolvidos em outro procedimento e com a participação das partes interessadas, sem prejuízo da ação aforada pelo Querelante para solver o litígio com o Querelado.

Por infrações da competência do Juizado Especial Criminal, a queixa, consoante o artigo 77, § 3º, da Lei 9.099/95 será oferecida *oralmente*.

Nada impede, contudo, que o querelante apresente, na audiência, a queixa por escrito, reportando-se aos seus termos, requerendo a juntada e o registro do fato na ata da audiência.

Por fim: para ser recebida, a queixa, tanto quanto a denúncia (e o aditamento pessoal ou real) precisa estar lastreada em provas mínimas constitutivas de justa causa (art. 395, III do CPP), sendo esta obtida, via de regra, em inquérito policial ou peças de informações (documentos avulsos).

Em certos crimes, *v. g.*, os cometidos contra a honra, é preciso, não raro, a interpelação judicial do ofensor para que ele *esclareça* os termos empregados e considerados ofensivos pelo querelante. O esclarecimento é indispensável para a perfeita configuração da tipicidade penal, porque, muitas vezes, as palavras utilizadas para ofender são ambíguas.

Heleno Fragoso já dizia que "frequentemente a ofensa é feita de forma equívoca e duvidosa, a fim de que possa o agente praticá-la com maior segurança, certo de que atingirá o alvo. (...). Ora, o fato é imputado de forma dubitativa; ora se dá da pessoa visada, apenas algumas características, ora, enfim, empregam-se palavras de duplo sentido, que podem expressar a ofensa",[16] a justificar o pedido de explicações em juízo.

A matéria estava regulada no artigo 25 da Lei de Imprensa (5.250/67). A referida lei foi em 30 de abril de 2009 considerada inconstitucional pelo Supremo Tribunal Federal, desaparecendo, portanto, a explícita autorização para a interpela-

---

[15] Recurso Ordinário em Habeas Corpus nº 17005/PA (2004/0173321-7), 5ª Turma do STJ, Rel. Min. Gilson Dip. j. 08.03.05, unânime, DJ 28.03.05.

[16] FRAGOSO, Heleno Cláudio, (Lições de Direito Penal, Parte Especial, Vol. I, Rio, Forense, 1987, p. 203). Nesse sentido, ainda: RT 709/401, STF, relator Min. Celso de Mello, in FRANCO, Alberto, *Código Penal e sua Interpretação Jurisprudencial*. São Paulo: RT, 2001, p. 2346.

ção judicial, que, entretanto, por *continuar* prevista no artigo 144 do Código Penal, continuará sendo realizada nos moldes preconizados pela referida lei para a salvaguarda dos direitos do ofendido decorrentes dos princípios constitucionais que asseguram proteção à honra e à intimidade.

A interpelação judicial (também conhecida como *pedido de explicações em juízo*) é um expediente administrativo, vale dizer, desprovido de conteúdo persecutório penal, cujos autos, após a prestação das informações no prazo assinalado pelo juiz ou mesmo a negativa do interpelado em oferecê-las, serão entregues ao interessado, independentemente de traslado, para que ele os acoste à queixa-crime e satisfaça, assim, as exigências da justa causa.

É importante anotar que a interpelação judicial só será admitida se o direito de queixa não tiver sido alcançado pela decadência,[17] sendo certo também que o oferecimento da interpelação não tem o efeito de *interromper* o curso do prazo decadencial porque, sabemos todos, o prazo decadencial não é alcançado por suspensões ou interrupções, diferentemente do que ocorre com a prescrição.[18]

4. Prazo

Para que a ação penal de iniciativa privada, genuína ou personalíssima, possa ser exercida e daí provocar o nascimento do *processo* é preciso que a queixa-crime seja *oferecida,* isto é, entregue em cartório ou no setor da distribuição do fórum dentro do prazo decadencial de seis meses, que é contado do dia da identificação do autor da infração pelo ofendido ou seu representante legal (art. 38 do CPP).

Tratando-se de ação penal privada subsidiária (art. 5º, inc. LXIX da CF e art. 29 do CPP) o prazo para a queixa é de 6 meses mas começará a correr do dia em que se esgotar o prazo assinalado pela lei para o oferecimento da denúncia pelo órgão do MP (arts. 38 e 46). Sendo a vítima-querelante menor de 18 anos, o prazo de 6 meses começará a partir do dia que alcançar a maioridade (Súmula 594)

Consoante o artigo 529 do CPP, por crimes contra a propriedade imaterial previstos na Lei 9.279/96, o prazo decadencial para o oferecimento da queixa é de 30 dias, contado da data da homologação do laudo pericial.[19]

---

[17] Recurso Crime nº 71001066695, Turma Recursal Criminal, Turmas Recursais, Relator: Nara Leonor Castro Garcia, Julgado em 20.11.06).

[18] Apelação Crime nº 297016172, Segunda Câmara Criminal, Tribunal de Alçada do RS, Relator: Tupinambá Pinto de Azevedo, Julgado em 09.10.97 e Queixa-Crime nº 70002293595, Quarta Câmara Criminal, Tribunal de Justiça do RS, Relator: Gaspar Marques Batista, Julgado em 26.04.01.

[19] "A persecução penal dos denominados crimes contra a propriedade imaterial, que deixam vestígios, exige, como condição para o recebimento da queixa-crime, a demonstração prévia da existência da materialidade do delito atestada por meio de perícia técnica. A norma do art. 529 do Código Processual Penal, de caráter especial, prevalece sobre a geral do art. 38, desse mesmo diploma legal. Em consequência, o direito de queixa é de 30 (trinta) dias, contados da sentença homologatória do laudo pericial. Recurso conhecido e provido". (REsp n. 336.553/SP, Rel. Ministro José Arnaldo da Fonseca, 5ª Turma, DJ 24/3/03, p. 263).
No mesmo sentido: "O trintídio, nos crimes contra a propriedade industrial, conta-se a partir da data em que o querelante foi intimado da decisão homologatória do laudo. A data que marca a propositura da ação, que é de ser tomada como compreendida no lapso temporal de trinta dias, para fins de decadência, aceito o prazo como decadencial, é aquela em que despachada ou distribuída a queixa, independente-

Há uma exceção. Se a prova da materialidade do delito de concorrência previsto na citada lei especial não exigir perícia técnica, a queixa, por essa infração, poderá ser oferecida no prazo de 6 meses (art. 38 do CPP).[20]

O prazo decadencial (assim com o prazo prescricional) tem natureza penal e começa a fluir *desde no dia* da identificação da autoria do crime (arts. 10 e 111, I, do CP), não se estendendo a ele, portanto, a regra prevista no § 1º do art. 798 do CPP que manda excluir da contagem o *dies a quo* (art. 798, § 1º).[21]

O prazo decadencial, outrossim, não é passível de interrupções ou suspensões (como ocorre com o prazo prescricional), de modo que, iniciado o seu curso, fluirá, ininterruptamente, mesmo durante férias, domingos, feriados, etc., até o seu *dies ad quem.*

Por todos esses motivos, é importante relembrar: o requerimento para a abertura do inquérito (art. 5º, § 5º, do CPP) *ou* a interpelação judicial como medida preparatória da ação[22] por crime contra a honra, precisa tramitar com rapidez, para que a queixa-crime possa ser entregue no cartório ou no serviço de distribuição do fórum dentro do prazo decadencial (art. 38 do CP, como regra),[23] porque tanto o re-

---

mente do dia em que forem pagas as custas, mesmo que estas venham a se efetivar após o trintídio" (Habeas Corpus nº 70001404714, Sétima Câmara Criminal, Tribunal de Justiça do RS, Relator: Luís Carlos Ávila de Carvalho Leite, Julgado em 21.09.00).

Ainda: I – Tratando-se de crimes contra a propriedade industrial, daqueles que deixa vestígios, a perícia técnica comprobatória da materialidade é condição de procedibilidade para o recebimento da queixa. II – O prazo para a decadência do direito de queixa nos crimes contra a propriedade industrial é aquele previsto no art. 529 do CPP, tendo início na data da intimação da homologação do laudo pericial, quando o interessado tem ciência e certeza da materialidade do delito. Precedente. III – Recurso desprovido. (Recurso Especial nº 738328/SP (2005/0040640-9), 5ª Turma do STJ, Rel. Gilson Dipp. j. 14.03.06, unânime, DJ 03.04.06).

[20] "... Em sede de crime de concorrência desleal, que se consuma sem deixar vestígios, a realização prévia de perícia não é indispensável à propositura da ação, incidindo o prazo decadencial de seis meses do direito de queixa expresso na regra geral do artigo 38 do Estatuto Processual, contado do dia em que o ofendido vier a tomar conhecimento do autor do crime ..." (RHC 7590 / SP, STJ, 6ª T., rel. Min. Vicente Leal, in DJ 24.05.99, p. 199).

[21] "Como regra, o prazo da decadência é de 06 (seis) meses e em se tratando de causa de extinção da punibilidade o prazo tem natureza penal, devendo ser contado nos termos do art. 10 do Código Penal e não de acordo com o art. 798, § 1º do Código de Processo Penal, quer dizer, inclui-se no cômputo do prazo o dies a quo. Assim, tendo em vista que a queixa-crime foi oferecida antes de esgotado o prazo legal não há que se falar em extinção da punibilidade em razão da decadência" (Ação Penal nº 390/DF (2004/0163560-9), Corte Especial do STJ, Rel. Min. Félix Fischer. j. 01.06.05, unânime, DJ 08.08.05).

[22] "O pedido de explicações constitui típica providência de ordem cautelar, destinada a aparelhar ação penal principal, tendente a sentença penal condenatória. O interessado, ao formulá-lo, invoca, em juízo, tutela cautelar penal, visando a que se esclareçam situações revestidas de equivocidade, ambiguidade ou dubiedade, a fim de que se viabilize o exercício futuro de ação penal condenatória. A notificação prevista no Código Penal (art. 144) e na Lei de Imprensa (art. 25) traduz mera faculdade processual, sujeita a discrição do ofendido. E só se justifica na hipótese de ofensas equívoca" (*Habeas corpus* nº 67919-6/SP, 1ª Turma do STF, Rel. Min. Celso de Mello, j. 04.06.91, DJU 04.09.92, p. 14090). No mesmo sentido, quanto ao pedido de explicações: Habeas Corpus (Cr) nº 0001156-1/00, 2ª Câmara Criminal do TAMG, Rel. Paulo Medina, j. 23.05.89, un. Publ.: RJTAMG 38-39/347-348.

[23] "Nos crimes contra a honra normalmente se procede mediante queixa, ressalvadas as exceções previstas em lei. Não se pode confundir pedido de abertura de inquérito policial com queixa-crime. O prazo desta última é decadencial e não se suspende ou interrompe pela interpelação judicial. É fatal e se computa a partir da ciência de quem foi o autor da conduta tida por delituosa. Decisão: Desprover à unanimidade" (Recurso em Sentido Estrito nº RSE160396/DF (87053), 2ª Turma Criminal do TJDFT, Rel. Sandra de Santis, j. 23.05.96, Publ. DJU 18.09.96, p. 16.373). Ainda: Recurso em Sentido Estrito 135445000, Juiz

querimento para a abertura do inquérito quanto a interpelação judicial não impedem a extinção da punibilidade pela decadência, conforme anotamos antes.

Se não for possível erradicar as causas determinantes da demora do inquérito ou do pedido de explicações, o ofendido poderá dispensá-los e oferecer a queixa com base em quaisquer outros elementos probatórios disponíveis (recortes de jornais, documentos, cartas, declarações por instrumento particular, etc.), acostando posteriormente aos autos o inquérito e os autos da medida preparatória com ou sem as explicações.

Com a finalidade de evitar redundâncias, remetemos o leitor ao capítulo VIII, cujos comentários guardam relação com o assunto focado neste momento e aos quais deve agregar as notas explicativas aqui apresentadas.

5. As custas processuais

Consoante o art. 806 do CPP, "nas ações intentadas mediante queixa, nenhum ato ou diligência se realizará, sem que seja depositada em cartório a importância das custas", implicando a falta de pagamento, nos prazos fixados em lei, ou marcados pelo juiz, "renúncia à diligência requerida ou deserção do recurso interposto" (§ 2º).

É ônus do ofendido-querelante, portanto, antes de entregar a queixa em cartório ou no setor de distribuição do Fórum, recolher aos cofres públicos o valor das custas. O comprovante do pagamento deverá acompanhar a inicial como condição para que ela se admitida e processada.[24] É grave esquecer esse detalhe, porque nem sempre é possível corrigir a omissão mediante oferecimento de outra queixa, antes da fluência do prazo decadencial.

O pagamento das custas é também condição para a admissibilidade dos recursos,[25] independentemente de quem seja o recorrente (o Querelante[26] ou o Querelado[27]), tudo nos exatos dizeres do artigo 806, parágrafo único, do CPP e do artigo 511 do CPC, o dispositivo rotineiramente invocado nos precedentes criminais.[28]

---

conv. Ronald Moro, 3ª Câmara Criminal do TAPR, j. 10.08.99, Ac.: 5542, p. 27.08.99. Questão de Ordem nº 774/RJ, Tribunal Pleno do STF, Rel. Min. César de Mello, j. 23.09.93, DJU 17.12.93.

[24] Habeas Corpus 74338/PB, 2ª T. do STF, Rel. Min. Néri da Silveira, j. 27.09.96, DJU 23.06.00, p. 9

[25] QUEIXA-CRIME. AÇÃO PENAL PRIVADA. SENTENÇA PARCIALMENTE PROCEDENTE. INCONFORMIDADE DO QUERELADO. ARTIGOS 138 E 139, AMBOS DO CÓDIGO PENAL. DESERÇÃO. NÃO CONHECIMENTO. Em se tratando de ação penal privada é necessário o preparo prévio para recorrer, sendo então, o aludido recolhimento de custas condição de admissibilidade da inconformidade. Inteligência dos artigos 806, § 2º, e 32, ambos do Código de Processo Penal. Não havendo o preparo, tampouco comprovação de que o apelante está sob o pálio da Assistência Judiciária Gratuita, não pode ser conhecido o recurso de apelação. NÃO CONHECERAM DA APELAÇÃO. (Recurso Crime nº 71001844059, Turma Recursal Criminal, Turmas Recursais, Relator: Laís Ethel Corrêa Pias, Julgado em 27.10.08).

[26] Apelação Crime nº 99.004074-7, 2ª Câmara Criminal do TJSC, Rel. Des. Nilton Macedo Machado, j. 22.06.99.

[27] Apelação Crime nº 99.05.04041-3/RN, 1ª Turma do TRF da 5ª Região, Rel. Juiz Ubaldo Ataíde Cavalcante, j. 02.12.99, Publ. 24.03.00, p. 630.

[28] "Preparo – Tratando-se de ação penal de iniciativa privada, não merece conhecimento o recurso interposto sem o devido preparo. RECURSO NÃO-CONHECIDO". (Recurso Crime nº 71001915545, Turma Recursal Criminal, Turmas Recursais, Relator: Angela Maria Silveira, Julgado em 15.12.08).

Esses dispositivos há muito deveriam ter sido extirpados de nosso ordenamento jurídico. Já dissemos alhures que, ao vedar a prática da Justiça Privada, o Estado assumiu o compromisso de editar políticas públicas, de criar e de manter serviços competentes para a sua execução, de modo que, rigorosamente, não é do autor ou do réu que pagam pesados impostos custear, com mais encargos (as taxas judiciárias) o funcionamento do sistema judicial.

A justiça criminal – nas ações de iniciativa privada – portanto, não é gratuita, mas a lei contempla ao ofendido-querelante sem recursos financeiros para custear o processo a possibilidade de requerer a assistência judiciária gratuita (AJG), desde que faça a prova desse estado (Lei 1.060/50).[29]

A nosso ver, a exigência de pagamento das custas do processo antes do aforamento da queixa ou do recurso criminal deveria ser simplesmente eliminada de nosso sistema penal.

É que embora o ofendido-querelante com a ação e o processo vise à defesa do seu interesse privado, qual seja, o de buscar, com o título condenatório, a mais reparação dos danos causados pela infração, a verdade é que com a ação e o processo também promove a defesa do interesse público na punição de todos os que descumprem a lei penal.

Não fosse por esse argumento jurídico há, ainda, outro, de natureza política: os cidadãos já pagam muitos e altos impostos para terem serviços públicos de qualidade, de modo que a obrigação de pagar as custas do processo constitui um reprovável *bis in idem* tributário.

A nosso ver, caminhou na contra-mão a recente Lei 11.900/09 exigindo da defesa o prévio pagamento das custas relacionadas às cartas rogatórias destinadas à coleta de depoimento de testemunha residente no exterior.

Como o acusado é presumivelmente inocente e qualquer cerceamento à liberdade de provar – dado que o ônus da prova é do órgão do acusador – implica violação à garantia da mais ampla defesa resulta que, sendo pobre e não conseguindo o benefício da assistência judiciária gratuita, correrá o risco de sofrer prejuízo em sua defesa.

O condenado, outrossim, deverá pagar as custas do processo – conforme declara o artigo 804 do CPP – independentemente da espécie de ação: pública ou de

---

Mais: "Por força do art. 511 do CPC, o preparo é condição de admissibilidade do recurso, operando-se a preclusão consumativa, se não efetuado, o que implica na deserção da inconformidade. Norma que complementa o disposto no art. 806, § 2º, do CPP" (Recurso Crime nº 70000923110, 7ª Câmara Criminal do TJRS, Rel. Des. Luís Carlos Ávila de Carvalho Leite, j. 08.06.00).

Ainda: Apelação Crime nº APR1930498/DF (112544), 2ª Turma Criminal do TJDFT, Rel. Joazil M Gardes, j. 11.02.99, Publ. DJU 19.05.99, p. 96. Apelação Crime nº 297039216, 7ª Câmara Criminal do TJRS, Rel. Des. Luís Carlos Ávila de Carvalho Leite, j. 04.06.98; SER nº 19980110002325rse/DF (114252), 1ª Turma Criminal do TJDFT, Rel. Everards Mota e Matos, j. 06.05.99, Publ. DJU 16.06.99, p. 53.

[29] "…. INVOCAÇÃO DE FALTA DE PREPARO. Na espécie, houve pedido da parte querelante do benefício da assistência judiciária gratuita, com a juntada aos autos de declaração de insuficiência de recursos, bem como de declaração anual de isento do Imposto de Renda, sendo que o referido benefício restou deferido pelo magistrado a quo, nos termos do artigo 12 da Lei 1.060/50. Preliminar Rejeitada..." (Recurso em Sentido Estrito nº 70024901357, Segunda Câmara Criminal, Tribunal de Justiça do RS, Relator: Laís Rogéria Alves Barbosa, Julgado em 14.08.08)

iniciativa privada, salvo demonstre a impossibilidade de fazê-lo,[30] quando da execução, ao juízo das execuções penais.[31]

6. Honorários de sucumbência

O sistema do Código de Processo Penal – diferentemente do sistema do Código de Processo Civil – não prevê a obrigação do vencido pagar os honorários do advogado da parte vencedora, como bem anotam Hélio Tornaghi,[32] Borges da Rosa[33] e Espínola Filho,[34] dentre outros autores.

A realidade fala mais alto, entretanto. O advogado tem custos elevados para manter em funcionamento o seu escritório. Adquire livros e material de expediente, cartuchos para impressoras, paga aluguéis, condomínio, funcionários, telefones, internet, xérox, impostos, etc., e, como é óbvio, precisa auferir o ganho necessário à sua sobrevivência e de seus familiares.

Daí a justa aprovação pela Ordem dos Advogados do Brasil de normativa interna assegurando ao advogado nomeado pelo juiz para promover a defesa na ausência de defensor público o direito de requerer ao Estado o pagamento dos honorários, em valores preestabelecidos.

---

[30] Apelação Crime nº 70029348836, Oitava Câmara Criminal, Tribunal de Justiça do RS, Relator: Isabel de Borba Lucas, Julgado em 27.05.09.

[31] Crime nº 70021839071, Primeira Câmara Criminal, Tribunal de Justiça do RS, Relator: Ivan Leomar Bruxel, Julgado em 20.02.08.

[32] TORNAGHI, Hélio. *Instituições de Processo Penal*. 4º vol., 2ª ed., rev. e atual. São Paulo: Saraiva, 1978, p. 401.

[33] ROSA, Inocêncio. *Comentários ao Código de Processo Penal*. 3ª ed., atual. por Angelito A. Aiquel. São Paulo: Revista dos Tribunais, 1982, p. 893.

[34] . ESPÍNOLA FILHO, Eduardo. *Código de Processo Penal Brasileiro Anotado*. 6ª ed., vol. IX. Rio de Janeiro: Borsoi, 1965, p. 93-97.

Capítulo XII

O aditamento

Sumário: 1. Conceito de aditamento; 2. Formas e requisitos do aditamento; 3. Espécies de aditamento; 4. Finalidades do aditamento; 4.1. O aditamento retificativo; 4.2. O aditamento pessoal; 4.2.1. O aditamento pessoal imposto pela indivisibilidade da ação (arts. 29 do CP, 48 e 417 do CPP); 4.2.2. O aditamento pessoal determinado pela conexão e continência (arts. 76, I, e 77, I, do CPP); 4.3. O aditamento real; 4.3.1. Aditamento real para redimensionamento da própria imputação, em razão de decisão declinatória de competência; 4.3.2. Aditamento real para nova definição jurídica do fato na sentença, em consequência de prova nos autos de circunstância ou de elementar, não contida explícita ou implicitamente na denúncia ou na queixa (art. 384); 4.3.3. Aditamento real para a nova definição jurídica do fato na pronúncia, mesmo após o decurso do prazo preclusivo, em consequência de prova nos autos de circunstância ou de elementar, não contida explícita ou implicitamente na denúncia ou na queixa ou de fato superveniente que altere a classificação do crime (arts. 411, § 3º, 418 e 421).; 4.3.4. Aditamento real por fatos novos conexos ou continentes (arts. 76, I a III, e 77, II, do CPP); 5. Provas no aditamento real ou pessoal; 6.Prazos para o aditamento.

1. Conceito de aditamento

Em sentido vulgar, "aditar" é adicionar, agregar, acrescentar algo, "fazer aditamento" ou suplemento[1] e, no plano jurídico, indica o acréscimo ao pedido feito pelo sujeito ativo da ação pública ou de iniciativa privada.

Sob o ponto de vista formal, o aditamento segue as exigências formais estabelecidas em lei para a denúncia ou queixa e, diferentemente do sistema processual civil, que condiciona o seu oferecimento apenas entre a citação e o despacho saneador, e desde que haja a concordância da parte contrária, o Código de Processo Penal permite ao acusador requerer, independentemente da vontade do acusado, a alteração dos limites do pedido, até a fase anterior à sentença e, no procedimento especial do Júri, inclusive depois de prolatada a pronúncia, para os fins de:

a) acrescentar ou corrigir pontos secundários da narrativa e da classificação jurídica (art.383 do CPP);

b) redesenhar os limites do pedido, em razão de declinatória de competência;

c) direcionar a acusação a terceiro, coautor ou participante, para preservação da indivisibilidade da ação (arts. 45, 48, 49 e 417 do CPP);

---

[1] FERREIRA, Aurélio Buarque de Hollanda. *Pequeno Dicionário Brasileiro da Língua Portuguesa.* 11ª ed. São Paulo: Editora Nacional.

d) atribuir ao acusado a prática de fato conexo ou continente (arts. 76 e 77 do CPP);

e) conferir ao fato narrado na pronúncia ou na sentença nova definição jurídica (arts. 384 e 418 do CPP);

f) alterar os limites da pronúncia preclusa, no mesmo grau de jurisdição, em razão da superveniência de fato que altere a classificação jurídica do crime (art. 421, § 1º, do CPP).

Logo adiante analisaremos essas hipóteses mais detidamente.

2. Formas e requisitos do aditamento

Por ser uma espécie de petição inicial criminal, o aditamento segue *a forma escrita* (regra geral) e, salvo quando tiver por fim o acréscimo de informações ou a correção de algum ponto secundário da narrativa, deverá subordinar-se aos requisitos enumerados no artigo 41 do CPP e todos aqueles examinados no capítulo X, para onde remetemos o leitor, que dizem com as exigências formais da denúncia ou queixa.

A lei permite no art. 384, excepcionalmente, o oferecimento de *aditamento oral* para propiciar ao juiz dar na sentença uma nova definição jurídica para o fato narrado, em razão de elementar ou de circunstância qualificadora ou de causa especial de aumento de pena evidenciada pela prova recolhida em audiência.

Nessa excepcional situação, após ser oferecido, o aditamento será *reduzido a termo* não só para a futura comprovação da prática do ato pela parte como ainda porque dele necessariamente terá que ser cientificada a defesa para que possa impugná--lo, produzir prova e se quiser de reinquirir o acusado, seguindo-se, só depois, os debates e o julgamento da causa (art. 384, § 2º), salvo o juiz entenda conveniente abrir prazo para apresentação de memoriais (§ 3º do art. 403), sentenciando, após, no prazo legal de 10 dias (parágrafo único do artigo 403).

Por todos esses motivos, o aditamento submete-se à mesma disciplina do artigo 395 do CPP e da decisão de não recebimento ou rejeição caberão, respectivamente, os recursos em sentido estrito e apelação. A falta de requisitos integrativos essenciais, outrossim, gerará a nulidade absoluta do aditamento e, consequentemente dos atos do processo subsequentes (art. 564, III, letra *a*, do CP).

3. Espécies de aditamento

Há duas espécies de aditamento.

Diz-se que é *espontâneo* quando o acusador decide, *sponte propria,* oferecer o aditamento. É denominado de *provocado* quando a providência é realizada por ele após *provocação* do juiz.

O aditamento espontâneo é a regra geral, eis que, normalmente, é o acusador quem toma a iniciativa de aditar, sendo de observar que na dicção do artigo 384, quando destinado a possibilitar a nova definição jurídica do fato em razão de *circunstância* ou de *elementar* o aditamento é obrigatório. Esse dever advém da razão jurídica que informa o princípio da obrigatoriedade da ação pública. Há que entender-se que a providência não dispensa provas de justa causa para que o adiamento possa ser recebido e viabilizar os trâmites processuais específicos.

Durante o andamento do processo ou após o término da audiência de instrução e julgamento, conforme o caso, o magistrado poderá *provocar* o órgão do Ministério Público ou o Querelante a aditar a denúncia ou queixa, seja para preservação do princípio da indivisibilidade da ação penal, para inclusão do coautor ou participante no processo, seja para poder dar ao fato narrado uma nova definição jurídica – inclusive após o trânsito em julgado da pronúncia, consoante preveem os artigos 49, 384, 408, § 5º, 417, 418 421, § 1º, do CPP. Não tivesse o poder de provocar, careceria de sentido o prazo de 5 dias para o MP aditar, constante do artigo 384 do CPP.

O poder judicial de provocação do acusador continua sendo muito criticado pela doutrina pátria, consoante dissemos em nosso esgotado ação penal e repetimos mais recentemente em artigo sobre o tema,[2] sob as alegações de não encontrar "suporte constitucional"[3] e de constituir indevida invasão nos espaços constitucionalmente assegurados ao *Parquet.*

Lecionando sobre o tema há décadas, Paulo Tovo[4] dizia que ao conferir de ofício nova definição jurídica do fato ou ao *provocar* o órgão do MP a aditar, como dispunham o *caput* do art. 384 e seu parágrafo único, o juiz transformava-se em acusador e invadia o âmbito das atribuições asseguradas pela Constituição ao *Parquet* (art. 129, I).

Para Geraldo Prado, ainda, o controle judicial sobre o MP viola o modelo acusatório de processo e sua clássica divisão e entrega das funções de acusar, julgar e defender por pessoas diferentes.[5]

Essa é também a posição crítica de Nereu José Giacomolli.

Discorrendo sobre a reforma procedimental, esse autor salienta que intervenção do juiz é inconstitucional, quebra o *due process of law* e não se afina com o princípio acusatório, gerando prejuízos à defesa.[6]

Em que pese reconhecermos certo conflito com o modelo acusatório de processo que, segundo vimos, reserva ao juiz o papel de terceiro imparcial com competência para decidir a questão posta ao seu exame pelas partes em litígio (aceitando-se, para os fins do argumento, a existência de litígio em matéria penal), parece-nos, *venia concessa,* que o poder judicial de provocar o órgão do MP não implica usur-

---

[2] BOSCHI, José Antonio. O Devido Processo Legal: Escudo de Proteção do acusado e a práxis Pretoriana. In: MOREIRA, Rômulo (Org.). *Leituras Complementares de Processo Penal.* Salvador: Podium, 2008, p. 161 e ss.

[3] GIACOMOLLI, Nereu José. *Reformas(?) do Processo Penal.* Considerações Críticas. Rio de Janeiro: Lumem Juris, 2008, p. 108.

[4] TOVO, Paulo Cláudio (org.). Introdução à Principiologia do Processo Penal Brasileiro. *Estudos de Direito Processual Penal.* Porto Alegre: Livraria do Advogado, 1995, p. 31. Afirma o insigne professor gaúcho: "Em qualquer das hipóteses do art. 384 e seu parágrafo único, portanto, sempre é necessário o aditamento, sob pena de admitirmos que o juiz também possa ser acusador e juiz ao mesmo tempo".

[5] PRADO, Geraldo. *Sistema Acusatório.* Rio de Janeiro: Lumem Juris, 1999, p. 163.

[6] GIACOMOLLI, Nereu José. Op. cit., p. 108.

pação da função ministerial (art. 129, I) porque a palavra final sobre a sugerida redefinição jurídica do fato mediante aditamento continuará sendo do Ministério Público.

Esse é também o pensar de Charles Emil Machado Martins, *in verbis:* "Agora, a regra é que a *mutatio* seja precedida de aditamento espontâneo. Entretanto, excepcionalmente, a lei permite ao julgador 1que provoque aditamento1, pois ele tem a função (por alguns considerada anômala) de fiscal do princípio da obrigatoriedade da ação penal. Assim, quando o magistrado, ao vislumbrar, em tese, a necessidade de aditamento á inicial, provocará o acusador a pronunciar-se. Evidentemente, o promotor não está obrigado a aditar, todavia, deverá fundamentar sua posição. Havendo discordância em realizar espontaneamente o aditamento á acusação, cabe ao magistrado invocar o art. 28 do CPP, para que sobre o caso se manifeste o Procurador Geral de Justiça (art. 384, § 1º do CPP). Este, por sua vez, poderá aditar, designar um outro representante ministerial para fazê-lo ou, mesmo, também entender não ser caso de aditamento, hipótese em que restará ao juiz prolatar sentença absolutória ou condenatória, nos exatos termos da inicial".[7]

4. Finalidades do aditamento

Consideradas as finalidades antes apontadas, o aditamento pode ser classificado como *retificativo, real* e *pessoal* .

Denomina-se de *retificativo* o aditamento destinado a produzir a simples correção dos dados periféricos registrados na denúncia ou queixa ou a promover a reclassificação jurídica do fato narrado.

É qualificado como *pessoal* o aditamento destinado a preservar a indivisibilidade da ação penal (arts. 45, 48, 49 e 417 do CPP e 29 do CP) ou a ampliar a imputação ao réu por outro "fato conexo" (art. 76, I, II e III) ou "continente" (art. 77, II), como alternativa destinada a evitar o oferecimento de nova denúncia ou queixa.[8]

É definido como *real* o aditamento destinado ao redimensionamento da própria imputação em razão de decisão declinatória de competência; à nova definição jurídica do fato na sentença, em consequência de prova nos autos de circunstância ou de elementar, não contida explícita ou implicitamente na denúncia ou na queixa (art. 384); à nova definição jurídica do fato na pronúncia, em consequência de prova nos autos de circunstância ou de elementar, não contida explícita ou implicitamente na denúncia ou na queixa antes e após a sua prolatação em razão de fato superveniente que altere a classificação do crime (arts. 411, § 3º, 418 e 421) e à imputação ao réu de prática de fatos conexos ou continentes (arts. 76, I, a III, e 77, II do CPP).

Examinemos essas hipóteses.

---

[7] MARTINS, Charles Emil Machado (org.). Do Procedimento Comum Ordinário. *Teoria e Prática dos Procedimentos Penais*. Livraria do Advogado, Porto Alegre, 2009, p. 90.
[8] *Revista de Jurisprudência do Tribunal de Justiça do RS*, 54/25.

4.1. O aditamento retificativo

O aditamento retificativo tem por objetivo suprir ou corrigir os *dados laterais ou periféricos* constantes da denúncia ou queixa. Não gerando nulidades,[9] os defeitos de narrativa devem ser afastados em nome da maior clareza e segurança jurídica no processo.

Há omissões compreensíveis. O acusador nem sempre dispõe, na fase inicial da persecução penal, de elementos informativos no inquérito ou nas peças de informações que o capacitem a dizer na denúncia ou queixa tudo quanto precisaria dizer, como, por exemplo, o dia, a hora exata e local preciso, a distância, o número de pessoas, todos os instrumentos utilizados pelo agente, etc.

Daí poder o *aditamento retificativo* ser utilizado pelo acusador a qualquer momento, antes da sentença, sem necessidade de nova citação, de reinquirição de testemunhas, do acusado ou mesmo de abertura de prazo para manifestação defensiva.

O aditamento retificativo pode ser oferecido, ainda, para a correção da *classificação jurídica do fato narrado*, isto é, para o sua subsunção a outro dispositivo da lei penal.

Embora o defeito na classificação constitua mera irregularidade haja vista antiga lição doutrinária, chancelada pelos tribunais, de que o réu defende-se do fato narrado, e não do artigo de lei, sendo do juiz e não do acusador a missão de promover *na sentença* a classificação do crime (art. 383), nada impede e tudo recomenda que o acusador, visando à higidez, à transparência e à segurança jurídica no processo, promova o aditamento para a finalidade apontada.

Explica-nos Tourinho Filho que a necessária congruência entre o *fato narrado e a sentença* não alcança o dispositivo legal apontado na denúncia ou queixa,[10] de modo que, se o acusador descrever na denúncia um furto com "rompimento de obstáculo", mas, por qualquer razão, classificá-lo no *caput* do art. 155 do CP, ao invés de fazê-lo no § 4º, I, caberá ao juiz, na sentença condenatória, corrigir o erro, ainda que venha a impor pena mais grave do que a correspondente ao tipo erroneamente apontado, pois o réu, como dissemos, defende-se do fato, e não da capitulação jurídica.[11]

Não raro, a correção da classificação jurídica é providência imperiosa para a preservação dos direitos do acusado e por isso quando deixar de ser promovida em aditamento, sustentamos que a defesa, amparada nos artigos 396 e 396-A e nas garantias constitucionais, tem o legítimo interesse de denunciar o fato ao juiz para que este, desde logo, confira ao fato narrado a classificação reclamada pela narrativa realizada na inicial acusatória, sem precisar aguardar a fase do artigo 383 do CPP. consoante explicamos, em detalhes, no capítulo X, para onde remetemos o leitor, evitando tautologia.

Caso o deferimento do aditamento retificativo desloque o fato para outro tipo penal que, em tese, autorize a suspensão condicional do processo, o acusador deverá

---

[9] PEDROSO, Fernando de Almeida. *Processo Penal, o Direito de Defesa*: Repercussão, Amplitude e Limites. São Paulo: Revista dos Tribunais, 2001, p. 126.

[10] TOURINHO FILHO. Fernando da Costa. *Processo Penal*. Bauru: Jalovi, 1979/IV, 155.

[11] SHIMURA, Sérgio Seiji. Breves Considerações sobre a *Emendatio Libelli* e a *Mutatio Libelli*, in *Rev. AJURIS*, 48/105.

propor ao autor do fato esse benefício despenalizador (art. 383, § 1º, do CPP, c.c. o artigo 89 da Lei 9.099/95).

Nereu Giacomolli lembra, com senso de oportunidade, que é a partir da classificação dada ao fato que o MP formula ou não a transação ou a suspensão condicional do processo, providência que o juiz também deve tomar quando, pela "adequada tipicidade" advinda de desclassificação ou de afastamento de parte da pretensão acusatória" verificar que o acusado, em princípio, faz jus ao benefício.[12]

Caso o órgão da acusação recuse o oferecimento da proposta de suspensão condicional do processo ainda assim o juiz poderá exercer do controle assegurado pelo enunciado da Súmula 696 do STF, erigido, também, em fonte inspiradora da nova regra do § 1º do artigo 384 do CPP.

O legislador na nova disciplina legal contemplou explicitamente a suspensão condicional do processo mas omitiu a transação penal, provavelmente atrelado ao sistema do Juizado Especial que assinala como momento para o oferecimento dessa medida a audiência preliminar.

No entanto, dir-se-ia, que como a transação e a suspensão condicional do processo acham-se regidas pela mesma razão jurídica, isto é, visam a evitar o litígio, a privilegiar o consenso e a assegurar ao autor do fato a chance de pagar o débito social mediante o cumprimento de pena não privativa de liberdade, tudo recomendaria que o órgão do MP oferecesse ao autor do fato a dupla proposta: de transação e de suspensão condicional do processo ante o desaparecimento dos óbices propiciado pela nova definição jurídica, pela desclassificação em sentença de mérito ou ainda pela absolvição do crime conexo ou continente.

Essa é a sugestão de Luiz Flávio Gomes, Rogério Sanches Cunha e Ronaldo Batista Pinto, *in verbis:* "O mencionado dispositivo (o § 1º do artigo 383 do CPP) se refere, apenas, à suspensão condicional do processo. Entendemos, porém, que, se da nova definição jurídica, surgisse uma infração penal a admitir a transação penal (outro instituto despenalizador previsto na Lei 9.099/95), poderia o juiz, por analogia, adotar o mesmo procedimento. Suponhamos que, deflagrado um processo pela prática de furto qualificado, conclua o juiz, ao final, ter se verificado o delito de exercício arbitrário das próprias razões, cuja pena máxima cominada é de um mês (art. 345 do CP). Nada impediria que, desde logo, fosse aberta a possibilidade para a transação penal. Se para os crimes de competência do tribunal do Júri, muito mais graves, a atual redação do parágrafo único, do art. 60 da Lei 9.099/95, determina a aplicação, desde logo, pelo juiz-presidente, da transação penal (...) com muito mais razão poderia tê-lo feito também aqui", embora esses autores concluam em contraste com a opinião externada, que, "Ante a omissão, ... não restará outra alternativa ao juiz senão determinar o envio dos autos ao JECrim".[13]

Em que pese a respeitável lição, parece-nos, entretanto, que se da nova classificação jurídica resultar a conclusão de que o fato narrado na inicial é, em tese, da competência do Juizado Especial Criminal, o que o juiz deve fazer é enviar os autos

---

[12] GIACOMOLLI, Nereu José. *Reformas(?) do Processo Penal*. Rio de Janeiro: Lumem Juris, 2008, p. 111.

[13] GOMES, Luiz Flávio; CUNHA, Rogério Sanches; PINTO, Ronaldo Batista. *Comentários às Reformas do Código de Processo Penal e da Lei de Trânsito*. São Paulo: RT, 2008, p. 326.

do processo a esse Juizado para que o MP proponha a transação ou a suspensão do processo, como deflui, aliás,claramente, do § 2º do art. 383.

Não endossamos, portanto, a respeitável lição de Luiz Flávio Gomes, Rogério Sanches Cunha e Ronaldo Batista Pinto de que o órgão do MP deveria ser intimado para propor a transação ou a suspensão do processo[14] só possível nas desclassificações ou absolvições quando o magistrado em acusações por crimes conexos ou continentes, continuar competente para julgar estes últimos.

Dissemos antes que o recebimento do aditamento retificativo para o mero ajustamento da classificação jurídica (*emendatio libelli*) – art. 569 do CPP – não determina nova citação ou reabertura dos prazos defensivos, porque, como é intuitivo, não há, com o aditamento, alteração nos limites da imputação deduzida na denúncia ou queixa. Todavia, se o juiz considerar conveniente a providência, para acautelar os interesses da defesa e prevenir nulidades, nada impede que conceda ao réu prazo para impugnações e, se julgar oportuno, designe dia e hora par outro interrogatório. Suponha-se que a denúncia seja omissa quanto ao horário do crime e que o aditamento seja oferecido para especificar esse detalhe e assim neutralizar-se o álibi invocado pelo acusado. É claro que, diante desse nesse cenário, será imperiosa a intimação da defesa para falar e, se entender, produzir prova, sob pena de nulidade do processo, com propõe a garantia do contraditório.

O aditamento destinado a retificar a inicial não interrompe o prazo prescricional antes interrompido pela decisão de recebimento da denúncia ou queixa (denúncia ou queixa – art. 117, I, do CP). Se não fosse assim, o acusador acabaria concentrando em suas o poder de disposição do prazo da prescrição, eternizando, unilateralmente, a punibilidade.

4.2. O aditamento pessoal

É *pessoal* o aditamento porque o seu interesse primordial é o imputado e não o fato por ele praticado. Por meio de aditamento pessoal amplia-se a acusação e não apenas promove-se a retificação formal da vestibular, vez que a autoridade policial, nem sempre consegue, por maior que tenha sido o sem empenho, apurar, a um só tempo, a identidade de todos os envolvidos no fato, para que o órgão acusador os inclua na peça acusatória.

São diversos os fundamentos que possibilitam o oferecimento do aditamento pessoal.

Examinemo-los, separadamente.

4.2.1. O aditamento pessoal imposto pela indivisibilidade da ação (arts. 29 do CP, 48 e 417 do CPP)

Como dissemos antes, razões éticas e jurídicas determinam que as atividades persecutórias alcancem a todos aqueles que, direta ou diretamente, tenham concorrido para com a infração penal.

---

[14] GOMES, Luiz Flávio; CUNHA, Rogério Sanches; PINTO, Ronaldo Batista. *Comentários às Reformas do Código de Processo Penal e da Lei de Trânsito*. São Paulo: RT, 2008, p. 326.

O sentimento de Justiça propõe que a ação penal deva ser intentada contra todos e não contra alguns dos coautores ou partícipes do resultado criminoso. Por conseguinte, se no curso do processo criminal surgirem provas indicando o envolvimento de terceiros no fato, o acusador, ao invés de oferecer outra denúncia, poderá, no mesmo processo, abrir uma nova relação jurídico-processual por meio de aditamento e requerer a citação do coautor ou partícipe para que venha responder à acusação (art. 396), obervadas as normas procedimentais pertinentes e as garantias constitucionais.

O artigo 29 do CP dispõe, aliás, que todos aqueles que concorrerem para com o crime incidirão nas penas a ele cominadas. Esclarece Alberto Franco que "na maior parte dos casos, o delito é praticado por um único indivíduo a quem se reservou o título de 'autor'. Algumas vezes, no entanto, o 'autor' não age isoladamente: há diversos 'autores' que atuam em conjunto, numa verdadeira divisão de tarefas, para a concretização de um crime. Outras vezes, certos indivíduos são alcançados pela lei penal não porque tenham praticado uma conduta ajustável a uma figura delitiva, mas porque, embora executando atos sem conotação típica, contribuíram, objetiva e subjetivamente, par a ação criminosa de outrem. Para eles, foi atribuída a denominação de 'partícipes'".[15]

Então, o ofendido, na ação de sua iniciativa, atua como o primeiro guardião da indivisibilidade (art. 48 do CPP), sabendo-se que, se descurar desse encargo, deixando fora da queixa coautor ou participante identificado, pagará um alto preço, qual seja, a extinção da punibilidade pela *renúncia* ao direito de queixa em benefício de todos os infratores.[16] O ofendido detém o direito de avaliar a conveniência e a oportunidade de oferecer a queixa, mas, decidindo-se por ela, terá que, necessariamente, direcioná-la contra todas as pessoas que de qualquer modo concorreram para com o fato.[17]

---

[15] FRANCO, Alberto. *Código Penal e sua Interpretação Jurisprudencial*. v. 1. 7ª ed. São Paulo: Revista dos Triunais, 2001, p. 481.

[16] A obrigação de oferecer a queixa-crime contra todos não impede eu o querelante, autorizado pelo art. 51 do CP, conceda o perdão a um e prossiga no feito contra o outro acusado...
Essa obrigação do querelante não é, entretanto, absoluta, pois a lei processual penal autoriza, no art. 51, que a ação possa continuar em relação ao acusado que tenha recusado o acusador. É como consta do texto: "O perdão concedido a um dos querelados aproveitará a todos, sem que produza, todavia, efeito, em relação ao que o recusar".
É claro que a recusa ao perdão proposto pelo querelante não o obriga a insistir com o processo. Amparado no princípio da disponibilidade, que rege a ação de iniciativa privada, se por qualquer motivo não tiver mais interesse na prestação jurisdicional (sentença), o querelante poderá, simplesmente, "deixar de promover o andamento do processo durante trinta dias seguidos" e dar causa à decretação da extinção da punibilidade pela perempção (artigo 60, inciso I).

[17] 1. A ação penal de iniciativa privada é indivisível justamente para evitar a escolha, por parte do querelante, de contra quem irá demandar. O controle da indivisibilidade pelo Ministério Público deve dar-se através da aplicação do artigo 49 do Código de Processo Penal, ou seja, por meio da extinção da punibilidade em relação a todas as empresas... "(Apelação Crime nº 70020320107, Sexta Câmara Criminal, Tribunal de Justiça do RS, Relator: Nereu José Giacomolli, Julgado em 27.03.08)

Essa conclusão encontra base na melhor doutrina[18] e vem sendo reiterada pela jurisprudência, inclusive do Supremo Tribunal Federal.[19]

Além do querelante, o Ministério Público também exerce a guarda do princípio da indivisibilidade, conforme se depreende dos artigos 45 e 48 do CPP, mas isso não significa reconhecer a legitimidade do MP para *convocar* ao processo o coautor ou participante.

Paulo Tovo, citando Frederico Marques e invocando precedente jurisprudencial,[20] dizia, com o costumeiro acerto, que o promotor de Justiça não tem legitimidade para requerer na ação de iniciativa privada a extensão da ação penal ao terceiro excluído[21] porque, nessa ação, atua como *custos legis* e não como parte, lição perfilhada também por Vicente Greco Filho[22] e Julio Fabbrini Mirabete.[23]

Ainda de acordo com a lição do ilustre professor e jurista gaúcho, apoiado à época no hoje revogado inciso III do art. 43, o "único modo do MP zelar pela indivisibilidade da ação penal privada, em caso de renúncia do querelante", consistia em arguir "a extinção da punibilidade do querelado", amparado nas disposições do art. 49, combinado com os arts. 48, do CPP, e 108, inc. V, do CP.

Sem divergir em essência, Júlio César Ribas afirmou, entretanto, que na condição de fiscal da lei o MP poderia aditar a queixa para corrigi-la ou complementá-la, "a fim de que a inicial vingue nos limites dos fatos apontados e nos termos da pretensão punitiva do ofendido".[24]

Pensamos que nessa condição de "assistente" do ofendido/querelante, com atividade secundária e sem poderes para evitar o abandono, a desistência da ação, a perempção e o perdão, o MP poderá aditar a queixa para, no máximo, alertar ao querelante e ao juiz sobre a existência de coautores ou participantes a acusar. De que adiantaria, com efeito, poder o Ministério Público aditar a denúncia contra o coautor se o querelante pode deixar de impulsionar o processo e dar causa à extinção da punibilidade pela perempção?

Não é esse o pensar de Tourinho Filho,[25] Bento de Faria[26] e Câmara Leal,[27] amparados em jurisprudência do Supremo Tribunal Federal,[28] todos sustentando que

---

[18] FRANCO, Ary Azevedo. *Código de Processo Penal*. Rio de Janeiro: Forense, 1960, p. 139; DAMÁSIO. *Código de Processo Penal Anotado*, art. 48; NORONHA, Magalhães. *Curso de Direito Processual Penal*. São Paulo: Saraiva, 1974, p. 32 e ESPÍNOLA FILHO. *Código de Processo Penal Comentado*, V/452, dentre outros; Delmanto, citando jurisprudência, inclusive do Supremo Tribunal (RTJ 47/310, 43/827 e 91/480), afirma ser tranquila a conclusão de que o não oferecimento da queixa contra um dos ofensores equivale à renúncia, que se estende aos demais (*Código Penal Comentado*, art. 104).

[19] RTJ 43/826.

[20] Publicado na Rev. Julgados do Tribunal de Alçada de São Paulo, vol. 57, p. 94.

[21] TOVO, Paulo Cláudio. Aditamento da Queixa pelo Ministério Público; Amplitude, *in AJURIS*, vol. 18, p. 27 e ss.

[22] GRECO FILHO, Vicente. *Manual de Processo Penal*. São Paulo: Saraiva, 1991, p. 113.

[23] Nesse sentido é também o pensamento de Julio Fabbrini Mirabete, *in Processo Penal*. São Paulo: Atlas, 1991, p. 130. Idem: RJTAMG 54-55/546).

[24] RT 464/306.

[25] TOURINHO FILHO, Fernando da Costa. Aditamento à Queixa, *AJURIS*, vol. 21, p. 226.

[26] FARIA, Antonio Bento de. *Código de Processo Penal*. Rio de Janeiro: Record, 1960, vol. 1, p. 151.

[27] LEAL, Luiz Antonio Câmara. *Comentários ao Código de Processo Penal Brasileiro*. v. 1. Rio de Janeiro: Forense, p. 203.

[28] RTJ 43/827 e RT 202/387.

o Ministério Público pode sim aditar a queixa para, em nome da indivisibilidade, convocar terceiro ao processo, desde que observado o prazo a que se refere o § 2º do art. 46 do CPP.

Assim se expressava Tourinho Filho antes da modificação legislativa operada pela Lei 11.719/08: "O aditamento, pois, a que se referem os arts. 45 e 46, § 2º, do CPP, por força do que dispõe o art. 48, do mesmo diploma, implica inclusão de corréu. Tal proceder do MP não viola o princípio da oportunidade ou da conveniência, em face do poder conferido ao querelante de se rebelar contra o aditamento, quando, pois, o disposto no art. 49 do CPP, terá inteira aplicação".[29]

Segundo o eminente professor, açodado seria o procedimento do órgão do MP que, ao verificar a existência do terceiro excluído, já fosse postular ao juiz a decretação da extinção da punibilidade, nos termos do art. 107, inc. V, argumentando, sem maiores aprofundamentos, que a renúncia em relação a um, a todos se estenderá... A omissão, no seu dizer, nem sempre traduz desejo de renúncia, notadamente quando a queixa for intentada sob a pressão da urgência, e assim não poderia o promotor de Justiça *a priori* chegar a essa conclusão, pois como "poderia devassar o íntimo psíquico do querelante para auscultar-lhe o propósito de excluir da queixa algum ou alguns dos corréus"?[30]

Acaso não pudesse o Ministério Público aditar a queixa para chamar ao processo o coautor ou participante excluído – na lição do eminente professor –, o art. 45 do CPP seria de uma inocuidade fantástica.

Num plano intermediário, Mirabete defendia o aditamento pelo MP para chamar o terceiro excluído quando a inclusão na queixa não tivesse ocorrido por motivo relevante. Nas suas palavras: "Quando, porém, por desconhecimento da identidade de alguns autores ou por falta de provas de participação desses coautores ou participantes não foi possível a inclusão deles na queixa, o aditamento para incluí-los assim que surgirem os elementos suficientes é não só lícito, como obrigatório. Nessa hipótese não houve renúncia tácita e ao Ministério Público cumpre zelar pela indivisibilidade da ação privada, como está expresso no art. 45 do CPP".[31]

Conquanto seja inteligente, essa proposição esbarra na dificuldade de avaliar – o que não raro depende de prova – a procedência ou improcedência do motivo alegado – deslocando o foco e tumultuando a tramitação do processo.

Há alguns anos havíamos manifestado no livro Ação Penal nosso apreço pela posição de Tourinho Filho. Não teria sentido, dizíamos, a lei processual autorizar o aditamento da queixa pelo promotor (art. 45) e ao mesmo tempo impor-lhe tão sérias limitações.

Hoje estamos ainda mais convencidos de que a iniciativa para a inclusão de coautor ou participante no processo por meio de aditamento à queixa é exclusivamente do querelante não só porque a legitimidade ativa do MP é restrita à ação pública, mas, ainda, porque a ação penal de iniciativa privada é estruturalmente distinta daquela. Como é possível ver nos artigos 49 e seguintes, o ofendido pode desistir do processo. Um dos meios eficazes consiste em não aditar simplesmente a queixa, algo impensável no âmbito da ação pública.

---

[29] TOURINHO FILHO, Fernando da Costa. Aditamento à Queixa, *AJURIS*, vol. 21, p. 230.

[30] Idem, p. 228.

[31] MIRABETE, Júlio Fabbrini. *Processo Penal*. São Paulo: Atlas, 1991, p. 131.

O aditamento pessoal, pelo querelante, para inclusão no processo de coautor ou participante identificado na prova recolhida também é admitido na ação penal privada subsidiária (§ 3º do artigo 100 do CP, no art. 29 do CPP e no inc. LIX do art. 5º da CF.), cuja origem história foi registrada no capítulo V deste livro.

Além do querelante, pode fazê-lo, no prazo legal de 3 dias, o órgão do MP. (art. 46, § 2º, do CPP).[32] O prazo começará a fluir da data em que o seu representante for intimado (art. 798, § 5º, letra *a*, do CPP). Se nada requerer nesse prazo a presunção legal é de que não tem o que aditar, seguindo o processo, daí, em seus ulteriores termos e atos, até sentença.

Entende-se a legitimidade do MP para o aditamento, porque a ação subsidiária é regida pelos princípios da ação pública, tanto assim que o órgão do MP poderá oferecer a denúncia, a qualquer tempo, desde que ainda intacta a punibilidade,[33] se a queixa não tiver sido intentada e, se tiver sido, ainda assim reassumir a *titularidade* como parte principal, se o querelante, na ação, comportar-se negligentemente (art. 29 do CPP).

Então, não havendo dúvidas de que o MP pode aditar a queixa na ação subsidiária, há entender-se que, nesse poder, está incluso o de convocar terceiro (coautor ou participante) ao processo, por meio de aditamento, para atendimento das razões relevantes, já examinadas.

Em nosso CPP, o princípio da indivisibilidade aparece *expresso* em relação à queixa (art. 48 do CPP), inexistindo qualquer dispositivo legal alusivo à denúncia, isto é, à peça técnica que desencadeia a ação pública.

Isso não nos autoriza concluir que a indivisibilidade é estranha à ação pública. Em verdade, haveria grave impropriedade técnica se o CPP dissesse com todas as letras o que, rigorosamente, não precisa dizer, porque sendo *obrigatória* a ação penal pública é, ontologicamente, indivisível. Ora, sendo obrigatória contra um, a ação pública há de ser obrigatória contra todos.

Disse muito bem Tourinho Filho que o princípio da indivisibilidade "não é exclusivo da ação penal privada, sem embargo de haver o legislador, no artigo em exame, usado da palavra 'queixa'. De fato, se A, B e C praticaram um crime de ação pública, o órgão do Ministério Público é obrigado a oferecer denúncia contra todos os partícipes do crime, salvo se em relação a algum deles houver empecilho à propositura da ação, como, por exemplo, extinção da punibilidade pela morte, impossibilidade absoluta de se conseguir, ao menos, seus sinais característicos. Caso contrário, a denúncia será oferecida contra todos".[34]

---

[32] "*HABEAS CORPUS.* TRANCAMENTO DE AÇÃO PENAL. ADITAMENTO AINDA NÃO RECEBIDO. ... A lei processual penal não fixa prazo para aditamento da denúncia. O aditamento pode ser oferecido a qualquer tempo, antes da sentença final, nos termos do art. 569 do CP. O § 3º do art. 46 do Estatuto Processual, invocado pela impetrante, diz respeito à queixa (peça inicial da ação penal privada) e não à denúncia (peça inicial da ação penal pública). Ademais, o prazo previsto em tal dispositivo, como os mencionados no caput do artigo em comento, não é prazo preclusivo. Sua inobservância pode gerar consequências de ordem administrativa para o agente do Ministério Público que os exceder, ou podem ter reflexo no status libertatis do acusado. Mas não operam a decadência do jus persequendi...." (Habeas Corpus nº 70006209498, Primeira Câmara Criminal, Tribunal de Justiça do RS, Relator: Ranolfo Vieira, Julgado em 28.05.03)

[33] ROMEIRO, Jorge Alberto. *Da Ação Penal*. Rio de Janeiro: Forense, 1978, p. 272.

[34] TOURINHO FILHO, Fernando da Costa. *Processo Penal*. 1º vol. São Paulo: Saraiva, 2004, p. 439.

Essa é a posição de Afrânio Silva Jardim.[35] Comentando o tema e associando-o aos artigos 77, inc. II, e 79 do Cód. Proc. Penal, esse autor asseverou: "Pode-se afirmar, sem medo de errar, que também a ação penal pública é indivisível".[36]

Examinada a questão sob esse ponto de vista, vê-se que a regra do artigo 417 do CPP, conferindo ao juiz o poder de ordenar na fase da pronúncia o envio dos autos ao MP para examinar, no prazo de 15 dias, a participação de "... outras pessoas não incluídas, na acusação", é absolutamente desnecessária e redunda com todos os princípios que norteiam a ação pública.

De todo o exposto: o Ministério Público pode e deve no curso do processo oferecer aditamento para direcionar a ação penal subsidiária também contra o coautor ou participante indicado em provas recolhidas na instrução.

O poder-dever é ínsito à atribuição ministerial nas ações públicas incondicionada e condicionada, de modo que não é necessário recolhimento de outra requisição do Ministro da Justiça ou de nova representação do ofendido para a implementação desse poder-dever de aditar. Ademais, as citadas condições de procedibilidade têm natureza de autorizações para a ação e o processo – independentemente de quem venham a ser os denunciados,[37] não obstante poucos precedentes em sentido contrário, inclusive no STF.[38]

O entendimento encontra respaldo em e Marcelo Fortes Barbosa,[39] apoiado nas lições de Battaglini e Manzini[40] e em Júlio César Ribas, *in verbis:* "apresentada a representação contra A, servirá também para que B, ou C, sejam responsabilizados pelos mesmos fatos. É a representação a manifestação do ofendido ou do representante legal de que se não opõe ao procedimento criminal, ou, antes, que o deseja (...) Assim, a representação para o processamento contra A independerá de aditamento para que se responsabilizem B ou C".[41]

Em que pese todas as considerações desenvolvidas linhas acima, a jurisprudência, inclusive do Supremo Tribunal Federal, em mais de uma oportunidade afirmou que a ação pública não estaria submissa ao comando normativo do princípio da indivisibilidade.[42]

---

[35] JARDIM, Afrânio. *Direito Processual Penal* – Estudos e Pareceres. Rio de janeiro: Forense, 1987, p. 252 e ss.

[36] TOURINHO FILHO, Fernando da Costa. Op. cit., p. 439.

[37] RT 501/364, 488/418, 491/297; Julgados do TACrimSP, 48/303 e *Rev. Trimestral de Jurisprudência do STF*, vols. 70, p. 406; 79, p. 406; 88, p. 86 e 89, p. 330.

[38] DELMANTO, *Código Penal Comentado*, art. 102.

[39] Ensaio sobre a Ação Penal, in *Justitia*, vol. 92, p. 97 e ss.

[40] MANZINI, *Trattato di Procedura Penale*, vol. 4, p. 60, art. cit., p. 116.

[41] RIBAS, Julio Cesar. *O Aditamento no Processo Penal*, RT 464/308.

[42] "A jurisprudência do Supremo Tribunal Federal é pacífica no sentido da inaplicabilidade de tal princípio à ação penal pública, o que, aliás, se depreende da própria leitura do artigo 48 do Código de Processo Penal" (Inq 2.245/MG, Tribunal Pleno, Rel. Min. Joaquim Barbosa, DJU de 09.11.07). III – *In casu*, o não oferecimento imediato da exordial acusatória pelos fatos ocorridos no dia 13.08.97 não implica em renúncia tácita ao direito de ação, como ocorre na ação penal privada, não gerando, dessa forma, nulidade a ser reclamada. Ordem denegada" (HC 79673 / RJ, 5ª Turma, rel. Min. Felix Fischer, DJe 31.03.08).

No mesmo sentido: "1. Por se tratar de ação pública incondicionada, o fato de, eventualmente, existirem outros agentes não denunciados, que teriam participado dos crimes em questão, não induz à anulação do processo já instaurado, porquanto os princípios da indivisibilidade e da obrigatoriedade da ação penal não obstam o ajuizamento, em separado, de outra ação pelo Ministério Público, ou mesmo o adi-

Convém esclarecer que nesses julgados os Tribunais jamais legitimaram o MP a *escolher* quem acusar, mas, bem ao contrário, disseram que, para preservar a indivisibilidade, o MP dispõe da alternativa de oferecer outra denúncia, a qualquer tempo, vez que a ação pública *não é alcançada pela decadência.*

Dessa linha de compreensão tira-se a conclusão segura de que ambas as espécies de ações são indivisíveis embora *distintas* as consequências advindas da violação do *princípio da indivisibilidade,* com dito antes.

4.2.2. O aditamento pessoal determinado pela conexão e continência (arts. 76, I, e 77, I do CPP)

Há outras razões legais que impõem o dever de respeito ao princípio da indivisibilidade da ação penal pública ou de iniciativa privada, mediante *aditamento pessoal,* além dos que dimanam dos artigos 45, 48 e 49 do CPP e 29 do CP e do comando normativo do princípio da obrigatoriedade.

São elas, as que decorrem da *conexão intersubjetiva* (art. 76, I, do CPP) e da *continência no concurso de agentes* (art. 77, I, do CPP), que, de regra, impõem unidade de processo e de julgamento para que a participação dos envolvidos no fato seja examinada em uma mesma e única sentença.

Convêm breves observações sobre a conexão e a continência.

A palavra *conexão* tem sentido jurídico que não difere substancialmente do sentido vulgar: é liame, vínculo, ligação, nexo, elo de ligação entre duas ou mais realidades. Em direito penal, entre duas ou mais *infrações.* Nas palavras de Pimenta Bueno, reproduzidas por Frederico Marques e reiteradas por Fernando de Almeida Pedroso, "a conexão é a dependência que as coisas e os fatos guardam entre si. Assim, embora os crimes sejam diversos, desde que entre si conexos, ou que procedam de diferentes delinquentes associados, como autores ou cúmplices, formam uma espécie de unidade estreita que não deve ser rompida".[43]

A conexão exige necessariamente pluralidade de crimes cometidos por um ou mais agentes. É proibido falar em conexão em crime *único,* pois essa hipótese, quando há coautoria ou participação, envolve continência, como veremos logo mais.

---

tamento da denúncia, em momento oportuno, depois de coligidos elementos suficientes para embasar a acusação. A nulidade pretendida só teria lugar se fosse o caso de ação penal privada, nos termos do art. 48 do Código de Processo Penal. Precedentes do STJ e do STF. 2. Ordem denegada" (HC 59302/PE, 5ª T., relatora Min. Laurita Vaz, DJ 07.02.08, p. 1).

Ainda: "... 4. Por fim, a jurisprudência deste Supremo Tribunal é no sentido de que o princípio da indivisibilidade não se aplica à ação penal pública. Precedentes. 5. Ordem denegada" (HC 93524 / RN – RIO GRANDE DO NORTE, STF., relatora Min. Carmem Lúcia, 1ª T., j. em 19.08.08).

"O fato de não terem sido denunciadas pessoas que figuravam nas investigações policiais como possíveis envolvidos nas práticas delituosas não afronta o princípio da indivisibilidade da ação penal, notadamente porque compete ao Ministério Público a análise da existência de elementos mínimos à formação da *opinio delicti,* podendo, com isso, deixar de imputar a prática delitiva àqueles em relação aos quais não informam os autos esses elementos essenciais..." (Apelação Crime nº 70019984533, Oitava Câmara Criminal, Tribunal de Justiça do RS, Relator: Roque Miguel Fank, Julgado em 18.07.07).

[43] PEDROSO, Fernando de Almeida. *Competência Penal.* Belo Horizonte: Del Rey, 1998, p. 108.

Há *continência,* segundo a doutrina, quando um fato aparece *dentro,* isto é, *contido,* em outro fato,[44] como deflui dos incisos I e II do artigo 77, incisos I e II, do CPP: "A competência será determinada pela continência quando: I – duas ou mais pessoas forem acusadas pela mesma infração; II – no caso de infração cometida nas condições previstas nos arts. 51, § 1º, 53, segunda parte, e 54 do Código Penal".

Ela tonaliza-se basicamente "em duas situações, que pressupõe *unidade de crime e concurso de pessoas* ou *unidade de conduta com pluralidade de resultados.* Difere a primeira hipótese da conexão intersubjetiva por concurso. Em ambas, como característica comum, desponta o concurso de pessoas na empreitada criminosa. Todavia, na conexão concursal há *multiplicidade de crimes,* enquanto na continência por concurso de pessoas *o crime é um só"*.[45]

A continência, segundo esclarece Heráclito Antonio Mossin, apoiado em escritos de Emilio Gomes Orbaneja y Vicente Herce Quemada, Carlos J. Rubianes, Rafael Fontecilla Riquelme, Germano Marques da Silva, Giovanni Leone e Julio B. J. Maier, é desconhecida na doutrina estrangeira, que resolve as questões relacionadas com o concurso de agentes ou de crimes sob a égide da conexão, sendo considerada, também em nosso país, por processualistas da estirpe de Hélio Tornaghi e José Frederico Marques, como *espécie* do gênero conexão, tendo este último autor a escoimado de bizantina.[46]

Maria Lúcia Karam anota que os traços comuns entre a conexão e a continência são facilmente visíveis, porque "ao estabelecerem um vínculo entre causas diferentes, aconselham a reunião das ações em um processo formalmente uno: são, fundamentalmente, o entrelaçamento de questões, a sugerir uma única atividade instrutória necessária para a formação do convencimento em todas as causas, e a inter-relação lógica entre os julgamentos, a trazer um perigo de contradição no caso de serem as causas decididas separadamente, os pontos que, acolhendo tal reunião, irão servidor de fundamento para a definição da atribuição da competência pela vinculação de causas".

Vejamos como se processa a influência da conexão e da continência nesse dever do acusador público ou privado de promover o aditamento da denúncia ou queixa para a preservação da indivisibilidade da ação, de modo a possibilitar a imposição de responsabilidades penais, nos limites da própria culpabilidade, a todos aqueles que, de qualquer modo, concorreram para com a infração (art. 29 do CP).

Comecemos pela conexão.

A unidade do processo e do julgamento, como regra (art. 79 do CP) é uma consequência natural da indivisibilidade da ação em fato *único* imputável a uma pluralidade de pessoas (autores, coautores ou participantes), por todas as razões já examinadas, mas, especialmente, para que não haja risco de sentenças contraditórias se cada um deles pudesse ser processado e julgado em separado.

Quando *várias pessoas* praticarem *mais de um fato criminoso* a unidade do processo e do julgamento é determinada não só pela indivisibilidade da ação, mas,

---

[44] LUZ, Delmar Pacheco da Luz. In: BOSCHI, Marcus Vinicius (org.). *Código de Processo Penal Comentado.* Porto Alegre: Livraria do Advogado, 2008, p. 105.

[45] PEDROSO, Fernando de Almeida. *Competência Penal.* Belo Horizonte: Del Rey, 1998, p. 113-114.

[46] MOSSIN, Heráclito Antônio. *Comentários ao Código de Processo Penal.* São Paulo: Manole, 2005, p. 76.

ainda, pela *conexão*. Falar em conexão é, pois, falar, necessariamente, em *pluralidade de crimes,* pois não há conexão em crime *único.*[47]

Aos efeitos do *aditamento* pessoal e visando a preservar a didática analisaremos, neste momento, apenas as três espécies de conexão *intersubjetiva* constantes do inciso I do artigo 76, abaixo examinadas porque as demais, listadas nos incisos II e III do mesmo artigo, serão apreciadas em item separado como fundamentos para o aditamento real destinado a ampliar a acusação contra o(s) acusado(s).

A primeira modalidade delas é doutrinariamente denominada como *conexão intersubjetiva por simultaneidade* (1ª parte do inciso I do art. 76). Ela pressupõe a prática, ao mesmo tempo, de duas ou mais infrações por várias pessoas *reunidas,* como sucede, por exemplo, nas infrações cometidas em estádio de futebol por várias pessoas ao mesmo tempo, em tumulto. Advertem com precisão Nestor Távora e Rosmar Rodrigues Alencar que a *rixa* é crime que não serve de exemplo porque é considerado em direito penal como crime *único.*[48]

A segunda espécie, prevista na 2ª parte do inciso I do artigo 76, que igualmente impõe a regra da unidade de processo e julgamento na pluralidade de infrações e de infratores é denominada de *conexão intersubjetiva por concurso.*

Diferentemente da anterior, a espécie sob exame pressupõe a existência entre os diversos infratores de ajuste prévio para o cometimento das diversas infrações. Exemplo característico é o de grupo de criminosos que, em quadrilha (art. 288 do CP), praticam diversos crimes (p. ex., falsificações, sonegações fiscais, corrupção de servidores públicos, lavagem de dinheiro, etc.).

A última, denominada de *conexão intersubjetiva por reciprocidade,* prevista na 3ª. parte do inciso I do artigo 76, pressupõe pluralidade de *infrações* cometidas por *diversos* infratores, uns contra os outros. Essa singularidade permite ver a diferença com a modalidade anterior, que exige ajuste prévio entre os infratores em concurso. Exemplo bem ilustrativo é o de dois grupos rivais que entram em conflito e os seus membros praticam lesões corporais leves (ar. 129, *caput)* uns contra os outros.

Encaminhando a primeira conclusão: quando *duas ou mais* infrações tiverem sido cometidas *por diversas pessoas em concurso* (art. 76, I, 2ª parte) ou, ainda, por diversas pessoas *reunidas,* embora diverso o tempo e o lugar (art. 76, I, 1ª parte) e por diversas pessoas *umas contra as outras* (art. 76, inciso I, 3ª parte), o órgão acusador, por força do princípio da indivisibilidade, coadjuvado pelas referidas regras de modificação da competência, deverá direcionar a acusação contra *todos os infratores* no mesmo processo, com vistas à instrução e sentença únicas.

Passemos à continência:

Se as evidências quanto à unidade de crime e à pluralidade de infratores formarem justa causa, a indivisibilidade da ação será ditada pela *regra da continência,* prevista no inciso I do art. l77 do CPP, que determina o mesmo efeito: acusação e processo contra todos eles, para que as autorias, coautorias ou participações sejam examinadas na mesma sentença, por todas as razões anteriormente examinadas.

---

[47] LOPES JR., Aury. *Direito processual Penal e sua Conformidade Constitucional.* Vol. 1. 3. ed. Rio de Janeiro: Lumem Juris, 2008, p. 445.

[48] TÁVORA, Nestor; ALENCAR, Rosmar Rodrigues. *Curso de Direito processual Penal.* Salvador: Podium, 2009, p. 221.

Vê-se, assim, que o ordenamento jurídico (ou o sistema jurídico) é composto por um conjunto de partes que se inter-relacionam, ao estilo dos vasos comunicantes. É a indivisibilidade da ação em ligação direta com a conexão e a continência, para produzirem harmonicamente, coerentemente, naquele sentido de totalidade, um mesmo e único efeito: o da unidade do processo e do julgamento (art. 79 do CP) contra todos os implicados pelo(s) fato(s) cometido(s) em coautoria ou participação a fim de eliminar-se, tanto quanto possível, o risco das soluções antagônicas, incongruentes, que poderiam aparecer, se cada um fosse julgado separadamente.

Uma observação importante: em que pese a regra do artigo 79, impondo a unidade do processo e do julgamento, os tribunais, excepcionalmente, permitem a cisão do processo "quando as infrações tiverem sido praticadas em circunstâncias de tempo ou de lugar diferentes ou, quando pelo excessivo número de acusados e para não lhes prolongar a prisão provisória, ou por outro motivo relevante, o juiz reputar conveniente a separação".

Além desse dispositivo, também devem ser consultados os artigos 78 e 79, que contém regras expressas sobre a cisão processual, cujo exame não será realizado neste momento por fugir em demasia ao objeto deste capítulo.

4.3. O aditamento real

O aditamento real tem essa denominação porque o seu objeto é realidade fática, e não simplesmente o aspecto formal da denúncia ou queixa ou a existência de corréu.

Por meio de aditamento real o acusador viabiliza

1) o redimensionamento da própria imputação, em razão de decisão declinatória de competência;

2) a nova definição jurídica do fato na sentença, em consequência de prova nos autos de circunstância ou de elementar, não contida explícita ou implicitamente na denúncia ou na queixa (art. 384);

3) a nova definição jurídica do fato na pronúncia, em consequência de prova nos autos de circunstância ou de elementar, não contida explícita ou implicitamente na denúncia ou na queixa antes e após a sua prolatação em razão de fato superveniente que altere a classificação do crime (arts. 411, § 3º, 418 e 421) e

4) a imputação ao réu de autoria de fatos novos conexos ou continentes (arts. 76, I a III, e 77, II, do CPP).

Examinemos essas hipóteses.

4.3.1. Aditamento real para redimensionamento da própria imputação, em razão de decisão declinatória de competência

Ninguém ignora que o direito de ser julgado por um juízo competente integra o conjunto das garantias inerentes ao devido processo legal (art. 5º, incisos LIII e LIV, da CF).

O controle sobre a competência é realizado diretamente pelo acusador ao oferecer a denúncia ou queixa, pelo próprio juiz, ao despachá-la e pelo acusado, mediante exceção (art. 108 do CPP).

É certo que os Tribunais, apoiados no § 1º do artigo 108 do CPP e no art. 567[49] do CPP, têm entendido que o juízo de destino dos autos do processo, em razão da declinatória ou do acolhimento da exceção deve simplesmente ordenar o prosseguimento do feito, mediante a ratificação dos atos não decisórios praticados no juízo incompetente,[50] vez que a nulidade seria relativa e para ser reconhecida dependeria de prévia arguição e demonstração de prejuízo pela parte interessada.[51]

A nosso ver essa antiga orientação, restrita à incompetência pela violação do critério do lugar da infração (art. 70 do CPP) era válida ao tempo das Cartas Constitucionais anteriores mas não mais se sustenta frente ao texto do inciso III do art. 5º da atual Lei Magna, este assegurando "ninguém será processado nem sentenciado senão pela autoridade competente".

Segue-se, então, que, para nós, toda decisão declaratória de incompetência, independentemente do critério de competência desrespeitado, seja ela proferida de ofício ou provocada por exceção, será causa de nulidade absoluta de todos os atos do processo (nulidade *ab-ovo)* e, por isso, no juízo competente, o órgão do MP se reinvestirá do poder de reexaminar o caso com total e absoluta independência, não bastando a mera ratificação dos atos praticados no juízo incompetente.

Cumprirá ao órgão do MP com atribuições perante a jurisdição competente, portanto, reexaminar o processo para conferir, no exercício do poder constitucional previsto no inciso I do art. 129, o novo enfoque jurídico-penal que o caso reclamar. Dizendo de outro modo: as atividades processuais recomeçarão do ponto zero. O agente ministerial formará a *opinio delicti* e, mediante aditamento ou, se achar mais apropriado, por meio de nova denúncia (que terá efeito e finalidade idêntica), reescreverá a acusação e (re)classificará o fato para que aquela se desenvolva dentro dos novos limites a ele conferidos.

Não há outro modo de entender-se o funcionamento do sistema acusatório de processo senão mediante a entrega da atividade acusatória (consistente na redefini-

---

[49] "A incompetência do juízo anula somente os atos decisórios, devendo o processo, quando for declarada a nulidade, ser remetido ao juiz competente".

[50] Habeas Corpus nº 698386117, 8ª Câmara Criminal do TJRS, Rel. Des. Marco Antônio Ribeiro de Oliveira, j. 11.11.98. No mesmo sentido: Habeas Corpus nº 74470-2/RJ, 2ª Turma do STF, Rel. Min. Maurício Corrêa, j. 13.12.96; Habeas Corpus nº 72893-6/SP, 1ª Turma do STF, Rel. Min. Sydney Sanches, j. 24.10.1995, DJU 08.03.96, p. 6.214; Habeas Corpus nº 98.005152-5, Primeira Câmara Criminal do TJSC, Rel. Des. Amaral e Silva, j. 02.06.98; Apelação crime nº 0107230-8 – 1991, 2ª Câmara Criminal do TAMG, Rel. Francisco Brito, j. 25.06.91, Unânime.

[51] "NULIDADE. PROCEDIMENTO. COMPETÊNCIA TERRITORIAL. NULIDADE RELATIVA. INDEFERIMENTO. Afasta-se a preliminar de nulidade do procedimento face à incompetência do juízo. Como bem salientou o Julgador, "com efeito, não se discute que o artigo 69, inc. I, do Código de Processo Penal, dispõe que o primeiro critério de determinação da competência jurisdicional é o do lugar da infração. Todavia, é sabido e consabido que a natureza da competência territorial é de ser uma competência relativa. Assim, não alegada a incompetência em tempo oportuno, ocorre a preclusão. É o que ocorre no caso em exame. Nulidade rejeitada...". (Apelação Crime nº 70008901894, Oitava Câmara Criminal, Tribunal de Justiça do RS, Relator: Sylvio Baptista Neto, Julgado em 25.08.04 e Apelação Crime nº 695148916, Primeira Câmara Criminal, Tribunal de Justiça do RS, Relator: Ranolfo Vieira, Julgado em 18.06.97)

ção dos limites da *causa petendi)* ao órgão do Ministério Público que detiver atribuições perante a jurisdição, comarca ou vara competente.

Embora a garantia do Promotor Natural não tenha sido explicitamente prevista em nossa Constituição, é certo que a atuação dos agentes do MP não pode ser arbitrária, indiscriminada, aleatória. Não é por nada que todo Promotor ou Procurador da República, após a investidura, é *classificado* em certa Promotoria ou Procuradoria e dela não poderá ser destituído, substituído, removido, a não ser nas situações autorizadas em lei (p. ex., férias, licenças, aposentadoria, promoção aceita, etc.).

A declaração da incompetência fará desaparecer, por fim, o efeito interruptivo da prescrição gerado pela decisão de recebimento da denúncia ou queixa no juízo incompetente.[52] Voltando a fluir, o curso do prazo prescricional só será interrompido na data em que o juízo competente proferir a nova decisão de recebimento da denúncia, ratificação ou aditamento oferecida pelo órgão do Ministério Público investido de atribuições legais para atuar na causa.

No juízo competente, o órgão do Ministério Público com atribuições, por imposição do § 1º do artigo 383, deverá propor ao imputado, quando for o caso, a transação ou de suspensão condicional do processo, como examinamos no item anterior.

4.3.2. Aditamento real para nova definição jurídica do fato na sentença, em consequência de prova nos autos de circunstância ou de elementar, não contida explícita ou implicitamente na denúncia ou na queixa (art. 384)

O aditamento real é também o instrumento apropriado para o reconhecimento na sentença de nova definição jurídica do fato descrito na inicial (*mutatio libelli*, art. 384 do CPP) mediante *acréscimo à acusação* de circunstância ou de elementar apontada pela prova e não contida na denúncia ou queixa.

Como ensinava Mirabete, ".. a *mutatio acusationis* está restrita à 'nova definição jurídica do fato' constante da imputação inicial e não à correção de equívocos na incriminação ou à apresentação de nova imputação, providências que são compatíveis apenas com a propositura de nova ação penal".[53]

---

[52] Recurso Crime nº 71000937193, Turma Recursal Criminal, Turmas Recursais, Relator: Nara Leonor Castro Garcia, Julgado em 04.12.06).
Ainda: CRIME AMBIENTAL. PRESCRIÇÃO. EXTINÇÃO DA PUNIBILIDADE. CORRUPÇÃO ATIVA. AUTORIA E MATERIALIDADE. CONDENAÇÃO MANTIDA. RECURSO PARCIAL-MENTE PROVIDO. I. A decisão de recebimento da denúncia prolatada por juiz incompetente não tem o condão de interromper o fluxo do prazo prescricional, devendo ser considerado, como marco interruptivo, a data em que ratificado o recebimento por autoridade judicial competente. Prescrição retroativa da pretensão punitiva. Extinção da punibilidade. II. Comete o delito do art. 333, *caput*, do CP, o agente que, visando eximir-se da ação policial, oferece aos milicianos determinada quantia em dinheiro. Prova suficiente da autoria e materialidade. III. Recurso parcialmente provido. (Apelação Crime nº 70021090451, Quarta Câmara Criminal, Tribunal de Justiça do RS, Relator: José Eugênio Tedesco, Julgado em 22.11.07).
[53] MIRABETE, Julio Fabbrini. *Processo Penal*. São Paulo: Atlas, 1991, p. 432. Ainda: "(...) No caso o juiz, sem aditamento e sem que a pronúncia o permitisse, alterou os lindes da acusação, incluindo na pronúncia qualificadora não objeto de pré-questionamento. A surpresa acarretada ao réu, com a qualificação do homicídio feita na pronúncia, atinge o cerne da garantia da presciência da latitude e

Logo, se a elementar ou a circunstância evidenciada pela prova recolhida constituírem em si mesmas delitos distintos o caso será de aditamento para a imputação de outro crime conexo ou continente, e não de aditamento para a *mutatio libelli*.[54]

É esse, também, o pensamento de Sérgio Seiji Shimura, para quem, "a pretexto de aditar a denúncia, o promotor não pode incluir um 'fato novo', uma nova acusação. Se o juiz entender que o réu praticou outros fatos delituosos, além dos que lhe foram atribuídos na denúncia, 'em consequência de prova existente nos autos', cabe-lhe, isto sim, 'dar a *notitia criminis*', remetendo ao MP a cópia e os documentos necessários ao oferecimento da denúncia (art. 40 do CPP)".[55]

O anterior texto do artigo 384 utilizava-se da expressão *"circunstância elementar"*. Essa expressão era muito criticada na doutrina porque não encontrava correspondência na teoria geral do delito.

Dizia Basileu Garcia, citado por Tourinho Filho, em discurso sobre a expressão *circunstância elementar,* que ela indicava não apenas o "... *elemento* da figura delituosa, ou seja, um dos requisitos que tenham sido exigidos pelo direito objetivo para a existência do crime, senão também as causas de aumento ou de diminuição de pena (distintas das circunstâncias agravantes e atenuantes), porque transplantam a entidade delituosa de um para outro preceito penal, instituindo, pois, comparativamente ao tipo originário ou fundamental da infração, especial modalidade".[56]

De fato, *circunstância* é uma coisa e *elementar* é outra.

A *circunstância* alcança todos os aspectos que circundam o *fato, o agente, os meios empregados, o modo como foi executado, os motivos do crime*, etc. As circunstâncias subjetivas ou objetivas classificam-se em *judiciais* (as previstas no art. 59 do CP) e *legais* (agravantes, atenuantes, qualificadoras e causas especiais de aumento ou diminuição de pena, previstas nos arts. 61 a 66 e na Parte Geral ou Especial do Código Penal).

As agravantes e atenuantes são valoráveis (positiva ou negativamente) pelo juiz sempre em concreto e as qualificadoras,as majorantes e as minorantes carregam consigo, por força de lei, a correspondente carga de valor. As qualificadoras produzem tipos penais novos com penas mais elevadas que as cominadas aos tipos simples, ao passo que as majorantes e as minorante autorizam aumentos e reduções de penas em quantidades certas ou variáveis.

Aos efeitos do artigo 384 do CPP, as circunstâncias que interessam são apenas as qualificadoras e as que determinam especial aumento de pena na terceira fase do método trifásico. As agravantes, atenuantes e minorantes podem ser livremente reconhecidas na sentença condenatória nos processo da competência do juiz singular

---

profundidade da acusação, ofendendo a segurança do contraditório e da ampla defesa" (RJTJRS, Rec. 685052359, 3ª Câm. Crim., Rel. Des. Roberto N. Frantz).

[54] Assim: "Em princípio é impossível, com fundamento no art. 384 do CPP, a imputação de fato absolutamente novo, que não configure apenas circunstância elementar do novo delito, não contida na denúncia, por violação do princípio da ampla defesa. Mas, ainda que admitido o aditamento, se o acusado é novamente interrogado e a ele assegurada ampla defesa, sem restrições contidas no art. 384, não se anulará o processo, o que implicaria excessivo rigor formal, contrário à índole daquele estatuto processual" (Julgados do TACrimSP, 79/424).

[55] SHIMURA, Sérgio Seiji. Breves Considerações Sobre a *Emendatio Libelli* e a *Mutatio Libelli*, in *AJURIS*, 49, p. 110.

[56] TOURINHO FILHO, Fernando da Costa. *Processo Penal*. v. 4. São Paulo: Saraiva, 1997, p. 26.

(art. 387, I) e do Júri, salvo, em relação a este, a recusa pelos Jurados das qualificadoras, das majorantes ou das minorantes e a falta de alegação, nos debates, de circunstâncias legais agravantes (arts. 483, IV e VI, § 3º, I e II, e 492, *c* e inciso I, letra *b*)

No exemplo de Tourinho Filho, cogitando reconhecimento de qualificadora: "Se o Promotor oferece denúncia contra Mévio, imputando-lhe um crime de furto simples (CP, art. 155, *caput*), e, na instrução criminal, se apura que a subtração ocorrera às duas da madrugada, esta circunstância pertinente ao repouso noturno, e que exaspera a pena, não contida, sequer de modo implícito, na peça acusatória, não pode ser reconhecida na sentença sem que se tome aquela providência apontada no parágrafo único do art. 384 do CPP".[57] Mais um exemplo: Durante a formação da culpa constata-se, com base em prova idônea, que o estupro foi cometido por agente casado. Para a aplicação da majorante do artigo 226, inciso III, do Código Penal, o juiz não só dependerá da prova do casamento, mas de prévia desse estado ou de posterior aditamento, com abertura de prazo à defesa para eventuais impugnações.

A *elementar*, outrossim e de acordo com Fernando de Almeida Pedroso é circunstância atinente à "... tipicidade ao fato concreto, reproduzindo este a hipótese abstrata, quando com ela cotejada, assim como, na expressão de Ada Pellegrini Grinover (...), a cópia reproduz o modelo, ou, acrescentamos, o espelho reflete a imagem".[58] É o caso da elementar *servidor público* que desloca o fato constitutivo de apropriação indébita (art. 168 do CP) para o âmbito do tipo do peculato (art. 312 do CP).

A Lei 11.719/08 substituiu a impropriedade terminológica por outra, inserindo na nova redação conferida ao artigo 384 a expressão *elemento* em lugar da *elementar*. Afora o sentido pejorativo, a referida expressão também é desconhecida da teoria geral do delito...

Sem embargo da nova imprecisão terminológica, devemos continuar considerando que o pressuposto para o aditamento previsto no artigo 384 para a nova definição jurídica do fato é a existência de prova de *circunstância* ou de *elementar*, isto é, dessas *espécies* de circunstâncias relacionadas, respectivamente, às penas e aos tipos.

Antes das modificações procedidas pela Lei 11.719/08, o aditamento era exigível apenas quando a *circunstância* ou a *elementar* possibilitassem a imposição de pena mais elevada do que a prevista no tipo penal apontado na inicial acusatória. Fora dessa hipótese, bastava a abertura de vista dos autos à defesa para impugnação e produção de prova no prazo de 8 dias,[59] sem necessidade de nova manifestação ministerial, para que o juiz se capacitasse a decidir, aceitando ou recusando o aditamento.

---

[57] TOURINHO FILHO, Fernando da Costa. *Processo Penal*. v. 4. São Paulo: Saraiva, 1997, p. 236.

[58] PEDROSO, Fernando de Almeida, *Processo Penal, o direito de Defesa*: Repercussão, amplitude e limites. São Paulo: Revista dos Tribunais, 1001, p. 288.

[59] A anterior disciplina legal não deixava de ser curiosa: quando a mutatio não potencializasse pena mais grave a defesa tinha prazo de 8 dias para falar, produzir prova e arrolar até 3 testemunhas. No entanto, quando gerasse o risco de pena mais grave esse prazo era menor: 3 dias, para falar e arrolar, também, o máximo de 3 testemunhas.

A Lei 11.719/08 modificou a regra, sendo hoje o aditamento indispensável em ambas as situações, sem mais variações no prazo para as intervenções da defesa voltadas à impugnação, produção de prova e pedido de novo interrogatório.

O aditamento real para a nova definição jurídica do fato, no sistema anterior, podia ser oferecido a qualquer tempo.

A Lei 11.719/08, entretanto, veio a estabelecer um momento específico para a providência: o encerramento da audiência única (art. 400, § 1º, do CPP) por ser nela que acontecem a coleta da prova, o interrogatório, os debates e a sentença, nessa ordem. Se a nova definição jurídica do fato pressupõe prova demonstrando a presença da circunstância ou da elementar não descrita na denúncia (porque as provas de justa causa não permitiram visualizá-las na fase do oferecimento), nada mais evidente que a previsão de aditamento aconteça ao término da instrução e antes da prolatação da sentença.

Sem embargo da previsão legal, quer nos parecer que por economia processual e bem de acordo com o espírito da reforma, o Ministério Público não estará impedido de oferecer o aditamento antes do encerramento da instrução se as provas recolhidas em quaisquer das "sessões" da mitológica audiência "única" já demonstrarem a presença da circunstância ou da elementar que permita a providência ora examinada.

Dizendo de outro modo: a audiência, embora *una* (§ 1º do artigo 400) poderá desdobrar-se em incontáveis sessões, realizadas em datas diferentes. Essa tem sido a experiência no foro criminal, por todas as razões conhecidas, dentre elas a complexidade das causas, os entraves burocráticos, a sobrecarga de trabalho dos juízes, a lotação da pauta, etc. Então, se o Ministério Público, mesmo pendente a produção de provas em futura sessão de audiência, já dispuser de evidências que o capacitem a aditar a denúncia, para os fins do artigo 384, o princípio da economia processual justifica que o faça logo, incumbindo ao juiz abrir à defesa o prazo do § 2º do artigo 384 e ordenar as providências inerentes, sem a necessidade de aguardar o término da instrução, que só contribuiria para retardar ainda mais a prestação jurisdicional.

O Ministério Público tem o dever de aditar a denúncia em cinco dias, para propiciar a nova definição jurídica do fato narrado (art. 384). O dever de agir decorre do princípio da obrigatoriedade da ação pública mas, é claro, não dispensa a prova da justa causa. Por isso é que o momento para o aditamento pressupõe o encerramento da audiência.

O juiz detém a prerrogativa de controlar a inércia do agente ministerial e comunicá-la ao Procurador-Geral. Examinando a situação jurídica, o Chefe do MP. poderá concordar com a posição do juiz e aditar a denúncia para explicitar a circunstância ou a elementar, ou, então, designar um outro representante ministerial para fazê-lo, obrigatoriamente, em seu nome. A recusa deste será possível apenas por razões de foro íntimo.

Se, pelo reverso, o Procurador-Geral concluir frente ao dissenso entre o magistrado e o membro do MP de primeiro grau que a prova efetivamente não autorizava ou obrigava o oferecimento do aditamento, devolverá os autos ao Fórum para que o magistrado profira a sentença (absolutória ou condenatória) dentro dos limites fixados pela denúncia ou queixa.

Oferecido o aditamento pelo Procurador-Geral ou pelo agente da instituição por ele designado, a ação penal, no dizer de Júlio César Ribas,[60] apoiado em precedentes,[61] "correria com duplicidade de autores", isto é, com dois membros do Ministério Público. Com aquele que deu a denúncia contra o autor e se negou a aditar e, simultaneamente, com o Procurador-Geral ou com o colega designado para o aditamento oferecido.

Em que pese a respeitável lição doutrinária, parece-nos que o órgão do MP de primeiro ficará impedido (inc. III do art. 252) e terá que afastar-se do processo por não poder sustentar ao mesmo tempo a sua posição e também a do Procurador-Geral, entre si contraditórias.

A atuação de dois ou mais membros do MP na mesma causa e no mesmo processo só tem sentido quando o trabalho institucional for ou estiver sendo realizado em equipe e houver uma mesma unidade de pensamento e de ação entre todos os agentes ministeriais.

O poder de controle do juiz sobre a inércia do MP em aditar para os fins do artigo 384 não é bem aceito por parte da doutrina, sob o fundamento de que contrariaria o modelo acusatório de processo. Alinhamo-nos a esse pensar. Embora inexistente um modelo acusatório puro de processo, a verdade é que o juiz, ao provocar a ampliação dos termos da acusação pelo Procurador-Geral, sai da sua posição equidistante e, com relativa antecedência, anuncia o seu entendimento sobre o caso e os limites da sentença que proferirá.

O MP pode aditar também a queixa para viabilizar a nova definição jurídica do fato, quando tiver sido intentada pelo ofendido na condição assinalada pelo artigo 29 do CPP, como bem o afirmam Mirabete,[62] Tourinho Filho,[63] este apoiado em Basileu Garcia, Frederico Marques, Damásio de Jesus e precedentes jurisprudenciais.[64]

Considerando-se que a ação penal privada subsidiária prevista nesse dispositivo não perde a natureza de ação pública, sendo regida pelos princípios da ação pública, mesmo intentada mediante queixa, a possibilidade do aditamento pelo MP, na referida espécie de ação, é decorrência da natureza das coisas e nem precisaria figurar no texto legal.

Sendo pacífica a conclusão no âmbito da ação pública, porque regida pelo princípio da obrigatoriedade, discute-se a possibilidade do aditamento, para as finalidades examinadas, quando a ação penal tiver sido intentada pelo ofendido.

No entender de Aury Lopes Jr. por não haver previsão expressa para a ação de iniciativa privada não haveria "para o querelante, ... outra alternativa, senão o oferecimento de nova queixa".[65]

Ousamos discordar do respeitável professor e jurista gaúcho, por entendermos que prepondera na ação de iniciativa privada a mesma razão jurídica que justifica

---

[60] RIBAS, Julio Cesar. *O Aditamento no Processo Penal. Revista dos Tribunais*, vol. 464, p. 300.

[61] *Revista dos Tribunais*, vol. 120, p. 251.

[62] MIRABETE. *Processo Penal*. São Paulo: Atlas, 1991, p 432.

[63] TOURINHO FILHO, Fernando da Costa. *Código de Processo Penal*, IV/193.

[64] JESUS, Damásio Evangelista. *Código Penal Anotado*, art. 384.

[65] LOPES JR., Aury. *Direito Processual e sua Conformidade Constitucional*, v. 1. Rio de Janeiro: Lumem Juris, 2008, p. 382.

a obrigatória incidência, na pluralidade de infrações, das regras sobre conexão e continência.

Ademais, no exercício de legitimação extraordinária para agir em juízo, o ofendido detém parcela de representação estatal, sobrepondo-se o interesse da Justiça na proclamação da responsabilidade criminal, dentro dos parâmetros legais, à condição do sujeito ativo, que é o critério utilizado para a identificação das "espécies" de ação.

Uma observação final. A unidade do processo e do julgamento prevista o art. 79 do CPP, imposta pela conexão e pela continência, não é uma regra absoluta, pois, de acordo com o artigo 80 do mesmo Estatuto, o juiz pode promover a cisão dos processos "quando as infrações tiverem sido praticadas em circunstâncias de tempo ou de lugar diferentes, ou, quando pelo excessivo número de acusados e para não lhes prolongar a prisão provisória, ou por outro motivo relevante, o juiz reputar conveniente a separação".

Respaldada pelos Tribunais, a orientação legal tem causado constrangimentos para os acusados, pois impõe a necessidade de reiterados comparecimentos ao fórum para audiências e interrogatórios, gera custos adicionais na preparação da própria defesa, etc.

Permanece também a interdição aos Tribunais de realizarem a nova definição jurídica do fato (art. 617 do CPP)[66] e, nesse passo, andou bem o legislador. Se não fosse assim, haveria visível prejuízo à defesa com a nova definição jurídica que implicasse imposição de pena mais grave sem a prévia impugnação e produção de prova, autorizadas pelo § 2º do artigo 384.[67]

Na fase recursal não há instrução e por isso o descumprimento da proibição ínsita ao artigo 617 implicará nulidade insanável do acórdão, a teor do verbete n. 160 da Súmula do Supremo Tribunal Federal, de larga incidência no âmbito das nulidades.

Oferecido o aditamento na ação pública ou na ação privada subsidiária (pelo MP ou pelo querelante), examinemos, agora, a questão, sob a perspectiva do juiz.

A primeira hipótese a considerar diz com a falta do aditamento, mesmo quando a providência tiver sido provocada pelo magistrado.

---

[66] "O tribunal, câmara ou turma atenderá nas suas decisões ao disposto nos arts. 383, 386 e 387, no que for aplicável, não podendo, porém, ser agravada a pena, quando somente o réu houver apelado da sentença".

[67] PENAL E PROCESSUAL PENAL. MUTATIO LIBELLI EM SEDE RECURSAL. IMPOSSIBILIDADE. SÚMULA nº 453 DO SUPREMO TRIBUNAL FEDERAL... 1. Postulada a condenação, apenas na fase recursal, por delito que não apresenta a descrição, na denúncia, de circunstâncias elementares desse ilícito, resta configurada a figura da mutatio libelli, prevista no art. 384 do CPP, sendo que sua ocorrência é vedada nesta fase, nos termos da Súmula nº 453 do Supremo Tribunal Federal.... "(TRF4, ACR 2003.04.01.040624-5, Oitava Turma, Relator Luiz Fernando Wowk Penteado, DJ 31.05.06).

No mesmo sentido: Apelação Crime nº 698292620, 6ª Câmara Criminal do TJRS, Rel. Des. Sylvio Baptista Neto, j. 29.10.98; Apelação Crime nº 19865-6/213, 1ª Câmara Criminal do TJGO, Rel. Des. Byron Seabra Guimarães, j. 30.03.00, Publ. DJ 14.04.00, p. 15); Apelação Crime nº 94.04.10828-6/RS (00031055), 2ª T. do TRF da 4ª Região, Rel. Juíza Tania Terezinha Cardoso Escobar, j. 31.08.95, Publ. DJ 27.09.95, p. 65521; Apelação crime nº APR1263692/DF (65559), 2ª T. Criminal do TJDFT, Rel. Joazil M. Gardes, j. 06.05.93, Publ. DJU 22.09.93, p. 39.111.

Nessa situação, duas poderão ser as consequências.

A primeira: se a questão envolver *elementar* indispensável à redefinição jurídica do fato e faltar o aditamento, a única alternativa que restará será a absolvição do réu por atipicidade. Por exemplo: se o acusador descrever na inicial a apropriação de dinheiro público e, por não saber que o agente era servidor estatal, classificar o fato como apropriação indébita, o juiz não poderá proferir sentença condenatória nos termos da denúncia, porque o servidor público não pratica o crime de apropriação indébita. Também não poderá, no caso em tela, condená-lo por peculato, à falta da imputação da elementar *funcionário público* e também porque o sujeito ativo desse crime é só o servidor público. Eventual sentença condenatória, sem o aditamento, seria nula de pleno direito por ofensa ao princípio da correlação entre acusação e sentença inerente ao devido processo legal.

A segunda: se a questão envolver *circunstância* (qualificadora ou de especial aumento da pena) a sentença poderá ser absolutória ou condenatória, mas, nesta última hipótese, os limites da condenação não poderão ultrapassar os limites da denúncia. Embora entenda cabível a qualificadora ou a causa especial de aumento de pena, o juiz não poderá reconhecê-la à falta do aditamento e, se o fizer, a sentença condenatória será nula por ofensa ao princípio da congruência (*citra petita*).

Estando proibido de conferir nova definição jurídica em sentença condenatória sem o prévio aditamento estaria o juiz, ausente a providência, autorizado realizar a nova definição jurídica *para absolver* ou para *desclassificar* para fato menos grave?

Em relação à absolvição, a resposta é, seguramente, afirmativa. Tantas são as lições e os julgados que justificam o *favor rei,* na esteira do moderno direito penal de garantias, que a hipótese é aceita sem reservas. A doutrina vai ao extremo, aliás, de justificar, até mesmo, a proibição de rescisão da sentença absolutória proferida por juiz incompetente, eis que nosso sistema processual não contempla a revisão criminal *pro societate.*

Já quanto à desclassificação, os Tribunais, embora com resistências,[68] a aceitam, sendo um bom exemplo a da condenação a título de receptação dolosa em processo veiculando acusação por receptação dolosa.[69]

Argumenta-se que, com a desclassificação, o acusado acaba sendo "beneficiado" pelo juiz ou Tribunal.

A solução, ao nosso sentir, ofende ao princípio da congruência entre a acusação e a sentença, pois os elementos que estruturam o tipo da recepção culposa são inteiramente distintos dos elementos que estruturam a receptação dolosa.

Benefício haveria para o acusado, isto sim, se à falta de aditamento o juiz o absolvesse, conforme propôs, aliás, em aresto paradigmático, a 5ª Câmara do Tribunal

---

[68] DESCLASSIFICAÇÃO. IMPOSSIBILIDADE. Dirigida a acusação à receptação dolosa, assim limitada a defesa e a sentença, descabe, nesta instância, inversão para forma culposa. RECURSO PROVIDO. UNÂNIME. (Apelação Crime nº 70029794302, Oitava Câmara Criminal, Tribunal de Justiça do RS, Relator: Danúbio Edon Franco, Julgado em 19.08.09).

[69] Apelação Crime nº 70029294493, Sexta Câmara Criminal, Tribunal de Justiça do RS, Relator: Nereu José Giacomolli, Julgado em 28.05.09.

No mesmo sentido: HC 114525/MS, STJ, 5ª T., rel. Ministro Napoleão Nunes Maia Filho, DJE 29.06.09.

de Justiça do RS,[70] inevitável solução que decorre, a um só tempo, da impossibilidade de condenar fato por ele considerado não criminoso e de desclassificar esse fato para a órbita de tipo constituído de elementos estruturais não exteriorizados pelo acusador em oportuno aditamento lastreado em provas de justa causa.

A terceira: o oferecimento do aditamento para a nova definição jurídica do fato, mesmo decorrente de provocação, não vincula o magistrado, que poderá absolver ou condenar o acusado, acolhendo ou recusando, neste último caso, os termos do aditamento.

Anote-se, que o juiz não está obrigado a acolher os termos do aditamento e realizar na pronúncia ou na sentença a nova definição jurídica reclamada, porque, não fosse assim, a definição dos limites do julgado ficaria entregue ao acusador, quando se sabe que é do Poder Judiciário o *múnus público* de proferir a palavra final sobre o caso posto ao seu julgamento. Aliás, o artigo 384 antes de ser modificado pela Lei 11.719, era mais explícito e claro, porque dispunha que o oferecimento do aditamento gerava a *"possibilidade"* de conferência pelo juiz de nova definição jurídica ao fato.

4.3.3. Aditamento real para a nova definição jurídica do fato na pronúncia, mesmo após o decurso do prazo preclusivo, em consequência de prova nos autos de circunstância ou de elementar, não contida explícita ou implicitamente na denúncia ou na queixa ou de fato superveniente que altere a classificação do crime (arts. 411, § 3º, 418 e 421)

A pronúncia, como esclarece a doutrina e bem confirma a jurisprudência, é, no procedimento especial do júri, tecnicamente, uma *decisão* (e não uma sentença) porque se limita a reconhecer a existência de indícios suficientes sobre autoria e a materialidade de crime doloso contra a vida para sujeitar o acusado a julgamento perante os juízes constitucionais naturais: os Jurados, os quais poderão decidir radicalmente contra aquilo que nela tenha sido assentado pelo juiz.[71]

Com a pronúncia o juiz, ao estilo da Justiça norte-americana, declara que o acusador tem o caso para ser levado juízo natural do Júri, e nada mais.

Ela é, por isso, uma decisão interlocutória, porque, sem resolver o mérito, encerra a fase da acusação e abre a fase do julgamento *(inter e lócus)*, devendo ser proferida mesmo diante da dúvida quanto a autoria e a materialidade, vez que regida pelo princípio do *in dubio pro societate,* e não pelo princípio do *in dúbio pro reo.*[72]

---

[70] A desclassificação do fato para receptação culposa impõe aditamento acusatório, sob pena de violar o princípio da correlação. Improvimento do apelo ministerial e provimento do defensivo para absolver o acusado. Unânime. (Apelação Crime nº 70014641112, Quinta Câmara Criminal, Tribunal de Justiça do RS, Relator: Luís Gonzaga da Silva Moura, Julgado em 05.07.06).

[71] MIRABETE, Julio Fabbrini. *Processo Penal*. São Paulo: Atlas, 1991, p. 461, apoiado em precedentes.

[72] É outra a nossa posição. Na dúvida sobre a autoria, o juiz deve impronunciar, e o Tribunal, despronunciar o acusado de crime doloso contra a vida.

Os indícios suficientes para a pronúncia a que se referia o art. 408 do CP. e que se refere agora o novo artigo 413 – face à modificação operada pela Lei 11.689/2008 – devem reunir alta probabilidade para a "futura condenação do acusado, ou quando esta seja mais provável do que a absolvição" (DIAS, Jorge de Figueiredo. *In Direito Processual Penal*, vol. I, p. 133). Por isso a pronúncia atua (no sistema processual penal português e também no nosso), como importante mecanismo de proteção do réu, evitando que seja temerariamente encaminhado ao tribunal popular – onde impera o princípio da motivação ou convicção íntima – e daí condenado sem o apoio de provas suficientes que indiquem a existência de indícios sérios de autoria (GRECO FILHO, Vicente. "Questões polêmicas sobre a pronúncia". In: TUCCI, Rogério Lauria. *Tribunal do Júri*: Estudo sobre a mais democrática instituição jurídica brasileira. São Paulo: Revista dos Tribunais, p. 117-126, 1999). Daí não poderem ser qualificadas como provas indiciárias suficientes para a pronúncia ameaças vagas ou meras suspeitas de prática de crime. Comentando o capítulo do CPP relativo ao Júri, Aramis Nassif e Márcio André Keppler Fraga, no livro *Código de Processo Penal Comentado*, escrito em parceria com outros autores gaúchos, organizado por Marcus Vinicius Boschi (Porto Alegre: Livraria do Advogado, 2007, p. 341 e ss.) – sobre essa matéria, declaram enfaticamente o seguinte: "Não se pode olvidar que, quando o dispositivo (art. 408) se refere a 'se convencer da existência do crime', esse convencimento não pode ser entendido como mera possibilidade ou passível de dúvida, pois aí não haverá convencimento propriamente. O convencimento deve ser fruto de uma prova segura, que pode se dar por qualquer meio em direito permitido. De qualquer modo, há necessidade de que o Juiz tenha a convicção – juízo de certeza – da existência do crime, o que não quer dizer que isso não possa ser refutado pelo Conselho de Sentença, que poderá valorar as provas de modo distinto. De outro lado, em relação à autoria, a situação é absolutamente distinta. Aqui, satisfaz-se o legislador com indícios da autoria. Todavia, há uma zona gris, pois a ausência de indícios suficientes enseja a impronúncia – art. 409 – ficando, por conseguinte, a indagação: no que se consubstanciam os indícios capazes de autorizar a pronúncia? Por certo, não podem ser quaisquer indícios, pois, do contrário, nunca haveria decisão de impronúncia, já que essa tem lugar quando há inexistência de indícios suficientes, o que permite concluir que, nestes casos, alguns indícios existem, apenas eles não são capazes de gerar uma pronúncia. Logo, a existência de indícios, pura e simplesmente, não gera a pronúncia, pois esses casos podem ser insuficientes. Bem, mas então volta a questão: quais são os indícios suficientes para a pronúncia ? Frederico Marques se vale de uma distinção entre possibilidade e probabilidade para caracterizar o que sejam indícios suficientes, que só existiriam caso houvesse um juízo de probabilidade e não de mera possibilidade. "A expressão 'indício suficiente tem o sentido de probabilidade suficiente, e não de simples possibilidade da autoria (...) Se apenas provável a existência do crime, não pode haver pronúncia: e o mesmo se verifica quando tão só possível a autoria que ao denunciado se atribui'. Todavia, a par de não fazer um traço diferenciador muito preciso do que entende por probabilidade e possibilidade, não creio que se possa afastar do Tribunal do Júri a decisão quando haja um mero juízo de possibilidade, entendido esse como aquele quadro em que, a partir de uma determinada vertente probatória, se mostra possível a condenação"... "É claro, no entanto, que mesmo dentro de um juízo de possibilidade, há que se fazer algumas restrições. E creio que o melhor esquema para delimitar ao que constituem os indícios suficientes da autoria foi proposta por Vicente Grego (*sic*) filho. Após sublinhar que a pronúncia só existe porque os jurados julgam por íntima convicção e com soberania, Greco Filho destaca que aquela decisão tem a função, às vezes esquecida, de "evitar que alguém que não mereça ser condenado possa sê-lo em virtude do julgamento do soberano, em decisão, quiçá, de vingança pessoal ou social".

Essa importante lição doutrinária – perfilhada embora com outras palavras pelo douto aresto ora questionado – tem respaldo em julgados do TJRS. (Recurso em Sentido Estrito nº 70005966882, Terceira Câmara Criminal, Tribunal de Justiça do RS, Relator: Danúbio Edon Franco, Julgado em 10.04.03 e RSE 70005385331, 2ª Câm. Rel. Des. Délio Spalding de Almeida Wedy, j. em 15.05.03.

Em julgado recente, o eminente Des. Manuel José Martinez Lucas, do TJRS, assim decidiu: "Freqüentemente se diz e se repete, até por comodismo e quase sem pensar, que, nos processos da competência do Tribunal do Júri, qualquer mínima dúvida deve ser dirimida pelos juízes leigos, impondo-se a pronúncia do réu, por aplicação do brocardo in dubio pro societate, vigente nesta fase do processo. Nem se admite que o juiz singular faça um exame mais aprofundado da prova, em relação a qualquer dos aspectos do feito. Não é isso, data vênia, o que se extrai da própria disposição contida no art. 408, caput, do diploma processual penal, nem o que ensina a melhor doutrina e o que proclama a mais refletida jurisprudência. De fato, o citado dispositivo exige, para a pronúncia, que o juiz esteja convencido da existência do crime e de indícios de que o réu seja o seu autor. Ora, para chegar a tal convencimento, é imprescindível um exame mais acurado da prova da materialidade e da autoria e, se concluir pela inexistência de prova daquela e de indícios suficientes desta, forçosamente deverá impronunciar o acusado. Então, quanto a esses dois aspectos cruciais do processo, não vige, mesmo na fase da pronúncia, o princípio in dubio pro societate, o qual só tem efetivo cabimento quanto à possível exclusão da antijuridicidade ou da culpabilidade. Tal ponto de vista é sustentado brilhantemente por Evandro Lins

O sistema que preside o julgamento pelo Júri é o da íntima convicção e, segundo doutrina e jurisprudência de décadas, esse princípio confere aos Jurados o poder de examinar o processo "de capa a capa, ou seja, de valorizar e de conferir supremacia, para condenar, a qualquer prova existente nos autos, *inquérito* policial do *processo judicial...*".[73]

O novo artigo 155[74] do CPP, com a redação dada pela Lei 11.690/08, proibindo condenações com base em provas exclusivamente policiais, salvo as não repetíveis, cautelares ou antecipatórias,[75] veio a impor limites a esse princípio.

Disse resulta, segundo nos parece, que sendo os juízes do caso, também os Jurados estão impedidos de proferir veredicto condenatório com base em provas exclusivamente policiais, impondo-se urgente a revisão da recomendação doutrinária e jurisprudencial que confere ao Júri a prerrogativa de, repetindo a expressão, julgar "de capa a capa" o processo.

O sistema jurídico seria incoerente se proibisse ao juiz togado, de um lado, a utilização de provas inquisitoriais exclusivas para condenar e, de outro, permitisse aos Jurados, mais sensíveis aos apelos da opinião pública acossada pelos altos índices de violência e de criminalidade, o veredicto condenatório apoiados unicamente em informações probatórias recolhidas sem defesa e contraditório.

Essa linha de compreensão é a que consideramos a mais apropriada, nas circunstâncias em que vivemos no país, cuja população vive refém em casa e que tende, pelo sentimento de insegurança e de suposta impunidade, a aceitar inclusive soluções pouco hortodoxas. Pesquisas divulgadas pela internet, aqui simplesmente referidas, porque integram o domínio público, indicam a aceitação, em larga escala, das penas de morte e perpétua, a crítica ao advogado que aceita a causa, e, em crimes

---

e Silva em artigo intitulado "Sentença de Pronúncia", com apoio em lições doutrinárias e precedentes jurisprudenciais, alinhando argumentos ponderáveis e concluindo que "quando a dúvida envolve a autoria ou participação no crime impera o princípio in dubio pro reo; se a dúvida é quanto a qualquer excludente ou justificativa a solução é pro societate." A posição, aliás, não é nova, tendo sido invocada pelo então Des. Nilo Wolff no artigo acima mencionado: "O brocardo *in dubio pro societate*, seguidamente invocado para justificar a pronúncia, somente se aplica à matéria da absolvição sumária, onde a dúvida fica restrita à ilicitude e à culpabilidade. Em se tratando de dúvida pertinente à autoria, vige o princípio *in dubio pro reo* e resultado é a impronúncia..." (RJTJRGS, 163/105) – RSE nº 70008967580, 1ª CCR, Relator, Julgado em 30.06.04).

[73] Recurso em Sentido Estrito nº 70015199433, Terceira Câmara Criminal, Tribunal de Justiça do RS, Relator: Elba Aparecida Nicolli Bastos, Julgado em 13.07.06.

[74] Art. 155. O juiz formará sua convicção pela livre apreciação da prova produzida em contraditório judicial, não podendo fundamentar sua decisão exclusivamente nos elementos informativos colhidos na investigação, ressalvadas as provas cautelares, não repetíveis e antecipadas.

[75] PROVA EXCLUSIVAMENTE POLICIAL. IMPOSSIBILIDADE. No caso, nenhuma das testemunhas ouvidas nos autos durante a fase judicial apontou o réu como autor dos fatos. Tudo que há contra ele são depoimentos prestados perante a autoridade policial, que depois foram retificados em juízo. Em processos da competência do Tribunal do Júri sempre se disse que aos jurados é lícito julgar o processo de capa a capa. Entretanto, houve alteração de tal situação com o advento da Lei 11.690/08, que deu nova redação ao art. 155 do Código de Processo Penal. Tal dispositivo legal foi inserido no Título VII do Livro I do Código de Processo Penal, tratando, portanto, das provas do processo em geral. Dessa forma, a nova regra processual acerca das provas em processo penal é de que a prova policial não ratificada, de alguma forma, em juízo não pode fundamentar a decisão final. Recursos improvidos. (Recurso em Sentido Estrito nº 70025840828, Primeira Câmara Criminal, Tribunal de Justiça do RS, Relator: Manuel José Martinez Lucas, Julgado em 10.12.08). No mesmo sentido: Apelação Crime nº 70027825603, Primeira Câmara Criminal, Tribunal de Justiça do RS, Relator: Marcel Esquivel Hoppe, Julgado em 08.07.09

que causam impactos, muitas vezes estimulados pela mídia, até mesmo a tortura para a confissão...

Diante desse cenário, ao juiz togado, em nossa opinião, incumbe impronunciar o acusado de crime doloso contra a vida se a instrução se não viabilizar prova judicial para, desse modo, *evitar* o risco de condenação em Plenário e a necessidade da intervenção corretiva do Tribunal em recurso de apelação fundado na letra *a* do inciso III do artigo 593 do CPP. É a conduta mais consentânea com a sua honorável função de guardião da Constituição e das Leis e de protetor dos direitos e das liberdades fundamentais do cidadão contra toda s espécie de opressões e de abusos.

Pois bem. Na pronúncia, o juiz togado também está autorizado a dar ao fato nova definição jurídica (arts. 411, § 3º, e 418) se, obviamente, o Ministério Público tiver oferecido o indispensável aditamento, observadas a disciplina processual assinalada no artigo 384 e seus parágrafos, conforme dimana dos arts. 411, § 3º, e 418 do CPP, com indisfarçável redundância.

Assim, por exemplo, em acusação por homicídio simples se, durante a instrução, a prova demonstrar que o fato foi cometido com surpresa para a vítima, o juiz, após o aditamento e o resguardo da ampla defesa e do contraditório, antes referidas, poderá, se surgir prova em juízo, reconhecer a presença da qualificadora para pronunciar por infração ao artigo 121, § 2º, inciso IV, do Código Penal.

A providência justifica-se por si mesma: o acusado deve suportar consequências inerentes ao fato em toda a sua extensão. O não aditamento, no exemplo acima reproduzido. implicaria subtrair o conhecimento da matéria da competência dos Jurados e, ainda, em visível negativa de vigência da lei federal (o § 2º, inc. IV, do art. 121 do CP), que prevê, havendo surpresa para a vítima, imputação qualificada e, em caso de condenação, imposição de pena mais grave que a cominada no tipo simples.

O aditamento pode ser oferecido até mesmo depois do trânsito em julgado da pronúncia (§ 1º do art. 421), isto é, entre a data da sua prolatação e a data do julgamento de plenário, se a circunstância ou elementar que enseja a nova definição jurídica do fato sobrevier no interregno, no exemplo de vítima que vem a morrer por causa dos ferimentos causados pelo denunciado,[76] após longa internação hospitalar.

Ou então, noutro exemplo, se após a pronúncia a tardia prova pericial acostada aos autos do processo vier a indicar que o filho havia sido assassinado pela mãe *durante o estado puerperal* é óbvio que, embora pronunciada a ré por homicídio, o Ministério Público cuidará em oferecer o aditamento para redefinir os limites da acusação e propiciar que, em nova pronúncia, o magistrado confira ao fato a definição jurídica correta para o fato provadamente cometido,[77] qual seja, o infanticídio.

A possibilidade de modificação da pronúncia alcançada pelo efeito preclusivo para que seja possível a nova definição jurídica do fato narrado na denúncia não deve causar espanto porque a pronúncia, sendo decisão interlocutória, *não produz*

---

[76] NASSIF, Aramis. *O Novo Júri Brasileiro*. Porto Alegre: Livraria do Advogado, 2008, p. 64.

[77] PRONÚNCIA. RECURSO EM SENTIDO ESTRITO. A morte do próprio filho pela própria mãe, logo após o parto e ainda sob influência do estado puerperal que lhe determina perturbação da saúde mental, como constatado pericialmente, caracteriza, em tese, o crime definido no art. 123 do Código Penal e não homicídio qualificado por asfixia. Pronúncia confirmada. Recurso em sentido estrito ministerial não acolhido. (Recurso em Sentido Estrito nº 70021939301, Terceira Câmara Criminal, Tribunal de Justiça do RS, Relator: Vladimir Giacomuzzi, Julgado em 19.12.07).

efeito de coisa julgada material (tanto que os jurados podem absolver o réu pronunciado), e, se não fosse possível a solução contemplada no artigo 421, ninguém conseguiria esconder a surpresa se o responsável pelo homicídio fosse levado a Júri para responder por uma tentativa ...

Anote-se que no § 1º do artigo 421 o legislador empregou a expressão *"classificação jurídica"*, e não a expressão *"nova definição jurídica do fato"*. Luiz Flávio Gomes, Rogério Sanches Cunha e Ronaldo Batista Lima, discorrendo sobre a reforma procedimental disseram que a figura do § 1º do artigo 421 teria a natureza de uma *emendatio libelli com aditamento...*[78], e não de *mutatio libelli,* como estamos afirmando.

Nas suas próprias palavras: "... Cumprirá ao Ministério Público, nesse caso, ofertar ao respectivo aditamento à denúncia, sendo novamente instaurado o contraditório e sobrevindo nova decisão (art. 421, § 1º). Não se trata de nova denúncia. Basta aditamento á anterior. A decisão do juiz é que será nova. Cabe ao juiz proferir outra pronúncia. Mas, antes, claro, deve respeitar o contraditório. A defesa tem direito líquido e certo de participar contraditoriamente do processo".[79]

Em que pese a respeitável lição, secundamos o entendimento oposto manifestado por Aramis Nassif,[80] qual seja, o de que a figura contemplada no parágrafo único do artigo 421 é de *mutatio*, e não de mera *emendatio libelli.* Consistisse a disposição legal mera autorização para a correção da classificação jurídica do fato (que, como sabemos, pode ser realizada pelo juiz de ofício e independentemente de abertura de novos prazos defensivos, porque o réu defende-se do fato, e não do artigo de lei), por certo o legislador não teria condicionado no citado § 1º do artigo 421 do CPP a implementação da medida à remessa dos autos ao MP...

Sendo exato que a pronúncia pode ser modificada pelo próprio juiz que a prolatou, para a nova definição jurídica do fato (e não simplesmente para a reclassificação deste), em razão de elementar emanada da prova, cumpre indagar se ela também poderia ser modificada com base em prova ulteriormente recolhida que apontasse presença de qualificadora ou de causa especial de aumento de pena.

Guilherme de Souza Nucci deu resposta afirmativa à pergunta, exemplificando com indivíduo pronunciado por infração ao artigo 121, § 2º, incisos I e IV, do Código Penal cuja prova viesse a apontar, por exemplo, "a existência de outra qualificadora (emprego de meio cruel, o que pode ser atestado por laudo médico)".[81]

Em sentido oposto manifestou-se o culto Promotor de Justiça David Medina da Silva, em excelente trabalho doutrinário, invocando exemplos similares aos apresentados neste livro.[82]

---

[78] GOMES, Luiz Flávio; CUNHA, Rogério Sanches; PINTO, Ronaldo Batista. *Comentários às Reformas do Código de Processo Penal e da Lei de Trânsito*. São Paulo: Revista dos Tribunais, 2008, p. 92.

[79] Idem, ibidem.

[80] NASSIF, Aramis. *O Novo Júri Brasileiro*. Porto Alegre: Livraria do Advogado, 2008, p. 64.

[81] NUCCI, Guilherme de Souza. *Tribunal do Júri*. São Paulo: Revista dos Tribunais, 2008, p. 83.

[82] SILVA, David Medina da, Do Procedimento no Tribunal do Júri. In MARTINS, Charles Emil Machado (Org.) *Teoria e Prática dos Procedimentos Penais e Ações Autônomas de Impugnação*. Porto Alegre: Livraria do Advogado, 2009, p. 121.

Em que pese a nossa admiração pelo digno representante do *Parquet* gaúcho, arriscamo-nos a subscrever a posição recomendada pelo conhecido magistrado e doutrinador paulista Guilherme Nucci.

E assim o fazemos por entendermos que as qualificadoras produzem tipos penais novos (doutrinariamente conhecidos como *derivados)* e sustentarmos o contrário também revelaria incoerência frente à afirmação pacificamente aceita pela doutrina de que a pronúncia, sendo decisão meramente interlocutória, não opera o efeito típico da coisa julgada material.

No que tange aos aspectos procedimentais e diferentemente do que estabelece o artigo 384, o artigo 421 e seus parágrafos nada dizem sobre a necessidade ou não de abertura de prazo à defesa para a impugnação do aditamento e reinterrogatório do pronunciado.

A omissão não impede afirmar que a razão jurídica presente nos parágrafos do artigo 384 do CPP preside também o aditamento ulterior à pronúncia porque, a final, o seu acolhimento alterará significativamente a extensão e a profundidade da acusação a ser apresentada em Plenário, havendo nulidade absoluta do processo se o acusado for surpreendido, em Plenário, com acusação por fato novo.

Por isso, deverá ser, após o cumprimento das garantias inerentes ao devido processo legal, ser devidamente intimado para, se quiser, intentar recurso em sentido estrito (art. 581, IV) destinado a questionar, no Tribunal, a nova definição jurídica conferida ao fato narrado na denúncia, com a chance de restabelecer a pronúncia anteriormente proferida.

4.3.4. Aditamento real por fatos novos conexos ou continentes (arts. 76, I a III, e 77, II, do CPP)

Parágrafos acima, discorremos sobre os fundamentos processuais que impõem o aditamento *real:* a conexão e a continência, tendo em vista as mesmas consequências práticas advindas do aditamento *pessoal* para a preservação da indivisibilidade da ação penal: a unidade do processo e do julgamento.

Em relação à conexão, restringiremos a análise às duas espécies doutrinariamente denominadas de *objetiva* (inciso II do artigo 76) e *probatória* (inciso III do art. 76 do CPP), visto que a *conexão intersubjetiva* (e suas três espécies, por simultaneidade, por concurso e por reciprocidade), previstas no inciso I do mesmo dispositivo) foi apreciada no item deste ponto em que justificamos, para as mesmas finalidades práticas, o *aditamento pessoal* destinado a preservar a unidade do processo e do julgamento imposta pela indivisibilidade da ação.

É por idêntica razão que, em relação à *continência,* também restringiremos neste momento a análise só da figura do inciso II do artigo 77 do CPP. A espécie prevista no inciso I do mesmo artigo integrou os comentários aduzidos sobre o aditamento pessoal porque relacionada ao concurso de agentes e à indivisibilidade da ação penal.

Comecemos pela conexão.

Diz-se que a conexão é *objetiva* (inciso II do art. 76), quando uma das infrações cometidas pelo réu tiver por objetivo a) *facilitar a prática* de outra infração (exemplo: agressão do porteiro para ingresso no edifício visando ao sequestro do morador, inc. II, primeira parte); b) *ocultar* a outra (exemplo: subtração na casa e provocação de incêndio para fazer desaparecer vestígios do crime, inc. II, segunda parte); c) *assegurar a impunidade* em relação à outra (exemplo: assassinato da única testemunha do homicídio, inc. II, terceira parte) ou c) *viabilizar ou assegurar a vantagem* alcançada pela outra (inc. III, exemplo: assassinato do comparsa de crime para evitar divisão do produto do crime).

Diz-se que a conexão é *probatória* (inciso III do art. 76), quando *a prova de uma infração* puder *influir* na *prova* da outra infração, sendo apropriado o exemplo do furto e da receptação, porque se dos autos do processo não resultar a prova do primeiro crime cometido por A, não poderá resultar a tipicidade a título de receptação na conduta imputada ao suposto receptador (B). Em direito penal, só há receptação quando o agente receber de terceiro coisa *que sabe* ou *presume* saber da origem ilícita da mesma.

Examinemos agora a continência.

Haverá unidade de processo e julgamento a justificar o aditamento real (art. 79 e inciso II do art. 77) quando os fatos tiverem sido praticados sob as modalidades do *concurso formal, da aberratio ictus e da aberratio delicti.*

Esses institutos que estavam disciplinados nos artigos 51, § 1º, 53, segunda parte, e 54 e que foram transladas pela Lei 7.209/84 para os atuais artigos 70, 73 e 74 do Código Penal sem que tenha havido a correspondente alteração do texto do artigo 77 do CPP.

Breve comentário sobre o concurso formal.

A regra, em direito penal, é a do concurso material de crimes, segundo a qual o indivíduo que, com desígnios autônomos, cometer mais de um delito, deverá arcar, se condenado, com as penas de todos eles, *somadas,* para a individualização do regime de execução (arts. 69 do CP e 111 da Lei 7.210/04).

A pluralidade de infrações poderá advir, entretanto, de uma *mesma* unidade de desígnio (de vontade) e, quando isso ocorrer, haverá concurso formal o agente responderá por todos os fatos e, se for condenado, cumprirá não as penas somadas e sim *uma só delas,* se iguais, ou a mais grave, se distintas, acrescida, no entanto, de certa quantidade, calculada entre 1/3 e 1/2 sobre a pena provisória (2ª fase do método trifásico – art. 68 do CP).

Sobre a matéria, escrevemos em outro livro:

Diz-se, ainda, que o concurso formal é homogêneo ou heterogêneo, *próprio,* quando, na exata definição da primeira parte do artigo 70 do CP, o agente, "mediante uma só ação ou omissão, pratica dois ou mais crimes, idênticos ou não", mas com *unidade de desígnios,* ou seja, desde que enderece sua vontade ao alcance de um só efeito criminoso.

Nas palavras de Almeida Pedroso, sobre o concurso formal próprio, sua corporificação ocorre ".... quando os diversos delitos resultam de um só desígnio criminoso, *id est*, de uma única intenção ou deliberação do agente, de sua vontade dirigida à obtenção de um só efeito criminoso".[83] Exemplo de concurso formal próprio é o que advém da conduta do motorista imprudente que, no trânsito, lesiona cinco pessoas ao mesmo tempo e que, não fosse o concurso formal, teria que cumprir, se fosse condenado, 5 penas somadas... três processos, somadas...

---

[83] PEDROSO, Fernando de Almeida. *Direito Penal.* São Paulo: Universitária de Direito, 1993, p. 581.

O concurso formal é doutrinariamente classificado como *impróprio* se os diversos fatos ilícitos decorrerem de *desígnios independentes*, no exemplo do agente aciona uma bomba e consegue matar a todos os ocupantes da casa, situação em que, se condenado, responderá pelas penas *somadas* de cada um dos delitos cometidos. É o que diz o art. 70 do CP: "As penas aplicam-se, entretanto, cumulativamente, se a ação ou omissão é dolosa e os crimes concorrentes resultam de desígnios autônomos, consoante o disposto no artigo anterior", ou seja, o que regula o concurso material.

As soluções adotadas no que tange à individualização das penas decorrem da lógica do sistema penal: No concurso formal próprio, há unidade de ação e de vontade, ao passo que, no concurso formal impróprio, embora a unidade de ação, há pluralidade de vontade, como acontece, em realidade, na hipótese em que prevalece a regra geral do cúmulo material.

A pena a ser exasperada em razão do concurso formal deve situar-se entre 1/6 e 1/2, a ser calculado sobre a pena provisória de qualquer dos crimes ou da pena provisória relativa ao crime mais grave, segundo prevê o artigo 70.

Ante a ausência de critério explícito em lei, os tribunais vêm recomendando que, na mensuração do *quantum de exasperação* seja adotado como critério ou o número de ofendidos[84] ou o número de crimes.[85]

Assim, se foram dois os ofendidos ou dois os crimes, a exasperação deverá ser mínima (1/6), tornando-se progressivamente mais intensa, pelo reverso, quanto maior for o respectivo número, não podendo, entretanto, ultrapassar o limite (metade) apontado pelo artigo 70".[86] Esse critério vem sendo pacificamente adotado pela jurisprudência.[87]

Examinemos a *aberratio ictus*.

Consoante o artigo 73 do CP, há *aberratio ictus* ou erro de execução quando "... por acidente ou erro no uso dos meios de execução, o agente, ao invés de atingir a pessoa que pretendia ofender, atinge pessoa diversa, responde como se tivesse praticado o crime contra aquela, atendendo-se ao disposto no § 3º do art. 20 deste Código. No caso de ser também atingida a pessoa que o agente pretendia ofender, aplica-se a regra do art. 70 deste Código".

Clássico exemplo de *aberratio ictus* é o do cidadão que dispara a arma para ferir A e, por acidente ou erro no uso dos meios de execução, erra o alvo e fere pessoa diversa (B). O cálculo das penas, quando da conduta resultarem dois ou mais crimes, será realizado nos mesmos moldes acima apontados para o cálculo das penas de crimes cometidos em concurso formal.

Então, se, no curso do processo, vier prova de que além da vítima o acusado também feriu o terceiro, o Ministério Público descrever esse fato em aditamento para que,

---

[84] Tribunal de Alçada paulista, in JUTACRIM, 89, p. 97, 321 e 321, Rel. Juiz Silva Pinto.

[85] Idem, RT 482, p. 383, Rel. Juiz Fernando Prado, e TJRJ, Rel. Ac. 10.448, Rel. Enas Cotta. In: FRANCO, Alberto. *Código Penal. e sua Interpretação Jurisp.*, 1995, p. 852.

[86] BOSCHI, José Antonio Paganella Boschi. *Das Penas e seus critérios de Aplicação*. 3. ed. Porto Alegre: Livraria do Advogado. Porto Alegre, 2004, p. 314 e ss.

[87] "... A jurisprudência deste Superior Tribunal de Justiça, alinhada ao constructo doutrinário, é firme na compreensão de que o aumento relativo à continuidade delitiva deve guardar compatibilidade com o número de infrações cometidas." (STJ, HC 28940/SC 6ª T., rel. Min. Hamilton Carvalhido, j. em 19.12.02. No mesmo sentido: Apelação Crime nº 70029573334, Quinta Câmara Criminal, Tribunal de Justiça do RS, Relator: Aramis Nassif, Julgado em 26.08.09; Apelação Crime nº 70003487683, Quarta Câmara Criminal, Tribunal de Justiça do RS, Relator: Constantino Lisbôa de Azevedo, Julgado em 14.02.02.

na eventualidade de condenação, a particularidade possa ser considerada pelo juiz no momento do cálculo da pena definitiva, nos moldes examinados linhas acima.

Por último, também haverá necessidade de aditamento quando prova recolhida nos autos evidenciar situação regida pela *aberratio criminis* ou *delicti,* prevista no artigo 74 do CP, *in verbis:* "Fora dos casos do artigo anterior, quando por acidente ou erro na execução do crime, sobrevém resultado diverso do pretendido, o agente responde por culpa, se o fato é previsto como crime culposo; se ocorre também o resultado pretendido, aplica-se a regra do art. 70 deste Código".

Há semelhança entre a *aberratio criminis* e a *aberratio delicti.* Em ambas, há erro na execução, residindo a diferença apenas no resultado, no exemplo de quem quer matar A, atira e alcança o seu objetivo, e, sem desejar ou prever, a bala assassina também destrói a vidraça de um loja, causando prejuízo financeiro ao seu proprietário (B). Nesse exemplo de *aberratio criminis* os bens juridicamente protegidos são distintos: a vida de A e o patrimônio de B.

Também aqui o tratamento penal segue a regra do artigo 70 do CP e por isso ao MP incumbe oferecer o aditamento para que o fato continente venha ao conhecimento do juízo e, em caso de condenação, influa na determinação do *quantum* entre 1/6 a 1/3 que o juiz fará incidir sobre a pena provisória para, nos termos do método trifásico (art. 68), individualizar a pena única para todos os fatos.

Em suma: se *no curso do processo* (e não em processo já julgado, consoante o enunciado n. 235 da Súmula do STJ), surgirem provas indicando a presença de infrações conexas ou continentes, o caso é de aditamento real para que as infrações conexas ou continente sejam examinadas no mesmo e único processo, nada impedindo outra denúncia, se as infrações forem de ação pública.

Uma observação importante: a pluralidade de crimes cometidos por um ou mais autores, coautores ou participantes pode ocorrer ainda sob a modalidade *continuada* (artigo 71 e seu parágrafo único do CP). Haverá *continuidade delitiva* na seriação criminosa e ficção jurídica de prática de *uma só infração* quando todas as infrações que integram a série forem da mesma espécie, decorrerem de desígnios independentes e tiverem sido cometidas em *condições de tempo, lugar, maneira de execução e outras semelhantes*, de modo a poder-se concluir, mesmo por ficção, que todos elas são desdobramentos ou derivações da primeira (art. 71).[88]

A jurisprudência todavia considera que embora o liame entre os crimes integrantes da série continuada, a competência não é regida pela conexão ou continência, de modo que o réu poderá responder pelos crimes individualmente considerados em processos distintos, sôo fundamento de que as penas impostas, afinal, serão unificadas na fase da execução.[89]

---

[88] "DIREITO PENAL. CRIME CONTINUADO. CARACTERIZAÇÃO. Exigência de unidade de desígnio ou dolo total. Para caracterização do crime continuado torna-se necessário que os atos criminosos isolados apresentem-se enlaçados, os subsequentes ligados aos antecedentes (art. 71 do CP: `devem os subsequentes ser havidos como continuação do primeiro'), ou porque fazem parte do mesmo projeto criminoso, ou porque resultam de ensejo, ainda que fortuito, proporcionado ou facilitado pela execução desse projeto (aproveitamento) da mesma oportunidade. Hipótese em que a sentença condenatória considerou existente circunstância fática que indica a unidade de desígnio. Recurso especial conhecido, mas improvido". (DJU nº 150, de 07.08.95, p. 23059 – RE nº 61.692-9/SP – Rel. Min. Assis Toledo)

[89] HC 112457 / SP, 5ª Turma do STJ, relator Min. Félix Fischer, DJe 09.03.09.

NO TJRS: Embora a existência de crime continuado, é de se manter a separação entre os processos, ante a possibilidade de tumulto e delongas processuais. Não há prejuízo algum ao réu, pois, se porventura

Essa orientação é inconveniente, *data venia,* porque prejudica a defesa na produção da prova; gera constrangimentos para o acusado que precisa realizar frequentes deslocamentos às varas ou comarcas; aumenta os custos no Poder Judiciário, envolvendo atividades de muitos servidores e de diversos juízes e realimenta a máquina judiciária com processos inúteis, pois as penas somas, como salientamos antes, serão *unificadas* em *outro* processo na vara das execuções...

A melhor solução seria, segundo a nossa ótica, dar-se ao crime continuado o tratamento processual previsto nos artigos 79 e 80 do MP, de modo a permitir-se a apuração dos fatos da série em processos distintos só em situações excepcionais.

5. Provas no aditamento real ou pessoal

Para ser recebido, o aditamento real ou pessoal precisará estar apoiado em prova constitutiva de justa causa sobre a autoria ou participação do terceiro excluído no(s) fato(s), sem a qual deve ser rejeitado com fundamento no inciso III do art. 395 do CPP. No último capítulo, analisaremos mais longamente o conceito de justa causa especialmente diante das novas disposições legais constantes dos incisos I a III do art. 396 do CPP, introduzidas pela Lei 11.719/08.

Sobre o tema, Afrânio Jardim,[90] dando por fundamento o Enunciado 524 da Súmula do STF, sustentava, em texto escrito antes mesmo da reforma produzida pela Lei 11.719/08, que, para formarem justa causa, as provas deveriam ser necessariamente novas, isto é, *distintas* formal e substancialmente daquelas que constantes dos autos do processo, porque, no seu entender, a não inclusão na narrativa da denúncia de crime conexo ou continente quanto a omissão do nome de coautor ou participante gerariam o fenômeno por ele designado de *arquivamento implícito* ou *tácito,*[91] erigido em óbice à instauração da nova relação processual penal.

Bastante discutida (e aceita pela melhor doutrina),[92] a tese do arquivamento implícito não vem, entretanto, merecendo a chancela dos Tribunais de apelação,[93]

---

houver mais de uma condenação, o cálculo da pena total será realizado de acordo com as regras da continuidade delitiva, no juízo da execução. A reunião de feitos conexos não é obrigatória, podendo o Juiz manter a separação, quando reputar conveniente. Inteligência do art. 80 do CP. Recurso improvido, com manutenção da decisão de indeferimento do pedido de unificação de processos. (Recurso em Sentido Estrito nº 70013712799, Quarta Câmara Criminal, Tribunal de Justiça do RS, Relator: Gaspar Marques Batista, Julgado em 09.02.06, dentre outros julgados).

[90] JARDIM, Afrânio Silva. O Arquivamento e Desarquivamento do Inquérito Policial, *in Temas Atuais de Direito*, p. 11.

[91] Idem. ibidem.

[92] RANGEL, Paulo. Direito Processual Penal. 12 ed. Rio de Janeiro: Lumen Juris, 2007 e MIRABETE, Julio Fabbrini. *Código de Processo Penal interpretado*. 2. ed. São Paulo: Atlas, 1994, p. 35.

[93] PENAL E PROCESSUAL. *HABEAS CORPUS.* INÉPCIA DA DENÚNCIA. IMPROCEDÊNCIA. DESARQUIVAMENTO DO INQUÉRITO. ART. 18 DO CP. NOVAS PROVAS. AÇÃO PENAL. VIABILIDADE. 1. No caso concreto, a peça acusatória preenche os requisitos elencados no artigo 41 do CPP, descrevendo adequadamente o ilícito, em tese, praticado, possiblitando o exercício da ampla defesa, não sendo "lacunosa" ou "genérica". 2. Ocorre arquivamento implícito quando o Ministério Público, ao se manifestar sobre os fatos apurados no inquérito, silencia quanto a provável crime da esfera federal, postulando a declinação da competência para o Juízo Estadual no tocante aos demais delitos, sendo o pedido acolhido pelo julgador. 3. Verifica-se, in casu, a situação prevista no artigo 18 do CPP, em virtude do advento de novos elementos probantes, o que torna válido o desarquivamento

do STJ[94] e também do STF.[95] Bem interpretando essa corrente, o Superior Tribunal de Justiça entendeu que não oferecimento da ação penal deve ser interpretado como mero indicativo de que o acusador, no momento processual específico, não estava na posse de evidências mínimas sobre a autoria e a materialidade da infração[96] que o capacitassem a oferecer a peça incoativa.

Aliás, consoante a jurisprudência desses Tribunais, o arquivamento implícito é figura sem existência jurídica vez que o artigo 569 do CPP *permite sempre* e a qualquer tempo (enquanto não extinta a punibilidade por óbvio), o aditamento da denúncia ou queixa.[97] Além disso, não há falar-se em arquivamento desprovido de razões fundamentadas indicando a ausência dos pressupostos processuais, das con-

---

do inquérito bem como a propositura de ação penal. 4. Não restando demonstrado, de plano, eventual excludente de ilicitude (legítima defesa) a quaestio deve ser analisada na regular instrução do processo, culminando com sentença de pronúncia ou absolvição sumária. 5. Ordem denegada. (TRF4, HC 2004.04.01.019824-0, Oitava Turma, Relator Élcio Pinheiro de Castro, DJ 25.08.04).

Ainda: "PENAL. APELAÇÃO CRIMINAL. CRIMES CONTRA O SISTEMA FINANCEIRO ... 3. O arquivamento do inquérito policial é ato administrativo de natureza formal, para cuja existência são imprescindíveis o requerimento do Ministério Público e decisão judicial, tal como previsto no art. 18 do CP. Inexistindo tais procedimentos, fica, conforme esse dispositivo, repelida a possibilidade de 'arquivamento implícito ou tácito', criação doutrinária sem qualquer respaldo na Lei..." (TRF4, ACR 2002.04.01.052304-0, Sétima Turma, Relator Tadaaqui Hirose, DJ 12.05.04).

No mesmo sentido: "PENAL. APELAÇÃO CRIMINAL. CRIMES CONTRA O SISTEMA FINANCEIRO. ... 3. O arquivamento do inquérito policial é ato administrativo de natureza formal, para cuja existência são imprescindíveis o requerimento do Ministério Público e decisão judicial, tal como previsto no art. 18 do CP. Inexistindo tais procedimentos, fica, conforme esse dispositivo, repelida a possibilidade de 'arquivamento implícito ou tácito', criação doutrinária sem qualquer respaldo na Lei..." (TRF4, ACR 2002.04.01.052304-0, Sétima Turma, Relator Tadaaqui Hirose, DJ 12.05.04.

[94] HC 111972 / RJ, STJ, 6ª T., rel. Des. Convocada Jane Silva, DJe 02.02.09.

[95] "O sistema processual penal brasileiro não agasalhou a figura do arquivamento implícito de inquérito policial. Com base nesse entendimento, a Turma desproveu recurso ordinário em *habeas corpus* interposto contra acórdão do STJ que denegara writ lá impetrado ao fundamento de que eventual inobservância do princípio da indivisibilidade da ação penal não gera nulidade quando se trata de ação penal pública incondicionada. No caso, o paciente fora preso em flagrante pela prática do delito de roubo, sendo que – na mesma delegacia em que autuado – já tramitava um inquérito anterior, referente ao mesmo tipo penal, contra a mesma vítima, ocorrido dias antes, em idênticas condições, sendo-lhe imputado, também, tal fato. Ocorre que o *parquet* – em que pese tenha determinado o apensamento dos dois inquéritos, por entendê-los conexos – oferecera a denúncia apenas quanto ao delito em que houvera o flagrante, quedando-se inerte quanto à outra infração penal. O Tribunal local, todavia, ao desprover recurso de apelação, determinara que, depois de cumprido o acórdão, fosse aberta vista dos autos ao Ministério Público para oferecimento de denúncia pelo outro roubo. Destarte, fora oferecida nova exordial acusatória, sendo o paciente novamente condenado. Sustentava o recorrente, em síntese, a ilegalidade da segunda condenação, na medida em que teria havido arquivamento tácito, bem como inexistiria prova nova a autorizar o desarquivamento do inquérito" (RHC 95141/RJ, rel. Min. Ricardo Lewandowski, 06.10.09. (RHC-95141).

[96] "O oferecimento de denúncia em desfavor de alguns dos indiciados ou investigados em inquérito não implica em pedido de arquivamento implícito em relação aos demais, mas tão somente indica não ter vislumbrado o membro do arquet, naquele momento, a presença de materialidade e indícios suficientes de autoria convergentes para os não denunciados (RHC 17.213/PE, Rel. Min. ARNALDO ESTEVES LIMA)" – HC 89434 / MS, a. T. do STJ, rel. Min. Napoleão Nunes Maia Filho, j. em DJe 28.10.08.

[97] "... Improcede a alegação de arquivamento implícito do inquérito em relação ao paciente, visto que o artigo 569 do Código de Processo Penal admite o aditamento da denúncia para suprir, antes da sentença, suas omissões, de modo, por certo, a tornar efetivos os princípios da obrigatoriedade da ação penal pública e da busca da verdade real" (HC 46409 / DF, 6ª T., rel. Min. Paulo Galotti, j. em 29.06.06).

dições da ação ou da justa causa, mesmo porque o dissenso judicial ensejará nova manifestação do MP por meio de sua Chefia (art. 28 do CP).

Essa é a nossa posição (já bem antiga), exposta em outro trabalho[98] questionando e contestando a premissa utilizada pelo ilustre membro do Ministério Público do Estado do Rio de Janeiro. Apoiados em precedente da época,[99] dizíamos que o arquivamento do inquérito policial ou peças de informações está sempre condicionado a pedido expresso do representante do Ministério Público e associado à demonstração da ausência das condições[100] da ação ou da justa causa, posição que, para honra nossa, seria referida e endossada posteriomente por Mestre Mirabete.[101]

6. Prazos para o aditamento

O acréscimo à inicial pode ocorrer em variados prazos, conforme a espécie de ação e a natureza do aditamento.

Assim, na ação pública, o prazo para o MP aditar a denuncia é de 5 dias quando destinado a obter a redefinição jurídica do fato na sentença (art. 384); de 15 dias para a inclusão na acusação de coautores ou participantes, na fase da pronúncia (art. 417) e de 3 dias para aditamento da queixa tanto na ação de iniciativa exclusiva do ofendido, quanto na ação penal privada subsidiária (arts. 45 e 46, § 2º, do CPP). O prazo comum é aferido pela existência no artigo 45 da expressão "ainda quando a ação for privativa do ofendido".

Na ação de exclusiva iniciativa do ofendido, o prazo assinalado para o querelante aditar obrigatoriamente a queixa, para os fins do artigo 48 do CPP é o decadencial (arts. 48 e 49). Há controvérsia, como assinalamos, quanto à possibilidade do aditamento da queixa, *na ação de exclusiva iniciativa do ofendido,* para os fins do artigo 384 do CPP. Manifestamos antes a opinião favorável a medida, no mesmo prazo assinalado para o MP: 5 dias após o encerramento da instrução, embora os princípios da economia processual e da celeridade sugiram a possibilidade do oferecimento antes dessa fase do procedimento, se o querelante (assim como o MP na ação de sua iniciativa) já visualizarem na prova recolhida a circunstância ou a elementar.

Já a mera retificação da narrativa ou a inclusão de dados laterais ao fato na denúncia ou queixa pode ser realizada mediante aditamento a qualquer tempo, desde que ainda pendente a sentença.

---

[98] BOSCHI, José Antonio Paganella. *Persecução Penal.* Aide, 1987, p. 209.

[99] Recurso-Crime nº 695147371, 1ª Câmara Criminal do TJRS, Rel. Des. Ranolfo Vieira, j. 06.12.95.

[100] Para essa afirmação estamos seguindo, é claro, o entendimento dominante de que o exercício do direito de ação está condicionado à possibilidade jurídica do pedido, ao interesse de agir, à legitimidade de partes e às condições de procedibilidade ou objetivas de punibilidade, sem prejuízo da crítica que fizemos nos capítulos pertinentes às citadas categorias jurídicas.

[101] MIRABETE, Julio Fabbrini. *Processo Penal.* São Paulo: Atlas, 1991, p. 94 (entre parêntesis não constante do original).

Capítulo XIII

O procedimento
Atos da fase inicial

Sumário: 1. O procedimento; 2. Espécies de procedimentos; 3. Fases procedimentais; 3.1. O oferecimento da peça inicial; 3.2. O recebimento da inicial acusatória; 3.3. O não recebimento da inicial acusatória; 4. A rejeição da inicial acusatória; 4.1. A rejeição por inépcia (inc. I do art. 395); 4.2. A rejeição por falta das condições da ação (inc. II do art. 395); 4.3. Rejeição por falta de pressupostos processuais (inc. II do art. 395); 4.4. Rejeição por falta de justa causa (inciso III do art. 395).

1. O procedimento

Procedimento e processo são distintas categorias jurídicas, intimamente vinculadas e muito frequentemente utilizadas, uma no lugar da outra.

Enquanto o *processo*[1] é proceder, é *"movimento, a passagem do ser em potência para o ser em ato",* na feliz expressão de Joaquim Canuto Mendes de Almeida, empregada na dissertação que lhe garantiu a cátedra na Faculdade de Direito da USP, em 1939,[2] com vistas à apuração da verdade possível e à realização da Justiça, com a menor margem de erro possível, o *procedimento* é o conjunto das regras preestabelecidas em lei, insuscetíveis de modificação, mesmo por acordo entre as partes e o juiz.

Essas regras regulam o *modus faciendi,* isto é, a dinâmica das fases (inicial, intermediária e final)[3] do processo, teleologicamente voltado, em direito penal, à implementação de dúplice finalidade: a de instrumentalizar a punição e a de proteger o acusado contra os excessos no exercício do *jus puniendi.*

Por estarem assim predefinidos, dispostos cronologicamente e vinculados uns aos outros, por dependência ou consequência, os atos do processo, globalmente

---

[1] Não confundir o processo com os *autos* do processo, no qual aparecem *registrados* os atos processuais *praticados* pelas partes e pelo juiz. Os autos do processo provam a realização dos atos, perenizam a atividade processual e permitem o controle da legalidade desta, pelos tribunais, quando do julgamento dos recursos, isto é, da prática dos atos processuais de sua própria competência.

[2] ALMEIDA, Joaquim Canuto Mendes de. *Processo Penal, Ação e Jurisdição.* São Paulo: Revista dos Tribunais, 1975, p. 7.

[3] Estamos nos utilizando dessas expressões (fases inicial, intermediária e final) para os fins didáticos. A fase inicial do processo abrange o oferecimento e a admissibilidade da denúncia, queixa ou aditamento, bem ainda a citação do demandado; a fase intermediária abrange o pronunciamento judicial sobre a resposta à acusação e as ordens para a prática de todos os atos preparatórios à instrução (audiência de instrução e julgamento), que é a fase final.

considerados, formam uma *totalidade* porque conferem harmonia ao processo e ao procedimento, tanto que a ausência de qualquer deles ou a sua realização em desconformidade com as exigências legais (produzindo o fenômeno da atipicidade dos atos do processo) contamina de nulidade, em princípio, a todos os outros atos processuais dependentes ou consequentes (art. 573, § 1º do CPP).

Embora teoricamente distintos os termos, a lei e a doutrina, não raro, conferem sentidos equivalentes ao processo e ao procedimento.

Com o propósito de regular o *procedimento comum,* o CPP (art. 394) abre o Livro II com a rubrica *Dos Processos em Espécie* e o Título I com a rubrica *Do Processo Comum* ... quando deveria, em atenção ao rigor técnico aludir ao *procedimento comum* e aos *procedimentos em espécie...*

Veja-se também que na doutrina o festejado Fernando da Costa Tourinho Filho, depois de apontar as diferenças teóricas entre o processo e o procedimento, amparado nas lições de Carnelutti e de Alcalá-Zamora advertiu que não se deve inferir que seja o "... processo coisa distinta do procedimento. Este é o próprio processo, com os atos coordenados. Visto pelo lado de dentro, o processo é uma verdadeira relação jurídica, de natureza pública, progressiva, complexa, nela envolvendo-se direitos, deveres e garantias entre os sujeitos processuais. Essa relação, entretanto, vista externamente, é um encadeamento de atos conexos que vão se sucedendo, desde a dedução da pretensão até a decisão definitiva com trânsito em julgado".[4]

Nestor Távora e Rosmar Rodrigues Alencar colocaram a questão sob idêntica perspectiva ao escreverem, em seu excelente livro, que o "processo se distingue do procedimento" porque este é "... a sucessão de atos realizados nos termos que preconiza a legislação" e que, em sendo assim, "o processo é o conjunto, isto é, a concatenação dos atos procedimentais".[5]

Aliás, a teoria sobre os pressupostos processuais (ver capítulo IX) também permite perceber que processo e procedimento são ontologicamente distintos na medida em que a discussão sobre o primeiro é em torno do seu *nascimento* válido ou inválido no mundo jurídico, ao passo que a discussão sobre a validade do procedimento não dispensa a discussão sobre a validade ou invalidade dos atos celebrados no curso da relação jurídica *nata,* isto é, da relação processual nascida e, enquanto não for declarada nula, considerada, presumivelmente, como válida e apta à geração de todos os seus efeitos jurídicos

A despeito de tudo, há que se compreender o posicionamento doutrinário acima reproduzido, que reflete, a bem da verdade, a profunda vinculação entre o processo e o procedimento. Um tem sentido em relação ao outro e ambos visam a implementação das mesmas finalidades: instrumentalizar a defesa da sociedade e proteger o acusado contra os abusos no exercício do *jus puniendi.*

Fredie Didier Jr. percebeu que o processo "... do ponto de vista interno, é uma relação jurídica", mas do ponto de vista externo, é "um procedimento",[6] porque constituído por um conjunto de atos a cargo das partes e do juiz, embora visíveis as diferentes naturezas jurídicas de um e de outro: o processo é atividade finalística

---

[4] TOURINHO FILHO, Fernando da Costa. *Processo Penal.* 4º vol. São Paulo: Saraiva, 2003, p. 20.

[5] TÁVORA, Nestor; ALENCAR, Rosmar Rodrigues. *Curso de Direito Processual Penal.* Salvador: Podium, 2009, p. 623.

[6] DIDIER JR., Fredie. Op. cit., p. 106.

una, oficial, pública, destinada à solução da questão posta pelo demandante ao crivo do juiz; os procedimentos são múltiplos e é por causa das respectivas peculiaridades que o processo é visualizável externamente.

O sistema legal contempla uma *multiplicidade* de procedimentos. Nas palavras de Vicente Grecco Filho, "para cada tipo de processo há uma variedade de procedimentos, pois como o processo é instrumental, a lei prevê um procedimento adequado para cada espécie de questões de direito material, a fim de que, da melhor maneira possível, respeitados os princípios inerentes, possa a atividade jurisdicional dar atendimento a eventual lesão ao direito alegado pela parte autora".[7]

Nas infrações dolosas contra a vida, por exemplo, o procedimento correspondente ao processo é *especial,* mais amplo, complexo e solene do que os procedimentos da competência do juízo singular em geral, não só por causa da gravidade do fato, pois o homicídio é o mais reprovável dos crimes, mas também por causa das outras singularidades do processo: fase da acusação e do julgamento, participação da sociedade no julgamento, debates em plenário, veredicto formado com base na íntima convicção e anunciado mediante respostas a quesitos, etc.

Em sentido oposto, é o procedimento *comum,* sumaríssimo, da competência do Juizado Especial Criminal, que, por versar sobre fato de menor potencial ofensivo, é, justificadamente, bem mais simples, menos solene, cujos atos são predominantemente concentrados e orais.

A prerrogativa de foro assinalada ao sujeito ativo do crime (um juiz, promotor, parlamentar federal, p. ex.), é outro fator que determina a opção por um procedimento especial, cuja singularidade reside na intervenção do plenário do próprio Tribunal na fase da admissão da acusação e no julgamento em Plenário, com a garantia às partes de prazo mais dilatado (1 hora – art. 403) que os procedimentos comuns (20 minutos – art. 12, inciso I, da Lei 8.038/90), para a sustentação das respectivas posições.

Examinemos, a seguir, as espécies de procedimentos contempladas em nosso sistema processual penal.

2. Espécies de procedimentos

Os procedimentos eram classificados em comuns e especiais, sendo os primeiros determinados pela *espécie* da pena privativa de liberdade cominada ao fato (reclusão ou detenção).

Já os especiais eram (e continuam sendo) assim denominados porque, embora previstos também no CPP e em leis especiais, apresentam características que os distinguem dos procedimentos comuns.

No que tange ao critério para a determinação do *procedimento comum,* a Lei 11.719/08 substituiu a *qualidade* pela *quantidade* da pena privativa de liberdade cominada ao fato (art. 394 do CPP), excetuando-se o procedimento sumaríssimo, por ser identificável pela *natureza da infração* (de menor potencial ofensivo), da competência do Juizado Especial Criminal (art. 61 da Lei 9.099/95).

---

[7] GRECO FILHO, Vicente. *Manual de processo penal.* São Paulo: Saraiva, 1991, p. 345/346.

Esquematicamente e à luz do artigo 394, § 1º, e incisos do CPP, quando a sanção máxima de privação de liberdade cominada na lei for *igual* ou *superior* a 4 anos, o procedimento será o ordinário (inciso I); quando *inferior* a 4 anos, o procedimento será *sumário* (inciso II) salvo quando o fato, por sua natureza, entrar na competência do JEC, cujo procedimento será o sumariíssimo (inciso III).

A identificação dos *procedimentos especiais* exige consulta ao CPP e à legislação especial com vistas à identificação eventual de normas procedimentais dispondo *diferentemente* daquelas que regulam os procedimentos comuns.

Didaticamente, Nereu Giacomolli forneceu um caminho seguro e bastante prático. Disse o doutrinador e magistrado gaúcho, que, seguindo-se o critério de exclusão, verifica-se, por primeiro, a existência de previsão de algum procedimento próprio em lei especial (Tóxicos, *v.g.*), depois, faz-se verificação idêntica no Código de Processo Penal (propriedade imaterial, *v.g.*) e, caso a pesquisa seja negativa, parte-se para a identificação da espécie de procedimento comum, que pode ser o ordinário, o sumário ou o sumariíssimo (incisos I a III do artigo 394 do CPP).[8]

Esse seguro caminho é válido quando a acusação tiver que ser por crime único. Tratando-se de infrações cometidas em concurso material (art. 69) ou regidas pelo concurso formal (que disciplina também a *aberratio ictus* e a *aberratio delicti* – ver arts. 73 e 74 do CP*)* ou pela continuidade delitiva, há outras regras adicionais a seguir.

Na pluralidade de crimes cometidos mediante mais de uma ação ou omissão e com diversidade de desígnios (art. 69 do CP) o procedimento comum cabível (ordinário ou sumário) será identificado a partir da *soma das* penas máximas cominadas aos crimes em concurso.

Quando os diversos crimes, idênticos ou não, decorrerem da mesma conduta e com *unidade de desígnio,* o procedimento correspondente será aquele que indicar o resultado da pena cominada para qualquer crime, se iguais, ou a mais grave, se diversas, exasperada no limite indicado pelo artigo 70 do CP (1/2).

Nas infrações ficcionalmente consideradas em lei como *continuadas,* desde que da mesma espécie e cometidas em condições de tempo, lugar, maneira de execução e outras semelhantes, a base para a identificação do procedimento será a pena resultante do aumento de 2/3 (fração máxima cominada no artigo 71 do CP) à pena máxima cominada a qualquer um dos delitos, se iguais, ou a da mais grave, se diversas.

Essas observações atinem com os crimes consumados.

Na tentativa, entretanto, como o juiz está legalmente autorizado a reduzir a pena máxima (limite que segundo a tradição no país não é comumente fixado por atentar contra o princípio da proporcionalidade) na quantidade *mínima* de 1/3, constante do parágrafo único do artigo 14 do CP, segue-se que será a pena que resultar dessa operação o parâmetro para a determinação do procedimento comum ordinário ou sumário.

É essa também a lição de Antonio Alberto Machado "nas hipóteses de concurso formal e no crime continuado, aplica-se a majorante máxima, ou seja, metade da pena no concurso formal e dois terços dela na continuidade delitiva. Note-se que, nos

---

[8] GIACOMOLLI, Nereu. *Reformas(?) do Processo Penal*. Rio de Janeiro: Lumem Juris, 2008, p. 62.

casos de concurso formal e crime continuado, o aumento da pena deverá incidir sobre a pena máxima do crime mais grave imputado ao réu, justamente para se encontrar a maior pena possível em razão da qual será definido o tipo de procedimento",[9] assim como, na tentativa, "deve-se considerar a diminuição de pena prevista no art. 14, parágrafo único, do CP, aplica-se sempre a menor diminuição, de um terço, sobre a pena máxima cominada ao crime consumado".[10]

Não discrepam dessa lição Charles Emil Machado Martins,[11] Luiz Flávio Gomes, Rogério Sanches Cunha, Ronaldo Batista Pinto.[12]

Uma observação importante relacionada à competência do Juizado Especial Criminal.

A Turma Recursal de Porto Alegre vem entendendo ser da competência do JEC o processo mesmo quando as penas máximas cominadas às infrações de menor potencial ofensivo, em concurso, ultrapassarem o limite de dois anos (art. 61), sob o argumento de que elas *não perdem essa natureza,* a despeito do concurso.[13]

A jurisprudência do Tribunal de Justiça do Rio Grande do Sul,[14] na mesma interpretação de outros tribunais e do Superior Tribunal de Justiça,[15] discrepa desse entendimento e desloca a competência do JEC para a justiça criminal.

---

[9] MACHADO, Antonio Alberto. *Curso de Processo Penal*, 2ª ed. São Paulo: Atlas, 2009, p. 104.

[10] Idem, p. 103.

[11] MARTINS, Charles Emil Machado (org.). Do Procedimento Comum Ordinário. In *Teoria e Prática dos Procedimentos Penais e Ações Autônomas de Impugnação*. Porto Alegre: Livraria do Advogado, 2009, p. 48.

[12] GOMES, Luiz Flávio; CUNHA, Rogério Sanches; PINTO, Ronaldo Batista. *Comentários às Reformas do Código de Processo Penal e da Lei de Trânsito*. São Paulo: RT, 2008, p. 336.

[13] "O Juizado Especial Criminal é competente para o julgamento de delitos de menor potencial ofensivo, ainda que em decorrência do concurso material a soma das penas ultrapasse dois anos, a teor do art. 98, inciso I, da Constituição Federal. APELAÇÃO PROVIDA" (Recurso Crime nº 71001658863, Turma Recursal Criminal, Turmas Recursais, Relator: Angela Maria Silveira, Julgado em 16.06.08).
No mesmo sentido: "É dos Juizados Especiais Criminais a competência para os delitos de menor potencial ofensivo, independentemente de os crimes estarem ou não sujeitos a procedimento especial ou em concurso de crime..." (Recurso Crime nº 71001626092, Turma Recursal Criminal, Turmas Recursais, Relator: Alberto Delgado Neto, Julgado em 12.05.08).

[14] "Não há como acolher a alegação de os fatos referirem crimes de menor potencial ofensivo, cuja competência para julgamento é do JECriminal, através de uma de suas Turmas Recursais. Em se tratando de dois delitos de lesões corporais e um de ameaça, cuja soma das penas, em abstrato, ultrapassa o limite de dois anos, a competência para julgá-los passa ao juízo comum. ..." (Apelação Crime nº 70023675028, Segunda Câmara Criminal, Tribunal de Justiça do RS, Relator: Jaime Piterman, Julgado em 04.12.08).
Ainda: " ... para a fixação da competência é de ser considerada a soma das penas máximas abstratamente cominadas, desimportando que todos os delitos sejam de menor potencial ofensivo. E se a soma das penas ultrapassa o limite de dois anos, a competência é da justiça comum. Aliás, para a quantificação da pena abstratamente cominada devem ser observadas as causas especiais de aumento de pena. Versa o feito de prática de delitos contra funcionários públicos, razão pela qual há a incidência da majorante prevista no artigo 141, inciso II, do CP, qual prevê o aumento de um terço da pena, extrapolando, assim, o limite de pena de dois anos..." (Conflito de Competência nº 70023303266, Segunda Câmara Criminal, Tribunal de Justiça do RS, Relator: Laís Rogéria Alves Barbosa, Julgado em 24.04.08) .

[15] "2. Verificando-se que no caso de concurso material, o somatório das penas máximas cominadas em abstrato (ou no caso de concurso formal, a exasperação) ultrapassa o limite de 2 (dois) anos, imposto pelo art. 61 da Lei nº 9.099/95, impõe-se a fixação da competência da 1ª Vara Criminal de Belo Horizonte -MG. Precedentes do STJ" (AgRg no CC 94488/MG, 3ª Seção, Rel. Jane Silva, Desembargadora

Por último: o concurso de infrações objeto de processos individualmente regidos por procedimentos distintos autorizará a utilização do procedimento comum ou especial mais amplo, por ser o que maximiza as oportunidades de defesa.

3. Fases procedimentais

O procedimento é orientado sempre para o futuro e desdobra-se em atos progressivos e geneticamente interligados[16] para que os sujeitos que atuam no processo tenham condições de *previsibilidade* e de *segurança jurídica*.

Examinemos as fases mais importantes dos procedimentos que, para fins didáticos, denominaremos de inicial, intermediária e final.

Deixaremos fora destes comentários os procedimentos especiais, embora referências ocasionais, por causa da multiplicidade, das inúmeras especificidades e também para não desbordarmos do objeto central deste livro.

3.1. O oferecimento da peça inicial

O oferecimento da denúncia, da queixa ou do aditamento pessoal ou real funciona como divisor de águas no processo penal, porque encerra a fase administrativa e abre a fase jurisdicional da persecução, a primeira de natureza inquisitiva e a última regida pela garantia do devido processo legal e todos os seus princípios associados ou derivados, com destaque para a ampla defesa, o contraditório, a publicidade dos atos do processo, a licitude e legitimidade das provas, o dever de fundamentação das decisões judiciais e o direito ao recurso.

O encerramento da fase administrativa da persecução penal, simbolizado no oferecimento da inicial acusatória, determina a cessação das atribuições da autoridade policial, que fica impedida de continuar investigando o crime (art. 18 do CPP), muito embora precedente em contrário.[17]

Investigação policial em paralelo, acompanhada não raro de vazamentos públicos, desloca o debate da causa para fora do ambiente seguro do processo e pode comprometer seriamente a isenção do julgamento, especialmente nos crime da competência especial do Júri, cujos Jurados não são imunes às influências externas.

Convocada, DJE 04.08.08. Ainda: "1. Praticados dois delitos de menor potencial ofensivo em concurso material, se o somatório das penas máximas abstratas previstas para os tipos penais ultrapassar 2 (dois) anos, afastada estará a competência do juizado especial, devendo o feito ser instruído e julgado por juízo comum. Precedentes..." (CC 79022/RS, rel. Min. Maria Thereza de Assis Moura, 3ª Seção, j. em 23.04.08) No mesmo sentido: "... Existindo concurso material de crimes, a pena a ser considerada para a fixação de competência é o resultado da soma das penas máximas cominadas aos delitos, e caso seja superior a dois anos, afastada está a competência do juizado especial. Apenas o fato de se tratar de infração de menor potencial ofensivo não atrai a competência da Turma Recursal para a análise de recurso interposto contra decisão emanada por juízo comum, pois aquela possui competência para rever decisão proferida por Juizados Especiais, e não por Juízos de Direito ..." (CC 56271 / RS, 3ª Seção, rel. Min. Paulo Medina, j. em 23.08.06.

[16] LOPES JR., Aury. *Direito Processual Penal e sua Conformidade Constitucional*, vol. II. Rio de Janeiro: Lumem Juris, 2009, p. 189.

[17] *RJTJRS* 11/57.

Portanto, se os fatos, na sua globalidade, ainda não estiverem suficientemente claros, é aconselhável que a autoridade administrativa retarde a remessa do inquérito à justiça (§ 3º do art. 10 do CPP).

Como lembra, com muita precisão, René Ariel Dotti,[18] "por mais perspicaz e circunspecta, a autoridade que dirige a investigação inicial, quando ainda perdura o alarma produzido pelo crime, está sujeita a equívocos ou falsos juízos *a priori,* ou a sugestões tendenciosas. Não raro, é preciso voltar atrás, refazer tudo, para que a investigação se oriente no rumo certo, até então despercebido (...)". O pedido de devolução dos atos para novas diligências a serem realizadas no prazo marcado pelo juiz é o mais recomendável nessa situação.

É melhor a autoridade policial continuar a investigação do que encerrá-la precipitadamente. Noutras palavras, o recomendável é que o inquérito seja concluído só depois que todas as viabilidades forem exaustivamente examinadas, pois só assim o promotor poderá formular com segurança a *opinio delicti.*

Disso tudo resulta que o oferecimento da inicial deve ser sempre o resultado de exaustiva e madura análise dos fatos e das provas recolhidas.

O processo não pode servir de pretexto para aventuras nem encobrir desejo de vingança.

A sociedade espera do representante estatal, portanto, muito equilíbrio e ponderação. O papel do agente do MP não é mais o de acusador sistemático, como no passado, tantas vezes ridicularizado na literatura, no cinema, no teatro, mas simultaneamente o de defensor da sociedade contra o crime e de defensor do criminoso contra todos os abusos da sociedade ou de qualquer um de seus integrantes. O MP é uma Instituição do Estado, a serviço da sociedade. Não pertence ao Governo, nem está a serviço dos governantes.

O MP defende os interesses individuais e sociais indisponíveis, particularidade que o distingue das demais instituições formais do Estado. A relevância do seu papel impõe ao representante ministerial o ônus de atuar com a combatividade dos advogados e na condição de *advogado sem paixão* com a serenidade, isenção e independência dos magistrados, como dizia o grande Carnelutti, em seu Elogio aos Juízes.[19]

O oferecimento da denúncia pressupõe intensa reflexão, pois, no direito penal moderno, a função do processo não é só a de instrumentalizar a punição, mas, também, a de servir como barreira de contenção contra todos os abusos do *jus puniendi,* o que bem explica a cominação das nulidades dos atos processuais atípicos e a proibição de acordos sobre temas procedimentais entre as partes ou entre estas e o próprio Juiz.

Essa dúplice função dos Códigos foi realçada por Paulo Cláudio Tovo, ao escrever que cada dispositivo do CPP "(...) constitui um verdadeiro escudo ... Nem mesmo as normas processuais aparentemente restritivas, no âmbito pessoal ou pa-

---

[18] O Ministério Público e a Polícia Judiciária – Relações Formais e Desencontros Materiais. In: *MP, Direito e Sociedade, publicação da AMPRS.* Porto Alegre: Fabris, p. 121 e ss.

[19] CALAMANDREI. Piero. *Eles os Juízes, vistos por nós, os Advogados.* 3ª ed. Lisboa: Livraria Clássica, 1960, p. 59.

trimonial, fazem exceção a essa verdade. Pois sua finalidade última é apontar os limites até onde pode ir o poder persecutório estatal".[20]

O discurso não é meramente retórico com anotamos nos itens 6 e 7 do capítulo IX, para onde remetemos o leitor, mas político e prático, porque, como registra Gomes Filho, é visível a "(...) progressiva positivação e, mais precisamente, a constitucionalização do direito ao processo, com a correspondente explicação, cada vez mais completa e analítica, das garantias do processo nos textos constitucionais, destacando-se a do *due process of law* (art. 5º, inciso LIV), que converte o esquema processual num instrumento de participação do indivíduo nas próprias decisões dos órgãos do poder que possam afetá-lo".[21]

Embora a importância desse primeiro movimento formal do acusador, que propicia o nascimento da ação e do processo, nosso CPP nada diz, expressa ou explicitamente, sobre *quando deve-se considerar como recebida* a inicial acusatória, parecendo-nos que deva corresponder ao ato oficial de entrega da denúncia, queixa ou aditamento ao juiz, ao servidor do cartório ou à distribuição do fórum, quando a peça deixará de ser um escrito particular e passará a ser um documento oficial e público, como bem acentua Jorge Alberto Romeiro.[22]

O oferecimento da queixa-crime dentro do prazo assinalado em lei evita a extinção da punibilidade pela decadência, *previne* a vara (arts. 83 do CPP e 164, §§ 1º e 2º, do COJE) e assim fixa a *competência* do juízo, para onde deverão ser enviados todos os pedidos conexos ao caso.

Pelo reverso, o oferecimento da denúncia fora do prazo assinalado pelo artigo 46 do CPP gera apenas irregularidade, podendo o agente ministerial desidioso responder pela falta funcional perante a Corregedoria-Geral.

O oferecimento da denúncia, queixa ou aditamento pessoal impulsiona a jurisdição (por isso há ação), produz o nascimento do processo e a vinculação do acusador ao juiz.

Disse muito bem Tourinho Filho que por ser o processo uma relação jurídica (formulação teórica de Bülow), isto é, o vínculo entre dois ou mais sujeitos, "atribuindo-lhes poderes, direitos, faculdades e os correspondentes deveres, obrigações, sujeições, ônus, não se pode negar seja o processo uma verdadeira relação jurídica. Se o autor tem o direito de exigir do Estado-Juiz um provimento jurisdicional e se ele é obrigado a fazê-lo ainda que para dizer que o autor não tem razão, é inegável o nexo ligando autor e Estado-Juiz, um exercendo o seu direito, e o outro cumprindo sua obrigação".[23]

Estamos plenamente de acordo, portanto, com a lição, secundada por Charles Emil Machado Martins, cujas palavras são exatas: "Segundo o entendimento majoritário da doutrina, considera-se proposto o processo com o oferecimento da peça acusatória inicial, que veicula o exercício da ação penal. De fato, a partir da redação do art. 25 do CPP, (*a representação será irretratável, depois de oferecida a denún-*

---

[20] TOVO, Paulo Cláudio (org.). Introdução à Principiologia do Processo Penal Brasileiro. *Estudos de Direito Processual Penal*. Porto Alegre: Livraria do Advogado, 1995, p. 14.

[21] GOMES FILHO, Antonio Magalhães. *A Motivação das Decisões Penais*. São Paulo: RT, 2001.

[22] ROMEIRO, Jorge Alberto. *Da Ação Penal*. Rio de Janeiro: Forense, 1978, p. 189.

[23] TOURINHO FILHO, Fernando da Costa. *Manual do Processo Penal*. São Paulo: Saraiva, 2009, p. 673.

cia), é possível concluir que, oferecida a denúncia, já existe ação penal, tanto assim que o ofendido não mais poderá retratar-se da representação", como dispõem, analogicamente, os arts. 262 e 263 do CPP.[24]

Aliás, o artigo art. 363 do CPP prevendo que a citação do réu completará o processo realça, perfeitamente, essa compreensão do problema.

Particularidade interessante é de ser registrada na órbita do Juizado Especial Criminal.

Consoante o procedimento sumaríssimo, o trinômio ação, jurisdição e processo forma-se no momento em que o juiz apraza a audiência preliminar de conciliação (art. 72 da Lei 9.099) porque a fase do oferecimento da denúncia, queixa ou aditamento só será aberta nesse sistema de houver insucesso nas negociações celebradas pelas partes com vistas à obtenção do consenso e em detrimento do conflito.

Insista-se: no momento em que o aprazar a audiência preliminar a ser por ele presidida, vez que a Constituição Federal e a lei ordinária instituíram o JEC como um novo sistema de Justiça e acabaram invertendo o paradigma até então conhecido, já haverá ação, jurisdição e processo: o oferecimento da denúncia ou deixa deixou de ser um *antecedente* para ser a eventual *consequência* da frustração do objetivo de encerrar-se a causa mediante composição dos danos ou transação entre o autor do fato e a vítima e o Ministério Público, respectivamente.

A essa conclusão poder-se-á chegar com facilidade se consideramos que a ação nada mais é senão o poder-dever de provocar a jurisdição. Observe-se que o acordo da vítima com o autor do fato (composição dos danos) tem natureza de título executivo judicial passível de execução no cível e atuará como causa extintiva da punibilidade pelo fato, ou seja, atingirá o coração do *jus puniendi,* o que bem revela ser a natureza jurisdicional da medida.

A perspectiva em tela é mais facilmente visível na ação pública.

Caso o autor do fato concorde com a proposta de transação, ficará obrigado a cumprir uma *pena* não privativa de liberdade (que poderá ser restritiva de direitos ou multa). Essa *pena* não é de natureza *administrativa,* mas tipicamente criminal. Embora não perca a primariedade nem os bons antecedentes, a transação realizada impedirá novo acordo de transação dentro dos cinco anos subsequentes, particularidade que revela, também, o indiscutível conteúdo jurisdicional da medida.

Logo: se até 1995 a forma tradicional de desencadeamento da persecução era mediante oferecimento da denúncia ou queixa e aditamento, estamos convencidos que, com a criação dos Juizados Especiais, o legislador instituiu algo novo: a possibilidade de nascimento da ação e do processo jurisdicional com os primeiros atos do juiz marcando a data da audiência preliminar na qual as partes discutirão sob a presidência deste as chances de encerrarem a controvérsia mediante acordo de composição de danos ou transação.

Ao oferecer a inicial, o acusador deve propor ou justificar a recusa em propor ao autor do fato o benefício da suspensão condicional do processo (art. 89 da Lei 9.099/95), por 2 a 4 anos, desde que satisfeitos os requisitos legais.

A manifestação ministerial sobre o tema deve figurar no corpo da denúncia porque o acusado tem o direito subjetivo público à proposta, de modo que a negativa

---

[24] MARTINS, Charles Emil Machado (org.). Do Procedimento Comum Ordinário, in *Teoria e Prática dos Procedimentos Penais.* Porto Alegre: Livraria do Advogado, 2009, p. 48.

do MP em propô-la sem fundamentação apropriada, nega vigência a textos de leis infraconstitucionais.[25] Aliás, o inciso II do art. 43 da Lei 8.625/90 dispõe que os órgãos do Ministério Público, nos moldes dos órgãos da Magistratura (art. 129, § 4º, da CF), têm o dever de *motivar* as suas promoções como corolário do dever do Estado Democrático de Direito de justificar-se perante os cidadãos.

Na sempre precisa lição de Fernando da Costa Tourinho Filho, "Muito embora o *caput* do art. 76 diga que o Ministério Público 'poderá' formular a proposta, evidente que não se trata de mera faculdade. Não vigora, entre nós, o princípio da oportunidade. Uma vez satisfeitas as condições objetivas e subjetivas para que se faça a transação, aquele poderá converter-se em deverá, surgindo para o autor do fato um direito a ser necessariamente satisfeito".[26]

A iniciativa da proposta é do Ministério Público e não do magistrado. Depois de muita discussão o STF editou o enunciado 696 da Súmula conferindo ao juiz legitimidade para comunicar a recusa do órgão do MP em propor a suspensão ao Procurador-Geral. Essa autoridade, consoante preconiza o art. 28 do CPP, cuja razão jurídica o STF estendeu à hipótese, reafirmará a posição do colega de primeiro grau, oferecerá a proposta ou designará outro agente da Instituição para fazê-lo em seu nome.

Conquanto sumulada a matéria, não conseguimos aceitar que o Poder Judiciário se demita da prerrogativa de dar o seu pronunciamento sobre denegação de direito individual e transfira esse poder ao próprio órgão da acusação, parte no processo.

A missão constitucional do Poder Judiciário de conhecer as alegações de ofensa aos direitos individuais (5º, inciso XXXV, da CF) não se concilia com o entendimento que transfere ao Ministério Público a última palavra sobre a matéria ora examinada.

Não é outra a lição de André Luiz Nicolitt, embora voltada ao primeiro grau, para quem a "... manifestação do *Parquet* diante da hipótese de suspensão é meramente indicativa ou opinativa. Não se pode imaginar que diante de uma hipótese legal de suspensão do processo o Juiz não poderia fazê-lo, só porque o Ministério Público não se manifestou favorável. Estaria, então o magistrado, despido do poder-dever de direção do processo? Quando da hipótese de suspensão do processo prevista no artigo 152 do CPP, bem como a do art. 366 do CPP, não se questiona sobre a disponibilidade ou sobre a ausência de manifestação favorável do Ministério Público. É simples, se a lei prevê uma hipótese em que o processo deverá ser suspenso, o Juiz diretor do processo tem o dever de fazê-lo, pois do contrário violaria o devido processo legal".[27] No mesmo sentido pensam Maurício Antonio Ribeiro Lopes[28] e Ronaldo Leite Pedroza.[29]

---

[25] "... 2. O Ministério Público está obrigado a fundamentar a negativa em oferecer a proposta de suspensão do processo, não bastando, para tanto, mencionar genericamente a condição legal e afirmar que o acusado não a satisfaz, mas apontar por quais motivos seria incabível o benefício ..." (HC 32008/RS, 6ª T., rel. Min. Paulo Medina, in DJ 13.11.06, p. 299).

[26] TOURINHO FILHO, Fernando da Costa. *Comentários à Lei dos Juizados Especiais Criminais*. São Paulo: Saraiva, 2000, p. 92.

[27] *Juizados Especiais Criminais*: Temas Controvertidos. Rio de Janeiro: Lumem Juris, 2002, p. 40 e 41.

[28] LOPES, Maurício Antonio Ribeiro. *Crimes de Trânsito*. São Paulo: RT, 1998, p. 74.

[29] PEDROZA, Ronaldo Leite. *Juizado Especial* – Teoria e Prática. Rio de Janeiro: Lumem Juris, 1997, p. 76.

Então, em qualquer situação, diz Fernando da Costa Tourinho Filho: "Não havendo apresentação da proposta, por mera obstinação do Ministério Público, parece-nos, poderá fazê-lo o próprio Magistrado, porquanto o autor do fato tem um direito subjetivo de natureza processual no sentido de que se formule a proposta, cabendo ao Juiz o dever de atendê-lo, por ser indeclinável o exercício da atividade jurisdicional".[30]

A lição tem pertinência às ações originárias da competência dos Tribunais também porque nas instâncias superiores não há como controlar a recusa imotivada ou deficientemente fundamentada do Procurador-Geral pela via do artigo 28 do CPP, por ser esta norma aplicável apenas ao primeiro grau.

Não custa lembrar que o poder do juiz de propor a suspensão do processo foi explicitamente consignado no § 1º do artigo 383 do CPP, nos seguintes termos: "Se, em consequência de definição jurídica diversa, houver possibilidade de proposta de suspensão condicional do processo, o juiz procederá de acordo com o disposto na lei".

Sintomática a redação. O legislador poderia muito bem, se o desejasse, ter comandado no § 1º do artigo 83 do CPP a abertura de vista dos autos ao MP, nos moldes do art. 89 da Lei 9.099/95, para que este oferecesse a suspensão.

Não o fez, como se pode ver, optando por determinar que o magistrado *proceda de acordo com o disposto na lei,* proceder que por isso deve ser interpretado na direção da proposta.

Concluindo: embora a orientação majoritária nos tribunais com base no enunciado sumular 696, entendemos que a reserva de jurisdição resguarda a competência do Poder Judiciário na matéria, conforme admitem, aliás, precedentes dos Tribunais Superiores, embora a questão ainda esteja em aberto.[31]

Segundo o artigo 89 da Lei 9.099/95 e o enunciado n. 696 da Súmula, a proposta de suspensão do processo é cabível nas ações públicas.

Em que pese a referência explícita só à denúncia na Lei 9.099 e na Súmula 696, a jurisprudência vem admitindo a proposta do benefício também na ação de iniciativa privada.[32]

---

[30] TOURINHO FILHO, Fernando da Costa. *Comentários à Lei dos Juizados Especiais Criminais.* São Paulo: Saraiva, 2000, p. 92.

[31] "O dispositivo do art. 89 da Lei 9099/95 cria para o Ministério Público a obrigação de expor as condições que considera adequadas para a suspensão do processo. Caso não as exponha, cabe ao Juiz da causa decidir, de ofício, essas condições, decretando a suspensão do processo" (Habeas Corpus 6061-RJ, 6ª Turma, Relator Ministro Anselmo Santiago).

[32] "A Lei 9.099/95, desde que obedecidos os requisitos autorizadores, permite a suspensão condicional do processo, inclusive nas ações penais de iniciativa exclusivamente privada, sendo que a legitimidade para o oferecimento da proposta é do querelante" (APN 390/DF, Rel. Min. Felix Fischer, Corte Especial, DJ 10.04.06). 3. Ordem parcialmente concedida para determinar ao Tribunal de origem que, sem prejuízo da regular tramitação da ação penal, intime o querelante para que se manifeste sobre a suspensão condicional do processo, em conformidade com o art. 89 da Lei 9.099/95" (Habeas Corpus nº 60933/DF (2006/0126575-2), 5ª Turma do STJ, Rel. Arnaldo Esteves Lima. j. 20.05.08, unânime, DJ 23.06.08). Ainda: AÇÃO PENAL CORTE ESPECIAL n. 2003/0230827-3, Rel. Min. Gilson Dipp, julgada em 01.06.05, publicada em DJ 12.09.05, p. 193); HC 40156 / RJ – HABEAS CORPUS 2004/0173380-0, 5ª T., rel. Min Armando Esteves Lima, j. em 06.12.05, publ. DJ. 03.04.06, p. 373 e HC. n. 17061/RJ, 6ª T., rel. Min. Hélio Quaglia Barbosa, julgada em 30 de maio de 2006. No mesmo sentido: RECURSO CRIME. CALÚNIA. ARTIGO 138 DO CÓDIGO PENAL. PRELIMINAR DE NULIDADE DO FEITO. AUSÊNCIA DE PROPOSTA DE SUSPENSÃO CONDICIONAL DO PROCESSO. REQUISITOS PREVISTOS NO ARTIGO 89 DA LEI 9.099/85. Preenchidos os requi-

Se o ofendido pode o mais, que é compor-se civilmente com o autor do fato ou mesmo desistir da própria ação, dando por encerrado o litígio, careceria de sentido que não pudesse lhe ofertar a suspensão do processo *mediante condições.*

É dever do querelante, pois, na queixa-crime, propor ao querelado a medida em tela. Se não o fizer, pelas razões já apresentadas, a proposta poderá ser ofertada pelo MP ou pelo magistrado e, segundo nosso pensar, também pelo Juiz, nessa ordem.

3.2. O recebimento da inicial acusatória

O recebimento da inicial acusatória é ato de rotina no foro criminal.

A decisão respectiva pressupõe o concurso dos requisitos enumerados nos incisos I a III do artigo 395 do CPP, os quais o juiz, necessariamente, o Juiz deverá apreciar nessa fase inicial da persecução.

O citado dispositivo foi convertido em *standard* pela Lei 11.719/08, ou seja, em *norma-padrão* para todos os procedimentos em qualquer grau de jurisdição e não só para os do primeiro grau.

Essa conclusão resulta da interpretação mesmo rápida do § 4º do artigo 394 do CPP.

Então, desde que a inicial preencha os requisitos formais, dentre eles, os indicados no art. 41 do CPP, apoie-se em provas mínimas de justa causa sobre a autoria e a existência material do delito, satisfaça as condições da ação e os pressupostos processuais (art. 395, I a III, do CPP), impõe-se o recebimento da acusação, eis que vigente, nessa fase, o princípio do *in dubio pro societate.*

De fato, para esse efeito, basta um mero juízo de suspeita sobre a autoria e a existência material do fato. Desde que apoiada em provas mínimas de justa causa mostrando que a acusação não é fruto de vingança, de capricho ou do abuso do acusador,[33] a imputação deve ter curso regular. Salvo erro gerador de prejuízos ao acusado, nem mesmo a classificação jurídica conferida ao fato enseja discussão aprofundada nesse momento porque a classificação definitiva será realizada pelo juiz na sentença (art. 383 do CPP). Mais detalhes sobre esse ponto, o leitor encontrará parágrafos abaixo.

Embora revestida de rigor formal, a denúncia, queixa ou aditamento deve ser recebida quando a narrativa fática satisfazer todos os requisitos da tipicidade, ainda que possa conter imprecisões ou omissões relativamente ao dia, hora, local do fato, instrumento utilizado, etc., porque, como bem anotou Fernando de Almeida Pedroso, todo o conteúdo defensivo tem por escopo "afastar ou minimizar o envolvimento do

---

sitos objetivos e subjetivos da suspensão condicional do processo (Lei 9.099/95, art. 89), deve a acusação propor o benefício ou justificar concretamente a recusa. Baixa dos autos à origem para a realização da oferta. Em se tratando de ação privada, a legitimidade para o oferecimento da proposta é da querelante, conforme precedentes do STF e STJ. APELAÇÃO PROVIDA. (Recurso Crime nº 71002231884, Turma Recursal Criminal, Turmas Recursais, Relator: Volcir Antônio Casal, Julgado em 14.09.009.

Ainda: Apelação Crime nº 70007763030, Câmara Especial Criminal, Tribunal de Justiça do RS, Relator: Sylvio Baptista Neto, Julgado em 26.04.05.

[33] RJTJRS 117/45 e 104/31.

réu com o fato delituoso (*punctum pruriens* da atividade de defesa), representando os aspectos secundários simples adminículos neste contexto".[34]

Bastante controversa é a questão relacionada à (des)necessidade de fundamentação do *decisum* de recebimento da peça acusatória. Há firme entendimento nos Tribunais de que, por não possuir conteúdo decisório,[35] a fundamentação seria dispensável, salvo nos processos por crimes falimentares[36] ou previstos em leis especiais.

Não há como concordar com esse entendimento, *data venia*.

Na lição de Nereu Giacomolli, o "recebimento da peça acusatória altera o *status quo* da pessoa que, de cidadão comum passa ao rol dos sujeitos processados, acusados, réus em processo criminal. Os elementos que serviram de suporte fático e jurídico à dedução da pretensão acusatória, numa República constituída em Estado Democrático de Direito (art. 1º da CF/88), passam, necessariamente, pelo filtro da motivação das decisões (art. 93, IX da CF/88), independentemente da existência ou não de uma defesa prévia antecedente".[37]

Considerando-se o texto do artigo 395 do CPP condicionando o recebimento da denúncia ou queixa (e aditamento) aos requisitos formais da peça e ainda à presença das condições da ação, dos pressupostos processuais e da justa causa, parece-nos que, desse dispositivo, também se infere a constituição desse como paradigma.

Logo, é insuficiente, à luz da Constituição e do novo artigo 395, um lacônico "recebo a denúncia". Disseram com acerto Américo Bedê Júnior e Gustavo Senna, que o dever de fundamentar não pode ser flexibilizado pelo Poder Judiciário, porque "há para o réu inúmeras consequências danosas pelo fato de responder a uma ação penal, devendo o juiz realizar o controle efetivo dos requisitos formais e materiais da denúncia".[38]

---

[34] PEDROSO, Fernando de Almeida. *Processo Penal, o Direito de Defesa*: Repercussão, Amplitude e Limites. São Paulo: Revista dos Tribunais, 2001, p. 126.

[35] Habeas corpus nº 72286-5/PR, 2ª Turma do STF, Rel. Min. Maurício Corrêa, j. 28.11.95, DJU 16.02.96, p. 2.998.

No mesmo sentido: "... Assente a jurisprudência do STF em que, regra geral – da qual o caso não constitui exceção –, 'o despacho que recebe a denúncia ou a queixa, embora tenha também conteúdo decisório, não se encarta no conceito de 'decisão', como previsto no art. 93, IX, da Constituição' HC 72.286, 2ª T., Maurício Corrêa, DJ 16.02.96; 70.763, 1ª T). Ainda: Celso de Mello, DJ 23.09.94); *Habeas corpus* nº 86248/MT, 1ª Turma do STF, Rel. Min. Sepúlveda Pertence. j. 08.11.05, DJU 02.12.05). STF, HC 68926-4 de 10.12.91, Rel. Min. Celso de Mello, in DJU de 28.08.92, p. 13453. "AUSÊNCIA DE FUNDAMENTAÇÃO DO DESPACHO QUE RECEBE A DENÚNCIA. DESNECESSIDADE. Como o recebimento da denúncia possui conteúdo decisório mitigado, não gerando, inclusive, a preclusão quanto a irregularidades contidas na inicial acusatória, mostra-se dispensável a fundamentação. Precedentes deste Tribunal de Justiça, do STJ e do STF. INÉPCIA DA DENÚNCIA. INOCORRÊNCIA. Restaram suficientemente detalhadas as condutas de cada um dos acusados. Ainda que não tenha sido definida uma data da ocorrência dos crimes, as provas coletadas nos autos permitem precisar uma delimitação temporal para a cada um dos delitos, possibilitando verificar que não ocorreu prescrição da pretensão punitiva do Estado. Desse modo, concluo inexistir a inépcia, pois a peça inicial acusatória atende aos requisitos legais descritos no art. 41, do Código de Processo Penal..." (Apelação Crime nº 70018197467, Oitava Câmara Criminal, Tribunal de Justiça do RS, Relator: Marco Antônio Ribeiro de Oliveira, Julgado em 12.12.07).

[36] Vide Súmula 564 do STF.

[37] GIACOMOLLI, Nereu. *Reformas(?) do Processo Penal*: Considerações Críticas. Rio de Janeiro: Lumem Juris, 2008, p. 66.

[38] BEDÊ JR., Américo; SENNA, Gustavo. *Princípios do Processo Penal*: Entre o Garantismo e a Efetividade as Sanção. São Paulo: RT, 2009, p. 116.

A essas razões jurídicas agregam-se também razões de conveniência administrativa certamente visadas pelo novo artigo 395, pois os recebimentos "automáticos" geravam, não raro, processos inúteis e sobrecarga aos magistrados e às pautas judiciárias.

A análise criteriosa da inicial e a checagem das demais exigências feitas pela lei para o recebimento da acusação propiciarão em menor gasto de tempo, de energia e de dinheiro público, desobstrução da agenda e maior velocidade na realização da Justiça.

Não deixa de ser surpreendente: foi preciso o Congresso aprovar, e o Presidente da República sancionar uma lei ordinária para que a validade do recebimento de uma acusação criminal passasse a depender do respeito às disposições constitucionais... (inciso IX do art. 93)!

O projeto 4.207/08 convertido na Lei 11.719/08 contemplava o recebimento da denúncia só depois do exame das matérias deduzidas em defesa preliminar. Esse ponto foi modificado pelo Congresso sem ter havido a modificação do texto relativo ao artigo 399, agora em aparente conflito com o artigo 396.

Impõe-se breve explicação com o intuito de preservar a validade e a eficácia dos dois dispositivos.

Com efeito, para o artigo 396, o recebimento antecederá a resposta preliminar (art. 396-A), ao passo que para o artigo 399 o recebimento da acusação será ulterior à fase processual destinada à absolvição sumária (art. 397).

Eis o que diz o artigo 396: "Nos procedimentos ordinário e sumário, oferecida a denúncia ou queixa, o juiz, se não a rejeitar liminarmente, recebê-la-á e ordenará a citação do acusado...".

Já o artigo 399 assim enuncia: "Recebida a denúncia ou queixa, o juiz designará dia e hora para a audiência, ordenando a intimação do acusado, de seu defensor, do Ministério Público e, se for o caso, do querelante e do assistente".

Diante desse conflito a doutrina dividiu-se.

Tourinho Filho sustentou que o recebimento da denúncia é ato processual subsequente à decisão sobre absolvição sumária. Diz o Mestre: "Se o juiz não rejeitar a peça acusatória, determinará seja o réu notificado para responder à acusação, por escrito, no prazo de 10 dias ... podendo arguir preliminares e alegar tudo que interesse à sua defesa...", recebendo a denúncia ou queixa, se não for caso de absolvição sumária.[39] Nesse sentido, o recebimento da denúncia ocorreria no momento processual indicado pelo artigo 399 do CPP, posição endossada por Antonio Acir Breda, em recente artigo.[40]

Apoiado na redação original do Projeto de Lei 207/01 e nas emendas apresentadas na Câmara dos Deputados, Charles Emil Machado Martins, após criticar a "falta de precisão técnica do legislador", apontou noutra direção, conferindo ao artigo 396 preponderância sobre artigo 399 do CPP. Para ele, "não teria sentido aguardar-se todo o trâmite, não raro moroso, da citação, resposta escrita e análise do

---

[39] TOURINHO FILHO, Fernando da Costa. *Manual de Processo Penal*. São Paulo: Saraiva, 2009, p. 681-682.

[40] BREDA, Antonio Acir. A Reforma do processo penal, Os Novos Tipos Legais de Procedimento..., *Revista de Estudos Criminais*, ITEC, Notadez, Porto Alegre, n. 32, p. 53.

processo no estado em que se encontra, para tão somente depois "receber" a denúncia e interromper-se a prescrição".[41]

É essa, também, a posição de Nereu Giacomolli, *in verbis:* "Da maneira como se estruturou a reforma, não há como ser sustentado ser o segundo momento o verdadeiro momento do recebimento da acusação. É o que se infere de uma leitura sistemática do art. 363 do CPP (processo penal se forma com a citação do acusado); do art. 366 do CPP (suspensão do processo penal após a citação por edital, quando o réu não comparecer e nem constituir advogado) e do art. 397 do CPP (absolvição sumária). Todos esses atos processuais e decisões ocorrem ante do recebimento da denúncia que está no art. 399 do CPP. Portanto, o momento do recebimento da acusação é o que se encontra prevista no art. 396 do CPP".[42]

Endossando esse entendimento e criticando-o em superador esforço, Aury Lopes Jr. recomendou, apoiado na doutrina de Jacinto Nelson de Miranda Coutinho e André Ribeiro Giambernardino, a utilização dos critérios de interpretação conforme à Constituição, ou de nulidade parcial sem redução de texto e daí concluiu que a expressão *citação* constante do artigo 365 deve lida com o sentido de *notificação,* embora reconhecendo que o problema continuará por sobreviver, no texto do art. 396, como mesóclise da discórdia.[43]

Posição eclética – e insustentável, *data venia* – é a de Gonçalo Farias Oliveira, segundo a qual o legislador teria criado um "modelo bifásico de recebimento da denúncia. Na primeira etapa (art. 396), há o recebimento em caráter preliminar da inicial acusatória e, na segunda (art. 399), há o seu recebimento definitivo ou sua ratificação".[44]

Posta a questão parece-nos que a melhor interpretação é mesmo aquela que reconhece a supremacia do artigo 396 frente ao artigo 399. Para resguardar a harmonia interna do ordenamento jurídico, o legislador deveria ter se utilizado no artigo 399 da expressão "não tendo sido o acusado absolvido sumariamente", como propõem, aliás, Luiz Flávio Gomes, Rogério Sanches Cunha, Ronaldo Batista Pinto[45] e Norberto Cláudio Pâncaro Avena.[46]

Houvesse a intenção de reservar o recebimento da inicial acusatória à fase procedimental do artigo 399 do CPP, então, por certo, o legislador teria consignaria no corpo desse artigo o termo *citação* no lugar de *intimação,* vez que a citação e a intimação são espécies de atos processuais radicalmente distintos em essência e finalidade. Histórica e juridicamente, a citação é ato posterior ao recebimento da denúncia, queixa ou aditamento, e não o contrário.

---

[41] MARTINS, Charles Emil Machado (org.). Do Procedimento Comum Ordinário. In *Teoria e Prática dos Procedimentos Penais.* Porto Alegre: Livraria do Advogado, 2009, p. 78.

[42] GIACOMOLLI, Nereu José. *Reformas(?) do Processo Penal:* Considerações Críticas. Rio de Janeiro: Lumem Juris, 2008, p. 64-65.

[43] LOPES JUNIOR, Aury. *Direito Processual Penal e sua Conformidade Constitucional,* vol. II. Rio de Janeiro: Lumem Juris, 2009, p. 193 e 194.

[44] OLIVEIRA JR., Gonçalo Farias. Processo e Procedimento: Aspectos Gerais, in *Direito Processual Penal,* Parte II, São Paulo: RT, 2009, p. 24.

[45] GOMES, Luiz Flávio; CUNHA, Rogério Sanches; PINTO, Ronaldo Batista. *Comentários às reformas do Código de Processo Penal e da Lei de Trânsito.* São Paulo: RT, 2008, p.338.

[46] AVENA, Norberto Cláudio Pâncaro. *Processo Penal.* São Paulo: Método, 2008, p. 295.

Não tendo promovido a retificação, ao intérprete incumbe buscar essa harmonia e, tanto quanto possível, resguardar a validade dos textos, como estamos propondo nesse momento, com a posição acima exteriorizada.

Anote-se, outrossim, que no procedimento sumariíssimo, o recebimento da denúncia ou queixa só se dará se frustrada a audiência preliminar de composição dos danos e transação

Embora oral, a denúncia ou queixa, no JEC, precisará também atentar para as exigências dos incisos II e III do artigo 385 do CPP: presença das condições da ação, dos pressupostos processuais e da justa causa.

O recebimento da inicial acusatória pode ser *total* ou *parcial*.

Favorável ao recebimento parcial, Leandro Galuzzi dos Santos recomenda ao juiz cuidado para não antecipar, no *decisum,* a sua posição sobre o mérito da causa. Assim, diz ele, "se a denúncia descreve uma gama de fatos, correlaciona-as de forma correta, mas não individualiza a conduta dos agentes em relação a alguns desses fatos, ou os imputa de maneira a configurar em relação a alguns desses fatos, um *bis in idem,* por exemplo, não vemos óbice a que na parte em que tal vício não apareça o juiz receba a acusação. Afinal, nesta hipótese o direito a integral e ampla defesa está preservado, uma vez que o acuado se contraporá a fatos certos e concretos".[47]

Realmente, se a pretexto de imputar dois delitos o acusador narrasse conduta desprovida de tipicidade, soaria como um despropósito o recebimento da acusação por fato atípico (em contraste com os cuidados que o juiz precisa ter com as condições da ação, em que se insere a tipicidade como possibilidade jurídica do pedido).

O juiz, ao receber a denúncia, pode e deve, outrossim, promover ajustes na classificação jurídica do fato (*emendatio libelli),* sem necessidade de aguardar o momento assinalado pelo artigo 383 do CPP, mormente quando o prejuízo ao acusado for visível (pelo não oferecimento da proposta de transação ou de suspensão do processo ou pela ocorrência da prescrição, p. ex.). Por amor à brevidade, remetemos o leitor para o capítulo X, onde esse item foi analisado.

A decisão de recebimento da acusação atua como causa interruptiva da prescrição (inciso I do artigo 117 do CP), cujo prazo recomeça a fluir até estancar no marco interruptivo seguinte, dentre os previstos em lei (pronúncia, publicação da sentença condenatória, ou, quando a condenação ocorrer em segundo grau, a publicação do acórdão respectivo – incisos II, III e IV do art. 117). Nas ações penais originárias, a interrupção da prescrição ocorre na data da sessão em que for proferida a decisão pelo Tribunal.[48]

A condição para que o recebimento da denúncia, queixa ou aditamento causa o efeito interruptivo da prescrição é que a decisão respectiva seja proferida pelo juízo competente.[49] Parece-nos, contudo, que a *ratificação* dos atos praticados na origem permitirá que se considere como marco interruptivo o dia em que o magistrado incompetente admitiu a acusação, especialmente quando a divida ocorrer em segundo

---

[47] SANTOS, Leandro Galuzzi. Procedimentos, in MOURA, Maria Thereza Rocha de Assis (Coord.) *As Reformas no Processo Penal.* São Paulo: RT, 2008, p. 321.

[48] RTJ, 101/1017.

[49] "... O recebimento da denúncia, por autoridade incompetente, não produz efeitos, visto que é ato nulo. Somente o recebimento da peça exordial pela autoridade efetivamente competente para o julgamento do feito é capaz de nterromper o fluxo do prazo prescricional. Precedentes do STJ e do STF..." (REsp 819168 / PESTJ, 5ª T., rel. Min. Gilson Dipp, in DJ 05.02.07, p. 356).

grau e sem inconformidade específica do acusador, aplicando-se ao caso a inteligência do enunciado n. 160 da Súmula do STF.

A demora no ajuizamento da ação penal causada pela lentidão da investigação criminal não acarretará modificação do marco interruptivo da prescrição, para volvê-lo à data em que "estariam vencidos os prazos para formalização e recebimento da inicial", como entendeu corretamente o extinto Tribunal de Alçada gaúcho,[50] pois o legislador deliberadamente não conferiu à demora esse efeito.

Não há pagamento de custas na ação pública como condição para a admissibilidade da denúncia, diferentemente da exigência legal imposta às ações deduzidas mediante queixa.[51]

A decisão de recebimento da peça angular é irrecorrível. Com a revogação da Lei 5.250/65 desapareceu a exceção prevista no seu artigo 44, § 2º.

O demandado, entretanto, poderá questionar a legalidade da acusação em *habeas corpus*, sustentando a inépcia da inicial ou a ausência dos outros requisitos indicados nos incisos II e III do artigo 395 do CPP.

O *habeas corpus* foi entretanto recusado como meio apropriado para discutir a ilegalidade do processo pela Turma Recursal de Porto Alegre antes da formal prolatação da decisão de recebimento da denúncia ou queixa.[52]

Esse posicionamento pretoriano é inadmissível, *data venia,* porque nega a histórica finalidade da ação de *habeas corpus* como instrumento expedito de proteção das liberdades e dos direitos fundamentais e ignora que o dever de comparecer à audiência preliminar em processo viciado configura-se como grave constrangimento ilegal que pode e deve ser sustado pela via do remédio heroico. Ademais, como o recebimento da acusação no JEC ocorre na própria audiência de instrução e julgamento, a orientação citada, em termos práticos, anula a finalidade do *habeas corpus* como ação apta à eliminação das ilegalidades.

Entendem os Tribunais, ainda, que após receber a acusação o juiz não mais pode retroceder para *rejeitá-la* e, assim, sustar o andamento do processo, sob o argumento de que não pode ser ao mesmo tempo autoridade coatora[53] e juiz no *habeas corpus* destinado a eliminar a coação.

---

[50] *Rev. Julgados*, vol. 63, p. 27.

[51] "O pagamento das custas da apelação, em caso de ação penal de iniciativa privada, é condição de admissibilidade do recurso, sob pena de deserção" (Apelação Crime nº 0379202-7 (20377), 2ª Câmara Criminal do TJPR, Rel. Waldomiro Namur. j. 22.03.07, unânime).

[52] "1- A designação de audiência preliminar para oferta de suspensão condicional do processo não se constitui em ato ilegal ou configurador de abuso que admita *habeas corpus*, pois ainda não instalado o contraditório. 2- O momento processual oportuno para a análise da matéria deduzida pelo impetrante é a audiência preliminar, quando será oportunizado à defesa responder à acusação antes do pronunciamento judicial sobre o recebimento ou não da denúncia. *HABEAS CORPUS* DENEGADO. (Habeas Corpus nº 71001887629, Turma Recursal Criminal, Rel. Cristina Pereira Gonzales, Julg. em 10.11.08).
No mesmo sentido: A designação de audiência para o oferecimento de transação penal não constitui coação ilegal, pois o procedimento ainda se encontra em fase preliminar. *HABEAS CORPUS* DENEGADO. (Habeas Corpus nº 71001753797, Turma Recursal Criminal, Turmas Recursais, Relator: Angela Maria Silveira, Julgado em 25.08.08).

[53] STF, RHC nº 51.423, Pleno, Rel. Min. Rodrigues Alckmin, in RTJ 69, p. 367; RT 453/362 e 551/372.
No mesmo sentido: DENÚNCIA. Após o recebimento da denúncia, o Juiz de 1º grau não tem mais competência para revogar o despacho que a recebeu ou trancar a ação penal, eis que esgotada a jurisdição. Apelo ministerial provido. CRIME AMBIENTAL. POLUIÇÃO SONORA. A poluição sonora, ainda que em patamares elevados, não é capaz de causar alterações substanciais no meio ambiente, que

Com a máxima *venia*, pensamos em sentido contrário, sendo suficiente a leitura do texto do art. 649 do CPP. Esse dispositivo confere poderes ao juiz para deferir *habeas corpus* "dentro dos limites da sua jurisdição", nos "casos em que tenha cabimento", conforme correto entendimento exteriorizado em precedente no TJRS.[54]

A Lei 11.719/08 amenizou a gravidade do problema porque veio a permitir ao juiz proferir decisão de absolvição sumária nas situações elencadas pelo artigo 397. Elas compõem o mesmo cenário visualizado pelo juiz na fase da admissibilidade da denúncia, queixa ou aditamento, prevista pelo artigo 395 do CPP, de modo que eventual constrangimento ilegal causado pelo indevido recebimento da denúncia ou queixa pode ser eliminado na fase do artigo 397, sem dificuldades.

Duas palavras sobre o reconhecimento da queixa, na ação subsidiária.

Recebida a queixa, o MP, a teor do artigo 29 do CPP, pode repudiá-la. A hipótese é pouco frequente no dia a dia do foro criminal e talvez por causa disso não tenha merecido suficiente destaque em nossa jurisprudência.

O repúdio não deve expressar-se entretanto como resultado do arbítrio, vem do eventual mau humor do representante ministerial. Bem ao contrário e segundo a doutrina de Heráclito Antonio Mossin, "nada mais evidente que o Ministério Público omisso somente possa repelir a queixa caso não atenda ela as condições genéricas e específicas de procedibilidade",[55] antes previstas nos artigos 41 (caso de inépcia da inicial) e 43, incisos e parágrafo, do CPP (casos de rejeição) e, agora, nos incisos I a III do artigo 395 do CPP.

Dizendo de outro modo, o repúdio à queixa, que, em termos práticos, se dá mediante oferecimento de denúncia substitutiva, só é possível dentro dos estreitos limites da legalidade, a impedir que o órgão do Ministério Público negligente por razões estritamente pessoais ou funcionais decida, por exemplo, de uma hora para outra, substituir ao ofendido diligente no processo.

Em face disso, entendemos que o ato de repúdio à queixa também está submetido ao controle jurisdicional. O magistrado é o presidente do feito, e sua função não pode ser equiparada à quinta roda do carro. A condução do processo é dele, e sempre que surgir um incidente durante o curso da relação jurídico-processual, terá competência para resolvê-lo.

Acolhendo o repúdio, o querelante cederá ao MP a posição de parte principal no processo, mas não ficará impedido de atuar como assistente, sem prejuízo do uso do mandado de segurança criminal visando preservar a posição original na causa.

é o bem jurídico penalmente tutelado pela Lei 9.605/98. Fato atípico. HC concedido de ofício. (Apelação Crime n° 70023527617, Quarta Câmara Criminal, Tribunal de Justiça do RS, Relator: Constantino Lisbôa de Azevedo, Julgado em 15.05.08). Ainda: Apelação Crime n° 70023279334, Quarta Câmara Criminal, Tribunal de Justiça do RS, Relator: Gaspar Marques Batista, Julgado em 03.04.08 e Apelação Crime n° 70021999883, Oitava Câmara Criminal, Tribunal de Justiça do RS, Relator: Mario Rocha Lopes Filho, Julgado em 19.12.07.

[54] "CRIME CONTRA O PATRIMÔNIO. TENTATIVA DE FURTO QUALIFICADO. DENÚNCIA REJEITADA. 1. Possibilidade de afastamento da acusação, mesmo após ter sido a denúncia recebida, na medida em que o magistrado pode conceder hábeas corpus de ofício e as modificações no processo penal, de 2008, permitem a absolvição sumária nos ritos comuns, após ter sido viabilizada a acusação e formado o processo. 2. Não havendo descrição dos objetos que o imputado pretendia subtrair, presume-se a insignificância. Rejeição mantida. PRELIMINAR REJEITADA. APELO MINISTERIAL DESPROVIDO, POR MAIORIA." (Apelação Crime n° 70025133620, Sexta Câmara Criminal, Tribunal de Justiça do RS, Relator: Nereu José Giacomolli, Julgado em 18.09.08).

[55] MOSSIN, Heráclito Antonio. *Comentários ao Código de Processo Penal*. Manole, 2005, p. 29.

Ao acusado, o Juiz abrirá novo prazo defensivo para que possa impugnar os termos *da denúncia substitutiva,* como dimana, aliás, da garantia constitucional do inciso LIV do artigo 5º da Constituição Federal, seguindo-se o feito consoante os termos e atos do respectivo procedimento, sem descarte do apelo ao *habeas corpus* destinado ao restabelecimento da situação anterior.

Rejeitada a denúncia substitutiva, o processo seguirá em seus ulteriores termos e atos. O MP, nesse caso, poderá deduzir inconformidade ao Tribunal por meio de recurso em sentido estrito (art. 581, I) ou de apelação (art. 593, II), conforme tenha sido o fundamento adotado pelo juiz para repudiar o repúdio (questões formais ou mérito).

Explicando melhor.

Caso a "rejeição" ao repúdio ocorra por inépcia (inciso I). isto é, por desrespeito da denúncia substitutiva aos requisitos formais (art. 41 do CPP), a decisão terá natureza de "não recebimento" questionável pela via do recurso em sentido estrito (art. 581, inc. I do CPP, não alterado pela Lei 11.719/08).

Fundada a rejeição nos demais incisos do artigo 395 do CPP (II e III), a decisão, por envolver mérito, desafiará o recurso de apelação.

O desprovimento do recurso em sentido estrito ou da apelação implicará a manutenção do querelante como sujeito ativo da ação penal, sem impedir, contudo, que o Ministério Público continue atuando como *assistente litisconsorcial.*[56]

Permanecendo no processo nessa qualidade, o representante do MP deverá ser previamente intimado da prática de atos do processo, sob pena de nulidade insanável (art. 564, III, letra *d*), tanto assim que a qualquer tempo, em caso de *negligência* do querelante, poderá, ainda, nos dizeres do artigo 29 do CPP, *retomar a causa* como parte principal.

3.3. O não recebimento da inicial acusatória

A denúncia e a queixa (e o aditamento pessoal ou real) são peças técnicas, revestidas de tecnicidades e de formalidades. Desatendendo-as, deverão ser recusadas por *inépcia,* isto é, por falta de *aptidão* para produzirem os efeitos pretendidos.

Aliás, a acusação é uma atividade técnica e é exatamente por isso que, no polo passivo, o acusado precisa do patrocínio do advogado, que, por ser também um técnico, reúne condições para responder à acusação em nível técnico equivalente (paridade de armas no processo).

Se a denúncia, a queixa e, por extensão, também o aditamento, não preencherem os requisitos integrativos *formais* previstos no artigo 41 do CPP. não estarão *aptos,* isto é, não terão *aptidão* para produzirem o válido nascimento do processo, conforme demonstramos, aliás, no capítulo sobre os pressupostos processuais.

Por não versar sobre o mérito da causa, a decisão judicial que declara a inépcia faz coisa julgada apenas formal e, desse modo, admite a representação do pedido em *outra* inicial acusatória, desde que construída em consonância com as exigências

---

[56] BONFIM, Edilson Mougenot. *Curso de Processo Penal*, 4ª ed. São Paulo: Saraiva, 2009, p. 186.

legais e, por isso, a matéria deveria ter sido considerada, pela Lei 11.719/08, como causa para o *não recebimento* da acusação. É esse o sentido do inciso I do art. 395.

Os requisitos que integram a inicial acusatória não são apenas os indicados pelo art. 41 do CPP, embora sejam os mais proeminentes. Convém lembrar que por *veicular um pedido* a inicial deverá conter um *endereçamento,* ser redigida no *idioma nacional* e conter a *assinatura* do sujeito ativo legitimado para a causa (*legitimatio ad causam*).

Significa então dizer que toda vez que faltar requisito formal, dentre os citados, o juiz necessariamente recusará a acusação por inépcia da inicial?

Não, evidentemente que não, porque a inaptidão da vestibular acusatória deve ser associada à falta de *requisito integrativo essencial,* dentre eles, a qualificação do acusado ou, no mínimo, sinais pelos quais possa ser identificado, a descrição do fato com todas as suas circunstâncias, a forma escrita, o emprego do idioma nacional e a assinatura do sujeito ativo para a ação e o processo.

É essa, aliás, a inteligência da norma da letra *a* do inciso III do art. 564 tipificando a nulidade absoluta do processo por "falta" da denúncia, suscetível de declaração caso tenha sido arguida pela defesa até a fase da sentença, no entender dos Tribunais, finda a qual haverá a preclusão.[57]

Desse modo e *a contrario sensu,* faltando o endereçamento, a classificação do crime, o rol de testemunhas, ou mesmo eventuais requerimentos para a produção de prova ou condenação, a inicial deverá ser recebida e viabilizar o surgimento da fase judicial da persecução. Um exame mais acurado desse ângulo da matéria nós o fizemos no capítulo 10, para onde remetemos o leitor.

Em suma: desde que a inicial forneça indicações suficientes sobre o fato em que se estriba a pretensão, não haverá razão para que a inicial seja recusada por inépcia, embora eventualmente tenha sido redigida com economia de palavras.[58]

A decisão de não recebimento é recorrível.

---

[57] "II – A doutrina e a jurisprudência, inclusive a desta Casa, são assentes no sentido de que 'em se tratando de delito contra os costumes, a palavra da ofendida ganha especial relevo' (RHC 79.788/MG, Rel. Min. Nelson Jobim). III – Inépcia da denúncia alegada somente após a prolação da sentença condenatória. Preclusão. Precedentes. IV – Inexistência de nulidade da intimação editalícia do réu para ciência da sentença condenatória, uma vez que, procurado para intimação pessoal, não foi encontrado" (HC 95701, SP., 1ª T., relator Min. Ricardo Lwandowski, julgado em 02.06.09. No mesmo sentido: "Os vícios da denúncia devem ser arguidos antes da prolação da sentença. Precedentes. 3. A alegação de cerceamento de defesa, fundada no indeferimento de diligências na fase do artigo 499 do CPP, não pode ser examinada nesta Corte, pois não foi suscitada na origem. 4. O *habeas corpus* não serve à pretensão absolutória baseada em aprofundado reexame de provas. Recurso ordinário em *habeas corpus* a que se nega provimento" – RHC 84849 / PR – PARANÁ, Rel. Min. EROS GRAU, 1ª Turma, julgado em 22.06.05. Ainda: "- PROCESSUAL PENAL – *HABEAS CORPUS* – SONEGAÇÃO FISCAL – INÉPCIA DA DENÚNCIA – DECISÃO CONDENATÓRIA. 1. Firme a jurisprudência do STF no sentido de que, proferido o veredicto condenatório, não mais se há que alegar inépcia da denuncia. se esta é inepta e o juiz julgou procedente a pretensão punitiva nela contida, deve ser atacada a sentença e não a peça acusatória. 2. A motivação indispensável à sentença "e a que se refere o art. 381, III, do Código de Processo Penal, e aquela que diz respeito ao raciocínio do magistrado para fazer incidir preceito legal a fato que considere provado, a fim de que o réu disponha de elementos para saber contra o que deverá defender-se em recurso ou revisão" (RTJ, 84/797). Assim, a circunstancia de conter fundamentação sucinta ou deficiente não a inválida (RTJ, 73/220). 3. Ordem denegada." (HC 2.565/DF, Relator Ministro Anselmo Santiago, in DJ 17.04.95 – nossos os grifos).

[58] HC 54099, Rel. Min. Cunha Peixoto, in DJ 21.05.76, j. em 23.03.76.

A *inépcia* tem natureza de *não recebimento* e, por isso, desafia o recurso em sentido estrito (art. 581, I do CPP, em vigor), embora o inciso I esteja submetido ao verbo "rejeitar" constante do *caput* do art. 395.

Aliás, anos atrás alertávamos[59] sobre as diferentes naturezas jurídicas das decisões de não recebimento e de rejeição da denúncia ou queixa e indicávamos como decorrência dessas diferenças, o recurso em sentido estrito para o questionamento da primeira e a apelação para o questionamento da última.[60]

O legislador da década de 40 já havia tido essa percepção, tanto assim que nos artigos 112 e 113 do revogado Decreto-Lei 7.661, de 21/06/45 (Falências) e, mais recentemente, nos artigos 44 da Lei 5.250/67 (Imprensa) e 82 da Lei 9.099/95 (Juizados Especiais Criminais) considerava as diferentes situações

Essas diferenciações são admitidas na na jurisprudência do Tribunal de Justiça do Rio Grande do Sul, e por causa delas a Corte reserva o sentido estrito ao caso de inépcia e direciona a apelação aos casos que com a Lei 11.719 passaram agora a figurar expressamente nos incisos II e III do artigo 395 do CPP.[61]

Não é essa a linha da jurisprudência TRF4,[62] como dimana, aliás, do enunciado 60 de sua Súmula,[63] bem ajustada à interpretação que o STJ confere ao tema.[64]

Para essas Cortes, não admitir e rejeitar são expressões equivalentes e por isso a sujeição das decisões ao exame da instância superior deve ocorrer em recurso em

---

[59] BOSCHI, José Antonio Paganella. *Ação Penal, Denúncia, Queixa e Adiamento*. 3ª ed. Rio de Janeiro: Aide, 2002, p. 233.

[60] "Denúncia. rejeição. recurso cabível. é atacável mediante apelação a decisão que rejeita a denuncia, por impossibilidade juridica do pedido, pois o recurso em sentido estrito volta-se aos casos de não recebimento do inicial por descumprimento de exigêcias formais. ... receberam o recurso, ante o princípio da fungibilidade, como apelacão" (Recurso em Sentido Estrito nº 70001372689, Sétima Câmara Criminal, Tribunal de Justiça do RS, Relator: José Antônio Paganella Boschi, Julgado em 14.02.00).

[61] "DENÚNCIA INEPTA. – Denúncia que não descreve circunstância essencial ao tipo – dolo na ação ou omissão – contraria o art. 41 do CPP, ensejando, portanto, o seu não recebimento e não sua rejeição. A unanimidade deram parcial provimento ao apelo". (Apelação Crime nº 70011571213, Quinta Câmara Criminal, Tribunal de Justiça do RS, Relator: Amilton Bueno de Carvalho, Julgado em 08.06.05). "CORREIÇÃO PARCIAL. APELAÇÃO MINISTERIAL INTERPOSTA CONTRA REJEIÇÃO DA DENÚNCIA RECEBIDA COMO RECURSO EM SENTIDO ESTRITO. Embora o magistrado singular tenha adjetivado de 'não recebimento' sua decisão, na verdade tratou-se de rejeição parcial da denúncia, sendo a apelação o recurso apropriado contra a mesma. CORREIÇÃO PARCIAL JULGADA PROCEDENTE." (Correição Parcial nº 70016716417, Quinta Câmara Criminal, Tribunal de Justiça do RS, Relator: Genacéia da Silva Alberton, Julgado em 27.09.06). No mesmo sentido, dentre outros julgados: Recurso em Sentido Estrito nº 70030468367, Segunda Câmara Criminal, Tribunal de Justiça do RS, Relator: Laís Rogéria Alves Barbosa, Julgado em 17.09.09; Recurso em Sentido Estrito nº 70018999680, Oitava Câmara Criminal, Tribunal de Justiça do RS, Relator: Fabianne Breton Baisch, Julgado em 16.05.07.

[62] PENAL. PROCESSO PENAL. FAUNA. REJEIÇÃO DA DENÚNCIA. RECURSO CABÍVEL. PRINCÍPIO DA INSIGNIFICÂNCIA. RECURSO IMPROVIDO. 1. Contra a decisão que rejeita a denúncia é cabível o recurso em sentido estrito (Súmula nº 60 do TRF 4ª Região). 2. Não apenas o aspecto patrimonial é determinante para o acolhimento do princípio da insignificância jurídica, mas primordialmente a ofensa ao bem juridicamente tutelado. 3. Constatando o Magistrado que a conduta não teve poder lesivo suficiente para atingir o bem jurídico tutelado pela lei, deve ser rejeitada a denúncia, por falta de justa causa. 4. Recurso ministerial improvido. (TRF4, ACR 1999.04.01.103352-2, Segunda Turma, Relator João Pedro Gebran Neto, DJ 06.12.00). Ainda: TRF4, RSE 2004.70.01.001126-9, 8ª Turma, Relator Paulo Afonso Brum Vaz, DJ 25.10.06.

[63] "Súmula 60. Da decisão que não recebe ou que rejeita a denúncia cabe recurso em sentido estrito".

[64] REsp. 184477-DF, 5ª Turma, Rel. Min. Gilson Dipp, j. em 19.02.02, DJ 25.03.02, p. 302.

sentido estrito,[65] não obstante a firme aceitação nos Pretórios de uso de um recurso pelo, amparados no princípio da fungibilidade dos recursos.[66]

Em que pese esses respeitáveis entendimentos, permanecemos fiéis à nossa posição, chancelada, aliás, em precedentes de outros Tribunais, pois enquanto a decisão de não recebimento atine com aspectos puramente formais, a decisão de rejeição tem por base a falta de pressupostos processuais, das condições da ação e da justa causa, e, por isso, envolvendo o mérito, gera efeito de coisa julgada material.

Cabíveis os recursos citados contra as decisões que não recebem ou que rejeitam a denúncia ou queixa (e também o aditamento pessoal ou real), discutia-se outrora sobre a necessidade ou não de intimar-se o denunciado, querelado ou aditado para oferecer contrarrazões ao recurso, eis que visível o seu interesse em preservar a decisão atacada.

A doutrina inclinou-se no sentido afirmativo. Ainda que o não recebimento e a rejeição impeçam que o processo nasça como *actus trium personarum*, vez que a relação processual só se completará com a citação (art. 363), Ada Pellegrini Grinover, Antonio Scarance Fernandes e Antonio Magalhães Filho sustentavam que o direito de responder ao recurso é decorrência natural da garantia do contraditório.[67]

Nos Tribunais Superiores havia divergência quanto ao tema. Enquanto no Supremo Tribunal Federal as decisões proferidas dispensavam as contrarrazões,[68] no Superior Tribunal de Justiça exigia-se a intimação do acusado para exercer a faculdade de responder ao recurso.[69]

Felizmente, a Suprema Corte revisou sua jurisprudência e editou e a consolidou no enunciado nº 707 da Súmula, *in verbis:* "Constitui nulidade a falta de intimação do denunciado para oferecer contra-razões ao recurso interposto da rejeição da denúncia, não a suprindo a nomeação de defensor dativo".

Embora direcionado à ação pública – haja vista a explícita referência à denúncia e ao denunciado, parece-nos que, por paridade lógica e identidade de motivos, o enunciado Sumular deve também endereçar-se às ações penais intentadas mediante queixa.

---

[65] REsp 48152 / PE, 6ª Turma, rel. Min. Adhemar Maciel, DJ 06.02.95, p. 1377.

[66] Recurso em Sentido Estrito nº 70020762381, Oitava Câmara Criminal, Tribunal de Justiça do RS, Relator: Fabianne Breton Baisch, Julgado em 26.09.07.

[67] As Nulidades no Processo Penal. São Paulo: Malheiros, 1992, p. 184. No mesmo sentido: Recurso Extraordinário, 01.01.30, SC, Rel. Min. Gueiros Leite, in DJU 05.12.85, p. 22.462, *apud* Direito Criminal, publicação da Associação do MP de SP, p. 137.

[68] HC 68.398-3, DF, 1ª T., Rel. Min. Octávio Gallotti, DJU de 05.10.92, p. 17.076, e RT 636/370. No mesmo sentido foi a decisão da 3ª Câmara do TARS, no julgamento do recurso em sentido estrito nº 296032972, Rel. Juiz José Domingues Guimarães Ribeiro.

[69] "1. O Superior Tribunal de Justiça tem entendimento no sentido de que a ausência de intimação da defesa para apresentar contra-razões ao recurso do Ministério Público (art. 588 do CPP), interposto contra o não recebimento da denúncia, viola os princípios constitucionais do contraditório e da ampla defesa. 2. Uma vez verificado que a paciente não teve oportunidade de apresentar as contra-razões ao recurso em sentido estrito, a melhor solução é abrir essa oportunidade para que ela possa exercer o seu direito à ampla defesa e ao contraditório, e assim regularizar a sua situação processual, direito concedido aos demais investigados e não a ela. 3. Ordem concedida para anular o julgamento do Recurso em Sentido Estrito 144.241.5/1, proferido pela 12ª Câmara do Tribunal de Alçada Criminal do Estado de São Paulo, a fim de que seja dada a oportunidade à paciente de apresentar as contra-razões ao recurso" (HC. N. 2006/0135675-0, rel. Ministro Arnaldo Esteves Lima, 5ª T., julgado em 14.10.08, DJ 24.11.08. No mesmo sentido: HC 17346 / SP, 6ª T., rel. Min. Hamilton Carvalhido, DJ 04.02.02, p. 567.

4. A rejeição da inicial acusatória

As hipóteses de rejeição da denúncia, queixa ou aditamento acham-se previstas nos incisos I, II e III do artigo 395, a seguir examinadas.

4.1. A rejeição por inépcia (inc. I do art. 395)

A previsão legal de *rejeição* da denúncia ou queixa (e aditamento real ou pessoal) por inépcia é mencionada neste tópico por razões exclusivamente sistemáticas, porque, em verdade, a sua natureza é de *não recebimento,* conforme anotamos no item anterior, para o qual remetemos o leitor.

4.2. A rejeição por falta das condições da ação (inc. II do art. 395)

Incumbe-nos neste item examinar com o mesmo espírito crítico a natureza jurídica da decisão que rejeitar a denúncia ou queixa por falta das condições da ação, considerando-se que as categorias básicas que sustentam a teoria eclética foram transladadas do CPC para o artigo 395 do CPP pela Lei 11.719/08, consoante anotamos no capítulo VII deste livro, para onde remetemos o leitor.

Apenas relembrando, de acordo com a teoria de Liebman que, *para poder exercer a ação,* o autor precisaria demonstrar *previamente* ao juiz a base legal do pedido (possibilidade jurídica), a legitimidade das partes (pertinência subjetiva para a ação) e o interesse de agir (utilidade da sentença reclamada como instrumento de proteção do bem da vida.[70]

Sobre o que consistiria a *fase demonstrativa prévia,* que Liebman denominaria de joeiramento prévio, Nelson e Rosa Maria Nery explicaram que o juiz, antes de afirmar no processo quem tem razão, precisaria apreciar "... questões preliminares que antecedem lógica e cronologicamente a questão principal: o mérito, isto é, o pedido. Este é a última questão que, de ordinário, o juiz deve examinar no processo. Estas questões preliminares dizem respeito ao próprio exercício do direito de ação (condições da ação) e à existência e regularidade da relação jurídica processual (pressupostos processuais)".[71]

Essa concepção que preconiza exame prévio das condições da ação vem sendo fortemente questionada pela doutrina[72] não só amparada no postulado básico da teoria abstrata, segundo o qual o direito de ação é incondicionado, mas, também, no ponto que sustenta ser administrativo e estranho ao mérito o pronunciamento judicial envolvendo as condições da ação.

---

[70] LIEBMAN, Enrico Tulio. *Manual de Direito Processual Civil.* Rio de Janeiro: Forense, 1984, p. 153-161, tradução e notas de Cândido Dinamarco e *Manual de Derecho Procesal Civil,* tradução de Santiago Sentis Melendo. Buenos Aires: Ediciones Jurídicas Europa-America, 1976.

[71] NERY JR., Nelson e NERY, Rosa Maria de Andrade. *Código de Processo Civil Comentado,* 5ª ed., RT, art. 267, inc. VI.

[72] BAETHGEN, Walter Eduardo. As Condições da Ação e o Novo Código de Processo Civil. *Revista Forense,* vol. 251, 1975, p. 17.

A doutrina tentou contornar as dificuldades.

José Roberto dos Santos Bedaque, por exemplo, escreveu que a "impossibilidade jurídica configura, sem dúvida, uma 'improcedência' evidente da demanda", mas que esse juízo advém de uma "cognição feita, em tese, no condicional, sem verificar-se se os fatos efetivamente ocorreram", sugerindo, por isso, a ideia de que a decisão não tocaria "o mérito propriamente dito".[73]

Mais enfaticamente, Cândido Dinamarco procurou distinguir a ação e o mérito, dizendo ser do direito material que ordinariamente provem os elementos em face dos quais se conclui pela carência de ação, mas, mesmo assim, "a carência em si mesma é fenômeno de direito processual, tipicamente. É o Estado renunciando a exercer a sua função jurisdicional, o que com facilidade se compreende que difere, e muito, do exercício da jurisdição a emissão do provimento jurisdicional declarando improcedente a demanda. Não se pode assimilar a carência de ação à improcedência da pretensão deduzida em juízo".[74]

Exemplificando com a impossibilidade jurídica do pedido da cobrança da dívida de jogo para tentar justificar que a extinção do processo por falta da primeira condição da ação não envolve o exame do mérito da causa, Moniz de Aragão disse que "há uma evidente diferença entre nós dizermos que o crédito não é devido porque já está pago e nós dizermos que não há possibilidade jurídica porque se trata de uma dívida de jogo".[75] Neste último caso, a existência do crédito ou sua correta formação não seria sequer examinada pelo juiz.

Seguindo essa linha de pensamento, voltada ao cível, Humberto Theodoro Jr. acentuou que, no processo, o pedido do autor é duplo: um imediato, que é a prestação da tutela jurisdicional, e outro mediato, que é a providência concreta que se pretende seja tomada contra o réu. Ainda segundo o mesmo autor, "dupla também é a solução que se há de esperar do Estado: a primeira refere-se à existência ou não do direito de ação; e a segunda, à procedência ou não da pretensão de direito material do autor. Só neste último caso é que teremos uma solução de mérito, isto é, uma solução da lide".[76]

Guiados pelo pensamento de Alfredo Buzaid exposto em conferência na Escola Superior[77] e de Frederico Marques[78] e transplantando o referencial teórico acima reproduzido para o âmbito penal, havíamos sustentado, anos atrás, nas primeiras edições de nosso esgotado *Ação Penal*, a tese de que a rejeição da denúncia com

---

[73] BEDAQUE, Roberto dos Santos. Pressupostos Processuais e Condições da Ação. São Paulo, *Justitia*, 1991, vol. 159, p. 54.

[74] DINAMARCO, Cândido. Condições da Ação e Pressupostos Processuais. Conferência no Curso de Aperfeiçoamento para Juízes. Encadernação da Biblioteca do TJRS, p. 10.

[75] ARAGÃO, Moniz de. Idem, p. 44.

[76] THEODORO JR., Humberto. Pressupostos Processuais, Condições da Ação e Mérito da Causa. *Revista de Processo*, ano V, 1980, n. 17, p. 43.

[77] A conferência foi pronunciada no dia 06.11.94 e acha-se encadernada na Biblioteca do Tribunal de Justiça do RS.

[78] "(...) as condições da ação se apresentam como requisitos indispensáveis para o julgamento da pretensão, sendo examinadas, por isso, antes de se apreciar a procedência ou improcedência do pedido. Faltando algum dos pressupostos do processo, o reconhecimento dessa falha é decisão sobre a relação processual; reconhecendo-se a falta de uma das condições do direito de agir, versou a decisão sobre a ação. Em nenhum desses julgamentos indaga-se da procedência da pretensão, ou seja, do meritum causae" (*Instituições de Direito Processual Civil*. 3ª ed. Rio de Janeiro: Forense, p. 38 v. II).

base no revogado artigo 43 do CPP (sede das condições da ação), não implicava exame do mérito, embora a decisão operasse efeito de coisa julgada formal, modo semelhante ao que Hélio Tornaghi havia proposto nos idos de 1945.[79]

Invocando dois exemplos, jurista asseverou que seria realmente atípica a conduta de quem fosse acusado de crime por não ter efetuado o pagamento de dívida e que nesse caso a rejeição da denúncia não envolveria mérito e sim condição da possibilidade jurídica do pedido, consistente em saber se se poderia ou não ser movida a ação pelo inadimplemento da dívida. No entanto, diversa seria a situação se a acusação fosse por furto de coisa própria, por ser possível a ação penal de um fato que se apresenta, *prima facie,* como crime de furto.[80]

Passados os anos, mudamos de lado, convencidos pela força dos argumentos desenvolvidos, dentre outros, por Fábio Luiz Gomes, para quem toda a decisão sobre a possibilidade jurídica do pedido é jurisdicional, ocorre no processo e diz com a relação de direito material, vale dizer, com o mérito da causa.[81]

Reportando-se a um exemplo de Calmon Passos de autor de ação de usucapião que declinasse na inicial estar na posse de determinado imóvel há quatro anos, como *animus* de dono e que requeresse, afinal, ao juiz a declaração de proprietário, Fábio Gomes demonstrou não haver distinção entre a impossibilidade da tutela em abstrato e a pretendida no caso concreto. De acordo com os artigos 267 e 301 do Código de Processo Civil, o autor da ação de usucapião seria julgado carecedor do direito de ação por não haver previsão legal para o atendimento do seu pedido...

No entanto, se o mesmo autor ingressasse com a ação alegando estar na posse da área há mais de dez anos e invocasse o artigo 156, § 3º, da Constituição Federal de 1946, concluiu Gomes, dar-se-ia como presente a referida condição da ação, ainda que durante a instrução viesse a ser comprovada posse de somente quatro anos, "mas nesta última hipótese não haveria carência de ação e sim julgamento de improcedência, ainda que resultante da impossibilidade de aplicar a vontade da lei",[82] o que dá na mesma.

Realmente, anota Cândido Dinamarco, entendido o mérito como "o pedido do autor formulado na inicial ou nas oportunidades em que o ordenamento jurídico lhe permita ampliação ou modificação; o pedido do réu na reconvenção; o pedido do autor ou do réu nas ações declaratórias incidentais; o pedido do autor ou do réu contra terceiro na denunciação da lide; o pedido do réu no chamamento ao processo; o pedido do terceiro contra autor e réu, formulado na oposição", em suma, como o pedido que, na opinião de Sydney Sanches, caracterizaria o objeto litigioso,[83] de que forma seria possível afirmar, preservada a necessária e indispensável coerência, que as condições da ação atuariam como requisitos para o "pronunciamento de mérito" se, ao extinguir o processo sumariamente, por ausência de uma delas, o juiz apreciando o pedido o faz apreciando o "mérito", isto é, o núcleo da *causa petendi,* que o identifica e o caracteriza?

---

[79] TORNAGHI, Hélio. *A Relação Processual Penal.* 2ª ed. São Paulo: Saraiva, 1987, p. 251.

[80] Idem, ibidem.

[81] GOMES, Fábio Luiz. *Carência de Ação.* São Paulo: RT, 1999, p. 66.

[82] Idem, ibidem.

[83] DINAMARCO, Cândido. O Conceito de Mérito em Processo Civil. *Revista de Processo*, 34, p. 41.

Então, "quando dizemos que alguém está formulando um pedido juridicamente impossível", ensina Adroaldo Furtado Fabrício, também dando a usucapião fundada em posse bienal como exemplo, "isto é, um pedido que não pode ser emoldurado dentro do sistema jurídico vigente, um pedido para o qual, usando a palavra clássica e muitas vezes repetida, não existe no sistema jurídico uma previsão em abstrato (...), estamos querendo dizer que o magistrado afirmará 'que o autor não tem direito'. E dizer que o autor não tem direito é dizer que a ação é improcedente, ou, como talvez fosse mais correto tecnicamente, é dizer que o pedido é improcedente".[84]

As críticas são exatas e permitem-nos compreender que, também no processo penal, a rejeição da denúncia ou queixa por falta das condições genéricas da ação, *é jurisdicional, ocorre no processo e envolve o mérito da causa*,[85] de modo que o *mérito* da causa pode ser resolvido em diferentes *fases* do procedimento: na fase inicial (com a decisão de rejeição da denúncia), na fase intermediária (com a absolvição sumária) e na fase final (com a sentença)!

Exemplifiquemos.

Suponha o leitor a hipótese de imputação em denúncia por fato desprovido de tipicidade. Pela lógica, o juiz rejeitará a acusação, afirmando a impossibilidade jurídica do pedido (primeira condição da ação proposta pela teoria eclética).

Todavia, se a acusação prosseguir, por inadvertência do juiz e descuido da defesa, ninguém duvida que a sentença ou o Tribunal julgado apelação contra sentença condenatória por fato atípico proferirá sentença (ou acórdão) absolutória com fundamento no inciso III do artigo 386 do CPP.

Seria possível afirmar que a decisão de rejeição da acusação por atipicidade (art. 395, II) é em natureza jurídica distinta da sentença que absolve por atipicidade (art. 386, III) e que só nesta última é que o mérito recebeu a apreciação judicial?

É claro que não, servindo o exemplo, isto sim, para demonstrarmos que a rejeição da denúncia por falta das condições da ação tem por objeto o mérito da causa, ocorre na *ação* e *no processo,* embora em fase incompleta da cognição.

Em suma: a única diferença existente entre as decisões reside não na natureza jurídica e sim na *extensão da cognição.*

Há mais.

---

[84] Conferência citada, p. 16 e 17. Idem: BATISTA, Ovídio. *Curso de Processo Civil.* 2ª ed., Porto Alegre: Fabris, 1991, p. 90. No mesmo sentido: GOMES, Fábio Luiz. *Teoria Geral do Processo Civil.* Letras Jurídicas, 1983, p. 125.

[85] Essa conclusão não se estende às denominadas condições específicas de procedibilidade e objetivas de punibilidade porque, em relação a elas, o fenômeno, data vênia, é distinto e peculiar. De fato, se o juiz constatar a falta da representação, da requisição ou da condição objetiva de punibilidade anulará o processo existente (TOURINHO FILHO, Fernando da Costa. *Processo Penal.* 1º vol. São Paulo: Saraiva, 2004, p. 530), nada impedindo que o acusador, após a correção das falhas apresentadas, "salvo quando o fato não constituir crime ou estiver extinta a punibilidade", reitere o pedido, "ingressando novamente com a ação penal". É como pensam Frederico Marques (*Tratado,* cit., p. 84), Ada Grinover (Ob. cit., p. 169) e NUCCI, Guilherme de Souza. *Código de Processo Penal Comentado.* São Paulo: RT, 2006, p. 168), embora nossa restrição quanto a esse pensar no tocante à ausência de condição objetiva de procedibilidade, cuja falta, para nós (no clássico exemplo da dívida tributária que ensejará punição por sonegação fiscal só depois do exaurimento da via administrativa com afirmação de que houve a sonegação dos tributos) por impedir a configuração típica deveria levar à absolvição fundada no inciso III do art. 386 do CP. Em suma: para a doutrina, portanto, a falta das condições de procedibilidade e objetivas de punibilidade não conduz à decisão de mérito, de modo que o acusador pode reapresentar o pedido, entendimento que advinha, aliás, dos revogdos incisos III e parágrafo único do art. 43 do CP.

Suponha-se, também, a prática de conduta típica em situação de legítima defesa.

Ninguém duvida que diante de prova pacífica[86] de causa excludente de ilicitude, o MP promoverá o arquivamento do inquérito policial por falta de interesse do Estado em abrir um processo contra alguém que realizou a conduta por ele (pela lei) autorizada, isto é, com base em tipo penal permissivo.[87]

Francisco de Assis Toledo ensinava que "onde houver uma causa de justificação, já suficientemente caracterizada, faltará uma condição da ação penal, pois se o fato, que deve ser narrado com todas as suas circunstâncias (CPP, art. 41), não constituir crime, autorizado está o pedido de arquivamento pelo Ministério Público ou a rejeição da denúncia ou da queixa pelo juiz (CPP, art. 43, I)", acrescentando crer que aqueles que "militam nas atividades forenses compreenderão o alcance dessa conclusão, bem como o equívoco de certos julgados que simplesmente recusam o exame dessa questão por ocasião do despacho de recebimento da denúncia ou da queixa, mesmo quando o inquérito contenha suficientes elementos de convicção".[88]

Caso a denúncia venha a ser recebida e a defesa, na resposta à acusação (art. 396 e 396-A) demonstre que a excludente de ilicitude está inequivocamente provada, o juiz poderá e deverá absolver sumariamente o acusado (art. 397, II) ou, no pior cenário, postergar o reconhecimento da causa excludente da ilicitude na sentença final (art. 386, inciso VI, do CPP).

Observe-se que independentemente da fase procedimental (admissibilidade da acusação, absolvição sumária ou sentença) é possível um pronunciamento de mérito *e na ação* ainda que para *rejeitar a acusação* por falta de uma das denominadas *condições da ação ...*

Suponha-se, ainda, a propósito da segunda condição genérica da ação penal, que ao receber a denúncia ou queixa o juiz inadvertidamente não note que a punibilidade já estava extinta pelo decurso do prazo da prescrição, ante a pena cominada em abstrato, vindo a dar-se conta disso só no curso da ação e do processo.

Como deverá proceder? É claro, extinguir, em sentença de mérito, a punibilidade e o processo (art. 397, IV). Seria possível negar a existência da ação e do exame do mérito em sentença que afirme não ter o autor mais o direito de punir?

Podendo também rejeitar a denúncia nesse caso, porque a extinção da punibilidade faz desaparecer o interesse estatal de agir (segunda condição) estaríamos autorizados a supor que a decisão, nesse caso, seria em tudo distinta daquela proferida na fase da absolvição sumária para extinguir a punibilidade do agente (art. 397, IV)?

É claro que não. Logo, também aqui há ação na decisão que afasta uma das condições da ação e, envolvendo o mérito, declara extinto o *jus puniendi* estatal.

Como escreveu Fábio Gomes, embora trabalhando com o processo civil, a "investigação sobre necessidade ou desnecessidade da tutela jurisdicional invocada pelo autor para obter a satisfação do direito alegado implica obrigatoriamente

---

[86] Nesse sentido: STJ, DJ de 25.06.90.

[87] TJPR, Rel. Eros Gradowski, in RT 664/303, *apud* Alberto Franco, obra citada, p. 422.

[88] TOLEDO. Francisco de Assis. *Princípios*. São Paulo: Saraiva, 1986, p. 157. No mesmo sentido é a lição de Julio Fabbrini Mirabete, in *Processo Penal*, São Paulo: Atlas, 1991, p. 133. Em idêntico sentido são os seguintes precedentes: Tribunal de Alçada do RS – *Revista Julgados*, vol. 53, p., 135; Tribunal de Alçada Criminal de São Paulo, *RT* 413/300.

perquirir a respeito da ameaça ou da violação desse direito, ou seja, sobre ponto pertinente à relação substancial".[89] Dizendo de outro modo: se não há mais o direito à sentença reclamada esse dado arreda o interesse em obtê-la, isto é, aquela condição que Liebman, em edições posteriores de sua obra, fundiria com a possibilidade jurídica do pedido.

Por fim, imaginemos fato cuja ação seja de iniciativa privada e que tenha sido intentada mediante denúncia.

É certo que a denúncia não pode ser admitida. O caso será de rejeição, com fundamento no inciso II do artigo 395 do CPP, isto é, pela ausência da terceira condição da ação: a da legitimidade da a parte ativa.

Suponha-se, entretanto, que a situação não seja notada pelo magistrado e que a ação e o processo tenham seus desdobramentos naturais, com sentença condenatória. Se a defesa apelar e suscitar em preliminar a nulidade do processo por ilegitimidade ativa do MP o Tribunal, por certo, declarará a nulidade com fundamento no inciso II do art. 563 do CPP, por ser insanável.

A decisão anulatória seria estranha ao mérito?

A resposta também aqui é negativa. Nada é mais significativo (para demonstrar enfrentamento de mérito) que afirmar ao autor que o direito de propor a demanda é de *outro sujeito ativo!*

Reportando-se ao cível, Adroaldo Furtado Fabrício anotou ser "... ainda mais difícil sustentar-se que seja matéria estranha ao mérito. Efetivamente, ao sentenciar que o autor não tem *legitimatio ad causam*, denega-lhe o juiz, claríssimamente, o bem jurídico a que aspirava, posto que à sua demanda responde: 'Se é que existe o direito subjetivo invocado, dele não és titular'. Proclamando o juiz, por outro lado, ilegitimidade passiva *ad causam*, declara que 'em face do réu', não tem o autor razão ou direito. Em qualquer dos casos, há clara prestação jurisdicional de mérito, desfavorável ao autor – vale dizer, sentença de improcedência".[90]

É claro que embora os efeitos da coisa julgada material a impedir a renovação do pedido pela parte *ilegítima* a sentença não impedirá que a parte *legítima* promova a ação. Dizendo de outro modo, a parte legítima poderá, a qualquer tempo, articular sua pretensão sem o risco de estar *renovando* a *causa petendi,* porque, em realidade, a demanda, para a parte legítima, não será propriamente a mesma e sim outra. A decisão, em suma, só poderá operar o efeito da coisa julgada material em relação à parte ilegítima. Há de ser para ela, e não para a parte *legítima* a proibição de formular o pedido com base na mesma causa de pedir.

Daí o acerto da lição de Ovídio A. Baptista da Silva, aplicável ao processo penal: "Aquele que teve sua demanda repelida, por considerá-lo o juiz carecedor de ação, estará impedido, em virtude da coisa julgada material, de repropor a mesma demanda; sua ação foi definitivamente julgada. Que a ação do legitimado verdadeiro não haja sido decidida pela sentença, parece uma consequência comezinha e óbvia".[91]

---

[89] GOMES, Fábio. *Carência de Ação*. São Paulo: Revista dos Tribunais, 1999, p. 67.

[90] FABRÍCIO, Adroaldo Furtado. Extinção do Processo e Mérito da Causa. *Revista de Processo*, vol. 58, p. 8.

[91] SILVA. Ovídio Baptista da. Direito Subjetivo, Pretensão de Direito Material e Ação. *Rev. AJURIS*, 29, p. 126.

Dos exemplos acima e tendo-se em conta os referenciais teóricos antes reproduzidos, vê-se que o mérito da ação pode ser examinado em *diferentes fases do procedimento:* no início, no meio ou no fim, em incompleta ou completa cognição,[92] de modo que a questão central consiste não só em saber se o pronunciamento é ou não de mérito na rejeição da denúncia por falta das condições da ação, mas, também, em determinar *o momento em que esse pronunciamento de mérito acontece* (nas fases inicial, intermediária ou final do procedimento).

Essa interpretação foi refutada por Voltaire Lima de Moraes sob o argumento de que seria *contra legem,* haja vista o disposto em sentido contrário nos arts. 267, 268 e 301 do CPC.[93]

Em resposta, Fábio Gomes, citando o Pretório Excelso, asseverou que "a lei não pode transformar o quadrado em redondo", sendo milenar a concepção segundo a qual "a nomenclatura ou as expressões usadas devem ceder passo à essência e à realidade evidentes", o que leva, no seu entender, à "(...) a absoluta impropriedade de se dar validade às condições da ação como categoria pertinente ao plano do Direito Processual, razão pela qual se impõe a supressão das mesmas do nosso Código; enquanto presentes neste, sua apreciação importará exame de mérito, e de natureza jurisdicional será a atividade do juiz ao aferi-las".[94]

Aliás, o grande Eduardo Couture já havia ido ao extremo de dizer que não havia utilidade na discussão[95] porque o direito ao processo nunca poderia ficar submetido a condicionamentos prévios, vez que a Constituição Federal garante a todos o direito de petição aos órgãos públicos[96] (letra *a*, do inciso XXXIV do art. 5º da CF),[97] ainda que, sob essa ótica, estivesse a discorrer mais sobre o direito (constitucional) de petição e menos sobre o direito (constitucional) à jurisdição.

---

[92] Não é outro o ensinamento de Ovídio Baptista. In: *Curso de Processo Civil.* 2ª ed. Porto Alegre: Fabris, 1991, p. 90). No mesmo sentido: GOMES, Fábio Luiz. *Teoria Geral do Processo Civil.* Letras Jurídicas, 1983, p. 125.

[93] MORAES, Voltaire Lima de. *Das Preliminares no Processo Civil.* São Paulo: Forense, 200, p. 46.

[94] GOMES, Fábio Luiz. *Carência de Ação.* São Paulo: RT, 1999, p. 62-63.

[95] COUTURE, Eduardo. *Introdução ao Estudo do Processo Civil.* Tradução de Mozart Victor Russomano, 3ª ed. Rio de Janeiro: Forense, 1998, p. 15.

[96] Afirmando que foi Couture quem levou ao grau máximo de abstratividade o direito de ação, Adroaldo Furtado Fabrício, por exemplo, declarou que não encontrava dificuldade em trabalhar com essa ideia (Condições da Ação: Mérito e Coisa Julgada, Conferência no Curso de Aperfeiçoamento para Juízes, promovido pela ESMRGS. Encadernação da Biblioteca do TJRS). Ver ainda Luiz Machado Guimarães, citado por J. A. Galdino da Costa. As Condições da Ação, in *Revista Brasileira de Direito Processual*, Uberaba, MG, Forense, vol. 49, p. 123.

[97] O Mestre Galeno Lacerda (*Despacho Saneador*. Porto Alegre: Fabris, 1990, p. 76) questionou a premissa de Couture, todavia, pois, segundo ele, o direito de ação é essencialmente distinto do direito constitucional de petição porque, não obstante também possa gerar uma relação jurídica, a relação que daí advém se justifica, apenas, em termos de Direito Constitucional, enquanto que aquela que surge do direito de ação se agasalha nas normas do Direito Judiciário.Com efeito, independentemente da hierarquia, todas as autoridades têm o dever jurídico de se pronunciarem sobre os pedidos que lhes forem endereçados, o que evidencia um modo único de encarar fenômenos distintos: de um lado, o direito constitucional de petição, que tem por objeto a satisfação de pretensões administrativas, jurídicas, políticas etc. perante a quaisquer órgãos estatais; e, de outro lado, o direito de ação, destinado a provocar a manifestação do Poder Judiciário sobre pretensão jurídica, intersubjetivamente litigiosa ou não (cf. José Almagro Nosete, Protección Procesal de los Derechos Humanos en España, *RDPrIA*, 1973(4):24) – citado por Rogério Lauria Tucci *et alii*, *Constituição de 1988 e Processo* – Regramentos e Garantias Constitucionais do Processo. São Paulo: Saraiva, 1989, p. 11).

Sendo então certo que todo indivíduo tem o direito de pedir a tutela jurisdicional do Estado mesmo deduzindo pretensão iníqua, absurda, inimaginável, por ter, no mínimo, o direito de ouvir do Estado Juiz a declaração de que "não tem o direito reclamado", parece-nos que as condições da ação, pelo prisma eminentemente processual, seriam melhor entendidas se fossem consideradas apenas como *condições jurídicas indispensáveis ao esgotamento das fases procedimentais.* Nessa perspectiva seriam condições de prosseguibilidade da ação e do processo até a sentença final – seja ela de procedência ou de improcedência da pretensão deduzida pelo autor.

A nosso ver é essa, efetivamente, a natureza jurídica das condições da ação: requisitos para que, em face à *ação nata,* o processo dela *nascido,* possa ter os seus desdobramentos, de acordo com os atos e as fórmulas procedimentais correspondentes, até a fase eminente da sentença final (independente de ser ela favorável ou desfavorável ao autor). Versando sobre o mérito da causa, a decisão de rejeição da inicial acusatória desafiará o recurso de apelação (art. 593, II) e não o recurso em sentido estrito (art. 581, I).

Não obstante as contundentes críticas quanto à própria configuração das condições como categorias jurídicas do processo, parece-nos inegável que elas cumprem papéis importantíssimos nos planos político e prático, porque ajudam a prevenir a jurisdição de demandas temerárias, sem sentido,[98] pois, há muitas delas que se revelam, desde logo, contrárias ao direito – como seriam, por exemplo, a que visasse a escravizar pessoa em virtude de dívida, a que pretendesse desobrigar o cônjuge do dever de fidelidade na constância do casamento,[99] a que buscasse, como medida preparatória da ação, um pronunciamento judicial antecipado sobre a tese jurídica a deduzir, a que visasse a condenação criminal de autor de fato prescrito, ou de animal causador de dano patrimonial à vítima, etc.

Conforme dizia, na década de 40, Pedro Batista Martins, ao prefaciar a obra de Guilherme Stellita, "... não há um direito de demanda independente do direito de ação. É verdade que, mesmo os que carecem ostensivamente do último desses direitos, podem ingressar em juízo com a sua demanda infundada para provocar o pronunciamento da autoridade judiciária. Mas essa possibilidade"– segue o autor – "não consiste, como admite certa corrente doutrinária, um direito de demanda *per se stante* e susceptível de exercício incondicional. O ideal seria que só se permitisse o ingresso em juízo a quem pretendesse a tutela do Estado para um interesse juridicamente relevante. Mas como, no estado atual do processo, ainda não se descobriu o meio de impedir o acesso judicial às demandas infundadas, ao juiz incumbe, mediante provação, estatuir, indistintamente, sobre todas as pretensões que lhe sejam submetidas. Mesmo, porém, nessa parte, já se tem feito sentir os resultados da evolução, pois que ao Juiz se permite indeferir as petições iniciais ineptas e absolver o réu da instância, nos casos previstos no art. 201, n. III, do Código de Processo Penal".[100]

---

[98] TOURINHO FILHO, Fernando da Costa. *Processo Penal.* Jalovi, 1972, p. 425.

[99] FABRÍCIO, Adroaldo Furtado. *Ação Declaratória Incidental.* Rio de Janeiro: Forense, 1976, p. 49.

[100] MARTINS, Pedro Baptista. In ESTELLITA, Guilherme. *Direito de Ação – Direito de Demandar.* Rio de Janeiro: Jacinto Editora, 194, p. XIII – XXIV.

A ideia de restringir a atividade processual decorrente do direito de ação aos interesses juridicamente relevantes e em desfavor das pretensões natimortas, notoriamente infundadas, descabidas, vai também ao encontro dos interesses estatais na contenção do aumento da carga de trabalho das pessoas envolvidas com as atividades jurisdicionais, em favor da maior produtividade no serviço público e também das otimizações orçamentárias, como propõe, aliás, conhecido princípio de direito administrativo comandando a legalidade, a moralidade e a eficiência na aplicação do dinheiro público.

Entender o sistema penal e aplicá-lo bem conectado às funções políticas, teóricas e práticas das condições da ação, sem embargo das exatas críticas doutrinárias sobre elas, restritas ao campo puramente teórico, ajudará, por outro lado, a maximizar o denominado direito penal de garantias, evitando-se, para o acusado, sofrimentos inúteis, com processos carentes de sentido.

O processo – como dizia o grande Carnelutti – é fonte de extraordinário sofrimento para o acusado, que perde a capacidade de planejar o futuro, de modo que sujeitá-lo às audiências, aos custos com a defesa, mesmo tendo-se a antevisão do desfecho favorável, é puni-lo ilegitimamente. Um exemplo que bem explica essa preocupação – dentre tantos situados ao nível da atipicidade conglobante – é o de instauração de processo criminal capaz de gerar condenação a pena antevista, projetada ou em perspectiva, que acarretará a extinção da punibilidade pela prescrição.

Então, às razões relacionadas à sobrecarga dos tribunais, ao gasto inútil do dinheiro público, antes apontadas, agrega-se mais essa, de nítido conteúdo filosófico, político, voltada à preservação tanto quanto possível do estado de cidadania, de modo que a maior proximidade e integração no dia-a-dia dos operadores do direito entre o direito penal e processo penal pode e deve ser uma meta a ser alcançada com maior efetividade.

Nesse contexto, é imperiosa a associação dos postulados da teoria da tipicidade conglobante, examinada no capítulo VII, com as condições da ação, para poder-se *reduzir* a incidência do direito penal, aproximá-lo mais do sistema processual penal e maximizar, evitando-se processos inúteis, a proteção dos direitos e das garantias individuais por meio do processo.

4.3. Rejeição por falta de pressupostos processuais (inc. II do art. 395)

Em capítulo específico (IX), apontamos e comentamos a classificação mais recomendada sobre os pressupostos processuais, equiparados pela Lei 11.719/2008 às condições da ação como causa para a rejeição da acusação (art. 395, II) ante a influência da teoria geral do processo civil no processo penal, a despeito das peculiaridades próprias de cada sistema.

Sem a necessidade de renovarmos a crítica apresentada quanto à inconsistência da divisão dos pressupostos em dois grupos, os de existência e os de validade do processo, a questão que se impõe analisar e responder neste momento diz com a determinação da natureza jurídica da decisão de rejeição da acusação fundada na ausência dos citados pressupostos (de existência e de validade).

No CPC, essa questão foi claramente respondida: a falta dos pressupostos processuais (e também das condições da ação) causa extinção do processo sem exame de mérito (art. 267, inc. IV).

E no processo penal?

A questão não é tão simples.

Comecemos por anotar que a falta propriamente dita de autor, de pedido e de jurisdição não propiciará a afirmação ou a negação da existência do processo. É preciso, ao menos, que exista o juiz, investido de jurisdição, como condição *sine qua non* para esse pronunciamento.

É claro – e todos compreendem – que não é a falta física do autor, do pedido ou do juiz o que compõe a rotina do foro civil ou criminal, porque mesmo as pessoas sem formação jurídica sabem que para surgir um processo no mundo do direito é preciso que o interessado (autor), por meio de um advogado, articule um pedido e o ampare em provas mínimas de justa causa.

O que se extrai do dia-a-dia no foro é a discussão sobre a legitimidade ou não do autor, a idoneidade, inidoneidade ou falta de originalidade do pedido, a competência, a suspeição ou isenção do magistrado, etc, isto é, sobre o que a doutrina denomina (abstraída a nossa crítica) como pressupostos subjetivos, que geram declarações extintivas do processo com eventual efeito de coisa julgada material.

É o que se dá, por exemplo, na afirmação de que o autor não é parte legítima *ad causam* ou de que o pedido deduzido por ele é impossível juridicamente ou destituído de originalidade. Se a parte ilegítima não conseguir reverter a decisão em grau de recurso *ela* não mais poderá reabrir o caso, sem prejuízo, é óbvio, que a parte legítima o faça. Do mesmo modo, quando a decisão extintiva do processo for por impossibilidade jurídica ou este já tiver sido apreciado, por exemplo, em outro processo.

Não é diferente quando a decisão for proferida em favor da defesa por juiz incompetente ou eivado de suspensão se contra ela o Ministério Público não tiver ingressado com recurso de apelação.

Consoante anotaram Ada Grinover, Scarance Fernandes e Gomes Filho, o rigor técnico da ciência processual há de ceder perante os princípios maiores do *favor rei* e do *favor libertatis*. E o dogma do *ne bis in idem* deverá prevalecer, impedindo nova persecução penal a respeito do fato delituoso que foi objeto de outra sentença penal".[101]

Invocando Tratados Internacionais aprovados pelo Estado brasileiro e apoiados em direito estrangeiro eis como se pronunciaram: "Nessa ótica, "perseguido" que foi penalmente o acusado, ainda que perante juiz constitucionalmente incompetente, que o absolveu, não poderá ser novamente processado pelo mesmo fato, apesar de a sentença não ter aptidão para passar em julgado. Até porque a garantia do juiz constitucionalmente competente é erigida em favor do "processado" e do "sentenciado".[102]

Por fim: será igualmente extintiva do processo – com efeito apenas de coisa julgada formal – a decisão direcionada aos pressupostos de validade, porque, no dizer de Afrânio Jardim, "os atos processuais, mesmo quando praticados contra ve-

---

[101] GRINOVER, Ada Pellegrini, FERNANDES, Antonio Scarance e GOMES FILHO, Anatonio Magalhães. *As Nulidades no Processo Penal*. 10ª ed. São Paulo: Revista dos Tribunais, 2008, p. 56-57.
[102] Idem, ibidem.

dação expressa da lei, enquanto não desconstituídos, produzem efeitos jurídicos no processo, efeitos estes que o manto protetor da coisa julgada (no processo penal, só para acusação) torna perenes",[103] conforme registramos anteriormente.

Em lição direcionada ao processo Civil, também aplicável ao processo penal, por sua consistência e precisão, José Maria Tescheiner afirmou que "Se falta pressuposto de validade, o processo existe, mas é nulo. Nulo, porém, num sentido diverso do direito civil, porque a nulidade deve ser pronunciada e, pronunciando-a, o juiz extingue o processo (...) Seja como for, há um liame entre os pressupostos processuais e as nulidades, decorrentes da circunstância de que ambos supõem a idéia de vícios processuais. Em última análise, é dos vícios processuais que vamos tratar (...)".[104]

Não pensava diferente o professor Ovídio Baptista da Silva, ao aludir à ambigüidade do conceito: "um processo que seja carente de algum pressuposto processual" será, de qualquer modo, "um processo existente".[105]

Também reconhecendo que, no fundo, a questão envolve discussão sobre vícios processuais, Adroaldo Furtado Fabrício anotou que a doutrina mais acatada sobre os pressupostos processuais (Leo Rosenberg, Adolf Schönke, James Goldschmidt, Jorge Luis Dall'agnol, Barbosa Moreira) concluiu que "... *sendo no processo que se examina a presença ou ausência deles, estabelecido está que o processo existe*".[106]

De fato: Goldschmidt, em livro sobre os princípios gerais do processo penal, afirmou que já no livro escrito em 1925, sob o título "Prozess als Rechtslage", havia impugnado a teoria do processo como relação jurídica, dizendo que "Esta no tiene valor ninguno. Las condiciones formales que, según Bülow, figuram como "presupuestos" del proceso, no lo son en verdad, puesto que han de sustanciarse en el proceso mismo".[107]

Mais recentemente, Barbosa Moreira afirmou, divergindo de Humberto Theodoro Jr.[108], afirmou que os pressupostos processuais não teriam *status* de categorias jurídicas autônomas porque se confundiriam com as condições da ação.[109]

---

[103] JARDIM, Afrânio. Estudos sobre os Pressupostos Processuais. In: *Direito Processual Penal. Estudos e Pareceres*. 2ª ed. Rio de Janeiro: Forense, 1987, p. 74.

[104] TESHEINER, José Maria. *Pressupostos Processuais e Nulidades no Processo Civil*, São Paulo: Saraiva, 2000, p. 22.

[105] SILVA, Ovídio Baptista da. Pressupostos Processuais Subjetivos – *Partes. Conferência no Curso de Aperfeiçoamento para Juízes*, 1984, ESM-RS, AJURIS.

[106] FABRÍCIO Adroaldo Furtado. *Ensaios de Direito Processual Penal*. Rio de Janeiro: Forense, 2003, p. 374-375.

[107] GOLDSCHMIDT, James. *Princípios Generales Del Proceso Penal*. Buenos Aires: Ediciones Jurídicas Europa-America, p. 73-74.

[108] THEODORO JR., Humberto. *Curso de Direito Processual Civil*. Rio de Janeiro: Forense, 2001, vol. 1, p. 53.
A parte final da conclusão atribuindo às condições da ação natureza material sintetiza a posição que há anos veiculamos em nosso livro Ação Penal inspirados na melhor doutrina, dentre outros, de Ovídio Baptista da Silva e Fábio Gomes (*Teoria Geral do Processo Civil*, São Paulo: RT, 2002 e *Carência de Ação*, São Paulo, 1999, da autoria deste último. Conforme os eminentes autores, "... as condições da ação na realidade integram a relação de direito material posta à apreciação do órgão jurisdicional, e que só por mera e inapropriada ficção (raciocínio hipotético) poderiam ser consideras também pertinentes à relação processual" (*Teoria Geral do Processo*, p. 125), desimportando que o nosso Código tenha emprestado respaldo a essas condições em seus artigos 267, inciso VI e 301)

[109] MOREIRA, José Carlos Barbosa. *Pressupostos Processuais Subjetivos. O Juiz. Conferência no Curso de Aperfeiçoamento de Magistrados*. Porto Alegre: AJURIS, 1984, p. 4.

À guisa de conclusão: a) os pressupostos processuais suscetíveis de exame na fase da admissibilidade da acusação (artigo 395, II) são apenas os de *existência,* porque, como visto, os de validade são aferíveis *no curso da relação processual nascida* e b) a declaração judicial reconhecendo a falta dos pressupostos processuais nem sempre causará a extinção do processo e eventualmente se revestirá do efeito próprio da coisa julgada material.

4.4. Rejeição por falta de justa causa (inciso III do art. 395)

Para boa parte da doutrina processual penal, a expressão *justa causa* "compreende elementos indiciários de autoria, de existência do fato, de antijuridicidade e de culpabilidade (um suporte *probatório mínimo*)".

É razão para a rejeição da acusação a falta de justa causa para a ação processual penal (art. 395, III, do CPP), mas também o é para a absolvição limitar por existência manifesta de causa excludente de ilicitude do fato ou excludente de culpabilidade (art. 397, I e II, do CPP).[110]

Reafirmando essa linha de compreensão que considera a justa causa como "antídoto de proteção contra o abuso de direito",[111] os tribunais do país costumavam invocar a falta de justa causa para cassarem sentenças condenatórias fundadas em provas ilícitas,[112] para absolverem acusados com base no princípio da bagatela, para reconhecerem a prescrição pela pena projetada ou em perspectiva, para trancarem ações sem base probatória, por falta de condições da ação ou de pressupostos processuais,[113] para revogarem prisões preventivas, concederem liberdade provisória a presos em flagrante, etc., de modo que, segundo essa hermenêutica, a justa causa atuaria como um *amplo* e poderoso *filtro* contra *todas as manifestações* abusivas do poder de punir.

Afrânio Jardim, aliás, havia conferido pioneiramente, à justa causa, o *status* de quarta condição da ação.[114] Sua posição encontrou receptividade em boa parte da

---

[110] GIACOMOLLI, Nereu. *Reformas(?) do Processo Penal*. Considerações Críticas. Rio de Janeiro: Lumem Juris, 2008, p. 74-75.

[111] ASSIS MOURA, Maria Thereza Rocha de. *Justa Causa para a Ação Penal*. São Paulo: Revista dos Tribunais, 2001, p. 97.

[112] "Não há justa causa para a ação penal quando a demonstração da autoria ou da materialidade do crime decorrer apenas de prova ilícita. Tendo em conta essa orientação, a Turma deferiu *habeas corpus* para, nos termos do art. 386, II, do CPP, absolver condenada nas penas do art. 251, *caput*, do CPM, por haver efetuado saques na conta de pensionista falecida, nos 5 meses posteriores ao óbito. Tratava-se de *writ* impetrado contra acórdão do STM que, embora reconhecendo a ilicitude da quebra de sigilo bancário sem autorização judicial, assentara que a confissão posterior da paciente seria suficiente para manter a condenação, aplicando à espécie o princípio da proporcionalidade. Esclareceu-se, ainda, que a mencionada confissão surgira como efeito da prova ilicitamente obtida, sendo razoável supor que não teria sido feita sem a quebra prévia do sigilo. Dessa forma, concluiu que a palavra da acusada, como meio de prova, também padeceria de ilicitude, agora por derivação. Por conseguinte, seriam imprestáveis as provas que fundamentaram a condenação imposta à paciente" HC 90298/RS, rel. Min. Cezar Peluso, 08.09.09. (HC-90298).

[113] RHC 4.663-5, Rel. Min. Vicente Leal, DJU de 04.12.95, p. 42.137; TACRIM, SP, Jutacrim 76/94).

[114] *Direito Processual Penal – Estudos e Pareceres*. Rio de Janeiro: Forense, 1987, p. 70.

doutrina.[115] Particularmente, não contou com nosso apoio por discordarmos, primeiro, que as condições da ação pudessem merecer alguma configuração teórica, como demonstramos, apoiados em excelentes autores, no capítulo específico desta obra e, depois, pela dificuldade de superarmos a mesma perplexidade ensejada pela teoria concreta, que não conseguia explicar o fenômeno da sentença improcedente, agora, diríamos nós, por falta de prova!

De qualquer sorte, se era possível nos níveis doutrinários e jurisprudenciais outorgar essa amplitude à justa causa, parece-nos que, com a reforma da Lei 11.719/08, o legislador redirecionou o conceito à sua histórica vocação: justa causa é conceito restrito às provas mínimas, legítimas e lícitas, que, nos mesmos moldes das ações e pretensões civis, hão de fornecer idoneidade substancial à narrativa da inicial acusatória.[116] Dizendo de outro modo: há justa causa na ação penal quando for intentada com base em prova mínima que permita ao juiz deduzir que a acusação não é um capricho, ato de vingança ou criação mental do acusador.

Efetivamente, a Lei 11.719/08, ao conferir nova redação ao artigo 395, agregou-lhe três incisos e neles elencou as hipóteses de rejeição da inicial por inépcia, falta de condições da ação, de pressupostos processuais e de justa causa, aqueles já examinados em capítulo específicos desta obra.

Ora, antigo e conhecido princípio hermenêutico propõe que a lei não contém palavras diferentes para designar o mesmo fenômeno. O direito é técnica, de modo que os termos jurídicos, como sítios de significâncias, autorizam a extração dos significados possíveis na esfera das respectivas categorias jurídicas, com as quais os operadores do direito trabalham.

Assim, a inépcia tem por objeto os requisitos formais da peça acusatória; as condições da ação e os pressupostos processuais, a discussão sobre existência e validade de requisitos para o exercício da ação e o válido nascimento e andamento do processo.

Por último, a justa causa, contemplada em inciso específico do art. 395, tem por objeto as provas mínimas, legítimas e lícitas que conferem idoneidade moral e jurídica à acusação.

Portanto, nos exatos termos do novo artigo 395 e seus incisos, para acusar ou deduzir pretensões de quaisquer outras espécies visando a restringir as liberdades fundamentais, o acusador público ou privado, bem ainda as autoridades policiais (quando pretender pedir algo ao juízo), para além das meras *suspeitas,* necessita apresentar provas mínimas, legítimas e lícitas sobre o fato e seu autor, que permitam ao juiz deduzir, sem muito esforço, que a pretensão é legítima e merece ser examinada no mérito.

---

[115] GIACOMOLLI, Nereu. *Reformas(?) do Processo Penal.* Considerações Críticas. Rio de Janeiro: Lumem Juris, 2008, p. 74-75, por exemplo.

[116] "INQUÉRITO. CRIME DE ASSÉDIO SEXUAL. RECEBIMENTO DE QUEIXA-CRIME. AUSÊNCIA DE ELEMENTOS MÍNIMOS DE PROVA. QUEIXA-CRIME REJEITADA. Para o recebimento de queixa-crime é necessário que as alegações estejam minimamente embasadas em provas ou, ao menos, em indícios de efetiva ocorrência dos fatos. Posição doutrinária e jurisprudencial majoritária. Não basta que a queixa-crime se limite a narrar fatos e circunstâncias criminosas que são atribuídas pela querelante ao querelado, sob o risco de se admitir a instauração de ação penal temerária, em desrespeito às regras do indiciamento e ao princípio da presunção de inocência. Queixa-crime rejeitada" (Inq. 2033, DF, rel. Min. Nelson Jobim, j. em 16.06.04, Tribunal Pleno).

É, pois, tecnicamente incorreto relacionar, à luz do artigo 395 e incisos, a justa causa à inépcia, à falta de condições da ação, dos pressupostos processuais ou mesmo das absolvições fundadas na bagatela, com base em excludentes de ilicitude ou eximentes de culpabilidade, as extinções da punibilidade pela prescrição em perspectiva, as revogações de prisões cautelares ou preventivas desprovidas de motivação adequada, etc.

O controle sobre a presença ou não da justa causa é judicial – conquanto deva o acusador ser o primeiro a vigiar a legalidade da sua conduta de acusar.

O direito positivo confere ao juiz esse dever de conferir as provas de justa causa na fase da admissibilidade da denúncia ou queixa, recebendo ou rejeitando a acusação, consoante os ensinamentos já clássicos de Tourinho Filho[117] Mirabete[118] e Espínola Filho[119] e também recentes e exatos arestos do Superior Tribunal de Justiça e do Supremo Tribunal Federal.[120]

Consoante afirmação de Tourinho Filho veiculado na edição mais recente de sua festejada obra, "o titular da ação deve formular um pedido idôneo, arrimado em elementos que convençam o magistrado da seriedade do que se pede, caso contrário, o acusado poderá impetrar ordem de *habeas corpus*, com fundamento no artigo 648, I do CPP, por falta de "justa causa", isto é, ante a ausência do interesse processual, que repousa na plausibilidade do pedido. E o pedido é plausível quando arrimado em provas mais ou menos idôneas".[121]

Não é outra a lição de Luiz Flávio Gomes, Rogério Sanches Cunha e Ronaldo Batista Pinto, veiculada em livro recentemente publicado. Discorrendo sobre as reformas, esses autores afirmam, nos comentários ao inciso III do art. 395, que a expressão *justa causa* deve ser considerada como "... aquele mínimo de suporte fático, aquele início de prova (mesmo que indiciária), capaz de justificar a oferta da acusação em juízo. Assim, denúncia e queixa não podem surgir da imaginação fértil de seus acusadores, devendo ambas ser precedidas de algum procedimento, alguma documentação, alguma investigação devidamente formalizada que dêem apoio à acusação".[122]

---

[117] TOURINHO FILHO, Fernando da Costa. *Processo Penal*. Jalovi, 1973, 1/434.

[118] MIRABETE. Julio Fabbrini. *Tratado de Direito Processual Penal*. São Paulo: Saraiva, 1980, II/74 e Processo Penal. São Paulo: Atlas, 1991, p. 103, respectivamente.

[119] *Código de Processo Penal Brasileiro Anotado*. Rio de Janeiro: Freitas Bastos, 1943, vol. I, p. 389.

[120] "A queixa-crime, embora descreva conduta típica, não se encontra acompanhada do mínimo embasamento probatório apto a demonstrar, ainda que de modo indiciário, a efetiva realização do ilícito penal por parte da querelada. Diante disso, sem que haja o mínimo lastro probatório a acompanhar a exordial acusatória, não há justa causa autorizativa da instauração da persecução penal" (precedentes (RHC 15.967-SP, 5ª T., rel. Min. Félix Fischer, DJ 08.11.04, e RSTJ vol. 189, p. 536).
Em suma e ainda no dizer dessa egrégia Corte, "... A imputação da prática de crime a alguém há de vir assentada em um mínimo de prova, sem o que é evidente o constrangimento ilegal" (HC 22824 / SP, rel. Min. Paulo Gallotti, 6ª T., julgado em 24.02.05).
No mesmo sentido: STF., HC. 81.3224, 2ª Turma, DJ de 23.08.02.

[121] TOURINHO FILHO, Fernando da Costa. *Manual de Processo Penal*. 10ª ed. São Paulo: Saraiva, 2008, p. 198.

[122] GOMES, Luiz Flávio, CUNHA, Rogério Sanches; PINTO, Ronaldo Batista. *Comentários às Reformas do Código de Processo Penal e da Lei de Trânsito*. São Paulo: Revista dos Tribunais, 2008, p. 337-338.

Insta anotar que a justa causa não pressupõe presença de prova exuberante, em quantidade ou qualidade, nem o seu exame deve ser realizado pelo juiz na fase do artigo 395 do CPP com profundidade, já que na fase inicial da *persecutio criminis*, conforme adverte com acerto Fernando Capez, "há mero juízo de prelibação",[123] sendo só depois de ampla cognição e debate, que o julgador promoverá a análise valorativa, aprofundada e conclusiva da prova para pode decidir a causa na sentença.

Imperando a dúvida como regra no pórtico da ação, tanto assim que da decisão de recebimento da petição inicial (denúncia, queixa ou aditamento) não há previsão de recurso em lei,[124] o juiz, ao invés de truncar o processo, deve, tanto quanto possível, deixá-lo fluir, para que as provas sejam colhidas, as partes possam debatê-las, e, a final, a verdade possível seja por ele anunciada na sentença.

Nas palavras de Hidejalma Muccio, "para a promoção da ação penal, como não é exigido juízo de certeza, basta que a prova indiciária aponte o imputado como provável autor da infração penal. Nessa fase, vige o princípio do *in dúbio pro societate*. Na dúvida se o indiciado apontado no inquérito é ou não o autor do fato, contra ele deve ser iniciada a ação penal",[125] embora reconheça os muitos inconvenientes que o processo traz à pessoa contra quem ele foi instaurado, a exigir cautela do acusador quando do exercício do direito de ação.

Segue-se, então, que as provas, mesmo as de caráter precário,[126] formam justa causa, sustentam a acusação, determinam o recebimento da denúncia ou queixa e viabilizam o desdobramento de todas as atividades cognitivas até a sentença final.

Mesmo revestidas de natureza precária, as provas *existem* no mundo jurídico embora precariamente[127] e assim conferem legalidade à acusação. Diferentemente, é a situação em que a *ausência de justa causa* corresponde à *ausência de provas* no mundo físico ou a sua existência não guarda relação com os termos da acusação (ou outra pretensão acusatória) deduzida pelo acusador público ou privado.

Por isso e repetindo, se, de um lado, o acusador entender que o comportamento do indiciado corresponde à previsão abstrata da norma penal, o oferecimento da denúncia é obrigatória (ante o princípio da obrigatoriedade da ação penal pública), ainda quando da prova sugerir dúvida na classificação ou na espécie do elemento

---

[123] CAPEZ, Fernando. *Curso de Processo Penal*. São Paulo, Saraiva, 1997, p. 121.

[124] A decisão que recebe a denúncia, queixa ou aditamento é irrecorrível, salvo disposto no 2° do art. 44 da Lei 5.250/67, podendo ser atacada, entretanto, por *habeas corpus*, com o sentido de trancamento da ação.

[125] MUCCIO, Hidejalma. *Curso de Processo Penal*. São Paulo: Edipro, 2000, p. 405.

[126] Estaremos autorizados a afirmar que não há justa causa para a ação só quando não houver prova alguma sustentando a denúncia, queixa ou aditamento. Se a inicial for oferecida com base em provas controversas ou precárias, ela estará em condições de ser recebida. Uma coisa é a falta de justa causa e outra, bem diferente, é a justa causa constituída de provas suscetíveis de avaliação analítica.

[127] É o inquérito policial o instrumento por excelência para o recolhimento da prova da existência (materialidade/letalidade) e da autoria da infração, embora a justa causa possa advir de atividades investigatórias realizadas por outras autoridades administrativas com atribuições similares, haja vista o enunciado constante do parágrafo único do artigo 4° do CPP, conforme explicamos em capítulos anteriores, conforme examinamos no capítulo correspondente. De qualquer sorte o acusador não ficará dispensado de demonstrar na fase jurisdicional da persecução a culpabilidade do acusado, ante a regra do art. 156 do CPP de que a prova da alegação "incumbirá a quem a fizer", já que a punibilidade é admitida por exceção. Como salientamos acima, servindo para formar a justa causa as provas inquisitivas, sozinhas, não permitem sentença condenatória salvo se de natureza irrepetível, forem judicializadas ou confortadas por outras provas no mesmo sentido (art. 155).

subjetivo (dolo ou culpa).[128] De outro lado, se o magistrado também ficar em dúvida quanto à quantidade ou qualidade das provas apresentadas sobre *a existência material do fato* e a *sua correspondente autoria,* deverá dar curso ao processo para que as partes tenham a oportunidade de sustentar as suas posições.

Como corolário desses deveres, segue-se que só quando forem esgotadas todas as diligências e ainda assim estiver em dúvida invencível quanto à existência e à autoria do fato, é que o órgão do Ministério Público, que requererá e o juiz acolherá o pedido fundamentado de arquivamento do inquérito, evitando com essa providência, o risco de causar ao indiciado, com uma denúncia temerária, novos constrangimentos, já causados pela só abertura do inquérito, mesmo porque a decisão que acolher ao requerimento não produzirá efeito de coisa julgada material, podendo o caso ser reaberto se surgirem provas novas.

Em suma: investido do dever de *investigar* a prática delituosa, o Estado, se não dispuser de base probatória minimamente razoável, deverá *abster-se* em iniciar ação e o processo quando não puder demonstrar que a pretensão punitiva tem base em provas mínimas.

A preservação do *status dignitatis* do acusado é uma obrigação do órgão do MP, do querelante e, enfim, de todos aqueles que intervém nas fases administrativa e judicial da persecução penal.

A decisão de rejeição da denúncia, queixa ou aditamento por falta de justa causa *é de mérito.* Por meio dela o juiz afirma que o acusador não tem prova demonstrando que o pedido merece a guarida do Poder Judiciário, isto é, que não existem evidências quanto à prática de infração criminosa ou que a responsabilidade por elas pode ser imputada ao denunciado/querelado.

A decisão – exigindo fundamentação específica[129] – não impede, entretanto, que com base em *outras* provas (novas), o acusador intente nova demanda. Não fosse esse o entendimento reclamado para o caso, careceria de sentido a existência do art. 18 do CPP e do enunciado n. 524 da Súmula do SFT.[130]

Rejeitada a denúncia, queixa ou aditamento pessoal ou real por falta de justa causa, o acusador poderá deduzir recurso de apelação (art. 593 do CPP), vez que a previsão do inciso I do art. 581 é específica para o não recebimento da inicial acusatória.

Se, pelo lado oposto, o magistrado receber a denúncia, queixa ou aditamento, pessoal ou real, desprovida de justa causa, o denunciado ou querelado, à ausência de recurso previsto em lei para a hipótese, poderá intentar *habeas corpus* visando ao trancamento da ação penal.

A jurisprudência não admite que o exame da prova em *habeas corpus* seja feito aprofundada ou analiticamente.

Se o impetrante pretender debater a prova – sustentando, por exemplo, a primazia de uma versão sobre a outra ou então desenvolvendo análise crítica da prova, para construção de premissa necessária à formulação do juízo conclusivo – as chances de êxito pela via do remédio heróico são praticamente nulas.

---

[128] RJTJRS 101/31.

[129] STF, Rel. Min. José Cândido, RT 674, p. 341.

[130] Habeas Corpus nº 1999.04.01.006758-5/PR, 2ª Turma do TRF da 4ª Região, Rel. Juiz Jardim de Camargo, DJU 12.05.99.

Entende-se. Assim como não é possível o uso pelo Tribunal do cômodo argumento de que *não se examina provas em habeas* para rechaçar sumariamente pedidos em *habeas corpus* com boa densidade, também não é possível a substituição da sede em que o debate analítico em torno delas deve ocorrer: o processo de conhecimento e não o processo de *habeas corpus*.

Por conseguinte, o impetrante, na petição da ação constitucional de *habeas corpus*, precisa demonstrar à Corte, sem a necessidade de grande esforço, que *não há provas* sobre a autoria ou a materialidade do crime e que *as eventualmente acostadas aos autos* do processo (produzidas pela autoridade policial ou não policial) nada dizem com a hipótese em exame.

Capítulo XIV

O procedimento
atos da fase intermediária

Sumário: 1. Considerações iniciais; 2. A citação. Conceito e modalidades; 3. A resposta à acusação; 4. A absolvição sumária – casos; 5. A audiência de instrução.

1. Considerações iniciais

No capítulo anterior, dissertamos sobre a fase inicial da *persecutio criminis* e explicamos que, para poder admitir a acusação, independentemente da espécie de procedimento e do grau de jurisdição, o juiz ou tribunal, consoante o texto-padrão do artigo 395 do CPP, precisará, em decisão fundamentada, reconhecer a aptidão formal da peça preambular, e, ainda, identificar a presença das condições da ação, dos pressupostos processuais e da justa causa.

A decisão vinculará o acusador ao juiz (relação linear), gerará o direito à citação, momento em que se completará a formação do processo (art. 363 do CPP), abrindo-se, ato contínuo, importante fase, didaticamente denominada de intermediária, na qual o acusado, após oferecer a resposta, poderá ser contemplado com antecipada decisão de mérito, denominada em lei como *absolvição sumária* (art. 397).

A finalidade da citação é a de participar ao réu, com a necessária antecedência, os termos da acusação para que ele possa preparar-se, constituir advogado, reunir as suas provas, planejar e oferecer a defesa (arts. 396 e 396-A) e também *falar ao juiz* (no momento em que for interrogado).

O direito à citação, com supedâneo nas garantias constitucionais, está expresso no art. 396 do CPP, cuja importância justifica a transcrição: "Nos procedimentos ordinário e sumário, oferecida a denúncia ou queixa, o juiz, se não a rejeitar liminarmente, recebê-la-á e ordenará a citação do acusado para responder à acusação, por escrito, no prazo de 10 (dez) dias".

Observe-se que o dispositivo menciona a denúncia e a queixa, mas omite o aditamento (pessoal e real).

Como o aditamento equivale em espécie e natureza jurídica, à denúncia ou queixa, impõe-se anotar que a ampliação da acusação em razão de fato conexo ou continente ao descrito na inicial (aditamento real) ou a convocação de terceiro excluído (aditamento pessoal), também gerará para o aditado o direito à citação, por quaisquer das formas legais.

As razões para a omissão do procedimento sumaríssimo e dos procedimentos especiais são facilmente compreensíveis.

No sumariíssimo, a Lei 9.099/95 prevê momento distinto para a citação: na audiência em que a denúncia ou queixa oral for oferecida (art.78).

Em relação aos procedimentos especiais, tanto o CPP quanto as leis que os regulam contemplam oportunidades específicas para a citação. Por exemplo: a citação no procedimento destinado a apurar infração cometida por servidor público contra a administração pública só será realizada depois do esgotamento da fase da defesa liminar (arts. 417 e 516 do CPP).

Anote-se, outrossim, que o § 4º do artigo 394 direciona o comando normativo do art. 396 aos procedimentos de primeiro grau.

É compreensível esse direcionamento, porque nas ações originárias da competência dos Tribunais o procedimento respectivo obedece a Lei 8.038/90 que condiciona a citação à decisão do colegiado rejeitando a defesa preliminar (art. 7º).

Examinemos agora as modalidades de citação.

2. A citação. Conceito e modalidades

A palavra "citar" tem sentido profano bastante singelo: é indicar, referir. Em direito, citar é dizer, participar, apontar ao acusado a existência de uma acusação formal deduzida em juízo contra ele, tendo por base fato(s) narrado(s) na peça técnica denominada denúncia, queixa ou aditamento.

Com a citação o acusado é também informado sobre o direito de oferecer a sua versão pessoal sobre o(s) fato(s), acompanhado de procurador ou, se não o tiver, de defensor público ou dativo (nomeado pelo próprio juiz).[1]

Há diferentes modalidades de citação.

A primeira é a *citação pessoal,* por mandado a ser cumprido por Servidor do Poder Judiciário, se o acusado estiver no território sujeito à jurisdição do juiz que houver ordenado a medida (art. 351).

A citação pessoal é a que deve ser prioritariamente realizada. Diz-se que a citação é pessoal porque o Servidor Judiciário (titular do conhecido cargo de Oficial de Justiça) para poder cumprir o mandado precisa ter contado direto com o citando. O Oficial age *a mando* do magistrado. É o magistrado – e não poderia ser diferente – quem *ordena* a citação, que o servidor público, após munir-se do documento denominado *mandado*, que é extraído pelo Escrivão do Cartório, vai cumprir.

Se o réu estiver preso deverá ser citado no presídio (art. 360) da unidade da Federação na qual o juiz exerce a sua jurisdição, acarretando o descumprimento da diligência a nulidade da citação editálica, a teor do verbete n. 351 da Súmula do STF.

---

[1] A comunicação dos atos do processo é realizada também mediante notificações (art. 514) e intimações (art. 57). A primeira tem por objeto os atos a serem realizados. A última, é a forma de comunicação dos atos realizados.

362

José Antonio Paganella Boschi

O servidor público acusado da prática de infração será citado por todas as modalidades previstas em lei, mas o chefe da repartição precisará ser notificado com antecedência das datas em que aquele precisará comparecer ao fórum para participar dos atos do processo (art. 359).

Se o acusado for militar (e estiver em atividade), a citação ocorrerá, excepcionalmente, por intermédio do respectivo serviço (art. 358), e não pelo Oficial de Justiça, o que se deve à rígida hierarquia militar.

Bem consentâneos com a importância e a finalidade da citação são os requisitos formais do mandado. Ele deverá conter, diz o artigo 352 do CPP, "I – o nome do juiz; II – o nome do querelante nas ações iniciadas por queixa; III – o nome do réu, ou, se for desconhecido, os seus sinais característicos; IV – a residência do réu, se for conhecida; V – o fim para que é feita a citação; VI – o juízo e o lugar, o dia e a hora em que o réu deverá comparecer; VII – a subscrição do escrivão e a rubrica do juiz".

Para poder citar pessoalmente, o Oficial de Justiça deverá procurar o acusado em todos os endereços por ele informados ou registrados pela autoridade no inquérito policial ou expediente análogo.

Ao encontrá-lo, dando conta da sua missão, lerá o mandado e entregará ao citando uma cópia, acompanhada de cópia da denúncia ou queixa (contrafé) para que este possa inteirar-se da amplitude e profundidade da acusação e preparar a sua defesa. Eis aqui, mais uma vez, a razão pela qual a inicial deve ser escrita com objetividade, simplicidade e clareza.

Por ser a citação um ato solene, o servidor judiciário cetificará de que procedeu a citação, que fez a leitura do mandado e que entregou ao acusado a contrafé. Se este não quiser assinar o mandado e/ou receber a cópia da inicial (art. 357, incs. I e II), o Oficial fará consignar o ocorrido no corpo da certidão para que a citação seja considerada hígida e sã.

Nem sempre o acusado vive na jurisdição do juízo competente para a ação e o processo. Seja porque tem endereço e domicílio em lugar distinto do da infração, seja porque, após praticá-la, decidiu mudar-se para outra comarca, Estado ou país, sendo citado, daí, por precatória (art. 354) ou rogatória (se estiver fora do país), suspendendo-se, neste último caso, o curso do prazo prescricional previsto em lei para o fato "até o cumprimento" da rogatória (arts. 368 e 369).

É claro que na comarca, no território do Estado brasileiro ou no lugar em que estiver vivendo no País estrangeiro, o acusado deverá ser procurado pelo servidor judiciário local para ser informado da existência da acusação intentada contra ele, que, após, certificará positiva ou negativamente a diligência realizada.

Nas ações originárias da competência dos Tribunais, cujo procedimento é regido pela Lei 8.038/90 a citação poderá ser realizada por delegação do Relator sorteado para o processo, mediante carta de ordem. O relator poderá também delegar ao juiz da comarca a prática de atos da instrução (coleta de depoimentos, p. ex.), como se depreende do § 1º do artigo 9º da referida Lei especial. Executando a ordem emanada da carta, o juiz ordenará a expedição de mandado para cumprimento pelo Oficial de Justiça lotado na comarca.

A *citação por hora certa* (art. 362 do CPP) é outra modalidade de ato citatório também executado por Oficial de Justiça em cumprimento ao mandado judicial.

Prevista originariamente no Código de Processo Civil, ela foi introduzida no CPP pela Lei 11.719/08, como evidência dos esforços em favor da adoção de uma teoria única para os processos civil e penal, embora as especificidades que mostram a inviabilidade do projeto.

Consoante o art. 362, a citação por hora certa deverá ser realizada na forma estabelecida pelos artigos 227 a 229 do CPC, de modo que, para bem compreender essa novidade, o leitor precisará promover estudo integrado das normas processuais civis e penais.

Sinteticamente, se o Oficial de Justiça procurar o citando em seu domicílio e pressentir que ele está fugindo da citação, intimará qualquer pessoa da família ou vizinho para informá-lo de que voltará em dia e hora designado para cumprir o mandado.

Procedendo em, no mínimo, três vezes, desse modo, buscando saber com essas pessoas o paradeiro do réu e chegando à fundada suspeita de que ele está maliciosamente se escondendo, o Oficial de Justiça o dará por citado, deixará a contrafé com familiares ou vizinhos daquele, de tudo certificando no mandado.

Estando o réu juridicamente citado, o Escrivão cuidará de enviar ao réu carta, telegrama ou radiograma dando-lhe ciência dos fatos que, por certo, também lhes serão transmitidos pelos parentes e vizinhos com quem o Oficial de Justiça teve contato pessoal.

É importante acentuar que nessa espécie de citação o Oficial de Justiça dispõe de um amplo poder discricionário, pois é ele quem *conclui,* depois das infrutíferas diligências, que o acusado está *se escondendo* para evitar o recebimento da citação pessoal.

É preciso que esse Servidor Judiciário aja com diligência e agudo senso de responsabilidade, inclusive consignando os nomes das pessoas com quem conversou e para quem deixou o aviso de que retornaria "no dia imediato" para efetuar a citação na hora designada, sem necessidade de novo despacho judicial. O maior ou menor cuidado em diligenciar e registrar o resultado das diligências poderá ser o divisor de águas no momento em que o juiz ou tribunal tiver que apreciar arguição de nulidade da citação.

Não comparecendo aos autos e independentemente de outras providências, o juiz decretará a revelia do acusado citado por hora certa e dará andamento ao processo, nomeando-lhe advogado (parágrafo único do art. 362 do CPP) para representá-lo e defendê-lo, vez que a regra do artigo 366 do CPP não se estende à hipótese em exame.

Sendo modalidade que se esgota em si mesma quando realizada de acordo com requisitos elencados nos artigos 227 a 229 do CPC, a citação por hora certa não será sucedida pela citação por edital.

Não há como equiparar a situação do réu que *não é localizado* nos endereços conhecidos para receber a citação pessoal com a situação do réu que *se esconde* para receber a citação e que após as diligências realizadas é dado como citado pelo Oficial de Justiça.

A citação por hora certa é defensável no processo civil, ante a natureza dos bens ou interesses em disputa, mas revela-se altamente inconveniente ao processo penal. Sob o ponto de vista jurídico, parece-nos que o legislador olvidou as normas supra-legais constantes da Convenção Americana de Direitos Humanos incorporada ao ordenamento jurídico do país por decreto legislativo, a qual assegura, no art. 8º o direito à "comunicação prévia e detalhada" da acusação formulada.

A terceira e última modalidade de citação é a realizada por *edital* (art. 363, § 1º, do CPP), admitida nos procedimentos comuns ordinário e sumário e nos procedimentos especiais, sendo vedada, entretanto, por expressa disposição de lei, no procedimento sumaríssimo da competência do Juizado Especial (art. 18, § 2º, da Lei 9.099/95). Se o autor do fato não for encontrado para receber a notificação para a audiência preliminar, o juiz deverá remeter o termo circunstanciado ao Juizado Comum, para que o feito siga o rito sumário, caso em que a citação por edital, mesmo sendo a infração de menor potencial ofensivo, será admissível nesse Juizado.[2]

O detalhe que permite aferir a legalidade da citação por edital ou por hora certa é um só: na primeira, o oficial de justiça não encontra o acusado nos endereços constantes. Não conseguindo supor o paradeiro, pois as pessoas com quem eventualmente conversou nada sabem a respeito, o servidor judiciário dará o citando como em lugar incerto e não sabido. Na citação por hora certa, entretanto, o oficial de justiça obtém a partir de terceiros a notícia de que o acusado vive no endereço, mas, embora diligências reiteradas e avisos de retorno em dias e horas definidos, não consegue efetivar a medida.

Para que a citação por edital possa ser realizada, é indispensável que o Oficial de Justiça diligencie em todos os endereços apontados no inquérito ou peças de informações (art. 361).

A jurisprudência é firme no sentido de que o descuido no cumprimento desse dever atua como causa para a declaração da nulidade processual.[3]

Há juízes que, diante do mandado de citação pessoal negativo, requisitam, prudentemente, à Prefeitura, à Corsan, às companhias telefônicas, à Justiça Eleitoral, etc., os dados cadastrais porventura existentes em nome do citando, na expectativa de poderem por essa via descobrir o paradeiro do acusado.

O art. 363 dispunha no seu inciso I que a citação seria procedida por edital se inacessível o local em que estivesse o réu, por motivo de guerra, epidemia ou outro motivo de força maior e o artigo 364 dizia que nesse caso o prazo de dilação seria fixado pelo juiz entre 15 (quinze) e 90 (noventa) dias, de acordo com as circunstâncias, e, no caso de nº II, o prazo seria de 30 (trinta) dias.

---

[2] NULIDADE DE CITAÇÃO POR EDITAL NO ÂMBITO DO JUIZADO ESPECIAL CRIMINAL. É vedada a citação por edital no âmbito do Juizado Especial Criminal, conforme o artigo 18, § 2º, da Lei 9.099/95. Tal procedimento estaria correto se o feito fosse encaminhado ao Juízo Comum. Declarada nulidade do feito a partir da citação por edital. Apelação provida. (Recurso Crime nº 71000914226, Turma Recursal Criminal, Turmas Recursais, Relator: Angela Maria Silveira, Julgado em 06.11.06) .

[3] Revisão Criminal n. 70012179776, 3º Grupo Criminal, TJRGS, rel. Des. João Batista Marques Tovo, julg. em 19.08.05 e Apelação Crime nº 693069585, Terceira Câmara Criminal, Tribunal de Justiça do RS, Relator: Luís Carlos Ávila de Carvalho Leite, Julgado em 21.10.93).
Ainda: Preliminar de nulidade. Citação via edital. Forma de chamamento expressamente prevista em lei (artigo 361 do Código de Processo Penal). Acusado que se evadiu do distrito da culpa logo após os fatos, tomando rumo ignorado. Inexitosas todas as diligências realizadas no sentido de sua localização. Cerceamento de defesa não configurado...." (Recurso em Sentido Estrito nº 70014589709, Segunda Câmara Criminal, Tribunal de Justiça do RS, Relator: Antônio Carlos Netto de Mangabeira, Julgado em 22.03.07).

Acontece que a matéria então regulada no inciso I desapareceu indiretamente de nosso Código com o veto ao artigo 366 para onde ela havia sido deslocada pelo projeto n. 4.207 aprovado pelo legislativo.

Mas, como diz o ditado, Deus escreve certo por linhas tortas porque, com o veto, purificou-se o sistema do Código.

Efetivamente, se ficar evidenciada a impossibilidade de acesso ao local onde o acusado estiver, por motivos de epidemia, guerra ou de força maior, a particularidade não mais autoriza a citação por hora certa ou mesmo por edital.

Discordando da posição de Nestor Távora e Rosmar Rodrigues Alencar,[4] subscrevemos inteiramente os ditos por Luiz Flávio Gomes, Rogério Sanches Cunha e Ronaldo Batista Pinto: "Da maneira pela qual foi publicado o texto final da lei, não há qualquer solução para a hipótese de citação do acusado que se encontre em local inacessível. Da citação por edital não se cogita. Tampouco da citação com hora certa, sob pena de grave risco de morte ao oficial de justiça. O único consolo é que também se desconhece, no cotidiano forense, alguém que tenha sido citado nessas condições. De resto, é torcer par que não tenhamos epidemias, guerras ou outros motivos de força maior, que impeçam a citação do acusado".[5]

Em nosso pensar, o processo, por tais razões, deverá ficar suspenso, nos moldes do previsto no artigo 366 do CPP, embora sem a interrupção da prescrição, até que desapareçam as razões da inacessibilidade ou os motivos de força maior.

Já quanto à situação prevista no inciso II do artigo 363 (incerteza quanto à pessoa a ser citada), igualmente referido pelo artigo 364 como causa determinante da citação por edital com prazo de dilação de 30 dias, a sua revogação pela Lei 11.719/08 parece-nos que foi intencional. Aliás, o projeto n. 4.207 havia promovido o deslocamento para o âmbito do (vetado) art. 366 apenas do tema previsto no inciso I do citado artigo, tendo andado bem, nesse passo, o legislador.

De fato. Se a *qualificação* do acusado ou os *esclarecimentos que permitam a sua identificação* é requisito integrativo essencial da denúncia, queixa (e aditamento) – art. 41 do CPP, como seria possível ação e processo contra pessoa incerta, sem a consequente violação do artigo 41 e das garantias constitucionais da ampla defesa e do contraditório ?

Como dissemos antes, a citação é ato formal, haja vista os requisitos do mandato. Com maior razão é a citação editálica, cujo edital deve conter as seguintes informações (art. 365 do CPP): "I – o nome do juiz que a determinar; II – o nome do réu, ou, se não for conhecido, os seus sinais característicos, bem como sua residência e profissão, se constarem do processo; III – o fim para que é feita a citação; IV – o juízo e o dia, a hora e o lugar em que o réu deverá comparecer; V – o prazo, que será contado do dia da publicação do edital na imprensa, se houver, ou da sua afixação" no átrio do fórum.

Sem embargo disso, a jurisprudência vem entendendo que só haverá nulidade do edital por desrespeito à forma se o vício tiver por objeto requisito integrativo essencial, tendo o Tribunal de Justiça do RS, por exemplo, arredado arguição fundada

---

[4] TÁVORA, Nestor e ALENCAR, Rosmar Rodrigues. *Curso de Direito Processual Penal*. Podium, Salvador, 2009, p. 569.

[5] GOMES, Luiz Flávio; CUNHA, Rogério Sanches; PINTO, Ronaldo Batista. *Comentários ás Reformas do Código de Processo Penal e da Lei de Trânsito*, Revista dos Tribunais, São Paulo, 2008, p. 322.

no registro incompleto do nome de acusado que havia sido identificado pela filiação e outros qualificativos. Consoante o mesmo Tribunal, só haveria nulidade absoluta se, além da omissão da finalidade da citação, o edital nada consignasse acerca do crime pelo qual o cidadão estava sendo acusado.[6]

O enunciado 366 da Súmula do STF declara, outrossim, não ser nula a citação por edital que "indica o dispositivo da lei penal, embora não transcreva a denúncia ou a queixa, ou não resuma os fatos em que se baseia".

A validade da citação por edital está subordinada também à observância do prazo mínimo de 15 dias de dilação do edital (art. 361).

Nestor Távora e Rosmar Rodrigues Alencar explicam com objetividade e exatidão o sentido e o alcance da regra: "Todo edital tem um prazo de dilação. Prazo de dilação é o tempo que deve ocorrer entre a publicação do edital e a data em que se considera efetivado o ato processual. Vale dizer, a citação não está perfeita com a simples publicação do edital. A citação por edital é ato complexo que só se perfaz com a sua publicação e com o decurso do prazo de dilação consignado no edital. Exemplificando, se for fixado um prazo de cinco dias para a prática de um ato processual, o termo inicial desse prazo só ocorrerá após a dilação constante do edital".[7]

É essa também a posição de Tourinho Filho: "... se as buscas forem infrutíferas e não se puder mesmo localizar o réu, será ele citado por edital, com o prazo de 15 dias, assim como determina o art. 361 do CPPP. Desse modo, publicado o edital na imprensa, onde houver, e afixado à porta do edifício onde o juízo tenha a sua sede, aguarda-se o decurso daquele prazo, após o que, caso não compareça o citando no dia e hora designados, arcará com as consequências previstas em lei...".[8]

O artigo 364 alude a prazos específicos de afixação do edital, entre 15 e 90 dias, "de acordo com as circunstâncias" e de 30 dias se inacessíveis os lugares em razão de guerra, epidemia ou outro motivo de força maior ou houvesse incerteza sobre a sua pessoa ou houvesse incerteza sobre a pessoa a ser citada.

Entretanto, essas hipóteses, antes enumeradas nos incisos I e II do art. 363, como anotamos antes, foram revogadas pela Lei 11.719 pelas razões relacionadas às modificações pretendidas aos artigos 363 e 366 do CPP, de modo que o artigo 364 é um dispositivo sem utilidade porque se reporta a um vazio legal.

Visando a potencializar os efeitos da citação por edital, exige-se que este também seja afixado à porta[9] do edifício onde funcionar o juízo (parágrafo único do artigo 365), por período não inferior aos 15 dias já referidos (art. 361).

Logo: publicado o edital na imprensa e/ou mantida a afixação à porta do edifício pelo período mínimo de 15 dias só depois disso é que o juízo poderá dar início aos atos do processo – com a abertura de prazo para a resposta – se ele comparecer

---

[6] Recurso em Sentido Estrito nº 70014685283, Terceira Câmara Criminal, Tribunal de Justiça do RS, Relator: Elba Aparecida Nicolli Bastos, Julgado em 06.07.06.

[7] TÁVORA, Nestor; ALENCAR, Rosmar Rodrigues. *Curso de Direito Processual Penal*. Salvador: Podium, 2009, p. 568.

[8] TOURINHO FILHO, Fernando da Costa. *Processo Penal*. vol. 3. São Paulo: Saraiva, 2003, p. 201.

[9] Os juízes-diretores e a administração dos Tribunais costumam reservar espaços nos átrios ou saguões dos fóruns e dos Tribunais para exporem os editais às vistas do público.

– por advogado constituído ou nomeado – ou, se não comparecer, a ordem de suspensão do processo e da prescrição, consoante prevê o art. 366 do CPP.[10]

A regra não se estende aos processos por crimes de lavagem ou ocultação de bens, direitos e valores, previstos na Lei 9.613/98 (art. 2º, § 2º).

O Projeto nº 4.207/01, que redundou na Lei 11.719, havia proposto a inclusão de parágrafo ao art. 366 estabelecendo que o tempo correspondente à suspensão do processo e da prescrição corresponderia ao da "... prescrição em abstrato do crime objeto da ação" e que após o seu esgotamento a prescrição voltaria a fluir.

A providência ia ao encontro da recomendação dos Tribunais e realçava a ideia que fundamenta o instituto da prescrição, qual seja, a de que a passagem do tempo justifica o esquecimento.

O artigo 366, seus parágrafos e incisos foram, entretanto, vetados pelo Presidente da República.

Como permanecia vivo o antagonismo entre os que sustentavam, de um lado, a paralisação do processo e da suspensão da prescrição por tempo indeterminado e os que, na linha do direito penal de garantias, sugeriam limite temporal, o Superior Tribunal de Justiça editou o enunciado n. 415 de sua Súmula, declarando que "O período de suspensão do prazo prescricional é regulado pelo máximo da pena cominada", dando por prevalente essa última interpretação.

Preservado o texto do art. 366, continua sendo possível durante o período da suspensão do processo a produção de provas urgentes. Então, visualizando, por exemplo, risco à apuração dos fatos, o juiz, de ofício ou a requerimento do Ministério Público, poderá aprazar audiência para, por exemplo, recolher o depoimento de testemunha gravemente enferma ou para ordenar a realização de perícia ou de vistoria *ad perpetuam rei memoriam,* se temer pelo desaparecimento dos vestígios da infração.

O artigo 366 era acompanhado de dois parágrafos: o primeiro condicionava a produção antecipadas das provas à presença do MP e do defensor dativo, e o segundo dava o réu por citado se comparecesse ao processo.

Esses parágrafos foram deslocados pelo Projeto 4.207 para a órbita do atual artigo 363, mas tiveram sortes diferentes: o texto do § 2º corresponde ao atual § 4º do artigo 363, mas o texto do § 1º que havia dado corpo ao inciso II do § 2º desse mesmo artigo acabou sendo alcançado pelo veto presidencial.

Em que pese a eliminação do ordenamento jurídico de regra resguardando a ampla defesa no procedimento destinado à produção das provas antecipadas, parece-nos que a intervenção do MP e da defesa na audiência destinada à produção antecipadas das provas continua sendo exigível como condição de validade do ato por força do que dispõem as letras *c* e *d* do inciso III do art. 564 do CPP.

A presença de defesa no procedimento destinado à apuração de provas urgentes decorre da garantia do devido processo legal e de seu corolário, a ampla defesa (art. 5º, incisos LIV e LIV), de modo que o desaparecimento do inciso I do artigo 366 não alterou, no plano prático, a realidade das coisas.

---

[10] A ação e o processo terão seus naturais desdobramentos se o acusado contratar advogado para defendê-lo porque, nesse caso, o réu demonstra estar ciente da acusação. A revelia do réu não atingirá, entretanto, a pessoa de seu advogado, que deverá ser, necessariamente, intimado dos atos do processo realizados e a realizar, sem o que haverá nulidade absoluta por cerceamento de defesa.

Durante o período da suspensão do processo e da prescrição é tecnicamente possível a decretação da prisão preventiva do acusado.

A medida extrema pressupõe *provas* de *fato* que determine a sua *necessidade*, para garantia da ordem pública, da ordem econômica, por conveniência da instrução criminal ou para assegurar a efetiva aplicação da lei penal – conforme extrai-se dos artigos 311 e 312 do CPP.

É ilegal, por abusiva e desnecessária, a prisão preventiva imposta por causa da revelia ou do desconhecimento do lugar onde vive ou trabalha o acusado. O comparecimento ao processo é direito do acusado, não podendo a opção por não exercê-lo ser erigida em causa para a prisão preventiva.

Há constrangimento ilegal também quando o decreto de prisão preventiva lastrear-se na alegação de que o juízo desconhece os endereços da residência e do trabalho do acusado. A não ser assim, a preventiva converter-se-á em prisão obrigatória sempre que o acusado não for encontrado na residência ou no local de trabalho.

Como ato integrativo essencial, a citação é imprescindível à validade do processo sendo cominada a sua falta como nulidade absoluta (art. 564, III, letra "e" e art. 5º, inc. LV da CF).

O artigo 570 do CPP acertadamente prevê que o comparecimento do acusado não citado ou imperfeitamente citado ao processo sana o vício, mas desse dispositivo não se tira a conclusão de que a nulidade absoluta se transforma em relativa por causa do comparecimento. Com o comparecimento, *desaparecem* as razões que justificariam a declaração da nulidade, haja vista o princípio que afasta o vício dos atos processuais realizados sob forma diversa, desde que tenham alcançado a sua finalidade.

Então, a despeito da utilização do verbo *sanar,* cujo sentido é o mesmo que *convalidar,* o vício pela falta da citação é e continua sendo de natureza *absoluta* (art. 564, III, "e"), devendo-se interpretar o artigo 570 como norma *impeditiva à declaração,* nos moldes de muitas outras previstas no CPP, no CPC e na Súmula do STF, bem aceitas pela doutrina e utilizadas pelos Tribunais porque as impeditivas ajudam a conciliar dois interesses aparentemente opostos: o da punição e o das garantias constitucionais que protegem o acusado do abuso no *exercício do jus puniendi.*[11]

3. A resposta à acusação

A ideia original veiculada pelo Projeto nº 4.207/01 era de romper o paradigma para assegurar o exercício do direito de defesa *só depois* audiência de interrogatório

---

[11] Pelo sistema do CPP a existência de nulidade (mesmo absoluta) não gera a sua declaração automaticamente, vez que antes precisam passar pelo filtro das regras impeditivas constantes nos artigos 565, 566, 572 do CPP, da Sumula 160 do STF e do art. 249, § 2º do CPC, aplicável ao crime. Essas impeditivas visam a evitar o culto à forma em detrimento das finalidades alcançadas no processo, a coibir práticas antiéticas e ao mesmo tempo a agilizar as soluções de mérito em detrimento das questões puramente formais. Não basta, portanto, afirmar que há uma nulidade no processo. É preciso ainda saber se ela pode ou não ser declarada. Desse modo, não é correto dizer que uma nulidade absoluta (por exemplo, a falta da citação) se transformou em nulidade relativa por causa do comparecimento do réu ao processo antes do ato consumar-se (como sugere em leitura apressada o texto do art. 570). A correta interpretação é a de que o comparecimento, nas condições citadas, atua como impeditiva de declaração da nulidade absoluta existente no processo juridicamente válido, hígido e são.

e para esse fim previa que após o *oferecimento* da denúncia ou queixa o réu seria notificado para apresentar uma resposta que seria *verdadeiramente prévia e potencialmente capaz* de neutralizar o *recebimento* (admissão) da peça inicial.

Essa ideia não prosperou, como pode-se extrair da leitura do artigo 396: "Nos procedimentos ordinário e sumário, oferecida a denúncia ou queixa, o juiz, se não a rejeitar liminarmente, recebê-la-á e ordenará a citação do acusado para responder a acusação por escrito, no prazo de 10 (dez) dias".

Desse texto não remanesce dúvida de que a resposta à acusação é *posterior* ao recebimento da acusação e nessa perspectiva não pode ser qualificada de *defesa preliminar,* salvo em relação ao interrogatório, que, pela Lei 11.719/08 ocorre sempre depois da coleta dos depoimentos das testemunhas da acusação e da defesa e não mais antes, como previa o modificado artigo 395 do CPP.

O artigo 396 restringe o direito de resposta à acusação aos procedimentos comuns, ordinário e sumário, mas dele não se infere que os acusados por infrações regidas pelo procedimento comum sumaríssimo ou por qualquer procedimento especial não tenham direito à defesa preliminar.

O que ocorre é que no procedimento sumaríssimo da competência do JEC e nos procedimentos especiais as leis específicas dispõem diferentemente sobre o momento processual apropriado para a resposta à acusação.

No JEC a resposta à acusação será oferecida quando da abertura da audiência de instrução e julgamento (art. 81). No procedimento especial destinado à apuração de infração cometida por servidor público contra a administração pública, a fase da resposta em *15 dias* é anterior, e não posterior ao *recebimento* da denúncia (arts. 514 e 517).

Outrossim, nas ações originárias da competência dos Tribunais o acusado impugnará a acusação no prazo de *15 dias* após o recebimento da acusação pelo Colegiado (arts. 4º e 7º, Lei 8.038/90).

A resposta à acusação é oferecida no prazo legal de 10 (art. 396) ou de 20 dias se o réu for assistido por defensor público (Lei 1.060, art. 5º e § 5º, Lei Complementar n. 80, de 12.1.94, art. 128, I, com a redação dada pela Lei Complementar 132/09), havendo divergência nos Tribunais estendendo[12] ou negando essa prerrogativa ao defensor dativo.[13]

---

[12] "EMBARGOS INFRINGENTES. TEMPESTIVIDADE. DEFENSOR DATIVO. PRAZO EM DOBRO. Quando em seu art. 5º, § 5º, a Lei 1.060/50 admite que o *prazo* dobrado é destinado aos defensores públicos ou para quem exerça cargo equivalente, há de se interpretar com a devida flexibilidade, entendendo-se que o legislador, quando falou em cargo, estava buscando dizer função equivalente, que é exatamente aquela exercida pelos defensores dativos, que só atuam quando não há *defensor* público na comarca. Embargos acolhidos. (Embargos Infringentes nº 70013911995, Quarto Grupo de Câmaras Criminais, Tribunal de Justiça do RS, Relator: Luís Carlos Ávila de Carvalho Leite, Julgado em 28.07.06) EMBARGOS INFRINGENTES. TEMPESTIVIDADE. DEFENSOR DATIVO. PRAZO EM DOBRO. Quando em seu art. 5º, § 5º, a Lei 1.060/50 admite que o *prazo* dobrado é destinado aos defensores públicos ou para quem exerça cargo equivalente, há de se interpretar com a devida flexibilidade, entendendo-se que o legislador, quando falou em cargo, estava buscando dizer função equivalente, que é exatamente aquela exercida pelos defensores dativos, que só atuam quando não há *defensor* público na comarca. Embargos acolhidos" (Embargos Infringentes nº 70013911995, Quarto Grupo de Câmaras Criminais, Tribunal de Justiça do RS, Relator: Luís Carlos Ávila de Carvalho Leite, Julgado em 28.07.06).

[13] "A jurisprudência majoritária deste Tribunal de Justiça é no sentido de que o *dativo*, apesar de ter a prerrogativa de intimação pessoal conferida pelo CPP, não possui *prazo* em *dobro* para recorrer, bene-

Caso o réu constitua advogado e este ingresse nos autos no correr do *novo prazo* aberto ao defensor público ou dativo, entendemos que receberá a causa no estado que se encontra, inclusive com a possibilidade de apresentar a resposta se esta ainda não tiver sido protocolada pelo defensor público ou dativo.

Não é esse o pensar de Leandro Galuzzi dos Santos, *in verbis:* "Caso o acusado não apresente a resposta, o juiz deverá nomear defensor para fazê-lo, abrindo-se novo prazo de 10 dias, contados da data de nomeação do patrono. Evidente que o acusado poderá constituir advogado a qualquer tempo; entretanto, entendemos que, passados os 10 dias iniciais, somente o advogado nomeado pelo juiz é que poderá apresentar a resposta. Pensar diferentemente seria dizer que o acusado teria duas oportunidades para apresentar a resposta escrita: a inicial, logo após a sua citação, e uma outra, provocada exatamente pela ausência de apresentação da resposta".[14]

Com a máxima vênia, pensamos que o acusado não pode ser prejudicado em seu direito de ser representado por profissional de sua confiança ou obrigado a sujeitar-se às estratégias elaboradas por bacharel desconhecido ou eventualmente conhecido pela inexperiência ou negativa *performance* no foro criminal.

Se o CPP assegura a todo acusado dois momentos processuais para apresentar a defesa preliminar, o primeiro, após o recebimento da denúncia e dentro dos dez dias contados da citação e o segundo, após a fluência *in albis* desse prazo, não parece razoável deduzir que a intervenção do procurador constituído possa ser atingida no segundo momento por restrição de qualquer espécie.

O prazo para o oferecimento da resposta à acusação começará a correr no dia útil imediato ao da efetiva citação pessoal ou por hora certa (artigo 798 e parágrafos

---

fício processual que somente é aplicável ao *Defensor* Público. NÃO CONHECERAM DO RECURSO EM SENTIDO ESTRITO" (Recurso em Sentido Estrito nº 70033267659, Primeira Câmara Criminal, Tribunal de Justiça do RS, Relator: Marcel Esquivel Hoppe, Julgado em 16.12.09).

"Embora a intimação do *defensor dativo* e nomeado deva ser pessoal, consoante dispõe o art. 370, § 4º, do Código de Processo Penal, não possui *prazo* em *dobro* para recorrer, benefício processual somente aplicável ao *Defensor* Público. Assim, se o agravo foi interposto cinco dias depois do término do *prazo* recursal, preclusa está a matéria. Recurso não conhecido" (Agravo nº 70020625182, Primeira Câmara Criminal, Tribunal de Justiça do RS, Relator: Marco Antônio Ribeiro de Oliveira, Julgado em 12.09.07).

"DIREITO PROCESSUAL PENAL. DEFENSOR PÚBLICO. DEFENSOR DATIVO. INTIMAÇÃO. § 5º DO ART. 5º DA Lei 1.060, DE 05.02.1950. *HABEAS CORPUS.* 1. § 5º do art. 5º da Lei 1.060, de 05.02.50, com a redação dada pela Lei 7.871/89, estabelece: 'Nos Estados onde a Assistência Judiciária seja organizada e por eles mantida, o Defensor Público, ou quem exerça cargo equivalente, será intimado pessoalmente de todos os atos do processo, em ambas as instâncias, contando-se-lhes em dobro todos os prazos.' 2. No caso, o impetrante atuou como Defensor dativo do réu. Não é, porém, Defensor Público nem ocupa cargo equivalente. A ele, portanto, não se aplica o disposto na norma em questão. 3. Ademais, o que pretendeu, no caso, não foi sua intimação pessoal do acórdão, nem o prazo em dobro para os Recursos Especial e Extraordinário. Na verdade, foi ele intimado, como Defensor dativo, regularmente, pela imprensa oficial. E o que requereu, junto ao Tribunal de Justiça, foi a remessa de 'cópia da manifestação da Procuradoria de Justiça e do Acórdão', para juntada aos autos suplementares, que se encontravam na Vara de origem, para só então proceder aos 'estudos e apreciação' e 'apresentar os recursos cabíveis'. Ora, tal pretensão não tem o mínimo amparo legal, razão pela qual foi bem certificado o trânsito em julgado do acórdão impugnado, à falta de apresentação dos recursos cabíveis, no prazo legal. 4. H.C. indeferido" (HC 75416/SP – SÃO PAULO. STF, 1ª T., rel. Min. Sidney Sanches, julgado em 14.10.97.

[14] SANTOS, Leandro Galluzzi dos. Procedimentos Lei 11.719, de 20.06.08, in MOURA, Maria Thereza Rocha Assis (Coord.). *As Reformas no Processo Penal.* São Paulo: Revista dos Tribunais, 2008, p. 325.

do CPP, bem ainda o enunciado da Súmula 310 do STF) *e não* no dia imediato ao da juntada aos autos do mandado de citação, como é regra no sistema processual civil.

Eram tão frequentes os equívocos – com graves prejuízos para as partes – que o STF precisou editar o enunciado n. 710 da Súmula, para reiterar o que a letra *a* do § 5º do artigo 798 já dizia, ou seja, que, de regra, os prazos processuais penais correm "da intimação", que será sempre pessoal para o defensor público e para o defensor dativo (Lei 1.060, arts. 5º, § 5º, e 370, § 4º, respectivamente).

Cientificado por edital e decidindo-se a comparecer ao processo, o prazo de 10 dias assinalado para a resposta à acusação só se abrirá depois de esgotado o prazo dilatório de 15 dias, previsto no artigo 361 do CPP, pois, conforme anotamos antes, nenhum ato processual pode ser realizado durante o curso desse prazo, pena de nulidade. Se não comparecer, como vimos, a tramitação do processo ficará suspensa e, também, ficará suspenso o curso do prazo da prescrição, pelo tempo equivalente à prescrição do crime.

Todavia, se se apresentar ao juízo ou enviar advogado para o defender, o acusado terá o direito de oferecer a resposta no prazo de dez dias (art 396), que só começará a correr "a partir" da apresentação ou do comparecimento do advogado ao processo (parágrafo único do art. 396), observada, em qualquer situação relacionada à contagem do prazo, as regras da exclusão do *dies a quo* e da inclusão do *dies ad quem* (artigo 798 do CPP).

Considerando-se que o artigo 366 do CPP permite a imposição da prisão preventiva ao acusado citado por edital, parece-nos que nessa situação o prazo assinalado para a resposta só fluirá após a realização da citação por mandado a que todo preso tem direito (art. 360). Esses atos processuais são distintos em natureza jurídica e embora o servidor judiciário (ou a autoridade policial) informe ao preso as razões da prisão essa formalidade não dispensa o dever do Estado de promover a citação e a entrega da cópia da denúncia (contrafé), para que ele possa lê-la e assim conhecer a real extensão e a profundidade da acusação.

Maximizando a garantia da ampla defesa, a Lei 11.719/08 considerou a resposta como ato processual *obrigatório,* haja vista o texto do § 2º do artigo 396 impondo ao juiz o dever de nomear defensor e de abrir-lhe vista dos autos para oferecê-la no prazo legal de dez dias. A hipótese supõe revelia de acusado citado pessoalmente ou por hora certa, porque, já vimos, o não atendimento à convocação realizada por edital determina a suspensão do processo e da prescrição, a não ser que o citando contrate advogado para defendê-lo e este se faça presente ao processo.

Inspirada na garantia do devido processo legal e de seu corolário, a ampla defesa, a regra da obrigatoriedade da resposta reflete a diferente visão ideológica do legislador de 2008 em relação ao da década de 1940, haja vista, por exemplo, a regra instituída no artigo 601 do CPP, permitindo o conhecimento e o julgamento da apelação desacompanhada de razões, que foi por causa disso considerada em muitos arestos como ofensiva às garantias fundamentais.

A falta de nomeação de defensor equivale à *falta de defesa* e atuará como causa para a declaração da nulidade absoluta com fundamento no art. 564, III, letra *c* do CPP e também do enunciado n. 523 da Súmula do STF.

Embora o caráter obrigatório da resposta, o acusado não está obrigado a antecipar por meio dela a estratégia defensiva. Pode limitar-se, por exemplo, a requerer a produção da prova testemunhal e nada mais. É fora de dúvida que as matérias de fato ou de direito não ventiladas pelo advogado constituído ou pelos defensores públicos ou nomeados *não precluem* e poderão ser apresentadas nas alegações finais orais, nos memorais e, até mesmo, em apelação interposta contra a sentença condenatória.

Na resposta, o acusado poderá alegar tudo o que interessa a sua defesa. São tão amplas as oportunidades que, por exemplo, assiste-lhe o direito de questionar inclusive a classificação do crime (*emendatio libelli)* nessa fase, sem a necessidade de submeter-se ao processo para que a classificação correta seja dada pelo juiz na sentença (art. 383 do CPP).

A submissão de indivíduo a todas as fases do processo por fato cujo erro de classificação atue como óbice ao reconhecimento da prescrição pela pena em abstrato cominada no tipo certo ou o oferecimento de benefícios processuais (como a transação, a composição dos danos ou a suspensão condicional do processo, por exemplo), é causa de grave constrangimento ilegal, que o juiz pode e deve eliminar, advertido ou não, no momento em que apreciar os termos da defesa apresentada.

Como demonstramos no capítulo 13, a classificação jurídica do fato pode e deve ser realizada a qualquer momento e não necessariamente só na sentença como sugere leitura apressada do artigo 383 do CPP, remanescendo ao denunciado/querelado a possibilidade do *habeas corpus* para a sustação do constrangimento ilegal se a pretensão não for aceita pelo magistrado

O artigo 396-A faculta, na fase da defesa preliminar, a juntada de justificações[15] e documentos. Considerada a hipótese, entende Nereu Giacomolli que "poderá haver necessidade de ciência do Ministério Público",[16] para que, segundo nossa dedução, possa conhecer e impugnar as justificações oiu documentos juntados.[17]

É essa também a posição de Nestor Távora e Rosmar Rodrigues Alencar sob o argumento de que o juiz não pode surpreender o autor da demanda "com um provimento a ele desfavorável com base em argumento não conhecido quando do ajuizamento da ação penal. Daí que tem compatibilidade aplicar, por analogia, o enunciado do art. 409, CPP (incidente no rito do Júri), que reza: apresentada a defesa, o juiz ouvirá o Ministério Público ou querelante sobre preliminares e documentos, em 5 (cinco) dias".

Embora possa ingressar com recurso contra a decisão que, com base nos documentos ou justificações, absolver sumariamente o acusado, certo é que a vista dos autos propiciará ao MP a chance de apresentar a sua réplica sobre eles, e, com isso ampliar as margens de segurança jurídica no processo e de justiça da própria decisão de primeiro grau.

O § 1º do artigo 396-A confere ao acusado o direito de deduzir (ainda no prazo da resposta), em autos apartados, quaisquer exceções dentre as previstas em lei (in-

---

[15] As justificações são procedimentos de jurisdição voluntária ajuizados no cível e destinados à produção de prova para acostamento aos autos do processo criminal. Os autos da justificação, após a audiência destinada à coleta dos depoimentos requeridos pelo justificante, na qual participará ao MP como *custos legis,* são entregues ao interessado, independentemente de traslado.

[16] GIACOMOLLI, Nereu José. *Reformas(?) do Processo Penal*: Considerações Críticas. Rio de Janeiro: Lumem Juris, 2008, p. 69.

[17] A abertura de vista ao MP não encontra supedâneo na garantia do contraditório. Essa garantia é *privativa* da defesa e assegura-lhe o direito de falar, sempre, por último.

cisos I a V do art. 95), embora nada impeça que possa discutir os temas específicos na própria resposta, porque entram dentro do universo das nulidades absolutas, insanáveis e não alcançadas pela preclusão.[18]

No capítulo IX, discorremos sobre a concepção de Bülow e lembramos que as exceções se destinam a discutir a *validade* da relação jurídica instaurada, isto é, a discutir "o processo dentro do processo".

Embora o silêncio do Código, parece-nos que as exceções deverão ser julgadas antes da apreciação dos termos da resposta porque, com a natureza de defesas indiretas, que permitem o ataque ao processo, dentro do processo, a decisão que as acolher necessariamente prejudicará o exame do mérito da causa eventualmente ventilado na resposta.

4. A absolvição sumária – casos

Apresentada a resposta, segue-se, na ordem procedimental, a eventualidade do julgamento antecipado do processo com o exame do mérito (art. 397).

Na concepção original de nosso CPP, a cogitação sobre a absolvição sumária ocorria sempre *após a instrução do processo* e só em processos por crimes dolosos contra a vida, cujo procedimento especial continua sediado no próprio CPP (anterior art. 411 e por força da Lei 11.689/08, deslocado para o novo artigo 415).

Todavia, após as modificações procedidas pela Lei 11.719/08, a absolvição sumária como causa para a extinção antecipada do processo com julgamento de mérito passou a ser admitida em todos os processos de primeiro grau regidos pelos procedimentos comuns, ordinário e sumário e *antes da instrução* probatória (arts. 395, § 4º e 397 do CPP).

Há equivalência de situações descritas nos incisos dos novos artigos 397 e 415 (com a redação dada pelas Leis 11.689/08 e 11.719/08), embora a primeira ocorra na fase anterior e a última na fase posterior à instrução do processo.

Assim, os fundamentos previstos nos *incisos I e II do art. 397* (excludentes da ilicitude do fato ou da culpabilidade do agente (salvo a inimputabilidade), *correspondem* aos fundamentos para a absolvição sumária no Júri, indicados *no inciso IV do artigo 415.*

As excludentes de ilicitude podem ser vistas no artigo 23, incisos I a III, ao passo que as eximentes de culpabilidade situam-se ao nível dos elementos que a estruturaram: a imputabilidade, a potencial consciência da ilicitude e o dever de agir de modo diverso. Esses temas foram amplamente focados e relacionados às condições da ação, no capítulo 7, para onde remetemos o leitor, evitando repetições desnecessárias.

No inciso II, o artigo 398 excepcionou a hipótese de absolvição sumária por inimputabilidade geradora de incapacidade de entendimento do caráter ilícito do

---

[18] A incompetência, segundo entendem doutrina e jurisprudência, pode constituir nulidade relativa quando decorrente da violação da regra do lugar da infração. Nos demais casos, a incompetência será fonte de nulidade absoluta. Para nós, toda a incompetência deveria levar à nulidade insanável, considerando-se as disposições constitucionais sobre o devido processo legal, com destaque para o inciso III do art. 5º, segundo qual ninguém poderá ser processado nem sentenciado a não ser por autoridade (judiciária) competente.

fato (art. 26, *caput,* do CP) e, nesse ponto, modificou a sistemática vigente desde 1941. Agora é imprescindível a coleta da prova porque eventualmente ela pode evidenciar conduta lícita do inimputável e assim livrá-lo da medida de segurança.

Coerente com a nova sistemática, o legislador estabeleceu, também, que nas acusações por crimes dolosos contra a vida, o inimputável não pode mais ser absolvido sumariamente com imposição de medida de segurança, a não ser que a inimputabilidade tenha sido aduzida pela defesa como *tese única* (parágrafo único do artigo 415).

A regra funda-se em premissa irrespondível: o doente mental, por exemplo, também pode negar a autoria, sustentar a inexistência de crime ou a prática de conduta ao amparo de tipo permissivo (legítima defesa ou qualquer outra causa que exclua a ilicitude) para alcançar a absolvição, sem medida de segurança. De modo que a apresentação de tese defensiva de fundo gera impositivamente a pronúncia e possibilita ao acusado a chance de absolvição em Plenário do Júri *sem a medida de segurança,* que pode ser mais gravosa que as penas privativas de liberdade, porque não estão subordinadas a termo certo e eventualmente geram o confinamento em instituição (total) hospitalar.

Entenda-se bem: a proibição é da absolvição sumária do inimputável fundada na alegação de inimputabilidade, mas não impede que ele seja sumariamente absolvido se ficar desde logo evidenciada a prática delituosa em situação alcançada por excludente de ilicitude (inciso I). Nesse caso a absolvição não será acompanhada de medida de segurança.

O *inciso III do artigo 397* e o *inciso III do artigo 415* dispõem sobre as mesmas matérias: a absolvição sumária por atipicidade da conduta, ou seja, pela ausência da primeira condição da ação, qual seja, a possibilidade jurídica do pedido.[19]

A matéria estava prevista no revogado inciso I do artigo 43 e com a Lei 11.719/08 acabou sendo deslocada para o âmbito do inciso II do artigo 395 (que prevê a rejeição da denúncia ou queixa por falta das condições da ação, onde o tema da atipicidade se situa).

O *inciso IV* do artigo 397, por último, autoriza a edição de sentença de absolvição sumária fundada em prova de incidência de causa extintiva da punibilidade.

Essa hipótese não encontra curiosamente correspondente previsão no artigo 415 que dispõe sobre a absolvição sumária no procedimento especial do Júri, mas a omissão não pode ser erigida em óbice para equivalente tratamento ao acusado por crime doloso contra a vida beneficiado pela incidência de causa extintiva do *jus puniendi estatal.* Talvez tenha o legislador levado em consideração a prescrição e largo período de tempo exigível para que ela possa ser reconhecida (20 anos, regida pela pena em abstrato (art. 109, I, do CP). Esqueceu-se, todavia, a figura tentada do crime doloso contra a vida e as outras causas extintivas da punibilidade listadas, dentre elas a morte do agente (art. 107, I).

Presente essa nova sistemática, e tendo-se em vista que o novo § 4º do artigo 394 do CPP, com a redação dada pela Lei 11.719/08, direciona os comandos dos

---

[19] Já anotamos no capítulo específico que o próprio criador da teoria eclética, Liebman, nas últimas edições de sua obra unificaria a possibilidade jurídica do pedido e o interesse de agir, sob o argumento de que só quando o pedido for juridicamente possível é que se pode falar em interesse à tutela jurisdicional do estado.

artigos 396 a 398 a todos os procedimentos de primeiro grau, resta saber se no procedimento especial do Júri o acusado por crime doloso contra a vida tem ou não, por causa da reforma legislativa, dupla chance de absolvição sumária, a primeira na fase do artigo 397 e a segunda na fase do artigo 415.

No entender de Nereu José Giacomolli[20] e de e Aury Lopes Jr.,[21] o artigo 397 "não tem aplicação" no procedimento do Júri porque, segundo o primeiro, esse procedimento "possui um momento especial para análise das causas de absolvição sumária (art. 415 do CPP, salvo a declaração da extinção da punibilidade, a qual poderá ser proclamada em qualquer fase processual".

A lição vem ganhando adeptos e tudo indica que a jurisprudência o seguirá para limitar a absolvição sumária prevista o artigo 397 apenas aos procedimentos comuns ordinário e sumário, haja visto, alias, a regra do § 3º do art. 394.

Em que pese a autoridade dos doutrinadores citados, a nossa tendência é perfilhar o caminho contrário, amparados na norma do § 4º do artigo 394, que comanda a aplicação das disposições dos artigos 396 a 398 aos procedimentos de primeiro grau, mesmo aqueles previstos em leis especiais. Essa solução não deve conduzir à suposição de que estamos advogando a tese da supremacia da lei geral sobre as leis especiais, porque isso significaria negar conhecido e consolidado princípio de hermenêutica. Em verdade, tanto o CPP quanto as leis especiais jamais contemplaram a solução preconizada pelo artigo 397 e tampouco a proíbem, inexistindo, então, qualquer chance do artigo 397 entrar em conflito entre as normas especiais do CPP ou das leis especiais. A remissão ao procedimento especial do Júri, no § 3º do art. 394, não altera essa compreensão, até mesmo porque, precede à disposição do § 4º, que alcança todas as normas precedentes. Essa interpretação é mais ampla e abrangente e vai de encontro do espírito da reforma introduzida pelas Leis 11.689/08 e 11.719/08.

Há um outro aspecto que merece registro, mesmo breve, porque tem ficado à margem das discussões doutrinárias e das decisões dos Tribunais e diz com o exame da validade do artigo 415 do CPP frente à atual Constituição. Com efeito, o artigo 5º, inciso XXXVIII, da Lei Maior reconhece o Júri com a organização que lhe der a lei e *assegura* a essa Instituição a "competência para o julgamento dos crimes dolosos contra a vida" (letra *d*). Ora, se a competência do Júri para o *julgamento* dos crimes dolosos contra vida está *assegurada* pela CF do mesmo modo que também estão *asseguradas* a plenitude de defesa, o sigilo das votações e a soberania dos veredictos (letras *a* a *d* do inciso XXXVIII), como seria possível, então, ao juiz togado, subtrair dos Jurados essa competência e *absolver,* em sentença de mérito, os autores de crimes dolosos contra a vida?

Como dissemos acima, a doutrina e a jurisprudência não tem dedicado seus esforços no exame dessa matéria e essa atitude, ao que nos parece, tem a ver menos com a sua relevância técnica e mais com as conveniências práticas, porque, com as absolvições sumárias é certo que os juízes acabam *aliviando* a pauta do Júri, já sobrecarregada de processos, e, com isso, agilizando a prestação jurisdicional com menos "burocracia".

---

[20] GIACOMOLLI, Nereu José. *Reformas(?) do Processo Penal*: Considerações Críticas. Rio de Janeiro: Lumem Juris, 2008, p. 77-78.

[21] LOPES JUNIOR, Aury. *Direito processual penal e sua Conformidade Constitucional*, vol. II. Rio de Janeiro: Lumem Juris, 2009, p. 202.

Como se pode notar, a Lei 11.689/08 ampliou significativamente os casos de cabimento da absolvição sumária no procedimento especial do Júri, antes restritos à prova inequívoca de causas excludentes de ilicitude ou eximentes de culpabilidade.

Graças a essa ampliação, conseguiu-se superar as dificuldades encontradas pelos magistrados que precisavam apontar como justificativa a presença de excludente de ilicitude para absolver réus com base em prova negativa de participação nos fatos porque esse fundamento não estava contemplado no anterior artigo 411 do CPP.

As situações que autorizam a absolvição sumária, tanto pelo artigo 397, quanto pelo artigo 415 do CPP, precisam ficar bem demonstradas, porque se o juiz ficar em dúvida, mesmo leve, quanto à sua configuração, deverá dar prosseguimento ao processo para que elas sejam deslindadas sob as perspectivas do direito ou da prova depois de amplo debate pelas partes.

Essa linha de conduta é a que melhor se coaduna com o sistema normativo, não sendo aconselhável a extinção do processo com julgamento de mérito na fase inicial da persecução penal a não ser que todas as evidências assim o determinem inequivocamente.

Outrossim, o princípio que rege o procedimento especial do Júri é o do *in dubio pro societate,* de modo que, na fase da pronúncia, a dúvida porventura existente determina a necessidade de preservação da competência dos juízes constitucionais naturais, os Jurados, para conhecerem o caso e deliberarem sobre ele.

Infelizmente a Lei 11.689/08 não avançou para contemplar a hipótese da impronúncia fundada no princípio do *in dúbio pro reo.*

O reclamo em prol dessa nova postura legislativa é histórico, provém de Evandro Lins e Silva e foi por ele enunciado numa frase lapidar, redefinindo o espaço do princípio do *in dúbio pro societate.* Disse ele: "Quando a dúvida envolve a autoria ou participação no crime impera o princípio *in dubio pro reu*; se a dúvida é quanto a qualquer excludente ou justificativa a solução é *pro societate*".[22]

Essa lição vem ganhando adeptos progressivamente, sendo imperiosa a referência aos fotos proferidos na 1ª Câmara Criminal do Tribunal de Justiça do Rio Grande do Sul pelo Desembargador Manuel José Martinez Lucas nesse sentido. Nas suas palavras, "na fase da *pronúncia*, vige o princípio *in dubio pro societate* quando a controvérsia diz respeito à antijuridicidade ou à culpabilidade. Mas, se a dúvida é referente à própria existência do crime ou à autoria deste, aplica-se o princípio *in dúbio pro reo* e impõe-se um exame mais acurado da prova".[23]

Esse precedente e muitos outros relatados pelo mesmo e ilustre Desembargador dissentem do cômodo entendimento de que ao juiz incumbe pronunciar mesmo quando a prova sobre a autoria é precária, para que o Júri possa deliberar.

Sendo a impronúncia e a absolvição sumária medidas legais e constitucionais, que não implicam subtração da competência dos Jurados, carece de sentido obrigar o juiz a pronunciar, em atitude dissonante com a do juiz singular, que, nos processos da sua competência, pode conceder ao réu o benefício da dúvida e absolvê-lo com base no inciso VII do artigo 386 do CPP.

---

[22] SILVA, Evandro Lins, *in Encarte da AIDP no Boletim do IBCCrim*, v. 8., n. 100, mar., 2001.

[23] Recurso em Sentido Estrito nº 70015313174, Primeira Câmara Criminal, Tribunal de Justiça do RS, Relator: Manuel José Martinez Lucas, Julgado em 11.10.06.

Essa nova atitude resguarda o risco de condenações injustas pois o ambiente de insegurança, de violência e de altos índices de criminalidade, pode contribuir para que os Jurados, mesmo de boa-fé, projetem nos veredictos esse sentimento, sem o juízo crítico mais aprofundado que os juízes togados costumam realizar.

Há um outro paralelo possível.

Cotejando-se os incisos do artigo 397 pode-se ver, outrossim, que substancial-mente ambos versam sobre a mesma matéria que compõe o objeto do inciso II do artigo 395: as condições da ação.

Note-se que a prática de conduta desprovida de tipicidade penal (inciso III); re-vestida de tipicidade, mas ao amparo de excludente de ilicitude (inciso I); ao abrigo de causa eximente de culpabilidade (inciso II) e, ainda, a punibilidade alcançada por causa extintiva (inciso IV do artigo 397) formam o conjunto dos temas inerentes às condições genéricas da ação, como o demonstramos nos capítulos 7, 8 e 9.

Diante desse cenário, o leitor poderá estar imaginando que os responsáveis pela elaboração e transformação em lei do projeto n. 4.207 descuidaram do rigor técnico que deve presidir o processo legislativo. De fato, se o referido projeto, que redundou na Lei 11.719, havia contemplado no inciso II do artigo 395 as matérias ventiladas nos incisos do artigo 397 para elegê-las como causa à *rejeição da inicial acusatória* como explicar em momento procedimental anterior que possam também fundamentar a absolvição sumária?

A nosso ver, é só aparente a imperfeição legal, bastando lembrar que a admis-sibilidade da acusação (art. 395) não é regida por juízos de certeza e sim de mera probabilidade. Desse modo, pode o juiz, até por cautela, preferir aguardar a resposta para, depois, com maior profundidade, adentrar no exame da mesma temática e, assim, encerrar, com maior margem de acerto, a persecução penal, em sentença de mérito (art. 397).

Diante de tudo o que foi exposto, e retomando o ponto, para encaminharmos as conclusões, pensamos poder dizer que:

a) além do artigo 395, *também* o artigo 397 do CPP, ensejando a absolvição sumária em *dois momentos,* isto é, *após o oferecimento da resposta à acusação* e *antes da instrução probatória,* foi erigido pelo legislador à natureza de *norma padrão* para todos os procedimentos de primeiro grau, salvo o sumaríssimo, porque a Lei 9.099/95 prevê que a resposta à acusação, o recebimento da denúncia ou queixa, a coleta da prova, alegações finais orais e sentença ocorrem numa mesma e única oportunidade: a audiência de instrução e julgamento. A leitura conjugada dos artigos 396, 396-A e 397 também não comporta outro entendimento quanto a esse ponto.

b) a sentença de absolvição sumária por examinar o mérito da causa gera o efeito de coisa julgada material.

É evidente que há exame de mérito na absolvição por atipicidade ou excluden-tes de ilicitude ou culpabilidade. Ao afirmar, por exemplo, que o fato narrado na denúncia ou queixa não tem correspondência em norma penal prévia, que o acusado defendeu-se, legitimamente, da agressão à sua pessoa, ou que, nas circunstâncias, era dele inexigível conduta diversa, o magistrado nessas e nas demais hipóteses, pro-fere juízo aprofundado, analítico, técnico e jurídico sobre os fatos e sua repercussão jurídica, inocentando o réu. Isso é mérito, como há, também, na sentença que reco-nhece a extinção do *jus puniendi* pela prescrição ou qualquer outra causa enumerada no artigo 107 do Código Penal!

Então, tendo essa natureza e gerando efeito de coisa julgada material, a sentença de absolvição sumária (art. 397) pode ser atacada em apelação porque esse é o recurso finalisticamente voltado à discussão da sentença de mérito (art. 593),[24] tal qual prevê, aliás, o novo artigo 416 do CPP.

É certo que a Lei 11.719/08 não contemplou explicitamente a apelação para os casos de absolvição sumária fundados em incisos do artigo 397 do CPP.

Nem por isso esse recurso é vedado ao órgão da acusação para o ataque da sentença. A um, porque não há diferenças substanciais e de finalidades entre os dois dispositivos (arts. 397 e 415 e, a dois, porque a previsão explícita de apelação no artigo 416 foi uma decorrência da revogação pela Lei 11.689/08 do inciso VI do artigo 581 que contemplava, indevidamente, o recurso em sentido estrito contra a decisão de absolvição sumária.

No plano recursal há uma particularidade a destacar quanto ao inciso IV do artigo 397. Esse dispositivo autoriza a absolvição sumária quando o juiz verificar a presença de causa extintiva da punibilidade e embora não haja dúvida de que ao fazê-lo adentra no exame do mérito, pois declarar extinta a punibilidade equivale a afirmar que o Estado-acusador não tem mais o "direito" (ou poder-dever) de punir,[25] como o demonstramos quando do exame das condições da ação, *permanece em vigor* o inciso VIII do art. 581 do CPP, contemplando, para a hipótese, o recurso em sentido estrito.

Em nossa opinião o legislador, não só por coerência, mas, também, para o resguardo da harmonia do sistema, poderia e deveria ter revogado também o inciso VIII do artigo 581 para que a sentença de absolvição sumária, independentemente dos fundamentos dos incisos I a IV do artigo 397, também fosse passível de questionamento em apelação.

De qualquer sorte, a interposição de um recurso por outro não será erigida em óbice ao conhecimento do recurso cabível por força do princípio da fungibilidade dos recursos.

É irrecorrível, por último, a decisão que não acolher a resposta preliminar (arts. 396 e 396-A) e determinar o prosseguimento do feito em seus ulteriores termos e atos, para que os fatos ou o direito invocado sejam amplamente examinados em sentença exauriente da cognição do juiz, sendo sempre possível o *habeas corpus*, se evidenciada a clara situação da legalidade.

5. A audiência de instrução

Visando a dar maior velocidade na prestação jurisdicional, a Reforma realizada pela Lei 11.719/08 inspirou-se na legislação processual civil e na experiência dos

---

[24] GIACOMOLLI, Nereu José. *Reformas(?) do Processo Penal*: Considerações Críticas. Rio de Janeiro: Lumem Juris, 2008, p. 77.

[25] Nesse sentido não vemos razão para a perplexidade de AURY LOPES JR. da "absolvição! Em delito 'prescrito', que preconiza como correta a edição de sentença "declaratória da extinção da pounibilidade" (*Direito Processual Penal*, vol. II, Rio de Janeiro: Lumen Juris, 2009, p. 197). A questão é a nosso ver apenas terminológica. Nada impede que o juiz absolva afirmando, precisamente, que, por estar extinta a punibilidade, o estado não tem o direito de punir.

Juizados Especiais Criminais para conferir maior importância à oralidade dos atos do processo e concentrar a produção da prova, as alegações das partes e a sentença em audiência única (§ 1º do artigo 400) no prazo de 60 dias, contados da data do pronunciamento judicial sobre a resposta à acusação (arts. 396, 396-A e 399).

O legislador ou não sabe, ou não quis saber, que independentemente da boa vontade, da dedicação e da contração ao trabalho de servidores, advogados, juízes e promotores, *não será possível* no curso prazo estabelecido a realização de todas as atividades relativas à coleta da prova, ao interrogatório, aos debates e à sentença em uma *audiência única* (§ 1º do artigo 400).

A instrução pode exigir a realização de perícias adicionais, a expedição de precatórias ou rogatórias, as testemunhas nem sempre são encontradas nos endereços informados nos autos, para serem intimadas para a audiência, etc., tudo sem necessidade de lembrar o que todos sabem, isto é, que as pautas judiciárias estão há anos sobrecarregadas, que o volume de trabalho dos magistrados é desumano, com várias audiências a presidir, dezenas de processos a despachar e, no mínimo, três ou quatro sentenças a proferir, todos os dias, mesmo contando os sábados e os domingos, conforme revelam dados oficiais divulgados pelo Poder Judiciário e do conhecimento do público.

A unidade da audiência não é e não poderia ser uma regra absoluta no âmbito dos procedimentos. Não há regra, princípio ou direito absoluto. Veja-se que o CPP autoriza que a audiência *continue* em outra ocasião se o MP aditar a denúncia com o fim de obter uma nova definição jurídica para o fato narrado, em consequência de prova existente nos autos de elementar ou de circunstância não contida na acusação (art. 384).

Colhida a prova, nova sessão da audiência poderá ser aprazada pelo juiz também quando ele deferir as diligências requeridas pelas partes (art. 402), de modo que, numa interpretação conciliadora, parece-nos possível afirmar que a regra legal sobre a audiência *única* (§ 1º do artigo 400) não prevê, mas também não proíbe, que ela se desdobre em tantas *sessões* quantas forem necessárias para que as finalidades do processo sejam alcançadas e sem prejuízo dos interesses da acusação e da defesa. Harmonizam-se assim fins de celeridade processual visados pela reforma com a segurança jurídica no processo.

A reforma processual, nesse cenário, serviu, apenas, para positivar a ingênua suposição do legislador de que bastaria aprovar uma nova lei valorizando a oralidade, reduzindo prazos, concentrando atos, etc., para que o ideal de Justiça rápida e eficiente pudesse ser alcançado. A realidade é mais complexa do que se imagina. Há montanhas de processo a instruir e julgar, carência de recursos humanos e de materiais, juízes em número inferior às reais necessidades do país, burocracia, recursos em excesso, lentidão causada ora pelo Judiciário, ora pelas partes, enfim, uma infinidade de problemas que demandam recursos orçamentários, pessoal, estratégias e reformas legais radicais.

De acordo com o *caput* do artigo 400, na audiência de instrução e julgamento proceder-se-á por primeiro a tomada de declarações do ofendido, depois as testemunhas arroladas pela acusação e pela defesa (observada a regra do art. 222), bem como esclarecimentos de peritos, acareações e, ao final, o interrogatório do acusado.

Nos dizeres do § 2º do artigo 201, o ofendido antes de iniciar-se a audiência será colocado em "espaço reservado" para evitar o contato com o acusado. A providência é salutar porque em certos crimes a proximidade entre ambos além de causar constrangimentos poderá inibir ou cercear a necessária espontaneidade do depoimento.

O ofendido tem o direito (§ 2º do artigo 201) à comunicação de todos os atos do processo relativos aos ingressos e saídas do acusado da à designação de data para audiência e a sentença e respectivos acórdãos que a mantenham ou modifiquem.

Em que pese o propósito dessa regra (que deveria vir acompanhada de sanções pelo descumprimento), entendemos que teria sido melhor assegurar o direito à *consulta prévia* sobre o interesse em dispor das informações sobre o andamento do processo e a situação processual ou penal do acusado. Não é de ser sumariamente descartada a hipótese de que as sucessivas informações possam prejudicar os esforços do ofendido para superar os traumas causados pelo fato. A experiência dirá sobre a utilidade e o nível de respeito dessa regra entre nós.

O número máximo de testemunhas da acusação e da defesa não poderá exceder a oito no procedimento ordinário (art. 401), a cinco no procedimento sumário (art. 532) e a três no procedimento da Lei 9.099/95, nele não se incluindo as que não prestam compromisso e as cujo depoimento o juiz autorizará na condição de *referidas*. A Lei 9.099/95 é omissa quanto ao número de testemunhas, havendo entendimento também, que a norma do art. 34 seria específica do cível e que no processo penal, por aplicação extensiva do art. 532, o número de testemunhas será no máximo de cinco.

A parte poderá, se quiser, desistir de testemunha arrolada, independentemente da concordância da parte contrária (art. 400, § 2º) e a coleta dos testemunhos se dará nessa essa ordem: primeiro as da acusação e após as da defesa.

Segue-se, então, que na pendência da coleta dos depoimentos das testemunhas da acusação (salvo quando deva ocorrer por precatória ou rogatória no prazo razoável assinalado pelo juiz) não podem ser ouvidas as defesa.

A quebra da regra era considerada antes do advento da Lei 11.719/08 como causa de nulidade relativa[26] e, agora, por força do artigo 400 foi erigida como causa de nulidade absoluta. Se a inversão ocorrer *a pedido da defesa* e com a concordância do órgão da acusação parece-nos, contudo, que não será *declarável*, porque, nessa situação, incidem as regras impeditivas previstas no artigo 565 do CPP, quais sejam, as que não permitem o reconhecimento do vício em favor da parte que o tiver causado ou por uma das partes quando o reconhecimento do defeito acarretar prejuízo, mesmo em tese, à parte contrária.

---

[26] "... reinquiridas as testemunhas, na presença do interessado, e, ainda com deferimento e realização de perícia técnica, eventual inversão na ordem de produção de prova testemunhal, com audiência em segundo lugar daquela de interesse da acusação, não acarreta nulidade sem a constatação efetiva de prejuízo para o direito de defesa" (STJ, RMS 9144 / SP, min. Fernando Gonçalves, in RSTJ vol. 120, p. 470). No mesmo sentido: "... 1. A inversão da ordem de oitiva das testemunhas restou devidamente percebida pelo Juízo da instrução, que, só não procedeu o refazimento do ato, por manifestação expressa da defesa do Paciente, quanto à sua desnecessidade, diante da ausência de prejuízo. Não há, assim, como reconhecer qualquer ilegalidade na espécie" (HC 58102 / MG, 5ª Turma do STJ, relatora Min. Laurita Vaz, DJ 14.05.07, p. 339).

O juiz pode determinar de ofício (art. 156 do CPP), e as partes têm o direito de requerer que o perito oficial (arts. 159 e 400) responda a quesitos ou que esclareça o laudo em audiência, desde que o mandado de intimação, os quesitos ou as questões a serem esclarecidas, sejam encaminhadas ao processo com antecedência mínima de 10 dias, tendo o perito a alternativa de remeter as respostas por escrito em laudo complementar (art. 159, § 5º, inciso I).

Entenda-se bem: a manifestação do perito precisa ser requerida quando do oferecimento da denúncia ou por ocasião da resposta à acusação. O prazo de 10 dias acima referido corresponde ao interregno mínimo entre a data da formulação dos quesitos e o dia da audiência de instrução, sendo necessário para que o perito seja intimado antes do início desse prazo para que possa reunir as informações indispensáveis aos esclarecimentos solicitados ou aos quesitos adicionais formulados.

A regra do artigo 156 não viola o modelo acusatório de processo, porque ao requisitar esclarecimentos ao perito ou ao ordenar a intimação para que ele venha depor na audiência, o juiz não está *produzindo prova,* mas, apenas, *esclarecendo-se* sobre o conteúdo da prova *já produzida.*

Além dos peritos, poderão ser ouvidos, se houver requerimento, os assistentes técnicos, embora a falta de previsão expressa dessa possibilidade no inciso I do § 4º do artigo 159, que trata da matéria.

Parece-nos que essa foi a razão pela qual o legislador fez referência aos *peritos* no texto do artigo 400, pois, com as modificações da Lei 11.690/08, "os exames de corpo de delito e outras perícias serão realizados por perito oficial" e só na sua falta é que o serão "por 2 (duas) pessoas idôneas, portadoras de diploma de curso superior preferencialmente na área específica, dentre as que tiverem habilitação técnica relacionada com a natureza do exame".

Enfim: seja por causa da utilização da palavra no plural, seja porque careceria de sentido a nomeação de assistente técnico se, eventualmente, estivesse impedido de esclarecer o seu laudo na audiência ou em laudo complementar, seja ainda porque o assistente técnico é um perito, sustentamos que a regra do inciso I do § 5º do artigo 159 estende-se também a eles.

O acusado é ouvido em último lugar, na audiência ou no estabelecimento prisional em que se encontrar (art. 185, § 1º), sempre em presença de seu defensor.

É firme a jurisprudência no Supremo Tribunal Federal e no Superior Tribunal de Justiça de que após a vigência da Lei 10.792/03 o descumprimento da cláusula é causa de nulidade absoluta do processo (arts 185 e 564, III, letras *c* e *l*).[27]

---

[27] "*HABEAS CORPUS.* PROCESSUAL PENAL. CRIME DE LATROCÍNIO. INTERROGATÓRIO JUDICIAL REALIZADO ANTES DA LEI° 10.792/2003. AUSÊNCIA DE DEFENSOR. NULIDADE. INEXISTÊNCIA. ATO PERSONALÍSSIMO DO JUIZ. IMPOSSIBILIDADE DE INTERVENÇÃO DO DEFENSOR OU DO MINISTÉRIO PÚBLICO [...]. 1. O interrogatório judicial, antes da vigência da Lei° 10.792/2003, consistia em ato personalíssimo do magistrado, que não estava sujeito ao contraditório, o que obstava a intervenção da acusação ou da defesa. Assim, a ausência de defensor no interrogatório judicial não caracterizava, segundo o entendimento desta Corte e do STF, a existência de qualquer nulidade. 2. [...]." (HC 70.393/MT, 5ª Turma, Rel. Min. LAURITA VAZ, QUINTA TURMA, DJ de 11.02.08.) "AÇÃO PENAL. Ato processual. Interrogatório. Realização antes do início de vigência da Lei 10.792/2003, que deu nova redação aos arts. 185 a 196 do Código de Processo Penal. [...]. Irretroatividade das normas processuais. HC indeferido. Aplicação do art. 2º do CP. A lei processual que dá nova disciplina ao interrogatório não se aplica ao que tenha sido realizado antes do início de sua vigência." (HC 83.836/RS, 1ª Turma, Rel. Min. CEZAR PELUSO, DJ de 23.09.05.) "Recurso

A transposição do interrogatório para a fase ulterior à produção da prova é elogiável, vez que para poder contraditar, contrariar, impugnar a acusação, no momento em que for *falar ao juiz,* é imprescindível que o acusado conheça toda a prova acusatória contra si produzida.

Somos do entender, por isso, que o interrogatório não pode ser realizado enquanto pender a coleta de depoimento de testemunha, mesmo por precatória ou rogatória, coerentes com o espírito que presidiu a reforma da Lei 11.719/08, bem explícito na Mensagem. 213/01 do Ministro da Justiça ao Presidente da República, expondo as razões do Projeto 4.207, que seria, mais tarde, aprovado pelo Congresso. Nessa mensagem, coerente com o primado constitucional que assegura a mais ampla defesa, lê-se que o interrogatório deve ser realizado somente depois da produção da prova, isto é, como último ato instrutório.

O prejuízo gerado pela violação da regra legal será evidente, debitando-se a causa da nulidade absoluta não às partes e sim ao juiz que, na condição de presidente do processo, tem o dever de preservar as normas legais e de efetivar as garantias constitucionais.

Não há óbice, outrossim, à coleta do depoimento do acusado por precatória ou rogatória desde que a situação assim o determine e o magistrado justifique a providência, sem que isso implique ofensa ao princípio a identidade física do juiz.[28]

O STF admitiu a legalidade da intervenção dos advogados dos corréus na audiência de interrogatório dos outros réus,[29] sem que isso gere dever de responder às perguntas formuladas, nem de que o silêncio possa ser interpretado em desfavor de sua defesa (art. 187 do CPP), embora a sensação que essa conduta possa causar ao juiz...

Bastante polêmica é a coleta do interrogatório por videoconferência.

---

ordinário em *habeas corpus.* 2. Ausência do defensor no interrogatório. 3. O interrogatório foi realizado em data anterior ao advento da Lei 10.792, de 2003, quando vigorava no Supremo Tribunal Federal o entendimento de que a ausência de advogado no interrogatório não invalidava o processo. Precedentes. 4. Inexistência de nulidade. 5. Recurso improvido". (RHC 84.178/RS, 2ª Turma, Rel. Min. GILMAR MENDES, DJ de 04.02.05).

[28] "Com a introdução do princípio da identidade física do juiz no processo penal pela Lei 11.719/08 (art. 399, § 2º do CPP), o Magistrado que presidir os atos instrutórios, agora condensados em audiência una, deverá proferir a sentença, descabendo, em regra, que o interrogatório do acusado, visto expressamente como autêntico meio de defesa e deslocado para o final da colheita da prova, seja realizado por meio de carta precatória, mormente no caso de réu preso, que, em princípio, deverá ser conduzido pelo Poder Público (art. 399, § 1º do CPP); todavia, não está eliminada essa forma de cooperação entre os Juízos, conforme recomendarem as dificuldades e as peculiaridades do caso concreto, devendo, em todo o caso, o Juiz justificar a opção por essa forma de realização do ato. 2. A adoção do princípio da identidade física do Juiz no processo penal não pode conduzir ao raciocínio simplista de dispensar totalmente e em todas as situações a colaboração de outro juízo na realização de atos judiciais, inclusive do interrogatório do acusado, sob pena de subverter a finalidade da reforma do processo penal, criando entraves à realização da Jurisdição Penal que somente interessam aos que pretendem se furtar à aplicação da Lei" (C 99023 / PR, STJ, rel. Min. Napoleão Nunes Maia Filho, 3ª Seção, DJe 28.08.09).

[29] "É legítimo, em face do que dispõe o artigo 188 do CPP, que as defesas dos co-réus participem dos interrogatórios de outros réus. Deve ser franqueada à defesa de cada réu a oportunidade de participação no interrogatório dos demais co-réus, evitando-se a coincidência de datas, mas a cada um cabe decidir sobre a conveniência de comparecer ou não à audiência. Este Tribunal possui jurisprudência reiterada no sentido da desnecessidade da intimação dos defensores do réu pelo juízo deprecado, quando da oitiva de testemunhas por carta precatória, bastando que a defesa seja intimada da expedição da carta. Precedentes citados..." (AP 470 AgR / MG, Pleno, rel. Min. Joaquim Barbosa, j. em 6. 12. 2007).

Fábio Wellington Ataíde Alves argumentou que "...a videoconferência deveria ser um mecanismo tecnológico à disposição dos interesses da autodefesa. Sem desconsiderar as dimensões continentais de nosso país, a defesa pode preferir o emprego de videoconferência pelos mais diversos motivos. Assim, o interrogatório à distância pode, *v.g.,* oferecer-lhe a razoável oportunidade de abreviar o tempo de encarceramento, notadamente naqueles casos em que a prisão preventiva fora decretada exclusivamente para garantir a instrução processual, sem ignorar ainda que muitos juízes deixam para analisar o pedido de liberdade provisória depois do interrogatório. Ademais, a videoconferência evita a condução coercitiva até a presença do juiz e, por isto, ameniza, no processo esta cerimônia degradante, o que pode ser proveitoso para a defesa. (5) Muito embora seja possível concordar que em si o interrogatório *on-line* pode tornar-se uma cerimônia degradante, (6) também será aceitável invocar o princípio da proporcionalidade para resguardar ao réu o direito de poder utilizar esse meio audiovisual, até mesmo evitando que se opere a cerimônia degradante de condução coercitiva".[30]

Em sentido oposto, Leandro Galuzzi dos Santos sustentou que como o § 1º do artigo 185 dispõe que a audiência poderá ser realizada *no estabelecimento prisional* em que ele se encontrar, em sala própria, desde que estejam garantidas a segurança do juiz e auxiliares, a presença de defensor e a publicidade do ato, não seria possível a realização do interrogatório por meio eletrônico porque isso implicaria negar vigência à garantia da ampla defesa em cujo contexto figura o direito ao contato pessoal do réu com o juiz,[31] mas esse entendimento, *data vênia,* esbarra nas disposições legais antes reproduzidas e, ao que parece, foi externado antes da publicação da Lei 11.900 antes referida.

Em magistral voto no Supremo Tribunal Federal, que permanece atual pela consistência teórica, o Ministro César Peluzo afirmou amparado em Tratados Internacionais e nas disposições constitucionais que "O interrogatório é ato processual subjetivamente complexo. Dele participam acusado, defensor (art. 185, *caput* e § 2º, do Código de Processo Penal), intérprete, se seja o caso (arts. 192, par. único, e 193 do Código de Processo Penal), acusador (art. 188 do Código de Processo Penal) e juiz. Ora, não há como nem por onde atender a essas formalidades legais, necessárias à regularidade do interrogatório, quando seja este realizado à distância, em dois lugares simultaneamente. Não se sabe onde devem estar defensor e intérprete, se junto ao juiz ou ao lado do réu. Afinal, *'se o defensor achar-se no estabelecimento prisional, não poderá consultar os autos do processo, obstando a que, séria e profissionalmente, oriente o increpado, antes do interrogatório'*. Ademais, no caso dos autos, o ora paciente não foi sequer citado, como o impõe o art. 360 do Código de Processo Penal, nem tampouco requisitado, mas apenas instado a comparecer à sala da cadeia pública, no mesmo dia em que o interrogatório se realizou. 8. Ansioso, aguarda o acusado o momento de estar perante seu juiz natural (art. 5º, incs. XXXVII e LIII, da Constituição da República). Aguardam ambos: o acusado

---

[30] ALVES, Fábio Wellington Atayde, O Consentimento do Acusado para o Interrogatório por Videoconferência: uma outra perspectiva para o direito de presença, in *Boletim IBCCRIM*, São Paulo, ano 15, n. 180, p. 12, nov. 2007.

[31] SANTOS, Leandro Galluzzi dos. Procedimentos. Lei 11.719, de 20.06.08. In MOURA, Maria Thereza Rocha de Assis (Coord.). *As Reformas no Processo Penal.* São Paulo: Revista dos Tribunais, 2009, p. 331.

solto e o acusado preso. Razão alguma de economia, ou de instrumentalidade, apóia tratamento não igualitário, afrontoso ao art. 5º, *caput*, da Constituição da República. Se o acusado, que responde ao processo em liberdade, comparece perante o juiz para ser interrogado, *a fortiori* deve comparecer o réu que se ache preso sob guarda e responsabilidade do Estado e, como tal, despido da liberdade de locomoção. Está nisso, aliás, a origem do *habeas corpus*, palavras iniciais de fórmula de mandado que significam *tome o corpo* (do detido para o submeter, com o caso, ao tribunal): no reconhecimento da necessidade de apresentação do réu preso ao juiz que o julgará. (...)".[32]

O advento da Lei 11.900, a 8 de janeiro de 2009 (inspirada em lei paulista dada como inconstitucional pelo STF, por vício de iniciativa)[33] veio a por fim à polêmica, no plano legal, ao introduzir um parágrafo (o § 2º) ao artigo 185 do CPP. para permitir que o juiz, excepcionalmente e por decisão fundamentada, de ofício ou a requerimento das partes, realize o interrogatório do réu *preso* por sistema de videoconferência ou outro recurso tecnológico de transmissão de sons e imagens em tempo real, desde que a medida seja necessária para prevenir risco à segurança, houver suspeita de que preso integre organização criminosa ou possa fugir, quando houver relevante dificuldade para o comparecimento ao fórum, para o fim de impedir a influência do réu no ânimo da vítima ou de testemunha e ainda quando responder à gravíssima questão de ordem pública – expressão vaga e de configuração imprecisa.

A experiência dirá, a final, do acerto ou do erro na alternativa legalmente criada.

Se o acusado, citado pessoalmente ou por hora certa, não for à audiência para ser interrogado, esse fato não pode ser invocado como causa para a sua *condução coercitiva*[34] ou a decretação da prisão preventiva. É direito, e *não um dever* do réu comparecer à audiência para falar ao juiz. Não pode ser punido se não quiser exercer esse direito.

O interrogatório é constituído de duas partes, sendo a primeira sobre a pessoa do acusado e a outra sobre os fatos (art. 187). É digno de registro o tópico legal comandando ao juiz o dever de perguntar ao acusado acerca das *oportunidades sociais* recebidas (art. 187, § 1º). As respostas deverão ser necessariamente consideradas e na hipótese de condenação deverão influenciar na individualização da pena para *abrandar a censura* seja na quantificação da pena-base, seja como atenuante inominada (art. 66), com amparo na conhecida teoria da coculpabilidade, desenvolvida

---

[32] HC 88.914 – j. 14.08.07.

[33] 1. O Plenário do Supremo Tribunal Federal, por maioria de votos, declarou a inconstitucionalidade formal da Lei 11.819/05 do Estado de São Paulo, que possibilitava o interrogatório do réu por meio de videoconferência, concluindo que o referido diploma legal ofenderia o inciso I do art. 22 da Constituição Federal, na medida em que disciplinaria matéria eminentemente processual, cuja competência é reservada privativamente à União (HC 90.900/SP, Rel. Min. Carlos Alberto Menezes Direito, julgado em 30.10.08).

[34] A condução forçada é autorizada pela lei quando faltantes forem o ofendido (§ 1º do art. 201) , da testemunha (art. 218) ou de outras pessoas que tenham sido regularmente intimadas para o ato (p. ex., peritos ou assistentes técnicos), consoante se depreende do artigo 535.

por Eugênio Raul Zaffaroni,[35] objeto de nossos comentários no capítulo 7, para onde remetemos o leitor.

O art. 212 e seu parágrafo único, com a redação dada pela Lei 11.690, substituíram o conhecido método *cruzado* pelo método *direto* de inquirição das testemunhas.

As perguntas agora são endereçadas por primeiro pelas partes *diretamente* à testemunha e ao próprio acusado (que não está, entretanto obrigado a respondê-las, como anotamos parágrafos acima) e ao juiz competirá *complementar a inquirição sobre os pontos não esclarecidos,* nessa ordem: primeiro indagará o MP, depois a defesa. como propõe a garantia do contraditório, a defesa e, por último, o juiz, para esclarecimentos.

Quem for assistir a uma audiência verá que o modo de atuação das partes e do juiz assemelha-se agora ao modelo norte-americano projetado nas telas do cinema, embora a disposição desses personagens na sala das audiências continue a mesma. Por coerência, seria o caso de reposicionar o órgão do MP no piso e ao lado do defensor para que nesse o ponto o comando do princípio da igualdade de tratamento das partes no processo entrasse também para o plano prático.

Em que pese as novas disposições legais, parece-nos que o legislador jamais pensou em rebaixar a importância da função do juiz no processo. Há equívoco em dizer que o parágrafo único do artigo 212 transformou-o em mero expectador na sala de audiência, pois, afinal, é ele o destinatário da prova e nada mais evidente que possa intervir, no momento que considerar apropriado, para esclarecer ponto do depoimento que considerar relevante à formação do seu próprio convencimento.

Essa conduta em nada agride ao modelo acusatório de processo – que não pretende, segundo pensamos, afastar o juiz *completamente* das partes ou da produção da prova, mas, isto sim, que visa a *assegurar a sua isenção no processo.* Aliás, nem mesmo os mais ferrenhos defensores do modelo acusatório, ao que vimos, afirmaram o contrário.

Como esclareceram Américo Bedê Junior e Gustavo Senna, em lição que subscrevemos inteiramente, a preocupação com a atividade instrutória do juiz "nada mais é do que a preocupação com a sua imparcialidade" e o fato de o juiz "inquirir as testemunhas, bem como de um modo geral produzir prova, não se traduz em prejuízo para as garantias fundamentais do réu, até porque o magistrado não sabe qual o resultado de sua atividade instrutória, que pode beneficiar decisivamente a defesa".[36]

Então, o magistrado, sem embargo do que diz o parágrafo único do artigo 212, poderá a qualquer momento intervir e endereçar à testemunha as perguntas que considerar necessárias para o seu próprio esclarecimento,[37] não gerando nulidade a

---

[35] ZAFFARONI, Eugênio Raúl; PIERANGELI, José Henrique. *Manual de Direito Penal Brasileiro.* São Paulo: RT, 1999, p. 610/611.

[36] BEDÊ JR., Américo e SENNA, Gustavo. *Princípios do Processo Penal*: Entre o Garantismo e a Efetividade as Sanção. São Paulo: Revista dos Tribunais, 2009, p. 35.

[37] Apelação Crime nº 70033244609, Terceira Câmara Criminal, Tribunal de Justiça do RS, Relator: Newton Brasil de Leão, Julgado em 17.12.09.

inversão da ordem, conforme entendeu o STJ,[38] embora a existência de arestos desse mesmo Tribunal em sentido contrário.[39]

Em nosso pensamento, o sistema normativo não seria coerente se o parágrafo único do artigo 212 pretendesse interditar a prerrogativa contemplada no artigo 473, que autoriza o juiz a inquirir no Plenário do Júri o ofendido e as testemunhas da acusação.[40]

O que as pessoas com experiência no dia a dia do foro constataram foi que a Lei 11.690, ao introduzir em nosso Código o parágrafo único ao novo art. 212, apenas legalizou, isto é, positivou, a experiência que já vinha sendo adotada com o beneplácito dos juízes criminais do país, como o disseram, com precisão, as Turmas Recursais Criminais do RS[41] e as Câmaras Criminais do Tribunal de Justiça do RS[42]. Essa atitude se coadunava com a difusão e o emprego das novas tecnologias nas audiências (primeiro a estenotipia e agora as gravações em áudio e vídeo – § 1º do artigo 405), não só agilizando os trabalhos como ainda preservando a fidelidade do pensamento exteriorizado pelos interlocutores na sala de audiência, que o anterior método cruzado não ensejava.

O juiz continua investido, outrossim, do poder de *não admitir* as perguntas formuladas que contenham ou sugiram respostas, que não guardem relação com a causa ou que importem na repetição de outra já respondida. Entenda-se bem: o poder judicial é de não admitir as perguntas impertinentes, como instrumentos para a obtenção das respostas, e não o de impedir a sua formulação pelas partes, tanto assim que, se houver requerimento, as perguntas indeferidas serão consignadas no termo da audiência (em verdade com os novos métodos de gravação a pergunta e

---

[38] "A Lei 11.690/2008 alterou a redação do art. 212 do CPP e modificou a ordem de inquirição das testemunhas, ao estabelecer que, primeiramente, as partes devem perguntar e, só ao final, poderá o juiz fazê-lo de forma suplementar, tal qual pugna o modelo norte-americano (*cross-examination*). Porém, a oitiva de testemunha sem observância dessa nova ordem não resulta nulidade absoluta, pois não se altera o sistema acusatório nem se viola a lei. O juiz, no modelo brasileiro, não é mero expectador, visto que possui participação ativa no processo cujo controle incumbe-lhe. Dele se espera a proteção de direitos e garantias constitucionais e também a busca da verdade real. Anote-se que o próprio CPP, em seu art. 473, permite que, no júri, as perguntas sejam feitas inicialmente pelo juiz presidente e, depois, pelas partes diretamente. Vê-se que o caráter acusatório é o mesmo nos dois procedimentos, de sorte que não há a nulidade pela alteração da ordem de perguntas. Precedente citado: HC 121.215-DF, DJe 18.11.08" (HC 144.909-PE, Rel. Min. Nilson Naves, julgado em 4/2/2010).

[39] "1. A nova redação dada ao art. 212 do CPP pela Lei 11.690/08 determina que as vítimas, as testemunhas e o acusado sejam ouvidos direta e primeiramente pela acusação e na sequência pela defesa, possibilitando ao magistrado complementar a inquirição se entender necessários esclarecimentos. 2. Se o Tribunal de origem admite que houve a inversão na inquirição, consignando que o Juízo Singular incorreu em error in procedendo, patente o constrangimento, sanável pela via do *habeas corpus*, por ofensa ao devido processo legal. 3. Ordem concedida para, confirmando a liminar, anular a audiência de instrução e julgamento realizada em desconformidade com a previsão contida no art. 212 do Código de Processo Penal, bem como os atos subsequentes, determinando que outra seja realizada, consoante as disposições do referido dispositivo" HC 137091 / DF, 5ª T., rel. Min. Arnaldo Esteves Lima, DJE 13.10.09. No mesmo sentido: HC 121216 / DF, rel. Min. Jorge Mussi, 5ª T., in DJe 01.06.09.

[40] Embargos Infringentes e de Nulidade nº 70032882730, Segundo Grupo de Câmaras Criminais, Tribunal de Justiça do RS, Relator: Ivan Leomar Bruxel, Julgado em 13.11.09.

[41] Recurso Crime nº 71002368470, Turma Recursal Criminal, Turmas Recursais, Relator: Laís Ethel Corrêa Pias, Julgado em 14.12.09.

[42] Habeas Corpus nº 70033197401, Sétima Câmara Criminal, Tribunal de Justiça do RS, Relator: Naele Ochoa Piazzeta, Julgado em 26.11.09.

o indeferimento já ficam naturalmente armazenados nos sistemas de áudio e vídeo, independentemente de requerimento da parte ou de ordem específica do juiz).

Isso tudo mostra muito bem que a produção da prova continua submetida ao *controle judicial* para que as informações a serem transmitidas pelos depoentes venham aos autos com o máximo de isenção e fidedignidade possíveis e que ao juiz é ilusória a sensação de que a Lei 11.719/08 o colocou na sala de audiências com um mero expectador da atuação das partes.

Dando por encerrada a instrução[43] (com a coleta dos depoimentos e do interrogatório) e não sendo caso de realização de diligências complementares (art. 402) ou de aditamento para a nova definição jurídica dos fatos (art. 384), o juiz concederá a palavra por 20 minutos para a acusação e por igual prazo para a(s) defesa(s), individualmente consideradas prorrogáveis por mais 10 (art. 403 e § 1º). Estando habilitado na causa, o Assistente disporá de 10 minutos para apresentar o seu articulado oral e, acrescentando-se ao tempo da(s) defesa(s) tempo equivalente (§ 2º do artigo 403).

Aos debates, segue-se a sentença (arts. 403 e 534).

Essa ordem de atos procedimentais pode ser alterada se o juiz considerar relevante o pedido de diligências complementares (art. 402), quando o *caso for complexo ou o número das intervenções (face o número de acusados)* acarretar prejuízo aos trabalhos (§ 3º do artigo 403).

Nessas situações, os debates poderão ser substituídos por memoriais escritos a serem apresentados em cinco dias (§ 3º do art. 403) ou, no mesmo prazo, após a realização das diligências imprescindíveis (parágrafo único do artigo 414), seguindo-se a sentença.

A lei não dispôs sobre o prazo para o Assistente do MP oferecer os memoriais. Por isso e considerando-se as normas *gerais* do § 3º do artigo 403 e do parágrafo único do artigo 404 a ele deve ser também assegurado o prazo de cinco dias.

O regramento acima exposto tem por objeto o procedimento ordinário e não foi reiterado pelo legislador no capítulo relativo ao procedimento sumário (arts. 534 e seguintes), mas, como acertadamente propõem Luiz Flávio Gomes, Rogério Sanches Cunha e Ronaldo Batista Pinho, "em situações excepcionalíssimas, desde que presentes os requisitos dos arts. 403, § 3º (complexidade do feito e número excessivo de réus) e 404 (realização de diligência imprescindível), nada impede essa substituição. Antes, se justifica. Com efeito, se deferida a realização da diligência, porque imprescindível, não restará mesmo outra alternativa senão aplicar, por analogia, o parágrafo único do artigo 404...".[44]

---

[43] A jurisprudência admite *habeas corpus* quando houver demora na instrução do processo para o fim de concessão da liberdade provisória ao preso. A coleta dos depoimentos das testemunhas da acusação (embora a pendência dos depoimentos das testemunhas arrolada pela defesa) é fato que arreda o fundamento do excesso de prazo. Se o Estado-Acusador conseguiu produzir a sua prova e as pendências forem debitáveis à defesa já não se falará mais em ilegalidade na formação da culpa. A não ser, é claro, que a demora esteja sendo causada pelo magistrado, injustificadamente.

[44] GOMES, Luiz Flávio; CUNHA, Rogério Sanches; PINTO, Ronaldo Batista. *Comentários às Reformas do Código de Processo Penal e da Lei de Trânsito*. São Paulo: RT, 2008, p. 354.

Capítulo XV

O procedimento
Ato final: a sentença

Sumário: 1. A sentença; Ato do juiz; 2. A sentença; Definições; 3. A sentença. Classificação; 4. A sentença. Requisitos formais; 5. A sentença. Estrutura; 5.1. O relatório; 5.2. A fundamentação; 5.3. O dispositivo; 6. A sentença; O princípio da identidade física; 7. A sentença absolutória. Fundamentos legais; 8. A sentença condenatória. Efeitos; 9. A sentença. Intimação e Recurso.

1. A sentença. Ato do juiz

O processo, conforme o demonstramos, é uma relação jurídica[1] entre sujeitos (autor, acusado e juiz) em favor dos quais a lei confere legitimidade para a prática de atos impregnados de finalidades. De um lado, o acusador e o acusado articulam pretensões, produzem provas, alegam ou recorrem. De outro, o juiz, como responsável pela ordem e regularidade do processo, pratica e ordena a prática de atos, preside a coleta da prova, ouve as partes, resolve os incidentes e, ao final, profere a decisão (sentença), esgotando a sua jurisdição e deixando o caminho aberto para o apelo das partes à jurisdição hierarquicamente superior.

Dentre os atos da competência do juiz, segundo emana do artigo 800, incisos e parágrafos do CPP, estão aqueles meramente *ordinatórios* (despachos administrativos ou de expediente), os *decisórios* (decisões interlocutórias e sentenças) e os *executórios* (ordens, determinações).

Os atos ordinatórios são todos aqueles relacionados ao normal andamento do processo. Como explica Frederico Marques, "nos despachos de expediente (ou despachos ordinatórios) limita-se o juiz a prover a respeito do andamento do processo. É o que se verifica quando manda citar (...) ao réu, ou quando determina ele que se dê vista a alguma das partes, ou ainda quando designa data para a inquirição de testemunha".[2]

Esses atos processuais não constituem objeto das nulidades e dos recursos. Quando forem abusivos, produzirem a inversão das fórmulas processuais ou cau-

---

[1] TORNAGHI, Hélio. *A Relação Processual Penal*. São Paulo: Saraiva, 1987, p. 2.

[2] MARQUES, José Frederico. *Tratado de Direito Processual Pena*. São Paulo: Saraiva, 1980, 2º vol., p. 510.

sarem tumultos no processo, a parte prejudicada poderá questioná-los em *habeas corpus,* mandado de segurança ou correição parcial.

Os atos decisórios são todos aqueles que dirimem questões formais ou o mérito da causa. São espécies, as decisões e as sentenças.

As primeiras têm por objeto questões incidentais e se distinguem das sentenças também porque revestidas de característica interlocutória (de *inter,* entre; e de *locus,* lugar). As decisões são simples e mistas.

São *simples* as que não afetam a marcha do processo, de que são exemplos as decisões de recebimento da inicial, de decretação da prisão preventiva, de indeferimento do pedido de assistência ao Ministério Público, da concessão de fiança, etc.[3]

Outrossim, denominam-se *mistas* as que encerram etapa do processo *ou o próprio processo,* sem o exame do mérito, v. g. as decisões de pronúncia, de extinção da punibilidade pela prescrição[4] ou de anulação do processo por ilegitimidade da parte ativa.

A *sentença,* por fim, é o ato mais eminente do processo.

Por meio dela o juiz encerra a fase do conhecimento, define a causa e esgota a própria jurisdição.

O juiz está obrigado a sentenciar.

A proibição do *non liquet* (negação de jurisdição sob pretexto de falta de visão clara da situação para julgar, de complexidade da matéria, de excesso de trabalho, etc.) está associada à proibição da justiça privada (que causou tantos horrores no passado e causa outros tantos no presente, a demonstrar que o projeto da modernidade ainda está para ser implementado).

O dever de sentenciar integra o conjunto dos deveres políticos assumidos pelo Estado, quando da celebração do pacto social e da institucionalização do monopólio do *jus puniendi,* como forma de prevenir o retorno ao manejo das armas pelos particulares (*ne cives ad arma veniant).*

Portanto, ao juiz é vedado recusar as demandas ou a julgá-las em favor da parte a quem não socorrem o direito e a Justiça.[5] Foi a partir dessa ideia que desenvolvemos a ideia em outro livro[6] de que ao invés de ser um *direito subjetivo público*[7] a ação penal seria, isto sim, um *dever de Estado,* também por nos parecer estranho que a legitimidade do órgão do MP para desencadear o movimento do Judiciário

---

[3] MIRABETE, Julio Fabbrini. *Processo Penal.* São Paulo: Atlas, 1991, p. 422.

[4] A extinção da punibilidade, ao nosso sentir, atinge o mérito (pois implica em negar ao autor a existência do direito de punir no caso concreto) e, por isso, deveria ensejar recurso de apelação, e não o recurso em sentido estrito (art. 581, VIII do CPP).

[5] Conquanto a divisão de poderes entre o Executivo, o Legislativo e o Judiciário, a função de julgar não é privativa do Poder Judiciário, assim como também não são privativas do Executivo e do Legislativo as funções de administrar e de legislar. Por medidas provisórias, decretos, regulamentos e portarias, o Poder Executivo edita textos normativos; apreciando processos por crimes de responsabilidade, o Legislativo julga, por exemplo, o Presidente da República e o Governador do Estado; na administração dos serviços próprios e na regulamentação das atividades de seus órgãos, o Poder Judiciário pratica atos de administração, edita provimentos, regulamentos e portarias, isto sem precisarmos considerar que a sentença é apontada como a "lei" do caso concreto.

[6] BOSCHI, José Antonio Paganella. *Ação Penal*: Denúncia, Queixa e Aditamento. 3ª ed. Rio de Janeiro: Editora Aide, 2002.

[7] Salvo a ação penal de iniciativa privada.

pudesse defluir do conjunto de direitos assegurados aos *indivíduos,* cuja punição almeja com a ação e o processo!

Diz-se que com a sentença o juiz declara a verdade.

Mas não é a verdade real e sim aquela alcançada com base nas provas produzidas, isto é, nas probabilidades delas decorrentes, tanto assim que o "estado de certeza" – sem o qual o juiz não pode condenar – não é jamais definitivo, podendo ser revisado a qualquer tempo.

É o que ensina Aramis Nassif: "... em se tratando sentença condenatória definitiva, esta 'verdade' declarada pelo magistrado poderá, a qualquer tempo, ser revisada, desde que o seja em favor do acusado (revisão criminal), o que não ocorre com a decisão absolutória (não há juízo revisional *pro societate*). Em caso de condenação, a 'verdade' que o magistrado reconheceu jamais é definitiva".[8]

2. A sentença. Definições

Há muitas definições de sentença.

Assim, associada à matéria de fundo, é definida como a decisão que "conclue o processo"[9] (civil ou penal e independentemente do grau de jurisdição); é o *nomem juris* do ato do magistrado que após o exame das alegações das partes declara o direito ao caso concreto;[10] é a "afirmação da vontade da lei aplicada ao caso concreto";[11] ainda mais operacionalmente simples, é "todo o pronunciamento da jurisdição capaz de acarretar o fim do processo, com ou sem o exame do mérito"[12] ou, em direito penal, especificamente, é o ato que "condena ou absolve o réu".[13]

Nessa diversidade de definições os autores veem o juiz mais como um canal de comunicação entre o ordenamento jurídico e o caso concreto, pois afirmam incumbir-lhe o dever de ajustamento na sentença do preceito legal à situação de fato levada pela partes à sua apreciação e julgamento.

Delas não se extrai, entretanto, preocupação em enfatizar o próprio conteúdo ético do pronunciamento jurisdicional, como se a missão do juiz de conformar a *fattispecie* à norma de direito positivo fosse apta a produzir a sensação da segurança quanto à realização da justiça, quando todos sabem que às vezes as maiores injustiças provêm aplicação literal dos textos legislativos...

Não queremos retirar a utilidade didática dessas definições, mas é preciso dizermos que elas nos transportam para o século XVIII, época em que Montesquieu,[14] em positiva reação aos horrores do antigo regime, dizia que os juízes, sendo a boca

---

[8] NASSIF, Aramis. *Sentença Penal*: o desvendar de Themis. Rio de Janeiro: Lumen Juris, 2005, p. 126.

[9] CARNELUTTI, Francesco. *Como se Faz um Processo*. Belo Horizonte: Líder, 2001, p. 95.

[10] NORONHA, Edgard Magalhães. *Curso de Direito Processual*. São Paulo: Saraiva, 1978, p. 210.

[11] SANTOS, Moacyr Amaral. *Primeiras Linhas de Direito Processual Civil*. São Paulo: Saraiva, 1985, p. 11, citado por Bruno Luiz Weiler Siqueira, no art. cit., p. 208.

[12] SIQUEIRA, Bruno Luiz Weiler. A Sentença e seus Requisitos Legais e Constitucionais. *Revista Cidadania e Justiça*, 2º sem./99, p. 207.

[13] FAYET, Ney. *A Sentença Criminal e suas Nulidades*. Rio de Janeiro: Aide, 1987, p. 243.

[14] MONTESQUIEU, Charles de Secondat. *O Espírito das Leis*. São Paulo: Martins Fontes, 2000, p. 175.

pela qual se expressava a lei, tinham o dever de, simplesmente aplicá-la, sem qualquer esforço ou dever hermenêutico, ante a crença, naquela época, de que todos os conflitos intersubjetivos e as correspondentes soluções estavam regulados nos Códigos.

Essa ideia de ordenamento jurídico completo foi amplamente presente na era napoleônica, constando que, no exílio, em Santa Helena, Bonaparte teria afirmado que a sua glória decorria não das vitórias em quarenta batalhas, mas em ter editado o Código Civil, que nada apagaria, que viveria eternamente...[15]

O tempo – e a reação desencadeada pelos partidários da Livre Investigação do Direito[16] – haveriam de mostrar a fragilidade dessa presunção de completude do ordenamento jurídico de direito positivo e quão iludido estava.

Com efeito, a suposição de autosuficiência dos Códigos é tão frágil como o cristal. Diferentemente do que poderíamos imaginar, não existe em nenhum lugar do planeta, conforme registra Novoa Monreal, aquele "(...) legislador atento a essas transformações, e ágil em sua elaboração preceptiva",[17] decidido a evitar os desequilíbrios, "elaborando novas normas que tivessem por finalidade pôr em dia as regras ultrapassadas, para manter sempre um direito viçoso e atualizado".[18] Além disso, as demandas novas, associadas à velocidade vertiginosa dos câmbios sociais, em todo mundo, agudizam e fazem explodir o processo, sempre latente, de ruptura entre o direito positivo e a realidade viva.

Com sua costumeira precisão, disse Antonio Magalhães Gomes Filho, não ser "difícil constatar que o ideal de um ordenamento constituído de prescrições certas, inequívocas e capazes de fornecer soluções adequadas para cada situação – que na verdade sempre foi inatingível – torna-se ainda mais distante nas sociedades contemporâneas, cuja complexidade traz à tona novos atores, conflitos e valores, que demandam a incessante produção de normas, nem sempre coerentes entre si e com o conjunto normativo já existente".[19]

Certamente foi por isso que De Page, citado por Spota, escreveu que o direito *sempre chega tarde!*[20] ou acaba atuando, conforme Monreal, como obstáculo às próprias mudanças da sociedade.

Insatisfeito com essas definições, Nilo Bairros de Brum, em texto avançado para a época, versando sobre os fundamentos retóricos da sentença, dizia que a sentença expressa *sentimento* ou *sentido,* pois deriva de *sententia* que, por sua vez, vem

---

[15] GILISSEN, John. *Introdução Histórica ao Direito*. Lisboa: Fundação Calouste Gulbenkian, 1979, p. 456.

[16] MAYNEZ, Eduardo Garcia. *Introducción al Estudio del Derecho*. México: Editorial Porrua, 1955, p. 349, afirmou que a Escola do Direito Livre pode ser dividida didaticamente em três fases distintas, sendo que a primeira se inicia em 1840 e finda em 1900, a segunda, impulsionada por Radbruch, K. G. Wurzel e outros, inicia-se em 1900 e perdura até 1906 e a terceira, que data entre os anos de 1906 e 1914.

[17] MONREAL, Eduardo Novoa. *O Direito como Obstáculo à Transformação Social*. Porto Alegre: Fabris, 1998, p. 30.

[18] Idem, p. 31.

[19] GOMES FILHO, Antonio Magalhães. *A Motivação das Decisões Judiciais*. São Paulo: Revista dos Tribunais, 2001, p. 132.

[20] SPOTA, Alberto G. *O Juiz, o Advogado e a Formação do Direito Através da Jurisprudência*. Porto Alegre: Fabris, 1987, p. 45.

de *sententiando,* gerúndio do verbo *"sentire",* ensejando a ideia de que, por meio dela, o juiz *sente* e *declara o que sente* no processo.[21]

Diferentemente das outras, essa definição não despreza o papel do juiz na *construção da solução* reclamada pelas partes, ou seja, bem mais relevante que o de servir de mero intermediário entre o fato concreto e a lei para anunciar a vontade desta... como se a lei não dependesse sempre da atividade de alguém para interpretá--la... inclusive mediante o simples ato de lê-la.

O papel do juiz é então o de um importante protagonista da cena judiciária por se a sentença o resultado de uma obra humana, um objeto cultural, enfim, uma criação da "da inteligência e da vontade" do juiz, como bem declarou Couture,[22] veiculando valores e reafirmando a supremacia da ordem jurídica sobre o estado de barbarie.

É esse *sentimento* do caso, nada imune à particular visão de mundo, à ideologia, que explica muito bem as variações possíveis na compreensão do mesmo fato por diferentes juízes inclusive os dos órgãos colegiados dos Tribunais.

3. A sentença. Classificação

A teoria geral do processo civil formula conhecida classificação da sentença em a) *declaratória;* b) *condenatória;* c) *constitutiva*; d) *mandamental (preventiva)* e e) *executiva.*[23]

A primeira é aquela a que, como a denominação indica, simplesmente *declara* certa situação jurídica. Como diz Humberto Theodoro Jr., amparado em Chiovenda, "na sentença declaratória, o órgão judicial, verificando a vontade concreta da lei", apenas "certifica a existência do direito", e o faz "sem o fim de preparar a consecução de qualquer bem, a não ser a certeza jurídica".[24] Tem natureza declaratória a sentença penal que absolve o réu e assim preserva os seus direitos fundamentais.

A sentença *condenatória,* diferentemente, é a que, como diz o nome, impõe um dever ao sujeito passivo. Em outras palavras, "a sentença condenatória atribui ao vencedor um título executivo, possibilitando-lhe abrir o processo de execução".[25] No crime, é condenatória a sentença que julga procedente a denúncia e impõe a pena.

Constitutiva, outrossim, é a sentença que, nas palavras de Couture, "cria um estado jurídico novo, não existente antes de seu pronunciamento. A sentença de divórcio, por exemplo, é uma sentença constitutiva em si mesma, porque opera a dissolução do matrimônio e cria um estado jurídico inexistente até o momento de ser emitida".[26] No âmbito do processo penal, sentença constitutiva seria aquela que reconhece a inimputabilidade do acusado (art. 26 do CP), mas não aplica a pena.

---

[21] BRUM, Nilo Bairros de. *Requisitos Retóricos da Sentença Penal.* São Paulo: Revista dos Tribunais, 1980, p. 7.

[22] COUTURE, Eduardo J. *Introdução ao Estudo do Processo Civil.* São Paulo: Forense,1998, p. 57.

[23] MIRANDA, Pontes de. *Tratado das Ações.* São Paulo: Revista dos Tribunais, 1972, p. 197 e ss.

[24] THEODORO JR., Humberto. *Curso de Direito Processual Civil.* São Paulo: Forense, 2001, p. 456.

[25] Idem, ibidem.

[26] COUTURE, Eduardo J. Op. cit., p. 51.

A sentença *mandamental, cautelar* é aquela que, ainda segundo Couture, se limita a "conjurar o *periculum in mora,* evitando que as sentenças judiciais, por seu retardamento excessivo, sejam exaradas quando as circunstâncias se tenham tornado irreparáveis".[27] Por exemplo: no processo penal é a decisão que segrega preventivamente a liberdade do acusado para evitar que, com a fuga, se frustre a aplicação da lei penal.

Executiva, por fim, é aquela que propicia a submissão do acusado à obrigação imposta. Em matéria penal, a execução da sentença pressupõe o trânsito em julgado e tem natureza jurisdicional. A competência para o processo é do juiz das execuções.

Conquanto a classificação confine as citadas espécies de sentenças aos seus respectivos espaços, a verdade é que elas não são *exclusivamente* e sim *predominantemente* declaratórias, condenatórias, constitutivas, preventivas ou executivas, como frisou Couture,[28] em famosa conferência pronunciada na Faculdade de Direito de Paris.

Se observarmos que a declaração de inimputabilidade implica imposição de medida de segurança e ao mesmo tempo isenção do dever de cumprir a pena; que na sentença condenatória, antes da individualização da pena, o juiz precisa declarar a culpa do réu; que na prisão preventiva o juiz ao mesmo tempo declara a necessidade de prender e também ordena a segregação, veremos que, efetivamente, a sentença contempla simultâneas cargas declaratórias, constitutivas, cautelares e de execução, consoante havia destacado o insigne presidente do Colégio de Advogados do Uruguai.

Idêntico é o pensamento de Vicente Greco Filho, quando, referindo-se ao processo civil, disse que a exceção da sentença meramente declaratória, "as demais sentenças, sempre além da função declaratória de relações jurídicas apresentam, cumulativamente, cargas constitutivas ou condenatórias. Para condenar, no plano lógico, primeiro se declara; para modificar relações jurídicas, logicamente antes se declara. Aliás, a função declarativa é essencial à jurisdição, sendo as demais a complementação dessa função básica essencial".[29]

A classificação civilista, acima reproduzida, é bastante mencionada na teoria geral do processo penal e pode ser utilizada como paradigma por sua simplicidade e importância didática.

4. A sentença. Requisitos formais

Sendo uma peça técnica, a sentença deve atentar para alguns requisitos integrativos essenciais.

O primeiro é o da forma externa *escrita,* podendo ser manuscrita ou datilografada (em verdade, impressa por qualquer modo), caso em que, na dicção do art. 388 do CPP as *folhas* terão que ser rubricadas pelo juiz. A exigência da rubrica vem

---

[27] COUTURE, Eduardo J. *Introdução ao Estudo do Processo Civil*. São Paulo: Forense, 1998, p. 51.

[28] Idem, p. 53.

[29] GRECO FILHO, Vicente. *Direito Processual Civil Brasileiro*. 2º vol. São Paulo: Saraiva, 2000, p. 243.

sendo abrandada pela jurisprudência, sob o argumento de que "milita em favor dos provimentos judiciais a presunção de autenticidade",[30] especialmente quando não houver objeção específica.

O escrito há de provir do punho (seria melhor dizer, da máquina de escrever, do computador!) do próprio juiz, mas nada impede que terceiro o faça, desde que mediante ditado do magistrado. A fórmula é a prevista no procedimento sumário das detenções, no procedimento especial do Juizado Especial Criminal e também no procedimento por crime definido como de abuso de autoridade, cujos artigos 538, § 2º, do CPP, 81, § 2º, da Lei 9.099/95 e 24 da Lei 4.898/65, declaram que as sentenças constarão do *termo da audiência* lavrado pelo Escrivão, mediante ordem do magistrado e supervisão deste e das partes.

A sentença pode ser precedida de um projeto preparado por pessoa integrante da assessoria do juiz. É compreensível, justificável e necessário que a cada dia mais se organizem os serviços auxiliares para pesquisa jurídica e composição de projetos de sentenças ou acórdãos.[31] Conquanto a *praxis* possa parecer estranha aos recém-iniciados, por ensejar falsa crença de que a decisão pode emanar de pessoa não investida de jurisdição, nada há nela de irregular, por ter base legal e refletir a necessidade do serviço público.

Certo que o poder de julgar é insuscetível de delegação ou transferência, mas isso não ocorre efetivamente, na situação em exame, porque todo projeto de sentença ou acórdão passa pelo crivo do magistrado, que, conhecendo os detalhes do caso concreto é, sempre, o único responsável pelo texto assinado. É dever do juiz, sem embargo do que foi dito, fiscalizar os projetos encomendados e não assinar nada sem conferir, mesmo contando com equipe qualificada e responsável de servidores.

O segundo: assim como a denúncia, a sentença e o acórdão devem ser redigidos no idioma nacional.

Embora a omissão do CPP quanto a esse requisito, a lavratura da sentença no idioma nacional é uma condição óbvia de validade da sentença, porque nós, brasileiros, falamos, escrevemos e compreendemos o português. Seria inimaginável que uma sentença teleologicamente destinada a transmitir mensagens aos que forem lê-la pudesse ser escrita em inglês, grego, russo, ou seja, em idioma que os seus destinatários não conhecem e não são obrigados a ler ou falar. Aliás, a preocupação com a aferição do significado dos textos documentais aparece, aliás, no artigo 236 do CPP, que impõe a tradução por tradutor público ou na falta por pessoa idônea nomeada pela autoridade.

O terceiro: a data e a assinatura do juiz.

É essa a determinação do inciso VI, segunda parte, do artigo 381 do CPP.

O data é requisito integrativo não-essencial, constituindo a omissão mera irregularidade da peça, mesmo porque a sentença só se transformará em *documento público* na *data* em que for depositada em mãos do escrivão para publicação e registro em livro especial, consoante se extrai do artigo 389 do CPP.[32]

---

[30] STF, 2ª T., Rel. Min. Marco Aurélio, in RTJ 150, p. 557.

[31] Acórdão é o *nomem juris* da sentença proferida pelo órgão colegiado.

[32] TACRIM, SP, 1ª C., Ap. 932.387, j. 27.07.95, Rel. Juiz Pires Neto, in ALBERTO FRANCO *et alii. Código de Processo Penal e sua Interpretação Jurisprudencial*. São Paulo: Revista dos Tribunais, 1999, p. 2084.

É com a publicação (inciso IV do art. 117 do CP) e não na data da sua prolatação que o curso da prescrição, em curso deste a data do recebimento da denúncia, queixa ou aditamento (art. 117, I do CP) voltará a fluir enquanto não houver o esgotamento da via recursal. A publicação do acórdão também interromperá o curso da prescrição desde que a *condenação de réu absolvido em primeiro grau ocorra no Tribunal.* Essa é a correta exegese do inciso IV, 2ª parte, do art. 117 do CP).

A falta de assinatura é requisito formal essencial.

Do mesmo modo que uma denúncia sem assinatura, a sentença apócrifa não passa de um trabalho burocrático. Se o problema for constatado pelo magistrado antes do envio dos autos do processo ao tribunal, em razão de recurso interposto, ele o contornará, sem maior dificuldade, lançando sua assinatura e oficializando a autoria da peça.

Todavia, se a omissão for notada pelo Tribunal ao julgar recurso admitido, ao invés de declarar a nulidade o correto é reconhecer a *inexistência*[33] *da sentença* e converter o julgamento em diligência para que o juiz se inteire da situação. Sabemos que para uma nulidade de ser declarada a condição é a existência do ato processual no mundo do direito, situação que não se verifica no caso em tela.

5. A sentença. Estrutura

Além dos requisitos formais, a sentença, para ser válida, deve atentar para os requisitos *estruturais.*

Estruturalmente, a sentença é composta de três partes.

A primeira é o *relatório,* no qual o magistrado identifica as partes e a demanda (artigo 381, incisos I e II, do CPP), menciona todas as intercorrências, havidas e resolvidas, e aponta as teses aduzidas pela acusação e defesa.

A segunda corresponde à *fundamentação* (art. 381, inciso III). A atividade de fundamentar pressupõe conhecimento da técnica do discurso fundamentador, sobre o qual também falaremos logo mais.

A terceira é o *dispositivo,* contendo o registro do direito aplicável à espécie (artigo 381, incisos IV e V, do CPP). O dispositivo sintetiza sob o aspecto eminentemente legal, o pensamento articulado e a própria decisão.

Em razão da importância teórico-prática, examinaremos em separado as três partes em que a sentença criminal se estrutura.

5.1. O relatório

Relatar é explicar, descrever, informar.

No relatório, o juiz explica o processo, iniciando com a indicação das partes e a reprodução (integral ou sintetizada) da inicial acusatória. Só depois de atender a esse item é que o juiz se deterá na modalidade e regularidade da citação; fará os comentários sobre a versão oferecida pelo acusado no interrogatório; aludirá aos

---

[33] TJRS, in *Revista dos Tribunais*, vol. 412, p. 358.

termos da resposta à acusação, às exceções ou incidentes suscitados e o modo como foram resolvidos; mencionará as providências determinadas de ofício; especificará as provas requeridas e produzidas; indicará o resultado de eventuais diligências requeridas pelas partes e, por último, sintetizará o pensamento articulado por estas nas alegações finais ou memoriais.[34]

Elaborando relatório amplo, embora não necessariamente longo, o juiz demonstrará a quem for ler a sentença que estudou detidamente os autos, que não desconhece suas particularidades e que, portanto, dele nada escapou quando das considerações sobre as variáveis por ele adotadas na sentença.

Por isso, não se admite, sob pena de nulidade, que o juiz, para atender a exigências legais, se reporte simplesmente ao relatório apresentado pelo órgão do Ministério Público[35] e/ou pelo defensor em alegações finais orais ou os memoriais.

O relatório também apontará, como preparação para o pronunciamento sobre as preliminares e o mérito da causa, os pontos suscitados pela acusação e defesa, inclusive a apresentada pelo réu quando do interrogatório.

Embora a omissão implique desrespeito a requisito integrativo essencial, a jurisprudência vem recusando a alegação de nulidade quando as teses respectivas forem apreciadas na parte reservada à motivação da sentença.[36]

O relatório é dispensado pelo artigo 81, § 3º, da Lei 9.099/95) nas sentenças por fatos de menor potencial ofensivo, da competência dos Juizados Especiais Criminais para atender-se aos fins preconizados pelo princípio da celeridade processual.

5.2. A fundamentação

O inciso III do artigo 381 do CPP dispõe que na sentença o juiz indicará os motivos de fato e de direito em que se fundar a decisão, e a CF no IX do artigo 93 da CF comina de nulidade o descumprimento da exigência legal.

As expressões *motivação* e *fundamentação* propõem idêntico sentido, pois motivar ou fundamentar é fornecer os *motivos,* os *fundamentos*, as *razões,* ou seja, os *alicerces,* as *linhas, as bases* que sustentam a decisão.

A decisão *sempre* precede cronologicamente a fundamentação, e esta *sempre* precede o discurso fundamentador, muito embora entre o ato de decidir e o ato de motivar exista uma íntima conexão, como bem registrou o professor Gomes Filho. Ao exigir que o juiz expresse na motivação os fundamentos de sua deliberação, a lei, diz o Antonio Magalhães Gomes Filho, "não visa outra coisa senão fazer com que as *razões* sejam consideradas na *decisão*".[37] Daí, no seu entender, apoiado em Benedetto Pelingra, a importância em ressaltar que "... a motivação não representa

---

[34] Essa é a ordem dos acontecimentos no procedimento comum das reclusões. É claro que essa ordem variará segundo o procedimento (comum ou especial) inerente à hipótese específica.

[35] TJSP, 4ª C., ap. julgada em 15.07.92, Rel. Cunha Bueno, RT 698, p. 336, in FRANCO, Alberto, *et alii*, *Código de Processo Penal e sua Interpretação Jurisprudencial*, cit, p. 2056.

[36] Apelação Crime nº 297007676, 1ª Câmara Criminal do TARS, Rel. Marco Antônio Ribeiro de Oliveira, j. 30.04.97. No mesmo sentido: Apelação crime nº 697112043, 1ª Câmara Criminal do TJRS, Rel. Des. Ranolfo Vieira, j. 10.09.97, dentre outras decisões.

[37] GOMES FILHO, Antonio Magalhães. *A Motivação das Decisões Penais*. São Paulo: Revista dos Tribunais, 2001, p. 114

somente um requisito formal da decisão, ou um discurso formulado *a posteriori* para justificá-la, mas constitui, ao contrário, um elemento estruturante do próprio julgamento".[38]

Conforme explica Nilo Bairros de Brum, antes de escrever o texto da sentença, o juiz, geralmente, *já decidiu* se condenará ou absolverá o réu. Chegará a essa decisão (ou tendência de decidir) por vários "motivos, nem sempre lógicos ou derivados da lei. Muitas vezes, a tendência a condenar está fortemente influenciada pela extensão da folha de antecedentes do réu ou, ainda, pela repugnância que determinado delito (em si) provoca no espírito do juiz".[39] Noutras vezes, a absolvição representará a expressão viva das tendências ideológicas de considerar que o réu é sempre uma vítima da inoperância do Estado e da falta de atenção dos outros...

A propósito dessa ordem (decisão, fundamentação e discurso motivador), ensina Gomes Filho ser possível distinguirmos, portanto, no raciocínio judicial, de um lado, "a atividade mental que se desenvolve com o objetivo de *encontrar* a solução para o caso trazido a julgamento, na qual pesam não só as premissas de direito e de fato, mas também valores extrajurídicos (morais, políticos, ideológicos, etc.) do juiz, e, por outro, o produto dessa mesma atividade, apresentando sob a forma de uma *sentença,* em que se expõem ao público as razões da escolha realizada".[40]

Então, o juiz, primeiro, precisará identificar as provas para examiná-las em conjunto com as alegações das partes, socorrendo-se da lei, da doutrina, da jurisprudência, dos princípios gerais de direito, etc.

Realizada a opção (deliberação), ordenará mentalmente as *bases* de sustentação da decisão (*motivos, fundamentos*).

Por último, detalhará (*discurso motivador*) essas bases, com clareza, para todos os interessados, conforme a técnica própria, evitando que eventuais obscuridades, contradições, ambiguidades ou omissões, ensejem embargos declaratórios.

Se tivéssemos que apontar a cronologia, diríamos que o *iter* decisório começa com a análise dos aspectos relacionados com a determinação típica do fato narrado na denúncia ou queixa, uma vez que sem tipicidade é incogitável qualquer juízo de reprovação social; desenvolve-se com o exame da incidência ou não de causas extintivas da punibilidade; segue com a *valoração* das provas sobre a autoria e a materialidade do crime; completa-se, com o exame das *teses jurídicas* articuladas pelas partes (negativa de autoria, excludentes, desclassificação, etc.) e exaure-se com a declaração de *improcedência* ou de *procedência da ação* (nesse último caso, acompanhada da individualização das penas, do regime de execução – quando privativas de liberdade – e das determinações burocráticas relativas aos registros – inclusive estatísticos – e à publicação da sentença).

Embora esse itinerário sugira simplicidade de procedimento, a tomada de decisão, todavia, não é tarefa fácil, pois o magistrado, além das questões controvertidas de direito que precisa resolver, se deparará, no tocante à prova, conforme diz Bairros de Brum, com outras questões também "altamente problemáticas (...)", pois os fatos

---

[38] GOMES FILHO, Antonio Magalhães. *A Motivação das Decisões Penais.* São Paulo: Revista dos Tribunais, 2001, p. 114

[39] BRUM, Nilo Bairros. *Requisitos Retóricos a Sentença penal.* São Paulo: Revista dos Tribunais, 1980, p. 72.

[40] Idem, p. 112.

"serão sempre reconstituídos de forma indireta, através de uma atividade probatória que longe está de ser imaculada e isenta".[41]

As provas colhidas no inquérito ou no processo podem, com efeito, refletir a maior ou menor compreensão, repúdio, isenção, parcialidade, de policiais, peritos, órgãos do Ministério Público, sem considerarmos que as partes (institucionalmente *parciais*), como é óbvio, farão todo o esforço para fazer preponderar no julgamento a sua *própria interpretação* sobre elas.

Além disso, há outras variáveis objetivas que interferem na produção e na perenização da prova, nomeadamente da prova testemunhal, que é a mais comum e frequente.

Embora a presunção de que as pessoas, quando depõem, o fazem com o nítido propósito de dizer a verdade e de contribuirem para com a boa distribuição da Justiça, o que o cotidiano nos mostra (e os *experts* em psicologia judiciária demonstram), é que elas, *quando conseguem lembrar* os fatos, *nem sempre* conseguem narrá-los com suficiente clareza e precisão nas audiências, e por isso, deixam brechas que oportunizam injustas acusações de parcialidade e de comprometimento com uma das partes.

Problemas relacionados à maior ou menor frieza na visualização do acontecimento, à maior ou menor capacidade de retenção do fenômeno ou de seus detalhes, na memória; à maior ou menor capacidade de reproduzi-los verbalmente na delegacia e no fórum, diante de desconhecidos, sob olhares inquisitivos do MP e do defensor; ao decurso do tempo, às naturais imprecisões com datas, distâncias, cores, tipos de roupa, etc., bem evidenciam o quanto à prova, nem sempre, se apresenta aos olhos do juiz livre de perplexidades.

Todos esses aspectos exigem do juiz, portanto, um grande esforço para compreender, valorar e decidir com segurança e convicção, precisando, quase sempre, identificar e desprezar contradições sobre aspectos periféricos (as pequenas contradições, em realidade, atestam a idoneidade e não a indignidade da prova!), sabendo, enfim, que por não serem as provas de *plena certeza,* sua sentença apontará, na melhor das hipóteses, a alta *probabilidade* de como os fatos aconteceram – para o efeito de reconhecer ou não a culpabilidade do acusado.

Esse esforço poderá ser fonte de maior ou menor ansiedade do juiz, segundo a perspectiva que adotar no processo quando da apreensão do conteúdo, da compreensão e valoração dessas provas de *probabilidade,* momento em que o comportamento, não só do acusado, mas de *todos os personagens* principais e secundários (aqui incluídas as testemunhas, os peritos, etc.) integrarão o objeto do *julgamento total.*

De um lado, a perspectiva de um juiz formalista, para quem o mecanismo da aplicação judicial do direito equivaleria ao silogismo, com lembra Angel Latorre, ao explicar que a premissa maior seria constituída pela norma jurídica abstrata e geral aplicável ao caso concreto submetido a juízo, a premissa menor pelos fatos deste caso, e a conclusão obtida com a subsunção do fato concreto na norma da premissa geral.[42] Essa perspectiva é decorrência do racionalismo do século passado, da rígida aplicação do dogma da separação dos poderes, bem como do resíduo da desconfian-

---

[41] BRUM, Nilo Bairros. *Requisitos Retóricos a Sentença penal*. São Paulo: Revista dos Tribunais, 1980. 112, p. 53.

[42] LATORRE, Angel. *Introdução ao Direito*. Coimbra: Almedina, 1997, p. 102.

ça ante o poder discricionário de que os tribunais haviam gozado no antigo regime, como explicou o ilustre jurista.

Ao juiz formalista, portanto, não incumbiriam outros questionamentos senão aqueles relacionados com o processo de subsunção dos fatos à norma: se positivos, por bem o demonstrarem a prova, a sentença terá que ser condenatória, seguindo-se a individualização da pena; se negativos, terá que ser absolutória, preservando-se a garantia constitucional de presunção de inocência do acusado.

De outro, a perspectiva de um juiz realista, para quem o que se põe no momento da decisão é o problema da *interpretação* dos fatos e do direito, seja em face da multiplicidade de variáveis antes referidas, seja porque, mesmo existente a norma jurídica, o que importa é determinar-lhe o seu *sentido, no devido momento histórico.*

Como disse Latorre, "os tribunais não podem nem devem subtrair-se ao espírito do seu tempo, às novas exigências sociais e econômicas, aos novos critérios de valoração, nem assim fazem na prática. Embora o jurista tenha sido acusado frequentemente de espírito rotineiro e conservador, o certo é que não lhe pode faltar essa sensibilidade para as necessidades de seu próprio tempo, e muito menos quando tem a missão essencial de aplicar o Direito. Um juiz não vive a sós com a lei. Pesa nele a sua educação jurídica e a sua formação humana em geral, a doutrina dos autores que criticam ou defendem os preceitos legais e a influência geral da sociedade em que vive",[43] ou seja, a influência dos valores.

Dois exemplos são elucidativos.

O primeiro: um agricultor, de idade avançada, de vida limpa, trabalhador, ótimo chefe de família, bem quisto na comunidade, certo dia, por ter bebido além do limite, agarrou-se a uma menina, com 12 anos de idade, na via pública, perto de um bar, e, ato contínuo, beijou-a lascivamente na boca. O fato – que chegou ao conhecimento do pai da menor – foi objeto de inquérito policial e de processo por atentado violento ao pudor, crime definido como hediondo. O réu não negou a conduta e explicou-se, dizendo que havia bebido demais. As testemunhas foram ouvidas e confirmaram o ocorrido.

O segundo: um avô, no recesso do lar, na ausência de familiares, constrangeu à prática do sexo uma neta, com dez anos de idade. O fato foi noticiado pela menina à sua genitora, que o comunicou à polícia, ensejando inquérito e processo. As provas resumiram-se em laudo pericial atestando hímen complacente (sem resposta afirmativa ou negativa sobre prática sexual), aos depoimentos policial e judicial da garota, impregnados de algumas *discrepâncias* e ao interrogatório, durante o qual o acusado negou peremptoriamente a acusação, afirmando que estava sendo vítima de perseguição da família, que queria ficar com os seus bens.

Em ambos os exemplos, o juiz que orientasse sua *práxis* formalistamente estaria autorizado em face da prova produzida a condenar o autor do beijo lascivo por atentado ao pudor, fato provado e definido no artigo 214 do CP e a absolver o avô da acusação de estupro, amparado, neste último caso, na *remansosa* jurisprudência que, nos crimes sexuais, condiciona com *prova condenatória* a palavra da vítima à plena coerência (interna) com as demais provas do processo.

---

[43] LATORRE, Angel. *Introdução ao Direito*. Coimbra: Almedina, 1997, p. 106.

Com essa opção, o juiz estaria dispensado de considerar no primeiro caso a injustiça da sentença que condenasse o autor do beijo lascivo à pena do homicida – em visível ofensa ao princípio da proporcionalidade – ou de contornar, no segundo caso, o problema das discrepâncias no testemunho da menor, atribuíveis, em geral, à idade da vítima, ao constrangimento que sempre sofre ao relatar o fato em audiências públicas, à falta de experiência, ao nervosismo, etc., sem precisar, sequer, ir a ponto de demonstrar a fragilidade da versão do acusado, à falta de motivos convincentes para a neta quebrar a ínsita relação de amor e acusar o avô de autoria de fato de tamanha gravidade.

Conquanto juridicamente possíveis, tais sentenças refletiriam o sentido de justiça?

Portanto, à perspectiva formalista pode-se contrapor outra, *realista,* mais trabalhosa, mais exigente, mais inquiridora, mais crítica e menos conformista. Uma perspectiva que transforma o juiz de *direito* em juiz de *justiça* para que a sentença, de um lado (no exemplo do autor do beijo lascivo), não se transforme em abominável fonte de injustiça, e, de outro (no exemplo do estupro cometido pelo avô), não aumente o descrédito do povo nas instituições e não realimente a impunidade.

A opção pela perspectiva *realista* passa pela compreensão de que o processo é, como diria Carnelutti, instrumento para domesticação de guerras particulares, não sendo as leis "mais do que instrumentos, pobres e inadequados, quase sempre, para tratar de dominar os homens quando estes, arrastados por seus interesses e por suas paixões, ao invés de se abraçarem como irmãos, tratam de despedaçar uns aos outros como lobos".[44]

Nessa atividade, o juiz não pode nunca perder os sensos de proporcionalidade, de humanidade e de justiça.

Como advertiu Couture, o juiz não pode ser um "lógico que fabrica silogismos",[45] em que a lei é a premissa maior, o caso concreto é a premissa menor, e a sentença, a conclusão. Sua missão, ensinava Carnelutti, "é a de transformar a lei ditada em geral para categorias de casos, em uma lei especial para o caso específico",[46] incumbindo-lhe, nessa mediação, "estender uma ponte entre a lei e o fato, como o faz o intérprete de uma partitura musical ao converter em sons os símbolos com os quais o compositor expressou sua ideia".[47]

Por isso, o juiz não pode jamais perder, também, a conexão com os valores da sociedade a que pertence.

Conquanto isento, ele não é neutro, porque, nas palavras de Rui Portanova, ao julgar, ele está assumindo valores de conservação. Todo juiz "tem sempre valores" e "toda sentença é marcada por valores". Enfim, na interpretação dos fatos e na ponderação da prova, o juiz não dissocia sua cultura jurídica das crenças políticas, filosóficas e religiosas, da sua inserção socioeconômica e de todos os demais fatores que forjaram e integram sua personalidade.[48]

---

[44] CARNELUTTI, Francesco. *Como se Faz um Processo.* Belo Horizonte: Líder, 2001, p. 15.

[45] COUTURE, Eduardo J. *Introdução ao Estudo do Processo Civil.* São Paulo: Forense, 1998, p. 57.

[46] CARNELUTTI, Francesco. Op. cit.

[47] Idem.

[48] PORTANOVA, Rui. *Motivações Ideológicas da Sentença.* Porto Alegre: Livraria do Advogado, 1992, p. 74.

Afirma muito bem Adalberto Narciso Hommerding que no momento decisivo da prolatação da sentença "... o juiz deve colocar em atividade o seu *órgão axiológico, o seu sentir especial,* que é um misto de *conhecer* e *sentir,* uma combinação de intelectualidade e emocionalidade, a fim de realizar os valores preponderantes. O processo, alerta Teixeira (Sálvio de Figueiredo Teixeira), não é um fim em si mesmo. A instrumentalidade o coloca em sua verdadeira trilha: é um meio. Assim, deve-se repudiar o apego ao fetichismo das formas sacramentais evitando-se os males do exagerado processualismo, que, embora possa demonstrar intelectualidade e/ou logicidade, muitas vezes não propicia a solução mais justa".[49]

Tão decisivo é esse complexo condicionamento psicológico, que a primeira necessidade do juiz, lembra-nos Bairros de Brum, é "atender a própria consciência",[50] o que nem sempre é fácil, porque, nas suas palavras, "as aspirações éticas da comunidade jurídica não se apresentam de maneira uniforme e coerente, mas de forma contraditória e conflitante, mormente em épocas de transição social como a que vivemos. Se, de um lado, há os que consideram que a ordem jurídica só contém disposições justas, cuja aplicação pura e simples haverá de conduzir a sociedade ao estágio ideal; por outro lado existem aqueles que vêem no modelo jurídico apenas dispositivos iníquos que servem somente para retardar o aprimoramento dessa sociedade e prolongar um *status quo* injusto e intolerável".[51]

Como exemplo do que estamos pretendendo dizer, reproduzimos trechos de sentença que o juiz Moacir Danilo Rodrigues proferiu há muitos anos.

Conquanto certo fato trazido ao seu conhecimento ensejasse a instauração do processo penal sob a perspectiva *formalista,* o saudoso magistrado gaúcho deu a ele outra solução, paradigmática, atendendo à própria consciência e evidenciando a profunda sensibilidade de cidadão e de juiz preocupado em fazer preponderar a igualdade de todos perante a lei e em resguardar a dignidade da pessoa humana, como valores expressivos da sociedade a que pertencia e servia com exemplar dedicação e eficiência.

"Marco Antonio D.A (...) foi indiciado pelo inquérito policial pela contravenção de vadiagem, prevista no artigo 59 da LCP. Requer o MP a expedição da portaria contravencional. O que é vadiagem? A resposta é dada pelo artigo supramencionado: 'entregar-se habitualmente à ociosidade, sendo válido para o trabalho (...)'. Trata-se de uma norma legal draconiana, injusta e parcial. Destina-se apenas ao pobre, ao miserável, ao farrapo humano, curtido vencido pela vida. O pau-de-arara do Nordeste, o bóia-fria do Sul. O filho do pobre que pobre é, sujeito está à penalização. O filho do rico, que rico é, não precisa trabalhar, porque tem renda paterna para lhe assegurar os meios de subsistência. Depois se diz que a lei é igual para todos! Máxima sonora na boca de um orador, frase mística para apaixonados e sonhadores acadêmicos de direito (...) Marco Antonio mora na Ilha das Flores (?) no estuário do Guaíba. Carrega sacos. Trabalha 'em nome' de um irmão. Seu mal foi estar em um bar na Voluntários da Pátria, às 22 horas. Mas se haveria de querer que estivesse numa uísqueria ou choperia do centro, ou num restaurante de Petrópolis, ou ainda numa boate de Ipanema? Na escala de valores utilizada para valorar as pes-

---

[49] HOMMERDING, Adalberto Narciso. *Valores, Processo e Sentença.* São Paulo: LTr, 2003, p. 128-129
[50] BRUM, Nilo Bairros de. *Requisitos Retóricos da Sentença Penal.* São Paulo: RT, 1980, p. 86/87.
[51] Idem, p 85.

soas, quem toma um trago de cana, num bolicho da Volunta, às 22 horas e não tem documento, nem um cartão de crédito, é vadio. Quem se encharca de uísque escocês numa boate da Zona Sul e ao sair, na madrugada, dirige (?) um belo carro, com a carteira recheada de `!cheques especiais' é um burguês. Este, se é pego ao cometer uma infração de trânsito, constatada a embriagues, paga a fiança e se livra solto. Aquele, se não tem emprego é preso por vadiagem. Não tem fiança (e mesmo que houvesse, não teria dinheiro para pagá-la) e fica preso (...) A lei é injusta. Claro que é. Mas a justiça não é cega? Sim, mas o juiz não é. Por isso: determino o arquivamento do processo deste inquérito".[52]

Diante dessas breves considerações, resulta facilmente perceptível que a motivação ou fundamentação da decisão judicial como, dizia Couture, constitui atividade de intensa criação da inteligência e da vontade do juiz, não sendo, portanto, "um pedaço de lógica, nem tampouco uma norma pura".[53] Nas palavras do festejado jurista Uruguaio, "não se inventou, ainda, uma máquina para produzir sentença. No dia em que for possível decidir os casos judiciais como se decidem as corridas de cavalo, mediante um "olho mecânico que registra fisicamente o triunfo ou a derrota, a concepção constitutiva do processo perderá seu sentido e a sentença será uma mera declaração, como queria Montesquieu".[54]

Conhecidas as variáveis de influência sociais, psicológicas e ideológicas relacionadas com a *construção da decisão* por juiz não necessariamente neutro,[55] mas, necessariamente *isento,* cumpre-nos destacar agora os aspectos técnicos relacionados com a *construção da fundamentação*, uma vez que esta, no dizer de Gomes Filho,[56] tem a natureza de um *discurso justificativo* dirigido a determinado auditório (as partes e o público em geral).

Conforme a técnica, na organização do discurso fundamentador, o magistrado deve apreciar antes do exame do mérito todas as questões preliminares suscitadas pelas partes ou por ele próprio (nulidades, exceções, incidentes, etc.). Seguindo essa técnica, não perderá tempo porque eventualmente a questão preliminar pode ter caráter prejudicial. Por exemplo, a extinção da punibilidade ante a prescrição da pretensão punitiva ou a declaração da própria incompetência, esta implicando o envio dos autos do processo a outra vara ou justiça...

Os articulados relativos às questões preliminares e ao mérito da causa haverão de ser *internamente* coerentes, no sentido de que entre as diversas premissas e a conclusão final não haja conflitos, de modo a que, no conjunto, nos moldes de uma totalidade, possa identificar-se a imagem do fenômeno ditado pela prova dos autos.

Segundo dissemos antes, a *justificação* consiste na ordenação clara dos *motivos,* dos *fundamentos* identificados pelo juiz para o lastro da decisão precedentemente tomada. Assim, o texto motivador, como disse Bruno Siqueira, ao dissertar

---

[52] RODRIGUES, Moacir Danilo. *Boletim do Instituto Brasileiros de Ciências Criminais, IBCCrim*, janeiro de 2002, p. 575.

[53] COUTURE, Eduardo J. *Introdução ao Estudo do Processo Civil*. São Paulo: Forense,1998, p. 57.

[54] Idem, p. 59.

[55] MENDONÇA, Paulo Roberto Soares. *A Argumentação nas Decisões Judiciais*. Rio de Janeiro: Renovar, 2000, p. 11.

[56] GOMES FILHO, Antonio Magalhães. *A Motivação das Decisões Penais*. São Paulo: Revista dos Tribunais, 2001.

sobre a sentença cível, precisa revestir-se de clareza, certeza, exaustividade e adequação.[57]

Uma sentença é *clara* quando o leitor consegue identificar e apreender os fundamentos sem nenhuma dificuldade. Consoante recomenda o ex-ministro do STF, Mário Guimarães, citado por Ney Fayet, deve o juiz, por isso mesmo, empregar termos precisos, usar corretamente os "termos jurídicos; manter a elegância do estilo evitando expressões de gíria ou chulas; usar apenas moderadamente citações de autores, de jurisprudência e de brocardos latinos; fugir dos argumentos capciosos, dos sofismas, das expressões apaixonadas, dos vocábulos rudes".[58]

Mais vale a sentença de poucas laudas, enxuta, clara, com embasamento jurídico parcimonioso, mas seguro, que a sentença longa, falsamente erudita, confusa, sem conexão com os atos, sujeita a embargos declaratórios, inconciliável com os tempos atuais que exigem simplicidade, presteza e eficiência na prestação jurisdicional.

Por isso, ao formular seu raciocínio, recomenda-se ao magistrado que evite os rodeios, que vá direto ao âmago da questão, "expondo-a em poucas palavras e resolvendo-a sem digressões que, às vezes, são reveladoras de cultura, mas estranhas ao julgamento".[59] Teses filosóficas, sociais, antropológicas são sempre muito bem recebidas, desde que associadas ao caso em julgamento.

Sentença *certa,* outrossim, é aquela que não deixa fora de apreciação qualquer tema proposto pelas partes. Por isso os Tribunais têm afirmado a nulidade do processo quando o juiz, na sentença, não examina a tese de defesa pessoal deduzida no interrogatório.[60]

Sendo certa, a sentença deverá ser, por consequência, necessariamente *exaustiva,* embora isso não signifique obrigação do juiz de responder argumento por argumento da parte. Desde que, com motivação adequada, repila os pontos constitutivos da defesa pessoal e técnica nada haverá de irregular. Pertinente ao ponto a recomendação do experiente magistrado Elpídio Donizetti: é preciso ler os autos "... quantas vezes forem necessárias para entender o pedido e seus fundamentos, afinal a sentença constitui uma resposta a esses elementos da demanda; já pesquisou a matéria jurídica pertinente ao caso a ser decidido, inclusive os aspectos legal, doutrinário e jurisprudencial; enfim, já decidiu qual o caminho a seguir. A convicção está formada".[61]

5.3. O dispositivo

O dispositivo (inciso V do artigo 381) sintetiza a decisão (absolutória ou condenatória), indica os artigos da lei penal incidentes e contém as ordens do juiz para que o servidor judicial lance os registros cartorários e estatísticos.

---

[57] SIQUEIRA, Bruno Luiz Weiler. A Sentença e seus Requisitos Legais e Constitucionais. *Revista Cidadania e Justiça*, 2º sem./99, p. 214.

[58] FAYET, Ney. *A Sentença Criminal e suas Nulidades*. Rio de Janeiro: Aide, p. 22.

[59] Idem, ibidem.

[60] Apelação Crime nº 699006086, Câmara de Férias Criminal do TJRS, Rel. Sylvio Baptista Neto, j. 23.06.99, dentre outras decisões.

[61] NUNES, Elpídio Donizetti. *Redigindo a Sentença*. 2ª ed. Belo Horizonte: Del Rey, 1999, p. 51.

É fundamental que haja relação de conformidade entre a acusação e a sentença condenatória (princípio da correlação ou congruência) e esse controle é realizado pelo juiz o momento em que enunciar a sua conclusão e passar à individualização das penas.

Na lição de Gustavo Henrique Righi Ivahy Badaró, "Em nosso processo penal há expressa possibilidade de mudança da qualificação jurídica do fato. O juiz na sentença pode dar ao fato imputado um enquadramento legal diverso do constante da imputação. Portanto, a imutabilidade do objeto do processo não precisa ser total. Pelo contrário, é possível que haja mudança de tal objeto, sem que com isso se viole a regra da correlação entre acusação e sentença",[62] conforme também anotamos, aliás, no capítulo XII deste livro, relativo ao aditamento, para onde remetemos o leitor.

Sendo a sentença absolutória, fundada em quaisquer dos incisos do artigo 386, o juiz, na parte dispositiva da sentença, reafirmará o *status libertatis* do acusado.

Optando pela condenação, o juiz, após especificar a legislação penal "violada" pelo acusado, individualizará as penas a que ficará sujeito, revelando-se a omissão como causa de nulidade insanável da sentença,[63] por incompleta prestação jurisdicional reclamada pelo acusador.

Na parte dispositiva da sentença, diz o inciso V do art. 387 que o juiz aplicará provisoriamente as interdições de direitos e as medidas de segurança. Contudo, a possibilidade esbarra no novo regramento legal da execução da pena (Lei 7.210/84) que condiciona a restrição aos direitos individuais ao trânsito em julgado da sentença condenatória.

No inciso VI, o artigo 387 determina o exame sobre a necessidade ou não de publicação da sentença na íntegra ou em resumo, em jornal. A hipótese, entretanto, desapareceu de nosso Código com a reforma realizada em 1984 pela Lei 7.209.

Não confundir o tema com o relativo à publicação da sentença, isto é, com a transformação do escrito particular em documento público, que se dá com o ato de entrega da peça ao escrivão do cartório, para registro em livro próprio (art 389 do CPP).

É a data da publicação e não a data em que a sentença foi prolatada que atuará como causa interruptiva do curso do prazo prescricional (art. 117, IV do CP).

6. A sentença. O princípio da identidade física

Dentre as novidades introduzidas no CPP pela Lei 11.719/08 figura o princípio da *identidade física do juiz,* como outra manifestação da enorme influência da teoria do processo civil no sistema processual penal.

De acordo com previsto no artigo 132 do Código de Processo Civil, o juiz, titular ou substituto, que *concluir* a audiência julgará a lide, salvo se estiver convocado,

---

[62] BADARÓ, Gustavo Henrique Righi Ivahy. *Correlação entre Acusação e Sentença.* São Paulo: Revista dos Tribunais, 2000, p. 162.

[63] Apelação Crime nº 123448-0, 2ª Câmara Criminal do TAMG, Rel. Juiz Carlos Abud, Unânime, 10.12.91.

licenciado, afastado por qualquer motivo, promovido ou aposentado, casos em que passará os autos ao seu sucessor.

A importância do princípio da identidade física é enorme, pois ao ouvir as testemunhas e os peritos, entrevistar-se com o acusado e, assim, recolher as mais diversas impressões sobre a prova e também sobre o comportamento dos depoentes e das próprias partes no processo, o modo como se expressaram, com segurança, com vacilações, camuflando detalhes ou os oferecendo fora da contextualização espaço-temporal apropriada, etc., o juiz terá as condições de valorar com maior segurança a prova e decidir com margem maior de segurança e precisão.

Todos esses aspectos que se fazem sentir no processo civil são ainda mais intensamente visíveis no processo penal, porque centrado, prioritariamente, na análise dos fatos e das suas repercussões jurídico-penais, demonstrados e provados menos com documentos e mais com testemunhos.

Então, no dizer de Guilherme de Souza Nucci: "O magistrado que presidir a instrução (colheita das provas, em especial, em audiência) torna-se vinculado ao feito, devendo proferir a decisão. Há muito se reclamava que, justamente no processo penal, onde mais importante se dava a vinculação entre julgador e prova, houvesse a consagração legal da identidade física do juiz".[64]

Diferentemente do paradigma processual civil, que contempla ao juiz que *concluir a audiência* o dever de proferir a sentença, a Lei 11.719/08 estabeleceu no § 1º do novo artigo 399 do CPP, que esse dever será do juiz que tiver *presidido a instrução*.

Levando-se em consideração o sentido das palavras empregadas vê-se que diferem as situações. O juiz que concluir a audiência não necessariamente precisa ser aquele que recolheu a prova em sessões anteriores da audiência de instrução e julgamento. Segue-se, então, que ao contemplar ao juiz que tiver *presidido* a instrução o dever de sentenciar, a Lei 11.719/08 permite a interpretação de que já ficará vinculado ao processo o juiz que tiver iniciado os atos da instrução, pois o § 1º do artigo 399 *não ressalvou* as convocações, as licenças, os afastamentos por qualquer motivo, as promoções e as aposentadorias dos juízes.

Em que pese essa interpretação literal, a jurisprudência está se inclinando em favor da aplicação ao crime da norma do artigo 132 do CPC, para poder concluir que embora tenha presidido a instrução (em verdade, presidido a *audiência de instrução)* o juíz convocado, licenciado, afastado, promovido ou aposentado *não ficará vinculado ao processo* e, desse modo, a sentença poderá ser proferida pelo juíz que o suceder na vara ou comarca.[65]

Lastreado nessa ampla interpretação, o Tribunal de Justiça do RGS. decidiu por isso mesmo que se um juiz substituto realizar a audiência e recolher as alegações das partes terá que julgar a causa por não ser possível considerar como "afastamento por qualquer motivo" o término da substituição, até porque, fosse assim, ao menos em relação ao juiz em substituição, a regra do art. 399, § 2º, do CPP seria totalmente inócua, na medida em que com o retorno do titular, sempre seria possível transferir

---

[64] NUCCI, Guilherme de Souza. *Código de Processo Penal Comentado*. 8ª ed. São Paulo: Revista dos Tribunais, 2008, p. 720.

[65] Apelação Crime nº 70030432892, Primeira Câmara Criminal, Tribunal de Justiça do RS, Relator: Marco Antônio Ribeiro de Oliveira, Julgado em 12.08.09.

a este o julgamento de todos os feitos instruídos pelo substituto, durante o período de suas férias.[66]

Admitindo-se, então, por força dessa interpretação, a extensão ao processo penal da razão jurídica constante do artigo 132 do CPC que reconhece ao juiz substituto a legitimidade, nas convocações, licenças, afastamentos por qualquer motivos, aposentadorias, promoções do titular, para proferir a sentença (mesmo não atendo participado da audiência de instrução), pensamos, entretanto, que para o resguardo do princípio da identidade física, o juiz substituto, mesmo assim, precisaria assegurar ao réu a oportunidade para um novo interrogatório. O contato pessoal, como assinalamos antes, entre o juiz e o réu é fundamental na formação do convencimento e não raro atua como fator decisivo para o deslinde da causas bem específicas. Esse foi o espírito da Reforma e não respeitá-lo implica em ignorar a própria Reforma.

Pensamos que a oportunidade para um novo interrogatório deverá ser assegurada mesmo naqueles processos com instrução encerrada antes da entrada em vigor da Lei 11.719/08, *data venia* do entendimento manifestado em precedentes do TJRS com base no princípio *tempus regit actum.*[67]

As normas processuais penais, como propõem a doutrina moderna, também atuam como mecanismos de proteção do acusado, tendo sido com base nessa concepção, aliás, que o legislador introduziu no CPP o princípio da identidade física do juiz.

Temos consciência de que a sugestão exposta gerará certos entraves burocráticos e contribuirá para congestionar um pouco mais as pautas judiciárias. Se quisermos ingressar no seleto grupo de países que protegem os direitos fundamentais e não vêem o processo apenas como instrumento para a punição, podermos, perfeitamente, pagar esse preço, cobrando, ao mesmo tempo, das autoridades públicas, providências políticas para a melhoria das condições de trabalho e a expansão dos serviços judiciários com a criação de cargos e de varas em número capaz de atender às expectativas da sociedade brasileira

7. A sentença absolutória. Fundamentos legais.

A sentença absolutória é aquela que indefere a pretensão punitiva deduzida pelo acusador público ou privado e preserva os direitos de cidadania do acusado.

Como decorrência da absolvição *propriamente dita*, o juiz ordenará a soltura do acusado que estiver cautelarmente preso e também a cessação das medidas cau-

---

[66] Apelação Crime nº 70028607943, Quinta Câmara Criminal, Tribunal de Justiça do RS, Relator: Luís Gonzaga da Silva Moura, Julgado em 01.04.09.

[67] Não constitui cerceamento de defesa, a ensejar a nulidade do processo, a falta de renovação do interrogatório do réu, uma vez que a, ao tempo da entrada em vigor da novel legislação processual (Lei 11719/2008), a instrução já se encontra encerrada. Ausência de prejuízo ao acusado, ao qual foi oportunizada a defesa pessoal no curso do processo. Aplicação do princípio tempus regit actum. Preliminar rejeitada" (Apelação Crime nº 70032029050, Oitava Câmara Criminal, Tribunal de Justiça do RS, Relator: Danúbio Edon Franco, Julgado em 28.10.09). No mesmo sentido: Recurso em Sentido Estrito nº 70030497572, Primeira Câmara Criminal, Tribunal de Justiça do RS, Relator: Marco Antônio Ribeiro de Oliveira, Julgado em 12.08.09.

telares provisoriamente aplicadas (incisos I e II do parágrafo único do art. 386 do CPP.).

A sentença poderá ser *impropriamente* absolutória, entretanto, se for rejeitada eventual tese defensiva de fundo (art. 397 e 415, parágrafo único do CPP) e a prova dos autos demonstrar que o réu é inimputável (art. 26, *caput* do CP), porque, nessa situação, ele ficará sujeito à medida de segurança (arts. 96 e seguintes do CP), por tempo indeterminado, perdurando enquanto não for averiguada, mediante perícia técnica, a cessação da periculosidade (art. 97, § 1º-A do CP).

Diz Tourinho Filho que a doutrina considera que a sentença absolutória impositiva de medida de segurança tem natureza de sentença condenatória, "porquanto a aplicação daquela medida implica "uma restrizione d'indole personale o patrimoniale inflitta per sentenza del giudice" (cfe. Siracusa, *apud* Frederico Marques, *Elementos,* cit., vol. 3, p. 36). Por isso mesmo, Colin Sanchez, definindo as sentenças condenatórias, conclui afirmando que, por meio delas, o juiz declara o autor "culpable, imponiéndole por ello una pena o *uma medida de seguridade* (grifo nosso) (cf. Derecho Mexicano, p. 458). Entretanto, no nosso Código, ela se insere entre as absolutória, mas a doutrina, sem perdoar o legislador, prefere denominá-la de *sentença absolutória imprópria,* para distingui-la da genuína absolutória, pela qual se desacolhe a pretensão punitiva deduzida na peça acusatória, sem que possa o juiz, sequer, aplicar medida de segurança".[68]

A sentença absolutória pode ser proferida em cognição plena com base nos fundamentos previstos nos incisos I a VII do artigo 386 do CPP.

São eles:

O primeiro, por ter ficado provada a *inexistência do fato*. É a situação em que da prova recolhida extrai-se, com segurança inabalável, a inexistência material da infração. Assim, por exemplo: acusa-se o réu de ter ateado fogo criminosamente uma casa (art. 250 do CP), situada em determinada rua de certa cidade, mas a prova recolhida confirma que o imóvel continua de pé sem ter sido jamais alcançado pelas chamas.

O segundo, por *não haver prova* da existência do fato. Diferentemente da situação anterior, neste inciso a lei *não exclui* a hipótese de ter o fato ocorrido, apenas permite a absolvição por falta de prova da materialidade.

O terceiro, por *não constituir o fato,* devidamente provado nos autos, uma *infração penal*. É a situação da atipicidade da conduta imputada na denúncia ou queixa, que autoriza ao mesmo tempo a rejeição da inicial (art. 395, II), a absolvição sumária (arts. 397, III, e 415, III do CPP) e a prolatação de sentença absolutória (inciso III do art. 386). O retardamento da afirmação de atipicidade para a sentença pode derivar de controvérsia sobre a própria tipicidade, que não recomende ao magistrado reconhecê-la na fase inicial da persecução.

O quarto, autorizando a absolvição amparada na existência de prova *de que o réu não concorreu para a infração penal*. Na figura do inciso IV tem-se a prova tranquila da existência do fato e a prova também tranquila de que o réu não foi o responsável por ele. Aqui e nos outros casos em exame é rigorosamente indispensável que a prova forneça segurança completa para a afirmação em tela.

---

[68] TOURINHO FILHO, Fernando da Costa. *Processo Penal*, vol. 4. São Paulo, Saraiva: 2003, p. 274.

O quinto autoriza a absolvição quando *não existir* prova de ter o réu concorrido para a infração penal. É diferente dizer que *não há prova* e dizer que a prova *é insuficiente para condenar.* Por isso a previsão normativa do inciso V não se confunde com a do inciso VI, adiante examinada.

O inciso *sexto* contempla a absolvição, mesmo em caso de dúvida, nas múltiplas e variadas situações. Examinemo-las, alterando a ordem, apenas por razões didáticas:

a) quando o agente tiver cometido o fato ao abrigo de causa excludente da ilicitude, ou seja, em legítima defesa, estado de necessidade, no cumprimento do dever legal no exercício regular do direito (art. 23, incisos I a III, do CP). A norma do inciso I do art. 386 tem por objeto as causas legais que *permitem* ao acusado, nas circunstâncias do fato, realizar a conduta típica, dela excluindo a ilicitude. No capítulo 7, para onde remetemos o leitor.

b) quando o agente tiver cometido o fato ao abrigo de causa eximente da culpabilidade, a saber: a inimputabilidade (art. 26 do CP), a embriaguez completa (§ 1º do artigo 28 do CP), o erro de proibição (art. 21 do CP), a coação irresistível e a obediência hierárquica (art. 21 do CP),

As causas eximentes atuam ao nível dos elementos que estruturam a culpabilidade, a saber: a imputabilidade, a potencial consciência da ilicitude e o dever de agir em conformidade com a norma. Se o acusado for dado como inimputável por doença mental ou se ao tempo da ação ou da omissão era inteiramente incapaz de entender o caráter criminoso do fato por causa da embriaguez completa, proveniente de caso fortuito ou de força maior não haverá o que o direito penal considera como a capacidade para a compreensão da ilicitude do fato.

Do mesmo modo não haverá reprovação penal se o agente realizar a conduta típica desprovido da consciência de que é ilícita. É a figura do erro de proibição (v. g. no exemplo já clássico na doutrina e na jurisprudência daquele que explora casa de prostituição munido de alvará expedido pelo poder público, recolhe regularmente os tributos incidentes e, embora conhecendo a proibição legal de explorar a prostituição supõe, por pagar os tributos e ter em mãos a autorização do poder público, que a sua conduta não é ilícita).

Por último, não há falar também em censura na conduta de quem age sob *coação moral* ou daquele que *cumpre a ordem* não manifestamente ilegal emanada de superior hierárquico. Em ambas as situações, responderão pelo fato tão só o *coator* (se a coação for irresistível) e o responsável pela ordem executada. A coação física é causa de exclusão da conduta e está fora, portanto, do âmbito das eximentes de culpabilidade.

É interessante registrar que a Lei 11.690 ao introduzir modificações no inciso VI do artigo 386 veio a permitir a prolatação da sentença absolutória fundada nessas causas, *mesmo diante de dúvida sobre sua existência,* privilegiando, nesse ponto, o princípio universal de que, na dúvida sobre as excludentes ou eximentes, solve-se a causa em favor do acusado.

Por fim, o réu poderá ser absolvido amparado no princípio do *in dubio pro reo* (Inciso VII).

A imensa maioria das sentenças absolutórias apoia-se nesse princípio, sobre o qual Carnelutti fez críticas candentes, ao dizer que quando o juiz "... absolve por insuficiência de provas... não resolve nada. Tudo permanece como antes. A absolvição, por não haver praticado o ato ou porque o ato não constitui crime, cancela a acusação. Com a absolvição por insuficiência de provas, a acusação subsiste. O processo não termina nunca".[69]

A sentença absolutória faz cessar a pressão do direito penal sobre o acusado, mas, conforme tenha sido o fundamento adotado pelo magistrado para absolver, não impedirá novos contratempos junto ao sistema formal de justiça se a vítima decidir--se por intentar ação civil para buscar a reparação patrimonial dos danos causados pela infração. Noutras palavras, o acusado poderá *ou não* ficar livre do dever de pagar uma indenização para o ofendido conforme tenha sido o fundamento eleito pelo magistrado, para absolver, dentre os elencados nos incisos I a VII do artigo 386.

Assim, o acusado ficará livre de pagar danos (morais e patrimoniais) se for absolvido por *inexistência do fato* (inciso I). A sentença fará coisa julgada no cível *e impedirá* ação civil com essa finalidade. Não há sentido mesmo indenizar alguém se evidências autorizaram ao juiz criminal a afirmar que o fato não aconteceu!

Também carece de sentido uma ação civil de indenização contra réu absolvido com base em prova que o isenta de participação no fato (inciso IV do artigo 386). Os danos sofridos pela vítima deverão ser suportados por quem tenha sido efetivamente o responsável por eles.

Já frente às insuficiências das provas constantes dos autos acerca da alegada *existência do fato* (inciso II, combinado com o artigo 66 do CPP), da alegada *participação* do acusado (inciso V) ou da sua aptidão para a *condenação* (inciso VII), a sentença absolutória não impedirá que o lesado (seja ele o Estado ou o particular) possam demandar o acusado para o ressarcimento patrimonial aqui comentado.

Essa providência é igualmente possível quando a absolvição for proferida com fundamento no inciso III do artigo 386 do CPP (atipicidade da conduta) porque a afirmação de atipicidade na conduta não elimina os danos que o fato provado tenha produzido no mundo empírico para a vítima do processo. Nesse sentido é também a regra prevista no inciso III do artigo 67 do CPP.

Por último, a absolvição fundada em causas excludentes da ilicitude operará o conhecido efeito da coisa julgada material pelas mesmas razões que existem como tipos penais permissivos. O estado de necessidade, a legítima defesa, o estrito cumprimento do dever legal e o exercício regular do direito pressupõem situação de perigo não provocada pelo agente. Se a ordem jurídica concede a permissão para o agir não pode, ao mesmo tempo, sem a ruptura da coerência, ensejar a punição do agente pelos danos advindos da ação permitida.

O artigo 65 do CPP é enfático: "Faz coisa julgada no cível a sentença penal que reconhecer ter sido o ato praticado em estado de necessidade, em legítima defesa, em estrito cumprimento de dever legal ou no exercício regular de direito".

Um detalhe importante: quando a absolvição for fundada em qualquer excludente *putativa* de ilicitude (que supõe no erro do agente quanto a situação de fato, no clássico exemplo de quem fere imaginando que a vítima vai sacar de uma arma quando, em verdade, ela põe a mão no bolso para pegar o lenço), ficará sujeito à

---

[69] CARNELUTTI, Francesco. *As Misérias do Processo*. São Paulo: Edicamp, 2001, p. 70.

ação civil de reparação porque, nesse caso, a agressão *é imaginária*. Essa orientação encontra respaldo na jurisprudência.[70]

Também pode vir a responder ação indenizatória o réu absolvido com fundamento em excludente *real* de ilicitude (por exemplo, na reação a uma agressão injusta efetiva e não provocada) que vier a causar danos físicos ou patrimoniais a um inocente. Nesse caso, o terceiro poderá buscar, em ação regressiva, o ressarcimento perante o causador da agressão.

Por último, não arredam a ação civil de indenização as sentenças absolutórias fundadas nas eximentes de culpabilidade acima examinadas. É irrelevante que o acusado seja dado como inimputável, que o agente prove o desconhecimento quanto a ilicitude (penal) do fato, que aja sob coação ou em cumprimento de ordem de superior hierárquico. O ressarcimento dos danos poderá ser pleiteado pelo lesado em ação civil, a qual se sujeitará a todas as exigências previstas no sistema processual civil.

8. A sentença condenatória. Efeitos

A sentença condenatória reconhece a procedência do pedido deduzido na ação penal (pretensão punitiva) e impõe ao acusado as sanções previstas no tipo penal correspondente ao fato descrito.

---

[70] "CIVIL. DANO MORAL. LEGÍTIMA DEFESA PUTATIVA. A legítima defesa putativa supõe negligência na apreciação dos fatos, e por isso não exclui a responsabilidade civil pelos danos que dela decorram. Recurso especial conhecido e provido" (REsp 513891/RJ, rel. Min. Ari Pargendler, 3ª Turma, DJ 16.04.07, p. 181). No mesmo sentido: REsp 47246 / RJ, rel. Min. Costa Leite, 3ª Turma do STJ, DJ 27.03.95, p. 7157.

Ainda: A legítima defesa putativa não exclui, em princípio, qualquer dos pressupostos da responsabilidade civil: não faz lícito o ato ilícito, não desfaz o dano, não desvirtua o nexo de causalidade, tampouco desconstitui o elemento subjetivo culposo. Quanto a este, aliás, presume-se a negligência do réu, porque disparou arma de fogo em visão distorcida da realidade. 2. Dever de indenizar as despesas com tratamento médico, englobando os exames, as consultas, os medicamentos e eventuais deslocamentos da vítima. 3. Não obstante a ausência de prova específica sobre a renda auferida pelo autor, pode-se concluir que percebia rendimentos, considerando os elementos constantes nos autos. Pensionamento devido em valor adequadamente fixado. 4. Danos morais *in re ipsa*. Valor fixado em consonância com as peculiaridades do caso concreto. 5. Danos estéticos indenizáveis, em rubrica diversa dos morais, na medida em que perceptíveis e individualizados. Arbitramento também adequado à extensão do prejuízo e em conformidade com os aspectos fáticos envolvidos na demanda. APELOS IMPROVIDOS. (Apelação Cível nº 70023043771, Décima Câmara Cível, Tribunal de Justiça do RS, Relator: Luiz Ary Vessini de Lima, Julgado em 26.06.08).

Também: "O art. 188, do código civil, afasta a ilicitude dos atos praticados em legítima defesa, não podendo o agente ser responsabilizado civilmente pelos danos provocados. No caso *sub judice*, todavia, não restou demonstrada a tentativa ou mesmo a ameaça de agressão do demandado pelo autor, este menor com 15 anos à época dos fatos. Por outro lado, manifesta a desproporção entre a mera ameaça alegadamente sofrida pelo réu e as lesões provocadas com golpes de facão. 3. A defesa putativa, que supõe a apreciação equivocada dos fatos, não exclui a ilicitude do ato e a responsabilidade civil pelos danos que dele decorram, obrigando o causador do dano a indenizar, nos termos do art. 186, do Código Civil..." (Apelação Cível nº 70016214058, Sexta Câmara Cível, Tribunal de Justiça do RS, Relator: Odone Sanguiné, Julgado em 13.11.07).

Sob o ponto de vista estrutural, a sentença condenatória difere da absolutória na parte dispositiva, em que há a identificação das penas cabíveis e suas quantificações objetivas.

Diz efetivamente o artigo 387 que o juiz deverá considerar as "circunstâncias agravantes e atenuantes definidas no Código Penal", as "outras circunstâncias apuradas" e "tudo o mais que deva ser levado em conta na aplicação da pena de acordo com o disposto nos arts. 59 e 60 do Código Penal" para aplicar a pena de acordo com "essas conclusões" (incisos I a III).

A redação anterior do artigo 387 e seus incisos havia merecido a crítica de Aramis Nassif, que permanece atual, a despeito das modificações da Lei 11.719/08, porque as circunstâncias judiciais e legais a considerar e as etapas correspondentes do processo de individualização judicial das penas estavam bem detalhadas nos artigos 59, 61, 62, 66, 67 e 68, parágrafo único, 70 e 71 do CP, isto é, no Código onde devem efetivamente figurar.

Aliás, se a intenção do legislador era reproduzir no CPP as fases do método trifásico (art. 68 do CP), impunha-se que aludisse não só às circunstâncias judiciais do art. 59 e as circunstâncias legais agravantes e atenuantes, mas, ainda, as causas especiais de aumento e de diminuição de pena de consideração obrigatória na terceira fase, olimpicamente esquecidas pelo texto do novo artigo 387 ou camufladas na expressão "tudo o mais que deva ser levado em cona na aplicação da pena".

Ao não se referir a essas causas especiais, o legislador deixou a falsa impressão de que a individualização judicial da pena ocorre em apenas duas fases, em contraste com a realidade legal do art. 68 do CP.

Mais: para que houvesse plena conformidade como CP, ainda assim inútil, pela evidente redundância que produziria, era de rigor a especificação em inciso próprio do dever do juiz de individualizar o regime de execução e de examinar a hipótese de eventual substituição das penas (art. 44) ou de suspensão da sua execução, mediante condições (*sursis,* art. 77 do CP).

A sentença condenatória é característicamente privativa ou restritiva de direitos fundamentais. Ela gera um efeito principal e diversos efeitos secundários.

Revestindo-se da natureza de título judicial, o principal efeito da sentença condenatória é o de legitimar a condenação e possibilitar a execução voluntária ou compulsória das penas impostas. De acordo com os artigos 105 e 106 da Lei 7.210/84, será transcrita na guia de execução a ser expedida pelo juízo da Vara das Execuções para possibilitar o ingresso do condenado no sistema prisional e, ao mesmo tempo, para servir de orientação ao diretor do estabelecimento quanto ao início do cumprimento da pena, término e prazos para a concessão dos benefícios executórios.

O recolhimento prisional, a intimação para o pagamento da multa e a execução de pena restritiva de direitos só ocorrerão depois do esgotamento da via recursal, que assinalará o momento do trânsito em julgado, pois enquanto isso não acontecer mantém-se a predominância do estado de inocência.

O texto do parágrafo único do artigo 387 e a revogação do artigo 594 do CPP pela Lei 11.719/08, realçando esse entendimento, vieram ao encontro dos anseios da comunidade jurídica nacional, que repudiava a orientação pretoriana autorizando a restrição de apelo em liberdade a não ser para os condenados primários e de bons antecedentes.[71]

Era inaceitável a disposição do artigo 594 do CPP, bem ainda o justificador enunciado n. 9 da Súmula do STJ,[72] por incompatibilidade com a garantia da presunção de inocência, conforme Grandinetti de Carvalho, apoiado em Tourinho Filho e Ada Grinover.[73] A inconformidade vinha sendo recepcionada por magistrados de diversos tribunais, como pode-se ver, por exemplo, do acórdão de que foi relatora a Des. Genacéia da Silva Alberton, do TJRS,[74] amparada nas lições de Vicente Cernicchiaro e de Paulo Tovo.

A indignação doutrinária e a chancela da jurisprudência garantista do país produziram excelentes resultados em prol da cidadania e da supremacia dos direitos e das liberdades fundamentais, embora a revogação do artigo 594, refletindo uma reforma por metade, devesse vir acompanhada também da revogação do artigo 595, que continua incompreensivelmente declarando que a fuga do acusado condenado provocará a *deserção* do recurso interposto!

Em suma: não há como *executar-se* a sentença condenatória, isto é implementar-se o seu efeito principal, enquanto pender o julgamento de recurso.

Certo é que o § 2º do artigo 27 da Lei 8.038/90, reiterando a norma do artigo 637 do CPP, confere ao recurso especial e ao recurso extraordinário o efeito meramente devolutivo. Os Tribunais Superiores, por isso, em jurisprudência prevalente, vêm condicionando a admissibilidade dos citados ao prévio recolhimento do condenado à prisão, para, segundo dizem, iniciar-se o processo de *execução*.[75]

Segundo precedente da Suprema Corte, que espelha muito bem essa orientação, a ordem do juiz de primeiro grau na sentença condenatória no sentido de que o mandado de prisão "somente seja expedido após o trânsito em julgado, vale para seu escrivão e visa a permitir a interposição de recurso, pelo réu, em liberdade, quando concedido o benefício", mas não tem a força de impedir que o tribunal de segundo grau, ao negar provimento ao apelo do réu, mesmo primário e de bons antecedentes, "determine, desde logo, a expedição do mandado de prisão, para cumprimento da

---

[71] Os requisitos são apontados como cumulativos: HC n. 2327-7/PR, Rel. Min. Jesus Costa Lima, STJ, DJU 14.03.94, p. 4.527, HC 691097802, 3ª Câm. Crim., TJRGS, Rel. Des. Nério Letti e Ap. 690055975, 3ª Câm. TJRS, Rel. Des. Luiz Melíbio U. Machado, citando precedentes do STF, dentre eles o publicado na RTJ 86/119.

[72] "A exigência da prisão provisória, para apelar, não ofende a garantia constitucional da presunção de inocência".

[73] CASTANHO DE CARVALHO, Luiz Gustavo. *O Processo Penal em Face da Constituição*. São Paulo: Forense, 1992, p. 74.

[74] ALBERTON, Genacéia da Silva. *O Artigo 594 do Código de Processo Penal no âmbito da ampla defesa*. Estudos de Direito Processual Penal, Paulo Cláudio Tovo (org). Porto Alegre: Livraria do Advogado, 1995, p. 76.

[75] "1. A interposição do recurso especial, bem como o do extraordinário, não dá efeito suspensivo à decisão condenatória (art. 27, § 2º, da Lei 8.038/90) e não impede, por esta razão, a execução provisória do julgado após ser confirmado em segundo grau de jurisdição. Precedentes. 2. *Habeas corpus* conhecido, mas indeferido por maioria" (Habeas Corpus nº 71806/SP, 2ª Turma do STF, Rel. p/ Acórdão Min. Maurício Corrêa, j. 03.03.95, maioria). No mesmo sentido: Habeas Corpus nº 73489/SP, DJU 13.09.96, e 72663/SP, DJU 29.03.96, Rel. Min. Sydney Sanches e Habeas Corpus nº 12597/RS, 5ª Turma do STJ, Rel. Min. Félix Fischer, j. 13.11.00, publ. DJU 11.12.2000, p. 220, *Habeas corpus* nº 10434/SP, 6ª Turma do STJ, Rel. Min. Vicente Leal, j. 18.11.99, publ. DJU 13.12.99, p. 182, RT vol. 00777, p. 573, dentre outras decisões.

condenação, em face do que estabelece o art. 637 do CPP", revigorado pelo art. 27, § 2º, da Lei 8.038/90", que, nos termos desse precedente, "é plenamente compatível com o inciso LVII do art. 5º da Constituição".[76]

Sem precisarmos ir ao pretensioso extremo de afirmar que a orientação emanada desse precedente agride a CF, optamos por sustentar que o § 2º do artigo 27 da citada lei tem por endereço *apenas* os recursos especial ou extraordinário deduzidos de acórdãos prolatados em processos cíveis, porque só estes são suscetíveis de execução provisória. Jamais, os recursos intentados de acórdãos que chancelam as condenações, pela evidente impossibilidade de exigir-se cumprimento antecipado de pena, conforme assinalamos linhas acima.

A impossibilidade de execução antecipada da sentença não é incompatível com a prisão cautelar. Assim, de acordo com o parágrafo único do artigo 387, o juiz, na sentença condenatória, pode, fundamentadamente, decretar a prisão preventiva, desde que apoiado em prova sobre a prática de fato (distinto daquele pelo qual o réu está sendo condenado) que determine a *necessidade* da medida extrema (arts. 311, 312 e 313 do CPP).

Por isso, a imposição da prisão preventiva lastreada em juízos abstratos do tipo, a "intensa repercussão causada pelo fato", o clamor público", a "gravidade da infração", o "reforço na confiança do Judiciário, o dever do Judiciário de combater a "impunidade", etc. é manifestamente ilegal e pode ser sustada em *habeas corpus* pela instância hierarquicamente superior.

Ao efeito principal, agregam-se efeitos secundários da sentença condenatória (art. 91 do CP), que, rigorosamente, tem natureza de penas acessórias e cuja obrigatoriedade está associada à existência de fundamentos deduzidos em correspondente discurso fundamentador.

O primeiro a ser destacado é o de indenizar os danos causados pelo crime (inciso I do artigo 91 do CP).

Historicamente, a sede apropriada para a reparação patrimonial fundada na sentença sempre foi a ação civil.

Esse é o caminho que o ofendido ou quem o represente deve *ainda* continuar trilhando, não obstante a introdução em nosso Código pela Lei 11.719/08 de regras impondo ao juiz o dever de fixar, na sentença condenatória, um *valor mínimo* a título de indenização.

Os novos comandos normativos vieram ao encontro do objetivo de incrementar a proteção da vítima do crime, a grande esquecida, embora possam causar o risco de transformar o processo penal em *lócus* para a discussão de temas privados, patrimoniais, em detrimento de suas clássicas finalidades institucionais. Aos juízes incumbirá redobrar o cuidado para evitar que o centro do processo desborde para o plano puramente patrimonial, em prejuízo do interesse público na punição.

São várias as condições para que o juiz possa, desde que por fatos cometidos na vigência da Lei 11.719/08,[77] impor ao acusado, na sentença condenatória, o dever de pagamento do valor mínimo pelos danos causados ao ofendido.

---

[76] Habeas Corpus nº 76181-6/MG, STF, Rel. Min. Sydney Sanches. Tribunal de Alçada do Estado de Minas Gerais, j. 10.02.98, maioria, DJU 03.04.98, p. 5.

[77] AFASTAMENTO DA INDENIZAÇÃO PARA A VÍTIMA. Medida prevista no art. 387, inc. IV, do CPP, introduzida pela Leiº 11.719/08, que entrou em vigor em data posterior aos fatos delituosos

A primeira é que a sentença seja condenatória, como estamos vendo.

Não é viável a fixação em sentença absolutória de valor mínimo para reparação patrimonial dos danos, mesmo quando fundada na falta de provas da autoria ou da materialidade do crime.

É bom insistir: o dever de indenizar decorre de sentença condenatória (art. 91, I do CP), de modo que sendo o réu absolvido não remanescerá para a vítima outra alternativa senão a de promover a cobrança judicial em ação ordinária e *desde que* o fundamento para a absolvição, dentre os elencados no artigo 386, não atue como óbice à formulação do pedido na esfera civil.

Há outra condição: a vítima precisará, se estiver habilitada nos autos, provar a existência dos danos, requerer a condenação também ao pagamento do valor indenizatório mínimo, mesmo porque poderá optar por discutir o problema, em toda a sua extensão e profundidade, na órbita própria do processo civil.

Entendemos estar vedado ao juiz proceder de ofício,[78] embora precedente em contrário,[79] não só porque isso implicaria ofensa ao modelo acusatório de processo, mas, também, porque atentaria contra a garantia do devido processo legal, da qual

---

objeto deste processo. Considerando que esta norma tem cunho eminentemente material, tratando do apenamento do indivíduo infrator, não é possível a sua aplicação retroativa em prejuízo do acusado. Provido o recurso do Ministério Público. Provido parcialmente o recurso da defesa. (Apelação Crime nº 70028370567, Oitava Câmara Criminal, Tribunal de Justiça do RS, Relator: Dálvio Leite Dias Teixeira, Julgado em 26.08.09). No mesmo sentido: "Norma com evidente natureza substantiva, importando em verdadeira sanção a ser imediatamente executada pela vítima. Irretroatividade de lei prejudicial ao réu, porque ocorrido o crime em 09.05.08, quando a norma entrou em vigor em 22.08.08. Além disso, fosse possível a incidência imediata, estar-se-ia retirando do acusado a possibilidade de debater a questão, no curso do processo penal, violando frontalmente os princípios constitucionais do contraditório, da mais ampla defesa e do devido processo legal. Inviabilidade da aplicação do preceito aos processos em andamento" (Apelação Crime nº 70030852826, Oitava Câmara Criminal, Tribunal de Justiça do RS, Relator: Fabianne Breton Baisch, Julgado em 28.10.09). Ver também: Apelação Crime nº 70027587195, Sétima Câmara Criminal, Tribunal de Justiça do RS, Relator: João Batista Marques Tovo, Julgado em 09.04.09).

[78] "ISENÇÃO DO PAGAMENTO DAS CUSTAS PROCESSUAIS. CONDENAÇÃO DO RÉU, DE OFÍCIO, AO PAGAMENTO DE INDENIZAÇÃO À VÍTIMA. NULIDADE DA SENTENÇA NO PONTO, POR CARACTERIZAR DISPOSIÇÃO EXTRA PETITA. VIOLAÇÃO AOS PRINCÍPIOS DA IMPUTAÇÃO, CORRELAÇÃO, AMPLA DEFESA E CONTRADITÓRIO NO DUE PROCESS CRIMINAL OF LAW. DESCONSTITUIÇÃO DO PRECEITO SENTENCIAL CONDENATÓRIO DO RÉU AO PAGAMENTO DA INDENIZAÇÃO FIXADA À VÍTIMA. Indenização configuradora de sanção de direito material extrapenal, cuja aplicação requisita obediência estrita aos direitos e garantias fundamentais dos acusados nos lindes do processo penal brasileiro. Embora instituída em legislação processual penal, a indenização dos danos e prejuízos criada na Lei 11.719/08, que deu nova redação ao inciso IV do art. 387 do C.P.P., estabelece nova modalidade de sanção que não integra o preceito secundário das normas criminais e contravencionais, caracterizando-se como regra de direito material extrapenal, razão pela qual a sua procedimentalidade e aplicação nos lindes do processo penal pressupõe rígida observância a todos princípios – constitucionais e ordinários – de regência dos direitos e garantias fundamentais individuais dos acusados no *due process of criminal law* aplicável à espécie, dentre os quais se sobressaem os do dispositivo, da correlação, da ampla defesa e do contraditório. Condenação indenizatória constitutiva de mera dívida de valor, à inexistência de lei penal que sancione o seu inadimplemento pelo réu, ou que viabilize a sua conversão em pena privativa de liberdade ou pena restritiva de direitos. Aplicação do princípio *nulla poena, nullun crimen, sine previa legem poenale*. APELO PARCIALMENTE PROVIDO. (Apelação Crime nº 70032587834, Sexta Câmara Criminal, Tribunal de Justiça do RS, Relator: Aymoré Roque Pottes de Mello, Julgado em 12.11.09).

[79] Apelação Crime nº 70030604938, Oitava Câmara Criminal, Tribunal de Justiça do RS, Relator: Danúbio Edon Franco, Julgado em 30.09.09).

derivam os princípios da ampla defesa e do contraditório, que previnem o risco de surpresas ao acusado, no processo.[80]

Embora titular da pretensão punitiva, o Ministério Público, a nosso ver, não detém legitimidade para postular o pagamento do valor mínimo de indenização à vítima, eis que o interesse é privado. A matéria não se inclui na esfera de suas atribuições constitucionais (art. 129) ou legais.[81]

O Código de Processo Penal não fornece caminho seguro para a quantificação do *valor mínimo* de indenização.

Considerando-se que o condenado não ficará imune à via cível, nossa sugestão é no sentido de que os documentos acostados aos autos pelo ofendido que comprovem pagamentos efetuados[82] sirvam como parâmetros para a quantificação de um valor mínimo, que, por ser mínimo, não deve corresponder ao valor total dos danos, a ser apurado na ação civil.

A exigibilidade do valor indenizatório mínimo pressuporá também o esgotamento da via recursal e se esse valor não for desembolsado pelo condenado a quebra do dever não repercutirá ao nível das penas impostas, transferindo-se a questão para a órbita civil.

O artigo 91 do CP contempla no inciso II, letra *a*, como efeito secundário da sentença condenatória a "perda em favor da União ressalvado o direito do lesado ou de terceiro de boa-fé, dos instrumentos do crime, desde que consistam em coisas cujo fabrico, alienação, uso, porte ou detenção constitua ilícito", por exemplo, armas, petrechos para falsificações, etc.

O mesmo Código, na letra *b* também comina a perda em favor da União do produto do crime ou de qualquer bem que constitua proveito auferido pelo agente com a prática do fato criminoso, por exemplo, carros, aviões, propriedades imobiliárias adquiridas com o tráfico de entorpecentes.

Já o artigo 92 do CP aponta como efeitos da condenação a perda do cargo, função pública ou mandato eletivo (inciso I) quando aplicada pena privativa de liberdade por tempo igual ou superior a um ano, nos crimes praticados com abuso de poder ou violação de dever para com a administração pública (letra *a*), a incapacitação para o exercício do pátrio poder, tutela ou curatela, nos crimes dolosos, sujeitos à pena de reclusão, cometidos contra filho, tutelado ou curatelado (letra *b*) quando for aplicada pena privativa de liberdade por tempo superior a quatro anos (inciso II) e, por fim, a inabilitação para dirigir veículo, quando utilizado como meio para a prática de crime doloso (inciso III).

---

[80] Não tendo sido debatida nos autos a possibilidade de ressarcimento à vítima, consequentemente sobre isso o réu não pode se defender, de modo que seria indevida uma decisão contrária aos interesses do mesmo nesse sentido. NEGARAM PROVIMENTO AO APELO MINISTERIAL E DERAM PARCIAL PROVIMENTO AO APELO DEFENSIVO. (Apelação Crime nº 70029073137, Terceira Câmara Criminal, Tribunal de Justiça do RS, Relator: Marcel Esquivel Hoppe, Julgado em 19.06.09).

[81] Ivan Fernando de Medeiros Chaves. Sentença Penal e Reparação Mínima: uma visão crítica. *Revista Ajuris*, Ano XXXVI, nº 116, dez./2009, p. 199 e seg.

[82] Não há como estabelecer valor mínimo indenizatório, nos termos do art.387, IV do CPP, se não apurada a existência do prejuízo. Aplicável a atenuante da confissão espontânea. Readequada, de ofício, a substituição da pena, em face da vedação do art. 46, caput, do Código Penal. APELAÇÃO PARCIALMENTE PROVIDA. (Recurso Crime nº 71002310910, Turma Recursal Criminal, Turmas Recursais, Relator: Laís Ethel Corrêa Pias, Julgado em 19.10.09).

São, ainda, efeitos secundários (no exato sentido do termo) da sentença condenatória, a perda da primariedade, o pagamento das custas do processo,[83] o lançamento do nome do réu no Livro Rol dos Culpados (art. 393, inciso II do CPP).

Há sentido falar-se em perda da primariedade diante de nova sentença condenatória por outro delito. Amparado em certidão fornecida pelo servidor cartorário, dando conta da condenação preteria, o juiz, na sentença, dirá que a condenação que está proferindo *não é a primeira*. A particularidade refletirá na individualização da pena-base (art. 59 do CP), a não ser que também seja constitutiva de reincidência (art. 63 do CP), hipótese em que, para evitar o *bis in idem,* será de consideração obrigatória *apenas* na segunda fase do método trifásico (art. 68 do CP).

O pagamento das custas é outro efeito secundário da sentença condenatória.

O estado de pobreza não é motivo para a dispensa do pagamento das custas na sentença condenatória. Se o condenado demonstrar a impossibilidade de arcar com o pagamento, salvo em prejuízo do sustento ou da família, o juiz das execuções poderá dispensá-lo do encargo.

Por fim, é efeito secundário da sentença condenatória o lançamento do nome do réu no denominado "Rol dos Culpados" (art. 389). O registro possibilitará a elaboração de estatísticas e o controle interno quando das informações requisitadas sobre as pessoas condenadas.

9. A sentença. Intimação e Recurso

As partes deverão ser intimadas da sentença (absolutória ou condenatória).

O Ministério Público,[84] o defensor público[85] serão intimados pessoalmente.

É controversa a questão de tratamento idêntico ao defensor dativo (nomeado pelo juiz), havendo julgados a favor e contra.[86] Em nossa opinião, o § 4º do artigo 370 do CPP prevendo a intimação pessoal do Ministério Público e do defensor *nomeado* permite afirmar que entre este e o defensor *público* há equivalência legal de tratamento.

---

[83] As custas são efeitos da condenação e não cabe ao Juiz da sentença excluí-las, e, impossibilitado cabe ao juízo da execução o exame. NEGADO PROVIMENTO AO APELO DEFENSIVO. PROVIDO EM PARTE O RECURSO MINISTERIAL. (Apelação Crime nº 70023490451, Terceira Câmara Criminal, Tribunal de Justiça do RS, Relator: Elba Aparecida Nicolli Bastos). No mesmo sentido: Apelação Crime nº 70011838141, Segunda Câmara Criminal, Tribunal de Justiça do RS, Relator: Antônio Carlos Netto de Mangabeira, Julgado em 17.05.07).

[84] Art. 41, inciso IV da Lei 8625/93.

[85] Arts. 5º, § 5º da Lei 1.060/50 (acrescido pela Lei 7.871/89), e 128 da LC 80/94, com a redação dada pela LC n. 132/2009).

[86] Não se aplica ao advogado dativo a norma inscrita no art. 5º, § 5º, da Lei 1.060/50, redação da Lei 7.871/89, dado que as prerrogativas processuais da intimação pessoal e do prazo em dobro somente concernem aos Defensores Públicos (LC 80/94, art. 44, I, art. 89, I e art. 128, I). II. – Precedentes do STF: Pet 932-SP, Min. Celso de Mello; Ag 166.716-RS, Min. Moreira Alves; Ag 166.754-RS, Min. Sepúlveda Pertence; Ag 167.023-RS, Min. Celso de Mello; Ag 167.086-RS, Min. Marco Aurélio. III. – Agravo não provido.

O advogado constituído pelo acusado ou pelo querelante e o assistente do MP serão intimados por nota de expediente publicada pelo órgão incumbido das publicações dos atos judiciais da vara ou comarca (art. 370, § 1º do CPP).

Nas capitais, as intimações ocorrem em nota de expediente retransmitidas pela *internet.*

O defensor público tem prazo dobrado para apelar contra a sentença criminal, mas não o defensor dativo[87] e o órgão do Ministério Público, sendo que o prazo começará a correr, para este último, da data em que os autos do processo forem entregues na Secretaria e não da data em que o seu representante neles lançar o ciente.[88]

O acusado também tem o direito de ser intimado pessoalmente da sentença condenatória porque não só pode revisar sua estratégia com vistas ao recurso, como também substituir o defensor. O prazo recursal (ver o art. 798 e §§ do CPP, sobre a matéria), começará a fluir, para a defesa, após a dupla intimação, isto é, a do acusado e a do seu defensor, independentemente da ordem em que ocorrer ou da data da juntada aos autos do mandado de intimação cumprido pelo Oficial de Justiça.[89]

Se não for encontrado pelo Oficial de Justiça, o acusado será intimado por edital (art. 392, inciso IV do CPP), com o prazo de 90 dias, se tiver sido imposta pena privativa de liberdade por tempo igual ou superior a um ano e de 60 dias nos demais casos (§ 1º do artigo 392).

O recurso cabível da sentença absolutória ou condenatória é o de apelação (art. 593 do CPP), interposta em cinco dias, arrazoada e respondida em 8 dias, com automática remessa dos autos ao Tribunal, consoante se depreende do artigo 600 e seguintes.

A apelação pode ser conhecida desacompanhada de razões ou ser arrazoada no Tribunal, se o apelante requerer esse benefício na petição ou termo (art. 600, §§ 1º e 4º).

O Assistente do MP arrazoará em 3 dias.

---

[87] A jurisprudência majoritária deste Tribunal de Justiça é no sentido de que o dativo, apesar de ter a prerrogativa de intimação pessoal conferida pelo CPP, não possui prazo em dobro para recorrer, benefício processual que somente é aplicável ao Defensor Público. NÃO CONHECERAM DO RECURSO EM SENTIDO ESTRITO. (Recurso em Sentido Estrito nº 70033267659, Primeira Câmara Criminal, Tribunal de Justiça do RS, Relator: Marcel Esquivel Hoppe, Julgado em 16.12.09).

[88] PROCESSO PENAL. RECURSO ESPECIAL. TEMPESTIVIDADE. MINISTÉRIO PÚBLICO. INTIMAÇÃO PESSOAL. VISTA DOS AUTOS. 1.O prazo de recurso para o Ministério Público começa a fluir da intimação pessoal, formalidade que se opera, a teor da Lei 8.625, de 12.02.93 – art. 41, IV – através da entrega dos autos com vista. 2.Remetidos os autos à Procuradoria de Justiça em 16 de fevereiro de 2000, apresenta-se como intempestivo recurso especial interposto após 22 de março de 2000, data em que o Representante do MP fez lançar o 'ciente'. Recurso especial não conhecido (REsp nº 284.118/SP, relator ministro Fernando Gonçalves, DJU de 16.04.01, p. 121).
Ainda: INTIMAÇÃO. MINISTÉRIO PÚBLICO. intimação do Ministério Público se perfaz no momento em que, comprovadamente, o promotor recebe do escrivão, para ciência, a decisão de seu interesse – e não na data em que se dispõe a compulsar o processo, lançando o ciente sobre a sentença. (Recurso Extraordinário nº 105.178/RJ, Segunda Turma, relator ministro Francisco Rezek, DJU de 06.09.85).

[89] Não se conhece de apelação interposta depois do quinquídio legal previsto no art. 593 do CPP, cujo prazo é contado a partir da data da última intimação efetivada, e não da data da juntada do mandado cumprido, consoante entendimento do STF por meio de sua Súmula 710" (Apelação Crime nº 70015386089, Segunda Câmara Criminal, Tribunal de Justiça do RS, Relator: Laís Rogéria Alves Barbosa, Julgado em 14.06.07). No mesmo sentido: Apelação Crime nº 70011075470, Oitava Câmara Criminal, Tribunal de Justiça do RS, Relator: Fabianne Breton Baisch, Julgado em 15.06.05.

Prazo idêntico é assinalado ao órgão do MP para arrazoar o recurso na ação penal de iniciativa privada.

O procedimento da apelação contra sentença absolutória ou condenatória por infração de menor potencial ofensivo está regulado na Lei 9.099/95 (art. 82), não se aplicando ao caso o disposto no art. 600.

A apelação do assistente do MP, outrossim, segue regramento específico: será de 15 dias quando o assistente não estiver habilitado nos autos (art. 598, parágrafo único) e, de acordo com o enunciado da Súmula 448 do STF, correrá imediatamente após o esgotamento do prazo assinalado para o MP.

Habilitado nos autos e tendo conhecimento do processo o assistente não precisará de prazo maior do que o assinalado às partes (art. 593 – cinco dias), o qual começará a fluir no dia imediato ao da intimação, conforme a regra geral sobre prazos (art. 798, § 5º, *a*, do CPP).

Bibliografia

AFTALIÓN, Enrique R; OLANO, Ernando Garcia; VILANOVA, José. 7ª ed. *Introducción al Derecho.* Buenos Aires, 1964

ALBERTON, Genacéia da Silva. O Artigo 594 do Código de Processo Penal no âmbito da ampla defesa. In: *Estudos de Direito Processual Penal.* Paulo Cláudio Tovo (Org). Porto Alegre: Livraria do Advogado, 1995.

ALEXY, Robert. *Teoria de Los Derechos Fundamentales.* Madrid: Centro de Estudios Constitucionales, 1997.

ALMEIDA JR., J. M. *O processo Criminal Brasileiro*, vol. 1. São Paulo: Freitas Bastos, 1959.

ALMEIDA, Joaquim Canuto Mendes de. *Processo Penal, Ação e Jurisdição.* São Paulo: RT, 1975.

ALPA, Guido, *et alii. Tratato di Diritto Civile.* Torino: UTET, 1999.

AMARAL, Augusto Jobim do. *Violência e Processo Penal*: Crítica Transdisciplinar sobre a Limitação do Poder Punitivo. Rio de Janeiro: Lumem Juris, 2008.

AMARAL, Guilherme Rizzo. A Polêmica em Torno da "Ação de Direito Material". In: *Polêmica Sobre a Ação.* Fábio Cardoso Machado e Guilherme Rizzo Amaral (Orgs.). Porto Alegre: Livraria do Advogado, 2006.

AMBOS, Kai; LIMA, Marcellus Polastri. *O Processo Acusatório e a Vedação Probatória perante as realidades Alemã e Brasileira.* Porto Alegre: Livraria do Advogado, 2009.

ANDRADE, Vera Regina Pereira de. Do Paradigma Etiológico ao Paradigma da Reação Social. *Revista Brasileira de Ciências Criminais*, IBCCrim, v. 14.

ARAGÃO, Egas Dirceu Moniz de. *Comentários ao CPC.* II/433-7, n° 504. Rio de Janeiro: Forense, 1974.

AROCA, Juan Montero *et alii. Derecho Jurisdicional.* 9ª ed. Valência: Tirant Lo Blanch Libros, 2000.

ASSIS MOURA, Maria Thereza Rocha de. *Juta Causa para a Ação Penal.* São Paulo: Revista dos Tribunais, 2001.

AVENA, Norberto Cláudio Pâncaro. *Processo Penal.* São Paulo: Método, 2008.

AZEVEDO, Vicente. *Apostilas de Direito Judiciário Penal.* São Paulo: Saraiva, 1952.

BACIGALUPO, Enrique. *El Debido Proceso Penal.* Buenos Aires: Hammurabi, 2005.

BADARÓ, Gustavo Henrique Righi Ivahy. *Correlação entre Acusação e Sentença.* São Paulo: Revista dos Tribunais, 2000

BAETGHEN, Walter Eduardo. Contra a Idéia de uma Teoria Geral do Processo, *Revista Interamericana de Direito Processual Penal*, ano III, vol. 12, 1978.

——. As Condições da Ação e o Novo Código de Processo Civil. *Revista Forense*, vol. 251, ano 1975

BARACHO, José Alfredo de Oliveira. *Teoria Geral das Comissões Paralamentares.* Rio de Janeiro: Forense, 1988.

BARBOSA, Marcelo Fortes. Ensaio Sobre a Ação Penal. *Revista Justitia*, vol. 92.

BARRETO, Tobias. Fundamentos do Direito de Punir. *Revista dos Tribunais*, n. 727

BARROS, Antonio Milton. Processo Penal Segundo o Sistema Acusatório. São Paulo: LED, 2002.

BATTISTELLI, Luigi. *A Mentira nos Tribunais*. Trad. Fernando de Miranda Coleção. Coimbra Editora, Coimbra, 1963.

BEDAQUE, Roberto dos Santos. Pressupostos Processuais e Condições da Ação. *Justitia*, 1991, vol. 159.

BEDÊ JR., Américo; SENNA, Gustavo. *Princípios do Processo Penal*: Entre o Garantismo e a Efetividade da Sanção. São Paulo: Revista dos Tribunais, 2009.

BITENCOURT, Cezar Roberto, A inconstitucionalidade da resolução nº 13 do conselho nacional do Ministério Público *IBCCRIM*, janeiro de 2008, n. 170

——. *Tratado de Direito Penal*, Parte Geral, vol. 1. São Paulo: Saraiva, 2006.

——. *Manual de Direito Penal* – vol. I. 6ª ed. São Paulo: Saraiva, 2000.

BOBBIO, Norberto. *Teoria do Ordenamento Jurídico*. 9.ed. Brasília: UNB, 1997.

BONAVIDES, Paulo. *Curso de Direito Constitucional*. São Paulo: Malheiros, 2000.

——. O Princípio Constitucional da Proporcionalidade e a Proteção dos Direitos Fundamentais. *Rev. da Faculdade de Direito da UFMG*, vol. 34

BONFIM, Edilson Mougenot. *Curso de Processo Penal*, 4ª ed. São Paulo: Saraiva, 2009.

BOSCHI, José Antonio Paganella Boschi. *Das Penas e seus critérios de Aplicação*. 3ª ed. Porto Alegre: Livraria do Advogado. Porto Alegre, 2004.

——. Nulidades. In: *Código de Processo Penal Comentado*. Marcus Vinicius Boschi, (org.). Porto Alegre: Livraria do Advogado, 2008.

——. *Persecução Penal*. Rio de Janeiro: Aide. 1987.

——. *Ação Penal, Denúncia, Queixa e Adiamento*, 3ª ed. Rio de Janeiro: Aide, 2002.

——. O Devido Processo Legal: Escudo de Proteção do acusado e a práxis Pretoriana. In: *Leituras Complementares de Processo Penal*, Rômulo Moreira, (Org.). Salvador: Editora Podium, 2008.

BOSCHI, Marcus Vinicius *et alii*. Culpabilidade em Crise? A Responsabilidade Penal da Pessoa Jurídica. *Revista Ibero-Americana de Ciências Penais*. Nº 4. Porto Alegre: Evangraf, 2002.

BREDA, Acir. O Exercício do Direito de Queixa ou de Representação por Curador Especial, in *Revista de Direito Penal*, vol. 17/181.

——. A Reforma do processo penal, Os Novos Tipos Legais de Procedimento. *Revista de Estudos Criminais*, Porto Alegre: ITEC, Notadez, n. 32.

BRUM, Nilo Bairros de. *Requisitos Retóricos da Sentença Penal*. São Paulo: RT, 1980.

BRUNO, Aníbal. *Direito Penal*. 2ª ed. Rio de Janeiro: Forense, 1959.

BUENO, José Antonio Pimenta. *Apontamentos sobre o Processo Criminal Brasileiro*. Rio de Janeiro: Empresa Nacional do Diário, 1857.

BÜLOW, Oskar Von. *La Teoria de las Excepciones Procesales y los Presupuestos Procesales*. Trad. Miguel Angtel Rosas Lichtschein. Buenos Aires: EJEA, 1964.

CALAMANDREI, Piero. *Eles, os Juízes, Vistos por Nós, os Advogados*. 3ª ed. Trad. Ary dos Santos. Livraria Clássica Editora.

CALLEGARI, André Luís. O Princípio da Confiança no Direito Penal. *Revista da Ajuris*, vol. 75.

CAMARGO, Acir Bueno. Windscheid e o rompimento com a Fórmula de Celso. In: *Crítica à Teoria Geral do Direito Processual Penal*. Jacinto Nelson de Miranda Coutinho, (Coord.). Rio de Janeiro: PUCRS/BCE, 2001.

CANOTILHO, José Joaquim Gomes. *Direito Constitucional*, 6.ed. Coimbra: Almedina.

CAPEZ, Fernando. *Curso de Processo Penal*. São Paulo: Saraiva, 1997.

CARNELUTTI, Francesco. *As Misérias do processo Penal*. Campinas: Edicamp, 2001.

——. *Como se Faz um Processo*. Belo Horizonte: Líder, 2001.

——. *Leciones sobre el Proceso Penal*, Ejea, 1950.

CARVALHO, Amilton Bueno de. *Lei Para Quem?* Doutrina, Instituto de Direito, vol. 11.

CARVALHO, José Orlando Rocha de. *Teoria dos Pressupostos e dos Requisitos Processuais*. Rio de Janeiro: Lumem Juris, 2005.

CARVALHO, Luiz Gustavo Grandinetti C. de. *O Processo Penal em Face da Constituição*. Rio de Janeiro: Forense, 1992.

CARVALHO, Paulo Pinto de. Uma Incursão do Ministério Público à Luz do Direito Comparado: França, Itália, Alemanha, América do Norte e União Soviética. *Revista Ministério Público, Direito e Sociedade*, Porto Alegre: Fabris, 1986.

CARVALHO, Salo de. Da Desconstrução do Modelo Jurídico Inquisitorial. In WILKMER (Org.), *História do Pensamento Jurídico*. Belo Horizonte, 1996.

———. *Pena e Garantias*. Rio de Janeiro: Lumem Juris, 2000.

CASABONA, Carlos María Romeo. *Da Gene ao Direito*. São Paulo: IBCCrim, 1999, vol. 9

CASTANHO DE CARVALHO, Luiz Gustavo. *O Processo Penal em Face da Constituição*. São Paulo: Forense, 1992.

CASTILLO. Niceto ALcalá-Zamora. Estúdios *de La Teoria General e Historia Del Proceso*. México: Universidade Nacional Autônoma do México, 1992.

CERNICCHIARO, Luiz Vicente. *Direito Penal na Constituição*. São Paulo: RT, 1990.

COSTA JR., Paulo José da. *Direito Penal na Constituição*. São Paulo: RT, 1990.

CERQUEIRA, Átilo Antonio. In: *Código de Processo Penal Comentado*. Boschi, Marcus Vinicius (Org.). Porto Alegre: Livraria do Advogado, 2008.

CERVINI, Raúl; GOMES, Luiz Flávio. *O Crime Organizado*. São Paulo: RT, 1995.

COELHO, Walter. *Teoria Geral do Crime*. Porto Alegre: Fabris, 1991.

COGAN, Arthur. O Inquérito Policial na Formação da Culpa, in *Justitia*, vol. 81

CONDE, Francisco Muñoz. *Teoria Geral do Delito*. Porto Alegre: Fabris, 1988.

CONSTANTINO, Carlos Ernani. Quatro Aspectos da Responsabilidade Penal da Pessoa Jurídica. Revista Brasileira de Ciências Criminais, *IBCCrim*, jan. 99.

CORDÓN MORENO, Faustin. *Las Garantias Constitucionales Del Proceso Penal*. Navarra: Aranzadi, 2002.

CÔSSIO, Carlos. *La Teoria Egológica del Derecho y El Concepto Jurídico de Libertad*. 2. ed. Buenos Aires: Abeledo-Perret, 1964,

COSTA JR., Paulo José; CERNICHIARO, Luiz Vicente. *Direito Penal na Constituição*. São Paulo: RT, 1990.

COSTA, Judith Martins. *A Boa Fé no Direito Privado*. São Paulo: RT, 1999.

———. *Os Princípios Penais*. Artigo em xerox gentilmente cedido ao autor.

COSTA, Michela Andrade. Retratação da Representação. *Escritos de Direito e Processo Penal – homenagem ao professor Paulo Cláudio Tovo*. Rio de Janeiro, Itec.

COSTA. José Faria. *Noções Fundamentais de Direito Penal*. Coimbra: Coimbra Editora, 2007.

COUTINHO, Jacinto Nelson de Miranda. *A Lide e o Conteúdo de Processo Penal*. Curitiba: Juruá, 1989.

COUTURE, Eduardo J. *Introdução ao Estudo do Processo Civil*. São Paulo: Forense,1998.

———. *Os Mandamentos do Advogado*. Porto Alegre: Fabris, 1979.

CRISAFULLI, Vezio. Citado por Bonavides. In *Curso de Direito Constitucional*. São Paulo: Malheiros, 2000.

DALL'AGNOL, Jorge Luis. *Pressupostos Processuais*. Porto Alegre: Lehur, 1988.

DELGADO NETO, Alberto. *"Paper" ao Mestrado em Direito no Curso de Mestrado da UNISINOS*, ministrado em convênio com a ESM, da Ajuris.

DELMANTO, Celso. *Código Penal Comentado*. Art. 102. Rio de Janeiro: Freitas Batos, 1986.

DIAS, Jorge de Figueiredo. Questões Fundamentais de Direito Penal Revisitadas, in *Direito e Justiça*, v. 20, ano XXI, 1999

DIDIER JR., Fredie. *Curso de Direito Processual Civil*. Teoria Geral do Processo e Processo de Conhecimento. 9ª ed. Salvador: Editora Podium, 2009.

———. *Pressupostos Processuais e Condições da Ação*. São Paulo: Saraiva, 2005.

DINAMARCO, Cândido. *Condições da Ação e Pressupostos Processuais. Conferência no Curso de Aperfeiçoamento para Juízes*. Encadernação da Biblioteca do TJRS.

———. O Conceito de Mérito em Processo Civil. *Revista de Processo*, 34.

DOTTI, René Ariel. O Ministério Público e a Polícia Judiciária – Relações Formais e Desencontros Materiais, in MP, *Direito e Sociedade, publicação da Associação do Ministério Público do RS,* Fabris Editor e Escola Superior do MP do RS.

DUARTE, José. *Tratado de Direito Penal.* Vol. 5. Rio de Janeiro: Livraria Jacinto.

ESPÍNOLA FILHO, Eduardo. *Código de Processo Penal Brasileiro Anotado.* 6ª ed., vol. IX. Rio de Janeiro: Borsoi, 1965.

EYMERICH, Nicolau. *Manual dos Inquisidores.* Rio de Janeiro: Rosa dos Ventos, 1993.

FABRÍCIO Adroaldo Furtado. *Ensaios de Direito Processual Penal.* Rio de Janeiro: Forense, 2003

——. *Ação Declaratória Incidental.* Rio de Janeiro: Forense, 1976.

——. Extinção do Processo e Mérito da Causa. *Revista de Processo,* vol. 58.

FARIA, Antonio Bento de. *Código de Processo Penal.* V. 1. Rio de Janeiro: Record, 1960.

FARIAS, Edilson Pereira. *Colisão de Direitos, a Honra, a Intimidade, a Vida Privada e a Imagem versus a Liberdade de Expressão e Informação.* Porto Alegre: Fabris, 1996.

FÁVERO, Flamínio. *Medicina Legal.* São Paulo: Martins Fontes, 1973.

FAYET JR, Ney. *Do Crime Continuado.* Porto Alegre: Livraria do Advogado, 2001.

——. *A Sentença Criminal e suas Nulidades.* Rio de Janeiro, Aide, 2001.

FELDENS, Luciano; SCHMIFT, Andrei Zenkner. *Investigação Criminal e Ação Penal.* Porto Alegre: Livraria do Advogado, 2006.

FERNANDES, Antonio Scarance. *Processo Penal Constitucional,* 23ª ed. São Paulo: Revista dos Tribunais, 2000.

FERRAJOLI, Luigi. *Derecho y Razón*: Teoria del Garantismo Penal. Editorial Trotta, 1997.

FERREIRA, Aurélio Buarque de Hollanda. *Pequeno Dicionário Brasileiro da Língua Portuguesa.* 11. ed. São Paulo: Editora Nacional.

FIGUEIRA JR., Joel Dias; LOPES, Maurício Antonio Ribeiro. *Comentários à Lei dos Juizados Especiais Cíveis e Criminais.* São Paulo: RT, 1995

FONSECA, Edson José da. A Natureza Jurídica dos Bens Ambientais como Fundamento da Responsabilidade Penal da Pessoa Jurídica. Revista Brasileira de Ciências Criminais, *IBCCrim,* v. 38.

FOUCAULT, Michel. *A Verdae e As Formas Jurídicas.* Rio de Janeiro: EDIPUCRJ, 1999.

——. *Eu, Pierre Rivière, que Degolei minha Mãe, minha Irmã e meu Irmão.* 5.ed. Rio de Janeiro: Graal, 1991.

FRAGOSO, Heleno Cláudio. *Lições de Direito Penal, Parte Especial,* Vol. I. Rio de Janeiro: Forense, 1987.

——. *Lições de Direito Penal.* Rio de Janeiro: Forense, 1985.

FRANCO, Alberto. *Código de Processo Penal e sua Interpretação Jurisprudencial.* São Paulo: RT, 1999.

FRANCO, Ary Azevedo. *Código de Processo Penal.* Rio de Janeiro: Forense, 1960.

FREITAS, Juarez. *A Interpretação Sistemática do Direito.* São Paulo: Malheiros, 1995.

——. *A Interpretação Sistemática do Direito.* São Paulo: Malheiros, 1998.

——. Tendências Atuais e Perspectivas da Hermenêutica Constitucional. Porto Alegre, *Revista da Ajuris,* volume 76.

FUDOLI, Rodrigo de Abreu. In GOMES, Luiz Flávio; CUNHA, Rogério Sanches; PINTO, Ronaldo Batista. *Comentários às Reformas do Código de Processo Penal.* São Paulo: Revista dos Tribunais, 2008.

FURQUIM, Luiz Dória. O MP e a Ação Penal Privada Subsidiária, *Jutitia,* vol. 80.

GARCIA, Nicolas Rodrigues. A Justiça Penal e as Formas de Transação no Direito Norte-Americano: Repercussões. *Revista Brasileira de Ciências Penais,* RTR, volume 13.

GARÓFALO, Rafael. *Criminologia.* Turin, 1885

GASPARINI, Diogenes. *Direito Administrativo.* 9ª ed. São Paulo: Saraiva, 2004.

GIACOMOLLI, Nereu José. *Reformas(?) do Processo Penal,* Considerações Críticas. Rio de Janeiro: Lumem Juris, 2008,

——. *Juizados Especiais Criminais*: Lei 9.099/95. Porto Alegre: Livraria do Advogado, 2002.

GILISSEN, John. *Introdução Histórica ao Direito*. Lisboa: Fundação Calouste Gulbenkian, 1979.

GOLDSCHIMIDT, James. *Princípios Generales Del Proceso Penal*. Buenos Aires: Ediciones Jurídicas Europa-America, 2002.

——. *Direito Processual Civil*. Trad. Ricardo Rodrigues Gama. Curitiba: Juruá, 2003.

GOMES FILHO, Antonio Magalhães. *A Motivação das Decisões Judiciais*. São Paulo: RT, 2001

GOMES, Fábio Luiz. *Carência de Ação*. São Paulo: RT, 1999.

——. *Teoria Geral do Processo Civil*. Letras Jurídicas, 1983.

GOMES, Luiz Flávio. *Conflito de atribuições entre MP federal e MP estadual* – de quem é a competência para dirimi-lo? São Paulo: RT, 1997.

——. *Erro de Tipo e Erro de Proibição*. São Paulo: RT, 2001.

——. CUNHA, Rogério Sanches; PINTO, Ronaldo Batista. *Comentários às Reformas do Código de Processo Penal e da Lei de Trânsito*. São Paulo: RT, 2008.

GONZAGA, João Bernardino. *A Inquisição em Seu Mundo*. 7.ed. São Paul: Saraiva, 1994.

GRECO FILHO, Vicente. *Direito Processual Civil Brasileiro*. 2° vol. São Paulo: Saraiva, 2000.

——. *Manual de Processo Penal*. São Paulo: Saraiva, 1991.

GRINOVER, Ada Pellegrini *et alii*. *Comentários à Lei 9.099, de 26/09/95*. São Paulo: RT, 1995.

——. *As Condições da Ação*. São Paulo: Coleção Jurídica, Bushatsky, 1977.

——. Investigações pelo Ministério Público, *Boletim do IBCCrim*, São Paulo, v. 12, n. 145

——; FERNANDES, Antonio Scarance; GOMES FILHO, Antonio Magalhães. *As Nulidades no Processo Penal*. 10ª ed. Revista São Paulo: RT, 2008.

GUASTINI, Riccardo. *La Regola Del Caso*. Milão: Cedam, 1995.

——. *Led Fonti del Diritto e L'Interpretazione*. Trattato di Diritto Privato. Milão: Giuffrè, 1993.

GUILHEN, Vitor Fairen. *Estudios de Derecho Procesal*. Madrid: Revista de Derecho Privado, 1994.

HASSEMER, Winfried. *Crítica al Derecho Penal de Hoy*. Trad. De Patrícia S. Ziffer. Universidad Externado de Colômbia. 1997.

——. Lineamentos de um Proceso Penal em El Estado de Derecho. In: *Crítica al Derecho Penal de Hoy. Tradução de Patyricia S. Ziffer*. Colombia: Universidad Externado, 1997.

HOMMERDING, Adalberto Narciso. *Valores, Processo e Sentença*. São Paulo: LTr, 2003.

HOYOS, Arturo. *El Debido Proceso*, Bogotá: Temis, 1998

IHERING, Rudolf Von. *A Luta pelo Direito*. 12ª ed. Rio de Janeiro: Forense, 1992.

JARDIM, Afrânio da Silva. *Ação Penal Pública, Princípio da Obrigatoriedade*. Rio de Janeiro: Forense, 1988.

——. O Arquivamento e Desarquivamento do Inquérito Policial. In: *Temas Atuais de Direito*. Rio de Janeiro: Liber Juris, 1986.

——. Estudos sobre os Pressupostos Processuais. In: *Direito Processual Penal*. Estudos e Pareceres. 2ª ed. Rio de Janeiro: Forense, 1987.

JESUS, Damásio Evangelista de. *Código de Processo Penal Anotado*. São Paulo: Saraiva, 1995.

——. *Questões Criminais*. São Paulo: Saraiva, 1981.

——. Breves Notas à Lei dos Juizados Especiais Criminais, *Boletim do IBCCrim* n° 35.

——. *Comentários ao Código Penal*. 1° vol. São Paulo: Saraiva, 1985.

KLEIN, Odacir. *Comissões Parlamentares de Inquérito* – A sociedade e o Cidadão – Porto Alegre: Fabris, 1999.

KRAMER, Heinrich; SPRENGER, James. *O Martelo das Feiticeiras*. Rio de Janeiro: Rosa dos Tempos, 2005.

KREBS, Pedro. *Teoria Jurídica do Delito*. Barueri: Manole, 2004.

LATORRE, Angel. *Introdução ao Direito*. Coimbra: Almedina, 1997.

LEAL, Luiz Antonio Câmara. *Comentários ao Código de Processo Penal Brasileiro*. Rio de Janeiro: Forense, vol. 1.

LENZA, Pedro. *Direito Constitucional Esquematizado*. São Paulo: Saraiva, 2008.

LEONE, Giovanni. Linea Generale di una Riforma del Processo Penale, in *Rivista Italiana di Diritto Penale*, 1948.

LIEBMAN, Enrico Túlio. *Manual de Direito Processual Civil*. Rio de Janeiro: Forense, 1984.

——. *Lezioni di Diritto Processuale Civile, Parte Generale*. Dott: A. Giuffrè Editore, vol. 1, 1951.

LIMONGI, Celso Luiz. O Devido processo Legal Substantivo e o Direito penal. São Paulo: *Revista da Escola Paulista da Magistratura*, v. 2, n. 1.

LISZT, Franz Von. *A Idéia do Fim no Dirieto Penal*. São Paulo: Rideel, 2005.

LOMBROSO, César. *O Homem Delinqüente*. Tradução da 2ª edição francesa, por Maristela Bleggi e Oscar Antonio Corbo Garcia. Porto Alegre: Ricardo Lenz, 2001.

LOPES JR., Aury. *Sistemas de Investigação Preliminar no Processo Penal*. Rio de Janeiro: Lumem Juris, 2006.

——. *Direito Processual e sua Conformidade Constitucional*, vol. I. Rio de Janeiro: Lumen Juris, 2008.

——. *Direito Processual Penal e sua Conformidade Constitucional*, vol. II. Rio de Janeiro: Lumem Júris, 2009.

LOPES, Fábio Motta, O Inquérito policial é mera peça informativa?, *in Boletim do Instituto Brasileiros de Ciências Criminais*, São Paulo, ano 15, n. 181

LOPES, Maurício Antonio Ribeiro. *Crimes de Trânsito*. São Paulo: RT, 1998.

LÓPEZ, Emilio Mira Y. *Manual de Psicologia Jurídica*. São Paulo: Mestre Jou, 1967.

LOSANO, Mário G. *I Grandi Sistemi Giuridici*. Torino: Giulio Einaudi Editores, 1978.

LUISI, Luiz . *Os Princípios Constitucionais Penais*. Porto Alegre: Fabris, 1991.

——. *O Tipo Penal, a Teoria Finalista e a Nova Legislação Penal*. Porto Alegre: Fabris, 1987.

LUZ, Delmar Pacheco da. *In Código de Processo Penal Comentado*, Marcus Vinicius Boschi (Org.). Porto Alegre: Livraria do Advogado, 2008.

LYRA, Roberto. *Teoria e Prática da Promotoria Pública*. Porto Alegre: Fabris, 1989.

MACHADO, Antonio Alberto. *Curso de Processo Penal*. 2ª ed. São Paulo: Atlas, 2009.

MACHADO, Fábio Cardoso. "Ação" e Ações: sobre a renovada polêmica em torno da ação de Direito Material. *In Polêmica Sobre a Ação*. Fábio Cardoso Machado e Guilherme Rizzo Amaral (Orgs.). Porto Alegre: Livraria do Advogado, 2006

MACIEL, Adhemar Ferreira. *De Antígona e de Direito Natural*. Correio Braziliense, 2 de jul.1997 – Caderno "Direito e Justiça".

MALUF, Carlos Alberto Dabus. Condições da Ação, *Revista Forense*, vol. 261.

MANZINI, *Trattato di Procedura Penale*, vol. 4.

MARQUES, José Frederico. *Aula Inaugural na Academia de Polícia Militar* em 18 de fevereiro de 1984, Justitia, Órgão da Associação do M. Público de São Paulo, vol. 84.

——. *Elementos de Direito Processual Penal*. Millennium Editora, 2000.

——. Sobre o Inquérito Policial, in *Justitia*, vol. 84.

——. *Tratado de Direito Processual Penal*. São Paulo: Saraiva, 1980.

——. *Estudos de Direito Processual Penal*. Forense: Rio de Janeiro, 1960.

MARTEAU, Juan Félix. *A Condição Estratégica das Normas*. São Paulo: IBCCrim, 1997

MARTINS, Cahrles Emil machado. Do Procedimento Comum Ordinário. In: *Teoria e Prática dos Procedimentos Penais.* Charles Emil Machado Martins (Org.). Porto Alegre: Livraria do Advogado, 2009.

MAXIMILIANO, Carlos. *Hermenêutica e Aplicação do Direito*. Rio de Janeiro: Forense, 1980.

MAYUNEZ Eduardo Garcia. *Introducción al Estudio del Derecho*. México: Editorial Porrua, 1955.

MEDEIROS, Flávio Meirelles. *Primeiras Linhas de Processo Penal*. Porto Alegre: Editora Ciências Jurídicas, 1958.

——. *Princípios de Direito Processual Penal*. Porto Alegre: Ciências Jurídicas, 1984.

MELLO FILHO, José Celso. Investigação Parlamentar Estadual: As Comissões Especiais de Inquérito, in *Justitia*, vol. 121

MENDES, Canuto. Ação Penal, *Revista Forense*, vol. 91

MENDONÇA, Paulo Roberto Soares. *A Argumentação nas Decisões Judiciais*. Rio de Janeiro: Renovar, 2000.

MIRABETE, Julio Fabbrini. A Representação e a Lei 9.099/95, *Revista Brasileira de Ciências Criminais*, vol. 13.

——. *Manual de Direito Penal*. São Paulo: Atlas, 2005.

——. *Processo Penal*. São Paulo: Atlas, 1991

——. *Código de Processo Penal Interpretado*. São Paulo: Atlas, 1994.

——. *Tratado de Direito Processual Penal*. São Paulo: Saraiva, 1980, II/74.

MIRANDA, Pontes de. *Tratado das Ações*. São Paulo: RT, 1972.

KLEIN, Odacir. *Comissões Parlamentares de Inquérito* – A sociedade e o Cidadão. Porto Alegre: Fabris, 1999

MITIDIERO, Daniel Francisco. Polêmica sobre a Teoria Dualista da ação (Ação de Direito Material – "Ação Processual" – uma resposta a Guilherme Rizzo Amaral. In *Polêmica Sobre a Ação*. Fábio Cardoso Machado e Guilherme Rizzo Amaral (Orgs.). Porto Alegre: Livraria do Advogado, 2006.

MONREAL, Eduardo Novoa. *O Direito como Obstáculo à Transformação Social*. Porto Alegre: Fabris, 1998.

MONTESQUIEU, Charles de Secondat. *O Espírito das Leis*. São Paulo: Martins Fontes, 2000.

MOREIRA, José Carlos Barbosa. Pressupostos Processuais Subjetivos. O Juiz. Conferência no Curso de Aperfeiçoamento de Magistrados, *AJURIS*, 1984.

MOREIRA, Rômulo de Andrade. A Lei Maria da Penha e suas Inconstitucionalidades, *Leituras Complementares de Processo Penal* (organizado pelo articulista), Salvador: Podium, 2008.

MOSSIN, Heráclito Antônio. *Comentários ao Código de Processo Penal*. São Paulo: Manole, 2005.

MUÑOZ CONDE, Francisco. *Teoria Geral do Delito*. Porto Alegre: Fabris, 1988.

MUSSI, Breno. As Condições da Ação e a Coisa Julgada. *AJURIS*, vol. 43.

MUTHER, Theodor. *Sobre La Doctrina de La Actio Romana*, del Derecho de Accionar Actual. Crítica del libro de Windscheid. Buenos Aires: Ediciones Jurídicas Europa-America, 1974.

NABUCO FILHO, José. O Princípio Constitucional da Determinação Taxativa e os Delitos Ambientais. *Boletim do IBCCrim*, ano 9, número 104.

NASSIF, Aramis. *Sentença Penal* – O Desvenddar de Themi. Lumen Juris: Rio de Janeiro, 2005.

——. *Considerações sobre Nulidades no Processo Penal*. Livraria do Advogado: Porto Alegre, 2001.

——. *Júri, Instrumento da Soberania Popular*. Porto Alegre: Livraria do Advogado, 1996.

——. *O Novo Júri Brasileiro*. Porto Alegre: Livraria do Advogado, 2008,

NERY JR., Nelson; NERY, Rosa Maria de Andrade. *Código de Processo Civil Comentado*. 5.ed. São Paulo: RT, 1997.

NETTO, Alamiro Velludo Salvador. Reflexões Dogmáticas sobre a Teoria da Tipicidade Conglobante. *Revista Eletrônica Liberdades, órgão do IBCCrim*, nº 1 - maio-agosto de 2009

NOGUEIRA, Paulo Lúcio. *Questões Penais Controvertidas*. Sugestões Literárias, 1979.

NORONHA, Magalhães. *Curso de Direito Processual Penal*. São Paulo: Saraiva, 1986

NUCCI, Guilherme de Souza. *Código de Processo Penal Comentado*. São Paulo: RT, 2006.

——. *Código Penal Comentado*. 2ª ed. São Paulo: RT, 2002.

——. *Tribunal do Júri*. São Paulo: RT, 2008.

NUNES, Elpídio Donizetti. *Redigindo a Sentença*. 2ª ed. Belo Horizonte: Del Rey, 1999.

OLIVEIRA JR.., Gonçalo Farias. *Processo e Procedimento*: Aspectos Gerais, in Direito Processual Penal, Parte II, São Paulo: RT, 2009.

OLIVEIRA, Jorge A. Perrone, Ação Penal Popular, *AJURIS*, 1º vol. 30.

OSÓRIO, Fábio Medina. *Direito Administrativo Sancionado*. São Paulo: RT, 2000.

PASQUALINI, Alexandre. *Hermenêutica e Sistema Jurídico*. Porto Alegre: Livraria do Advogado, 1999.

PEDROSO, Fernando A. Ação Penal Pública Condicionada, *Justitia*, vol. 100.

——. *Processo Penal, o direito de Defesa*: Repercussão, amplitude e limites. São Paulo: RT, 2001.

——. *Competência Penal*. Belo Horizonte: Del Rey, 1998.

——. *Direito Penal*. São Paulo: Universitária de Direito, 1993.

PEDROZA, Ronaldo Leite. *Juizado Especial* – Teoria e Prática. Rio de Janeiro Lumem Juris, 1997.

PIERANGELI, José Henrique; AQUINO, José Carlos Xavier. Da Oficialidade e da Obrigatoriedade. *Justitia*, vol. 122.

PIERANGELI, José Henrique. Exceções aos Postulados Básicos no Direito Processual Penal. *Justitia*, vol. 136

——. *Processo Penal, Evolução Histórica e Fontes Legislativas*. Bauru: Jalovi, 1983.

——. *O Consentimento do Ofendido na Teoria do Delito*. São Paulo: RT, 1989.

——. *Das Penas*: Tempos Primitivos e Legislações Antigas, Fascículos de Ciências Penais, MPRS, vol. 5, 1992

PORTANOVA, Rui. *Motivações Ideológicas da Sentença*. Porto Alegre: Livraria do Advogado, 1992.

PRADO, Geraldo. *O Sistema Acusatório. A Conformidade Constitucional das Leis Processuais Penais*, Rio de Janeiro: Lumem Juris, 1999.

PRADO, Luiz Régis. Responsabilidade Penal da Pessoa Jurídica, O Modelo Francês. *Revista Brasileira de Ciências Criminais, IBCCrim*, nº 46.

PUGLIESE, Giovanni. Introdução escrita sobre a *Polemica sobre La "Actio"*. Buenos Aires: Ediciones Jurídicas Europa-America, 1974.

PUIG, Santiago Mir. *Derecho Penal*. 5ª ed. Barcelona: Tecfoto, 1998.

RANGEL, Paulo. *Direito Processual Penal*. 12. ed. Rio de Janeiro: Lumen Juris, 2007.

REALE, Miguel. *A Teoria Tridimensional do Direito*. São Paulo: Saraiva, 1968.

REALE JR., Miguel. Crime Organizado e Crime Econômico. *IBCCrim*, v.13.

RIBAS, Júlio César. O Aditamento no Processo Penal, *RT* 464/308.

RODRIGUES, Moacir Danilo. *Boletim do Instituto Brasileiros de Ciências Criminais, IBCCrim*, janeiro de 2002

ROMEIRO, Jorge Alberto. *Da Ação Penal*. Rio de Janeiro: Forense, 1978.

ROSA, Inocêncio Borges da. *Processo Penal Brasileiro*. V. 1. Porto Alegre: Globo, 1942.

——. *Comentários ao Código de Processo Penal*. 3ª ed., atual. por Angelito A. Aiquel. São Paulo: RT, 1982.

ROSAS, Roberto. *Direito Sumula*. 13ª ed. São Paulo: Malheiros, 2006.

ROXIN, Claus. *Derecho Penal*, Parte General, Tomo I. Madrid: Civitas, 2001

——. *Derecho Procesal Penal*. Buenos Aires: Editores Del Puerto, 2000

——. *Passado, Presente y Futuro Del Derecho Procesal Penal*. Buenos Aires: Rubinzal-Culzoni Editores, 2004.

SALIM, Alexandre Aranalde Salim. O Inquérito Policial. In: Teoria e Prática dos Procedimentos Penais e Ações Autônomas de Impugnação. Charles Emil Mchado Martins, (org.). Porto Alegre: Livraria do Advogado, 2009.

SANGUINÉ, Odone. Observações sobre o Princípio da Insignificância. *Fascículos de Ciências Penais*, ano 3, vol. 3.

SANTOS, Leandro Galluzzi dos. Procedimentos Lei 11.719, de 20.06.2008. In: *As Reformas no Processo Penal*. Maria Thereza Rocha Assis Moura (Coord.), Revista dos Tribunais, São Paulo, 2008.

SARLET, Ingo Wolfgang. *Dignidade da Pessoa Humana e Direitos Fundamentais*. Porto Alegre: Livraria do Advogado, 2001.

SCAPINI, Marco Antonio de Abreu. A Violência dos Sistemas Processuais Penais: uma Abordagem Crítica desde uma Potência Inquisitorial. *Revista da Ajuris*, Ano XXXVI, setembro de 2009.

SCHMIDT, Andrei Zenkner. *Da Prescrição Penal*. Porto Alegre: Livraria do Advogado, 1997.

SCHMIDT, Eberhard. *Los Fundamentos Teóricos y Constitucionales del Derecho Procesal Penal*, Buenos Aires: Ed. Bibliogr, 1957.

SHIMURA, Sérgio Seiji. Breves Considerações sobre a Emendatio Libelli e a Mutatio Libelli, in *AJURIS*, 48/105.

SILVA, Eduardo Araújo da. Da Disponibilidade da Ação Penal na Lei 9.099/95, *Boletim do IBCCrim* nº 35.

SILVA, Barreto. Problemas Penais Oriundos da Identificação, in *Justitia*, vol. 111

SILVA, David Medina da. Do Procedimento no Tribunal do Júri. In: *Teoria e Prática dos Procedimentos Penais e Ações Autônomas de Impugnação*, Charles Emil Machado Martins (Org.). Porto Alegre: Livraria do Advogado, 2009.

SILVA, Evandro Lins. Encarte da AIDP no *Boletim do IBCCrim*, v. 8., n. 100, mar., 2001

SILVA, José Afonso da. *Curso de direito constitucional positivo.* 24ª ed. São Paulo: Malheiros, 2005.

SILVA, Ovídio A. Baptista da; GOMES, Fábio. *Teoria Geral do Processo Civil*, 3ª ed. São Paulo: RT, 2002.

SILVA, Ovídio A. Baptista. Direito Subjetivo, Pretensão de Direito Material e Ação. In: *Polêmica sobre a Ação,* Fábio Cardoso Machado e Guilherme Rizzo Amaral (Orgs.). Porto Alegre: Livraria do Advogado, 2006.

——.*Pressupostos Processuais.* In: Jorge Luís Dall´Agnol, Porto Alegre: Lejur, 1988, no Prefácio.

——. *Pressupostos Processuais Subjetivos* – Partes. Conferência no Curso de Aperfeiçoamento para Juízes, 1984, ESM-RS, AJURIS.

——. *Curso de Processo Civil*, v. I. 7ª ed. Rio de Janeiro: Forense.

SIMON, John Anthony. Considerações Sobre o Ministério Público Norte-Americano, in *Revista do MP*, vol. 23.

SIQUEIRA, Bruno Luiz Weiler. A Sentença e seus Requisitos Legais e Constitucionais. *Revista Cidadania e Justiça*, 2º sem./99.

SIQUEIRA, Geraldo Batista. Do Trancamento da Ação Penal Subsidiária, *Justitia*, 1998.

SOARES, Guido Fernando Silva. *Common Law*. São Paulo: RT, 1999.

SOARES, Olavo Berriel. Lei 9.099/95: Uma Nova Política Criminal, *Boletim do IBCCrim* nº 35.

SÓFOCLES. *Antígona*. Trad. Donaldo Schüller Porto Alegre: L&PM, 1999.

SOUZA, Alberto Rufinos Rodrigues de. Bases Axiológicas da Reforma Penal Brasileira. In Giacomuzzi, Vladimir (Org.). *O Direito Penal e o Novo Código Penal Brasileiro*. Porto Alegre: Fabris, 1985.

SPOTA, Alberto G. *O Juiz, o Advogado e a Formação do Direito Através da Jurisprudência*. Porto Alegre: Fabris, 1987.

STRECK, Lenio Luiz. *Tribunal do Júri*, Símbolos e Rituais. 2ª ed. Porto Alegre: Livraria do Advogado, 1998.

——. *Hermenêutica Jurídica e(m) Crise*. Porto Alegre: Livraria do Advogado, 2000.

TAVARES, Juarez. *Teoria do Injusto Penal*. Belo Horizonte: Del Rey, 2000.

TAVARES, Osvaldo Hamilton. Da Ação Penal. *Justitia*, 80.

TÁVORA, Nestor; ALENCAR, Rosmar Rodrigues. *Curso de Direito processual Penal*. Salvador: Podium, 2009.

TESHEINER, José Maria. *Pressupostos Processuais e Nulidades no Processo Civil*. São Paulo: Saraiva, 2000.

THEODORO JR., Humberto. *Curso de Direito Processual Civil*. V. 1. Rio de Janeiro: Forense, 2001.

——. Pressupostos Processuais, Condições da Ação e Mérito da Causa, *Revista de Processo*, ano V, 1980, n. 17.

——. Pressupostos Processuais e Condições da Ação no Processo Cautelar, São Paulo, *Revista Forense*, Vol. 292, 1985.

TOLEDO, Francisco de Assis. *Ilicitude Penal e Causas de sua Exclusão*. Rio de Janeiro: Forense, 1984.

——. *Princípios Básicos de Direito Penal*. 5ª ed. São Paulo: Saraiva , 2000.

TORNAGHI, Hélio. *A Relação Processual Penal*. 2ª ed. São Paulo: Saraiva, 1987.

——. *Compêndio de Processo Penal*. Rio de Janeiro: José Konfino, 1967.

——. *Instituições de Processo Penal*. 4º vol. 2ª ed. São Paulo: Saraiva, 1978.

TORON, Alberto Zacharias. As Comissões Parlamentares de Inquérito e as Prerrogativas dos Advogados, *IBCCRIM*, SP, ano 8, n. 97

TOURINHO FILHO, Fernando da Costa. *Comentários à Lei dos Juizados Especiais Criminais*. São Paulo: Saraiva, 2000.

——. *Manual do Processo Penal*. São Paulo: Saraiva, 2009.

——. *Processo Penal*, São Paulo: Saraiva, edições de 1997, 1999, 2003, 2004, 2009.

——. Aditamento à Queixa, *AJURIS*, vol. 21.

——. *Prática de Processo Penal*. 18ª ed. São Paulo: Saraiva, 1996

——. *Processo Penal*, Jalovi, edições de 1972, 1973, 1979, 1997, 2003.

TOVO, Paulo Cláudio. Aditamento da Queixa pelo Ministério Público; Amplitude, in *AJURIS*, vol. 18.

——. *Apontamentos e Guia Prático sobre a Denúncia no Processo Penal Brasileiro*. Porto Alegre: Fabris, 1986.

——. *Democratização do Inquérito Policial. Estudos de Direito Processual Penal*. Porto Alegre: Livraria do Advogado, 1999.

——. (org.) Introdução à Principiologia do Processo Penal Brasileiro. *Estudos de Direito Processual Penal*. Porto Alegre: Livraria do Advogado, 1995.

TUCCI, Rogério Lauria. *Princípio e regras Orientadoras do Novo Processo Penal Brasileiro*. Rio de Janeiro: Forense, 1986.

VELO, Joe Tennyson. Criminologia Analítica. *Revista Brasileira de Ciências Criminais, IBCCrim*, v. 7, São Paulo, 1998.

VITA, Luiz Washington. *Introdução à Filosofia*. 2.ed. São Paulo: Melhoramentos, 1965.

WELZEL, Hans. *Derecho Penal Aleman*. Chile: Editorial Jurídica, 1997.

WINDSCHEID, Bernhard. *Polemica sobre La "Actio"*. Buenos Aires: Ediciones Jurídicas Europa-America, 1974.

WOODWARD, Bob; ARMSTRONG, Scott. *Por Detrás da Suprema Corte*. São Paulo: Saraiva, 1985.

ZAFFARONI, Eugenio Raul, *et alii, Derecho Penal*, Parte General. Buenos Aires: Ediar, 2002.

——; PIERANGELI, José Henrique. *Manual de Direito Penal Brasileiro*, 2ª ed. Parte Geral. São Paulo: Saraiva, 1999.

Índice geral

Prefácio – Aury Lopes Jr.	5
Sumário	7
Nota do autor	9

Capítulo I – O crime e os fundamentos do poder punitivo ... 11
1. A punição. Fundamentos ... 11
2. O crime. Conceito ... 14
3. O exercício do *jus puniendi*: fases ... 18

Capítulo II – A fase administrativa da persecução ... 19
1. As fases da persecução ... 19
2. A Polícia Administrativa e a Polícia Judiciária ... 20
3. A fase administrativa da persecução: o inquérito policial ... 24
4. A fase administrativa da persecução: o termo circunstanciado (Lei 9.099/95) ... 26
5. Autoridade com atribuição para instaurar o Inquérito e do termo circunstanciado ... 26
6. A instauração de termos circunstanciados pelas polícias militares ... 27
7. A fase administrativa da persecução: investigações por órgãos ou autoridades não policiais ... 28
   7.1. Investigação pelas Casas Legislativas ... 29
   7.2. Investigação pelo Poder Judiciário ... 37
   7.3. Investigação pelo Ministério Público ... 38
   7.4. Investigação para apuração de falta funcional no serviço público constitutiva de infração criminal ... 42
   7.5. Investigação por órgãos integrantes do sistema financeiro e tributário nacional ... 43
   7.6. Investigação Militar ... 45
   7.7. Investigação ambiental – A Lei 4.771/65 ... 45

Capítulo III – Do inquérito e do termo circunstanciado ... 47
1. A natureza jurídica do inquérito ... 47
2. A finalidade ... 49
3. O valor da prova do inquérito ... 51
4. A forma do inquérito ... 54
5. O destinatário do inquérito e do termo circunstanciado ... 60
6. Os modos de instauração do inquérito ... 60
7. O sigilo do inquérito ... 66
8. A incomunicabilidade no inquérito ... 70
9. O trancamento do inquérito ... 70

Capítulo IV – A conclusão e exame do inquérito 73
1. Prazos para a conclusão do inquérito 73
2. A vista dos autos do inquérito ao MP 74
3. As alternativas do MP ao receber os autos do inquérito 75
   3.1. O controle direto da própria atribuição e indireto da competência do juízo 76
   3.2. A devolução à origem para realização de diligências imprescindíveis ao oferecimento
   da denúncia 79
   3.3. Recomendação para a permanência dos autos em cartório, se a infração for de ação de
   iniciativa do ofendido 81
   3.4. O pedido de arquivamento 81
   3.5. O oferecimento da denúncia 86

Capítulo V – A fase judicial da persecução penal 87
1. A fase judicial da persecução 87
2. A ação, conceito e fundamento 88
3. Teorias sobre a natureza jurídica da ação 93
4. A ação penal. Conceito 97
5. A ação penal e sua localização no ordenamento jurídico 104
6. Classificação da ação penal 105
   6.1. A ação penal pública 107
   6.2. A ação penal de iniciativa privada 109
     6.2.1. A ação penal de iniciativa privada propriamente dita (ou genuína) 109
     6.2.2. A ação penal de iniciativa privada personalíssima 110
     6.2.3. A ação penal privada de iniciativa privada subsidiária 110
   6.3. As singularidades das ações pública e de iniciativa privada 113
   6.4. A ação penal popular 114

Capítulo VI – Os princípios da ação penal 117
1. O ordenamento jurídico e sua estrutura 117
2. Valores 118
3. Princípios 119
   3.1. Princípios como diretrizes 119
   3.2. Princípios e regras 120
   3.3. Fontes dos princípios 123
   3.4. Força normativa dos princípios 125
4. Regras e princípios. Tensões e colidências. Modo de resolvê-las 127
5. A ação penal e seus princípios 128
   5.1. O princípio da obrigatoriedade 129
   5.2. O princípio da oportunidade. Generalidades 131
   5.3. O princípio da oficialidade 135
   5.4. O princípio da indisponibilidade 135
   5.5. O princípio da indivisibilidade 136
   5.6. O princípio da intranscendência 138
   5.7. O princípio da discricionariedade controlada 138

Capítulo VII – As condições genéricas da ação 145
1. As Condições da Ação. Generalidades e classificação 145
2. A possibilidade jurídica do pedido como primeira condição genérica da ação:
a tipicidade, aspectos e exigências 147
   2.1. As atipicidades sob a perspectiva da teoria da tipicidade conglobante. Casos 157

2.1.1. Atipicidade por consentimento do ofendido 159

2.1.2. Atipicidade da conduta pelo fomento ou autorização ou fomento do poder público . 163

2.1.3. Atipicidade por imposição legal à prática da conduta 163

2.1.4. Atipicidade pela não afetação ao bem jurídico: a bagatela 165

3. A segunda condição genérica da ação: O interesse de agir 169

3.1. Interesse de agir e excludentes da ilicitude 172

3.2. Interesse de agir e eximentes da culpabilidade 173

3.2.1. A culpabilidade e seus elementos 173

3.2.2. A imputabilidade e as causas de isenção da menoridade, da doença mental e da embriaguez 176

3.2.3. A potencial consciência da ilicitude e a causa de isenção de pena do erro de proibição 180

3.2.4. A exigibilidade de outra conduta e as causas de isenção de pena na coação e na obediência hierárquica 184

3.2.5. Interesse de agir e prescrição pela pena projetada 185

4. A terceira condição genérica da ação: a legitimidade de partes 189

4.1. O Estado como parte ativa 191

4.1.1. O Ministério Público como órgão de legitimação ordinária 191

4.1.2. A vítima como sujeito legitimado extraordinariamente 192

4.1.3. MP e o servidor público nos crimes contra a honra 194

4.2. A parte passiva 195

4.2.1. A pessoa humana 195

4.2.2. A pessoa jurídica 198

Capítulo VIII – As condições específicas da ação 203

1. As condições específicas da ação. Considerações gerais 203

2. A representação 204

2.1. Titularidade 206

2.2. Prazo para representar 209

2.3. Forma da representação 214

2.4. Retratabilidade 215

2.5. Representação e pluralidade de autores de crime 217

2.6. Representação e crimes complexos 219

3. A requisição 220

4. As condições objetivas de punibilidade 222

Capítulo IX – Os pressupostos processuais 225

1. O processo. Conceito e funções 225

2. Processo e procedimento 230

3. Pressupostos processuais 230

4. Classificação dos pressupostos processuais 232

5. Críticas aos pressupostos processuais 234

6. O processo e o devido processo legal 235

7. O modelo de processo. Princípios inquisitivo e acusatório 239

Capítulo X – A denúncia 247

1. Conceito 247

2. Espécies. Escrita e oral 249

3. Requisitos da denúncia escrita 251

3.1. A descrição do fato com suas circunstâncias 252

AÇÃO PENAL – As fases administrativa e judicial da persecução penal

3.2. A qualificação do acusado 258
3.3. A classificação do crime 259
3.4. O rol de testemunhas, quando necessário 263
3.5. O destinatário 266
3.6. A assinatura do representante do MP 267
3.7. O idioma nacional 268
3.8. O pedido de condenação 268
4. Prazo para oferecimento da denúncia 269

Capítulo XI – A queixa –crime 273
1. Generalidades 273
2. Legitimidade 275
3. Requisitos 276
4. Prazo 279
5. As custas processuais 281
6. Honorários de sucumbência 283

Capítulo XII – O aditamento 285
1. Conceito de aditamento 285
2. Formas e requisitos do aditamento 286
3. Espécies de aditamento 286
4. Finalidades do aditamento 288
4.1. O aditamento retificativo 289
4.2. O aditamento pessoal 291
4.2.1. O aditamento pessoal imposto pela indivisibilidade da ação
(arts. 29 do CP, 48 e 417 do CPP) 291
4.2.2. O aditamento pessoal determinado pela conexão e continência
(arts. 76, I, e 77, I do CPP) 297
4.3. O aditamento real 300
4.3.1. Aditamento real para redimensionamento da própria imputação, em razão de decisão
declinatória de competência 300
4.3.2. Aditamento real para nova definição jurídica do fato na sentença, em consequência
de prova nos autos de circunstância ou de elementar, não contida explícita ou
implicitamente na denúncia ou na queixa (art. 384) 302
4.3.3. Aditamento real para a nova definição jurídica do fato na pronúncia, mesmo após
o decurso do prazo preclusivo, em consequência de prova nos autos de circunstância
ou de elementar, não contida explícita ou implicitamente na denúncia ou na queixa,
em razão de fato superveniente que altere a classificação do crime
(arts. 411, § 3º, 418 e 421) 309
4.3.4. Aditamento real por fatos novos conexos ou continentes
(arts. 76, I a III, e 77, II, do CPP) 314
5. Provas no aditamento real ou pessoal 318
6. Prazos para o aditamento 320

Capítulo XIII – O procedimento. Atos da fase inicial 321
1. O procedimento 321
2. Espécies de procedimentos 323
3. Fases procedimentais 326
3.1. O oferecimento da peça inicial 326
3.2. O recebimento da inicial acusatória 332
3.3. O não recebimento da inicial acusatória 339

4. A rejeição da inicial acusatória 343
   4.1. A rejeição por inépcia (inc. I do art. 395) 343
   4.2. A rejeição por falta das condições da ação (inc. II do art. 395) 343
   4.3. Rejeição por falta de pressupostos processuais (inc. II do art. 395) 351
   4.4. Rejeição por falta de justa causa (inciso III do art. 395) 354

Capítulo XIV – O procedimento – atos da fase intermediária 361
1. Considerações iniciais 361
2. A citação. Conceito e modalidades 362
3. A resposta à acusação 369
4. A absolvição sumária – casos 374
5. A audiência de instrução 379

Capítulo XV – O procedimento. Ato final: a sentença 389
1. A sentença. Ato do juiz 389
2. A sentença. Definições 391
3. A sentença. Classificação 393
4 A sentença. Requisitos formais 394
5. A sentença. Estrutura 396
   5.1. O relatório 396
   5.2. A fundamentação 397
   5.3. O dispositivo 404
6. A sentença. O princípio da identidade física 405
7. A sentença absolutória. Fundamentos legais 407
8. A sentença condenatória. Efeitos 411
9. A sentença. Intimação e Recurso 417

Bibliografia 421

IMPRESSÃO:

Santa Maria - RS - Fone/Fax: (55) 3220.4500
www.pallotti.com.br